2019 中國四庫學研究高層論壇論文集

江慶柏 楊新勳 主編

凤凰出版社

图书在版编目（CIP）数据

2019中国四库学研究高层论坛论文集 / 江庆柏，杨新勋主编. -- 南京：凤凰出版社，2021.4
ISBN 978-7-5506-3409-1

Ⅰ. ①2… Ⅱ. ①江… ②杨… Ⅲ. ①《四库全书》—研究—文集 Ⅳ. ①Z121.5-53

中国版本图书馆CIP数据核字（2021）第054469号

书　　　名	2019中国四库学研究高层论坛论文集
主　　编	江庆柏　杨新勋
责 任 编 辑	崔广洲
装 帧 设 计	陈贵子
出 版 发 行	凤凰出版社（原江苏古籍出版社）
	发行部电话 025-83223462
出版社地址	江苏省南京市中央路165号，邮编：210009
出版社网址	http://www.fhcbs.com
照　　　排	南京凯建文化发展有限公司
印　　　刷	江苏苏中印刷有限公司
	江苏省泰州市经济开发区鲍徐镇，邮编：225315
开　　　本	718毫米×1005毫米　1/16
印　　　张	30.5
字　　　数	548千字
版　　　次	2021年4月第1版
印　　　次	2021年4月第1次印刷
标 准 书 号	ISBN 978-7-5506-3409-1
定　　　价	128.00元

（本书凡印装错误可向承印厂调换，电话：0523-82099008）

2019 中国四库学研究高层论坛开幕式

2019 中国四库学研究高层论坛合影

安平秋主任、全勤副馆长为南京图书馆藏四库底本特展揭幕

论坛代表观看南京图书馆藏四库底本

目　录

代序一 ……………………………………………………… 安平秋 1
代序二 ……………………………………………………… 程章灿 1

四库学研究

从《四库全书》纂修看乾隆整顿政治秩序 ……………… 张宜弘 3
"四库分类"中"易学两栖"现象之再检讨
　　——以《左传》"占卜"实践演进为中心 ………… 张永超 22
清代前期宗教政策的学术映射
　　——以四库提要"释家类"为例 …………………… 刘　敬 35
朱筠上开馆校书折子原因与折子条目试析 ……………… 张俊岭 42
纪晓岚何以被称之为"一代文宗" ……………………… 吴兆路 53
简论私家藏书对《四库全书》的贡献 …………………… 曾雪梅 59
文源阁与《四库全书》 …………………………………… 刘　蔷 66
编写二百年来《四库全书》研究论著目录的设想与实践
　　——兼评《四库全书研究论文篇目索引（1908—2010）》 ……… 高　远 76

《四库全书》本研究

《四库全书》底本删改研究
　　——以《四库提要著录丛书》为中心 ………… 运宜伟　李国庆 103
稀见四库存目书七种简述 ………………………………… 江　曦 126
论汪氏振绮堂四世藏书及藏书目录五种的编纂 ………… 杨洪升 133
洪刍《香谱》佚文考 ……………………………………… 董岑仕 147
论文渊阁本、文津阁本《春秋五礼例宗》差异悬殊 …… 杜以恒 166

《国语》四库荟要本校勘记疏补 ··· 郭万青 175
魏鹤山治学特色管窥
　　——《四部丛刊》《四库全书》本《鹤山集》比较研究 ·············
　　··· 尹波 郭齐 192
《翠屏集》版本考 ··· 朱夜明 206
明朱升《尚书旁注》版本勘误 ································· 钟云瑞 212
《续修四库·集部》作者分布及原因的可视化分析 ········· 吴思慧 225

四库提要研究

《四库提要·经部总序》"公理"义初识 ······················ 邓国光 241
《四库全书总目》"小学"类属源流考 ············· 徐胜利 董恩林 247
《四库全书》中《箴膏肓》《起废疾》《发墨守》梳理及考证 ···········
　　··· 王文琦 闫春新 259
《四库全书总目》对历代礼器图发展演变之总结考论 ······ 张琪 265
《四库全书总目·尔雅注疏》考论 ······························ 瞿林江 278
《四库全书总目》"易纬"提要辨证 ····························· 张学谦 293
《四库全书总目》佛教讯息探论 ································· 杨晋龙 301
《钦定四库全书总目》诗文评提要点校辨误 ·················· 冯英华 328
张维屏与翁方纲及《四库提要》 ································· 李福标 337
四库提要尚书类辨证七则 ·· 邢伟 349
《四库提要》本校法讹例录述
　　——以史部提要为例 ·· 王婷 359
四库宋人别集提要辨证四则 ···································· 闫现霞 380
《四库全书》集部提要订误十二则 ····························· 周忠 389
余氏《四库提要辨证》订补三则 ································· 张淘淘 396

文献学研究

太极图和中华法系的初期形态 ································· 黄震云 405

取镕经意铸伟辞,骈俪勾连新风雅
　　——《诗经摘艳》刍议 ································ 刘立志 430
宋朝会要考略 ······································· 顾宏义 436
小议黎恂《千家诗注》与俗本《千家诗注》 ············· 鲁秀梅 454
南图藏四库底本上的私家藏书印 ······················ 江庆柏 460
古文献学入门读物管见 ······························ 陈东辉 467

后　记 ··· 478

代 序 一*

安平秋

感谢主办单位邀请我和我的同事吴国武先生来到南京师范大学参加"2019中国四库学研究高层论坛",使我们有一次学习的机会。看到会上两大册厚重的论文集,看到许多老朋友,也见到众多新面孔,让我们感受到学术上的深邃与老到,也感受到后起之秀的朝气与犀利。

在清代乾隆年间纂修而成的《四库全书》,是中国历史上一次大规模地整理历代传世典籍的重大行动,具有政治与文化上的双重意义,而它在学术上的影响就更为深远。《四库全书》虽然有许多缺憾,但它有系统、有条理的将古代至清初重要典籍汇聚为一,每书前的提要,对于研究中华文化的各国学者都极有价值。其后,自清代后期至今,围绕着《四库全书》这一主题,或补,或续,或辨讹,或正误,或考订,或研究,出现了一批成果,涌现出众多学者,也形成了一门学问。这次会议的不少论文对此都有涉及与论述。我想补充说明的是,1986年台湾商务印书馆将故宫所藏文渊阁《四库全书》全部影印出版,使人们得以看到一套完整的《四库全书》和武英殿本的《四库全书总目》,对今天"四库学"的形成起到了推进的作用。今天,在全国范围内,研究《四库全书》的学者越来越多,对《四库全书》的研究越来越深入,也逐渐进入到了一个新的境界,比如有的学校建立了"四库学研究中心",有的办了专门的"四库学"学术刊物,有的召开了四库学学术会议,有的以"四库学"研究获得了国家社科基金的重大项目立项。这些,都正在影响着"四库学"研究的走向。

今天这次"四库学"会议在南京召开,有它的特殊意义。从历史上说,《四库全书》的"北四阁南三阁"存藏地"南三阁"中有两阁在江苏(扬州文汇阁、镇江文宗阁),这是历史的眷顾,也是今天会议的学术渊源。近年来,在江苏省委、省政府的领导下,由省委宣传部具体组织的一项全省性文化发展战略工程"江苏文脉整理与研究工程",正在积极实施中。《四库全书》的研究也正是江苏割不断的文脉之一。而南京师范大学江庆柏先生的《四库提要汇辑汇校汇考》在2015

---

* 本文为安平秋教授在"2019中国四库学研究高层论坛"开幕式上的致词。

年又被批准为国家社科基金的重大项目。天时地利人和,三者俱备。

这次会议的东道主南京师范大学是一所百年老校,它在古典文献的整理与研究领域有一批卓有成就的知名学者,其中有段熙仲、诸祖耿、唐圭璋、钱玄、孙望、徐复等老一辈大家,也有郁贤皓、李灵年、钟振振、赵生群等当今名家,可说是群贤汇集。南京师范大学文学院的古典文献专业又是全国高校古委会系统的古文献学本科生五大人才培养基地之一,办学有特色,课程设置有章法,教师有真才实学,学生功底坚实,这也为"四库学"和古文献学的研究提供了厚实的基础。通过这次学术会议,南京师范大学的文科建设、南京师范大学文学院的学术影响、南京师范大学古典文献专业的深入发展,都会得到学术界的更广泛的肯定和支持,强大与发展的前景无限。

感谢这次会议的主办单位南京师范大学文学院、南京图书馆、江苏省古籍保护中心。感谢这次会议的会务组周到的安排和细致的工作。

预祝这次学术论坛圆满成功。

2019 年 6 月 1 日于南京

代 序 二*

程章灿

我很高兴也很荣幸受到邀请，参加2019年中国四库学研究高层论坛。对我来说，这是一个非常好的学习机会。因为首先，我本人对四库学没有研究，而这个会议上来了国内外很多四库学方面的专家学者，使我有机会向各位请教、学习，机缘难得。其次，正如高峰院长刚才提到的，这个会议报到的学者就有140多人，提交的论文就多达110多篇，涉及四库学的方方面面，很多论文光看题目，就让我兴味盎然，耳目一新。因此，我认为，这不仅是一次四库学的高层论坛，也是古典文献学科的学术盛会，这个学术盛会在南京、在南京师范大学仙林校区和南京图书馆召开，有着特殊的意义。

《四库全书》是盛清时代最为重要的文化学术成果之一。南京与盛清时代甚有渊源。在今天南京图书馆的对面，隔一条街，就是当年的江宁织造府，也就是康熙南巡时多次下榻的地方，"大行宫"的地名直到今天仍在使用。在伟大的康熙皇帝面前，他的孙子乾隆大概也有一种"影响的焦虑"。既然他的爷爷喜欢住在闹市之地，他就别出心裁地选择住在山林之中，也就是离我们现在所在的这个地方只有几公里远的栖霞山。在那里，两江总督尹继善为他兴建了栖霞行宫，乾隆六下江南，有五次驻跸栖霞山，分别在乾隆二十二年（1757）、二十七年、三十年、四十五年、四十九年。这五次停留期间，他命名了栖霞山的名胜和栖霞行宫的建筑，题写了匾额，还撰写了120多首古近体诗。这说明乾隆对南京是很有感情的。在他最后一次驻跸栖霞山的前三年，即乾隆四十六年，第一部《四库全书》已经抄完，乾隆四十七年，他明确给内阁下达旨意，"增抄三分藏于南三阁"，于是，有了扬州文汇阁、镇江文宗阁和杭州文澜阁。扬、镇、杭三城，自然是江南文化重镇，但这里避开了两个重要的地方，一个是南京（江宁），一个是苏州，这正是江苏省得名由来的两个城市。如果乾隆在南京也有一个曹寅式的爱卿，情况会不会有所不同呢？

当然，这只是表面现象。实际上，我们可以找到《四库全书》与江苏、与南京

---

* 本文为程章灿教授在"2019中国四库学研究高层论坛"开幕式上的致词。

的诸多因缘。四库馆臣中与南京有关的人不少,我举一个比较特别的例子。我说的是裘曰修。

从身份上说,他既是纪晓岚的座师,又是最早的四库馆正总裁。乾隆三十八年三月,他被任命为《四库全书》馆总裁,不幸的是,他当年就病故了,没有实际参预其事。但是,《四库全书总目》卷首,正总裁名下还列有他的名字,"原任经筵讲官、太子少傅、工部尚书裘曰修"。裘曰修本人是江西南昌人,但他的母亲是南京人,他本人多次往来南京,走水路必经燕子矶,他死后出人意料地被追认为燕子矶的水神。这是冥冥之中的缘分。

1983年秋天,我到南京大学鼓楼校区报到,开始跟随程千帆先生攻读硕士学位。入学的第一门课,是程先生亲自主讲的《校雠学》,程先生开列的第一批必读书目中,就有《四库全书总目》。可以说,我的文献学学习,就是从《四库全书总目》开始的。很惭愧,那时候只能阅读《总目》,很长一段时间里,我们看不到全本的《四库全书》,只能看到台湾商务影印的《四库全书珍本》,至于全套影印本《文渊阁四库全书》,多年以后才有机会看到。当时资料之有限,眼界之狭窄,回想起来,不禁愧叹。今天不仅可以方便地读到全套《文渊阁四库全书》影印本,还可以看到文津阁影印本、文溯阁四库全书,《续修四库》《四库存目丛书》《四库禁毁丛书》《四库未收丛书》《四库提要著录丛书》等所谓"四库系列"大型丛书也相继面世,极大地扩充了四库学的文献资源。与此同时,四库电子本以及相关的各种电子数据库也相继问世,"旧时王谢堂前燕,飞入寻常百姓家",流传越来越广,使用越来越方便。总之,研究资源的增益,文献视野的开阔,研究领域的拓展,倒退三十多年前,这是难以想象的。

正是在这样的物质文化条件下,我们看到,今天的四库学研究,不仅横跨四部,旁及七阁,而且深入到稿本、底本,乃至抄写用套格纸等实物层面和物质文化层面的研究。明代末年的张岱,曾把南京城南的大报恩寺塔称为"中国之大古董,永乐之大窑器",《四库全书》也可以称为"中国的大古书,乾隆的大宝物"。

作为官方文化工程,《四库全书》无疑是乾嘉学术的代表,乾隆无疑是《四库全书》的灵魂人物。研究《四库全书》,就是研究乾隆的文献学思想,就是研究大清盛世的精神、物力、功令和才略,"四库学"研究所具有的综合性、跨学科的文化学术意义是不容低估的。

南朝梁元帝有一篇赋中写道:"夏始春余,叶嫩花初。"在这样美好的季节里,我们聚会在一起,商量旧学,培育新知,以文会友,以友辅仁,这是一件多么美好的事。衷心祝愿大会取得圆满成功!衷心祝愿各位同仁学术日新,取得更多更好的成果!

四库学研究

从《四库全书》纂修看乾隆整顿政治秩序

张宜弘

(太原市图书馆,太原　030024)

摘　要:乾隆在位期间,清王朝进入了全盛阶段,达到了中国古代封建社会的最高峰。在他的主持下,由纪昀、陆锡熊等纂修完成的《四库全书》是中国古代最大的一部官修丛书。其纂修背景、纂修思想、纂修过程以及对著作的选删标准等,无不体现了乾隆帝的治国理念和对社会秩序的认识和构建。本文从"王锡侯"案和"徐述夔"案着手介绍了乾隆帝整顿政治秩序的情况,旨在通过研究《四库全书》的纂修过程进一步加深对我国统一多民族国家的认识。

关键词:《四库全书》　整顿吏治　政治秩序

自乾隆三十七年(1772)征书时开始算起,历时近十年到乾隆四十六年方才编定完成的第一部《四库全书》,是中国古代规模最大的一部丛书。《四库全书》的纂修既是康乾盛世下文化繁荣的产物,同时又是乾隆帝从政观念在思想文化领域中的投射,从中我们可以看到清中期乾隆帝借纂修《四库全书》对政治秩序的构建。

1736年乾隆帝刚刚继位时,清朝统治者入主中原已近百年。此时,王朝初期的朝气与活力早已丧失殆尽,乾隆帝在继位初期迎来的就是鄂张党争的局面。至乾隆帝纂修《四库全书》之时,清朝官僚机器已然僵化,乃至于乾隆三十七年下令各直省督抚开始征书之时,百官受文字狱影响竟无人响应,只有贵州巡抚觉罗图思德在乾隆三十七年三月二十四日收到谕旨,时隔半年后,于乾隆三十七年十月初三日回复道"黔省无可采书籍"。面对此种局面,纂修《四库全书》不仅是乾隆帝为宣扬自己文治武功的形象工程,同时也是其整饬吏治的重要措施。

一、朝廷对纂修伊始往返迟滞的斥责

乾隆帝在乾隆三十七年首次下诏令直省督抚、学政加意购访书籍,一般被视为是纂修《四库全书》的发端。在乾隆帝三十七年的谕旨中①,我们似乎只可见乾隆帝至意念典勤求,以彰千古同文之盛之意。

但征书谕旨下发之后犹如石沉大海,并未惊起半点波浪,各直省督抚、学政似因前期文字狱的影响深恐获罪于己而并未奏覆,只有贵州巡抚觉罗图思德在乾隆三十七年三月二十四日收到谕旨后时隔半年于乾隆三十七年十月初三日回复道"黔省鲜有撰述,可邀圣明采择"②。乾隆三十七年十月时,乾隆帝面对各省督抚学政"曾未见一人将书名录奏"的无人上奏局面时,似乎并未在意,仍下旨令直隶、河南、山东三省督抚采买刊书梨板。③ 这表明乾隆帝似乎执意要纂修一部"沿流溯源,悉载全文"的丛书,并未根据臣工的"不反应"而改变。

而于乾隆三十七年十月再次下令催促各省速行征书,在十月份谕旨中乾隆帝认为此事所办"殊为推迟"的原因出于臣工的怠慢。因此其在谕旨中说道"或各督抚等因前后适遇调任,受代因循,未及悉心董率,又或疑陈编故册,非如民生国计为刻不容缓之图,因以奉行具文,徒致往返迟滞"④,并专门指出北五省与江浙地方为书籍最多之地。

乾隆帝十月份谕旨下发后随即得到各省督抚的响应,山东巡抚十月三十日收到谕旨,十一月初三日遵旨覆奏"数月以来,据各属缴到书籍二十一种"⑤,直隶总督十月二十七日收到,十一月初七日覆奏"通行各属,于所在地方加意搜访"⑥。湖北巡抚十一月十三日收到,仅隔一天在十一月十四日就回复到"臣查本年三月接奉谕旨,当即檄行各属加意访觅,兼就郡邑志乘,广为查购"⑦。各省督抚、学政在收到乾隆帝催促购采遗书谕旨后,至多不超过一个月,短则一日(湖北巡抚陈辉祖)即立刻回奏。关于所办迟滞的原因,各省督抚均解释为"部

---

① 中国第一历史档案馆编:《纂修四库全书档案》,上海:上海古籍出版社,1997年,第1—2页。
② 中国第一历史档案馆编:《纂修四库全书档案》,上海:上海古籍出版社,1997年,第3页。
③ 中国第一历史档案馆编:《纂修四库全书档案》,上海:上海古籍出版社,1997年,第4页。
④ 中国第一历史档案馆编:《纂修四库全书档案》,上海:上海古籍出版社,1997年,第5—6页。
⑤ 中国第一历史档案馆编:《纂修四库全书档案》,上海:上海古籍出版社,1997年,第7页。
⑥ 中国第一历史档案馆编:《纂修四库全书档案》,上海:上海古籍出版社,1997年,第8页。
⑦ 中国第一历史档案馆编:《纂修四库全书档案》,上海:上海古籍出版社,1997年,第12页。

帙无多,恐未周知",如直隶总督上奏"伏思一省之大,搜罗日久,仅只得书四部,且卷帙不多,恐属访求未遍,是以暂缓陈奏"①。

此后,各省督抚虽纷纷响应乾隆帝访购遗书的号召,但其所采进书籍大多均为聊以塞白。在乾隆三十八年三月二十八日谕旨当中,乾隆帝说道"各省奏到书单寥寥无几,且不过近人解经、论学、诗文私集数种,聊以塞白……卓然可传者,竟不概见"②。为此乾隆帝在上谕中痛骂臣工"因循搪塞",各省督抚"视为具文",地方官"奉行故事"。乾隆帝认为各省观望不前的原因在于:

> 必系督抚等因遗编著述,非出一人,疑其中或有违背忌讳字面,恐涉手干碍,预存宁略毋滥之见,藏书家因而窥其意指,一切秘而不宣。甚无谓也！文人著书立说,各抒所长,或传闻异辞,或纪载失实,固所不免。果其略有可观,原不妨兼收并蓄。即或字义触碍,如南北史之互相诋毁,此乃前人偏见,与近时无涉,又何必过于畏首畏尾耶！朕办事光明正大,可以共信于天下,岂有下诏访求遗籍,顾于书中寻摘瑕疵,罪及收藏之人乎?③

在此道谕旨当中,乾隆帝指出官僚机器僵化的原因,各省督抚均恐所献书籍违碍,从而降祸与身,因此畏首畏尾。此时乾隆帝极力渲染自身"办事光明正大",认为藏书家收藏其书为"甚无谓也",在"违背忌讳字面"一事上,只是"文人著书立说"不关政治,就是"字义触碍"也只是"前人偏见,与近时无涉"。同时软硬兼施,向天下臣工说明,如果此时不上书的话,那么之后性质就转变为"有意隐匿收存",随后乾隆帝再次点明江浙大省,并给予半年为限。

乾隆三十七年,乾隆帝第一次令各直省督抚学政访购书籍,此时无人奏覆或时隔半年方为奏覆,这说明此时各省督抚并未将访购书籍一事放在心上。随着乾隆帝的再次降旨,各省督抚虽纷纷回应,但所采进书籍却寥寥无几,大多均为聊以塞白。地方大员此前长时间的无人回应和乾隆帝催促办理之后均于短时间内纷纷响应,但访购书籍却寥寥无几的情形,都显示出地方大员往返迟滞、空言塞责的局面。纂修伊始就令乾隆帝大为恼火,同时乾隆帝也借此看到,随着王朝的兴盛,官僚机器正在逐渐僵化。为此乾隆帝借纂修《四库全书》之机不

---

① 中国第一历史档案馆编:《纂修四库全书档案》,上海:上海古籍出版社,1997年,第9页。

② 中国第一历史档案馆编:《纂修四库全书档案》,上海:上海古籍出版社,1997年,第67—68页。

③ 中国第一历史档案馆编:《纂修四库全书档案》,上海:上海古籍出版社,1997年,第68页。

断整饬吏治,构建由清廷主导的社会秩序。

二、"王锡侯案",朝廷对空言塞责之申饬

"王锡侯案"是乾隆帝纂修《四库全书》过程中发生的一起文字狱事件。因主人公王锡侯在其撰写的《字贯》一书中没有对康熙、雍正、乾隆三位帝王的名讳缺笔避讳,而于乾隆四十二年被其仇家向时任江西巡抚海成告发。

在王锡侯《字贯》案中,王锡侯以一介举人的身份引得乾隆帝雷霆大怒,认为其罪不容诛,乾隆帝如此震怒的原因并不仅仅是因为其将康熙、雍正和乾隆的庙讳名字"悉行开列",更是因为办理此事的海成在审判时仅仅是将王锡侯"请革去举人审拟"。海成此举引得乾隆帝的不快,并痛骂海成"双眼无珠",全无尊君敬上之意,对其一再传旨申饬:

> 海成既办此事,岂有原书竟未寓目,率凭庸陋幕友随意黏签,不复亲自检阅之理?况此篇乃书前第一页,开卷即见,海成岂双眼无珠,茫然不见耶?抑见之而毫不为异,视为漠然耶?①
>
> 可见海成从前查办应毁书籍,原不过以空言塞责,并未切实检查。且折内尚称其书并无悖逆之词,是海成视大逆为泛常,全不知有尊君亲上之义,天良澌灭殆尽。②

乾隆帝之所以对海成如此震怒,首先是乾隆帝认为海成并非实力查缴违碍书籍,王锡侯此书并非古籍而是正在刊行者,但此前海成未能查缴,这证明海成此前办理仅仅是空言塞责并未切实办理;其次,当案情发生时海成并未切实检查此书,一切委之劣幕,仅凭庸陋幕友处理;最后,最重要的原因在于如果海成切实检查此书而并未上奏王锡侯大逆不道之举,那么海成就是将大逆不道视为泛常,全无尊君敬上之心。此书开卷即见王锡侯大逆不道之法,而海成仅认为其狂妄不法"妄行著书立说",只将其革去举人。因此不管海成是否切实检查此书,在乾隆帝心中其均确属办事不力、空言塞责。

王锡侯《字贯》一案,其最终结果是王锡侯被从重治罪,海成革职,交刑部严加议处,对江西省藩臬两司一同办理,对书内代为出资帮刻之人概免深究。对

---

① 中国第一历史档案馆编:《纂修四库全书档案》,上海:上海古籍出版社,1997年,第738页。
② 中国第一历史档案馆编:《纂修四库全书档案》,上海:上海古籍出版社,1997年,第742页。

题诗的侍郎李友棠认为其"身为大臣,乃见此等悖逆之书,尚敢作诗赞美,即属丧心蔑理,伊复何颜忝列缙绅"①,将其革职问罪。对王锡侯其余文本题诗的史贻直、钱陈群,认为其如果尚在则"自当向其究问",而如今二人身故则不必深究。

在此值得一提的是,乾隆帝在追查王锡侯《字贯》一案失查人员时对案件所属地方府县的态度。在乾隆四十三年正月初十日时乾隆帝认为"至该管府县于所属地方更为亲切,乃任该犯肆行刊刷流传,漫无稽察,其咎应较司道为重"②。而正月三十日,在继任巡抚郝硕上奏地方府县失职人员名单时,乾隆帝却认为:

> 其历任失察之知府、知县,更非两司可比,其中并有现经升调离任者,若如郝硕所将伊等悉行革职治罪,是因此一事而通省罢斥多员,又非朕所谓不为已甚之意也。③

乾隆帝一月之内连下两道旨意,但两道旨意在追究府县之过时,表达的意思却截然不同,对所属府县处罚时由重到轻,对海成的追究却是一如既往的严厉。乾隆帝之所以如此严惩,恰恰说明,王锡侯《字贯》一案的发生,乾隆帝的大怒不仅仅在于其书内开列皇帝庙讳和姓名字样属悖理狂诞、大逆不法之事。更重要的是在于海成的身份,以及海成对此事的处理。

海成和一般大臣不同,其系满洲世仆,在开始查办违碍书籍时,乾隆帝谕旨内就特别强调海成系满洲大臣"若见有诋毁本朝之书……岂有尚听其潜匿流传,贻惑后世"④。在查办违碍书籍当中,海成是乾隆帝缴呈应毁禁书的得力干将,在查办过程中"传集地保,逐户宣谕",缴呈书籍多达8000多部,而仍怕不能搜买净尽上书请求展限,乾隆帝又夸赞其"看来查办遗书一事,惟海成最为认真"⑤,但如此一位股肱之臣,对此事的处理较为宽松,面对《字贯》案时仅仅是请

---

① 中国第一历史档案馆编:《纂修四库全书档案》,上海:上海古籍出版社,1997年,第748页。

② 中国第一历史档案馆编:《纂修四库全书档案》,上海:上海古籍出版社,1997年,第769页。

③ 中国第一历史档案馆编:《纂修四库全书档案》,上海:上海古籍出版社,1997年,第774页。

④ 中国第一历史档案馆编:《纂修四库全书档案》,上海:上海古籍出版社,1997年,第240页。

⑤ 中国第一历史档案馆编:《纂修四库全书档案》,上海:上海古籍出版社,1997年,第562页。

将革去"举人"身份。

其中的原因无论是其视大逆为泛常天良澌灭殆尽,还是其并未寓目,仅凭庸陋幕友随意黏签,这两种情况都是乾隆帝所不能容忍的。因此不论海成前期对查缴违碍书籍有多大贡献,此时都要着重处罚海成。这也是乾隆帝构建其主导的文化、政治秩序的关键步骤。

在纂修《四库全书》刚开始的过程之中,鉴于前期的"文字狱",在此次征书及查办违碍书籍当中地方大员却恐波及自己,所以在前期征书的过程中表现"疑畏",基于此种情况,乾隆帝在下谕查办时一再宣称自身做事光明正大,"至督抚等经手汇送,更无关碍,又何所用其疑畏乎"①。但就是这样,乾隆三十九年八月下发查办违碍书籍谕后,至十一月除两广总督李侍尧上奏屈大均悖逆诗文外,江浙等省等均称"查无违碍书籍"。面对"纂修《四库全书》",乾隆帝和地方官员的政治诉求却并不相同,乾隆帝是要借此机会完成构建以其自身为主的文化、社会秩序,而地方大员的诉求首先在于保护自身,其次是加官进爵。乾隆帝深刻理解地方大员心中的想法,为求上下一心,切实办理,乾隆帝在下诏查办时就不断强调朝廷这个共同体,加强皇帝与边疆重臣的联系。在谕旨中不止一次地提到"高晋、萨载、三宝、海成、钟音、德保皆系满洲大臣,而李侍尧、陈辉祖、裴宗锡等亦俱系世臣"②。但乾隆帝不断恩赏大臣以此强调朝廷这个共同体的前提是地方大臣绝对遵从自己的权威,贯彻执行自己的旨意。

因此,乾隆帝随后对《字贯》案中作者王锡侯及所属府县处罚从宽,却对封疆大臣严加斥责的命令也就不难理解了。乾隆帝对本案中罪魁祸首王锡侯由"应照大逆律问拟"③,转而从宽改为"斩决"④。但是却对边疆重臣海成革职,发配边疆任喀喇沙尔办事大臣。

王锡侯《字贯》案后,泰安县民王仲智收藏不法书籍一案中,内阁国泰审办时拟将王仲智比照大逆律问罪,乾隆帝认为殊属过当,认为"各书并非该犯自造,较江西逆犯王锡侯之罪轻重悬殊,即照左道异端邪术律拟罪,已足蔽辜"⑤。

---

① 中国第一历史档案馆编:《纂修四库全书档案》,上海:上海古籍出版社,1997年,第71页。
② 中国第一历史档案馆编:《纂修四库全书档案》,上海:上海古籍出版社,1997年,第240页。
③ 中国第一历史档案馆编:《纂修四库全书档案》,上海:上海古籍出版社,1997年,第738页。
④ 中国第一历史档案馆编:《纂修四库全书档案》,上海:上海古籍出版社,1997年,第758页。
⑤ 中国第一历史档案馆编:《纂修四库全书档案》,上海:上海古籍出版社,1997年,第783页。

并申明波及诸人,未为允协。湖南巡抚李湖有鉴于王锡侯《字贯》一案,在发现黎大本《资孝集》书中"将伊母比之姬姜、太姒、文母"①之后,立马将其压赴省城彻底追究。对此乾隆帝奏折中回复到此事"并非狂悖不法,如王锡侯之显肆悖逆者可比"②。

在此二案中,乾隆帝均认为官员所办过当,表达了不宜株连多人之意,这反映出乾隆帝统治怀柔之术,并不想让事件继续扩大化,株连多人,也即乾隆帝经常标榜的"不为已甚之意"。乾隆帝在构建文化秩序中重视大臣、强化大臣与乾隆帝之情形,由此也可见之一斑。同时也反映出随着王锡侯《字贯》一案的结束,乾隆帝只想凝聚皇帝与大臣的共同体,但不为已甚之意的前提是大臣能深刻领会乾隆帝的意思。反映在"文字狱"办理一事上即切实办理,宁可错杀不可放过。因此国泰和李湖所奏案件处罚力度大转而会令乾隆帝从宽处理。

在纂修《四库全书》当中,乾隆帝构建文化、社会秩序的前提条件就是加强与大臣的联系。因此乾隆帝借往来于中央和地方的案牍,表达乾隆帝构建社会秩序的基本原则。同时,在对大臣的褒扬与处罚之中,加强大臣尊君敬上之意,强化大臣与皇帝的凝聚力,使得上下一心,办事高效。在"王锡侯案"中对王锡侯和地方府县均从轻处罚和随后案件中的宽大处理以此对比乾隆帝对海成的着重惩罚其目的就是要"使为封疆大臣空言塞责者戒"。

三、"徐述夔案",朝廷对昧良负恩之惩戒

"徐述夔案"始于徐、蔡两家的争田风波,蔡嘉树本想以低价赎回此前卖给徐氏的田地,在遭到徐述夔之孙徐食田的拒绝后便向人称要控告其祖父徐述夔所作《一柱楼诗》内有诋毁本朝之语。徐食田在听到此风声后,即首先到东台县衙自首,蔡嘉树随后在向东台县控告不成后向江宁藩司控告,江宁藩司幕僚陆琰依据自首者按律免罪驳回了蔡嘉树的呈控。后蔡氏家人童志璘向江苏学政刘墉呈控,乾隆帝在接到刘墉的奏折后而大发雷霆,从而导致"徐述夔案"文字狱的发生。

(一) 由问责封疆大臣到革职地方知县

徐述夔一案初始在乾隆四十三年八月由刘墉代为投递呈词时,乾隆帝认为

---

①② 中国第一历史档案馆编:《纂修四库全书档案》,上海:上海古籍出版社,1997年,第844页。

是"且正当查缴违碍书籍之时,而其子不将伊父诗文呈出,亦当治以应得之罪"①。后在乾隆四十三年九月,根据江苏巡抚杨魁审理认为其孙徐食田待事发后"贿嘱县书,捏称自行呈缴"②时,乾隆帝认为此事"其诈伪殊为可恶"③。后又据两江总督萨载奏称是藩司"陶易于五月内接据东台县禀报监生徐食田呈送伊祖徐述夔所遗《一柱楼诗》本及板片等项,至六月间又据监生蔡嘉树赴司呈控伊先首禀等语"④。事情变成了徐氏呈缴在前,而蔡氏呈控在后,不存在"捏称自行呈缴"的情况。

如此一波三折,案件的发展已经不仅仅只是徐述夔诗文内"谬妄悖逆"一事,而是首先在于其孙徐食田的具体呈缴时间,如果其呈缴在前、蔡嘉树控告在后,那么其孙并无贿嘱之罪,如果其孙徐食田是案发后"倒提年月",那么自当从重办理。其次在于江宁布政使陶易在五月间已经根据县衙禀报,却并不立即查办而是辗转迟延,空言塞责,因此乾隆帝严令彻查此事。

王锡侯一案,郝硕奏将"在吉安、南昌二处将失察之历任知县伍魁孝等、知府卢崧等请旨革职,交部治罪"⑤,乾隆帝认为所办过分,"是因此一事而通省罢斥多员,又非朕所谓不为已甚之意也。所有折参各员,俱不必革职治罪,止须交部分别议处"⑥。

与此相比,徐述夔一案对所属府县的处罚未免过重,其原因不仅仅在于徐述夔一案中其孙徐食田贿嘱县官所致。更是在于当地府县的空言塞责和袒护消弭,首先案件的起源并非是当地自行呈缴,而是由刘墉代为投递;其次是东台县知县涂跃龙的昏庸所致,在开始接到呈词后既不能立时严查,在之后又不能查明徐食田是否自首。

在从此案的后果来看,乾隆帝构建由其主导的文化、社会秩序已经不仅仅满足于依靠封疆重臣和藩司臬司,而是将其控制权力的触角由督抚到府县、由封疆大吏到在籍朝绅,乾隆帝借徐述夔一案追究府县责任,从而趁机敲打其余地方府县,使得地方府县之后遇此情况再不敢错谬怠玩。

---

① 中国第一历史档案馆编:《纂修四库全书档案》,上海:上海古籍出版社,1997年,第871页。
②③ 中国第一历史档案馆编:《纂修四库全书档案》,上海:上海古籍出版社,1997年,第878页。
④ 中国第一历史档案馆编:《纂修四库全书档案》,上海:上海古籍出版社,1997年,第879页。
⑤⑥ 中国第一历史档案馆编:《纂修四库全书档案》,上海:上海古籍出版社,1997年,第774页。

(二) 对昧良负恩者按律严办

在查办违碍书籍的过程中,乾隆帝对案件中已然身故的人均处罚较轻,其在上谕中不止一次地表达过"使其人尚存,必当重治其罪,今已身故,姑免深究"①之意。在湖广提督俞益谟《青铜自考》一书中,因其书只是将历任奏疏及文移书启汇集,因此乾隆帝在上谕中说明"其人物故已久,何必复行追究乎"②。

在纂修《四库全书》中,乾隆帝所罗列编织的文字狱案件却并非都像王锡侯案一样对大臣着重惩罚而对著书立说者"从宽处理"。泰州徐述夔《一柱楼诗》案中,乾隆帝认为主人公徐述夔"虽其人已伏冥诛,亦当按律严办,以伸国法而快人心"③。而为徐述夔作传的沈德潜亦被乾隆帝将"所有官衔谥典尽行革去,其乡贤祠内牌位一并撤出"④。

乾隆帝对泰州徐述夔案件如此震怒的原因,不仅仅在于其诗词中的悖逆之句,更是由于"逆犯徐述夔身系举人,且自其高曾以来均在本朝食毛践土,厚泽涵濡"⑤之事。同时,在此次案件当中,乾隆帝在命江苏巡抚杨魁搜查沈德潜家中所藏逆犯诗文时所说:

> 沈德潜并无为国家出力之处,朕特因其留心诗学,且怜其晚成,不数年擢为卿贰,乞休后复赏给尚书衔,令其在籍食俸,恩施至为优渥,理宜谨慎自持,勉图报效,乃敢为逆犯徐述夔作传,视其悖逆之词,恬不为怪,转多赞扬,实为丧尽天良,负恩无耻,使其身尚在,必当重治其罪。⑥

从中我们可以看出,乾隆帝数年间将沈德潜擢为卿贰,随后又赏给尚书衔。据史书记载,沈德潜在去世后乾隆帝为其写了挽诗并追封其为太子太师,赐谥

---

① 中国第一历史档案馆编:《纂修四库全书档案》,上海:上海古籍出版社,1997年,第1162页。
② 中国第一历史档案馆编:《纂修四库全书档案》,上海:上海古籍出版社,1997年,第1084页。
③ 中国第一历史档案馆编:《纂修四库全书档案》,上海:上海古籍出版社,1997年,第886页。
④ 中国第一历史档案馆编:《纂修四库全书档案》,上海:上海古籍出版社,1997年,第951页。
⑤ 中国第一历史档案馆编:《纂修四库全书档案》,上海:上海古籍出版社,1997年,第932页。
⑥ 中国第一历史档案馆编:《纂修四库全书档案》,上海:上海古籍出版社,1997年,第933页。

文悫,入贤良祠祭祀。乾隆帝自认为对其"至为优渥",但如此一位心腹重臣竟对徐述夔诗文中悖逆之词转多赞扬,在沈德潜为徐述夔所作传中说其"品性文章皆可法",此举被乾隆帝认为是昧良负恩"尚得谓稍有人心者乎"。此时乾隆帝认为沈德潜其人:

> 服官以来,不过旅进旅退,毫无建白,并未为国家丝毫出力,众所共知……伊为徐述夔作传,自系贪图润笔为囊橐计,其卑污无耻,尤为玷辱缙绅。使其身尚在,虽不至与徐述夔同科,亦当重治其罪。①

首先乾隆帝认为沈德潜颂美徐述夔此举是昧良负恩,乾隆帝认为沈德潜其人对国家并未有丝毫建功之处,但念其学问尚好,故对其格外施恩。其不知心怀感激却转而为徐述夔记述流传,视悖逆为泛常。其次,乾隆帝认为沈德潜不仅仅是昧良负恩,其为徐述夔作传本意并非是由于徐诗文本身可法,而是为贪图润笔计也。乾隆帝认为沈德潜其人实是有辱斯文,故从重处罚沈德潜使为在籍朝绅者戒。

但值得注意的是,在徐述夔案后,赣榆县民韦玉振为其父刊刻行述中有"佃户之贫者赦不加息,并赦屡年积欠"②一句,其中擅用"赦"字与理不合。事后被其叔韦昭向江苏巡抚杨魁告发。杨魁在接到案情后随即提审案犯,不仅派人向其家搜查有无别项违悖书籍,并且派人到家谱所记载中人家中查覆。此举被乾隆帝认为所办殊属过当,认为"自以为办理认真,而不知其过当,以饰其前此之不能查察徐述夔逆词等之罪"③,并认为杨魁其人不能实心办事,将其交部议处。

乾隆帝认为徐述夔一案实有"逆词足据"罪大恶极,而韦玉振一事中只有妄用"赦"字一事,并无别项悖逆事迹,况且更为重要的是不能助长此种挟私以报之事。徐述夔一案中,徐述夔诗集刊刻已有数年而蔡家树早有闻见但并未见其禀报,现在因徐食田不允赎田一事,故而挟嫌出告。乾隆帝深恐此事发生后地方官员因噎废食,致使流弊滋而刁风长,造成"怨家欲图倾陷者,片纸一投,而被控之身家已破,拖累无辜,成何政体!且告讦之风,伊于何底乎"④的现象发生,由此可见乾隆帝"不已已甚"之至意。

---

① 中国第一历史档案馆编:《纂修四库全书档案》,上海:上海古籍出版社,1997年,第952—953页。

②③ 中国第一历史档案馆编:《纂修四库全书档案》,上海:上海古籍出版社,1997年,第937页。

④ 中国第一历史档案馆编:《纂修四库全书档案》,上海:上海古籍出版社,1997年,第938页。

但两案相隔时间甚短何以乾隆帝却作出截然不同之决定来,实是由于徐述夔一案中,沈德潜的身份为在籍朝绅并且备受优渥,而此一案中,韦玉振仅仅为一富民而已。此案乾隆帝对缙绅处罚较重而对平民处罚较轻。通过乾隆帝在查办违碍书籍当中的不同对待方式,我们可以管窥乾隆帝对政治秩序整顿的重点所在。

四、查办违碍书籍与乾隆对政治秩序的整顿

关于查办违碍书籍,乾隆帝在乾隆四十三年下令各督抚予限二年实力查缴违碍书籍时所说"又因王锡侯逆词一案,并令各督抚一体严查。虽节经各督抚陆续收缴呈进,譬之常人,设遇诋其祖宗之字,亦将洩而不视,而况国家乎?而况食毛践土之臣民乎"①。从中我们可以看到,乾隆帝在纂修《四库全书》查办违碍书籍过程中对书籍着重留意的为"狂诞悖逆"与"昧良负恩"两个方面。其中"狂诞悖逆"是针对查办违碍书籍过程中出现的违碍书籍本身内容而言,"昧良负恩"是针对查办违碍书籍过程中书籍著作者而谈。其中"狂诞悖逆"主要指的是书籍中的不加避讳之字以及由此透露出的作者怀想胜国之意。

(一) 从查办结果看政治秩序的整顿

对著作者,通过乾隆帝在查办违碍书籍过程中对不同案件的处理结果的不同,我们从不同案件和同一案件中不同人员的后果可以看到乾隆帝对著书立说者的处理原则和标准在于重官吏而轻百姓,重江浙而轻其他,重在籍朝绅而轻未经出仕者,重怀想胜国而轻愤激诋毁者。以此加强对清中期政治秩序的整顿。

1. 重官吏而轻百姓

从人员属性来看,乾隆帝整顿政治秩序的重点在于官吏。河南巡抚郑大进在向乾隆帝奏呈,祥符县县民刘峩刷卖《圣讳实录》一书时,乾隆帝认为《圣讳实录》书中刊有的庙讳、御名均依本字"正体写刻",其行为实属不法,因此书"书内载有'雍正年得于江右藩幕'之语,自无难查考而知。着传谕郝硕即速查明,彼时江西藩司系属何人,如何得有谕旨,并所延幕友何人"②。在此乾隆帝着重留意的是著书之人是谁,密咨江西巡抚查明,而对刷卖之县民刘峩在上谕中却并

---

① 中国第一历史档案馆编:《纂修四库全书档案》,上海:上海古籍出版社,1997年,第941页。
② 中国第一历史档案馆编:《纂修四库全书档案》,上海:上海古籍出版社,1997年,第947页。

未强调对其处罚如何。由此我们可以看到,乾隆帝在整顿政治秩序当中第一个原则即是重官吏而轻百姓。

在《沧浪乡志》一案中,湖南巡抚认为其语多狂悖并请将刊刻志书之高治清父子生监斥革,但乾隆帝却认为书中"'幕天席地',乃系刘伶《酒德颂》中成语,'玉盏长明',系指佛灯而言,相沿引用,已非一日,何得目为悖妄?又志中所称'曾王父'字样,亦不过泥古之过"①。乾隆帝认为此书是"无识乡愚杂凑成编,并非有心违悖者可比"②。此两个均透露出乾隆帝对百姓的网开一面和对官僚的从重处罚。

乾隆帝在纂修《四库全书》过程中对书籍销毁之多、对著者处罚之重实是古今图书史上的一大灾难,但对《平滇三策》一书,乾隆帝却认为不在应毁之列,其原因是其并非谬妄之词,在《格物广义》一案中也着重强调毋致愚民恐慌。在《沧浪乡志》一案中也认为是乡愚无知之过,并未过多处罚。

但在僧澹归所著《徧行堂集》一案中,乾隆帝认为僧澹归"其人本不足齿",其书"多悖谬字句,自应销毁"对违碍书籍和作者本人均无过大反应,反而对作序者高纲大力斥责"其心实不可问。使其人尚在,必当立置重典"③。只因其为八旗后代,对高纲之子高秉家,查出违碍书籍《皇明实纪》一书时送交刑部审办。于此可以看出,乾隆帝对世受皇恩的大臣更加严厉,认为高纲为之作序是"天理难容"。

查办违碍书籍以整顿政治秩序,百姓本不就是重点,对百姓从轻处罚还可显示出乾隆帝宽厚之意。而大臣则不同,大臣是乾隆王朝中的重要组成部分。皇帝的旨意要靠大臣执行,如果官僚大臣空言塞责,全无尊君敬上之心,那么将是对封建王朝的重大打击。

2. 重江浙而轻其他

从空间分布来看,乾隆帝整顿政治秩序的重点在于江浙地区。乾隆帝要禁书的想法并非是在乾隆三十九年才有,查办违碍书籍之意至迟在乾隆三十七年就已经产生。乾隆帝面对江浙诸大省时,丝毫不掩饰自己对采访遗书的"殷殷贮望"之意,却唯独对奉天府尹"网开一面"。第二道谕旨下发后,各省纷纷响应,乾隆帝面对江浙诸大省时,令其"恪遵圣旨,实力购觅",与江浙诸大省不同

---

① 中国第一历史档案馆编:《纂修四库全书档案》,上海:上海古籍出版社,1997年,第1548页。
② 中国第一历史档案馆编:《纂修四库全书档案》,上海:上海古籍出版社,1997年,第1549页。
③ 中国第一历史档案馆编:《纂修四库全书档案》,上海:上海古籍出版社,1997年,第454页。

的是,在奉天府尹上书表达自己"再行设法搜求"之意时,不同于对待其他督抚上奏时乾隆帝朱批"览"字的应对,乾隆帝独对奉天府尹朱批"不晓事",并专谕"奉天风俗淳朴,本少著述流传,坊肆阒(原)无可采购"①。按理说采访遗书应面面俱到,不使其有漏网之鱼,且乾隆帝本人在上谕中亦说"各省聚书最富者,原不尽皆本地人之撰著,只论其书有可采,更不必计及非其地产,则搜辑之途更宽,方不致多有遗逸"②。而奉天府尹在上奏之时并未表达本地"鲜有撰述"之意,反而已购得数本书籍,此时乾隆帝却令其不必访购,此与常理不合。

如果说,此时乾隆帝已有借访购遗书之名,行整饬吏治之实的想法,那么或可对此做出解释。同样,在后期销毁违碍书籍时,乾隆帝对江浙诸大省一再展限,唯恐消除不净。却在查办违碍书籍之初,在乾隆四十年面对广西巡抚熊学鹏上奏查出书目因字句违碍不因存留进呈销毁时,就在折内批示道"以粤西此等事少,不必过求矣"③。

之所以在访购遗书时对江浙诸大省特殊关照,恰是由于清初的"文字狱"大多发生在江浙诸大省之间。康熙年间的"明史案"发生在浙江乌程(今浙江湖州),"《南山集》案"主人公戴名世是安徽桐城县人,雍正年间"曾静案"中,吕留良是浙江崇德(今浙江桐乡)人,以及民间盛传的"维民所止"事件发生在查嗣庭在江西省考试当中,且主人公亦为浙江海宁人。

正如乾隆帝谕旨中所说的,奉天"风俗淳朴"是清朝统治者的龙兴之地,是清廷主导的文化、社会秩序的楷模,不同于江浙之间是明末遗民经常讲学之处,"华夷之辨大于君臣之义"的思想氛围浓厚。因此乾隆帝整顿吏治时独对江浙大省特殊关照而对奉天却网开一面,其要借纂修《四库全书》的同时,将明末遗民残存的"华夷之辨"思想一网打尽之意并不是在禁书命令下发之后才有,而此时已跃然纸上。

3. 重在籍朝绅而轻未经出仕者

从仕途履历来看,乾隆帝整顿政治秩序的重点在于在籍朝绅者。同样面对官吏,在"陶汝鼐、黎元宽"一案中,乾隆帝只销毁书籍而子孙均加恩免罪,乾隆帝在上谕中说道"陶汝鼐、黎元宽所刻诗集各种,虽俱有违悖语句,但其人系明季科目,在本朝未经出仕。至陶煊、张灿选刻《国朝诗的》,将钱谦益、屈大均等

---

① 中国第一历史档案馆编:《纂修四库全书档案》,上海:上海古籍出版社,1997年,第34页。

② 中国第一历史档案馆编:《纂修四库全书档案》,上海:上海古籍出版社,1997年,第69页。

③ 中国第一历史档案馆编:《纂修四库全书档案》,上海:上海古籍出版社,1997年,第370—371页。

诗选入,尚在未曾查禁之前,本人久已身故,其子孙亦无另行刊刻之事,均非徐述夔一案可比"①。由此我们可以看出,乾隆帝在纂修《四库全书》查办违碍书籍中重视的首先是其作者有无在本朝出仕,乾隆帝深为痛恨在本朝出仕反而视悖逆为泛常之事;其次是子孙后人有无另行刊刻之事,子孙后代能否自行呈缴其祖狂悖不法之书。

在编录《明季奏疏》一书时,乾隆帝在谕旨中言明"况诸臣在胜国言事,于我国家间有干犯之语,彼自为其主,不宜深责,非若身入本朝、肆为诋悖者可比"②。可见,乾隆帝认为在本朝任官职者肆为诋毁,比明季诸臣者触悖字面更为可恨。而在沈大绶《硕果录》《介寿辞》一案中,因作者沈大绶曾任江西知县,因此当其书中出现狂悖之语时,乾隆帝痛斥其"缘事降调,胆敢心怀怨谤,肆其狂吠,情罪实为可恶,虽其人已伏冥诛,亦当照徐述夔之例戮尸,以伸国法而快人心"③。毛奇龄所撰《词话》中有"清师下浙"字样,乾隆帝评价其殊属悖谬,乾隆帝认为"毛奇龄系康熙年间翰林,书内著载我朝时事,理应称或大兵、王师等字样,乃指称清师抬写,竟似身事前明、未经在本朝出仕者,谬妄已极"④。在政治秩序整顿中,乾隆帝对在清朝出仕者的严加惩处是乾隆帝强化"朝廷共同体"的重要手段,乾隆帝认为在清朝出仕者的悖逆要比没有出仕者更加严重,以此加强自己在官僚体系中的权威。

4. 重怀想胜国而轻愤激诋毁者

从作者目的来看,乾隆帝整顿政治秩序的重点在于怀想胜国者。在第一份四库全书修好以后,乾隆帝发现李清所撰《诸史同异录》书中所称清顺治帝与明崇祯帝四事相同,乾隆帝认为此"荒诞不经",因此命人将《诸史同异录》从全书内撤出销毁,并将总纂官交部议处。乾隆帝评价李清其人"系明季职官,当明社沦亡,不能捐躯殉节,在本朝食毛践土,已阅多年,乃敢妄逞臆说,任意比拟。设其人尚在,必当立正刑诛,用彰宪典"⑤。

乾隆四十三年查获的《六柳堂集》,其销毁的原因在于其为明代人袁继咸所

---

① 中国第一历史档案馆编:《纂修四库全书档案》,上海:上海古籍出版社,1997年,第995页。
② 中国第一历史档案馆编:《纂修四库全书档案》,上海:上海古籍出版社,1997年,第1006页。
③ 中国第一历史档案馆编:《纂修四库全书档案》,上海:上海古籍出版社,1997年,第1050页。
④ 中国第一历史档案馆编:《纂修四库全书档案》,上海:上海古籍出版社,1997年,第1668页。
⑤ 中国第一历史档案馆编:《纂修四库全书档案》,上海:上海古籍出版社,1997年,第1992页。

著,语多悖谬。《九十九筹》由于其为明人颜季亨所撰,书内诋斥之处甚多,较他书更为狂悖不法。因此被乾隆帝下令"各督抚一体严查,尽数解京销毁,毋得片纸只字存留"①。在冯王孙案中,冯王孙所著《五经简咏》一书中语多狂悖,书中可见其有"复明削清"等语,并有不避庙讳之处,乾隆帝认为其"于庙讳全然不避,悖逆显然,实属可恶。应即严讯该犯,录取确供,照大逆凌迟缘坐律,迅速问拟具奏,以正人心而伸法纪"②。

尤为明显的是在殷宝山一案上,乾隆帝本认为其人是在借端怀想胜国,孰料其人仅系愤激,意在讥毁仇人。因此乾隆帝下旨"殷宝三(山)一犯,若果有假托朱姓,隐跃其词,寓其怀想前明之意,自属罪不容诛,理宜尽法惩治。若果如所供,不过系愤激无聊,借端讥毁仇人,计图泄怨,本无悖逆情事,则仅当治其递献呈词,狂妄乖谬之罪"③。"怀想前明"之意是乾隆帝不能容忍的,"借端讥毁"之意则反而较轻,至此我们根据上谕可以明显地看出来乾隆帝的重怀想胜国而轻愤激诋毁者之意所在。

面对明清易代之际明末遗民出现的怀想胜国之意,如在诗文中出现的"明朝期振翮,一举去清都",乾隆帝认为是"借朝夕之朝,作朝代之朝,且不言到清都,而言去清都,显有欲兴明朝去本朝之意"④。实为悖逆谬妄、罪大恶极之事。其诗内怀想胜国之意被乾隆帝认为是"无非藉以为名,不可信以为实"⑤。乾隆帝视轻愤激诋毁者为鬼蜮伎俩,"此不过抑郁无聊之人,自揣毫无进路,遁而为此,与匹夫匹妇之自经沟壑无异。而读书失志之徒,遂托言怀想前朝,以为万一败露,犹可藉以立名,其肺腑真可洞鉴"⑥。

鉴别仅仅是愤激诋毁还是真有追怀故国之思是乾隆帝在政治秩序整顿中的重要内容。可以放过愤激诋毁之徒,但绝不能轻饶追怀故国之人。在乾隆帝看来,愤激诋毁之徒不过是借以扬名立万,对政治统治造不成威胁,而追怀故国

---

① 中国第一历史档案馆编:《纂修四库全书档案》,上海:上海古籍出版社,1997年,第957页。

② 中国第一历史档案馆编:《纂修四库全书档案》,上海:上海古籍出版社,1997年,第1014页。

③ 中国第一历史档案馆编:《纂修四库全书档案》,上海:上海古籍出版社,1997年,第940页。

④ 中国第一历史档案馆编:《纂修四库全书档案》,上海:上海古籍出版社,1997年,第937页。

⑤ 中国第一历史档案馆编:《纂修四库全书档案》,上海:上海古籍出版社,1997年,第951页。

⑥ 中国第一历史档案馆编:《纂修四库全书档案》,上海:上海古籍出版社,1997年,第951—952页。

之人却有可能危害统治。

(二) 从查办方式看政治秩序的整顿

在纂修《四库全书》查办违碍书籍过程中,乾隆帝查办方式中又呈现出"不为已甚"与"痛恨劣幕"的特点。这一方面反映出乾隆帝爱惜百姓之统治怀柔之术,同时另一方面又反映出乾隆帝对劣幕的痛恨和重视吏治之意。

1. 毋滋扰而不扩大

乾隆帝在政治秩序整顿过程中,其查办方式特点首先在于毋滋扰而不扩大。在纂修《四库全书》当中,无论是在征书还是在禁书的过程中,乾隆帝均多次下谕旨催促,但其所催促对象在于臣工,对于百姓,乾隆帝反而每每强调胥吏毋令滋扰。乾隆帝在三十七年下诏征书时就令各在省督抚"严饬所属,一切善为经理,毋任吏胥藉端滋扰"①,寄谕两江总督高晋查访《永乐大典》佚本时也再三强调"但须谕有司不动声色,善为搜求,不可假手吏胥,致令藉端滋扰"②,在查办违碍书籍时令"各督抚必须选派妥员,善为经理,毋得照常通行交地方官,办理不善,致不肖吏役藉端滋扰"③。在王锡侯《字贯》案中不株连与王锡侯平日往来者并寄谕两江总督高晋,"着高晋善体朕心,到江西后一切处以镇静,并将朕不为已甚之意明白宣谕,使众共知晓,以免惊疑"④。

同时,乾隆帝在禁毁违碍书籍时力求销毁干净,以求除邪说、正人心、厚风俗,为此针对禁毁方式多次下旨,其对违碍书籍的查缴重臣工而轻百姓,而其销毁也以不扩大为主。纂修《四库全书》刚开始时,乾隆帝在查禁违碍书籍时详细指示"不但印就书本,应行查禁,其版片自应一并销毁。但恐各省自行办理,尚未能切实周到。着传谕陈辉祖并各省督抚,遇有查出应禁书籍,一面将原书封固进呈,一面查明如有版片,即行附便解京,交军机处奏闻削毁"⑤。查禁违碍书籍,销毁板片自不待言,但销毁书籍为何要检出解京,不能在外销毁?对此乾隆帝的解释是恐各省不能切实周到,此种解释很难令各省督抚理解。其后,贵州

---

① 中国第一历史档案馆编:《纂修四库全书档案》,上海:上海古籍出版社,1997年,第2页。
② 中国第一历史档案馆编:《纂修四库全书档案》,上海:上海古籍出版社,1997年,第61页。
③ 中国第一历史档案馆编:《纂修四库全书档案》,上海:上海古籍出版社,1997年,第240—241页。
④ 中国第一历史档案馆编:《纂修四库全书档案》,上海:上海古籍出版社,1997年,第748页。
⑤ 中国第一历史档案馆编:《纂修四库全书档案》,上海:上海古籍出版社,1997年,第314页。

巡抚查缴违碍书籍后仍上奏请旨在外销毁,对此乾隆帝斥之为乖谬,并说出为何要解京销毁的真正原因,"闻有应毁之书,必且以为新奇可喜,妄行偷看,甚或私自抄存,辗转传写,皆所不免。是因查销应禁之书,转多流传底本"①。

解京销毁的真正原因在于对违碍书籍的静态处理,不致令地方藉端滋扰以至于事态扩大化,反而导致查而无功,愈查愈多。而其不令"吏胥滋扰"的原因亦在于乾隆帝的体谅民心,正如纂修《四库全书》的目的在于使其流传广播,沾溉艺林,并非是束之高阁、秘府珍藏。同理,为避免事态扩大化,在查办违碍书籍中一般重要案件,乾隆帝均要命人提审进京。殷宝山诗文中"红乃朱也"一词使乾隆帝大为恼火,随即下诏令地方官员严行解京审讯,"今复思该犯情罪重大,外间审讯恐不能得其实供"②。查办违碍书籍过程当中,审办早已不是第一次。而对殷宝山却独开先河,令其进京审问,地方官员"不能得其实供"的理由似乎苍白无力。其真正理由应是鉴于雍正年间的曾静案,乾隆帝杯弓蛇影,在前期认为此案是殷宝山心怀故国借以凝聚人心意图谋反。与雍正帝面对曾静案时颁布《大义觉迷录》令天下皆知不同的是,乾隆帝深恐留在地方办理会使得地方士子以为新奇可喜,反而会令此种思想愈传愈广。

2. 痛劣幕而整吏治

乾隆帝在政治秩序整顿过程中,其查办方式特点还在于痛劣幕而整吏治。对满清统治者而言,其最重要的敌人并不是吕留良等辈,反而是庞大的官僚机构。无论皇帝的旨意如何重要,如果官僚机构对皇帝的旨意冷眼旁观,空文塞责,那么皇帝的旨意便不会得到真正的实施。中国古代封建社会即独裁君主与官僚之间不断暗斗的历史,对此,宫崎市定认为"作为独裁君主的天子与他的人民之间出现了官僚这个特权阶级,形成了半封建化的阶级社会,企图侵害天子独裁权的危险无时不在。独裁君主必须与妨碍他的独裁权之人持续斗争"③。

在官僚体制中为预防结党营私,地方官员的调转一般根据异地为官的原则,但幕友胥吏为地方官员私人所聘请,在地方军政官署中协助办理事务,虽非正式官员,但位卑而权重,谓之幕友政治。幕友政治开始于雍正年间,至乾隆年间达到顶峰。乾隆帝在纂修《四库全书》中希望借此整顿吏治,希望在日常事务的处理过程中大臣切实办理而毋假借胥吏之手。

---

① 中国第一历史档案馆编:《纂修四库全书档案》,上海:上海古籍出版社,1997年,第446页。

② 中国第一历史档案馆编:《纂修四库全书档案》,上海:上海古籍出版社,1997年,第873页。

③ 宫崎市定:《雍正帝:中国的独裁君主》,孙晓莹译,北京:社会科学文献出版社,2016年,第175页。

在纂修《四库全书》过程当中,乾隆帝多次下旨严令胥吏毋令滋扰,这一方面表达了乾隆帝照顾地方之胜眷,但同时也反映出乾隆帝对胥吏的不放心。封建王朝中官、吏两途,中央下发旨意到地方有司,而地方官员往往并不亲自办理此事,而转令胥吏直接办理,乾隆帝深怕胥吏随意处事扰乱地方,因此一再强调大臣切实办理。在海成案中乾隆帝申饬海成"海成既办此事,岂有原书竟未寓目,率凭庸陋幕友随意黏签,不复亲自检阅之理"①。其中更深层次的原因可能是乾隆帝深怕一切委任胥吏处理,导致地方结党舞弊现象严重。在徐述夔一案中,蔡嘉树向陶易控诉徐食田隐匿其祖逆词时,陶易并不立时严办反而转批呈词"与尔何干"。后经乾隆帝亲加审讯陶易后,得知此呈词为陶易幕友陆琰所改,而陶易并未寓目,此举被乾隆帝认为是幕友陆琰故意开脱。乾隆帝对此举深为痛恨的原因不仅是在于此事的处理过程中封疆大员陶易竟未寓目,更重要的原因是由于此事涉及劣幕陆琰对此事舞文玩法,有意消弭。因此乾隆帝在谕旨中痛斥其"情节可恶,其罪亦断难轻追"②。而幕友有心袒护开脱,欲图消弭,而大臣竟未寓目。此举是乾隆帝所不能容忍的,在官僚机器的运转当中,乾隆帝需要的是地方官员能够有效执行自己的命令,上下一体、切实办理,不能允许地方官员有隐匿不报、袒护开脱的现象发生。

但乾隆帝心中亦明白,官僚机器的运转不得不依靠胥吏,在徐述夔一案中乾隆帝吹毛求疵地认为一同校书的徐首发、沈成濯二人姓名"明是取义孟子'牛山之木,若彼濯濯'诋毁本朝剃发之制,其为逆党显然,实为可恶"③。关于此大逆不道之事,乾隆帝在上谕中说明"萨载、杨魁何以竟为其瞒过?即或伊二人文义平常,岂幕友中全无一人看出者,何皆为之隐讳不言乎"④。这正说明乾隆帝即使非常痛恨由幕僚主导官场,却依然认为幕友在官僚机器正常运转中不可或缺。

乾隆帝建构的由清廷主导的政治秩序中,大臣和缙绅是其中两个至为关键的环节。由以乾隆帝为代表的清廷在构建社会秩序的这座大楼中,乾隆帝本人亲自动手施工,封疆大吏者为这座大楼的框架,而在籍朝绅就是这座大楼里填充的砖瓦。乾隆帝无法容忍封疆大吏者的空言塞责及在籍朝绅的昧良负恩,因为没有他们,乾隆帝所动手规划的蓝图也就仅仅只是蓝图而已,永远没有办法

---

① 中国第一历史档案馆编:《纂修四库全书档案》,上海:上海古籍出版社,1997年,第738页。

② 中国第一历史档案馆编:《纂修四库全书档案》,上海:上海古籍出版社,1997年,第935页。

③④ 中国第一历史档案馆编:《纂修四库全书档案》,上海:上海古籍出版社,1997年,第887页。

落实。因此在纂修《四库全书》中,乾隆帝借查办违碍书籍趁机敲打封疆大吏与在籍朝绅。因此,在王锡侯《字贯》案中,海成因其所拟处罚较轻,被乾隆帝斥责为空言塞责,指责其并未切实办理。而在徐述夔案中,因沈德潜备受皇恩却转而为逆犯徐述夔作传,致使乾隆帝痛骂其昧良负恩。此举均是乾隆帝面对纂修伊始,各省督抚奉行故事,官僚机器逐渐僵化的一种整顿。

在不同"文字狱"最终处理结果的比较中,我们可以看出来乾隆帝在政治秩序整顿过程当中的一些特点:从人员属性来讲,在大臣与百姓之间对官吏处罚较重;从空间分布上来讲,对江浙地区比较重视;从仕途履历来讲,明清易代之际在我朝食毛践土者与未经出仕者之间对在籍官绅处罚较重;并尤其注重书中出现的作者怀想胜国之意者。其查办方式又具有"静态处理"与"痛恨劣幕"之特点,这也是其借纂修《四库全书》从而整顿吏治的题中应有之义。对怀想胜国者处罚较重自不待言,但对大臣和在籍朝绅者处罚较重其目的实是在于加强尊君敬上之意,强化君臣一体共同构建以乾隆帝为主导的政治秩序。

清朝统治者希望凭借《四库全书》的编纂以正人心、厚风俗,构建由清廷主导的社会秩序,这在客观程度上突破了传统的"夷夏有别"限制,并不断弥合族群矛盾,促进边疆地区与内地的"一体化",最终对我国统一多民族主权国家的形成产生了重要的作用。深入对《四库全书》编纂的研究,有助于我们进一步了解清中期社会秩序的情况,并对今天我们统一多民族国家的发展提供一些有意义的借鉴。

"四库分类"中"易学两栖"现象之再检讨

——以《左传》"占卜"实践演进为中心*

张永超

(上海师范大学哲学系,上海 200234)

摘 要:"四库分类"所形成的"知识谱系"有其对应的"实践依据"。"四库分类"中的"易学两栖"现象便有着丰富的占卜实例,其演进历程表现为:违卜——主体性自觉、改卜——合法性再造和龟焦——神圣性失落。由此造成卜筮让位于德义,原因在于:物先象后——人事优先于兆相、有德无咎——吉兆落实的条件和易不占险——占卜实践的限制。在此实践依据基础上,形成了"易学两栖"的分类依据。针对归属于"经部"的"德义",其深层次困境在于诠释学悖论和合法性问题,此种反思也让我们看到"经部"内容的合法性问题有待重估。

关键词:卜筮 德义 合法性

问题引入:"四库分类""知识谱系"与"实践依据"

本文接续四库学分类问题尝试有所推进,由探讨《四库全书总目》的西学文献、术数类文献及其形成的"知识谱系"对晚清民初以来思想界的影响①,尝试接

---

* 本文为国家社科基金项目《中国哲学现代转型中的知识论问题研究》(14CZX028)阶段性成果。感谢"上海高校高峰高原学科项目"资助。本文应邀为"2019 中国四库学研究高层论坛"而写,接续 2018 年 9 月首都师范大学"四库学论坛"参会论文、2017 年 6 月首都师范大学"第二届中国四库学高层论坛"参会论文、2016 年 6 月提交给湖南大学"首届中国四库学高层论坛"的论文,尝试进一步探讨四库分类问题,尤其是接续提交给首都师范大学的论文,尝试探究"易学两栖"的形成依据问题。

① 参见拙作:张永超:《论〈四库全书总目〉对西学的误读及成因——以耶稣会士译亚里士多德著作为例》,《中国四库学》,第一辑,北京:中华书局,2018 年,第 286—303 页;(注转下页)

续对"术数类文献"中"易学两栖"现象进一步探讨,四库的分类并非四库馆臣编纂者的"师心自用",而是有着深沉的现实依据和实践支撑。针对"易学两栖"现象,我们看到《四库全书总目》明确将同属于"易学"的文献分归在"经部"(注重公理)和"子部"(术数类)中,由此现象我们可以看出:第一,此种分类依据是对孔子以来由"卜筮"而"德义"易学观的自觉继承;第二,"两栖"现象普遍存在于四库分类中,其依托的知识谱系是带有"意识形态宣教"色彩的"经史知识结构";第三,就知识自身性质而言,"两栖"现象存在种种知识上的误读,而且"经史知识结构"也面临知识分类上的边界与困境。

考虑到影响作用,可以看到由"易学两栖"现象可以折射出《四库全书总目》所依据的知识谱系,同时也可以彰显其作为晚清民初思想遗产的意义;若向前追溯的话,可以看出"易学两栖"现象有着丰富的实践依据。我们常引用孔子由"卜筮"而"德义"的转变(马王堆汉墓帛书《要》篇)①、子曰:"不占而已矣。"(《论语·子路·二二》),但是,在孔子的说法之前,便有着丰富的占卜实例来支持"卜筮"到"德义"的转变,而这一点正是后来"四库分类"中"易学两栖"现象的实践依据之所在②。本文之立意便尝试以《左传》中的"占卜"实例为中心对"易学两栖"予以进一步探讨。

一、占卜实例:违卜、龟焦与修德改卜

(一) 违卜:主体性自觉

若结合传世文献,我们看到很多"违卜""改卜"的事例,至少"武王卜伐纣"时太公就开了这个头(《史记·齐太公世家》),这是一种"人事"与"鬼神"的较量,任何行为抉择都是"人事谋虑"与"龟卜兆数"的均衡,然而当差异明显的时

(续上页注)张永超:《以中释西何以可能?——〈四库全书总目〉对西学文献的分类问题探微》,《四库学》,第一辑,陈晓华主编,北京:社会科学文献出版社,2017年,第112—125页;张永超:《"易学两栖"何以可能?——以"易学类"文献为例再论四库分类中的知识谱系问题》,《四库学》,第五辑,陈晓华主编,北京:社会科学文献出版社,2019年,第20—32页。

① 类似讨论比较多,可参考:廖名春:《试论孔子易学观的转变》,《孔子研究》,1995年第4期;林忠军:《从帛书〈易传〉看孔子易学解释及其转向》,《北京大学学报》,2007年第3期;张克宾:《由占筮到德义的创造性诠释——帛书〈要〉篇"夫子老而好〈易〉章发微"》,《社会科学战线》,2008年第3期;另可参见:李学勤:《周易溯源》,成都:巴蜀书社,2005年,"孔子论《易》部分"。

② 由此也可以看出,《四库全书总目》对中国传统思想的集成性继承,发挥着承上启下的作用。其功过是非之评判,都应放入此语境予以考量。

候,"占卜"变成了一种障碍,因此"违卜"之事便在所难免。由此可以看出,至少逐渐出现了这一现象,占卜处于次要地位,人事之谋虑、德性处于优先性。这在《左传》中有着丰富的占卜实例。关于"违卜",《左传》有两处记载:

  壬戌,战于韩原,晋戎马还泞而止,公号庆郑,庆郑曰,愎谏违卜,固败是求,又何逃焉,遂去之,梁由靡御韩简,虢射为右,辂秦伯,将止之,郑以救公误之,遂失秦伯,秦获晋侯以归。(《左传·僖公十五年》)

  君子曰,仁人之言,其利博哉,晏子一言而齐侯省刑,诗曰,君子如祉,乱庶遄已,其是之谓乎,及晏子如晋,公更其宅,反则成矣,既拜乃毁之,而为里室,皆如其旧,则使宅人反之,且谚曰,非宅是卜,唯邻是卜,二三子先卜邻矣,违卜不祥,君子不犯非礼,小人不犯不祥,古之制也,吾敢违诸乎,辛复其旧宅,公弗许,因陈桓子以请,乃许之。(《左传·昭公三年》)

这两则事例,就其语境而言是对"违卜"的批评,但是,我们可以看出:第一则材料恰好可以反证"违卜"在当时是一种事实,尤其是可以看出"占卜"不再是一种神圣、庄严的仪式,只是一种随心所欲的选择。第二则材料尽管说"违卜不祥",但是整则材料突显的则是一种"人文精神"冲动,无论是"君子曰"还是"古之制",突显的都是一种仁人智慧,所谓的"卜"也是突显"人",正所谓"非宅是卜,唯邻是卜",这与"里仁为美"有异曲同工之妙。整则材料也是突显晏子的德性。"占卜"只是"德性"的装饰。

(二) 龟焦:神圣性失落

  占卜是一种"神圣"仪式,正如同牺牲要庄严一样,上面提到"郊牛之口伤",其实就是一种"不敬",所以"改卜牛",然而"鼷鼠又食其角",这是值得审视的,为何作为神圣仪式的牺牲一而再、再而三地遭到亵渎。这倒不是"祭品也需要颜值"的问题,而是一种神圣性的敬畏。在《圣经》中有着更为详细明确的记载,诸如"造约柜的规定""造陈设饼桌子的规定""造帐幕和幔子的规定""造祭坛的规定"等等,都有着明确的条例(《圣经·出埃及记》),至于"燔祭条例""素祭条例""平安祭条例"更是细致入微(《圣经·利未记》),可以举个例子,"人的供物若以绵羊或山羊为燔祭,就要献上没有残疾的公羊"(利1:10)。这种对于祭品的考究大约是中外皆然的,用现在的话说,祭品也需要颜值;当然,这还只是外在形式,真正注重的倒不是祭品,研读《圣经》的话,怜悯、圣爱、公义是高于祭祀的①,类似于"燔

---

① 《马太福音》第9章第13节引用何6:6,"我喜爱怜悯,不喜爱祭祀"。

祭在心""注重仁义"的话还不少,比如"耶和华是看内心"(撒上 16:7)、"行仁义公平比献祭更蒙耶和华悦纳"(箴 21:3)、"许多祭物于我何益?"(赛 1:11)、神对人的要求"敬畏、行道、爱他"(申 10:12)、"神所要的祭,就是忧伤的灵"(诗 51:17)、"神的国不在乎吃喝,只在乎公义"(罗 14:17)。祭祀只是一种仪式,对于仪式的敬畏,关键在于将"天主的爱人旨意"落实:"遵守神的诫命就是爱他了"(约一 5:3)。这大约也是尊师重道的道理。然而,仪式的亵渎,往往意味着神圣性的失落。比如下面两则"龟焦"的例子。

> 秋,齐侯伐晋夷仪,敝无存之父将室之,辞,以与其弟,曰,此役也,不死,反必取于高国,先登,求自门出,死于溜下,东郭书让登,犁弥从之,曰,子让而左,我让而右,使登者绝而后下,书左,弥先下,书与王猛息,猛曰,我先登,书敛甲曰,曩者之难,今又难焉,猛笑曰,吾从子,如骖之靳,晋车千乘,在中牟,卫侯将如五氏,卜过之,龟焦,卫侯曰,可也,卫车当其半,寡人当其半,敌矣,乃过中牟,中牟人欲伐之,卫褚师圃亡在中牟,曰,卫虽小,其君在焉,未可胜也,齐师克城而骄,其帅又贱,遇必败之,不如从齐,乃伐齐师,败之,齐侯致禚、媚、杏,于卫。(《左传·定公九年》)
>
> 秋,八月,齐人输范氏粟,郑子姚,子般,送之,士吉射逆之,赵鞅御之,遇于戚,阳虎曰,吾车少,以兵车之斾,与罕驷兵车,先陈,罕驷自后随而从之,彼见吾貌,必有惧心,于是乎会之,必大败之,从之,卜战,龟焦,乐丁曰,诗曰,爰始爰谋,爰契我龟,谋协以故,兆询可也,简子誓曰,范氏中行氏反易天明,斩艾百姓,欲擅晋国而灭其君,寡君恃郑而保焉,今郑为不道,弃君助臣,二三子顺天明,从君命,经德义,除诟耻,在此行也。(《左传·哀公二年》)

《左传》只有两处"龟焦"案例,但是通篇可以看出是一种人事的较量,第一则基本上是一个军事实力分析,无论参战各方都是实力较量,占卜只是一种形式。但是,即便是形式,也太随意了,行旅途中多凶险,占卜一下,这是极为重要的参考,但是"卜龟烧焦了"[①],这也太不讲究了。但是,只要实力有保证,该走的路还是要走,旅途安全依据自家装备和军事实力,龟焦之类大约没人在意了。该打的仗还是要打,胜败关键在于军事实力和战略谋划,立命立心之类大约最早是在战乱中得出的箴言。这逐渐成了春秋的信条,在战国尤甚,后世则可谓源远流长。第二则材料则突显了"人谋"的优先和"龟卜"的协助,所谓"爰始爰

---

① 《左传》,郭丹等译注,北京:中华书局,2012 年,第 2169 页。

谋,爰契我龟";但是,"龟焦"了,竟然连"龟卜"的协助也不要了,"谋协以故,兆询可也",若"谋划一致,服从以往的占卜结果就是了"①,这里可以看出"占卜"之"卜筮兆数"而来的"审吉凶"成了一种"历史经验",任何历史经验都服务于现实"生存境遇"的是非考量。"史"的份量越来越优先于"巫"。

类似的例子还可参考:

> 秋,七月,楚子在城父,将救陈,卜战不吉,卜退不吉,王曰,然则死也,再败楚师,不如死,弃盟逃雠,亦不如死,死一也,其死雠乎,命公子申为王,不可,则命公子结,亦不可,则命公子启,五辞而后许,将战,王有疾,庚寅,昭王攻大冥,卒于城父,子闾退曰,君王舍其子而让,群臣敢忘君乎,从君之命,顺也,立君之子,亦顺也,二顺不可失也,与子西,子期,谋潜师闭涂,逆越女之子章立之,而后还,是岁也,有云如众,赤鸟夹日以飞,三日,楚子使问诸周大史,周大史曰,其当王身乎,若禜之,可移于令尹,司马王曰,除腹心之疾,而置诸股肱何益,不穀不有大过,天其夭诸,有罪受罚,又焉移之,遂弗禜,初,昭王有疾,卜曰,河为祟,王弗祭,大夫请祭诸郊,王曰,三代命祀,祭不越望,江汉雎章,楚之望也,祸福之至,不是过也,不穀虽不德,河非所获罪也,遂弗祭,孔子曰,楚昭王知大道矣,其不失国也宜哉,夏书曰,惟彼陶唐,帅彼天常,有此冀方,今失其行,乱其纪纲,乃灭而亡,又曰,允出兹在兹,由己率常可矣。(《左传·哀公六年》)

这则材料有两点可以注意:第一,"卜战不吉,卜退不吉"。这是个有趣的说法,不仅仅是个概率问题,而是"占卜"的自相悖问题,"吉凶""战退"是对应的,不能同时出现吉凶,至少要符合"同一律",行为上才具有一致性,但是"卜战不吉,卜退不吉"则令人难以适从(当然还要考虑到占卜次数和占卜限制问题)。但是,面对此种自相悖情况,最后的决断还是一种人事分析,与上面的例子一致。占卜不再是关键性行动依据。第二,涉及"移除巫术"以及祸福缘由。这是一个很精彩的段落,我们知道武王重病时,周公就想过这个法子。但是这段楚王的说法义正辞严、大义凛然,"有罪受罚",是令人肃然起敬的。真可谓"知大道"。类似的评价我们在"文公十三年"有看到:"邾文公卜迁于绎,史曰,利于民而不利于君,邾子曰,苟利于民,孤之利也,天生民而树之君,以利之也,民既利矣,孤必与焉,左右曰,命可长也,君何弗为,邾子曰,命在养民,死之短长,时也,民苟利矣,迁也,吉莫如之,遂迁于绎,五月,邾文公卒,君子曰知命。"(《左传·

---

① 《左传》,郭丹等译注,北京:中华书局,2012年,第2231页。

文公十三年》)邾文公之关于"命""生死""君民"之说法同样令人肃然起敬。

这里让我们很明确地看到,至少在《左传》文本里,存在这样的现象,祸福、生死、命运之依据不在鬼神、偶然、卜筮兆数,而在人自身。战争成败主要不在占卜,而在军事实力和战略谋划;个人祸福也不在卜筮兆数,关键在于德性操守。

(三) 改卜:合法性再造

如果说上面的"违卜"只是一种侧面表述,远不如太公"推蓍蹈龟而曰:'枯骨死草,何知而凶?'"(《论衡·卜筮》)那样激动,但是,下面几则记录则是主动的"改卜"。

> 三年,春,王正月,郊牛之口伤,改卜牛,牛死,乃不郊,犹三望。(《左传·宣公三年》)
> 七年,春,王正月,鼷鼠食郊牛角,改卜牛,鼷鼠又食其角,乃免牛。(《左传·成公七年》)
> 鼷鼠食郊牛,牛死,改卜牛。(《左传·定公十五年》)
> 鼷鼠食郊牛,改卜牛。(《左传·哀公元年》)

若依照"春秋笔法",对于"卜牛"的反复记载,恰恰反证了"礼崩乐坏",神圣仪式不再庄严,"鼷鼠食郊牛"是一种神圣性亵渎,"改卜"只是一种神圣性失落的见证。

> 郑良霄,大宰石㚟,犹在楚,石㚟言于子囊曰,先王卜征五年,而岁习其祥,祥习则行,不习则增,修德而改卜,今楚实不竞,行人何罪,止郑一卿,以除其逼,使睦而疾楚,以固于晋焉,用之使归,而废其使,怨其君以疾其大夫,而相牵引也,不犹愈乎,楚人归之。(《左传·襄公十三年》)
> 吴伐楚,阳匄为令尹,卜战不吉,司马子鱼曰,我得上流,何故不吉,且楚故,司马令龟,我请改卜,令曰,鲂也,以其属死之,楚师继之,尚大克之,吉,战于长岸,子鱼先死,楚师继之,大败吴师,获其乘舟馀皇。(《左传·昭公十七年》)
> 群臣谁敢盟卫君者,涉佗成何曰,我能盟之,卫人请执牛耳,成何曰,卫,吾温原也,焉得视诸侯,将歃,涉佗捘卫侯之手及捥,卫侯怒,王孙贾趋进曰,盟以信礼也,有如卫君,其敢不唯礼是事,而受此盟也,卫侯欲叛晋,而患诸大夫,王孙贾使次于郊,大夫问故,公以晋诟语之,且曰,寡人辱社稷,其改卜嗣,

寡人从焉,大夫曰,是卫之祸,岂君之过也。(《左传·定公八年》)

上述三则实例则是一种主动的"改卜"行为。第一则材料可以看出人事努力与占卜的相得益彰①,"祥习则行,不习则增",主要是通过人事的努力来达到"吉祥","修德而改卜",占卜只是"修德"结果的见证,只是"征伐"的合法性通行证。第二则材料类型一样,军事实力、战略位置才是是否"出战"的主要依据②,若实力允许,即便不吉,也可以"改卜",因为其理由在于"我得上流,何故不吉",可以看出人谋的自信远远超过了占卜吉凶上的参考。第三则材料涉及"改卜嗣",涉及继承人问题③,但是,若细审原文,其依据仍在于"人"自身的行为,因为"寡人辱社稷",所以才有"改卜嗣"的想法,而大夫的劝慰也可以看出说理重点也放在非"君之过"上,这里可以看出"改卜"只是人文精神的彰显和装饰。

另有一则材料比"改卜"更严重,与太公类似,但是下场相反,事发昭公十三年:"初,灵王卜曰,余尚得天下,不吉,投龟诟天而呼曰,是区区者而不余畀,余必自取之,民患王之无厌也,故从乱如归。"(《左传·昭公十三年》),楚灵王"投龟诟天"的行为与 "太公推蓍蹈龟而曰:'枯骨死草,何知而凶?'"(《论衡·卜筮》)可谓如出一辙,但是,两人结局则完全不同,灵王"闻群公子之死也,自投于车下……王缢于芋尹申亥氏"(《左传·昭公十三年》),这里的问题很复杂,若灵王像武王那样,后世的故事或许就不一样了;这就好比,若宋襄公遵守古礼"君子不重伤,不禽二毛,古之为军也,不以阻隘也,寡人虽亡国之余,不鼓不成列"(《左传·僖公二十二年》),在泓之战胜了,对他的嘲讽或许更少吧。军人的尊严似乎还需要战果来支撑。若仔细考究的话,无论是占卜还是实力,无论是神佑还是人谋,都无法排除结局的偶然性,这是理性化的界限。

二、"职竟由人":卜筮让位于德义

其实注重军事实力、修德行政的故事不限于《左传》,《五帝本纪》《夏本纪》《殷本纪》就渊源有自了。只不过这一现象在《左传》中有着更为明确、详细的记录。

(一) 物先象后:人事优先的依据

首先我们看一下晋献公的例子。这次与战事无关,只关风月。"初,晋献公

---

① 参见《左传》,郭丹等译注,北京:中华书局,2012年,第1183—1184页。
② 参见《左传》,郭丹等译注,北京:中华书局,2012年,第1853—1854页。
③ 参见《左传》,郭丹等译注,北京:中华书局,2012年,第2152—2155页。

欲以骊姬为夫人,卜之不吉,筮之吉,公曰,从筮,卜人曰,筮短龟长,不如从长,且其繇曰,专之渝,攘公之羭,一薰一莸,十年尚犹有臭,必不可,弗听,立之"(《左传·僖公四年》)。这是个复杂的故事,也是个悲惨的故事。但是,从卜筮的角度去看,也很有趣,"卜之不吉,筮之吉",这也是个"占筮悖论"问题。但是,卜人有诠释依据"筮短龟长,不如从长",只是晋献公不听劝告,还是随心所欲。后来的故事自然可以为占卜合法性提供反证。然而,我们却看到类似例子的侧重性评价不在反证"占卜合法性"而在人自身的"德性操守"。这事发生在"僖公十五年":"晋献公筮嫁伯姬于秦,遇归妹之睽,史苏占之,曰,不吉,其繇曰,士刲羊,亦无衁也,女承筐,亦无贶也,西邻责言,不可偿也,归妹之睽,犹无相也,震之离,亦离之震,为雷为火,为嬴败姬,车说其輹,火焚其旗,不利行师,败于宗丘,归妹睽孤,寇张之弧,侄其从姑,六年其逋,逃归其国,而弃其家,明年,其死于高梁之虚,及惠公在秦,曰,先君若从史苏之占,吾不及此夫,韩简侍曰,龟,象也,筮,数也,物生而后有象,象而后有滋,滋而后有数,先君之败德,及可数乎,史苏是占,勿从何益,诗曰,下民之孽,匪降自天,僔沓背憎,职竞由人。"(《左传·僖公十五年》)

这里的评价很有趣,第一,根据当时语境"先君若从史苏之占,吾不及此夫",这自然是利于"占卜"效力的例证,但是,当时的分析则对此轻描淡写,"史苏是占,勿从何益"。第二,原因在于人们注重祸福源自人而非卜筮兆象,是否服从占卜不是关键,"下民之孽,匪降自天,僔沓背憎,职竞由人"。第三,祸福由人而非降自天的理由在于"物生"的优先性,"象"和"数"都是后起的:"物生而后有象,象而后有滋,滋而后有数";因为"龟,象也,筮,数也",所以"卜筮象数"便落后于"物生","先君败德"是关键,任何"卜筮象数"之从与不从都于事无补。类似的例子我们可以参考庄公十四年的记载:"郑厉公自栎侵郑,及大陵,获傅瑕,傅瑕曰,苟舍我,吾请纳君,与之盟而赦之,六月,甲子,傅瑕杀郑子,及其二子,而纳厉公,初,内蛇与外蛇斗于郑南门中,内蛇死,六年而厉公入,公闻之,问于申繻曰,犹有妖乎,对曰,人之所忌,其气焰以取之,妖由人兴也,人无衅焉,妖不自作,人弃常,则妖兴,故有妖。"(《左传·庄公十四年》)祸福、生死、妖兽等等最终都是源自人自身的行为。这个例子在《殷本纪》就有两次记载。

(二)有德无咎:吉兆落实的条件

下面两则例子则是对于上述"职竞由人""妖由人兴"的进一步展现,前面谈到"卜筮兆数"的自悖性,多有不合"人谋"而"违卜""改卜"的事实,下面则是对于"吉兆"的反省,吉兆若无人事的对应德行,吉兆归于无效。这可谓是对"占卜"的放逐,真正的依据在人自身的行为,即便是"吉兆"也依赖于人"德行"的成全。

第一则事例为"穆姜薨于东宫,始往而筮之,遇艮之八,史曰,是谓艮之随,随其出也,君必速出,姜曰,亡,是于周易,曰,随元亨利贞,咎,元,体之长也,亨,嘉之会也,利,义之和也,贞,事之干也,体仁足以长人,嘉德足以合礼,利物足以和义,贞固足以干事,然故不可诬也,是以虽随无咎,今我妇人而与于乱,固在下位,而有不仁,不可谓元,不靖国家,不可谓亨,作而害身,不可谓利,弃位而姣,不可谓贞,有四德者,随而无咎,我皆无之,岂随也哉,我则取恶,能无咎乎,必死于此,弗得出矣"(《左传·襄公九年》)。对此例子李镜池先生有着多次引用和精彩发挥①。穆姜之被"打入冷宫"②,虽遇"艮之八,史曰,是谓艮之随,随其出也,君必速出",但是,穆姜的解释很明显比专业的占卜史官更有道理,她认为即便是"吉兆"也要有"德"相配和成全,"有四德者,随而无咎,我皆无之,岂随也哉,我则取恶,能无咎乎,必死于此,弗得出矣"。李镜池先生分析道:"占筮还要看占的人的行为品德,品德跟吉凶是连在一起的,有德才配得上吉占,没品的人,占了吉也没用。——看,这是多么有哲学意味的话。它把神秘、迷信的外衣剥掉,送进了'人'的气息。原来'吉凶由人'的思想,在春秋时一部分开明人士已经有这种认识。所以,孔子说'不占而已矣。'"③李泽厚先生认为"中国远古之巫术没走向对象崇拜的宗教(也许这种供奉的行为,因走入这个方向而为孔子反对?)却理性化地与历史、政治相结合,而形成'巫史文化'。它的成果即周易……这一传统导致荀子明言'善为易者不占'。"④二者对孔荀的引用有异曲同工之妙。

李镜池先生甚至认为"引申发挥,把占筮'兆'辞说成做人的道理,这是思想上一大发展"⑤,所以,穆姜在思想史上或许应留下一笔。她固然有"缺德之行",但是,那种自知之明、理性意识,在思想高度上,甚至高于一些道德模范,她是个明白人,用李镜池的话说是个"开明人士",其实"开明人士"任何时代、任何阶层都有,就如同"糊涂人士"任何时代、任何阶层都有一样。前面我们提到《五帝本纪》《夏本纪》《殷本纪》的记载可以为证。至于说所占比例,很难说;至于非说我

---

① 李镜池:《关于周易的性质和它的哲学思想》,见氏著:《周易探源》,北京:中华书局,1978年,第173—175页;另外在1963年撰写的《易传思想的历史发展》一文中又再次提到了这个例子,包括南蒯的例子,都是李先生比较看重的例证。详见《周易探源》第328—329页。
② 《左传》,郭丹等译注,北京:中华书局,2012年,第1125页。
③ 李镜池:《关于周易的性质和它的哲学思想》,见氏著:《周易探源》,北京:中华书局,1978年,第175页。
④ 李泽厚:《论语今读》,北京:生活·读书·新知 三联书店,2004年,第148页。
⑤ 李镜池:《关于周易的性质和它的哲学思想》,见氏著:《周易探源》,北京:中华书局,1978年,第173页。

们就比古人开明,这只是一厢情愿。有时我倒有相反的不祥预感。

(三) 易不占险:占卜实践的限制

第二则事例为:"南蒯之将叛也,其乡人或知之,过之而叹,且言曰,恤恤乎,湫乎攸乎,深思而浅谋,迩身而远志,家臣而君图,有人矣哉,南蒯枚筮之,遇坤之比曰,黄裳元吉,以为大吉也,示子服惠伯曰,即欲有事何如,惠伯曰,吾尝学此矣,忠信之事则可,不然必败,外强内温,忠也,和以率贞,信也,故曰黄裳元吉,黄,中之色也,裳,下之饰也,元,善之长也,中不忠,不得其色,下不共,不得其饰,事不善,不得其极。外内倡和为忠;率事以信为共;供养三德为善。非此三者弗当,且夫易,不可以占险,将何事也,且可饰乎,中美能黄,上美为元,下美则裳,参成可筮,犹有阙也,筮虽吉,未也。"(《左传·昭公十二年》)

接续上面分析,不但如李镜池先生所言"占筮还要看占的人的行为品德",而且"占筮"还要看所占何事,所谓"易不占险",当占卜实践有了美善向导,这是一种伦理化引导。可谓是"占卜实践"的完成,占卜成了一种伦理教化,这也是一种"神道设教",真可谓"善为易者"。为何要为占卜划定范围? 为何要将占卜事例限于"忠信之事"? 这是个有趣的伦理学转向。由此我们可以看出,"诸恶莫作",想做也不要占卜,即便占卜得了吉兆也没用,不算数的,因为"恶行"让"吉兆"归于无效,道德上的善恶对于"卜筮兆数"具有一票否决权。李镜池先生对此评论道:"这两个例子在周易思想发展史上很重要,一则它标志着周易已从宗教外壳蜕化出来,向着人事行为伦理道德方面发展,不受卦爻辞束缚。'易不可以占险',在行为上'犹有缺也,筮虽吉,未也'。卦爻辞不是筮占的绝对标准。就是说,主要标准是人而不是神。二则对于卦的意义,不说'卦象'而说'卦德''卦义'。……三则对于卦爻辞的祭祀,完全不根据它的原来意义,而以人伦思想为基础作了和它原来意义距离很大的引申发挥。……它是周易思想的发展,是周易的解放,从神秘的神权思想进到人伦日用、切合实际的革新思想。这种思想史时代发展的反映。……在这个变革过渡期中,反映到人的意识上,于是有人的觉醒、人的发现、人的地位的抬高,而神的宝座摇摇欲坠了。"[①]

三、"易学两栖"之形成及其反思

由上面丰富"占卜"实例我们可以看出,至少在《左传》文献中便逐渐形成了

---

① 李镜池:《易传思想的历史发展》,见氏著:《周易探源》,北京:中华书局,1978年,第329页。

"卜筮"和"德义"的分野,并且"卜筮"逐渐让位于"德义"。我们常引用:

> 子曰:"《易》,我后其祝卜矣,我观其德义耳也。幽赞而达乎数,明数而达乎德,有仁者而义行之耳。赞而不达于数,则其为之巫;数而不达于德,则其为之史。史巫之筮,向之而未也,好之而非也。后世之士疑丘者,或以《易》乎!吾求其德而已,吾与史巫同途而殊归者也。君子德行焉求福,故祭祀而寡也;仁义焉求吉,故卜筮而希也。祝巫卜筮其后乎!"(马王堆汉墓帛书《要》篇)

孔子的说法似乎只是一种"述而不作",是当时占卜实践的总结而非倡导。此种"卜筮"与"德义"的分野构成了后世"易学两栖"现象①的分类依据。然而深层的问题还在于,德义层面善恶的依据何在?判断善恶的标准何在?进一步,若"诸善奉行"的话,是否需要占卜,出现恶兆怎么办?换句话说,行善的方法、依据如何落实。吉兆有待于德行的成全和落实,德行又要靠什么来成全呢?我们同样可举几个例子来讨论:

第一则例子发生在"僖公五年","晋侯复假道于虞以伐虢,宫之奇谏曰,虢,虞之表也,虢亡,虞必从之,晋不可启,寇不可玩。一之谓甚,其可再乎。谚所谓辅车相依,唇亡齿寒者,其虞虢之谓也。公曰,晋,吾宗也,岂害我哉,对曰,大伯,虞仲,大王之昭也,大伯不从,是以不嗣,虢仲,虢叔,王季之穆也,为文王卿士,勋在王室,藏于盟府,将虢是灭,何爱于虞,且虞能亲于桓庄乎,其爱之也。桓庄之族何罪,而以为戮,不唯逼乎,亲以宠逼,犹尚害之,况以国乎?公曰,吾享祀丰洁,神必据我。对曰,臣闻之,鬼神非人实亲,惟德是依,故《周书》曰'皇天无亲,惟德是辅',又曰'黍稷非馨,明德惟馨',又曰'民不易物,惟德繄物'。如是则非德,民不和,神不享矣。神所冯依,将在德矣,若晋取虞,而明德以荐馨香,神其吐之乎,弗听,许晋使。宫之奇以其族行。曰,虞不腊矣,在此行也,晋不更举矣,八月,甲午,晋侯围上阳问于卜偃曰,吾其济乎,对曰,克之,公曰,何时,对曰,童谣云,丙之晨,龙尾伏辰,均服振振,取虢之旗,鹑之贲贲,天策焞焞,火中成军,虢公其奔,其九月十月之交乎。丙子旦,日在尾,月在策,鹑火中,必是时也。冬,十二月,丙子朔,晋灭虢,虢公丑奔京师,师还馆于虞,遂袭虞,灭之,执虞公,及其大夫井伯,以媵秦穆姬,而修虞祀,且归其职贡于王,故书曰,晋人执虞公,罪虞,且言易也"(《左传·僖公五年》)。

---

① 关于"易学两栖"现象参见拙文:张永超:《"易学两栖"何以可能?——以"易学类"文献为例再论四库分类中的知识谱系问题》,《四库学》第五辑,陈晓华主编,北京:社会科学文献出版社,2019年,第20—32页。

这里的问题在于,即便认可"神所冯依,将在德矣"这样的原则,若国防实力不行,即便你遵守信义给别人让路,还是会出现国破家亡的结果。问题就在"演德"的"诠释性悖论",礼让三先是合乎德行的,而且"享祀丰洁,神必据我"也可谓合情合理。但是,在晋国看来,它不是在使诈,而是在通过计谋而扩大领地,甚至可以说"解民于倒悬",他南征北战不辞辛苦,才是最大的"德行";而且宫之奇也看到"若晋取虞,而明德以荐馨香,神其吐之乎",前面说过"祭品也需要颜值",这里则看到"神灵不拒绝祭品",而且晋国甚至可以献出更大的牺牲,"享祀丰洁"谁都可以做的。同一件事情,从虞国来看,对方是过河拆桥、忘恩负义,真是"败德";从晋国来看,自己则是处心积虑扩大战果,可谓丰功伟绩,大德泽被后世。所以,即便遵从"神所冯依,将在德矣""惟德是辅",到底神明保佑谁,还不好说。这里似乎不是神明保佑谁的问题,而是话语权力归属问题。

类似的例子,我们还可以再举一个,区别在于依照"春秋笔法",虞国让道,似乎没错,但是对于虞公之难似乎却缺乏同情之笔,"晋人执虞公,罪虞,且言易也"。但是,对于宋襄公则表示了某种同情,此事发生在"僖公二十二年","冬,十一月,己巳,朔,宋公及楚人战于泓,宋人既成列。楚人未既济,司马曰,彼众我寡,及其未既济也,请击之。公曰,不可,既济而未成列,又以告,公曰,未可,既陈而后击之,宋师败绩,公伤股,门官歼焉,国人皆咎公,公曰,君子不重伤,不禽二毛,古之为军也,不以阻隘也,寡人虽亡国之余,不鼓不成列,子鱼曰,君未知战,勍敌之人,隘而不列,天赞我也,阻而鼓之,不亦可乎,犹有惧焉,且今之勍者,皆吾敌也,虽及胡耇,获则取之,何有于二毛,明耻教战,求杀敌也,伤未及死,如何勿重。若爱重伤,则如勿伤。爱其二毛,则如服焉,三军以利用也,金鼓以声气也,利而用之,阻隘可也声盛致志,鼓儳可也"(《左传·僖公二十二年》)。对此事件后世嘲讽者有之,比如韩非子认为是"仁义之祸"(《韩非子·外储说左上》),传唱者有之如淮南子"泓之战,军败君获,而《春秋》大之,取其不鼓不成列也"(《淮南子·泰族训》),赞扬者有之如董仲舒"此《春秋》之救文以质也"(《春秋繁露·王道》)。问题在于,即便"《春秋》大之",宋襄公的事件很感人,但是,对于宋国人臣而言,"君不爱宋民,腹心不完,特为义耳",固然合乎"古礼",但是"古礼"与"今智"是相悖的。而且,也看不到神明的"惟德是辅",我们只看到"宋师败绩,公伤股,门官歼焉"。德行的判定、神明辅佐谁,最终还是军事实力和战略谋划说了算,这是个政治问题,若无话语权,"德行"判定就是问题,"神明"保佑更是问题。但是,军事实力也不是充分理由,总有偶然。而且"实力"的悖论表现为"强中更有强中手",若认可"实力"这一合法性标准,大家都想做大做强,又回到《金枝》中"森林之王"的忐忑不安、惶恐终日、人人自危状态。秦汉之际"马上打天下与治天下"的悖论也宣告,军事实力不是"长治久安"之策。

所以,尽管如上面李镜池先生所说"引申发挥,把占筮'兆'辞说成做人的道理,这是思想上一大发展"①,这确实是"一大发展",但是,我们也应看到这"一大发展"背后隐藏着某种"诠释学悖论"。"做人道理"由谁说了算?如同前面所说"何谓有德?",判定标准何在?这才是关键。而此种深层次问题悖论便隐含于"四库分类"的"经部"文献中,若此种反思可以得到辩护的话,我们可以看出"经部"内容的合法性问题有待重估。

---

① 李镜池:《关于周易的性质和它的哲学思想》,见氏著:《周易探源》,北京:中华书局,1978年,第173页。

清代前期宗教政策的学术映射

——以四库提要"释家类"为例

刘 敬

(广西师范大学文学院,桂林 541000)

摘 要:《四库全书总目》是清代官方学术的重要成果,亦以学术的形式将统治者的意图渗透到文化的各个层面。因此,"子部·释家类"的著录情况及提要内容,从学术层面映射出清代前中期宗教文化政策的转型。细致而具体地还原这个转型过程,将为相关领域的研究提供有益的研究线索。

关键词:四库全书总目 释家类 禅宗 宗教文化

《四库全书》承载着清高宗"稽古右文,聿资治理"[①]的文治方略,《四库全书总目》更以学术的形式,将统治者的意图渗透到文化的各个层面。因此,四部各类的作品提要,往往为相关领域的研究留下有益线索。《总目》子部"释家类"共著录和存目典籍25种,是子部乃至《总目》录书最少的类目[②]。与"释家类"小序中作为参照的史志目录比较,其择录范围亦窄、著录数量亦低[③]。更值得思考的是,清世祖、圣祖、世宗,皆对禅宗为主的汉传佛教表现出极大的兴趣和关注,佛

---

① 《上谕》乾隆三十七年正月初四日,《四库全书总目》卷首一,北京:中华书局,1997年,第1页。

② 《四库全书总目》"释家类"著录13种、存目12种,排序在其后的"道家类"著录44种、存目100种。

③ 依据《四库全书总目》"释家类"小序,它取法《旧唐书》,"惟录诸家之书为二氏作者,而不录二氏之经典",实际上选择了最为狭窄的择录标准。与序中提及的其他目录比较,阮孝绪《七录》之"佛法录",包括戒律、禅定、智慧、疑似、论记五类。《隋书·经籍志》虽云"录其大纲",但录佛教大小乘经、律、论、疏共计"一千九百五十部,六千一百九十八卷"。即便《旧唐书·经籍志》,亦有"道释诸说四十七家"见于丙部。其中释家类二十余种,与《四库全书总目》"释家类"著录和存目的总数大致相当。且《唐书》不专录释道典籍,以毋煚《开元内外经录》在前。初衷与《四库全书总目》有所差别。

教亦于清初经历过一个活跃发展时期。至乾隆朝,仍有刻藏、译经等大型宗教文化事业。清高宗亦自云:"朕崇敬佛法,秉信夙深,参悟实功,仰蒙皇考嘉奖,许以当今法会中契超无上者,朕为第一。"①然而,《总目》"释家类"对此避而不谈,甚至透过著录标准和提要内容,传达出官方对禅宗的不满与弹压。这意味着《总目》对佛教典籍的存废及对佛教发展的评价,必然潜含着宗教、文化、政治因素的复杂影响。为揭示前述因素在学术层面的映射,下文由"释家类"提要入手,分析其中包含的学术立场、宗教观念及政治态度,还原影响其成型的宗教文化背景,揭示其在清代文化重构过程中所处的地位。通过这些工作,更为具体地还原彼此关联的若干文化侧面,以期对相关领域的研究有所助益。

《总目》参照《旧唐书》的体例,"惟录诸家之书为二氏作者,而不录二氏之经典"②。这个择录范围不算宽泛,但包含的典籍数量亦十分可观。然而,《总目》"释家类"实际著录书目仅13种,存录12种,不免显得过于严苛。那么,《总目》是秉持怎样的标准进行筛选呢?《开元释教录》提要留下了线索,其中写道:"今于二氏之书,皆择体裁犹近儒书者,略存数家,以备参考。"③这条提要至少透露出以下信息:一是"皆择体裁犹近儒书者",表明了著录的基本准则。二是"略存数家,以备参考",反映出佛教典籍的著录数量受到控制,其地位也被边缘化。综合以上两点,也初步见出官方儒学为中心的学术立场。

那么,何谓"近儒书"?这一标准如何落实?通读13种著录提要可以发现,有超过半数的典籍是凭借文献价值进入《总目》。例如,《开元释教录》提要曰:"佛氏旧文,兹为大备,亦兹为最古。所列诸传,尤足为考证之资。"④《弘明集》提要曰:"六代遗编,流传最古,梁以前名流著作,今无专集行世者,颇赖以存。"⑤《广弘明集》提要曰:"道宣生隋、唐之间,古书多未散佚,故坠简遗文,往往而在……是亦礼失求野之一端,不可谓无裨考证也。"⑥《法苑珠林》提要曰:"此书作于唐初,去古未远,在彼法之中犹为引经据典……存之可考释氏之掌故。"⑦《宋高僧传》提要曰:"考释门之典故者,固于兹有取焉。"⑧《五灯会元》提要曰:"其考论宗系,分篇胪列。于释氏之源流本末,亦指掌了然。固可与僧宝诸传,

---

① 《命僧众仍给度牒谕》,《高宗实录》卷三"雍正十三年九月下",《清实录》第九册,北京:中华书局,1986年,第189页。
② 《子部·释家类》小序,《四库全书总目》卷一百四十五,第1923页。
③④ 《开元释教录》提要,《四库全书总目》卷一百四十五,第1925页。
⑤ 《弘明集》提要,《四库全书总目》卷一百四十五,第1924页。
⑥ 《广弘明集》提要,《四库全书总目》卷一百四十五,第1924页。
⑦ 《法苑珠林》提要,《四库全书总目》卷一百四十五,第1925页。
⑧ 《宋高僧传》提要,《四库全书总目》卷一百四十五,第1926页。

同资释门之典故;非诸方语录,掉弄口舌者比也。"①《佛祖通载》提要曰:"于唐以来碑碣、志传之类,采掇尤详,亦足以资考订。"②由上观之,"近儒书"成为入选《总目》的重要标准,而标准的落实,又集中在足资考据一点。这种筛选方式,反映出官方学术以儒家为正统的文化立场和"以儒统释"的学术立场。同时,偏重文献的倾向,与其崇实黜虚的学风亦不无关系。但毋庸讳言,以"近儒书"为标准,选择"释家类"文献,本身就存在观念体系上的错位。这种错位不仅影响其学术立场,也必然会影响其佛教观和佛教史观。

由著录情况看,"释家类"著录文献13种,绝大部分为唐宋时期典籍,明清时期无一入选③。存目虽有8种为明清时人著作,但总计不过46卷。除了目录文献性质的《大藏一览》(10卷)、《吴都法乘》(12卷)、《南宋元明僧宝传》(15卷),余皆不足三卷的杂论。前述著录情况,反映出《总目》的佛教史观颇有些"厚古薄今"。若辩证看待这一现象,其间既有合理之处,亦有可疑之处。合理之处在于,唐宋为中国佛教发展的重要时期,馆臣对唐宋佛教典籍的重视无可厚非。然而,其间亦不无可疑之处。

唐宋时期是佛教中国化亦即禅宗发展的重要时期,而提要内容中却往往对禅宗有弹压的态度。那么,《总目》对唐宋的偏重,是基于佛教本身的发展抑或其他原因?要厘清这一问题,仍然需要对提要内容进行分析。

尽管要求佛教"冤亲无等",但涉及儒佛、佛道及佛教内部各宗派的关系时,《总目》的态度实有等差。例如《弘明集》提要,一方面指责该著有排斥儒、道的倾向,一方面又捍卫儒教的至尊地位而弹压佛教,曰:"夫天不言而自尊,圣人之道不言而自信,不待夸,不待辩也。恐人不尊不信而嚣张其外以弥缝之,是亦不足于中之明证矣。"④又如,《佛祖统纪》的体例仿照正史即被视为僭越,提要曰:"如谓已超方外,则不宜袭国史之名;如谓仍在寰中,则不宜拟帝王之号。虽自尊其教,然僭已甚矣。"⑤这些评论,既严格区分儒、释阵营的界限,又暗示儒家的正统地位,更体现出官方学术居高临下的批评姿态。在这样的语境下,《总目》"释家类"提要的批评,虽未彻底脱离佛教发展的史实,但显示出特定的批评立场。

通过对"释家类"提要内容的整体梳理发现,其批评的矛头往往指向禅宗尤其发展后期的禅宗。批评的基本思路,在《法苑珠林》提要中有较为典型的呈现,其文曰:

---

① 《五灯会元》提要,《四库全书总目》卷一百四十五,第1928页。
② 《佛祖通载》提要,《四库全书总目》卷一百四十五,第1928页。
③ 唐前1种、唐代3种、宋代7种、元代2种。
④ 《弘明集》提要,《四库全书总目》卷一百四十五,第1924页。
⑤ 《佛祖统纪》提要,《四库全书总目》卷一百四十五,第1929页。

> 大旨以佛经故实分类编排,推明罪福之由,用生敬信之念。盖佛法初兴,惟明因果;暨达摩东迈,始启禅宗。譬以六经之传,则因果如汉儒之训诂。虽专门授受,株守师承,而名物典故,悉求依据,其学核实而难诬。禅宗如宋儒之义理,虽覃思冥会,妙悟多方,而拟议揣摩,可以臆测,其说凭虚而易骋。故心印之教既行,天下咸避难趋易。辨才无碍,语录日增。而腹笥三藏之学,在释家亦几乎绝响矣。此书作于唐初,去古未远,在彼法之中犹为引经据典。虽其间荒唐悠谬之说,与儒理牴牾,而要与儒不相乱。存之可考释氏之掌故。较后来侈谈心性、弥近理、大乱真者,固尚有间矣。①

以上内容可总结为三个方面:其一,概述佛教发展,将其划分为因果论为主的早期佛教和禅宗兴起后的佛教。其二,通过汉学与宋学的类比,阐明因果论与禅宗的高下,表现出重因果而轻禅悟的佛教观。其三,廓清儒、释阵营的边界,暗示儒家的正统地位,对后期禅宗混同儒释、侈谈心性的发展倾向持否定态度。综合以上观点,可以看到《总目》对佛教的发展、宗派及思想演进脉络进行了归纳和评价。禅宗兴起,在中国佛教史上具有重要意义。以禅宗兴起作为佛教发展史的"界碑",表明馆臣对于佛教亦有洞见。然而,将禅宗的发展视作佛教的衰微,将佛教发展描述成由"正"而"畸"的过程,则有失公允。此外,提要中的类比关系,在汉宋之争的学术背景下显得更加意味深长。这段评论,在宗教和学术两个层面达到一箭双雕的效果,又在其它提要中有观念上的呼应。

综观"释家类"提要,其对佛教的基本态度是主持戒、重因果,而抑禅宗。这与官方对佛教神道设教、赞翊王化的要求有关,与禅宗发展过程中出现"拟议揣摩可以臆测"的问题亦有关系。抓住禅宗的弱点,进而将批评落在两个方面:一是不满儒释交游及交游过程中的文学活动,认为有碍于持戒修行。一是将开宗立派及宗派间的关系视同"门户之争"。解析这两个方面,可以进一步考察其批评动机。

如前文所及,《总目》将宋学与禅宗进行类比,被视作凭虚蹈空、避难趋易。宋代以降,士林与禅林的交往,也因此受到讥评。例如《林间录》提要,尽管指出惠洪"聪明特绝","于禅宗微义,能得悟门",但更讥评他"喜游公卿间","僧律多疏","有浪子和尚之目"。故而论曰:"既役志于繁华,又溺情于绮语,于释门戒律实未精严,在彼教中未必据为法器。"②易言之,僧人与士林的交游及热爱文学创作,在馆臣看来,有着戒行有亏的嫌疑。又如,《罗湖野录》因于"缁徒故实纪

---

① 《法苑珠林》提要,《四库全书总目》卷一百四十五,第1925页。
② 《林间录》提要,《四库全书总目》卷一百四十五,第1927页。

述颇详,所载士大夫投赠往来篇什尤夥",被视为"《林间录》之流"。两著的价值在馆臣看来,是文采"斐然可观"或资料"有资于谈柄"。再如,《法喜志》发明禅理,而提要曰:"姚江末派,至明季而横流。士大夫无不以心学为宗,故有此援儒入墨之书,以文饰其谬,可谓附会不经。"①乃至因此直接否定顾宪成序文,曰"宪成所见必不如是,殆亦树芳嫁名耳"②。可见,馆臣对于儒、释思想的相互影响,士林与丛林的交游活动,皆表现出不满与禁忌。

佛教发展过程中开宗立派,各派有其弘法之侧重,本无可厚非。然而,这些却被视作"门户纷争",且被归因为宋代禅宗兴起。例如,《五灯会元》提要曰:"盖唐以前各尊师说,儒与释争。宋以后,机巧日增,儒自与儒争,释亦自与释争,人我分而胜负起,议论所以多也。"③《佛祖统纪》提要,复将佛教的开宗立派类比为儒家的朱陆之争,曰:"大旨以教门为正脉,而莲社、净土及达摩、贤首、慈恩、灌顶、南山诸宗,仅附见于志。断断然分门别户,不减儒家朱陆之争。"④《佛祖通载》提要中,甚至直言"党同伐异,负气嚚争,乃释、道二氏之通例",继而又故作通达,表示:"心知其意,置而不论可也。"⑤再如,《广弘明集》提要,责备道宣"叙道家者潜删其灵迹",认为"冤亲无等,犹为最初之佛法",结论曰:"迨其后世味渐深,胜负互轧,虽以丛林古德人天瞻礼如道宣者,亦不免于门户之见矣。"⑥联系《总目》的批评语境,"侈谈心性"、"门户之争",又是批评明季思想风气、士林风气的常用词汇。馆臣将宋学类比禅宗,将佛教宗派发展类比朱陆之争,形成批评层面的"互文"。这既缘于程朱理学与禅学之间确实存在思想关联,也缘于在儒、释阵营一度形成了实在的交集。

随着禅宗的发展,佛教由山林进入城市,儒、释阵营的互动变得密切。明季以来,心学兴起,士僧交游成为一时风气,会通三教的思潮一度产生广泛影响。这种风气在明清易代的历史冲击下并未断裂,相反却激荡出一种更为激烈的方式——大批士人剃发出家,形成一股"逃禅"风潮⑦。他们亦儒亦释的身份,模糊了儒、释阵营的界线,并且在士林与丛林皆产生了极大影响。清代前中期,为消弭其影响,统治者采取过不同措施。

---

① ② 《法喜志》提要,《四库全书总目》卷一百四十五,第1930页。
③ 《五灯会元》提要,《四库全书总目》卷一百四十五,第1928页。
④ 《佛祖统纪》提要,《四库全书总目》卷一百四十五,第1929页。
⑤ 《佛祖通载》提要,《四库全书总目》卷一百四十五,第1928页。
⑥ 《广弘明集》提要,《四库全书总目》卷一百四十五,第1924页。
⑦ 具体内容可参见拙著《清初士林逃禅现象及其文学影响研究》(人民出版社2017年)及拙文《宗派与社群:清初逃禅的宗教文化解读——以复社逃禅群体为切入点》(《南开学报》2017年03期)。

清世祖曾"征车四出,博访禅门耆宿"①,木陈忞、玉林琇、憨璞聪等深被恩遇,临济宗天童、磬山两派的前述分支得到帝力支持,致使明末已开衅端的僧诤再次激化。江南丛林急剧分化,广纳逃禅士人的三峰派遭到削弱。圣祖南巡,遍访江南名刹,不少名僧应诏赴帝都弘法。《五灯全书》《宗统编年》等大型灯录、僧史纂成,皆有御制序文置诸简端,皇家稽古右文之风见于丛林。至雍正年间,世宗对三峰派深恶痛绝,亲撰《拣魔辨异录》加以伐挞,且将三峰派逐出宗门,禁毁该派的语录文集。及至雍正末、乾隆初,清统治者开始有意识地销毁前述事迹。至乾隆初年,佛教受到更为严格控制。高宗即位之初,即遣散宫中僧人,恢复度牒制度,沙汰僧尼,限制僧团规模。而且,秘密收缴并销毁顺、康、雍三代帝王与丛林交涉的文字纪录。圣谕曰:

盖当日玉琳、木陈虽并承世祖章皇帝眷注,而二人之优劣,迥乎不同。至于两人之门徒甚众,而天下狂悖无知、行止不端之人往往藏其中,遂因偶尔之恩遇,矜肆夸张,并造作全无影响之谈,欺世惑众。此亦人心风俗之有关系者。昔我皇考已降查毁之谕旨。朕恐外间奉行不力,可密寄信与各省督抚,凡丛林寺庙中,除敕赐御书扁额、对联、碑文外,若有世祖、圣祖、皇考批谕字迹,及伊等抄录稿本与僧人所刻语录,如《北游集》《侍香纪略》《帝王明道录》等书,干涉时事,捏造言词,夸耀恩遇,有一字关系世祖、圣祖、皇考者,无论刻本写本,悉行查出,密封送部,请旨销毁。不得私藏片纸。此事奉行,不在各处寺庙贴写告示以图了事已也。必差员密访,细细搜察。②

同时,在刻藏、译经等宗教文化事业中,同样对禅宗进行限制。例如,在汉文大藏刊行之后,蒙文、满文译经工作先后展开。满文译经过程中,章嘉国师以"后代祖师在此土撰述,本非佛旨,无庸翻译"奏请高宗批准,被高宗称赞为"释门之公论"。谕旨复云:

昔我皇考曾命朕于刊刻全藏时,将《续藏》中所载丛杂者量为删订。嗣朕即位后,又令大臣等复加校核,撤去《开元释教录》《略出辨伪录》《永乐序赞文》等;钱谦益所著《楞严蒙钞》一种,亦据奏请毁撤。所有经板书篇,均经一体沙汰,期于澄闸宗门。兹清字经馆正当发凡起例之始,如不立定规条,致禅和唾余剩窃亦得因缘贝夹,淆乱经函,转乖敷扬内典之指。……嗣

---

① 释道忞《越州云门寺兴修疏引》,《弘觉忞禅师北游集》卷六,《四库禁毁书丛刊》补编34册,第579页。

② 《圣谕》,《高宗实录》卷五"雍正十三年十月下",《清实录》第九册,第189页。

后凡别种语录著述,止许自行存留,倘有无识僧徒妄思裒辑汇录,诡称续藏名目,觊欲窜淆正典,日后一概永行禁止。①

以上内容表明,清代前中期,官方宗教政策呈现不断收紧的态势。与此同时,帝力直接介入宗教事务的事迹被逐渐淡化抹平,而代之以政策的、文化的、舆论的、学术的手段。这些看似间接的方式,实际上将帝王意志转化为国家行为,通过更多元的途径实现对宗教更牢固的控制。这个结果,从侧面折射出清朝定鼎之后的文化重构过程已基本完成。至于《总目》"释家类",则是其在学术层面完成的重要标志。馆臣严判儒、释界限,批评禅宗"侈谈心性",不满儒释交游关系,皆与前述背景不无关系。

综上,《总目》"释家类"从书籍的择取到提要的撰写,皆包含着清代前中期宗教、文化、政治与学术的错综关系。进而言之,明季以迄清前中期的近百年间,佛教(主要为禅宗)经历了一个盛衰循环。尤其在易代造成的特殊宗教文化背景下,官方对佛教的态度与士林对佛教的接受之间存在一定的错位。统治者对佛教的期待,在于神道设教、赞翊王化,故佛教发展必须控制在有益于世道人心的范畴之内。如馆臣进表所云,子部之选"博收而不悖圣贤"②,收录佛教典籍乃为"示例于齐熙之记"③。与此不同的是,士大夫对佛教的接受,旨在开拓思想空间或寻求精神解脱,亦即通常所谓禅悦或逃禅。这种思想,本身就存在脱离正统意识形态约束的自然张力。加之明季清初佛教的特殊发展历程,无疑在政治上、思想上触动官方的禁忌。随着政权的稳固,帝力直接介入宗门事务的痕迹被销毁,并且转化为不同形式的国家行为。《总目》"释家类"提要,以学术形式"定格"了清代前中期宗教文化政策的转型,亦以学术的方式折射出转型背后复杂的政治文化背景。这些文献,对于考察清代宗教史、文化史的具体细节,了解清代前中期的思想环境与文化环境,皆提供了有益的研究线索。

---

① 《东华录·乾隆七十七》,引自周叔迦编撰《清代佛教史料辑稿》,台北:新文丰出版公司,2000年,第66—67页。
② 《进表》,《四库全书总目卷》首二,第13页。
③ 《进表》,《四库全书总目卷》首二,第12页。

朱筠上开馆校书折子原因与折子条目试析

张俊岭

(衢州学院教师教育学院,衢州 324000)

摘 要：清中期四库全书馆的打开,是因朱筠上呈了一道开馆校书折子。朱筠上折子既有外因也有内因,外因是受了朝廷访求遗书诏的影响,内因是其识字通经的治学理念。其折子所列条目也与其治学理念,古籍、金石收藏有关。本文拟对朱筠上呈开馆校书折的内外原因展开论述,并就折子条目展开分析。

关键词：朱筠 开馆校书折 原因 折子条目

清中期四库全书馆的打开、四库全书的编撰,与朱筠(1729—1781,字竹君,号笥河)所呈一道开馆校书折子有密切关系。朱筠上开馆校书折子,是受了朝廷所下购访遗书诏的影响,然这仅是外因,其内因则是朱筠的识字通经的治学理念。外因为世人熟知,内因往往为世人忽略。朱筠在开馆校书折子中所言诸条目,也完全溢出诏访遗书诸条目,这也与其治学理念,古籍、金石收藏有关。本文旨在结合朱筠的治学、相关收藏探讨他上开馆校书折子的内外原因,并就其开馆校书折子所列诸条目展开分析。

一、朱筠上开馆校书折子的原因

1. 外在原因：访求遗书诏

乾隆三十七年(1772)正月初四日,朝廷下《谕内阁着直省督抚学政购访遗书》诏,然各省督抚学政鲜有致力访书者,直至十月初三日,方有贵州巡抚上书,言贵州"人文卑陋","鲜有书籍可采"[①]。十月十七日,朝廷复下诏,要求各省督抚学政速行购访遗书并先将购访情形奏覆。十一月十六日,安徽抚臣裴宗锡札

---

① 中国第一历史档案馆编：《贵州巡抚觉罗图思德奏查黔省鲜有书籍可供采择折》,《纂修四库全书档案》之二,上海：上海古籍出版社,1997 年,第 3 页。

会朱筠饬催访求遗书事,随后朱筠上呈《遵旨覆奏访求遗书折子》,同时上呈《谨陈管见开馆校书折子》。二折子在刻本《笥河文集》中皆未署年月,在稿本《笥河古文》、朱锡庚抄本《笥河文稿》中皆署为"壬辰十一月廿三日",在《纂修四库全书档案》中皆署为"乾隆三十七年十一月二十五日"。《纂修四库全书档案》卷首《凡例》之二:"本书所辑史料,按各件具文时间先后编排,并编列顺序号码。少量无具文时间者,则依收文或硃批时间编排,并以＊符号注明。"因档案中朱筠的两个折子后面皆无标志符号或说明,故"二十五日"是折子誊清稿中具文时间,而"廿三日"则应是折子草拟时间。两个折子同日草拟,同日具文上呈,所以朱筠上开馆校书折是受了朝廷诏求遗书的影响。也正是这个原因,《四库全书总目》《纂修四库全书档案》皆将乾隆三十七年朝廷访求遗书诏置于卷首。然这仅是外因,朱筠上开馆校书折还有很深刻的内因,这个内因就是他的治学理念。

2. 内在原因:识字通经的治学理念

朱筠少小时从父学先儒理学,后受业于直隶定兴史犹兴(1714—1765,字若蒙),继而受业于浙江秀水蒋德(1713—1766,字敬持)、朱乾(？—1777,字赞文,号秬堂),仁和吴光升(？—1772,字赓华,号集潭)、顾光(字河干,号涑园)。浙籍四位"先生皆通彦"①,其中,蒋德重经学,厌时文,"期持论有本,宣畅经旨,而深嫉近日文士准量行墨、剽贼字句、相煽为场屋体裁者"②。朱乾重名物度数,认为"不读线钉书无用也","筠自言年二十以前学于秬堂,至老遵其绳尺"③;吴光升"独喜谈制义不倦,然以为制义非根柢经史不可"④;顾光教朱筠兄弟"读先秦、西汉书"并与辨析"奇字疑义"⑤。他们的治学方法是当时长江中下游流域特有的治学方法。朱筠在这些南方学者的训练下,"博闻宏览,于学无不通,解经宗郑孔,而兼参宋元诸儒之说,论史宗涑水,而历代诸史亦皆考究贯串,证其异

---

① 朱锡经:《南厓府君年谱》乾隆二年谱,《续修四库全书》第1452册,上海:上海古籍出版社,2002年,第396页。
② 邵齐焘:《蒋秋泾先生诔》,王昶《湖海文传》卷六十七,《续修四库全书》第1669册,上海:上海古籍出版社,2002年,第236页。
③ 朱珪:《乐府正义序》,朱乾《乐府正义》卷首,乾隆五十四年秬香堂刻本,南京图书馆藏。
④ 朱筠:《吴集潭先生哀辞(并序)》,《笥河文集》卷十五,《续修四库全书》第1440册,上海:上海古籍出版社,2002年,第334页。
⑤ 朱锡经:《南厓府君年谱》乾隆十年谱,《续修四库全书》第1452册,上海:上海古籍出版社,2002年,第397页。

同"①,"至于文字训诂、象数名物、经传义旨,并主汉人之学"②,毕生以弘扬朴学,倡导征实的学风为己任。

朱筠仕途不是很通达,其弟朱珪于乾隆十三年即中进士,而他于十九年才中进士,因其性格耿介,无意与当权者周旋,又久官不迁,遂寄意于读书、授徒之间。朱筠"自为诸生,即授弟子"③,其居所书斋即为其授徒之所。二十三年,"先生读书咏诗,榜书室为撷英,教授生徒,泊然有终焉之志矣"④。其弟子一为京师居所附近学子,一为在京师为官的友人子女,一为外地来京应顺天乡试、礼部会试的考生。"中国私人讲学之风,起于孔子。史记称孔子以诗、书、礼、乐教授生徒,弟子三千,身通六艺者七十二人。……彼等于现实情势中,一面致力于私人讲学,而寄以伟大之学术理想,另面则企图以此伟大学术理想,重新塑造社会,以提升人生之境界"⑤。孔子讲学之风被世人称为洙泗遗风,这种遗风被宋儒朱熹、张栻、吕祖谦、陆九渊等人传承,他们对培育人才的重视甚至超过对研治学术的重视,修葺、兴建书院,讲学授徒其中,以培养人才为己任,造就了有宋一代理学风气。朱筠在治学方面继承了汉儒重在训诂考据的方法,反对宋儒重在性命义理的方法,但是宋儒营造书院授徒讲学的风气因上接洙泗遗风,被他传承了下来。朱筠以在椒花吟舫讲学授徒为乐事,毕生致力于访友授徒,以发现人才,培养人才为己任,将自己的时间、精力都消磨在文酒之会中,而不是在个人的著述方面,所以他鲜有著述,而弟子门生遍天下。只是他所教内容不是宋儒的性命理学,而是汉儒的训诂考据之学,"甚恶轻儁后生枵腹空谈义理,故凡所指授,皆欲学者先求征实,后议扩充"⑥,故姚名达《朱筠年谱序》曰"朱筠是乾嘉朴学的开国元勋。朱筠是乾嘉朴学家的领袖"⑦。

乾隆三十六年秋,朱筠奉命出任安徽学政,十一月十六日抵太平,次日到任受事。除夕日爆竹声中,朱筠携幕宾于太平度岁,微醺,赋诗四首,其二曰:

---

① 王昶:《学士朱君墓表》,朱筠《笥河文集》卷首,《续修四库全书》第1440册,上海:上海古籍出版社,2002年,第108页。
② 章学诚:《朱先生墓志铭》,朱筠《笥河文集》卷首,《续修四库全书》第1440册,上海:上海古籍出版社,2002年,第106页。
③ 朱珪:《竹君朱公神道碑》,朱筠《笥河文集》卷首,《续修四库全书》第1440册,上海:上海古籍出版社,2002年,第102页。
④ 章学诚:《朱先生五十初度屏风题辞》,《章学诚遗书》卷二十三,北京:文物出版社,1985年,第230页。
⑤ 吴万居:《宋代书院与宋代学术之关系》,台北文史哲出版社,1991年,第7页。
⑥ 章学诚:《与族孙汝楠论学书(丙戌)》,《章学诚遗书》卷二十二,北京:文物出版社,1985年,第224页。
⑦ 姚名达:《朱筠年谱》,《民国丛书》第三编第76册,上海:上海书店,1991年,第2页。

薰岁松烟绕烛明,故园夜语逼檐楹。觅梨可想陶通子,剖礼难期卢学生。此刻公然一百放,来朝将次十三成。挂怀吾岂真能达,屡照何人太不情。①

朱筠在中进士后,外放安徽学政前,在翰林任上时间长达十六七年。这次外放又是视学一方,与讲学授徒、发现人才、培养人才有关,是其仕途的一次难得机遇,只是所要教育的对象已不是之前书斋的数十人了,而是文化积淀深厚的江南大省的无数年轻学子,这让以"教授生徒,泊然有终焉"之志的朱筠心中不能平静。他在接到视学安徽的诏命后,曾曰:"吾于是役,将使是邦人士为注疏之学而无不穷经,为《说文》之学而无不识字。"②在出京师往安徽之日,他携幕宾往西山拜谒了祖墓,墓前赋诗立誓留芳:"获从文字役,敢或敬恭忘。再世全乎厚,三年留要芳。"③朱筠希望自己仕途通达,"公然一百放",又希望自己在外放之时"将次十三成",即完成编次校勘十三经的任务。对于这两个想法,他又恐为当权者阻,忧心忡忡,"挂怀吾岂真能达,屡照何人太不情"。朱筠的外放视学生涯,因幕宾办事不力,未及三年,即终止于乾隆三十八年九月,为期二年,如池塘碎梦。但是他对安徽士子的教育是极有成效的,他教学时"教不一术,其要以通经、习小学为大端"④,在他去任后的二十年中,"安徽八府有能通声音训诂,及讲求经史实学者,类皆先生视学时所拔擢。夫学政之能举其职者,不过三年以内士子率教及文风丕变而已。而先生之课士,其效乃见于十年、二十年以后若此"⑤。其幕中许多幕宾也在他的引导下,致力于训诂考据之学,"于古人为学之方,至今岁始窥其门户"⑥。

十三经作为学子们学习的必学内容,在历代流传过程中,因为书籍翻刻、书商随意删改等原因,书籍文字往往出现较多错讹,同一部书,因版本不同,文字往往有所不同,文字又关乎经义的解读。朱筠认为经学为诸学问之根柢,教学

---

① 朱筠:《除夕》四首之二,《笥河学士诗集》卷十四,钞本,日本京都大学人文科学研究所藏。

② 余廷灿:《朱侍读学士筠传》,《存吾文稿》,《续修四库全书》第1456册,上海:上海古籍出版社,2002年,第70页。

③ 朱筠:《拜墓》二首之二,《笥河学士诗集》卷十三,钞本,日本京都大学人文科学研究所藏。

④ 汪中:《朱先生学政记》,朱筠《笥河文集》卷首,《续修四库全书》第1440册,上海:上海古籍出版社,2002年,第117页。

⑤ 洪亮吉:《书朱学士遗事》,《更生斋文甲集》卷四,《洪亮吉集》,北京:中华书局,2001年,第1035页。

⑥ 汪中:《上朱竹君先生书》,《新编汪中集》,扬州:广陵书社,2005年,第427页。

时又重在识字通经,十三经的版本问题也就成为他所关心的重点问题,校勘十三经对于他而言也势在必行。校勘十三经是一项重大学术工程,非一人一力可以完成,既要有一批富于学养的校勘之人,又要有足够的资本以维持工程的运转,朱筠在奉命视学安徽那一刻或许就已经有校勘十三经之念了。按照当时的制度,地方学政可以有一笔养廉银用来支配幕中文事,安徽学政每年有四千两养廉银。① 即朱筠到安徽任后,每年有四千两白银可供支配以襄文事,资本不可谓不充足,延聘幕宾或许就是他所要考虑的主要问题了。朱筠在出京门往安徽时,"联镳十二乘出国门,一时国门传学使宾从之盛,无有与朱学士俦者"②。此十二人如章学诚、张凤祥、高文照等,多硕学之人。朱筠到安徽太平后,在除夕之前的一个多月时间内,黄景仁、洪亮吉、邵晋涵先后入幕。次年,江南学人又陆陆续续从各地来到幕府充为幕宾,如汪中、王念孙、庄炘、顾九苞、贾田祖、刘濯、瞿华等。据笔者统计,朱筠安徽幕府中两年内出入的外省硕学之人不下二十二人。如此庞大的幕宾队伍,幕宾个人学养如此之高,或许不仅仅是为了校阅试院考卷,更可能是朱筠在为校勘十三经做准备工作。其幕中在校文之外,多学术活动,诸幕宾"俱以古经义小学相切磨"③。洪亮吉本精于辞章,到幕府后"始从事诸经正义及《说文》《玉篇》"④;汪中本精于辞章,在幕中也致力于礼学的研究;邵晋涵本精于史学,却在朱筠的诱导下从事《尔雅正义》的编撰;章学诚在编撰《文史通义》的同时,也在和汪中、朱筠、王念孙等人从事《大戴礼记》的校勘⑤。幕中的诸多学术活动都是围绕着经学展开,似乎能够印证朱筠正在组织人员从事十三经的校勘。校勘十三经是项繁重的任务,而幕中幕宾出入的随意性较大,幕府收入、学术倾向、与其他幕宾间关系,都会成为影响幕宾出入的不确定因素。有些幕宾学力不足,还要加以培养。所以在幕中校勘群经的进程不是那么顺利。在朱筠视学安徽的两年之中,仅仅在乾隆三十八年正月校刻刊行了汲古阁本《说文解字》并附了"文字十三经同异",这也是因为当时精于文字训诂的王念孙在幕中充校勘之役。朱筠在安徽曾想编撰《经籍纂诂》,也未能如

---

① 素尔讷等:《钦定学政全书》卷八,《续修四库全书》第0828册,上海:上海古籍出版社,2002年,第588页。
② 余廷灿:《朱侍读学士筠传》,《存吾文稿》,《续修四库全书》第1456册,上海:上海古籍出版社,2002年,第71页。
③ 孙星衍:《洪君墓碑铭》,洪亮吉《洪亮吉集》附录,北京:中华书局,2001年,第2368页。
④ 吕培等:《洪北江先生年谱》乾隆三十六年谱,洪亮吉《洪亮吉集》附录,北京:中华书局,2001年,第2330页。
⑤ 按,汪中《大戴礼记正误》中多章学诚、朱筠、王念孙按语,这应是在朱筠安徽幕府中所进行的校勘。

愿。一切美好的设想都因为罢官,突然中止。《十三经校勘》与《经籍籑诂》后来由朱珪门生阮元在浙江任上组织学人编撰,才得以完成,因为他的仕途通达,有力养士,又久居人文渊薮之地的浙江。

朱筠或许意识到,校勘十三经对于他来说是一项难以完成的任务,或完成后也难以有较大的社会影响力,遂有借朝廷之力校勘十三经之念,并于乾隆三十七年九月十七日上呈《请正经文勒石太学以同文治折子》:

> 校艺之余,辄举御纂钦定诸经及《康熙字典》与之讲习,诸生亦颇蒸蒸向风。第其中词彩可观而朴学未尽,每阅数卷,俗体别字,触目皆是,其尤甚者,瑕瑜不分,谣谣莫辨,据旁著处,适内加商。良由经训之未深,以致字体之罔定。江南且然,何况小省。其何以识字通经,由乡会两试进应殿廷之对乎?①

朱筠在安徽每次校阅试卷时,"俗体别字,触目皆是",他认为这是因为"经训之未深,以致字体之罔定",并指出"江南且然,何况小省",而这又关乎朝廷选拔人才问题,然后建议朝廷以汉熹平石经、唐开成石经故事,择儒臣取《十三经》正文,依汉许慎《说文》、梁顾野王《玉篇》、唐陆德明《释文》等字书,校定点画,勒石太学。这个愿望若能实现,十三经文字正误问题,或许从朝廷到地方能得到根本改变。此折子所作时间,刻本《笥河文集》中未署。朱珪《竹君朱公神道碑》:"公奏言翰林院库贮明《永乐大典》,……公又言请仿汉唐故事,择儒臣校正十三经文字,勒石大学。"②余廷灿《朱侍读学士筠传》、孙星衍《笥河先生行状》、江藩《朱笥河先生》等文皆如朱珪文,将请正经文折置于开馆校书折后,民国姚名达据此在《朱筠年谱》中将请正经文折子时间定在乾隆三十八年。误矣。《笥河古文》稿本此文所署时间为"壬辰九月十七日",稿本为最原始材料,所属时间最为真实。洪亮吉诗文亦可为辅证,其《岁暮急葬归里率效述德抒情诗一百十韵呈大兴朱学士》曰"文当增楉栀,职敢献蒭荛(时奏刊石经)"③,洪亮吉归里营葬事是在三十七年十一月,其归葬诗作于离幕之前,又其《上石经馆总裁书》曰:"乾隆三十七年,安徽学政朱筠奏请立石经。"④故朱筠上呈请正经文折子时间在三

---

① 朱筠:《笥河文集》卷一,《续修四库全书》第1440册,上海:上海古籍出版社,2002年,第125页。
② 朱珪:《竹君朱公神道碑》,朱筠《笥河文集》卷首,《续修四库全书》第1440册,上海:上海古籍出版社,2002年,第103页。
③ 洪亮吉:《附鲒轩诗》卷四,《洪亮吉集》,北京:中华书局,2001年,第1975页。
④ 洪亮吉:《卷施阁文甲集》卷七,《洪亮吉集》,北京:中华书局,2001年,第160页。

十七年而非三十八年。再者，朱筠于三十六年除夕夜所作诗中有"来朝将次十三成"之言，于次年上书请校勘群经勒石亦在情理之中。折子上呈后，旋奉朱批"候朕缓缓酌办"。"将次十三成"也就成为朱筠的一桩未了心事。

正因有此一桩未了心事，朱筠在后来上书覆奏搜访遗书事时，另上开馆校书折子，借朝廷之力打开了四库馆的大门。据《四库全书总目》，在朱筠上访求遗书折、开馆校书折前后，贵州巡抚、山东巡抚、直隶总督、山西巡抚、湖北巡抚、河南巡抚、江西巡抚、浙江巡抚、安徽巡抚、两江总督、奉天府尹、陕甘总督等各地督抚都曾上访求遗书折子，然而他们都是奉命行事，陈述各地访求遗书情形，并没有新的建议，唯独朱筠的开馆校书折子既涉及古籍旧本、金石图谱的搜访问题，又涉及内府藏书目录编撰、《永乐大典》辑佚、群书校勘著录诸问题，已经远超高宗的最初想法。又，在朱筠上折子前后，上呈访求遗书折的多是各地督抚，并无学政，以学政身份上书者唯有朱筠。朱筠上呈开馆校书折，虽说是受了朝廷诏求遗书的影响，然这仅是外因，其内因乃是朱筠校勘十三经的心念未灭。外因是次要的，内因是主要的，朱筠只是借了朝廷诏求遗书的东风。四库馆开后，天下学风为之一变，"四方才略之士，挟册来京师者，莫不斐然有天禄石渠，句坟抉索之思，而投卷于公卿间者，多易其诗赋举子艺业，而为名物考订与夫声音文字之标。盖骎骎乎移风俗矣"①。所以姚名达曰："我们今日研究清代学术史，推求其发达的原因，势必归功于四库全书馆之成立；若问建议开馆者是谁，舍朱筠外，还有第二人吗？"②确哉其言！

二、朱筠的开馆校书折子诸条目

朱筠在上开馆校书折中所列凡四条：一、旧本、抄本尤当急搜也，一、中秘书籍当标举现有者以补其余也，一、著录、校雠当并重也，一、金石之刻、图谱之学在所必录也。以上四条都已溢出访求遗书诏所言诸问题，这些都与朱筠的治学经历，古籍、金石收藏密切相关。

朱筠在翰林时间达十六七年，又参与修撰方略多种，所见内府藏书较多，所以建议先编内府藏书目录，"然后令各举所未备者以献"。按照现在学科划分，古籍搜集整理问题属于文献学范畴，而研治文献学的入手处乃是目录学，朱筠所言整理内府书目乃治学基本方法问题。内府藏书中的《永乐大典》"编次少伦或分割诸书以从其类"，朱筠建议择取其中古书完整者若干部，"分别缮写，各自

---

① 章学诚：《周书昌别传》，《章学诚遗书》卷十八，北京：文物出版社，1985年，第181页。
② 姚名达序，《朱筠年谱》，《民国丛书》第三编76册，上海：上海书店，1991年，第4页。

为书",这是辑佚,也是四库馆得以打开的关键因素。至于折子建言朝廷仿历代官方校书之例,选儒臣"分任校书之选",对内外古籍从事校勘、著录,这也是朱筠在请正经文勒石太学折子中所言"取《十三经》正文……校订点画"的拓展与延伸。以上所言涉及目录、辑佚、校勘、著录等治学问题,皆与朱筠平日治学有极大关系,如其《风俗通义校勘补逸》《韩非子校正》即是涉及校勘辑佚的著述。兹以《风俗通义校勘补逸》为例,以见其治学方法。乾隆十六年夏,朱筠馆刘统勋府邸时,值高宗以赵高束蒲为脯,顾问诸大臣语出何书。刘统勋退访于朱筠,筠以李善《文选注》所引《风俗通义》为对。既而遍检应劭《风俗通义》原书,实无其文。十七年正月,朱筠参佐《文选注》《后汉书注》《唐类函》《事类赋注》所引《风俗通义》今本所无者,凡得十则。十八年二月,遍检《文选注》《后汉书注》《唐类函》《事类赋注》,复取宋大中祥符间重修《广韵》,作《风俗通义》补逸,辑为一卷。三十二年正月初十日,以元大德年间刻本《风俗通义》与明何氏《汉魏丛书》本互校。朱筠卒后,朱锡庚将朱筠所校勘、辑佚的《风俗通义》一一抄录成帙,合为三卷。朱筠平日治学多类此,因其早卒,其著述《十三经文字同异》《五代史补注》《方音》《集韵或体考》《仪礼释例》《山海经校正》等多散佚或未成稿。朱筠的治学问题,前面言及十三经校勘时已有所涉略,兹不赘述,下面仅就其古籍、金石收藏与折子相关条目略作分析。

朱筠的古籍收藏与"旧本、抄本尤当急搜也"。朝廷下诏搜访遗书,主要为了丰富内府藏书,内府藏书,插架不为不富,"然古今来著作之手,无虑数千百家,或逸在名山未登柱史"[1]。催访遗书诏中也主要搜访"历代流传旧书及国朝儒林撰述向来未登大内收藏书目者"[2]。而朱筠所言"旧本、抄本尤当急搜也",在用以广内府藏书之外,更多地是关注古籍中旧本、抄本的保存问题了,折子中汉唐遗书"存者希矣"、辽宋金元之经注文集"流布日少"、其他九流百家子余史别"卷帙不过一二卷"等语,无不是对古籍零落散佚的忧思。他的这种忧思源于他的古籍收藏经历。朱筠富于藏书,其椒花吟舫"聚书至数万卷"[3],在当时京师私人藏书家中,其藏书之富,鲜有企及者,徐书受《藏书》云:"曩在京师,见前

---

[1] 中国第一历史档案馆编:《谕内阁著直省督抚学政购访遗书》,《纂修四库全书档案》之一,上海:上海古籍出版社,1997年,第1页。
[2] 中国第一历史档案馆编:《寄谕各省督抚学政速行购访遗书并先将购访情形奏覆》,《纂修四库全书档案》之四,上海:上海古籍出版社,1997年,第5页。
[3] 朱珪:《竹君朱公神道碑》,朱筠《笥河文集》卷首,《续修四库全书》第1440册,上海:上海古籍出版社,2002年,第103页。

辈藏书之富无过笥河先生。"①乾隆四十年十月朱筠自咏吟舫诗曰："零落年来七万卷,沈吟窗外两三竿。"②其中"七万卷"显然指吟舫中藏书出入的数量。朱筠藏书多宋元旧版、善本、珍本,更是他人望尘莫及。朱锡庚《古籍过眼录序》："先大夫……束脩之入、绔缟之投,辄以之购书。书贾得异书必先来质于先大夫,故所积至三十年之久,其中旧版秘籍,多外间不易觏者。北方藏书家若青箱堂王氏、栋亭曹氏、长白敷槎氏,大都皆归于余家。"③朱筠卒后,其书一分为二,其子锡卣、锡庚各得其一。锡庚后来将其所分得书与自身所藏书合编为《椒花吟舫书目》。书目中的书籍分为三部分,一为"椒花吟舫"书目,凡十五架,为朱筠藏书;另两个为"未之思轩"书目,凡五架,"山房"之书,为朱锡庚藏书。"椒花吟舫"书目十五架中,多宋元旧版。如第一架:宋板《史记》六套四十八本、宋板《韩集举正》一套十本、宋板《帝学》一套四本、宋板《蔡端明集》二套十六本、宋板《元丰类稿》四套二十四本、宋板《西汉文编》二套十本、宋板《友林乙稿》一本、宋板《后汉》八套六十六本、《斜川集》(先曾祖手抄)一套二本、《古文渊鉴》四套二十四本。④其他书架所列书籍大多如此。正因藏书甚富,朱筠对书籍有特殊感情,在收到访求遗书诏后,留心购访,"随处咨询,并饬学官诸生,各举闻见所及,无论刻本、抄本,取送校阅"⑤。他在三十七年十一月所上访求遗书折子中罗列所访之书凡13人所著17部书,多是本朝人所著,时代最早的也仅至晚明,绝无宋元旧版之书。民间古籍旧本之少,由此可窥一斑。私人所藏古籍旧本、珍稀抄本,随时都可能香消玉殒、万劫不复,所以朱筠从古籍版本保存角度提出"旧本、抄本尤当急搜也","官抄其副,给还原书,用广前史艺文之阙,以备我朝储书之全,则著述有所原本矣"。

朱筠的金石收藏与"金石之刻、图谱之学在所必录也"。金石、图谱原不在诏访遗书范畴内,而朱筠将二者列为搜访对象,是与他对二者价值的认识有关。古籍中金石、图谱二者有交集之处,朱筠所藏金石类古籍、金石拓本较多,此部分重在分析其金石收藏与折子条目问题。朱筠重视金石,认为"稽古莫如金石

---

① 徐书受:《教经堂谈薮》卷五,《清代诗文集汇编》第429册,上海:上海古籍出版社,2010年,第268页。
② 朱筠:《吟舫洋菊浸开克一以诗见投和韵答之》二首之二,《笥河学士诗集》卷二十,钞本,日本京都大学人文科学研究所藏。
③ 朱锡庚:《朱少河先生杂著》,稿本,国家图书馆藏。
④ 朱锡庚:《椒花吟舫书目》,稿本,国家图书馆藏。
⑤ 朱筠:《遵旨覆奏访求遗书折子》,《笥河文集》卷一,《续修四库全书》第1440册,上海:上海古籍出版社,2002年,第126页。

文,可证经史之讹所在"①,"上可辅经,下可绎史"②。他在《汉西岳华山庙碑跋尾》中以碑文考证经史后,又认为此碑文字"可以见篆隶楷之递变者有六:一曰本字,二曰古通字,三曰与小篆合,四曰变篆而意则存,五曰变篆作俗书之佣,六曰篆变而楷不从"③。朱筠对金石之价值的认识,据李威《从游记》载:

  先生好古学,于金石文字尤极留意,尝论今人读古人书,鱼鲁、帝虎之讹不可胜诘,独金石文字,历久如新,一可宝也;篆隶变革之源流,了然可见,二可宝也;名物杂陈,词义典贵,可以翼经传注疏家言,三可宝也;轶事无传,史篇多误,断碣残碑,恒资考证,四可宝也。④

朱筠有金石癖,对金石的嗜好近于痴,每到一处必披剔榛薛,搜集金石遗文,"生平所过郡县名山水,凡足迹可及之地无不至。至则访摩崖旧刻、古刹残碑,不惮扪萝剔薛,每得唐以上物,辄狂呼宾从,共往观之"⑤。他在视学安徽时致力于搜访金石,凡访得金石三百余通,视学福建时搜罗元以前金石题刻不下数百通,生平"收贮金石至五千种"⑥,所以他在上开馆校书折子中要求将金石、图谱也作为搜访对象。四库馆开后,朱筠与钱大昕、翁方纲、张埙、陈以纲、黄易、桂馥等嗜金石的学者同在馆中,"遂开乾隆已后诸儒以金石之学印证经史一派"⑦。

三、余 论

  四库馆开后,朱筠在安徽积极搜访遗书,在太平青山设馆,召集学人任抄校之役,"大集异等生,馆倚青山阜。传抄千万本……"⑧,他在安徽罢官后行走于

---

① 朱珪:《竹君朱公神道碑》,朱筠《笥河文集》卷首,《续修四库全书》第1440册,上海:上海古籍出版社,2002年,第103页。
② 朱锡庚序,朱筠《笥河文集》卷首,《续修四库全书》第1440册,上海:上海古籍出版社,2002年,第101页。
③ 朱筠:《笥河文集》卷六,《续修四库全书》第1440册,上海:上海古籍出版社,2002年,第198页。
④⑤ 李威:《从游记》,朱筠《笥河文集》卷首,《续修四库全书》第1440册,上海:上海古籍出版社,2002年,第116页。
⑥ 洪亮吉:《七招》,《卷施阁文乙集》卷二,《洪亮吉集》,北京:中华书局,2001年,第286页。
⑦ 陈康祺:《郎潜纪闻》卷三,《续修四库全书》第1182册,上海:上海古籍出版社,2002年版,第186页。
⑧ 朱筠:《送王怀祖》,《笥河学士诗集》卷二十,钞本,日本京都大学人文科学研究所藏。

四库馆,校办各省送到遗书,又充日下旧闻、三通、国子监志等馆纂修官,不阿谀权贵,与师友惟以校书为乐,悠游馆中,望益重。他又向京师王公大臣、地方督抚推荐人才,"仅就尺短寸长,使之有以自效"①。在校书之余,他又效其家文公朱熹,于椒花吟舫讲学授徒,"旦日出坐椒花吟舫,朋友门生及四方问字之士踵接于门,阍者不能尽通,听其自入,宾位不足,常有循栏坐者。先生笑语酬酢,竟日无倦容"②。洙泗遗风,于斯为盛,正所谓"鸰原地望皆齐岳,鹿洞风规且铸儒"③。

---

① 章学诚:《与邵与桐书》,《章学诚遗书》卷二十九,北京:文物出版社,1985年,第334页。
② 李威:《从游记》,朱筠《笥河文集》卷首,《续修四库全书》第1440册,上海:上海古籍出版社,2002年,第115页。
③ 钱沣:《以房师姚梦榖先生命投谒朱竹君前辈》,《钱南园先生遗集》卷一,《清代诗文集汇编》第397册,上海:上海古籍出版社,2010年,第274页。

纪晓岚何以被称之为"一代文宗"

吴兆路

(复旦大学,上海 200433)

在中国学术史上,清朝乾隆年间是一个不同凡响的时代,其学术文化思潮的"回归"和"穴结"的形成伴随"盛世"的到来而悄然出现。而最能展现其"回归"和"穴结"特色的当是《四库全书》的纂修。在这场气势宏伟的学术文化工程中,身为总纂官的纪昀(1724—1805)自然是一个颇为引人注目的学术巨人。他朝夕筹划,校勘鉴别,进退百家,钩沉摘隐,与陆锡熊一起完成了《四库全书》及《四库全书总目提要》的编纂,成为我国学术考证、典籍评论及版本考核、文献钩稽的集大成之作。纪昀亦是著名藏书家,藏书之处称"阅微草堂",其藏书呈献四库馆后,收录者达 105 种,1868 卷,入存目 41 种。晚年著有《阅微草堂笔记》等。

自纪昀总纂的《四库全书》和一手删定的《四库全书总目提要》问世以来,得到历代学者的高度赞誉。阮元说"高宗纯皇帝命辑《四库全书》,公(纪昀)总其成","所撰定《总目提要》多至万余种,考古必求诸是,持论务得其平允"(《纪文达公遗集序》)。当时的大学者朱珪、江藩等都给与很高评价。有目共睹的学术价值还使得这部大著的文化影响历久不绝。《四库全书总目提要》的分类、目录的纂写反映了当时中国人对学科分类的基本认识,反映了文字学、地理学、天文学等方面的成就,代表了目录学发展的最高水平。当然其中所蕴含的文学思想价值同样很值得关注。

纪晓岚为世人瞩目的文化成绩主要有两项:一是奉旨领导编纂了一部百科全书式的巨型图书——《四库全书》;二是在晚年写了一部"追录旧闻,姑以消遣岁月"的随笔杂记《阅微草堂笔记》。

乾隆朝编修此书的初衷虽是"寓禁于征",但客观上整理、保存了一大批重要典籍,对保存和整理我国古代文化遗产不无意义。该书开创了中国图书目录学,确立了汉学在社会文化中的主导地位,具有无与伦比的文献价值、史料价值、文物价值与版本价值。

纪昀主持编纂的《四库全书》是一种官方行为,编纂指导思想受政治目的所左右，所以著录的书籍并非兼收并蓄，而有着严格的取舍标准。这在《四库全书》卷首的《圣谕》中说得很清楚。他们在对古代书籍进行辑佚、校勘、考辨等整理的同时，也在干着对不利于清朝的一些书籍进行销毁、删削或改易的不光彩勾当；在钩沉、辑佚、保存古籍的同时，也在破坏、摧残文化。其结果，不仅使许多具有珍贵史料价值的书籍遭到摒弃，而且使收录的一部分书籍尤其是宋元以后的许多具有异端色彩的书籍失去了原貌。从此意义上说，也是一次文化浩劫。宋明人著作涉及辽金元少数民族史实，一概在查禁之列，投降清朝之人的文集因其人无节操在禁毁之列，最著名的如钱谦益的作品，而对节操凛然、主张坚决抗清的明人的作品也因会煽动民族情绪而入禁毁行列，如杨涟、左光斗、史可法等人的作品，一些戏剧、小说因为事关风化也不许留传后世。乾隆四十三年（1778），颁行《查办违碍书籍条款》，以后又陆续有补充规定出台，到乾隆五十七年终止。一些禁毁书籍或被四库馆臣认为价值不大的书籍仅被列入"存目"，不收原文。存目均有目录提要，共有六千七百六十六部，九万三千五百五十六卷，而被送入火炉销毁、不留任何痕迹的书籍不知道有多少。最糟糕的是，四库馆臣任意删改书籍，改变文献的原始面貌，而根本不加任何标注，现收入《四库全书》的有些书籍的可靠性遂成疑问。如对明代李贽的言论，清政府就不仅把他的著作列为焚毁书目，而且直斥李贽"非圣无法，敢为异论，虽以妖言逮治，惧而自刎，而焦竑等盛相推重，颇荧众听，遂使乡塾陋儒，翕然尊信，至今为人心风俗之害，故其人可诛，其书可毁。而仍存其目，以明正其为名教之罪人，诬民之邪说，庶无识之士，不至沐于虚名而受其簧鼓"（《四库提要》卷五十史部·别史类存目《李温陵集提要》），"为小人无忌惮之尤"（《四库提要》卷五十史部·别史类存目《藏书》提要）。再如对屈大均等那些强烈抵触清朝人的作品，自然尽在销毁之列；至于偶有一二语伤触清朝而又气节凛然的明代遗民作品，则稍加"酌改"即为我所用（《清高宗实录》卷1095），其政治目的是显而易见的。根据流传至今的几种禁毁书目和有关档案记载，全毁的书 2400 多种，抽毁书 400 多种，铲毁、烧毁书版约八万块。

正因为如此，学术界对《四库全书》的编撰持异议者也大有人在。鲁迅在《且介亭杂文·病后杂谈之余》："清人纂修《四库全书》而古书亡，因为他们变乱旧式，删改原文。"并具体指出："乾隆朝的纂修《四库全书》，是许多人颂为一代之盛业的，但他们却不但捣乱了古书的格式，还修改了古人的文章；不但藏之内廷，还颁之文风较盛之处，使天下士子阅读，永不会觉得我们中国的作者里面，也曾经有过很有些骨气的人。"历史学家吴晗也曾概叹："清人纂修《四库全书》而古书亡矣！"通过篡改典籍蓄意误导人们对民族历史的认识和理解，实是一种令人无法宽容的历史罪过。

今人文怀沙曾将其主持编纂的《四库全书》评价为是一部阉割中国古代文化的集大成之作。美国著名汉学家费正清在其名著《美国与中国》(世界知识出版社 2003 年 2 月版)中,对于《四库全书》早就提出了相似的观点,曾一针见血地指出:"通过这项庞大工程,清廷实际上进行了一次文字清查工作,其目的之一是取缔一切非议外来统治者的著作。编纂人在搜求珍本和全整文本以编入这一大文库时,也就能够查出那些应予取缔或销毁的一切异端著作。他们出善价收集珍本,甚至挨家挨户搜寻。该禁的图书是研究军事或边务的著作以及有反夷狄之说的评议,而主要是那些颂扬明朝的作品。……正如 L. C. 古德里奇所论证的,这是最大规模的思想统治。"

说起清代文字狱的残酷,恰恰就发生在乾隆皇帝授意纪晓岚编纂《四库全书》之时。据《清朝文字狱档》统计,整个乾隆年间一共发生过文字狱 100 多起,而编纂《四库全书》期间就发生了 48 起。纪晓岚秉承乾隆皇帝旨意,大肆篡改、删削甚至焚毁中国古籍,在某种程度上是帮着清朝统治者"阉割"中国古代文化。另一方面,他还耳闻目睹当时许多汉族文人因言惹祸,或丢掉官职,甚至被株连九族的遭遇,他不能不对由此产生的白色恐怖和危险性负一定责任。

纪晓岚从发配新疆回京是在乾隆三十六年,他本想退出政坛,但由于恩师刘统勋的举荐,他不得不又出仕朝廷,主持编撰《四库全书》这项浩大的文化工程。在朝廷他只能选择"鸵鸟政策"以自保,谨慎为文,晚年只能写出以供"消遣岁月"的《阅微草堂笔记》。

事实上,纪晓岚编纂《四库全书》固然是秉承乾隆皇帝旨意,但在《四库全书总目提要》具体的评介及其文学创作中所体现出来的文学思想还是值得肯定的,纪晓岚及其四库馆臣们这些文化知识精英并不是就会整天说点笑话、整个对联或纵情声色(甚至有文章称纪晓岚是个性欲狂),胸中依然有一种要"为天地立心,为生民立命,为往圣继绝学,为万世开太平"的理想。

纪昀一向肯定情感表现在文学创作中的重要地位。其《冰瓯诗草序》中有云:"诗本性情者也,人生而有志,志发而为言,言出而成歌咏,协乎声律,其大者,和其声以鸣国家之盛;次亦足抒愤写怀,举凡日星河岳,草秀珍舒,鸟啼花放,有触乎情,即可以宕其性灵。是诗本乎性情者然也,而究非性情之至也。夫在天为道,在人为性,性动为情。情之至,由于性之至;至性至情,不过本天而动。而天下之凡有性情者,相与感发于不自知,咏叹于不容已。"但他同时又认为,若片面强调情,便会走向另一个极端,齐梁宫体诗、晚唐艳情体的产生即是很典型的例子。其《诗教堂诗集序》中就曾说过:"齐梁以下,变而绮丽,遂多绮罗脂粉之篇,滥觞于《玉台新咏》,而弊极于《香奁集》。"

纪昀一生主要精力是用于经学与文学的研究。阮元说:"公之学在于辨汉、宋儒术之是非。"(《纪文达公遗集序》)朱东润先生说:"晓岚论析诗文源流正伪,语极精。"(《中国文学批评史大纲》)简明扼要地道出了纪昀学术活动的重心所在及其主要特色。这个主要特色,便是他非常重视经学与文学在源流正变的总结中实现救正补偏。纪昀论文学史上的源流正变,是纪昀的文学思想主张的重要组成部分。他是怎样解释这个变化规律的呢?其《冶亭诗介序》云:"夫文章格律,与世俱变者也。有一变,必有一弊;弊极而变,又生焉。互相激,互相救也。"他列举了唐宋元明清的许多例子来加以说明,文学的历史是一个不断发展变化的过程。新文学是从旧文学中发展而来的。

纪昀不仅认识到了文学应随时代的发展而变化,而且认为这种变化始终是"推陈致新"后胜于前的。《四库全书总目》卷一零四《景岳全书》提要便说道,"务在推陈致新……正造化新新不停之义"。"新新不停",生生不息,为宇宙万物运动的永恒规律,也是文学创造过程中的应有之义。所以他认为,文章的日臻丰富,逐代增新,从单色调而走向多色调,是历史发展的必然,"三代以前,文皆载道。三代以后,流派渐分。犹之衣资布帛,不能废五采之华;食主菽粟,不能废八珍之味。必欲一扫而空之,于理甚正,而于事必不能行。即如文章正宗,行世已久,究不能尽废诸集,其势然也"(《四库全书总目》卷一九四《斯文正统》提要)。《四库提要》在评论作家作品时,往往能以历史的眼光进行审视,因此更为宏观公允。如《空同集》提要对李梦阳的看法:

> 梦阳为户部郎中时,疏劾刘瑾,遘祸几危,气节本震动一世。又倡言复古,使天下毋读唐以后书。持论甚高,足以竦当代之耳目。故学者翕然从之,文体一变。厥后摹拟剽贼,日就窠臼。论者追原本始,归狱梦阳,其受诟厉亦最深。考明自洪武以来,运当开国,多昌明博大之音。成化以后,安享太平,多台阁雍容之作。愈久愈弊,陈陈相因,遂至啴缓冗沓,千篇一律。梦阳振起痿痹,使天下复知有古书,不可谓之无功。而盛气矜心,矫枉过直。……平心而论,其诗才力富健,实足以笼罩一时。而古体必汉魏,近体必盛唐,句拟字摹,食古不化,亦往往有之。所谓武库之兵,利钝杂陈者也;其文则故作聱牙,以艰深文其浅易。明人举其诗文并重,未免怵于盛名。今并录而存之,俾瑕瑜不掩,且以著风会转变之由与门户纷竞之始焉。

把李梦阳放到当时特定的时代氛围及风会崇尚中来进来考察,从而指出其功绩及其产生的流弊,确实还是很允当恰切的。这种历史的批评方法,在《四库提要》中可以找出很多类似的例子。它既显示出纪昀的博达与宽容,又体现了他的独具慧眼和卓识。《四库提要》所以为后人所重视,想必与其持论较为客观公允也有一定关系。

纪昀在《四库提要》中所体现出来的文学思想理论中还有一个显著的特点,这就是比较重视作家思想道德品质对文学创作的作用和影响,亦即诗品、文品与作家人品之间的关系。由于纪晓岚为人的道达、学识的渊博并遵循知人论世的批评方法,又使他能在一定程度上摆脱传统的偏见,对文学发展史上存在的立身与立言不相协和的现象作出比较客观公允的评价。文学创作是一种复杂的精神现象,诗品文品的优劣高下,固然与人的操守品行有关,但事实上也并不都是那样协调一致。有些可能是文如其人,而有些则可能是人品与作品分离。古往今来,曾出现过不少人品好而作品未必全佳的情况,也产生一些人品不太好而作品却很不错的现象。对此,纪昀并未因某些作者人品好而维护其作品之短。其次,纪昀对人品不好、但作品有显著特色的情况往往也能作出比较客观公允的评价。

正是基于上述认识,所以纪昀在文学批评理论中形成了一个基本的观念,这就是应始终贯彻"务取持平"(《四库全书总目》卷一《经部总叙》)的原则,既不以人废言,也不以言废人,坚持客观公正的标准,能历史地、辩证地看问题。其《耳溪文集序》说:"余则谓诗文各有体裁,亦各有难易。杜子美之诗才,而散文多诘屈;黄甫是、李翱之文笔,而诗皆拙钝。才有偏长,殆不可强。"诗文创作是一种复杂的创造性工作,其作品的好坏,不仅与作者的才性人品有关,而且"人生境遇不同,寄托务异,心灵浚发,其变无穷"。同时还与题材样式有关,题材样式的不同而写作的难易程度也不尽一样。因此,许论其是非得失,自然不可采取简单全盘肯定或否定的方式,而应当"平心而论"或"持平以论"。其《壬戌会试录序》在论及明代文坛时便明确说道:"隆(庆)万(历)尚机局,田(启)崇(祯)尚才尚学,失其本者遂多,而毅然自为,各辟门径者亦复不少。源流正变,遂淆杂而难分。平心而论,诸派之中,各有得失,亦各有真伪。崇其真而黜其伪,亦可以酌乎其中。"这种"持平"的批评标准,贯穿于《四库提要》的始终。《四库提要》卷一七二评《弇州山人四部稿》云:"平心而论,自梦阳之说出,而学者剽窃班马李杜。自世贞之集出,学者遂剽窃世贞。……然士贞才学富赡,规模终大。譬诸五都列肆,百货具陈。真伪骈罗,良楛淆杂,而名材环宝,亦未尝不错出其中。知末流之失可矣。以末流之失而尽废世贞之集,则非通论也。"王世贞主张摹拟古人,其末流以至食古不化,这当然是世贞的严重缺点。但其理论本身在当时还是有一定积极意义的,影响很大,况且世贞本人才学富赡,其文也是有伪也有真,而名作佳构亦未尝不错杂其中,所以决不可把世贞的作品全盘否定。纪昀的这种看法,无疑还是很正确的。

由于主张"参稽众说、务取持平"(《四库全书总目》卷一《经部总叙》)坚持客观公正的批评标准,所以这又决定了纪昀必然反对结社立派、相互标榜和门户之见。他在《四库提要·集部总叙》曾开宗名义言道:"今扫除畛域,一准至公。明以来诸派之中,各取其所长,而不回护其所短。"其《耳溪诗集序》又说:"余天性孤峭,雅不喜文社诗坛互相标榜。第念文章之患,莫大乎门户。……朋党之见,君子病焉。"纪昀把标榜门户视为写作文章的一大祸患,认为结社立坛,势必会影响公允,甚至会出现扬长护短的现象。这是彬彬君子不屑为之的。《四库提要·凡例》中就有这样的论述:"自南宋至明,凡说经、讲学、论文,皆各立门户。大抵数名人为之主,而依草附木者嚣然助之。朋党一分,千秋吴越,渐疏渐远,并其本师之宗旨亦失其传。而仇隙相寻,操戈不已。名为争是非,而实则争胜负也。人心世道之害,莫甚于斯。"不难看出,纪昀对门户之见是特别反感的,他认为这于世道人心是极其有害的。

简论私家藏书对《四库全书》的贡献

曾雪梅

(甘肃省图书馆文溯阁《四库全书》藏书馆,兰州　730000)

摘　要：本文在简单介绍编纂《四库全书》背景及中国古代私家藏书历史发展脉络的基础上,主要论述了私人藏书家对《四库全书》的贡献。私人藏书家对《四库全书》的贡献集中表现在：1. 为《四库全书》的编纂提供了丰厚的书源；2. 私家藏书楼典范浙江宁波范氏天一阁为《四库全书》藏书楼的构建提供了真实可借鉴的建筑式样；3. 浙江杭州丁丙丁申兄弟及其八千卷楼,为战乱中被毁的文澜阁做了许多搜救保护和补抄工作,让文澜阁《四库全书》重现于世。总之,乾隆时期私家藏书对《四库全书》的贡献折射出了古代私人藏书家对中华文化典籍保存保护和流播之功,故古籍保护和文化传承绝不可忽视民间力量。

关键词：《四库全书》　私家藏书

清乾隆时期,以政府之力开启在全国各地大规模搜辑图书,并集中组织时下一批学术宿儒对征集来的大量书籍进行了全方位的整理与校勘,最终形成两大成果,这就是有"文化博物馆"之称的中国古代卷帙最大的官修写本丛书《四库全书》和目录学集大成者《四库全书总目提要》(以下简称《总目提要》)。《四库全书》收书三千四百余种,三万六千余册,七万九千三百余卷,基本囊括了先秦至十八世纪中国的主要文化典籍。《总目提要》则为后世书籍整理及学术源流考树立了光辉典范。两大成果的取得,是与乾隆皇帝巨大的引领作用分不开的,更是受益于当时规模宏大的私家藏书。

中国古代私家藏书形成于春秋战国时期,历史悠久,源远流长。历经秦汉、魏晋南北朝及唐宋,随着社会经济实力的不断增强,私人藏书事业茁壮成长,持续发展。到了明清时期,私人藏书在数量与质量、藏书家人数和藏书楼规模上,得到了空前发展,渐趋鼎盛态势。据叶昌炽《藏书纪事诗》和吴晗《江浙藏书家考略》记载,明代藏书家就达 427 人。清康、乾时期,伴随着整个社会经济与文化的繁荣,私人藏书事业出现了前所未有的昌盛景象,康乾盛世也是私家藏书的盛世。尤其是江浙和北京地区，更是人文荟萃，书院林立，藏书成为一种风尚。据任松如著《四库全书答问》中"清初藏书家一览表"统计，藏书万卷以上者就达76家，其中"张若筠藏书二万卷，蒋宗海、郑性藏书三万卷，程晋芳、周永年、全祖望、沈绍宾、吴兔床藏书五万卷，朱彝尊藏书八万卷，马曰琯、杭世骏藏书十万卷"①，他们的藏书均称颂一时。《纂修四库全书档案》亦有记载，东南江浙地区"藏书最富之家，如昆山徐氏之传是楼，常熟钱氏之述古堂，嘉兴项氏之天籁阁、朱氏之曝书亭，杭州赵氏之小山堂，宁波范氏之天一阁，皆其著名者"②。他们所藏之书不仅数量品种繁多，而且珍本秘籍美不甚举。藏书家与藏书数量的增长，必然带来藏书楼建设的辉煌。粗略估算，一般认为，清代较为知名的藏书楼有500多座。更有甚者，清前期京都地区出现了以交易流通为目的的带有一定规模的图书市场即琉璃厂，书贾往来，书肆集聚。

据上述，私家藏书发展到乾隆时期，底蕴丰厚，盛极一时，客观上对乾隆皇帝编辑卷帙浩大的《四库全书》做出了较大贡献。私家藏书对《四库全书》的贡献具体体现在以下三个方面。

一、私家藏书为《四库全书》的编纂提供了丰厚的书源

丛书的编辑必须要以充足的单种书来源作基础。也就是说，编定一部丛书，书源成为关键，这也是乾隆御修《四库全书》广泛向民间搜辑征集单种书的原因。据吴慰慈校订《四库采进书目》(以下简称《采进书目》)统计，当时设在翰林院的四库全书馆从各省及私家采进书经笔者统计有12374种(部)，其中私家进献本4310种(部)③，占总数的34.8%。据中国第一历史档案馆编《纂修四库

---

① 任松如：《四库全书答问》，上海：启智书局，1928年，第77页。
② 中国第一历史档案馆：《纂修四库全书档案》，上海：上海古籍出版社，1997年，第70页。
③ 笔者依据《采进书目》核查采进种数，发现实际著录种数与原题种数多有出入，故需说明两点：一是所题"12374种"据原书所题种数统计得出，与实际稍有出入。二是所题私人进献本"4310种"，据原书实际著录数统计得出。查核种数记载有出入的，具体为：《浙江省第四次鲍士恭家呈送书目》实际计624种，较原题626种少2种；《浙江省第四次汪启淑家呈送书目》实际计523种，较原题524种少1种；《浙江省第四次汪如藻家呈送书目》实际计218种，较原题219种少1种；《两淮商人马裕家呈送书目》实际计687种，较原题685种多2种；《都察院副都御史黄(登贤)交出书目》实际计298种，较原题299种少1种；《国子监学正汪(如藻)交出书目》实际计271种，较原题270种多1种；《编修励(守谦)交出书目》实际计24种，较原题23种多1种，或末种《易疑三卷》(明陈言著)因著录"旧钞本无此书"未计入，如此，编修励交出书目与前六次交出书目150种相加，总计174种。

全书档案》记载,江苏马裕家实际进呈书籍776种,较《采进书目》著录的687种多89种,京城纪昀家实际进呈100余种,较《采进书目》著录的22种至少多78种。不仅如此,《纂修四库全书档案》还记载了《采进书目》漏掉未著录的江苏四家:周厚堉进献366种,徐乾学传是楼进献138种,蒋曾莹进献102种,袁枚进献53种,总计659种。另外,据《总目提要》,《采进书目》遗漏未著录的私人藏书家有56人,他们总计献书210种。《总目提要》还著录了6位私人藏书家采用书比《采进书目》著录总计多出231种①,如此,各省及私家采进本总数为13641种,其中私家进献本5577种,占比40.9%。"13641"这一数字,与乾隆五十一年(1786)二月十六日刘墉等核查四库书籍奏报"仅各省及私人进呈本就达13501种"②非常接近,说明刘墉上奏朝廷采进书籍13501种是可信的。

各省及私人进献之书并未完全被收录进《四库全书》,经过四库馆臣校阅筛选,剔除重本、复本和"违碍"禁毁本后,才被《四库全书》收录和《总目提要》著录。据《总目提要》条目下所列"四库全书"所收之书及存目之书的底本来源,有敕撰官修本、内府藏本、永乐大典本、各省督抚学政采进本、私家进呈本、通行本,总计10254种。其中收进《四库全书》著录书3461种③,存目书6793种。经进一步查核条目下所列《四库全书》收录和存目的私人家藏本,可知总数为3246种,其中收入《四库全书》的有1054种,存目有2192种,分别占《总目提要》总著录数10254种的31.7%,四库著录书3461种的30.5%,存目书6793种的32.3%。

从各省进呈书籍情况看,当时民间献书普遍集中于江苏、浙江及京城,这与江浙地区经济文化发达、藏书事业兴旺有密切关系。被《总目提要》收录之家藏本达100种以上者12人,他们来自江浙和京城,分别是:

浙江范懋柱:进呈602种,被采用473种(入《四库全书》95种,存目378种)。
浙江鲍士恭:进呈624种,被采用379种(入《四库全书》250种,存目129种)。
江苏马裕:进呈776种,被采用369种(入《四库全书》144种,存目225种)。

---

① 具体为:程晋芳《总目提要》著录采用书184种(存目169种),比《采进书目》著录6种多出178种;王际华《总目提要》著录采用书39种(存目38种),比《采进书目》著录14种多出25种;张若溎《总目提要》著录采用书35种(存目28种),比《采进书目》著录18种多出17种;萧芝《总目提要》著录采用书9种(存目9种),比《采进书目》著录5种多出4种;郑际唐《总目提要》著录采用书6种(存目5种),比《采进书目》著录3种多出3种;刘权之《总目提要》著录采用书5种(存目2种),比《采进书目》著录1种多出4种。
② 中国第一历史档案馆:《纂修四库全书档案·吏部尚书刘墉等奏遵旨清查四库全书字数书籍完竣缘由折》,上海:上海古籍出版社,1997年,第1930页。
③ 3461种是指文渊阁《四库全书》的收书数,实际上,文津阁《四库全书》收书3503种,文溯阁《四库全书》收书3474种。

浙江汪启淑：进呈523种，被采用260种（入《四库全书》59种，存目201种）。

吏部主事程晋芳：进呈184种，被采用184种（入《四库全书》15种，存目169种）。

浙江吴玉墀：进呈305种，被采用164种（入《四库全书》52种，存目112种）。

江苏周厚堉：进呈366种，被采用162种（入《四库全书》7种，存目155种）。

浙江汪汝瑮：进呈218种，被采用156种（入《四库全书》33种，存目123种）。

国子监学正汪如藻：进呈271种，被采用146种（入《四库全书》90种，存目56种）。

都察院副都御史黄登贤：进呈298种，被采用137种（入《四库全书》48种，存目89种）。

浙江孙仰曾：进呈231种，被采用134种（入《四库全书》26种，存目108种）。

侍读纪昀：进呈100余种，被采用105种（入《四库全书》62种，存目43种）。

以上所述充分说明，私人进献本无论从各地采进总数、《总目提要》著录总数，还是被《四库全书》收录或存目总数看，都占比约三分之一，私家藏书在《四库全书》编辑中的份量可见一斑。再者，因采进本是各省督抚学政搜访的各地民间遗书，"或借出钞录，或给银购买"①，从这个意义上来说，它属于私家藏书，如果把这部分书与私人进献本相加，数量占《总目提要》收录的八成。可见，私家藏书在《四库全书》单种书的来源上是"主力军"，为《四库全书》的编纂提供了充足而丰厚的书源，从而构成《四库全书》的基本内容，为乾隆文化事业的创建起了非常重要的作用。

私家藏书于《四库全书》之贡献，乾隆心里最为明白，为此制定奖励办法：一是对进书五百种以上者，赏《古今图书集成》一部；一百种以上者，赏《佩文韵府》一部。二是为进书百种以上者，择其精醇之本题咏。先后经乾隆题咏之书达百余种，如鲍士恭藏题唐高彦休撰的《唐阙史》、纪昀藏宋孙觉撰的《春秋经解》等珍本，均经乾隆题诗于卷首。三是对各省进到之书，令将其姓名，即藏书家姓名和某省采访书之督抚姓名，附载于各书提要末。

二、私家藏书楼的典范范氏天一阁为《四库全书》藏书楼构建提供了真实范例

乾隆四十六年，历经十年，第一份《四库全书》纂修告成，贮存于紫禁城文渊

---

① 中国第一历史档案馆：《纂修四库全书档案·乾隆三十八年四月十九日江苏巡抚萨载奏折》，上海：上海古籍出版社，1997年。

阁。其后,第二、三、四份《四库全书》分别于四十七年、四十八年、四十九年抄写完毕,这就是盛京皇宫的文溯阁、圆明园的文源阁、避暑山庄的文津阁。此四阁亦名内廷四阁或北四阁。第一份《四库全书》抄完后,乾隆皇帝考虑到江苏、浙江地区人文荟萃,决定再抄三份,以方便该地区的读书人能借阅《四库全书》。续抄的三部于乾隆四十七年开始进行,至乾隆五十二年同时完成,这就是镇江的文宗阁、扬州的文汇阁、杭州的文澜阁。《四库全书》南北七阁建制基本仿效私家藏书楼的代表即天一阁。

天一阁位于浙江宁波,始建于明嘉靖末年,至今已有四百余年的历史,是我国现存最古老的藏书楼。阁主名范钦(1506—1585),字尧卿,号东明,浙江鄞县(今宁波市鄞州区)人,嘉靖十一年(1532)进士,官至兵部右侍郎。一生酷爱典籍,时以收藏当代方志及登科录为重,藏书达7万余卷,有浙东藏书第一家之誉。天一阁主体建筑为一木构六开间二层楼房,面南,前后开窗。上层通长一间,用书橱相隔,下层六间。上一下六,取"天一生水、地六成之"之义。阁楼前凿一水池,以蓄水备用。众所周知,藏书最忌火,天一阁建筑科学,设计上强调图书保护功能,处处体现强烈的防火意识,这也是他传之久远、阁书永存的原因之一。乾隆三十七年,乾隆皇帝下诏广征民间遗书,开始纂修《四库全书》。范钦的八世孙范懋柱进献所藏之书602种,其中473种被采用,是私家献书中被采用最多的。如此具有典范作用的私人藏书家自然被乾隆皇帝知晓。乾隆三十九年六月二十五日谕旨:"浙江宁波府范懋柱家所进之书最多,因加恩赏《古今图书集成》一部,以示嘉奖。闻其家藏书处曰天一阁,纯用砖甃,不畏火烛。自前明相传至今,并无损坏,其法甚精。着传谕寅著亲往该处,看其房间制造之法若何,是否专用砖石,不用木植,并其书架款式若何,详细询察,烫成准样,开明丈尺呈览。……今办《四库全书》,卷帙浩繁,欲仿其藏书之法,以垂久远。"杭州织造寅着接旨后立即赶赴天一阁考察。乾隆接到寅著关于天一阁书楼整体构造的奏章后,决定《四库全书》藏书阁皆仿天一阁式样建造。对此,乾隆《文源阁记》中载曰:"藏书之家颇多,而必以浙之范氏天一阁为巨擘,因辑《四库全书》命取其阁式,以构庋贮之所。"四库七阁,尤其是北四阁,参照传统的宫式构造布局,各具特色,但建筑风格样式基本仿效天一阁。阁楼坐北朝南,外观重檐两层,实则三层(中层为暗层)。房间上层打通成一,下层面阔五间,带西侧楼梯间共六间。阁前凿池、造假山,东侧设碑亭,上覆盖黄色琉璃瓦,亭中矗立一高大而壮观之石碑。不仅如此,乾隆所取《四库全书》阁名皆从水立义,也是仿天一阁"天一生水"以克火而取渊、源、津、溯、汇、澜等字。关于阁名借助"天一阁"而取,乾隆于四十七年在他的《文溯阁记》里记曰:"四阁之名,皆冠以文,而若渊,若源、若津、若溯,皆从水以立义者,盖取范氏'天一阁'之为。"

上述表明，私家藏书楼的典范范氏天一阁为四库七阁建造提供了真实可借鉴的范例，它深深影响了乾隆在藏书阁建筑风格、使用功能与书籍保护方面的理念与设想，在《四库全书》的珍藏保管上起了极为重要的作用。

三、文澜阁《四库全书》阁毁书散后重现于世，主要应归功于清末四大藏书家之一丁氏兄弟及其八千卷楼

丁丙(1832—1899)，字嘉鱼，别字松生，晚号松存，清钱塘（今浙江杭州）人。丁丙之兄丁申(1829—1887)，字竹舟，与弟丙同为诸生。丁家以经营布业为生，殷实富足。兄弟二人皆喜读书、藏书、著书，且嗜好收藏。藏书室有其祖父丁掌六、父亲丁英（字洛耆）留传下来的八千卷楼①。丁氏兄弟与八千卷楼，扬名立万，为后世所敬仰，不仅因为他们家富收藏，更是因为他们在战争动荡时期不遗余力搜救、搜求和补抄文澜阁《四库全书》之功绩。文澜阁坐落于杭州西湖孤山南麓圣因寺，始建于乾隆四十七年，四十八年竣工，由寺中玉兰堂改建而成。乾隆颁旨抄写江南三阁之初，晓谕"兹《四库全书》，允宜广布流传，以光文治，……俾江浙士子得以就近观摩誊录，用昭我国家藏书美富、教思无穷之盛轨"。后来又谕称："俟贮阁《全书》排架齐集后，谕令该省士子，有愿读中秘书者，许其呈明到阁抄阅。"遵乾隆旨意，乾隆末年开始，南三阁逐渐对外开放，由最初允许江南士子入阁抄阅，到通过办理手续可外借出阁。我们知道，中国古代官府藏书向来秘不外宣，南三阁此举带来读书抄书成一种风尚，可谓意义非凡，不但促进了典籍的流播，还对当时社会和后世以公开流通图书为特点的图书馆产生积极而深远的影响。

但美好的阅读盛况在太平天国的战火中被打破。咸丰三年(1853)，太平军攻占镇江，第二年攻占扬州，文宗阁与文汇阁《四库全书》先后被战火损毁殆尽。文澜阁也于咸丰十一年在太平军第二次攻打杭州时阁毁书亡。次年，丁申丁丙兄弟因避战祸逗留在杭州城外留下镇。一日，丁申购物时偶然发现包装食品的纸"皆四库书也，惊曰：'文澜阁书得无零落在此乎？'"②为此，兄弟俩心急如焚，遂连夜派人潜入文澜阁处搜索残书，雇人沿街收购残叶，如此得8689册。随后历经艰险，运抵上海保管。战乱结束后，丁氏兄弟于同治三年(1864)携残书返

---

① 八千卷楼珍藏极富，许多藏品系父祖搜集前代著名藏书家流散之秘籍，但基本毁于鸦片战争和太平天国兵燹之中。光绪十四年(1888)，丁丙大力搜求战后各大藏书楼散佚之图书，重建八千卷楼。丙又于光绪十四年(1888)另辟后八千卷楼、善本书室（又名小八千卷楼），并取藏书处总名为"嘉惠堂"，藏书量总计达8000余种，20万卷。

② 见俞樾《丁君松生家传》。

杭，暂存杭州府学尊经阁，同时继续搜求残帙。至同治十三年，以十年之心力物力，连同之前所得，共搜得文澜阁书9062册（其中673册为《古今图书集成》）。光绪六年（1880），丁氏兄弟在光绪皇帝和浙江巡抚谭钟麟的鼎力支持下，得政府拨银12900缗，在原址重建文澜阁，翌年落成，旋尊经阁文澜阁书被悉数搬运入阁。

文澜阁尽管复原，但所储残书仅及原书的四分之一，丁氏兄弟于是"雇书手，倾家藏珍籍补抄，并以范氏天一阁、卢氏抱经楼、汪氏振绮堂、孙氏寿松堂、蒋氏别下斋、陆氏皕宋楼藏书按目补抄"①，最终配残篇891种，补抄阁书2212种②。民国时期，再次历经钱恂的"乙卯补抄"和张宗祥的"癸亥补抄"③，几成完璧。补抄过程中，针对乾隆纂修《四库全书》时删除较多对清政府不利的书与文字，丁氏与后来的钱氏、张氏均借此机会抄录齐全，这不得不说是《四库全书》内容价值上的一次意外收获，补齐后的文澜阁《四库全书》，成为"四库学"研究的重要资源。

文澜阁《四库全书》历经浩劫，阁毁书散，但仍顽强地屹立于西湖之滨，重现于世，成为江南三阁中至今唯一幸存的一阁，这应归于清末浙江私家藏书八千卷楼楼主丁丙及其兄丁申的典藏护佑之功。

结　语

私人藏书家对《四库全书》的贡献或可罗列许多，但主要的贡献集中表现在：为《四库全书》的编纂提供了丰厚的书源，为《四库全书》藏书楼的构建提供了真实可借鉴的建筑式样，为战乱中被毁的文澜阁《四库全书》搜救保护让其重现于世。当然，私家藏书成就《四库全书》的同时，《四库全书》编纂过程中客观上也促进了民间藏书、读书、治学力量的成长，如为私家藏书的发展树立了范氏天一阁这面旗帜，《总目提要》著录书的底本来源对私人藏书家也是一种褒奖和鼓励。总之，乾隆时期私家藏书对《四库全书》的贡献折射出了古代私人藏书家对中华文化典籍保存保护和流播之功，故古籍保护和文化传承绝不可忽视民间力量。

---

①　任继愈：《中国藏书楼》，沈阳：辽宁人民出版社，2000年，第1371页。

②　光绪八年（1882）至十四年，补抄2174种，至二十四年又补抄38种，见任继愈主编《中国藏书楼》，沈阳：辽宁人民出版社，2000年，第1371页。

③　"乙卯补抄"即民国四年（1915）补抄，此年为农历乙卯年，故称之。"癸亥补抄"即民国十二年补抄，此年为农历癸亥年，故称之。

文源阁与《四库全书》

刘 蔷

(清华大学科技史暨古文献研究所,北京 100084)

摘 要:文源阁因存世时间短、实物遗存少,相对"四库七阁"其他几阁,研究较为薄弱。本文备述其建立及庋藏《四库全书》之始末源流,探寻遗址现状,调查散藏于海内外的文源阁《四库全书》残本,并著录其版本特征。

关键词:《四库全书》 文源阁 文源阁本

在北京西郊的圆明园遗址中,有一处早已湮没于荒草之中的古迹——文源阁旧址,这里曾矗立着一座恢弘的皇家藏书楼,是清朝乾隆年间庋藏《四库全书》的"四库七阁"之一。文源阁因存世时间短、实物遗存少,相对其他几阁,研究较为薄弱,少见专门文章发表。笔者曾撰有《漫话文源阁》一文,发表于《文史知识》1995年第6期上,此后一直关注相关材料的搜集。本文在前文基础上,再次探访遗址现状,补入新近发现史料,特别是散藏海内外的文源阁《四库全书》残本情况,备述成文。

庋藏始末

清朝纂修《四库全书》是中国文化史上的一次重大的文献整理活动。这次由朝廷倡导的规模空前的修书活动,表面上是稽古右文,渲染文治修明的景象,而实际上是要通过编纂过程中的征书、禁书、毁书和编书等一系列做法,来清除汉族士人反对满族统治的思想和典籍,即钳制思想,消灭异己,也就是后世所谓的"寓禁于征"。《全书》广泛网罗和搜集了从上古流传至清初的所有著作,用经、史、子、集四大部分类,共收书3461种,总计79337卷,约97700万字。[①] 它不仅全面总结和系统整理了三千年来中国封建文化的学术成果,保留了丰富的

---

① 胡宜柔:《四库全书共收多少》,《新华文摘》1981年第2期。

典籍,而且任职于"四库全书馆"的官员学者,多是当时学术名流,他们倾十年心血而成的《四库全书》,无疑也是对中国古代文化的一大贡献。

这部大丛书的主要历史影响除学术成就外,当数"四库七阁"的建立。该书因卷帙浩繁,不曾付梓刊行,只手抄了七部,分别建阁贮之,这就是被称作"内廷四阁"或"北四阁"的北京大内之文渊阁、圆明园之文源阁、承德避暑山庄之文津阁和盛京(今沈阳)故宫之文溯阁;以及被称作"江南三阁"的扬州大观堂之文汇阁、镇江金山寺之文宗阁和杭州圣因寺之文澜阁。阁与书历尽沧桑,伴随着中国近代史上的频繁战乱而饱受摧残,最短的存世仅六七十余年,目前只有文渊、文津、文溯、文澜四阁尚屹立人间。

文源阁位于京郊皇家园林——圆明园内。乾隆三十九年(1774)在园中原有的建筑四达亭的基础上,"略为增葺为文源阁"①,于次年继文津阁之后告成,为七阁中建成的第二座。它所贮藏的《四库全书》为抄成的第三份,于乾隆四十八年冬抄毕,转年春天装潢竣事后送藏文源阁。此后乾隆皇帝每年驻跸圆明园,几乎都要来此休憩观书,吟咏题诗。伴随着"康雍乾盛世"的余光,阁与藏书确也度过了半个多世纪宁静祥和的时光。但是好景不长,嘉庆、道光以后,清朝统治日渐衰微,国家多故,帝王已无暇顾及这里的藏书。咸丰十年(1860)第二次鸦片战争爆发,英法联军攻占北京,他们在饱掠圆明园珍宝之后,举全园而火焚之,大火在这座举世闻名的"万园之园"中肆虐了三日,文源阁和其中的《四库全书》以及贮藏于味腴书屋中的一套《四库全书荟要》也在这场浩劫中化为灰烬。阁与书从告竣送藏到被毁,存世仅七十余年。

阁之建制

中国自古便有重视书籍保藏的传统,上至天潢贵胄,下至平民百姓,对藏书大多珍爱有加,只要条件允许便精心营造专门建筑以庋藏图籍。乾隆皇帝对《四库全书》这部"浩如烟海,委若邱山"的巨书的贮藏是极为审慎的,早在乾隆三十九年六月,《四库全书》尚在编纂之中,他就想到了如何使编成之书"以垂久远"的问题。乾隆知道"藏书之家颇多,而必以浙之范氏天一阁为巨擘",②并听说范氏的藏书楼"纯用砖瓷,不畏火烛,自前明相传至今,并无损坏,其法甚精"③,便特谕杭州

---

① 《题文源阁》诗注,《清高宗御制诗文全集·诗五集》卷六二,北京:北京古籍出版社,1997年。

② 《文源阁记》,《清高宗御制诗文全集·文二集》卷十三,北京:北京古籍出版社,1997年。

③ 王重民辑:《办理四库全书档案》,乾隆三十九年六月二十五日谕,国立北平图书馆1934年排印本。

织造寅着"亲往该处看其房间制造之法如何,是否专用砖石,不用木植;并其书架款式若何,详细询察,烫具准样,开明丈尺呈览"①。寅着亲赴杭州,很快就将天一阁的构造、建制等情况一一查明,迅速禀告朝廷。乾隆皇帝见天一阁"间数及梁柱宽长尺寸皆有精义,盖取'天一生水,地六成之'之意"②,下令"爰依《永乐大典》之例,概行抄录正本,备天禄之储"③,同时仿照天一阁的规制,兴建藏书之所。

据《日下旧闻考》卷八十一记载:圆明园"水木明瑟以北,稍西为文源阁,上下各六楹,阁西为柳浪闻莺。阁额及阁内'汲古观澜'额皆御书"④,不仅阁额,阁内三幅楹联亦为乾隆御书。旁边联为:

因溯委以会心,是处原泉来活水。
即登高而游目,当前奥窔对玲峰。

阁内屏扆联为:

宁夸池馆消闲暇
雅喜诗书悦性灵。

檐柱联为:

讨寻宜富波澜,浩矣无涯神智益。
披揽直探星宿,挹之不尽古今涵。

文源阁为一独立院落,东西50米,南北80米,开南北二门,有水渠环绕四围(图1)。阁南向而立,平台上有铜鼎、铜鹿各一对,前方凿挖曲池,并放养金鱼于其中,据说大可盈尺。池中还竖立着一块巨石,名为"玲峰",高逾六米,玲珑剔透,环孔众多。此石产于北京房山,正视之,则如乌云翻卷;手叩之,音色如铜。石宽盈丈,四周俱镌有名臣诗赋,是当年圆明园中最大、也是最著名的一块太湖石,与颐和园乐寿堂前的"青芝岫"齐名。乾隆皇帝在《御制玲峰歌》中说它

---

① 王重民辑:《办理四库全书档案》,乾隆三十九年六月二十五日谕,国立北平图书馆1934年排印本。
②③ 《文源阁记》,《清高宗御制诗文全集·文二集》卷十三,北京:北京古籍出版社,1997年。
④ [清]于敏中等撰:《日下旧闻考》,北京:北京古籍出版社,1981年。

图 1 《圆明园百景图志》中所绘文源阁全貌

"大孔小穴尽灵透,凸突凹窊仍塞产","体大器博复玲珑,八十一穴过尤远",称赞它周身 84 个玲珑剔透的孔洞,数目超过了北宋书画家、被称作"石痴"的米芾拥有的 81 个孔洞的"一品石"。池南为一大片怪石嶙峋的太湖石堆成的假山,在假山西面有一四方亭,名曰"趣亭",东面与其相对的地方筑有一平台,平台上竖有乾隆御书"月台"二字,假山与趣亭、月台形式皆仿照承德避暑山庄文津阁修建。阁之北侧亦有一座小型假山,遮掩着北院墙上的月洞门。阁之东侧为御碑亭,碑上勒有乾隆三十九年孟冬御制《文源阁记》。

据光绪朝《圆明园慎修思永及文源阁丈尺册》载:"文源阁一座六间,明间各宽一丈六尺四,次间各面宽一丈二尺五寸,西稍间面宽五尺,前后廊上步各深一丈一尺。"文源阁虽已不存,但其格局当与文渊、文津、文溯三阁无异。从实物来看,现存的其他内廷三阁均为正宇上下六楹、各通为一间,内部则对天一阁予以改进,采取了明两层暗三层的"偷工造"法,即外观重檐两层,实际上却利用上、下楼板之间通常被浪费的腰部空间暗中多造了一个夹层,全阁上、中、下三层都能用来贮藏书籍,既充分利用空间,又节省工料,体现了清代宫廷建筑师们在工程设计和建造艺术上的高度造诣和技巧。

阁之外观为水磨丝缝砖墙,墙色为沉静无华的灰色,深绿廊柱,歇山式屋顶,上覆绿剪边琉璃瓦。为显示建筑的藏书功能,楹柱间特地绘以河马负书和翰墨卷帙画面,色调清雅。全阁外观古朴典雅,蕴含深意,内中遍藏宏富卷帙,宁静肃穆,堪称中国古代藏书楼的典范。文源阁地处皇家园囿中,在一片金碧辉煌中卓然不群,更是独擅朴素之美。

阁名起"文源"的原因,乾隆皇帝在《文源阁记》中写道:"文之时义大矣哉!以经世,以载道,以立言,以牖民,自开辟以至于今,所谓天之未丧斯文也。以水喻之,则经者文之源也,史者文之流也,子者文之支也,集者文之派也。流也,支也,派也,皆自经而生。故吾于贮四库之书,首重者经,而以水喻文,愿溯其源。且数典天一之阁,亦庶几不大相径庭也夫。"①七阁之命名,既表明了乾隆帝推崇儒家经典的宗旨,也借若"渊"、"源"、"津"、"溯"等字,从水而立义,仿效范氏天一阁的"天一生水"而克火,以求阁书永存。

  阁内《四库全书》以开化纸缮写,共抄得36000册,分储经部20架,史部33架,子部22架和集部28架上。书册封皮采用"经、史、子、集四部各依春、夏、秋、冬四色"②的装潢办法,"经诚元矣标以青,史则亨哉赤之类,子肖秋收白也宜,集乃冬藏黑其位"③,即用象征四季的颜色来标明书的类别:经书居群籍之首,尤如新春伊始,标以绿色;史部著述浩博,如火之炽,应用红色;子部采撷百家之学,如同秋收,着以浅色;集部诗文荟萃,好似冬藏,适用深色。以色分部,一目了然。装帧上为软绢包背装,束之绸带,并以楠木为匣,既精致美观,还能防潮防蛀。据档案记载,文源阁全书每册的首页都钤有"文源阁宝"白文大方印和"古希天子"朱文圆印,末页则钤上"圆明园宝"白文大方印和"信天主人"朱文圆印④,朱色晶莹,又为全书增色不少。

  四库七阁的主要职官由当时朝廷重臣和翰苑文士担任,如文渊阁于乾隆四十一年建成后,即于六月初设官兼掌:"文渊阁领阁事三人,掌典综册府由大学士、协办大学士、掌院学士兼充;直阁事六人,掌典守厘辑,由内阁学士、少詹事、讲读学士兼充;校理十有六人,掌注册点验,由庶子、讲、读、编、检兼充;检阅八人,由内阁中书派充;内务府司员、笔帖式各四人,由提举阁事大臣奏充。"⑤由这些官员负责阁书的日常管理,注册点验和按时晾晒。七阁全部建成后,改由专人专司其职,内务府提举阁事,建立起了一个较为完备的管理机构。为方便查检翻阅,还另外绘制了《四库全书排架图》,具体标明《全书》及其他藏书的排架位置。

  文源阁《四库全书》的利用情况已不可考,只知道乾隆帝曾于五十二年和五十六年两次派人复校阁书,改正了其中诸多讹误,并补充了缺文、缺卷,使质量大为提高。此外,便是高宗御制诗中多次提到他在阁内遍阅经史,可见文源阁藏《四库全书》纯属皇帝私人藏书,只供皇帝"御览",其余时间无异于被束之高阁了。到后来乾隆帝又诏令在江南建三阁时,"如有愿读中秘书者,许其陆续领

---

① 《文源阁记》,《清高宗御制诗文全集·文二集》卷十三,北京:北京古籍出版社,1997年。

②③ 《文津阁作歌》诗注,《清高宗御制诗文全集·诗五集》卷十三,北京:中国藏学出版社,1993年,第1342页。

④ 《四阁全书及续三份全书用宝情形单》,嘉庆八年,《纂修四库全书档案》下册,上海:上海古籍出版社,1997年,第2386页。

⑤ 《清史稿》卷一一五,职官二。

出,广为传写","允其广播流传,以光文治"①,才使得这部大丛书"嘉惠士林",得以为一般士子学人所利用。

遗址遗存

现在的文源阁阁已不存,仅余阁基,其上青砖仍较为规整(图2、图3);曲池已涸,高大的"玲峰"石因民国时两股土匪争相盗卖不得,被其中一方炸为数截,轰然坍于蔓草之中(图4、图5)。其上刻写的乾隆皇帝御笔题诗及四库馆副总裁彭元瑞、曹文埴等人题写的诗文,虽湮没在一片荒芜中,尚依稀可辨(图6、图7);而乾隆帝的御碑已挪至文津街的国家图书馆分馆院内,文字仅存其半(图8)。整个文源阁遗址和旁边的舍卫城遗址遥相呼应,偶有游人凭吊至此,不胜唏嘘慨叹!

图2 由假山向北,隔曲池较为平坦处即文源阁址

图3 站在阁址向北望去,已是一片农田

图4 民国初年的文源阁遗址,此时"玲峰"、《文源阁记》石碑尚屹立其间

---

① 《四库全书总目》卷首,"乾隆四十九年三月上谕",北京:中华书局,1961年,第8页。

图5 被炸为数截的"玲峰"残石

图6 "玲峰"石上的四库馆臣诗文题刻

图7 "玲峰"石上的乾隆御笔拓片

图8 现坐落于国家图书馆北海分馆院内的乾隆御笔《文源阁记》残碑

图9 清华大学"复原圆明园"课题组所绘文源阁全景图

国家图书馆收藏有一张样式房图《光绪二十四年文源阁踏勘图》,清华大学城市规划设计研究院"再造圆明园"项目组依据此图以及故宫博物院所藏"样式雷"图纸,尝试以3D形式复原文源阁的建筑及园林景观,于2011年秋天首次公开展示,引领观众"穿越"历史,走进那座著名的皇家藏书楼,效果逼真,令人叹为观止(图9)。

至于阁中所藏《四库全书》,大多以为全毁于1860年10月的圆明园大火,然而据现存古籍实物来看,文源阁本《四库全书》并非全部毁灭,尚有残本存世,一一述举如下:

1.《公是集》十卷,六册,现藏香港大学冯平山图书馆

朱丝栏,每半叶8行,行21字。书尾副页粘贴黄签,题"总校官检讨臣何思钧 校对官待诏臣胡士震 誊录监生臣朱恩"三行。末录《四库提要》,题云:"四库全书 集部三 别集类二 宋",提要文字与今本不同。每册首页天头处钤"古希天子"朱文圆印,板框内正中上方钤"文源阁宝"白文大方印,末页天头处钤"信天主人"朱文圆印,板框内正中上方钤"圆明园宝"白文大方印。另钤"吴兴刘氏嘉业堂藏书印"、"刘承幹字贞一号翰怡"诸印①(图10)。民国时期曾经湖州刘承幹嘉业堂所藏。

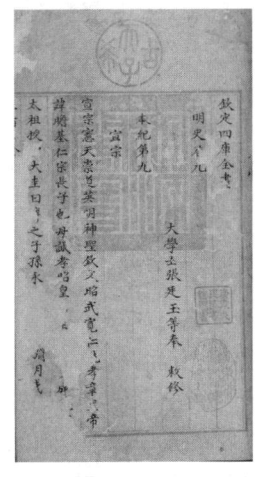 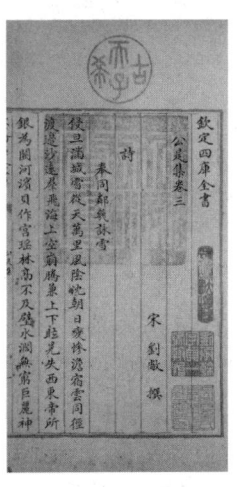

图10 冯平山图书馆藏文源阁本《公是集》 **图11 中山图书馆藏文源阁本《明史》残本**

2.《明史》,卷九至十三,一册,现藏广东中山图书馆

朱丝栏,版框高22厘米,广15.2厘米。每半叶8行,行21字。书上钤有

---

① 参见《香港大学冯平山图书馆藏善本书录》,香港大学图书馆,2003年,图版二十九及正文第209页。

"文源阁宝"、"圆明园宝"、"信天主人"、"古希天子"诸印。《四库全书》编纂工程尚未告竣之时,因清廷下令对原来的《明史》进行修订,此已抄好的文源阁本《明史》即成为需要重修之本,书中的校雠标记和签条,正是修订留下的痕迹。当修订完成之后,收入《四库》的是另行缮写的版本。是书虽然未能作为正式的《四库》典藏在文源阁之中,但作为文源阁四库抄录,是清修《明史》定本之前的一个修改底本,仍然有其独特的文献价值,其残存的内容和校雠签条中正有清高宗下令修订《明史》上谕中指出的章节,审视其修订前后内容之不同,既可印证我国古代最后一部官修正史的编纂经过,又显示了编纂《四库全书》的过程(图11)。

3.《南巡盛典》,卷一百一至一百三,一册,现藏中国国家博物馆

书册高31.5厘米,宽20厘米。朱丝栏,版框高22.2厘米,广15厘米,开化纸。每半叶8行,行21至22字。红绫书衣,包背装。封面题签"史部卷一百一至一百三",书首贴黄签,书"详校官主事臣谈祖绶"。钤"古希天子"、"文源阁宝"、"圆明园宝"、"信天主人"诸印(图12)。此册1996年6月现身于北京翰海古籍拍卖专场上,被中国国家博物馆购藏。

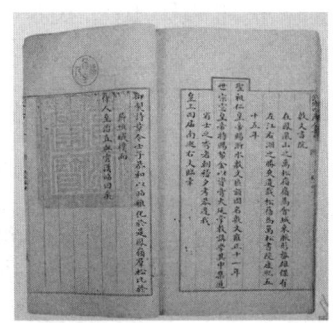

图12 现藏中国国家博物馆的文源阁本《南巡盛典》残册

4.《南巡盛典》,卷二十至二十二,一册,现藏日本东洋文库

朱丝栏,版框高22.3厘米,广15.2厘米。橙红色绢面书衣,包背装。册首副叶签条为"详校官主事臣丁堦",册尾副页黄签题"总校官候补中书臣潘有为 校对官主事臣陈文枢 誊录监生臣胡瑛"。书上钤"古稀天子"、"文源阁宝"、"信天主人"、"圆明园宝"诸印。书衣尚存泥水污染痕迹,应是圆明园浩劫焚余流散时所致。此册原为东京藏书家和田纤四郎收藏,有"云村文库"印记。

5.《南巡盛典》,卷二十八至二十九,一册,现藏日本恭仁山庄

朱丝栏,版框高22.3厘米,广15.2厘米。橙红色绢面书衣,包背装。册首副叶签条为"详校官主事臣丁堦",册尾副页黄签题"总校官候补中书臣潘有为 校对官主事臣陈文枢 誊录监生臣陈韶"。书上钤"古稀天子"、"文源阁宝"、"信天主人"、"圆明园宝"诸印。此册亦原属和田纤四郎所藏,有"云村文库"印记。

以上3册《南巡盛典》残本,应是自一部书散出。

6.《草庐集》,十卷,九册,现藏日本东洋文库

朱丝栏。册首副页签条为黄签题"详校官郎中臣徐大榕",无覆核官。册尾副页黄签题"总校官庶吉士臣仓圣脉",校对官、誊录监生各册不一。提要尾题"乾隆四十八年恭校上"。每册钤"古稀天子"、"文源阁宝"、"信天主人"、"圆明园宝"诸印。《草庐集》不见于现存各阁《四库全书》,此文源阁本或为撤换之本,因而躲过了圆明园大火。①

---

① 参见刘玉才:《日藏〈四库全书〉散本杂考》,《文献》2006年第4期;另见王瑞来:《日本东洋文库所藏〈四库全书〉文源阁本〈草庐集〉考述》,《书目季刊》1994年28卷第2号。

编写二百年来《四库全书》研究论著目录的设想与实践*
——兼评《四库全书研究论文篇目索引(1908—2010)》

高 远

(安阳师范学院历史与文博学院,安阳 455000)

摘　要:集中国古代典籍之大成的《四库全书》于嘉庆十一年(1806)才最后结束,对中国学术文化的发展产生着巨大的影响。自结束至今已逾二百年,其间《四库全书》研究史历经乾嘉之际至光宣年间、民国年间(1911—1949)、1949年至今三大阶段。尤其是20世纪80年代初"四库学"提出后,随即发展成为一门显学,相关研究成果层出不穷、数以万计。欲保证四库学朝着健康稳定的方向发展,必须对二百年来的《四库全书》研究史进行全面系统的清理总结。近些年来,学界关于《四库全书》研究的学术史研究方面出现了一些论著,《四库全书研究论文篇目索引(1908—2010)》即是其中代表作。然该部工具书所存问题甚多,待修订改进之处已不是"微瑕"所能概述。编写二百年来《四库全书》研究论著目录,要在尊重学界成果的基础上,从学术发展的战略高度出发予以审视,规范著录体例格式,科学编制分类索引,网罗丰富力求全面,重在补充研究专著、硕博士学位论文、项目课题等,尤其是港台澳地区的研究成果;其目的不仅能全面系统梳理《四库全书》研究史,为学界提供研究工具,还可展示四库学的学科构成和知识图谱;其目标即通过分析四库学研究的现状和问题,探讨四库学研究的自身规律和未来发展趋势。

关键词:《四库全书》　四库学　论著目录　学术史

---

*　**基金项目**:本文为2016年度教育部人文社会科学重点研究基地重大项目(项目批准号16JJD770037)的阶段性成果、2014年度河南省哲学社会科学规划项目(项目批准号2014CLS015)的阶段性成果。

清修《四库全书》是我国古代最大的一部丛书,也是当时世界上独一无二的文化巨著,集中国古代重要典籍之大成,对中国学术文化的发展产生着巨大的影响。书成之后,历代的学者从《四库全书》的纂修与禁毁、七阁与流传、目录与版本、勘误与补正、续修与影印、文化价值与意义、电子版开发等方面进行研究。纵观《四库全书》研究史,大致可分为三个阶段:乾嘉之际至光宣年间、民国年间(1911—1949)、1949年至今。尤其是20世纪80年代,随着台湾地区《景印摛藻堂四库全书荟要》《景印文渊阁四库全书》问世,使卷帙浩繁且深藏密阁的《四库全书》惠及学人,在海内外引起了很大反响,不仅大大便利了学术研究取资,而且对开展和推动《四库全书》研究起到根本性作用,其价值与意义不可估量。在这种大背景下,《四库全书》研究呈现方兴未艾之势,逐渐形成一门显学——"四库学",相关的成果已经积累不少。《四库全书》研究已经走过了风风雨雨的二百多年,在这二百多年的时间内,《四库全书》的研究者以辛勤的努力和杰出的智慧构造起了"四库学"的瑰丽殿堂,从而为本世纪《四库全书》的研究提供了坚实的基础。为了进一步加深和促进21世纪的《四库全书》研究,学界有必要对二百余年来的《四库全书》研究现状作个全面的梳理,在学术史清理的基础上,寻找更新更高的研究起点。①

---

① 自《四库全书》编纂之日起,便引起当时社会各界的广泛关注,如同时代的史学大家钱大昕所撰题跋中就有很多探讨《四库全书总目》得失的文字,且某些题跋所论亦为《四库全书总目》所援引。早在乾嘉之际,《四库全书》初成,探讨有关《四库全书》之作多见诸时人之日记、文集、笔记及藏书文献中,如袁枚、章学诚、王昶、汪启淑、江藩、黄丕烈、顾广圻、周中孚、姚莹等人所撰著述。《四库全书》造成之学风,涉及读书、刻书、辑书、校书、编目、史学、史书编纂等方面。知名文官、学者和图书文献学家阮元(1764—1849)于1795年调任浙江学政时,开始搜访流落民间未确实进呈的珍本、《永乐大典》漏略未辑佚的图书、四库馆臣未能严格选用的足本与善本、清廷因政治因素而禁毁的书籍等,并陆续进呈清宫,获嘉庆皇帝赐名《宛委别藏》。从今日的角度而言,这可以说是第一部准备续修《四库全书》工作的先期成果。自阮元编修《宛委别藏》直至今日,已有二百余年岁月,此间关涉《四库全书》及其"副产品"的利用和研究经久不断。四库学发展至今,学术史的清理却做得远远不够,似仍缺乏应有的"理论自觉"和理论系统,致使四库学研究仍处于一种相对疏慵的状态。在笔者看来,当下的学术界需要一部翔实的《四库全书》研究编年,这不仅具有学术史回顾的价值,更具有指引当下"四库学"相关研究方向的作用。为此,笔者将会在此方面予以努力,其中《晚清民国时期〈四库全书〉研究编年》《〈四库全书〉研究论著目录(1949—2019)》《文化认同与国家政治:晚清民国时期的〈四库全书〉事业》三部专著将于近期出版,《二百年来〈四库全书〉研究的学术史考察》(或《〈四库全书〉研究学史》)专著正在撰写修改中。

一、"四库学"提出及其学术前史梳理

台湾地区四库之"学"的意识较为自觉,率先开始从"学"的视野去总结既往研究的得失。"四库学"的说法始于何时及何人,似难确知。1982年,台湾商务印书馆开始筹备影印文渊阁《四库全书》全本,时任台北故宫博物院副院长的昌彼得于次年特撰《影印四库全书的意义》一文,明确标举出"四库学"一词。①几乎与此同时,台湾东吴大学中文研究所所长刘兆祐撰《民国以来的四库学》,也直接提出并使用了"四库学"的概念,他指出:"到了民国,从事四库全书有关问题研究的风气很盛,所涉及的范围也很广:有的从事版本的探讨,有的订正提要的错误,有的论述四库全书纂修的经过,有的则呼吁续修或影印四库全书。这些研究,不仅超越了清代对四库全书讨论的范围,更引发了中外学者对四库全书的重视。事实上,四库全书有关的问题,还有许多等待大家研究,为了使这门研究工作,成为有系统的学识,我称之为'四库学'。"②正如黄爱平所总结的那样:"两位台湾学者不约而同提出的'四库学'之名,标志着20世纪以来学术界对《四库全书》及其相关问题的研究已然成为一门专学。"③其后,杨晋龙《"四库学"研究的反思》④一文发表;林庆彰主编《乾嘉学术研究论著目录(1900—1993)》⑤中直接列示"四库学"。

1998年5月23—24日,台湾淡江大学与故宫博物院联合举办了"两岸四库学——第一届中国文献学学术研讨会",在"四库学"二百余年来的历史上,以"四库学"为旗帜的学术研讨会尚属第一次。此次会议形成的成果为《两岸四库学:第一届中国文献学学术研讨会论文集》⑥,昌彼得《"四库学"的展望》⑦、胡楚

---

① 此文载于《景印文渊阁四库全书》(台湾商务印书馆1982—1986年发行)第一册。本册目次:《影印文渊阁四库全书缘起》《影印四库全书的意义》《清高宗暨文渊阁景等图像》《清高宗御笔〈文渊阁记〉》《钦定四库全书总目经部》。该文又刊于《故宫季刊》1982年第17卷第2期。

② 刘兆祐:《民国以来的四库学》,《汉学研究通讯》1983年第2卷第3期。

③ 黄爱平:《推进"四库学"研究的重要举措——〈四库全书研究论文篇目索引〉序》,《图书与情报》2012年第3期。

④ 杨晋龙:《"四库学"研究的反思》,《中国文哲研究集刊》1994年3月总第4期。

⑤ 林庆彰主编:《乾嘉学术研究论著目录(1900—1993)》,"中央研究院"中国文哲研究所筹备处,1995年。

⑥ 淡江大学中国文学系主编:《两岸四库学:第一届中国文献学学术研讨会论文集》,台北:台湾学生书局,1998年。

⑦ 该文又刊于《书目季刊》1998年第32卷第1期。

生《杨家骆教授对于"四库学"的贡献》①两文收录其中。另外,侯美珍《"四库学"相关书目续编》②、杨晋龙《"四库学"研究方法刍议——研究时的几个问题》③、陈仕华《五十年来台湾"四库学"之研究》④等相继发表。

此后大约经过20余年,直至进入21世纪,大陆学界才有以"四库学"为题名的研究成果发表,如周积明《"四库学":历史与思考》⑤、司马朝军《台湾四库学论著目录(一)》⑥、崔富章《二十世纪四库学研究之误区——以〈四库全书总目〉为例》⑦、扬帆《推进四库学研究的新举措——首都师范大学〈四库全书〉学术研究座谈会纪要》⑧、李国庆《钟情四库 共襄盛举——天津图书馆"四库文献中心"与首都师范大学"四库全书学术研究中心"同仁关于四库学问题的一次座谈会侧记》⑨、司马朝军《陆锡熊对四库学的贡献》⑩、陈东辉《20世纪上半叶"四库学"研究综述》⑪、张升《朝鲜文献与四库学研究》⑫、王锷《新时期四库学的力作——读〈四库存目标注〉》⑬诸文。"这至少从使用频率上显示了四库学关注度的提高,更重要的是表明不少学者对《四库全书》及相关研究的内在学理和理论趋向一直在做一种弥

---

① 该文又载于胡楚生著:《图书文献学论集》,台北:台湾学生书局,2002年,第67—83页,题名修改为《杨家骆教授对于"四库学"之贡献》。

② 侯美珍:《"四库学"相关书目续编》,《书目季刊》1999年第33卷第2期。

③ 杨晋龙:《"四库学"研究方法刍议——研究时的几个问题》,载蒋秋华主编:《乾嘉学者的治经方法》,"中央研究院"中国文哲研究所,2000年。

④ 陈仕华:《五十年来台湾"四库学"之研究》,载邱炯友、周彦文主编:《五十年来的图书文献学研究》,台北:台湾学生书局,2002年,第295—310页。

⑤ 周积明:《"四库学":历史与思考》,《清史研究》2000年第3期。

⑥ 司马朝军:《台湾四库学论著目录(一)》,《文献》2001年第2期。另有《台湾四库学论著目录(二)》(《文献》2001年第4期)、《台湾四库学论著目录(三)》(《文献》2002年第1期)两文。

⑦ 崔富章:《二十世纪四库学研究之误区——以〈四库全书总目〉为例》,《书目季刊》2002年第36卷第1期。

⑧ 扬帆:《推进四库学研究的新举措——首都师范大学〈四库全书〉学术研究座谈会纪要》,载王俊义主编:《炎黄文化研究(第一辑)》,郑州:大象出版社,2004年,第283—287页。

⑨ 李国庆:《钟情四库 共襄盛举——天津图书馆"四库文献中心"与首都师范大学"四库全书学术研究中心"同仁关于四库学问题的一次座谈会侧记》,《图书馆工作与研究》2004年第5期。

⑩ 司马朝军:《陆锡熊对四库学的贡献》,《图书情报知识》2005年第6期。

⑪ 陈东辉:《20世纪上半叶"四库学"研究综述》,《汉学研究通讯》2006年第25卷第2期。

⑫ 张升:《朝鲜文献与四库学研究》,《社会科学研究》2007年第1期。

⑬ 王锷:《新时期四库学的力作——读〈四库存目标注〉》,《图书馆工作与研究》2008年第3期。

足珍贵的追寻,只是这种追寻的努力还处于初步阶段,理论的成熟尚有待时日"①。

"四库学"作为一门学科的建立,首先要考虑它的研究对象和内容是什么,这是常识性问题。虽仁者见智,但随着研究的深入,逐步达成了共识。"四库学"的研究对象很是具体,即七阁《四库全书》及《四库全书总目》,当然也包括它们的"副产品"——《四库全书荟要》《四库全书总目》《四库全书简明目录》《钦定四库全书考证》《武英殿聚珍版丛书》、四库学文献②;再有就是近年来产生的四库系列丛书,可以分为两大部分来看待,其中一部分仍属于衍生物,如《四库全书存目丛书》《四库禁毁书丛刊》,另一部分则是新生的,如《续修四库全书》《四库未收书辑刊》等。至于研究内容,可以说是非常广泛,如四库全书馆研究、纂修与流传研究、《四库全书总目》得失及校勘研究、各阁提要异同比较研究、文化价值及意义研究、藏书阁建置研究、修书期间上谕表奏研究、收书禁毁文字狱研究、图书缮写装帧庋藏研究、图书版本目录索引研究、《四库全书》续修影印研究、《四库全书》战时播迁研究等。③

随着"四库学"的兴起与逐步成熟,越来越多的学人开始从多角度对《四库全书》的现代价值予以重新评估,开掘出了更多、更广阔的研究课题。在此情形下,"四库总目学"④、"四库区域文化学"⑤逐渐被提出,并获得了较大的发展。

---

① 何宗美:《四库学建构的思考》,《苏州大学学报(哲学社会科学版)》2017年第1期。

② 四库学文献是指在《四库全书》的编纂过程中形成的文献,也包括《四库全书》产生后研究《四库全书》的文献。本论文主要是指乾隆三十七年以后至乾隆末年这一段时间里形成的与《四库全书》有关的文献,部分还包括嘉庆初年形成的文献。根据文献的内容与形式特点,可划分为进呈文献、档案文献、提要文献、库本文献、禁毁文献五种。各种类型的文献之间,是存在着多方面的交叉关系的。详细研究参见江庆柏:《四库学文献的基本类型》,《中国典籍与文化》2014年第3期。

③ 有学者将其归纳为九项内容:(一)四库学的元研究;(二)四库全书馆与《四库全书》修纂研究;(三)四库馆臣研究;(四)四库学视野下的清史与清学研究;(六)《四库全书总目》及"总目学"研究;(七)四库学研究史研究;(八)《四库全书》与国家人文规划、国家文化工程研究;(九)未来四库学研究。详细研究参见何宗美:《四库学建构的思考》,《苏州大学学报(哲学社会科学版)》2017年第1期。

④ "四库总目学"是陈晓华提出的,具体论述参阅陈晓华:《"四库总目学"史研究》,北京:商务印书馆,2008年。另外,陈晓华还提出了"四库总目学史"概念。也有学者指出:"陈晓华提出的'四库总目学'的概念虽然富于新意,却似乎难以成立,至少它不能解答的是,'四库总目学'与此前学术界普遍接受的'四库学'是什么关系? 是'四库学'包括'四库总目学',还是'四库学'等于'四库总目学'? 在'四库学'概念普遍为学术界接受的情况下,是否有必要另立新帜,建立一个所谓的'四库总目学'? 如上这些问题,都还有待陈晓华在以后的研究中予以回答。"参见周积明、朱仁天:《〈四库全书总目〉:前世与今世》,北京:国家图书馆出版社,2017年,第174页。

⑤ "四库区域文化学"的提出,则是笔者在2007年6月呈交的硕士论文中(注转下页)

进入新的世纪,越来越多的学人基于问题意识,以"理论自觉"思考问题。如有学者指出:"四库学研究,完全可以从广、狭两方面来理解。狭义的四库研究,理所当然仅指《四库全书》及其相关文献、理论等研究。广义的四库研究,则完全可以凭借《四库全书》四库代表的身份,容括它所涵盖的经史子集所有文献,涵盖中国传统各种学问技艺等,以及在这个体系下所体现出的对世界的认知。"①还有学者顺沿周积明提出的"四库文化学"思路,提出"文献文化学"(cultural philology)的概念,并在其总体观照下对四库文化学作一理论省思。②

对于中国人民共和国成立以来的四库学研究成就,已有学人根据研究内容从不同的视角进行了学术史回顾与省思,所见论文除了上文列举的以外还主要有(以发文时间为序):

胡道静、林申清《四库书目家族》(《古籍整理研究学刊》1991年第1期);黄佳《近年来与〈四库全书〉编纂有关的古籍丛书整理出版综述》(《高校社科信息》1997年第5期);林申清《四库书目家族》③;李杰《90年代〈四库全书总目〉研究论文综述》(《图书馆工作与研究》2001年第3期);康尔琴《建国以来〈四库全书〉研究论文概述》(《图书馆学刊》2002年第6期);司马朝军《〈四库全书总目〉研究述略》(《图书馆杂志》2002年第6期);陈晓华《20世纪"四库总目学"研究述略》(《图书情报工作》2002年第11期);汪受宽、刘凤强《〈四库全书〉研究的回顾与思考》(《史学史研究》2005年第1期);王世伟《关于近年来〈四库全书〉研究的若干问题》④;陈

(续上页注)提出的不成熟想法。具体论述参阅高远:《清修〈四库全书〉河南采进本与禁毁书研究》,硕士学位论文,兰州大学,2007年。"四库区域文化学"的提出是否适当(必要)、能否成立?与现行学界普遍接受的"四库学"概念关系如何?至今仍是笔者都在思考的一个问题。也许直接使用"四库学区域研究"较为合适。关于此问题,笔者在即将出版的专著《河南与清修〈四库全书〉》中有详尽申述。

① 陈晓华、李沛恒:《四库研究的当代价值》,《学习时报》2017年9月15日第003版。另可参阅二位合撰的《推动"四库学"迈向新阶段》(《中国社会科学报》2017年7月18日第001版)一文。

② 蔡智力:《文献文化学及其方法学省思——以四库文化学为例》,(台湾)《清华中文学报》2018年总第19期。

③ 林申清:《四库书目家族》,《图书与情报》1998年第1期;《华东师范大学学报(哲学社会科学版)》2000年第5期。

④ 王世伟:《关于近年来〈四库全书〉研究的若干问题》,载王世伟主编:《图书馆服务创新与发展论丛》,上海:上海社会科学院出版社,2005年,第204—215页。述及八个问题:《四库全书总目》研究,《四库全书》的地方文献研究,《四库全书》的校勘与考证,《四库全书》纂修研究,《四库全书》的人物研究,《四库全书》所收专门文献研究,《四库全书》的专题研究,《四库全书》的现代化研究。

晓华《"四库总目学"研究述略》①；李芳、刘瑛《文澜阁〈四库全书〉整理研究综述》（《图书馆工作与研究》2006年第5期）；司马朝军《近十年来四库学研究综述》②；高远、汪受宽《近三十年来〈四库全书〉研究现状与思考》（《图书与情报》2008年第3期）；高远《近年来台湾硕士生研究〈四库全书〉之成果》（《兰台世界》2009年5月下半月第10期）；罗春兰《四库学区域研究述要》（《图书馆工作与研究》2010年第8期）；宁侠《四库禁书的研究史回顾（1883—2010年）》（《阴山学刊》2011年第6期）；王颖、杜鹃《文津阁〈四库全书〉研究综述》（《河北民族师范学院学报》2012年第1期）；司马朝军《四库学研究的战略思考》③；董蕊、林世田《文津阁〈四库全书〉大事记》④；郝润华、沈畅《20世纪以来"四库"相关目录的编纂》⑤；王婷《〈四库全书〉提要比较研究的回顾与考略》（《图书馆研究与工作》2013年第3期）；张晓芝《对新世纪以来〈四库全书总目〉研究的反思与前瞻》⑥；郝润华、沈畅《20世纪以来〈四库全书总目〉的考证与标注》⑦；程惠新、陈东辉《2000—2014年〈四库全书总目〉研究综述》（《图书馆工作与研究》2016年第3期）；李勇政《2013年国内四库学研究综述》⑧；刘艳伟、拓夫：《"中国四库学高层论坛"会议综述》⑨；邓洪波、张洪志《2011—2015年四库学研究综述》⑩；马奔啸

---

① 陈晓华：《"四库总目学"研究述略》，《西南大学学报（人文社会科学学报）》2006年第4期。

② 司马朝军：《近十年来四库学研究综述》，载肖希明主编：《图书馆学研究进展》，武汉：武汉大学出版社，2007年，第835—871页。

③ 司马朝军：《四库学研究的战略思考》，载司马朝军主编《学鉴（第五辑）》，武汉：武汉大学出版社，2012年，第185—197页。提出了四点建议：《四库全书》宜校雠完善；《四库提要》宜精校精注；四库学研究力量宜整合为一；四库学之学术史宜系统清理。同时，也对某些违反学术规范的问题提出了尖锐的批评。

④ 董蕊、林世田：《文津阁〈四库全书〉大事记》，载国家图书馆古籍馆编：《文津学志（第五辑）》，北京：国家图书馆出版社，2012年。

⑤ 郝润华、沈畅：《20世纪以来"四库"相关目录的编纂》，《甘肃联合大学学报（社会科学版）》2013年第5期。

⑥ 张晓芝：《对新世纪以来〈四库全书总目〉研究的反思与前瞻》，《武汉理工大学学报（社会科学版）》2015年第2期。

⑦ 郝润华、沈畅：《20世纪以来〈四库全书总目〉的考证与标注》，载中国人民大学历史学院历史文献学教研室编：《典籍·社会与文化国际学术研讨会暨中国历史文献研究会第34届年会论文选集》，上海：华东师范大学出版社，2015年，第284—291页。

⑧ 李勇政：《2013年国内四库学研究综述》，《唐山师范学院学报》2016年第3期。

⑨ 刘艳伟、拓夫：《"中国四库学高层论坛"会议综述》，《湖南大学学报（社会科学版）》2016年第6期。

⑩ 邓洪波、张洪志：《2011—2015年四库学研究综述》，《湖南大学学报（社会科学版）》2016年第6期。

《四库提要比较研究综述》(《文教资料》2016年第35期);宫云维、戴颖琳:《文澜阁〈四库全书〉研究之回顾与反思》①;周积明《四库学二十年——以〈四库全书总目〉研究为中心》②;张洪志、邓洪波《2016年四库学研究综述》③;单磊《四库学百年大事记》④;陈晓华、李文昌《清代目录学研究述评》(《中国史研究动态》2018年第5期);张三夕《四库书系简目提要》⑤;吴晗《海峡两岸学者深化"四库学"研究》(《中国社会科学报》2018年7月16日);彭喜双、陈东辉《文澜阁〈四库全书〉研究文献目录》⑥。

东北师大古籍整理研究所辞书编辑室编著的《中国古籍整理研究论文索引(清末—一九八三年)》,在"古籍分类"、"四库七阁"、"四库全书"、"丛书"等专题下都列有《四库全书》研究成果。⑦ 南京图书馆编《图书馆学情报学论文索引(1981—1989)》,专列有"四库全书"。⑧ 广东外语外贸大学词典研究中心、上海辞书学会、辞书研究编辑部编《20世纪中国辞书学论文索引》,在"非辞书类工具书"专题下列有《四库全书总目》研究成果。⑨ 郝润华、侯富芳《二十世纪以来中国古籍目录提要》,对《四库湖北先正遗书提要》、禁毁书目录、四库有关目录列举介绍。⑩ 陈东辉主编《历代文献学要籍研究论著目录》,专列有"《四库全书总

---

① 宫云维、戴颖琳:《文澜阁〈四库全书〉研究之回顾与反思》,载陈晓华主编:《四库学(第二辑)》,北京:社会科学文献出版社,2017年,第190—200页。
② 周积明:《四库学二十年——以〈四库全书总目〉研究为中心》,载邓洪波主编:《中国四库学·第一辑》,北京:中华书局,2018年,第6—10页。
③ 张洪志、邓洪波:《2016年四库学研究综述》,载邓洪波主编:《中国四库学·第二辑》,北京:中华书局,2018年,第23—41页。
④ 单磊:《四库学百年大事记》,载邓洪波主编:《中国四库学·第二辑》,北京:中华书局,2018年,第1—22页。
⑤ 张三夕:《四库书系简目提要》,载董恩林主编:《国学论丛(第二辑)》,武汉:华中师范大学出版社,2018年,第251—271页。
⑥ 彭喜双、陈东辉:《文澜阁〈四库全书〉研究文献目录》,载陈晓华主编:《四库学(第五辑)》,北京:社会科学文献出版社,2019年,第147—199页。
⑦ 东北师大古籍整理研究所辞书编辑室编著:《中国古籍整理研究论文索引(清末——一九八三年)》,南京:江苏古籍出版社,1990年。
⑧ 南京图书馆编:《图书馆学情报学论文索引(1981—1989)》,北京:书目文献出版社,1993年,第390—392页。
⑨ 广东外语外贸大学词典研究中心、上海辞书学会、辞书研究编辑部编:《20世纪中国辞书学论文索引》,上海:上海辞书出版社,2003年,第407—410页。
⑩ 郝润华、侯富芳:《二十世纪以来中国古籍目录提要》,上海:华东师范大学出版社,2012年。

目》研究论著目录"。① 周积明《文化视野下的四库全书总目》,后有陈利媛编的"《四库全书总目》论文索引"。② 张锦郎编著的《中文参考用书指引》,第二章"书目"中收有禁毁书目、《四库全书总目》等研究成果。③ 侯美珍《"四库学"相关书目续编》,承继收录于《乾嘉学术研究论著目录(1900—1993)》中的"四库学"书目,主要收录 1994—1999 年间国内外"四库学"相关书目,1994 年以前的资料条目若有失收,亦一并收录。④ 2013 年,《四库全书研究论文篇目索引(1908—2010)》的出版,为"四库学"学术前史的梳理与将来问题的提出提供了门径。

二、编写研究论著目录的必要性及其实际做法

2013 年 8 月,国家图书馆出版社出版了《四库全书研究论文篇目索引(1908—2010)》,这是甘肃省图书馆副馆长李芬林带领本馆及天津图书馆同仁历时四年联合编辑出的一项硕果。该工具书收录了 1908—2010 年发表在报纸、期刊、论集等文献中有关《四库全书》及学位论文和相关问题研究的成果 5000 余篇,全面展示了 20 世纪以来"四库学"研究的成果。书后附有"引用报刊文献一览表"、"著者索引",大大方便了学者检索利用。前有黄爱平《推进"四库学"研究的重要举措》、杜泽逊《序》⑤。杨洪升《"四库学"之百年史——跋〈四库全书研究论文篇目索引〉》⑥以及彭喜双、陈东辉《四库学研究史上的重要工具书——评〈四库全书研究论文篇目索引〉》⑦两文,都对该工具书的内容与特色、学术价值进行了褒奖,也有"点到为止"式的"少量遗漏""白璧微瑕"评语。

---

① 陈东辉主编:《历代文献学要籍研究论著目录》,杭州:浙江大学出版社,2014 年,第 215—331 页。包括著作、硕博士学位论文、著作和硕博士学位论文中的相关部分、期刊、论文集和会议论文、网络文章五个部分。各部分分别按论著发表之时间为序排列。

② 周积明:《文化视野下的四库全书总目》,南宁:广西人民出版社,1991 年,第 312—319 页。

③ 张锦郎编著:《中文参考用书指引》,台北:文史哲出版社,1979 年 4 月初版,1983 年 12 月增订三版。

④ 侯美珍:《"四库学"相关书目续编》,《书目季刊》1999 年第 33 卷第 2 期。

⑤ 以上两文见于甘肃省图书馆、天津图书馆编:《四库全书研究论文篇目索引(1908—2010)》,北京:国家图书馆出版社,2013 年。另黄爱平:《推进"四库学"研究的重要举措——〈四库全书研究论文篇目索引〉序》,《图书与情报》2012 年第 3 期。

⑥ 杨洪升:《"四库学"之百年史——跋〈四库全书研究论文篇目索引〉》,《图书馆工作与研究》2014 年第 6 期。

⑦ 彭喜双、陈东辉:《四库学研究史上的重要工具书——评〈四库全书研究论文篇目索引〉》,《图书馆工作与研究》2014 年第 4 期。

本书作为一部资料学成果，以1908—2010年中国（兼及日本）《四库全书》研究领域的绝大部分可见论著为基础，①从目录学意义上进行全面爬梳和总体汇纂，其功不容怀疑，编纂中出现的问题也是情有可原的，这是笔者的个人管见，更不能去吹毛求疵。当然，李芬林所带领的团队也并非止步于此，正如《后记》中所言："目前的索引还不是尽善尽美，还有许多的不足和纰漏，希望得到更多专家学者的批评指正，以便于我们著作篇的编写。"②基于此，笔者就斗胆"冒犯"下，坚持"嘉惠后学"而非"贻误后学"的初衷，主要从以下几个方面谈一谈本书的待改进之处以及笔者编纂此类工具书的构想与做法。③

工具书的编纂，就是"为他人作嫁衣裳"，要有"竭泽而渔"的态度和"甘坐冷板凳""一丝不苟"的精神，是半点马虎都来不得的，否则会"以讹传讹"而影响恶劣。尤其是科技水平高速发展的今天，各类电子检索工具频频出现，虽为众多学者解除了埋头于"故纸堆"查阅文献资料的苦恼，但是这些得来的电子资料如果没有核实第一手（原始）材料就贸然使用，往往会出现一些意想不到、啼笑皆非的问题。这部"在网络便捷的条件下诞生的"、"倾注了大量的心血和精力"、"付出了巨大的艰辛和努力"、"索引中的大部分文章我们都已经找到了原文"④的工具书，反而留给了我们太多太多的待修订完善的空间。

（一）条目（研究成果）失收者甚多

所谓的"条目失收"，就是没有将研究成果"竭泽而渔"，这虽然要求苛刻，但随时可查阅到的研究成果应该予以收录。比如诸多学者出版的个人专集、召开学术会议时出版的论文集、报刊杂志中关涉《四库全书》研究的成果未能搜集殆尽；学界定期或不定期出版的"以书代刊"形式的刊物中研究《四库全书》的成果

---

① 港台地区的《四库全书》研究成果，基本照袭《乾嘉学术研究论著目录（1900—1993）》一书。而对于侯美珍《"四库学"相关书目续编》一文，编著者似乎未见到。

② 甘肃省图书馆、天津图书馆编：《四库全书研究论文篇目索引（1908—2010）》，北京：国家图书馆出版社，2013年，第358页。

③ 笔者自2004年9月入兰州大学历史文化学院跟随汪受宽先生攻读硕士学位时，就选定了清修《四库全书》研究课题，平时读书十分注重学界前贤的研究成果，遇有所见便条记下来，此习惯延续至今已十五年余，所记目录文稿已累积数本，时常前后对照、审查修订。拙文《近三十年来〈四库全书〉研究现状与思考》（《图书与情报》2008年第3期）、《近年来台湾硕士生研究〈四库全书〉之成果》（《兰台世界》2009年5月下半月第10期）即是当时习所得，稚嫩待完善之处自然很多。目前，笔者根据自己所积累，正在编写《二百年来〈四库全书〉研究论著目录》书稿，已基本完成。

④ 李芬林：《后记》，甘肃省图书馆、天津图书馆编：《四库全书研究论文篇目索引（1908—2010）》，北京：国家图书馆出版社，2013年，第355—358页。

未能细查①；港台地区学人研究的成果，尤其是台湾地区硕士博士生研究《四库全书》的成果未能全面涵盖；该著仅仅搜求论文篇目，致使学界研究《四库全书》的专著成果未能彰显；目前学界关涉"四库学"研究的课题项目多项，作为一部《四库全书》研究目录如果没有一点说明亦不能不说是遗憾；更为重要的是，有关《四库全书》编纂之缘起与动因、编纂人员、贮存地点、提要撰写、编纂得失、文化传播、续修与影印、《四库全书》与文字狱、《四库全书总目》研究等问题的档案、史料已有很多影印或汇编整理出版，如不能及时向学人通报信息，编纂《四库全书》研究目录索引时就有很大的缺失。

至于清末民国时期的《四库全书》研究成果、台湾地区的《四库全书》研究成果尚待补充者尤多，限于篇幅兹不多举例。笔者拥有一套完整的自中国历史文献研究会成立到现在所编的会刊《历史文献研究》②，现挑选出与清修《四库全书》相关的研究论文共计18篇（1980—2010年），而该工具书仅录了8篇，且其中7篇都有错误或不规范，试举出两例：

SK0054 四库提要介绍锦里耆传一文辨误/孙永如//中国历史文献研究（1）.—武昌：华中师范大学出版社，1986.8—279—280（第68页）。

SK0073 关于《战国策》研究中的一些问题——读《四库全书总目提

---

① 如：燕京研究院编的《燕京学报》；安徽大学古籍整理研究所、安徽省古籍整理出版办公室等单位联合主办的《古籍研究》；国际儒学联合会编的《国际儒学研究》；复旦大学古籍整理研究所编的《复旦古籍所学报》；淮北师范大学文学院中国古典文献学科主办的《古典文献学术论丛》；淮北师范大学安徽文献整理与研究中心主办的《安徽文献研究集刊》；全国高校古籍整理研究工作委员会、《中国典籍与文化》编辑部编的《中国典籍与文化论丛》；南京大学古典文献研究所编的《古典文献研究》；云南大学西南古籍研究所编的《西南古籍研究》；中国历史文献研究会编的《历史文献研究》；武汉大学出版社出版的《学鉴》；天一阁博物馆编的《天一阁文丛》；冯天瑜主编的《人文论丛》；王俊义主编的《炎黄文化研究》；国家图书馆古籍馆编《文津学志》；《古籍整理与研究》编辑部编的《古籍整理与研究》；四川大学古籍整理研究所、四川大学宋代文化研究资料中心编的《宋代文化研究》；上海图书馆历史文献研究所编《历史文献》；张伯伟编的《域外汉籍研究集刊》；张涛主编的《周易文化研究》；董平主编的《浙东学术》；蒋寅等主编的《清代文学研究集刊》；安徽省徽学学会编的《徽学丛刊》；沈乃文主编的《版本目录学研究》；南开大学文学院《文学与文化》编委会编的《文学与文化》；北京大学中国古文献研究中心编的《北京大学中国古文献研究中心集刊》等。

② 《历史文献研究》原名《中国历史文献研究集刊》，1980年湖南人民出版社出版第一集，自第三集改由岳麓书社出版，至1985年共出版五集；自1986年起改名《中国历史文献研究》，由华中师范大学出版社共出版三辑；1990年北京燕山出版社出版北京新一辑，自此辑最终定名《历史文献研究》，前后共出版九辑。1999年由华中师范大学出版社出版第18辑，其间经由华东师范大学出版社、广陵书社到今已出版到第43辑。

要》/郭廷爵//中国历史文献研究(2).—武昌:华中师范大学出版社,1988.—66—78(第76页)。

上引第一条首先文章名错误,应为"《四库提要》介绍《锦里耆旧传》一文辩误";其次文献来源标明不规范,应按原本为"中国历史文献研究(一)"。① 上引第二条首先作者错误,应为"邓廷爵";其次文献来源标明不规范,应为"中国历史文献研究(二)"。② 通过观察你还会发现,关于出版时间标明不统一,一个是年月,一个是年。以上错误充分说明编写者没有核对原文,这种低级错误是不能容忍的,必须提出来批评。

在这里还要提出的是,并不是文章题名或关键词中只要有"四库""《四库全书》"字样都是研究《四库全书》的成果,这就需要编著者认真读阅全文才能确定。而该工具书中秉持的是只要有"四库""《四库全书》"字样都是研究《四库全书》的成果,试举出几例:

SK0065 回回民族的"四库全书"——祝贺《回族典藏全书》的出版发行/马明达//回族研究.2008,(3).—39—40(第238页)。

SK0134 文怀沙:叫板《四库全书》/曹雪萍//株洲日报.—2008,7.1(第242页)。

SK0138 乡贤毕至 共襄盛举——青年才俊召集民间力量十年撰修台州《四库全书》//台州商报.—2008,7.8.—2(第242页)。

SK0111《台州四库荟要》即将问世/陈红松//台州晚报.—2009,9.21.—16(第251页)。

SK0024 编写植物"四库全书"花了半个世纪//南京日报.—2010,1.19.—8(第255页)。

SK0067《子藏》编纂启动 收书总量超《四库全书》//兰州晨报.—2010,4.15(第257页)。

SK0149 民间版"四库全书"百年后首次面世//湖州日报.—2010.12.10.—10(第261页)。

---

① 孙永如:《〈四库提要〉介绍〈锦里耆旧传〉一文辩误》,载中国历史文献研究会、华中师范大学历史文献研究所编:《中国历史文献研究(一)》,武汉:华中师范大学出版社,1986年,第279—280页。

② 邓廷爵:《关于〈战国策〉研究中的一些问题——读〈四库全书总目提要〉》,载中国历史文献研究会、华中师范大学历史文献研究所编:《中国历史文献研究(二)》,武汉:华中师范大学出版社,1988年,第66—78页。

对于上引所见文章到底是不是研究《四库全书》的成果，大家一看即知，是借"《四库全书》"之名称而言他，怎能如此草率的将此类"成果"列入书中呢？通读该工具书，对近年报纸报道收入很是繁多。这些报道如不具学术价值者直接删汰，以节省更多的空间找寻失落的真正的研究成果。

（二）著录内容错误或残缺不全者甚多

关于此类方面的问题已不是两位数能统计的，编著者姓名抄录错误有之，所录文章题名与原文不一致者比比皆是，来源刊物卷次期数出版年错误不断，所录一些文章残缺不全不知内容如何的也不在少数。限于篇幅，笔者仅挑选出数例重点说明以下三个问题：

编著者人名错误 第6页，SK0007"陈垣；阙铎；陶桐；尹炎武"应为"陈垣；阙铎；陶湘；尹炎武"。第10页，SK0018"周憨"应为"周懋"。第10页，SK0002"张丰"应为"张酆"。第13页，SK0035"江都；叶仲经"应为"江都叶仲经"，"江都"非人名，而是叶仲经的籍贯。第40页，SK0013"乔衍馆"应为"乔衍琯"。第56页，SK0045"洪叶"应为"洪业"。第59页，SK0032"刘兆佑"应为"刘兆祐"。第87页，SK0132"张动燎"应为"张勋燎"。第134页，SK0098"刘兆佑"应为"刘兆祐"。

所录文章题名与原文不一致 第6页，SK0001"论四库全书总目索引与四库撰人录"应为"四库总目索引与四库撰人录"。第10页，SK0002"丁氏补钞文澜阁四库全书阙简追记"应为"丁氏钞补文澜阁四库全书阙简追纪"。第19页，SK0003"东北选印文溯阁四库全书旧议四库全书"应为"东北选印文溯阁四库全书旧议"。第32页，SK0052"浙江省立图书馆重订文澜阁及善本书目"应为"浙省立圕重订文澜阁及善本书目"。第34页，SK0008"四库著录山西先正遗书辑要"应为"四库著录山西先正遗书辑目"。第36页，SK0009"四库全书之方志本院图书馆所藏方志考略"应为"四库全书中之方志与本院图书馆所藏方志考略"。第37页，SK0003"清点文渊阁四库全书后论书中之东北作者"应为"清点文溯阁四库全书后论书中之东北作者"。第53页，SK0007"昨梦录作者考辨——订正四库全书总目提要的一则错误"应为"《昨梦录》作者考辨——订正《四库全书总目提要》的一则错误"。第104页，SK0082"《四库全书》研讨会论文集序——要充分利用《四库》和《荟要》"应为"《四库》研讨会论文集序——要充分利用《四库》和《荟要》"。第104页，SK0083"《四库全书》乃乾隆皇帝建立清王朝文化典律说"应为"《四库全书》乃乾隆皇帝建立满清王朝文化典律说"。第153页，SK0042"'四库学'历史与思考"应为"'四库学'：历史与思考"。第155页，SK0081"曹学全和他的《蜀中著作记》"应为"曹学佺和他的《蜀中著作记》"。

第173页,SK0036"祖望辑《大典》佚书之下落"应为"全祖望辑《大典》佚书之下落"。

文献来源(包括刊名及刊物卷次、出版者、出版地、出版年、版次、页码等)错误 第12页,SK0010"青鹤.—1933,1(22/23).—1—6"应为"青鹤.—1933,1(22)—1—3"。第32页,SK0052"中华图书馆协会会.—1936,12(1).—6"应为"中华图书馆协会会报.—1936,12(1).—28"。第42页,SK0002"岫芦论学(增订版 第2版)"应为"岫庐论学(增订二版)"。第58页,SK0021"中国历史文献研究集刊(第3集).—1983,2."应为"中国历史文献研究集刊(第三集).—长沙:岳麓书社,1983,2."第83页,SK0061"湖南师范大学社会科学学报.—1990,(3)"应为"湖南师范大学社会科学学报.—1990,(1)"。第87页,SK0133"刘蕙孙//中国文化史稿"应为"刘蕙孙//中国文化史述"。第134页,SK0106"'四库学'的展望(台北'第一届中国文献学学术研讨会'会议论文)/昌彼得//两岸四库学.—台北:台湾学生书局,1998.9.—1—6"应为"'四库学'的展望/昌彼得//两岸四库学:第一届中国文献学学术研讨会论文集.—台北:台湾学生书局,1998.9.—Ⅰ—Ⅵ"。第234页,SK0171"高远/兰州大学中文硕士学位论文"应为"高远/兰州大学历史硕士学位论文.—2007.9."① 第235页,SK0003"古典文献研究—2008,(第11辑).—237—246"应改为"古典文献研究(第十一辑).—南京:凤凰出版社,2008,4.—237—246"。

信息残缺不全者甚多。笔者认为工具书应越详尽越好,如此则便利于使用者寻检原文,否则是徒劳无功。我们根据该工具书举出如下几个条目:

SK0099 对大陆古籍大馆所藏"善本"的书品分析和对"普本"的思考/罗琳//北京:国家图书馆出版社.—2001.10②(第161页)。

SK0116 论《四库全书总目》的比较批评方法/黄品良;庞丹丹//历史文献研究,—2002,(7).—191—201③(第167页)。

SK0056 重大工程需要有规划/马国仓//中国新闻出版报.—2005,3.30.—5(第194页)。

---

① 在该书编著者看来,几乎所有的硕博士学位论文都是中文的。应改为"高远/硕士学位论文.兰州大学,2007"格式为好。

② 罗琳:《对大陆古籍大馆所藏"善本"的书品分析和对"普本"的思考》,载中国国家图书馆编:《中文善本古籍保存保护国际研讨会论文集》,北京:北京图书馆出版社,2002年,第131—136页。

③ 黄品良、庞丹丹:《论〈四库全书总目〉的比较批评方法》,载中国历史文献研究会主编:《历史文献研究(总第21辑)》,武汉:华中师范大学出版社,2002年,第191—201页。

SK0115 编余手记//图书与情报.—2005,(4)(第196页)。

SK0265 普通百姓走进"国学"课堂/雒焕素//兰州日报.—2005,11.30.—B2(第205页)。

SK0165 业界动向//出版参考(业内资讯版).—2008,(11)(第243页)。

上引前两个例子归为一类,读者至少还知道文章主要是写什么的,至于来源出处还得靠自己去查询。后四个例子归为一类,首先使读者一头雾水,这是写什么的?连内容我们都无从得知。试想,工具书都去如此编纂,搞得"云山雾罩"的,那还不如节省点纸张。另外,以下类似的文章也颇有意思,先摘录几条如下:

SK0071 书评社会功能浅议/吴平//图书馆.—1996,(5).—89—93,76(第119页)。

SK0047 乾嘉朴学传黔省 西南大师第一人——郑珍学术成就表微/吕友仁//河南师范大学学报.—1997,(2).—57—61(第123页)。

SK0041 高校新生如何阅读古籍文献/许建生//津图学刊.—1998,(2).—132—135(第131页)。

SK0029 中医药院校图书馆应加强中医药古籍馆藏建设/刘汉强;姚勤//中华医学图书情报杂志.—2002,(2).—25—27(第163页)。

SK0205 求实与尊古——晁说之学术思想及其意义/张剑//中国文化研究.—2004,(3).—96—105(第189页)。

SK0040 汪学群著《清初易学》出版/孔定芳//中国社会科学院研究生院学报.—2005,(2).—96(第193页)。

SK0139 看机器怎样比人更有智能/王鸿良//北京日报.—2005,5.18.—14(198页)。

SK0042 "历史"释义/李开元//史学理论研究.—2006,(2).—130—138,160(第209页)。

SK0179 中国式生命/夏江为;王博//中学生读写(高中).—2006,(6)。—62—63(第216页)。

SK0033 论北宋的文字狱/景新强//陕西师范大学学报(哲社版).—2007,36(2).—51—56(第227页)。

当我们下载阅读后才发现与《四库全书》研究关涉甚少,很多都是在文中出现了"《四库全书》"字样或者引用了《四库全书总目》中的某一句话,这些都不足以真正代表研究《四库全书》的成果。而有的文章,通篇未出现"《四库全书》"字样,《四库全书总目》中某一句话或者与《四库全书》相关的事项,却被轻而易举的选入了,这令笔者费解,并且这类文章不在少数。既然是《四库全书》研究论文篇目索引,编著者就必须把握好"主题"和"关键词",如果不去分辨,恐怕连"400千字"①好几倍的工具书都难以录完。

如果有些论文内容关涉《四库全书》研究占了很大篇幅,且具有很高的学术价值和启发意义,但从文章题名上看不出来,或者让人容易迷惑,建议录入时应有小注,以方便读者获知相关信息。现摘录笔者编著的《二百年来〈四库全书〉研究论著目录》中的两条如下:

  袁同礼:《袁同礼致时代公论记者书》②,《国风半月刊》1933年9月第3卷第6期。
  魏向东、朱梅:《晚明时期我国历史旅游客流空间集聚与扩散研究》③,《人文地理》2008年第6期。

作为一部文献目录总集,该著体量庞大、资料来源复杂,难免有疏漏之处。但是,如果该著中错误、疏漏之处已"惨不忍睹"、随处可见,并且都是人为可以避免的,就必须公开提出批评,并追究编著者和出版社的责任。笔者十分痛心和气愤,仅仅是"管中窥豹",足以震惊学界。在此很有必要问一下为此书写序和书评的专家学者,是否发现了此问题。令人欣喜的是,台湾东吴大学中文研究所博士班的郭明芳在所撰写的《〈四库全书研究论文篇目索引(1908—2010)〉评述》一文中,发现了该书中的诸多问题,并提出了相应的批评,也有一定的"对本书的期许"。④

---

 ① 该工具书《四库全书研究论文篇目索引(1908—2010)》字数为400千字。
 ② 包括《致教育部函》《复傅沅叔书》《致教育部王部长书》《袁同礼致时代公论记者书》,内容均为当时影印、选印《四库全书》诸事。
 ③ 本文利用《四库全书》《四库全书存目丛书》《四库全书存目丛书补编》《四库禁毁书丛刊》及《四库未收书辑刊》中记载的明隆庆年间至崇祯年间的929篇游记(其中行纪59篇)为基础,建立了晚明时期国内历史旅游客流数据库,数据库总样本650份,其中官吏宦游529份,士人漫游115份,高僧云游3份,商人旅游3份(一次旅游活动视为一个样本)。此数据库中,旅游客源地和目的地分别涉及目前全国17和21个省(市),基本覆盖了晚明疆域(两京十三省),能较为全面地反映晚明时期我国历史旅游客流情况。
 ④ 郭明芳:《〈四库全书研究论文篇目索引(1908—2010)〉评述》,《东海大学图书馆馆讯》2015年新167期。

(三) 著录体例格式是否合理有待商榷

该工具书命名为"篇目索引",实为"论著目录"。"索引"与"目录"是有区别的,"索引"仅为检索便利而设,其本质特征是只揭示内容出处或文献线索,并不直接提供事实、资料本身;"目录"不仅有"索引"的价值、导读功能,更有该学科学术内涵的呈现,反映该时期科学文化发展概貌。令人费解的是,该工具书名为"索引",其后所附检索又称"索引",让人觉得混乱。书后虽有检索系统,但仅止于作者的拼音检索,如不善拼音者怎么办? 如能将笔画检索、四角号码检索也能加入是最好不过。另外,关于仅有的"著者索引",还存在一个很大的问题,目前工具书所编制的索引大都以所在页码为次目录,而该工具书却以登录号著录,每年登录号又相似,令人眼花缭乱,翻检起来浪费不少时间。更令人困惑的是,按照"著者索引"去查询前文信息,竟有很多处"牛唇不对马嘴"。

该工具书所有条目是按年编排的,只要是这一年出版的专著、发表的论文、召开学术研讨会印制的论文集等都会汇聚于此,这样很容易操作,也可以借此了解某一年度或某一时期研究数量如何。笔者倒是赞同清末民国时期的《四库全书》研究成果采用此法,因为这是有原因所在的。但是,当我们根据该工具书欲进一步了解某一主题研究情形时,如果不通阅全书就不能领会,试问这样的工具书是不是失去了编纂的"本旨"。当然,工具书编纂采用这么样的角度编辑,都有编著者的考量,我们只能从更优、更便于使用、更便于学术研究的角度追求,也就是说编著者不能站在"很容易操作"上考虑著录体例格式,而是应以使用者角度为方向目标。比如说读者想了解"图书征集与著录存目"的相关研究资料,只需在此主题下浏览观看即可。因此,以主题作编排,按照时间顺序登录,较之全部按年编排的效果会好很多。同时,还建议四库学研究专著以及近些年来关涉四库学的项目课题单独列出,甚至硕博士生的学位论文也可以单独列出。至于港澳台地区和国外四库学研究成果,在专题下排列时应有区别,不能混于一谈。

通读该工具书,我们发现了这样的条目,试摘出几例:

SK0027 北京历史上的今天——四库全书开始编纂/杨西岩//北京日报.—1982,3.17.—2(第56页)。

SK0028《四库全书》开始编纂/杨西岩//复印报刊资料(图书馆学、情报学、资料工作).—1982,(3).—14—15(第56页)。

SK0003《四库全书总目提要》论史书编纂/周少川//史学史研究.—1985,(1).—47—58(第63页)。

SK0004《四库全书总目提要》论史书编纂/周少川//史志文摘.—1985,(3).—11—12(第63页)。

SK0005《四库全书总目提要》论史书编纂/周少川//复印报刊资料(历史学).—1985,(3).—101—112(第63页)。

SK0031弘历的文化思想初探——乾隆时期承德文化事业的发展/黄崇文//复印报刊资料(明清史).—1993,(3).—87—89(第98页)

对于上引前两例,竟然文章篇名不一;中间三例实为同一篇文章,只不过被转载多次。最后一个例子,很明显不是原文出处,相当于"二手资料",而在该工具书中又没有找到原文录载,这样的处理方式在笔者看来很不合乎规范。① 该工具书中类次这样条目的很多,究竟如何处理,难道就如此占用篇幅吗?其实很简单,建议用下面这样的著录格式,但必须把初发(原发)文章的刊物信息写在最前面,尽量搜全此篇文章被载录的情况,这仅是笔者在编纂论著目录时的用法,当然也不必强求他人去做。

周少川:《〈四库全书总目提要〉论史书编纂》,《史学史研究》1985年第1期。又见《史志文摘》1985年第3期;又见《历史学(复印报刊资料)》1985年第3期;又见周少川著:《中华典籍与传统文化》,桂林:广西师范大学出版社,1996年9月,第240—259页,题目修改为《〈四库全书总目〉论史书编纂》。又见向燕南主编:《〈史学史研究〉文选.中国古代史学卷.下》,北京:华夏出版社,2017年2月第1版,第274—290页。

这样的著录方式,为读者提供了各种线索,尤其是对于一些稀见的清末民国时期的四库学研究成果更能体现其价值。笔者从基本完成的《二百年来〈四库全书〉研究论著目录》中摘录一条如下:

伦明:《续修四库全书刍议》,《国学月刊》1927年第1卷第4期。又见《中华图书馆协会会报》1927年第3卷第1期。又见伦明著、雷梦水校补:《辛亥以来藏书纪事诗·附录二》,上海:上海古籍出版社,1990年9月第1版,第128—136页。又见东莞图书馆编:《伦明全集一》,广州:广东人民出版社,2012年10月第1版,第428—434页,题目修改为《续修〈四库全书〉

---

① 编著者很有可能没有找到原文刊发信息,就以被转载的刊物年代看作是原文的刊发年代,这显然是错误的。黄崇文:《弘历的文化思想初探——乾隆时期承德文化事业的发展》,《文物春秋》1992年第4期(承德专刊)。

刍议》;又见伦明著,东莞图书馆整理:《伦明全集(第二册)》,广州:广东人民出版社,2017年12月第1版,第199—207页,题目修改为《续修〈四库全书〉刍议》。

如果按照此著录格式处理,那么该工具书的字数一定会减少,"目录5000余条"一定会压缩(只统计该文的原出处及时间,其后转载或编入各类论文集的不再统计),也避免出现同一篇文章尤其是转载量比较高的文章随处可见。这也不会出现该工具书中自第198页开始到第203页结束,全部是录自于同一本书《四库全书研究文集》[①]的情况。这会给人一种错觉,以为这些文章都发表于2005年,甚至将其作为2005年四库学研究成果进行统计。

在此还要说明一个问题,那就是民国时期与现代期刊的卷期问题,这个问题也与港澳台地区的期刊卷期问题相关。现在公开出版的期刊大都是以年为单位分期,如《历史研究》2018年第1期,但不能写成"《历史研究》第1期,2018年"。港澳台地区出版的期刊大部分是某期(总期数)或是有分卷(某卷某期),这与民国时期的期刊卷期基本相似。因此,当录入清末民国时期、港澳台地区《四库全书》研究成果时一定要表明某年某卷某期,例如:叶启勋:《论选印四库全书》,《金陵学报》1933年11月第3卷第2期。[②] 该工具书论文条目著录格式,依据国家标准《检索期刊条目著录规则》办理,每条资料分别著录文章题名、作者、刊名及卷次、出版者、出版地、出版年、版次与页码诸资料。但是在处理港澳台地区《四库全书》研究成果时就出现了问题,试举两例:

SK0306 从文渊阁四库全书本《明诗综》看四库馆臣之删改典籍/陈惠美//东海大学图书馆馆讯.—2006,(52).—35—44(第224页)。

SK0042《续修四库全书总目提要》订误/程远芬//澳门文献信息学刊.—2010,(2).—43—46(第256页)。

以上两例均非大陆出版期刊,如此著录会误导读者的。如果依据该工具书著录格式标准,上引两篇文章来源分别为"《东海大学图书馆馆讯》2006年第52期"、"《澳门文献信息学刊》2010年第2期"。事实并非如此,第一例应是《东海大学图书馆馆讯》2006年总第52期,且该馆馆讯期数前应加"新"字,这在原文中可以看到,即"东海大学图书馆馆讯新52期",以别旧有期数。第二例应为

---

① 甘肃省图书馆编:《四库全书研究文集》,兰州:敦煌文艺出版社,2005年。

② 笔者在整理时尽力将月份加上,这都是笔者在查阅原始文献的基础上所得,并不是依靠二手转载、间接材料等直接照抄。

《澳门文献信息学刊》2010年总第2期,若理解为2010年第2期,言外之意该刊物为连续出版刊物,2010年之前可能已有多期出版。针对这样的问题,笔者还是主张采用传统著录方式为好,即用文字叙述。如吴哲夫:《四库馆臣对文献取用原则的剖则》,《书目季刊》2005年第39卷第2期;吴哲夫:《谈纸书文献资产的保存——以四库全书为例》,《淡江中文学报》2006年总第14期。

(四) 未公开出版的会议论文集中的成果录入需要规范

近年来,各类学术会议越来越频繁,参会者提交论文或论文摘要成为"入会门票"。主办方须将提交的论文汇总整理并印制成会议论文集,届时成为大会相互交流的主要文本。会后,有些主办方会把参会者提交的论文结集正式出版,而大多都未公开出版。这些未公开出版的会议论文集基本都收藏于参会者个人手中,其流动性及其社会影响并不是很大。在现行的学术评价体制内,这些未公开出版的会议论文集中的论文,是不能作为个人研究成果对待的。而在港澳台地区和国外,情况却很大不同。因此,我们经常会在一些港澳台地区的目录工具书中,见到未公开出版会议论文集的录入。

在这些大量的学术研讨会论文集中,不乏有研究《四库全书》的论文,如果能登记录入到工具书中,也是可行的。该工具书就是这样做的,如:

SK0176《文溯阁四库全书》全部影印之期盼/李祚唐//上海市社会科学界第五届学术年会会议论文.—2007(第235页)。

SK0153《四库全书》纂修官考/张升//中国古代文明及其衍化学术研讨会论文集.—2009(第253页)。

由于这些未公开出版的会议论文集的流通局限性,致使许多读者不能拜读学习,因此在录入的时候一定要慎之又慎,不能出现"似是而非"的情况。在笔者看来,首先要拥有这样的论文集,即是从网上获得信息也要向主办方咨询并尽力得到原本,以便读者向您询问时有所依据;其次,如果这些论文集后来主办方正式出版,或者个人已将会议论文公开发表,就应该录入正式出版、发表时的情况,当时内部自行编制的会议论文集中的成果就不要再录入了;复次,在录入这些未公开出版的会议论文集中的论文时,一定要把相关信息叙述详尽、清楚,即作者、文章题名、页码、会议论文集名称、主办方、地点、时间等,要求所有信息必须与会议论文集上的一致,不能随意更改;最后,这些未公开出版的会议论文集的获得需要处处留心,即使未曾遇到,也不影响到对学术史的考察。如果需要统计该年度研究成果的数量时,建议不作统计,但需要另作说明。①

很显然,从上引两例可以看出,其录入信息不是很完整,这相对来说还是比较好的,至少情况属实。如上引第二例,应修改为:

张升:《〈四库全书〉纂修官考》,载《"中国古代文明及其衍化"学术研讨会论文集》,北京师范大学历史学院、中国古代史研究中心主办,中国·北京,2009年9月。

但是,该工具书第253—254页从SK00155到SK00162的录入却令人疑惑,试摘出一例说明:

SK0157 从民国年间所编《续修四库全书》谈当今的提要编纂/周少川//目录学与《续修四库全书提要》编纂学术研讨会会议论文集(清华大学中国古典文献研究中心).—上海:上海古籍出版社,2009.10.—17—18(第253页)。

一看到这样的著录,首先给人的认知是,这是一个已经公开出版的论文集中的一篇文章。可是,当我们去查询上海古籍出版社是否出版这本论文集时,一无所获。据网上得知,2009年10月25日,由清华大学中国古典文献研究中心和上海古籍出版社联合举办的"目录学与《续修四库全书提要》编纂学术研讨会"在清华大学召开。可见,这是一本未公开出版的会议论文集,但编著者以这样的著录方式录入,很容易让人误解。

除此之外,我们从该工具书中再选出两例予以说明:

SK0306 国家图书馆所藏《四库全书总目》稿本述略/王菡//中国历史文献研究会第26届年会论文集.—2005(第207页)。

SK0341 论《四库提要》如何评论南宋文学/野村鲇子//第四届宋代文学国际研讨会中文会议论文.—杭州,2006(第225页)。

---

① 现代社会信息非常发达,全国各地召开的学术会议信息都能及时见诸于网络、微信公众号、微博、博客、自媒体等,通过其可以看到参会学者提交论文信息的情况,为我们及时了解学界动态提供了极大便利。笔者平时亦比较关注于此,如所见会议有提交关涉《四库全书》研究成果者,便尽力获得主办方自行印制的会议论文集,至今已拥有近百本。据此,丰富了笔者《二百年来〈四库全书〉研究论著目录》的编撰。

上引第一例论文已发表,见于该工具书第 210 页 SK0060,明显前后重复,应以公开发表为准,此条目可以删去。上引第二例,会议论文集以"《第四届宋代文学国际研讨会论文集》"已正式出版,①录入论文时应以正式出版为准,而编著者却没有看到这样的信息。所有这些,都是我们要注意的。

另外,由于编著者校勘不精,致使很多细节没有处理好,如第 66 页,SK0060"梁启超论清学史二种/梁启超//上海:复旦大学出版社,1985"放在此处何意? 如第 72 页,SK0063"文澜阁与四库全书浙江藏书家藏书楼.—杭州:浙江人民出版社,1987.11.—3—307"想表达什么?如第 130 页的 SK0012 与 SK0013,两者没有分段落;如第 184 页,SK0105 与 SK0114,两条目相对竟能如此重复。如第 214 页 SK0151、第 216 页 SK0176,研究成果重复录入;如第 252 页,SK0132 未有发文期刊页码,前后标准不统一;如第 252 页 SK0141、第 253 页 SK0146,研究成果重复录入;如第 351 页,"著者索引"周积明"(1989)SK0030",按此查阅为"SK0030 四库全书所收诗经典籍的探讨与研究/王万福//丘海季刊.—1989,(26/27).—16—18"②。如第 334 页,"著者索引"吴哲夫"(1976)SK0012",按此查阅前文竟无此条目。如第 334 页,"著者索引"吴哲夫"(1989)SK0012",按此查阅为"SK0012 顾炎武与清代考据学/郝润华//西北师大学报(社会科学版).—1989,(2).—37—40"③。如第 334 页,"著者索引"吴哲夫"(1989)SK0064",按此查阅为"SK0064 莫友芝《宋元旧本书经眼录》《邵亭知见传本书目》/罗孟祯//古典文献学.—重庆:重庆出版社,1989.6.—198"④。

上引问题仅仅是笔者读阅该工具书时挑拣出来的一部分,除此之外还有很多很多,尤其是港台地区的四库学研究成果错讹者更多,它已向我们敲响警钟:引用该工具书时一定要慎之又慎,一定要回归到原作者、原文、原刊、原著本身,否则会贻笑大方。笔者再次重申,问题的提出并无恶意,并不是对编著者"搜集资料之繁琐、编辑目录之艰辛"的否定,而是感谢他们,在此工具书基础上,我们领略了百余年四库学研究成果的"芳华",正是"各位同仁竭数年心力,精心编纂而成的这部全面展示 20 世纪以来'四库学'研究成果的目录索引工具书,必将

---

① 沈松勤主编:《第四届宋代文学国际研讨会论文集》,杭州:浙江大学出版社,2006 年。
② 甘肃省图书馆、天津图书馆编:《四库全书研究论文篇目索引(1908—2010)》,北京:国家图书馆出版社,2013 年,第 78 页。
③ 甘肃省图书馆、天津图书馆编:《四库全书研究论文篇目索引(1908—2010)》,北京:国家图书馆出版社,2013 年,第 77 页。
④ 甘肃省图书馆、天津图书馆编:《四库全书研究论文篇目索引(1908—2010)》,北京:国家图书馆出版社,2013 年,第 80 页。

为'四库学'研究的深入开展,起到积极的推动作用"①。

结语:系统清理学术史深化四库学研究

作为古代典籍和传统文化渊薮的《四库全书》,在中国学术文化史上有极高的地位,对《四库全书》的研究和利用二百余年间盛行不衰。在当今中国,更应加强对《四库全书》的研究和利用,使其在中华民族复兴的历史进程中发挥更大的作用。"四库学"当前还有哪些工作需要进行,关系到"四库学"如何继续发展,自然成为学者关心的重大问题。

但遗憾的是至今还没有一部能够全面反映其二百余年学术史的论著目录,更不要说对二百余年学术史的回顾和梳理。所以对二百年来《四库全书》研究论著目录的全面、系统地整理和研究,是十分必要的。这是一项基础性学术研究,具有显著的应用价值。笔者主要从以下几个方面予以评析:第一,档案文献编纂出版(史料);第二,四库提要文献整理;第三,四库学研究专著专书;第四,四库学硕博士学位论文;第五,四库学项目课题;第六,四库学成果发表的专业刊物;第七,期刊论文、论文集、网络论文;第八,国外的《四库全书》研究。

以上八个专题是编写二百年来《四库全书》研究论著目录重点关注的问题,本着"竭泽而渔"的态度尽力将研究成果搜罗殆尽,然后分成《四库全书》《四库全书总目》《钦定四库全书考证》《四库全书荟要》、武英殿聚珍版丛书、《宛委别藏》《续修四库全书总目提要》、续编四库系列丛书等若干大的主题,在大的主题下再分若干小的专题,如在《四库全书》主题下,可将其分为总体概说与价值影响、组织机构与征书纂修、七阁庋藏与流布播迁、录存图书与阁本差异、版本优劣与考辨补遗、续修影印与资料汇编、学术史与四库学建构、工具书编制与电子化八个专题。如有需要,可在专题下再分小类,如"组织机构与征书纂修"下可再细分为乾隆圣谕与编纂意旨、四库馆及各馆臣工作、总纂官纪昀修书事务、底本征集与著录存目、禁毁删改与文字狱案、分类体系与部类编排、缮录撤改与装潢刊刻诸小类。再如在《四库全书总目》主题下,可分为总体概说与价值影响、组织纂修与版本刊印、图书分类与部类研究、提要评论与学术思想、辨伪订误与补正标注、整理出版与资料汇编、研究综述与成果评论七个专题。

总体而言,二百年来《四库全书》研究论著目录的编纂,首先,以主题作编排,以时间为顺序将研究成果对应录入,系统回顾四库学从无到有、发展壮大到

---

① 黄爱平:《推进"四库学"研究的重要举措》,载甘肃省图书馆、天津图书馆编:《四库全书研究论文篇目索引(1908—2010)》,北京:国家图书馆出版社,2013年。

全面繁荣的上百年历程,为百年四库学史的编写提供坚实的前期成果;其次,揭示四库学的学科结构,比如四库学与历史学、四库学与语言文字学、四库学与古文献学、四库学与哲学、四库学与艺术学等之间的关系;最后,分析二百年来《四库全书》研究的现状和存在的问题,为四库学的发展提供理论指导。

编写二百年来《四库全书》研究论著目录并编写百年《四库全书》研究学术史,是当前四库学界的紧迫任务,也是四库学人向中国学界、国际学界责无旁贷的交流回应和成果展现。为此,笔者正在从事编撰的二百年来《四库全书》研究论著目录,应达到以下研究目标:第一,编制分类合理、检索方便的论著总目,科学编制分类索引和篇名、人名索引,为学术界提供研究工具,为初学者指导学术门径;第二,全面汇辑二百年来国内外《四库全书》研究的论著目录,从总体上反映百余年《四库全书》研究的辉煌成就,以期分析经久不衰、具有旺盛学术生命力的内在原因;第三,通过专题研究和定量分析,辨章学术,考镜源流,展示四库学的学科构成,以期加大对四库学的理论省思和建立四库学理论系统;第四,分析四库学研究的现状和问题,探讨《四库全书》研究的自身规律和发展趋势,树立问题意识,为未来的四库学研究提供借鉴。

《四库全书》本研究

《四库全书》底本删改研究

——以《四库提要著录丛书》为中心

运宜伟　李国庆

(天津图书馆历史文献部,天津　300191)

摘　要:《四库提要著录丛书》共收录 110 种《四库全书》底本,是研究四库学的重要文献资料。这些较为罕见的《四库全书》底本中都留存了大量四库馆臣所作的删改信息。在广泛结合其他四库学文献的研究视野下,这些删改信息可以分类为违碍思想,书名、篇卷,受乾隆谕令的影响,书籍内容讹误,《四库》提要撰写以及书籍插图等六种删改类型。考察《四库全书》底本的删改内容对还原四库馆臣的工作情况如抄写格式、钱樾身份和纪昀校对书籍等问题有所裨益,对进一步研究《四库全书》底本与另一部重要的四库学文献——《四库全书考证》关系问题也有重要的研究价值。

关键词:《四库提要著录丛书》　《四库全书》底本删改　四库馆臣《四库全书考证》

《四库全书》底本是清朝乾隆年间修纂《四库全书》时,作为抄写七阁阁本的底本文献,主要特征有三:(1) 著录于《四库全书总目》之中;(2) 书内留存了四库全书馆馆臣的删改笔迹;(3) 钤印有翰林院等机构的木记或官印。

目前已知存世的《四库全书》底本有 300 多种,大都散存于各大公共图书馆之中。在如今借阅条件下,研究者若想全面利用各馆所藏《四库全书》底本,殊为不易。中国科学院文献情报中心的罗琳研究员与他的学术团队在 2010 年编纂出版了《四库提要著录丛书》,该丛书影印收录了中国科学院图书馆、北京大学图书馆和国家图书馆等馆所藏 110 种《四库全书》底本,为研究《四库底本》删改情况提供了丰富的资料。在《四库提要著录丛书》出版之前,也已出版了不少四库学文献资料。目前以《四库提要著录丛书》所收 110 种《四库全书》底本为中心,结合这些资料来研究四库学问题,应该是行之有效的。

虽然目前四库学研究已成为热门领域,佳作迭出,成果丰硕,但是以现存《四库全书》底本删改为研究对象的著述目前仅有十余篇论文,仍有较大地研究空间。这就激发了笔者试图以《四库提要著录丛书》为中心来研究《四库全书》底本删改问题的兴趣和决心。不过在写作之中,由于笔者精力和学识有限,难免挂一漏万,因此只能集中探究一些重要问题,即《四库全书》底本删改类型分析,《四库全书》底本删改与馆臣校对书事,《四库全书》底本删改与《四库全书考证》关系等。

一、《四库全书》底本删改类型分析

《四库提要著录丛书》共收录110种《四库全书》底本,其中经部收录7种、史部收录19种、子部收录14种、集部收录70种。总体上的删改情况为:经、史、子、集四部各类书籍删改程度不一,前三部书籍删改较少,有的书甚至未删改一字。集部书籍存在的删改情况较多,尤其是别集和总集。这一点与刘小琴在《八十二种四库底本删改浅析——兼论四库底本价值》中所提情况相一致。①刘文针对所经眼的《四库全书》底本分别列出了删、改两方面的类型,删削的类型主要有:1.违碍清朝,2.解说经书不当,3.为禁书作序,4.为佛经作序,5.删去残篇,6.删去附刻。改易的类型主要有:1.改违碍之语,2.改避讳字,3.改音译字,4.改书名,5.改卷数。②刘的分类内容较为广泛、详细,多为人所沿用。但刘的分类标准,是将删、削分别对待,其实两者所涉内容并无实质性区别,而且在此分类中,对四库馆臣受乾隆意志影响直接的删改,对宋明理学、佛老思想的删改,对复古言论、荒诞不经的史实删改,对《四库全书》底本删改与《四库》提要撰写,以及对书籍内的图画删改等内容都未加注意,尚有进一步研究空间。

有鉴于此,本文根据《四库提要著录丛书》所收《四库全书》底本的删改情况,主要分为六种删改类型:1.对违碍思想的删改;2.对书名、篇卷等信息的删改;3.按照乾隆谕令的删改;4.《四库全书》底本删改与《四库》提要的撰写;5.对书籍内图画的删改。下面分别述之。

---

① 刘小琴:《八十二种四库底本删改浅析——兼论四库底本价值》,北京:北京大学,1982年,第35页。
② 刘小琴:《八十二种四库底本删改浅析——兼论四库底本价值》,北京:北京大学,1982年,第17—25页。

(一) 对违碍思想的删改

清代纂修《四库全书》,对所征收的书籍中违碍清朝统治的话语,进行了巨细靡遗的删改,主要包括:对中国古代有关"华夷"史实的删改,部分宋明理学学者言论的删改,有关厚古薄今言论的删改,有关荒诞不经之事的删改等四方面。下面以《四库全书》底本《马端肃公奏议》和《辽史拾遗》为例说明。

例一:

马端肃公奏议十四卷(缺卷十三至十四),(明)马文升撰,清刻本,卷前钤有翰林院满汉文官印。

1. 对宋明理学和佛老之言的删改

199—436 左下,径删"至于佛老之教,尤不宜口诵其言,目观其像而信之笃。游戏之事,不宜任其所好,遂其所欲而嗜之深"①。

199—437 右下,径删"右下太子之道,《礼记·文王世子》篇、贾谊《保傅篇》载之详矣。宋儒真德秀亦采编入《大学衍义》,进呈于君矣。近日儒臣亦尝进讲于上矣"②。

2. 对厚古薄今之语删改

199—434 右上七行至九行,径删"今不得其人,则百姓受其殃,而庶政无不隳矣。故自古英君辟欲跻民于雍熙、太和之域者,未尝不以慎择守令为先务焉"③。

199—443 右上八行至左上一行,径删"苟衣食不足而饥寒一身,则自顾之不暇,尚何望其用命而乐为之用哉?此古之名将所以与士卒同其甘苦而频家犒劳者,盖以此也"④。

199—450 左上十行,径删"是以前代刑官设科取士之意也"⑤。

3. 对荒诞天命之事的删改

199—448 右下十行至左下五行,径删"妇含冤以伤天地之和,召水旱之灾,自古帝王莫不慎之。故舜典有钦恤之言,周书有敬慎之戒下,至汉唐法家多取

---

① 马文升:《马端肃公奏议》,《四库提要著录丛书》影印本,北京:北京出版社,2010 年,第 436 页。
② 马文升:《马端肃公奏议》,《四库提要著录丛书》影印本,北京:北京出版社,2010 年,第 437 页。
③ 马文升:《马端肃公奏议》,《四库提要著录丛书》影印本,北京:北京出版社,2010 年,第 434 页。
④ 马文升:《马端肃公奏议》,《四库提要著录丛书》影印本,北京:北京出版社,2010 年,第 443 页。
⑤ 马文升:《马端肃公奏议》,《四库提要著录丛书》影印本,北京:北京出版社,2010 年,第 450 页。

专门,赵宋刑官设科取士皆所以"。

例二:

《辽史拾遗》,清人厉鹗撰。是书征引了四百多种辽、金史著作,内容涉及大量契丹、女真史实,四库馆臣对其进行大量删改,其方式主要有抽毁书序、改易人名、删改史实。

1. 删去全祖望所作书序

翻丛书集成本《辽史拾遗》可知,稿本《辽史拾遗》原有全祖望书序,此序涉及了华夷史实,因此,四库馆臣抽去了《四库全书》底本中的书序。序如下:

> 或有问于余曰:"辽史何为而作也,政教不通,言语嗜欲,不与华同,其得列于历代正史,良以金承辽,元成金,职是故与?"余应之曰:"子不见夫楚之《梼杌》与晋之乘、鲁之春秋同述乎!"辽人乘五代之乱,中原乏主,奄有东夏,二百余年。其初灰牛氏之部落始广,枯骨化形,载猪服豕,怪诞之辞,君子不道。迨阿保机兼八部之雄,君臣创造,相与畴咨,峻烈渊谋,巍乎赫矣!乃后王凉德,勿克荷负,兴替之感,取鉴来兹,昭垂史册,奚为不可。元世祖立国史院,命王鹗修辽、金、元二史。宋亡,又命词臣通修三史。至正间,总裁脱脱等修成辽本纪三十卷、志三十一、表八、列传四十六,举例论赞表奏,多欧阳玄手笔。文献无征,简率匆称,识者病之。同里厉君博古好学,学者称为樊谢先生。先生长于古文词,手不停批六籍之言,以辽史缺略太甚,毕终身之业,详注而辩证之,曰"辽史拾遗"。正史自史记。前后《汉书》《三国志》而下注者鲜矣。草茅之论议,未准于朝家;晚近之传闻,惧违于古训。无开局辟官之诏,则廪饩不给;乏甲乙缥帙之藏,则识见勿周。其有称引淹贯,训释明当,若裴松之、颜师古之属。因文见义,为史氏功臣,指多不屈,矧耶律氏发迹边陲,经纶草一,八荒在宥,大同,国之屏翰;关东,国之根本;幽、蓟、涿、易,实畿甸洪基,万年永赖,辽之旧疆,视汉扶风、冯翊为尤重。前事不忘,后事之师也。注史之意,其在斯乎!其在斯乎!①

2. 对违碍字词的删改

如对"虏"字的删改。

066—007 左下十行,径改"虏中"为"契丹",但改完后此处之后,紧接着又径删后面一句中,"契丹所以强盛侵凌中国"中"契丹"二字②。

---

① 厉鹗:《辽史拾遗》丛书集成本,上海:商务印书馆,1936年,第1—2页。
② 厉鹗:《辽史拾遗》,《四库提要著录丛书》影印本,北京:北京出版社,2010年,第7页。

066—22 左下十二行,径改"大抵斥帝父事契丹,竭中国以媚无厌之,虏又以此意为书"中"虏"字为"欲"①。

066—58 左下三行至七行,"虏"径改为"金"字;径改"虏中大寒"中"虏"字为"北"字②。

3. 对违碍史实的删改

066—122 右上,意在删除"女直国"一条③。

(二) 对书名、篇卷等信息的删改

四库全书馆馆臣在馆的日常工作之一,是校对各地进呈书籍,其中校对的重点便是书名和篇卷等内容,以便日后誊录人员对底本誊抄规范。以《四库全书》底本明钞本《南轩先生张侍讲易说五卷》为例,是书 001—323 右上一行,径删书名"南轩先生张侍讲易说"中"先生张侍讲易说"七字④;001—323 右上二行,径删篇目"系辞上卷下"中"上卷下"三字⑤。

《翁方纲纂四库提要稿》叙述了此书的删改情况:

"谨按:《南轩易说》三册,不分卷数,核其书当时五卷。元赣州路学官胡顺父所钞刻。宋张栻《易说》之后半也。朱彝尊《经义考》载张栻《易说》十一卷,引董真卿之言,谓十一卷阙《乾》《坤》,而彝尊云未见。今次钞本起《系辞》上卷之下,而胡顺父序又载在第一册之末,则是元人刻本已残缺矣。后题云"廉使东泉王先生传授正本",盖当元初此书已不概见于时,而仅存者《系辞》以下耳,今并《系辞》上卷之前半亦阙,而《静惕》《古林》之目且有闻而未见者,则十一卷之全书不传久矣。栻字敬夫,广汉人,学者称南轩先生,其《易》学出五峰胡氏。官至荆湖北路转运副使,知江陵府,以右文殿修撰提举冲佑观。此书题云"张侍讲"者,从陈振孙《书录解题》也。顺父序云,欲以补《伊川易传》《系辞》之阙,使与程《传》并行。然今既阙其前一

---

① 厉鹗:《辽史拾遗》,《四库提要著录丛书》影印本,北京:北京出版社,2010年,第22页。
② 厉鹗:《辽史拾遗》,《四库提要著录丛书》影印本,北京:北京出版社,2010年,第58页。
③ 厉鹗:《辽史拾遗》,《四库提要著录丛书》影印本,北京:北京出版社,2010年,第122页。
④⑤ 张栻:《南轩先生张侍讲易说》,《四库提要著录丛书》影印本,北京:北京出版社,2010年,第323页。

卷,则姑存此五卷之目,以俟博访全本再为校刻可矣。"①

按此翁氏分纂稿所述,来检视《四库全书》底本《南轩易说》一书,可知馆臣所作删改大致符合分纂稿中所说情况,尤其是馆臣对底本中的篇名和卷数的调整。另外,天津师范大学刘小雪的硕士论文《略论〈四库全书〉底本问题》②对此书有更加具体的删改叙述,可参详。

(三) 按照乾隆谕令的删改

在纂修《四库全书》期间,乾隆皇帝曾对一些书籍的纂修工作较为留意,并直接通过谕令等形式干预其修撰工作。这属于一种较为特殊的删改方式。以《四库全书》底本《音韵述微》为例,是书由乾隆时大臣梁国治等人编纂而成,其卷前钤有翰林院典籍厅关防印。在纂修此书时,乾隆皇帝与负责办理该书的大臣之间,有过多次章奏往来。

据《清代内府档案》:
大学士臣舒赫德等谨奏:(本文注:编者略)

> 乾隆四十二年三月二十九日奉旨:依议。《蒙古源流》着派舒赫德、奎林,《临清纪略》着派舒赫德、彭元瑞,《金川方略》着派福康安、封升额,……《音韵述微》、《太学》俱着派梁国治、金士松。钦此。③
> 乾隆四十二年五月初八奉旨:
> 《元史》、《辽史》、《明史》、《通志》、《通典》、《音韵述微》、《蒙古源流》、《临清纪略》各书,仍落于敏中同原派之大臣等阅办。钦此。④
> 乾隆四十三年三月初一日
> 军机大臣等遵查现在纂辑应进各书,共十四种。自上年四月内,遵旨将各书俱立有限期,同书房应进之书分为九卯,间日进书一次,并将排定卯期知照稽查上谕处,以备查核。如有误卯不仅者,即由该处参在案。
> 兹查,自上年五月初八日起至本年二月二十九止,内惟皇上谒陵途次及遇年节,暂为停止不仅外,余俱按卯呈进,统计十四卯,共书三百四十余卷。谨将各书轮进卯期及卷数详悉阅单,黏签呈览。⑤

---

① 吴格、乐怡:《四库提要分纂稿》,上海:上海书店出版社,2006年,第7页。
② 刘小雪:《略论〈四库全书〉底本问题》,天津:天津师范大学,2017年,第43页。
③ 翁连溪:《清代内府刻书档案史料汇编》,扬州:广陵书社,2007年,第235页。
④ 翁连溪:《清代内府刻书档案史料汇编》,扬州:广陵书社,2007年,第237页。
⑤ 翁连溪:《清代内府刻书档案史料汇编》,扬州:广陵书社,2007年,第268页。

再,查各书内,如《临清纪略》、《蒙古源流》、《通鉴辑览》三书,已于限内办完。《明史》及《明纪纲目》、《国子监志》、《日下旧闻考》等书,臣等现在赶办,可以如限进完。至《金川方略》、《大清一统志》、《元》《辽史》、《西域图志》、《音韵述微》、《热河志》等书,卷帙甚多,势难按期完竣。合无仰肯皇上恩予展限,臣等仍督同各纂修等上紧纂辑轮进,以期如限办完。谨将各书无庸展限及酌定应展期限阅但呈阅。

再,查未定卯期以前,每年进呈之书,最多不过九十余卷。

合并声明。谨奏。

乾隆四十年四年十二月初十日奉旨:

《音韵述微》着派德保同办。钦此。①

由上可知,从乾隆四十二年至四十四年之间,纂修《音韵述微》的人事几经变动,即从梁国治、金士松二人到于敏中和德保等人。可见在皇命加急的情况下,馆臣办理《音韵述微》这一卷帙繁多,体量巨大的书籍时,所面临的巨大压力。此外,该书避讳方法之谨严,是本文所见经部底本删改中遵守避清代名讳最为严格的,可见其良苦用心。举例如下:

117—191 右下一行第五、六行,贴有校签,内容为"御名前一行,须算恰好。到地不参差临写时,须先细算外遇齐零字先于数行前或挤写,或减写,以勘合式字多者,先一页即可"②。

117—294 右上三行,有校签,内容为"庙讳,前一行须算准。到地不可彦差外遇齐零先于前数行内,或挤写,或减少,以期恰好";六行,上有眉批"庙讳",避"胤"字;右下六行上有眉批"庙讳",避"胤"字。③

117—197 右上六行,上有眉批"御名",避"弘"字;三行和五行,上有眉批,内容分别为"次三行作廿格写";"此作廿格写"。④

117—387 左上六行,上有眉批"庙讳",避"烨"字;377 左下七行,有眉批"御

---

① 翁连溪:《清代内府刻书档案史料汇编》,扬州:广陵书社,2007年,第282页。
② 梁国治等:《音韵述微》,《四库提要著录丛书》影印本,北京:北京出版社,2010年,第191页。
③ 梁国治等:《音韵述微》,《四库提要著录丛书》影印本,北京:北京出版社,2010年,第294页。
④ 梁国治等:《音韵述微》,《四库提要著录丛书》影印本,北京:北京出版社,2010年,第197页。

名",避"历"字。①

明人刘若愚所著《明宫史》一书的删改亦受到乾隆皇帝意志的直接影响。按《四库全书总目》:"皇上于内殿丛编,检逢是帙,辟其谬而仍存之,圣人之所见者大矣。"②由此可知,乾隆意欲将此书当作明朝宫廷腐化典型反面教材。再结合该《四库全书》底本中的删改情况来看,其删改主要以运用常见符号强调缮写格式和调整语序为主,字句讹误和违碍史实之处改动极少,仅见两处:139—182 左下六至七行,径删"吕真人文集,计二本二百四十叶"一句③;139—188 左上一至二行,径删"通鉴直解,计二十五本及一千四十二页"④。由此可知,四库馆臣在删改该书时,确实遵照了乾隆皇帝的意志。

(四)《四库全书》底本删改与《四库》提要的撰写

四库馆臣在删改《四库全书》底本时,也为《四库》提要的写作寻找素材。在此,以《四库全书》底本《庐山记》与《宣和北苑贡茶录》为例,分别论之。

例一:《四库全书》底本《庐山记》。

是书卷前钤有"翰林院典籍厅关防"长文方印。馆臣对该书的删改情况:强调誊录格式与卷名,如:249—474 右上第二行,眉批"不写",意在不誊原序⑤;249—496 右上一行,有眉批"卷不必写"⑥;文中径改题目"庐山略记一卷"为"庐山记略 宋陈舜俞撰";全文径删"宋陈舜俞撰";但全书最有价值之处为:249—476 左下有纪昀写于乾隆四十四年四月的识语:"右宋陈舜俞《庐山记》原本五卷,今天亡佚其二卷,併佚其图。检《永乐大典》所阙亦同。知其佚在明以前矣。其书叙述雅隽雅,不减郦道元水经注,宋人地志之最佳者。虽不完,亦可宝也。乾隆己亥四月晓岚识。"⑦

---

① 梁国治等:《音韵述微》,《四库提要著录丛书》影印本,北京:北京出版社,2010 年,第 387 页。
② 纪昀等:《四库全书总目》,北京:中华书局,1965 年,第 705 页。
③ 刘若愚:《明宫史》,《四库提要著录丛书》影印本,北京:北京出版社,2010 年,第 182 页。
④ 刘若愚:《明宫史》,《四库提要著录丛书》影印本,北京:北京出版社,2010 年,第 188 页。
⑤ 陈舜俞:《庐山记》,《四库提要著录丛书》影印本,北京:北京出版社,2010 年,第 474 页。
⑥ 陈舜俞:《庐山记》,《四库提要著录丛书》影印本,北京:北京出版社,2010 年,第 496 页。
⑦ 陈舜俞:《庐山记》,《四库提要著录丛书》影印本,北京:北京出版社,2010 年,第 476 页。

陈昌图纂四库提要稿①：

　　右宋屯田员外郎嘉禾（编者注：《宋史》作"乌程"）陈舜俞令举撰。有自序、总序山水篇第一，山北篇第二，山南篇第三，凡三篇。盖当熙宁中，不奉青苗法，谪监南康军酒税，因取刘涣旧记并《九江图经》、前人杂录，考核铭志，凡唐以前碑记备详其岁月爵里，又别作"俯视图"，记寻山先后之次。凡五卷，图今不存。刘涣凝之、李常公择皆为之序。直斋陈氏谓，南康守广陵马玕又有《续记》四卷。今亦未见。

文渊阁本庐山记卷前提要②：

　　臣等谨案《庐山记》三卷附《庐山记略》一卷，宋陈舜俞，字令举，乌呈人，所居曰"白斗村"，因自号"白牛居士"。庆历六年进士，嘉祐四年，又中制科第一历官都官员外郎，熙宁中，出知山阴县，以不奉行青苗法，谪南康监税，事迹具宋史本传。舜俞谪官时，与致仕刘涣游览庐山，当以六十日之力尽南北山水之胜。每恨慧远周景式辈作山记略而涣尝杂录闻见，未暇诠次，舜俞因采其说，参以记载耆旧所传，昼则山行旁抄，夜则发书考诠。泓泉石具载不遗，折衷是非，必可传而后已。又作俯仰之图，寻山先后之次，以冠之人服其勤。自记云："余始游庐山，问山中塔庙兴废及水石之名，无能为予言者。虽言之往往袭谬失，实因取九江图，经前人杂录，稽之本史，或亲至其处考验铭志，参订耆老，作《庐山记》。其湮汩。芜没不可复知者则阙疑焉。凡唐以前碑记。因其有岁月甲子爵里之详，故并录之庶，或有补史氏云云。具目有总叙山篇目第一，叙北山篇第二，叙山南篇第三，而无第四、五篇，图亦不存勘验永乐大典所缺亦同然。北宋地志传世者，稀此书考据精核，尤非后来《庐山纪胜》诸书所及。虽经残缺，犹可宝贵，故特录而存之，以备参考也。释慧远《庐山记略》一卷，旧载此本之末，不知何人所附入，今亦并录存之，备参考焉。乾隆四十六年十二月恭校上。总纂官臣纪昀、臣论陆锡熊、臣孙士毅；总校官臣陆费墀。"

《四库全书简明目录·庐山记》提要③：

---

① 吴格、乐怡：《四库提要分纂稿》，上海：上海书店出版社，2006年，第494—495页。
② 陈舜俞：《庐山记》影印本，台北：台湾商务印书馆股份有限公司，1985年，第14页。
③ 纪昀等：《四库全书简明目录》，上海：上海科学技术文献出版社，2016年，第200页。

《庐山记》三卷,附《庐山纪略》一卷

宋陈圣俞撰。原本五卷,并冠以图。此本仅存前三卷,勘验《永乐大典》,所阙亦同,盖明初已佚也。圣俞谪官南康时,与刘涣以两月之力,遍游庐山,因取涣常所纪录,编为此书。盖处处皆所目睹,故考证精核,与据图作志者迥殊。末缀宋释慧远《庐山纪略》一卷,不知何人所附,六朝古籍,今仍并录焉。

《四库全书总目·庐山记》提要①:

案《庐山记》三卷附《庐山记略》一卷,宋陈舜俞,字令举,乌呈人,所居曰"白斗村",因自号"白牛居士"。庆历六年进士,嘉祐四年,又中制科第一历官都官员外郎,熙宁中,出知山阴县,以不奉行青苗法,谪南康监税,事迹具宋史本传。舜俞谪官时,与致仕刘涣游览庐山,当以六十日之力尽南北山水之胜。每恨慧远周景式辈作山记略而涣尝杂录闻见,未暇诠次,舜俞因采其说,参以记载者旧所传,昼则山行旁抄,夜则发书考诠。泓泉石具载不遗,折衷是非,必可传而后巳。又作俯仰之图,寻山先后之次,以冠之人服其勤。自记云:"余始游庐山,问山中塔庙兴废及水石之名,无能为予言。虽言之,往往袭缪失实。因取九江图经前人着录,稽之本史,或亲至其处考验铭志。参订耆老,作《庐山记》。其湮泐芜没,不可复知者。则阙疑。"

其目有总叙山篇第一,叙北山篇第二,叙南山篇第三,而无第四、五篇,图亦不存。勘验永乐大典,所阙亦同。然北宋地志,传世者稀。此书考据精核,尤非后来庐山纪胜诸书所及。虽经缺阙,犹可宝贵。故特录而存之。

综上所列,《庐山记》中的纪昀所题识语影响了文渊阁本卷前提要和《四库全书总目》的撰写,至于编纂《四库全书简明目录》时,基本采用了纪昀的识语。《庐山记》的《四库》提要之所以著录纪昀的识语,也与他的总纂官身份有着密切关系,毕竟这是其馆职工作之一。今人研究《四库》提要,基本从分纂稿、阁本提要、《总目》提要之间探求提要撰写的逻辑,尚未有人注意到《四库全书》底本中存在着分纂稿和总目提要形成的重要原始素材。《四库全书》底本《庐山记》中纪昀识语的四库学文献价值较为珍贵,因为它的存在,揭示了《总目》提要在形成过程中一种新的取材方式,即著录进呈者识语。

---

① 纪昀等:《四库全书总目》,北京:中华书局,1965年,第617页。

例二:《四库全书》底本《宣和北苑贡茶录》。

该书中还有一篇散佚的《四库》提要。书内 027—515 有眉批"不抄",意在不录改卷前提要。该卷提要,兹列如下:

钦定四库全书
提要
宣和北苑贡茶录一卷北苑别录一卷
臣谨案:宣和北苑贡茶录一卷北苑别录一卷,宋建阳熊蕃撰。所述皆建安茶园采焙入贡法式。淳熙中其子校书郎克始锓诸木,凡为图三十有八,附以采茶诗十章,陈振孙《书录解题》谓,蕃子克益写其形制而传之,则图盖克所增入也。时福建转运使主管帐司赵汝砺复作别录一卷,以补其未备。所言水数赢缩,火候淹亟,网次先后,品色多寡,尤极该晰。考茗饮盛于唐,至南唐始立茶官,北苑所由名也;至宋而建茶遂名天下。壑源沙溪以外,北苑独称官焙,为漕司岁贡所自出。当时创造品目夸新鬬异,浸成,烦扰致苏轼,有前丁后蔡之讥,其事本不足纪录,然其模制具颇多新意,有可以资故实而供词翰者,今《经籍考》所载如朱子安、吕惠卿、曾伉、刘异等所纪茶事,皆佚弗传,惟此二录,仅完足以存其大概矣。蕃字叔茂,宗王安石之学,工于吟咏,而赵汝砺行事无所见,惟宋史宗室世系表汉王房下,有汉东侯宗楷曾孙汝砺,意者即其人欤。①

有学者对此篇提要的写成时间进行了考释,所得结论为:"从文字关系来看,阁本、《总目》等提要,当据翰林院四库底本这一版本上修改更定的另一系统的提要稿誊录,翰林院四库底本所附'不抄'提要,其成稿阶段,介于四库馆分纂稿至定稿之间。"②由此可见,《四库全书》底本的删改与《四库》提要之间的密切关系。

(五) 对书籍内图画的删改

论者以往主要集中于四库馆臣对书籍内文字方面的删改活动,而对其有关书籍内图画的删改,却未多加留意,这与对前者的删改有所区别。因此,有必要将其单独划为一类,展开论述。以《四库全书》底本《钦定西清砚谱》为例,是书

---

① 熊蕃、赵汝砺:《宣和北苑贡茶录 北苑别录》,《四库提要著录丛书》影印本,北京:北京出版社,2010 年,第 515 页。

② 董岑仕:《宣和北苑贡茶录》《北苑别录》版本系统考,《版本目录学研究》2019 年第 9 期,第 190 页。

内有大量图画,馆臣对其进行了除文字以外的图画删改。兹举隅如下:

027—20 右上,卷前贴有校签"发篆书誊录嵇承恂补写砚铭,篆、隶等字并绘图重"①。

027—36 右上三行,有眉批"平写,不必照元本。此行更低一格"②。

027—416 左上,有眉批"此处添左方侧面图得砚说移于下页写"③。

027—486 右下,贴有校签"本册内风字第二砚,'二'字单抬此处,却不抬第一册。凡例第一页后六行,'宠以'二字不顶格,此又顶抬。鄙意度之莫若将此处'宠以'二字空去,升七行'二'字于八行作单抬,则数处体例皆画一矣。应该否?"④。

027—487 左上八行,贴有校签"二字下行谨字、明字删去挤匀"⑤。

卷前校签所题誊录官嵇承恂,按张升《四库全书馆研究》书后所附《四库馆臣表》中未见此人,可补正该表。

二、《四库全书》底本删改与馆臣校办书事

四库全书馆馆臣在校对书籍时,往往会将自己姓名钤印在所校书籍之中,即四库底本中的馆臣署名。有关馆臣的署名,前辈学者大多通过档案等史料,来关注馆臣的校对工作和统计人名,较少从存世的《四库全书》底本中探究馆臣具体校对工作。《四库提要著录丛书》所收部分《四库全书》底本中的馆臣署名之处颇丰,这为具体窥探馆臣工作和补充史实提供了绝佳途径。现根据《四库提要著录丛书》所收《四库全书》底本中的馆臣署名,来重点讨论四库馆臣抄写格式署名问题、四库馆臣身份和纪昀纂修《四库全书》底本工作等问题。

---

① 于敏中等:《钦定西清砚谱》,《四库提要著录丛书》影印本,北京:北京出版社,2010年,第20期。
② 于敏中等:《钦定西清砚谱》,《四库提要著录丛书》影印本,北京:北京出版社,2010年,第36页。
③ 于敏中等:《钦定西清砚谱》,《四库提要著录丛书》影印本,北京:北京出版社,2010年,第416页。
④ 于敏中等:《钦定西清砚谱》,《四库提要著录丛书》影印本,北京:北京出版社,2010年,第486页。
⑤ 于敏中等:《钦定西清砚谱》,《四库提要著录丛书》影印本,北京:北京出版社,2010年,第487页。

(一) 四库分校官抄写格式署名问题探究

四库分校官是四库全书馆任职馆臣中人员数量最多①且所担任工作最为基础的职位,因此,他们与《四库全书》底本删改息息相关。分校官在馆日常工作主要有:校对誊抄本,校对原书(底本)。由于有纪录(奖励)的刺激,分校可能对原书校对更积极。② 分校官除了校正文字,还要提示抄写格式。兹以《四库全书》底本《晏元献公类要》为例,书中有不少签记是关于书写格式的。这些签记应该都是分校官所为。分校官管誊录,知道如何抄写规范;若分校负责的誊录抄错,分校本身也有责任。③每当分校官校出书内讹误时,便会用刻有其姓名的木戳钤印于旁。有人认为并非每类讹误都会钤印姓名,如张升根据《四库全书》底本《晏元献公类要》中的签记认为:"笔者推测,盖章主要是为了记功,而这些抄写格式提示不在记功之范围内,所以也就不用盖章了。"④张认为分校官在提示抄录格式时,因此类讹误不在计功之内,便不会盖章。以《四库提要著录丛书》中收录的《四库全书》底本来看,分校官在提示抄录格式时,确实较少钤印姓名,但还是存在此种情况。以《四库全书》底本《侨吴集》为例,257—228 左下,"事字接上写不必空。事字接上写不必空"校语旁钤有"分校刘景岳"木印⑤。

(二) 从《四库全书》底本删改看四库馆臣身份问题——以钱樾为例

《四库全书》底本的删改信息还有助于判断四库馆臣的身份问题。在此以钱樾为例。

据台湾"中央研究院"历史语言研究所"明清档案人名权威资料查询"检索可知,钱樾曾任《四库全书》改正底本纂修官,依据为《清国史馆传包》第 2745—4 号⑥。张升查阅了清史编纂委员会图书资料中心复印的《(台湾)"故宫博物院"藏清国史馆传包》,未查到有关记载⑦。查台北"故宫博物院"依据《清国史馆传包》等资料建立"清代人物传记资料"数据库,目前因访问权限的限制,只能查到

---

① 张升:《四库全书馆研究》,北京:北京师范大学出版社,2012 年,第 174 页。
②③④ 张升:《四库全书馆研究》,北京:北京师范大学出版社,2012 年,第 102 页。
⑤ 郑元祐:《侨吴集》,《四库提要著录丛书》影印本,北京:北京出版社,2010 年,第 228 页。
⑥ 台湾"中央研究院"历史语言研究[DB/OL]. http://archive.ihp.sinica.edu.tw/ttsweb/html_name/search.php.
⑦ 张升:《四库全书馆研究》,北京:北京师范大学出版社,2012 年,第 129 页。

其目录信息,但发现第 2745—4 号档案为毕沅档案,而非钱樾①。虽然未能查阅原档,但通过《四库全书》底本《卮林》中钱樾所作的三条删改,亦可作一翻判断。

《四库全书》底本《卮林》钱樾所作删改:010—506 右上一行,"颜延之伍君咏曰,伍当作五。编修钱樾覆阅"②;010—526 左上,"此王僧辩,辩则作辩。编修钱樾覆阅",左下"才辩,辩当作言辩;编修钱樾覆阅"③。按此三条校对信息可知,当时钱樾任担任编修一职。据《清史列传》中记载,钱樾在乾隆四十三年(1778)被授予翰林院编修一职④,因此,他对《卮林》所作删改应当在乾隆四十三年之后。

据文渊阁本卷前所列校对馆臣为:详校官中书朱文翰,员外郎牛稔文覆勘,总校官朱钤,校对官中书陆湘,誊录监生汤师锡等人。

据《全书处汇核上年十至十二月全书内缮写讹错并总裁等记过次数清单乾隆四十七年二月》:

> 全书处遵将乾隆四十六年十月初起至十二月底止呈进过全书六次,内缮写讹错奉旨记过之处,除总纂官纪昀等、总校官陆费墀前经奉旨免其议处毋庸开送外,应将应行汇核之总裁、总阅、提调、总校、分校逐次填注,又总裁和珅、梁国治覆阅奏明记过之处,一并填注,统行开具于后。
>
> 一、《卮林》内"枭以凶叫"句,"枭"讹"凫";又"军用不竭"句,脱去"军"字;又"池水合成璧"句,"璧"讹"壁";又"如登春台"句,"登春"二字倒置;又"显于西土"句脱去,注"阙"字。总校官何思钧记过一次,分校官朱炘记过二次。⑤

由此可知,钱樾未出现在文渊阁本卷前题名和乾隆四十六年(1781)的《记过清单》之中。因此,自钱樾被授予编修后,应该是以临时或兼职的身份加入该书的校对工作之中,并非负责该书的纂修官,所以极有可能在前人校对基础上,再对书进行改正。另外,删改中的"覆阅"二字表明,其校对应是在前人纂修的基础上进行的改正。这便可为回答钱樾是否曾担任过《四库全书》底本改正官

---

① 台北"故宫博物院""清代人物传记资料"[DB/OL]. http://npmhost.npm.gov.tw//ttscgi//ttsweb? @0:0:1npmmeta7:/tts/npmmeta/metamain.htm.
② 周婴:《卮林》,《四库提要著录丛书》影印本,北京:北京出版社,2010 年,第 506 页。
③ 周婴:《卮林》,《四库提要著录丛书》影印本,北京:北京出版社,2010 年,第 526 页。
④ 《清史列传》,北京:中华书局,1987 年,第 2181 页。
⑤ 中国历史第一档案馆编:《纂修四库全书档案》,上海:上海古籍出版社,1997 年,第 1185 页。

的疑问,提供了重要的考证资料。

(三) 纪昀与《四库全书》底本删改——以《马端肃公奏议》为例

《四库提要著录丛书》收录的《四库全书》底本《马端肃公奏议》为国家图书馆馆藏,经目验实物,其书内情况大致为:是书卷前钤有"翰林院印"满汉合璧方形朱文方印、"陶毅印"白文方印、"环翠山房"白文方印、"唐华馆"白文方印;书内笔削所用颜色为朱、墨两色。书内有清末藏书家陶毅题语:

> 是即四库校印之底本。书内削删强半,边塞事皆当时所讳言者。字迹与纪河间字颇类,疑即河间手笔。乙卯六月四日傍晚初霁,与心如九叔父闲步龙福寺街,以微值得于王姓书肆。

由陶毅题跋可知,陶氏初得此书便据删改内容和字迹,怀疑此书为纪昀删改。因此,本文将从批语字形、删改方式和删改内容三方面入手来探究该四库底本是否为纪昀亲笔所删。

首先,从字形上来看《马端肃公奏议》中所存删改笔迹,除有陶毅题跋可佐证外,还应将其与纪昀在四库全书馆工作时所留的笔迹进行对比,因为在相同的环境下,一个人的用笔习惯基本保持一致。因此,将《马端肃公奏议》中的笔迹(见图2)与天津图书馆所藏《纪晓岚删定〈四库全书总目〉稿本》[①]中纪昀所留笔迹(见图1)进行对比,发现两书所体现的用笔习惯与书写风格十分接近。

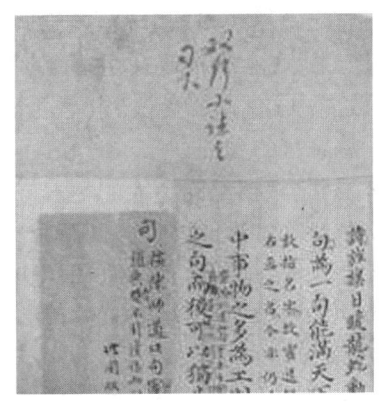 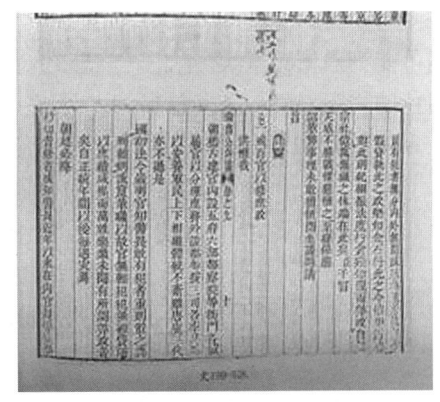

图1 《四库提要著录丛书》所收国图藏四库底本《马端肃公奏议》书影　　图2 天津图书馆藏《纪晓岚删定〈四库全书总目〉稿本》书影

---

① 天津图书馆、天津图书馆藏纪晓岚削定:《四库总目提要》稿本,北京:国家图书馆出版社,2011年,第561页。

清人昭梿《啸亭杂录》对纪昀书法情况，有所记载："近时纪晓岚尚书、袁简斋太史皆以不善书著名。"①则纪昀不善书事，应人皆知晓。纪昀也自谓"余畏人乞诗，杨君畏人乞书，皆不肯自言；人又微知余能诗不能书，杨君能书不能诗，亦遂不疑"②。因此，纪昀不善书事是无疑的。按此，通观《马端肃公奏议》书内的批改文字有些潦草，与《四库提要著录丛书》所收其他《四库全书》底本（不包括进呈本）相比，前者的确不如后者中的批校文字工整，此可作为一旁证。综上所述，国图馆藏《四库全书》底本《马端肃公奏议》中的批改文字，应为纪昀手迹无疑。

再者，《马端肃公奏议》中所见笔削为朱、墨两色，对此，王重民致信胡适时，曾提到过这个问题，内容如下：

> ……重民昨阅一部《四库》底本（宋张方平的《乐全集》），于当日馆臣校书手续，得稍知大概。每校一书，似先交分校官详阅，遇有误字，加签眉端，再由纂修官决定。纂修官似有用朱笔的资格，合则用朱笔径改之，不合则不动朱笔。纂修官的朱笔，似尚经总纂官驳正，所以拿此底本与影印文渊阁《乐全集》相校。阁本有的改从朱笔，有的不采朱笔。③

王重民在信中提到了《四库全书》底本中批改文字存在朱、墨两笔的情况，他认为这与四库馆臣的不同身份和职责有关。即墨笔为分校官所为。朱笔为总纂官所为。张升认同王的"颜色之说"，但是张认为王所说的四库馆臣校书程序则有一定问题。张认为"书应该由原纂，然后交总纂、总裁、分校等校对。朱笔可能为总纂或总裁所加"④。总之，在《四库全书》底本中批改文字，存在两种颜色的情况，意味着有总纂参与了底本的批改。《马端肃公奏议》中笔削情况是，墨色多，朱色少，此批改情况符合纪昀四库总纂官的身份。

最后，通过《马端肃公奏议》中所删内容来看，是根据纪昀个人的学术好恶，而非有违清朝政治。司马朝军曾将《纪晓岚文集》所收易学文章与《四库全书总目》的易类小序进行对比，发现两者之间内容相似。⑤ 此举给人启迪，即纪昀在编纂《四库全书总目》时，可能会将其以往文章作为纂修《四库》提要的素材。在

---

① 昭梿：《啸亭杂录》，北京：中华书局，1980年，第341页。
② 纪昀：《阅微草堂笔记》，北京：中华书局，2013年，第1292页。
③ 北京大学信息管理系、台北胡适纪念馆：《胡适王重民先生往来书信集》，北京：国家图书馆出版社，合肥：安徽教育出版社，2009年，第206页。
④ 张升：《四库全书馆研究》，北京：北京师范大学出版社，2012年，第89页。
⑤ 司马朝军：《四库全书总目编纂考》，武汉：武汉大学出版社，2005年，第79—81页。

此也借鉴其研究思路,以探究竟。为叙述清晰,现将书内所删内容举隅如下:
卷一《豫教太子以隆国本事》:

> 昔日成王始为太子也,太公为师,周公为傅,召公为保。伯禽、唐叔与游,目不阅淫艳,耳不闻优笑,居不近庸鄙,所以养成德性;及其为君也,克绍文武之业,而为有周令主:此其豫教太子之明验也。
>
> 太子之道,《礼记·文王世子》篇、贾谊《保傅篇》载之详矣。宋儒真德秀亦采编入《大学衍义》,进呈于君矣。近日儒臣亦尝进讲于上矣。
>
> "尧舜文武之盛,亦由此而至之耳。"

卷二《计开·一重守令以广德泽》:

> 守令不得其人,则百姓受其殃而庶政无不堕矣。故自故(纪昀径改为"古"字)英君谊辟欲民于雍熙、太和之域者,未尝不以慎择守令为先务焉。

卷二《讲明律意以重民命事》:

> 自古帝王莫不慎之,故《舜典》有钦恤之言,《周书》有敬慎之戒,下至汉唐法家多取专门;赵宋刑官设科取士皆所以慎。

《马端肃公奏议》中所见宋儒著作和复古言论,都为纪昀所不喜,在其著作《阅微草堂笔记》中,纪昀用一则故事,以示讥讽。该内容兹列如下:

> ……
> 右一人曰:"顷游岳麓,闻此翁又作何?"左一人曰:"去时方聚讲《西铭》,归时又讲《大学衍义》也。"右一人曰:"《西铭》论万物一体,理原如是。然岂徒心知此理,即道济天下乎?父母之于子,可云爱之深矣,子有疾病,何以不能疗?子有患难,何以不能救?无术焉而已。此犹非一身也。人之一身,虑无不深自爱者,己之疾病,何以不能疗?己之患难,何以不能救?亦无术焉而已。今不讲体国经野之政,捍灾御变之方,而曰吾仁爱之心,同于天地之生物,果此心一举。万物即可以生乎?吾不知之矣。至《大学》条目,自格致以至治平,节节相因,而节节各有其功力。譬如土生苗,苗成禾,禾成谷,谷成米,米成饭,本节节相因,然土不耕则不生苗,苗不灌则不得禾,禾不刈则不得谷,谷不舂则不得米,米不炊则不得饭,亦节节各有其功

力。西山作《大学衍义》,列目至齐家而止,谓治国平天下可举而措之。不知虞舜之时,果瞽瞍允若而洪水即平,三苗即格乎?抑犹有治法在乎?又不知周文之世,果太姒徽音而江汉即化,崇侯即服乎?抑别有政典存乎?今一切弃置,而归本于齐家,毋亦如土可生苗,即炊土为饭乎?吾又不知之矣。"左一人曰:"琼山所补,治平之道其备乎?"右一人曰:"真氏过于泥其本,邱氏又过于逐其末,不究古今之时势,不揆南北之情形,琐琐屑屑,缕陈多法,且一一疏请施行,是乱天下也。即其海运一议,胪列历年漂失之数,谓所省转运之费,足以相抵。不知一舟人命,讵止数十,合数十舟即逾千百,又何为抵乎?亦妄谈而已矣。"左一人曰:"是则然矣。诸儒所述封建井田,皆先王之大法,有太平之实验,究何如乎?"右一人曰:"封建井田,断不可行,驳者众矣。然讲学家,持是说者,意别有在,驳者未得其要领也。夫封建井田不可行,微驳者知之,讲学者本自知之,知之而必持是说,其意固欲借一必不行之事,以藏其身也。盖言理言气,言性言心,皆恍惚无可质。谁能考未分天地之前,作何形状;幽微暧昧之中,作何情态乎?至于实事,则有凭矣。试之而不效,则人人见其短长矣。故必持一不可行之说,使人必不能试,必不肯试,必不敢试,而后可号于众曰:'吾所传先王之法,吾之法可为万世致太平,而无如人不用,何也!'人莫得而究诘,则亦相率而欢曰:'先生王佐之才,惜哉不竟其用'云尔。以棘刺之端为母猴,而要以三月斋戒乃能观,是即此术。第彼犹有棘刺,犹有母猴,故人得以求其削。此更托之空言,并无削之可求矣。天下之至巧,莫过于是。驳者乃以迂阔议之,乌识其用意哉!"相与太息者久之,划然长啸而去。

二士窃记其语,颇为人述之。有讲学者闻之,曰:"学求闻道而已。所谓道者,曰天曰性曰心而已,忠孝节义,犹为末务;礼乐刑政,更末之末矣。"为是说者,其必永嘉之徒也夫!①

由上可知,纪昀借两个游山人之口,表示真德秀的《大学衍义》和宋儒式的复古言论都为迂阔之言。文中"真氏过于泥其本,邱氏又过于逐其末,不究古今之时势,不揆南北之情形,琐琐屑屑,缕陈多法,且一一疏请施行,是乱天下也"一句,最能体现纪昀的观点。此外,有学者曾将纪昀的《阅微草堂笔记》与《总目》进行论证,得出两书所体现的纪昀学术思想高度一致。② 由《四库全书底本〈马端肃公奏议〉》可知,纪昀在纂修《四库全书》具体书事时,亦凭依其学术思想

---

① 纪昀:《阅微草堂笔记》,北京:中华书局,2013年,第1362—1364页。
② 王培峰:《纪昀〈阅微草堂笔记〉的学术思想价值——兼论〈阅微草堂笔记〉与〈四库全书总目〉学术思想之异同》,《社会科学论坛》2015年第4期,第57—65页。

来进行纂修。

综上,通过考察《马端肃公奏议》书内笔削的字迹、颜色和内容,所得结论证明了陶毅的猜想,即该书的笔削者为纪昀。

此外,还可根据书内一处墨笔校签,来确知该书一次大致的笔削时间。书内校签内容为:"此当查《辽金元史》新改字样,改之。"按乾隆四十六年十月二十六日《军机大臣和珅等奏辽金元三史办理全竣折》:

> 臣和珅、臣金简、臣曹文埴谨奏:
> 窃臣等奉命改译辽、金、元三史人地官名,轮卯进呈,节次进过《金史》一百三十五卷、《元史》二百十卷,又续进过《辽史本纪传志》一百零七卷,此次将《辽史表》八卷改对校正,缮写装潢进呈,所有辽、金、元三史现在全行告竣。……又查三史内改译字样,或一篇仅有数字者,仍交武英殿挖改,其累牍连篇,原板难以挖改者,请交武英殿查明,另行刊刻。是否,伏候钦定。
> 所有辽、金、元三史办理全竣缘由,理合恭折具奏,伏祈皇上睿鉴训示。谨奏。①

该奏折中提到了《辽金元史》的改译字样工作基本告竣,据此可知《马端肃公奏议》的一次用墨笔删改的大致时间,为乾隆四十六年十月之后。

三、《四库全书》底本删改与《四库全书考证》之关系

清人王太岳等人奉乾隆之命编纂的《四库全书考证》,是在四库馆臣编纂《四库全书》过程中形成的,民国学者任松如在《四库全书答问》中写道:"四库馆校书时,附贴考订各书签子,奉旨决定后,应抄附录于每卷之末,应刊本附刊卷尾。"②即《考证》乃是汇集馆臣校订书籍形成的校签。有学者认为《考证》乃是将黄签编次成帙,并指出黄签是经过馆臣选择的校签③。因此,《考证》中收录了一部分现存《四库全书》底本中的删改信息,下面以《四库提要著录丛书》所收《猗觉寮杂记》与《桂林风土记》等两种《四库全书》底本为例,探讨两者之间的关系。

例一:《四库全书》底本《猗觉寮杂记》。

是书卷前钤有翰林院满汉文大官印。馆臣对该书删改情况为:

---

① 中国历史第一档案馆编:《纂修四库全书档案》,上海:上海古籍出版社,1997年,第1462—1463页。
② 任松如:《四库全书答问》,上海:启智书局,1928年,第62页。
③ 张升:《四库全书馆研究》,北京:北京师范大学出版社,2012年,第190—204页。

校改字词。例：

010—368 左上九行至十行,有眉批"'先先生而不邪,死而邪之',斜字疑误",俱改"先生生而不斜,死而斜之,非先生之意也"中两个"斜"字为"邪"字①；010—376 右上三行,有眉批"'虽未成龙,亦有神',人字误"②。

避讳。例：

010—365 右上六行,有眉批改"玄都",意在改"元都"为"玄都"③；010—368 右上三行,有眉批"恒元下一条玄俱改元",010—368 左上六行,有眉批"弦,偏傍缺笔"④；010—382 左下五行,宋讳贞,故贞观改为正观,又讳玄宗,改为元宗,圣改为至圣,玄武改为真武",后有馆臣小注："小注可删"⑤。

按《全书处汇核四至六月缮写全书讹错及总裁等记过清单》：

乾隆四十五年七月

全书处遵将乾隆四十五年四月初起至六月底止,呈进过全书十六次,内缮写讹错奉旨记过之处,应将汇核之总裁、总阅、总校、分校逐次开具于后：

一、《猗觉寮杂记》内"谓之补代"句,"代"讹"袋"。总校官朱钤记过一次、分校官裴谦记过二次。⑥

《四库全书考证》：

《猗觉寮杂记》,卷上"玄菟郡"条："六曲屏风江南急,九枝灯药夜珠圆",原本"枝"讹"珠",据《李义山集》改；"东坡"条："阴雨者,时之余。原本脱"者"字,"又时"讹"月"并据《汉略》增改"；"退之"条："主人出语笑欻然",原本脱"然"字,据《宋书》增。卷下"目送"条："晋文王目送魏舒",原本"王"

---

① ④ 朱翌：《猗觉寮杂记》,《四库提要著录丛书》影印本,北京：北京出版社,2010 年,第 368 页。

② 朱翌：《猗觉寮杂记》,《四库提要著录丛书》影印本,北京：北京出版社,2010 年,第 376 页。

③ 朱翌：《猗觉寮杂记》,《四库提要著录丛书》影印本,北京：北京出版社,2010 年,第 365 页。

⑤ 朱翌：《猗觉寮杂记》,《四库提要著录丛书》影印本,北京：北京出版社,2010 年,第 382 页。

⑥ 中国历史第一档案馆编：《纂修四库全书档案》,上海：上海古籍出版社,1997 年,第 1185 页。

讹"公",据《晋书》改①。

　　由《记过清单》可知,负责该《四库全书》底本删改的总校官为朱钤。朱钤曾参与过《四库全书考证》的编纂工作,因此朱对该《四库全书》底本所作的校改也应收入了《考证》之中。通过比对《四库全书》底本与《档案》《考证》所收删改信息,可知,010—34左上一行,"谓之补代"②,未出现记过清单所列错字;10—374右上第二行,"主人出语笑欤"③存留;010—370右下一至二行,卷上"玄菟郡"④条:"六曲屏风江南急,九枝灯药夜珠圆,原本"枝"讹"珠"存留;010—372右下二行,"阴雨者,时之语"⑤符合考证;10—374右上八行,"晋文王目送魏舒"⑥,脱"王"字。因此,底本中除"退之"条所脱之字,符合名单情况,其他情况均不符合,甚至还有校签出现错误的情况。由此可知,该《四库全书》底本总校官朱钤和分校官裴谦曾据该底本的副本进行过删改,清抄本《考证》抄写完竣于乾隆四十七年二十四日至十一月十八日之间⑦,所以结合档案和《考证》,可知该底本的副本在四十五年(1780年)至四十七年(1782年)之间曾被纂修过。

　　例二:《四库全书》底本《桂林风土记》。

　　是书卷前钤有翰林院满汉文大官印,馆臣删改情况:

　　1. 校正卷次。如113—048右上六行,径删"序"⑧字;

　　2. 校改讹字。如113—055左上六行,径删"此下峡大山采木二条"⑨。

---

① 王太岳等:《钦定四库全书考证》清内府抄本影印本,北京:书目文献出版社,1991年,第1307—1308页。

② 朱翌:《猗觉寮杂记》,《四库提要著录丛书》影印本,北京:北京出版社,2010年,第34页。

③⑥ 朱翌:《猗觉寮杂记》,《四库提要著录丛书》影印本,北京:北京出版社,2010年,第374页。

④ 朱翌:《猗觉寮杂记》,《四库提要著录丛书》影印本,北京:北京出版社,2010年,第370页。

⑤ 朱翌:《猗觉寮杂记》,《四库提要著录丛书》影印本,北京:北京出版社,2010年,第372页。

⑦ 琚小飞:《清代内府抄本〈四库全书考证〉考论》,《文献》2017年第5期,第151—165页。

⑧ 莫休符:《桂林风土记》,《四库提要著录丛书》影印本,北京:北京出版社,2010年,第48页。

⑨ 莫休符:《桂林风土记》,《四库提要著录丛书》影印本,北京:北京出版社,2010年,第55页。

按《翁方纲纂四库提要稿》：

"[谨按]：《桂林风土记》一卷，唐融州刺史莫休符撰。……凡此皆可与史传相补证者。彝尊所跋徐惟起家藏本，谢在杭小草斋所录者，是洪武十五钞传，已云止一卷，则三卷之不全已久，此盖又谢本钞出者耳，应钞存之。①

《考证》：

"桂林"条："始皇三十三年，发逋亡赘壻、贾人，掠取陆梁之地。原本'上三字讹'二'，又脱'赘'字，并据《史记》改增。
"越亭"条："'副使路贯'，原本'贯'讹'单'，据《全唐诗》改"；又"越亭"："初成今貂有六十韵，长诗。按此诗见，《全唐诗》祇二十韵，此言六十韵，不知何据附识。"②

按翁氏提要稿所述，核查《考证》所提问题，可知这些在此底本中并未出现，有可能是底本内的校签脱落，亦或馆臣又据该底本其他版本进行了校改。

综上所述，《四库全书》底本中的删改与《四库全书考证》之关系主要有：将底本内的删改信息与《考证》中所收该书的校勘信息一一比对，有助于判定现存《四库全书》底本的被四库馆臣纂修时校勘情况和版本情况，从而丰富了其有关研究。因此，在今后的《四库全书》底本的研究中，研究者们需要重视《四库全书考证》在《四库全书》底本研究方面的重要文献价值。

结　语

清代乾隆年间纂修的《四库全书》，是一项浩繁的文化工程，也是对清以前中国古代重要典籍所进行的最大规模的整理活动。四库馆臣对各地方所进呈之书的校对工作从总体上来看是认真严谨的，但是馆臣所做的一切，并非仅仅使《四库》本比底本在版本上更加可靠，主要目的还是通过行使手中权力对文本进行改头换面，使其符合当政者的主流文化形态，《四库提要著录丛书》所收 110 种《四库全书》底本中的馆臣各种类型的删改信息，正是他们在四库馆工作的历

---

① 吴格、乐怡：《四库提要分纂稿》，上海：上海书店出版社，2006 年，第 139 页。
② 王太岳等：《钦定四库全书考证》清内府抄本影印本，北京：书目文献出版社，1991年，第 976 页。

史见证。这些历史信息的存在有着三层重要历史意义：第一，表明虽然馆臣的工作中存在着"辨章学术，考镜源流"的文化目的，但实际上这种目的是退居其次的，主要还是为清代官方在文化上的专制意志服务，企图通过各种手段对书籍进行删改，以达到钳制和抑制各种不利于己的思想文化之目的；第二，通过对《四库提要著录丛书》收录的《四库全书》底本内删改信息的探究，可以还原四库馆臣在校核《四库全书》具体书事中的工作过程，补充馆臣在四库全书馆纂修《四库全书》时的历史细节，从中了解到他们在删改书籍时的工作分配、权力意志、思想状态等多方面的历史事实；第三，将《四库全书》底本中的删改信息与《四库采进书目》《四库分纂提要稿》《四库全书总目》《纂修四库全书档案》《四库全书考证》等资料相结合，丰富了《四库全书》底本与这些四库学文献关系的研究材料，拓展了相关研究的视野。

稀见四库存目书七种简述

江 曦

(山东大学儒学高等研究院古典文献研究所,济南 250100)

摘 要:仍有些存目书尚存天壤之间,编印《存目丛书》及《补编》时未被发现。随着古籍普查工作的进步,应该会有更多的存目书被发现,我们可通过文献调查,辑印"四库全书存目丛书续补"。简述《半庵诗稿》《倪城风雅》《孔惟叙集》《多识集》《经解、经义杂著、童子问、敬义录》《砭身集》《道学渊源录》等七种国家图书馆所藏稀见存目书。

关键词:四库全书总目 四库全书存目丛书 四库学

清代乾隆年间修《四库全书》时,四库馆臣将内府所藏和各地进呈的图书分为三类:著录、存目、禁毁。著录之书钞入《四库全书》,而存目书则"止存书名",不钞入《四库全书》。据乾隆六十年浙江刊本《四库全书总目》统计,列为存目之书有6793种,几为著录书的两倍。这些书被馆臣斥之"俚浅伪谬",学术价值不高。上世纪90年代,学界曾就存目书的价值展开讨论,有些学者对存目书的学术价值予以充分肯定,另有学者认为存目书乃四库馆臣所摒弃之糟粕。虽然当时没有达成一致结论,但从目前《四库全书存目丛书》较高的使用率来看,存目书的价值高低可不必争论矣。

1994至1997年,《四库全书存目丛书》由齐鲁书社出版,共收录古籍珍本4508种。2001年又出版了《四库全书存目丛书补编》,收录古籍223种。《存目丛书》和《补编》共计1300册,著录图书4731种。然而,与《四库全书总目》著录存目书6793种相比,仍有2062种未被收入。这2062种存目书中,应该有相当比例已经亡佚,但也必定仍有些尚存天壤之间。编印《存目丛书》及《补编》时,由于古籍调查等方面的局限,未能被发现,故杜泽逊先生《四库存目标注》亦未能著录完备。我们在参与杜泽逊先生主持的《清人著述总目》编纂工作时,曾发现一些存目书,为2007年出版的《四库存目标注》未著录,此书后来重印时曾予以增补。近年来,随着古籍普查工作的进步,应该会有更多的存目书被发现,我们可通过文献调查,辑印"四库全书存目丛书续补"。近年,我们在国家图书馆查阅古籍时,翻阅稀见存目书数种,兹据当时随笔记录,将所见七种简述如下。

一、半庵诗稿二卷

《四库全书总目》云:"《半庵诗稿》无卷数,山东巡抚采进本。国朝劳巁撰。巁,字贞菴,阳信人。《山左诗钞》作劳砺,其字从'石',然此本为其家刻,字皆从'山',则《山左诗钞》误也。巁年五十四为诗,故工候未深,多不入律。高适旷代之才,固不容于有二矣。"

国家图书馆藏此书,著录为清乾隆刻本,《中国古籍总目》不著录。此本二册,分上下二卷,半页九行,行十九字,黑口,四周单边。上卷首行题"半庵诗稿",次行题"无棣尔行袁先生选",第三行题"倪城劳巁贞庵甫著",四、五行题"男荣祖撰武、侄继祖丕承校"。扉页题"怡怡堂"(下残二字,或为"藏板")。首乾隆十七年马洪册序,次乾隆十七年袁有恒序。据马序云:"不意先生于壬申之秋以五十九而忽尔明悟也。……幸先生克有令嗣撰武兄,不忍其湮没无闻,乃启其旧箧,求袁先生为之选定成集,将以付之剞劂。"袁有恒序云:"余既往苦之,因启其箧,取其诗读之,以为此半庵生平精神命脉之所寄,惧其久而散佚也,乃为点次订定,付之剞劂氏。"则此书当为劳巁的儿子劳荣祖刊刻,为乾隆十七年左右的家刻本。扉页所题"怡怡堂",是集上卷有《怡怡堂赏菊谦集步从叔勿斋韵》《怡怡堂盆菊盛开花间谦集因赋》诸篇,则"怡怡堂"为劳氏家堂号,则此本可定为"乾隆十七年序劳氏怡怡堂刻本"。《四库全书总目》云"然此本为其家刻",则四库馆臣所见者亦为此本无疑。

《四库全书总目》云:"巁年五十四为诗,故工候未深,多不入律。高适旷代之才,固不容于有二矣。"对劳氏诗作评价不高,但其所云的"年五十四为诗"不知何据。袁有恒序云:"顾未尝言及于诗,至乾隆之癸亥,行年五十矣,始偶一为之。是岁南园荷亭落成,一时名人韵士日往觞咏于斯,强半庵属和,半庵辞不获,自是篇章遂富。每一诗出,远近争相传写,若家家诗本之买放翁也。"卢见曾所辑《国朝山左诗钞》收劳氏诗,其小传云:"李文木本樟曰:'半菴五十始学诗。'"与袁序所言同,盖馆臣衍一"四"字。

关于劳氏之生平事迹,《四库全书总目》但云:"劳巁,字贞菴,阳信人。"而对其号及生卒年阙如。袁有恒序云:"园中有小室,颜曰半庵,盖寓意造物忌全,故止取其半,因又自号半庵云。"据马洪册序:"不意先生于壬申之秋以五十九而忽尔明悟也。"壬申当为乾隆十七年(1752),则其生年当为康熙三十年。

二、倪城风雅二卷

此书同为劳巘编,藏国家图书馆,与《半庵诗稿》同函,二册,但与《半庵诗稿》非同时刊刻。此本半页十行,行二十二字,白口,上单黑鱼尾,左右双边,板式与《半庵诗稿》不同。首有袁有恒序。次劳巘序,其云:"余不自揣,谨稽之邑乘,并访亲旧,偶得片纸,辄爱若拱璧,因手为抄录。集既成,藏之笥中,颜之曰《倪城风雅》。"

《四库全书总目》云此书:"是编所录皆阳信一县之诗。上卷自明代嘉靖以后,得刘世伟等十人。下卷自国朝雍正以前得张崖等二十三人。上卷少而可观,下卷不免冗滥矣。则同时假借之故也。"

《同治信邑志稿》卷七著录此书为劳天宠撰,其云:"劳天宠字勿斋,阳信人,康熙丙午举人,己酉充江南房考,所取皆知名士。生平沉毅多谋略,救患济贫捐施,不可胜计。尝搜辑邑前辈诗,为《倪城风雅》,其板至今犹存。"此志或为误记。《倪城风雅》卷下所录最后一位诗人为劳天宠,因此而致误欤?

此书上卷收录刘世伟、吕荫、马攀龙、光庐、赵沆、王建泰、曾明昌、曾明烈、刘新国、朱钰、光岳奇、毛如瑜、李云钟、张璈等十四人之诗。与《四库全书总目》所云"上卷自明代嘉靖以后,得刘世伟等十人"不合,《四库全书总目》当有误。下卷收录张崖、王政、马素颛、苟恒达、马宛毂、丁启豫、丁启益、马汝基、侯封公、韩景霱、马素祺、马汝楫、马汝翼、刘岣、曾继英、韩祖兴、李掌圆、刘公津、李修行、韩镛、丁午、曾继美、劳天宠等二十三人之诗,与《四库全书总目》所云的"下卷自国朝雍正以前得张崖等二十三人"合。

三、孔惟叙文集六卷

《四库全书总目》著录此书云:"《孔惟叙集》六卷,江西巡抚采进本。国朝孔毓功撰。毓功字惟叙,江西新城人,亦受学于魏礼。是集皆所作杂文,以年为次,不分体类,目录前有自记,欿欿然自以为未信,而欲待他年之删改,亦可谓笃志斯事者。虽骨格未坚,其规模固有自矣。"

国家图书馆藏此书清康熙刻本。此集六卷,二册,半页九行,行二十字,白口,左右双边,版心下方刻"是园"二字。内钤"李元位图章"楷体长方朱文印,"吴氏藏书"篆体朱文长方印。首为魏礼序,此序残损严重,末署"壬申阳月易堂友生魏礼和公氏书于翠微峰之吾庐"。次"康熙辛未仲夏月世道斋尚典天微氏"序,云:"予族孙毓功年十七受知督学何公……又通声气于魏吾庐先生,先生亦嘉许之。"《四库全书总目》称"目录前有自记",此本目录前二页缺,自记亦不见。卷一首行题"孔维叙文集卷之一",次行题"族曾祖天徵师评定",三行题"江西新城孔毓功惟叙著",四行题"兄毓琼钟英、弟毓珦钟程较"。栏上间有评,盖即族曾祖评定者。间有墨笔手书读书批语,如目录后有统计云:"共七十九篇,论十篇,跋三篇,书后五篇,序二十七篇,说四篇,记三篇,祭文六篇,书十五篇,杂著一篇。"卷四《伍子胥论》后批云:"死逃二字,一篇眼目,前责以欲报仇,而使骨肉相残,可谓不忠。中后责以不死焉。逃可谓不孝。在他人或以为过刻之论,吾亦为使子胥在地下而闻之,亦颜变色沮而怡然心服矣。乙巳孟夏月十三日夜德昉题南棣谨识。"

魏礼序之云:"孔生毓功之为文也,有志学道,排批俗见,欲练识时务,迅锐兼程而发于文章,见其端者,孔生兄弟之为人也。夫以伯氏之俊朗,仲氏之沉毅,师友讲肄于一堂;出而取益于四方,吾知其学之克有成也。"(魏礼:《孔惟叙文集序》)《四库全书总目》称其文"虽骨格未坚,其规模固有自矣"。后此书被列为禁书,江西巡抚郝硕奏缴:"内有吕留良之言,不应存,应请抽毁。"乾隆四十六年闰五月初七日奏准禁毁。《四库禁毁书丛刊》及其《补编》皆未著录。此集虽在被禁毁书之列,但《四库全书总目》并未删去。

四、槐下新编多识集十二卷

《四库全书总目》云:"《多识集》十二卷,直隶总督采进本,国朝魏裔介编。裔介有《孝经注义》,已著录。是书凡八种,一曰快书秘录,二曰广快秘录,三曰明百家说,皆杂录前人之说;四曰耕馀杂语,为宁阳张攀龙撰;五曰谭韵新书,摘王元祯《湖海搜奇》等书而成者;六曰遗诗碎金,则皆诗话也;七曰三国问答,为陈继儒撰;八曰梨云尺牍,为袁宏道撰。皆取各家原本节录之,不足以言著书也。"除此之外,魏裔介尚有《雅说集》十九卷、《佳言玉屑》一卷、《牛戒续钞》三卷、《希贤录》十卷、《资麈新闻》七卷,凡此皆直隶总督采进者,且皆为子部杂家类存目书。

国家图书馆藏此书清刻本。此本一函五册,半页九行,行二十字,卷一首行题"槐下新编多识集",次行题"鄗南魏裔介石生选",卷一为《快书秘录》,卷二为《快书秘录》,卷三、卷四、卷五为《明百家说》,卷六为《耕余杂语》,卷七、卷八、卷九为《谭韵新书》,卷十为《遗诗碎金》,卷十一为《读三国史问答》,卷十二为《梨云尺牍》,与《四库全书总目》所云同。惟《四库全书总目》所云较略。《明百家说》"皆杂录前人之说",此书下注云"删沈廷松原本",所录诸条采自"李南阳《古穰杂录》""崔后渠《杂识》""童毅《碧里杂存》""都邛《三余赘笔》""都穆《听雨纪谈》"《刘定之《刘氏杂识》"《李廌亨《推蓬寤语》"《毛元仁《寒檠肤见》"《叶秉敬《书肆说铃》"《洪文科《语窥今古》"《刘仕义《新知录》"《文林《琅琊漫抄》"诸书。卷七则钞录《挥麈新潭删》《自醉璸言》《说圃识余》《漱石间谈》《台阁名言》。

五、经解五卷经义杂著一卷敬义录一卷

《四库全书总目》著录黄文澍《经解、经义杂著》《童子问》《敬义录》三种。

《经解、经义杂著》提要云："《经解》五卷《经义杂著》一卷，浙江巡抚采进本，国朝黄文澍撰。文澍字雨田，一曰谷田，又曰谷亭，丰城人。是编每卷首题曰桃谷山房稿，而侧注其下曰石畦集经解、石畦集经义杂著，盖桃谷山房稿者，其集之总名，石畦集者，其稿中之一种，经解诸书又其集中之子部也。经解凡《易》二卷、《书》一卷、《诗》《春秋》共一卷、《礼》一卷。《易》多衍图书之学。《书》多辨《禹贡》山川，因而蔓延于与地形胜为经所不载者。《诗》最寥寥，惟主废小序而尊朱传。《春秋》多排击三传。《礼》多拘泥古制，纠时俗之非。大抵皆衍宋儒旧说。《经义杂著》凡序四篇、说十一篇、辨二篇，大旨亦不出所著经解之内。其《颜子心斋坐忘辨》二篇，乃《庄子》之文无关经义泛滥及之，亦犹经解之中因解《禹贡》而及五岭以南山川脉络考也。书只一卷，而标题乃曰卷之一，或刊版未竟，抑装缉者有所遗欤？"《童子问》提要云："《童子问》一卷，浙江巡抚采进本，国朝黄文澍撰。文澍有《经解》《经义杂著》，已著录是。编刊本题石畦集童子问，盖其集中之一种也。设为童子问，而文澍答，以驳王守仁之学。凡十四章。"《敬义录》提要云："《敬义录》一卷，浙江巡抚采进本，国朝黄文澍撰。亦《石畦集》中之一也。大旨述程、朱之绪言，驳陆、王之高论，无所发明，亦无所乖刺。惟其中一条云，庄子尚有见地，荀子则茫然无所见，止识得一个学字。乃转似金溪姚江所说，与全书南辕北辙，则不解其何故也。"

国家图书馆藏清刻本，其中包括《石畦集》十二卷《敬义录》一卷《童子问》一卷《桃谷山房稿》七卷。一函七册，半页十行，行二十一字，左右双边，白口。第一册：石畦集敬义录一卷，次行，信丰黄文澍毂田。第二册至第四册：石畦集治法类卷之二、序卷之三、序卷之四，寿序卷之误，石畦集传卷之七，表志卷之八，书卷之九，祭文卷之十，石畦集桃毂志纪事摘录卷之十一，赋卷之十二。

第五册：桃谷山房稿，石畦集经义杂著卷之一，标题有"说"者：《乾坤六子说》《诗小序说》《周礼说》《天子诸侯无冠礼说》《郊祀说一》《郊祀说二》《郊祀说三》《祭天地无尸说》《郊祀分合说》《六宗说》《音律说》，凡十一篇，与《四库全书总目》合，但这十一篇后《先天后天图解》《郊祭》《祖庙世次》三篇，版心亦题"说"，与十一篇同，则此三篇亦当为说，只是篇名中无"说"字，则说体文凡十四

篇。辨二篇:《颜子心斋坐忘辨》一、二。经义杂著卷之二,凡《道一篇》《气化篇》《诚本篇》《感应篇》《顺命篇》《欧阳学春秋论说》《以文载道》《文正经术》《文从字顺各识其职》《图书编说》《书序说》《吴草庐文老氏说》《书许鲁斋传后》《三孔说》《豫章名郡说》《九江考》《梅岭》《文章旨归序》《圣学渊源序》《桃穀志艺文目录序》。《四库全书总目》云仅一卷,误。第六、七册:桃谷山房稿·石畦经解五卷,无卷一,又不似残缺。卷二《易》,卷三《书》,涉及中星等问题,主要是对《禹贡》的考辨,如《禹贡蔡传水道疑义》《北条大河北境诸山脉络考》,多针对蔡传驳正之。卷四《诗》《春秋》,卷五《礼》。与《四库全书总目》所述合。

六、砭身集六卷

《四库全书总目》云:"《砭身集》六卷,江苏巡抚采进本,国朝刘鸣珂撰。鸣珂有《易图疏义》,已著录。《陕西通志》谓鸣珂有志圣贤之道,随处体认,有所得辄录之,凡六卷。即此书也。其书虽以集名,实则语录。持论亦颇醇正,然其中多驳经之说。如疑仪礼丧服传父在不得为母三年,妾生之子适母在不得为其母服,及叔嫂无服,皆逆于人心自然之理。又疑《礼记》抱孙不抱子为厚于孙而薄于子,祭必立户是伪为祖父,非百世不易之典。凡此之类,皆据臆见以测圣人,执后世以疑前代,盖讲学而未能穷经者耳。卷首有临潼教谕王修所作《鸣珂传》,其标题曰《大茂才理学名儒伯容刘公传》,亦不知文章体例。至称鸣珂学行载于大清国史,尤乡曲陋儒妄相夸耀,不知国家典制者矣。"

国家图书馆藏此书清乾隆十七年屈笔山刻本,陕西省图书馆藏清光绪二十八年柏经正堂刻本。

国家图书馆藏本一册六卷,半页十行,行二十二字,四周双边,黑口,单鱼尾。钤"损轩藏书之章"白文椭圆印,"□月山房"白文长方印,"深泽王氏洗心精舍所藏书画"白文方印,"王肇晋印"、"榕筱泉氏"白文方印。首有弁言:"伯容有志圣贤之道,随处体认,心有所得,辄付之楮,积久成书六卷。其意大约以正心诚意为指归,而其于天人理欲王霸儒释朱陆之分,辨之极精,盖庶几乎可以登程朱之堂焉。"此弁言下有识语:"右段系通志所摘子箴王先生序,以全序随集投上宪,底稿未存,故仍照志所摘,刻冠集首焉。男泰识。"次雍正十七年壬子仲春南阜山人景嵩中峰氏《来风亭砭身集序》。次乾隆十七年《梓砭身集说》(当为屈笔山所撰)。次《大茂才理学名儒伯容刘公传》,末署"同邑学弟临漳教谕王修子箴氏拜撰,外孙雷国楫敬刊"。次《伯容刘先生墓表》,末署"乾隆二十六年夏五月朔日梁善长,侄男一德率孙星轸敬刊"。次砭身集前后目次,末署"乾隆癸未冬至吉旦一德敬刊"。

七、道学渊源录一卷

《四库全书总目》云:"《道学渊源录》一卷,直隶总督采进本,国朝王植撰。植有《四书参注》,已著录。是书取从祀孔庙先贤先儒,条其事状、官爵,并考其从祀世代,大约袭《阙里志》诸书为之,前有自序,于朱陆流派争之甚力。"

此书国家图书馆藏清乾隆刻本,为《崇德堂三种》之第三册。《崇德堂三种》共一函四册,半页十行,行二十五字。第一册陈炎宗撰《王懿思先生传》,其云:"先生名植,字樠三,姓王氏,定州深泽人,康熙辛巳年十七冠军入庠。……己巳冬先生年已六十六矣。"又称:"归艰后魏《四书参注》二卷,篇成数章,章成数节,而于性道仁义之理,圣学命脉所在,皆会而通之。篇末辨朱陆之异同,则其本旨也,故又有《道学渊源录》一卷。"第二册为尝试序三十四条。第四册为历代年世。此本无《四库全书总目》所云之自序。此书分为先贤配享从祀、先儒配享从祀、先儒小传、孔子世系等,与《四库全书总目》所言合。

论汪氏振绮堂四世藏书及藏书目录五种的编纂

杨洪升

(南开大学文学院,天津 300071)

摘 要:钱塘汪氏振绮堂业商尚儒,自汪宪藏书大富,四世递传,不断增益,直至咸丰太平天国战乱散佚。振绮堂藏书重视编目,四代五目,繁简互补,考索与保藏相结合,形成了完备的藏书目录体系。且各目在体例上多有创获,有独特的目录学贡献,这在清代藏书史及目录学史上堪称典范。振绮堂藏书,富藏名家抄本,重视丛书购置,延请学者勘校善本,带有鲜明的时代学术特色,是乾嘉学术活动的一个重要组成部分。其藏书盛衰与国势相一致,在清代藏书史上有着重要地位,是乾嘉江浙藏书家的缩影。

关键词:振绮堂 藏书 目录

清代中前期,两浙地区农、工、商业发达,经济繁荣,中下层士绅崇尚文雅,向往科第,多藏书之家。乾隆间开四库馆,各省进呈遗书,即以浙省为冠。在浙省众多藏书家中,"插架之富,浙东称范氏天一阁,浙西称汪氏振绮堂"。[①] 奕叶递传,能世守其者,亦是天一阁与振绮堂。至于世守其书而能读,递藏而代有书目者,则仅振绮堂独享其盛。振绮堂藏书四代相传,至咸丰末年始散,盛衰与国势相一致,在清代藏书史有着重要地位,是乾嘉江浙藏书家的典范,又是缩影。

一、四世递藏始末

据汪氏宗谱,钱塘汪氏祖上世居徽郡黟县之宏村,以业商为生。明季汪元

---

* 本文是国家社科基金项目"乾嘉时期江浙藏书家生态探赜"研究成果,项目批准号:18BZW098。

① 汪大燮等纂修《汪氏振绮堂宗谱》卷三《崇祀乡贤录》,叶28b—29a,民国十九年(1930)年排印本。

台以业鹾迁杭。汪氏业鹾入杭与明清间徽人经商风气有关。自明中叶起,盐业成了徽人最为重要的产业。汪元台业鹾之前曾致力于举业,①其经商颇有儒者风度,海昌陈世倌曾说:"惟是鹾之为业,利广而用繁,且日日与官为市,往往易涉侈靡。公独辞丰就约,一切甘食鲜衣却之弗御,处事明断,有功鹾务不少。"②汪元台确立了汪氏杭州支脉亦儒亦商的价值取向。汪元台之次子汪宗绅曾以诸生入太学,"以矩言楷行为乡里祭酒"。③宗绅长子汪如珍为县附生,次子汪时英为岁贡生。汪如珍好学敦伦,精于书法,擅丹青,工铁笔,早逝无子。汪时英以其长子汪镇为乃兄之嗣。自此汪氏分两房,隶籍杭州,衍为望族。汪时英之世,他"以盐务习气重,遂弃盐而以当业资",④择定了汪氏新的产业发展方向。汪镇之孙有名光豫字介思者,卜居杭州"荐桥馆驿后",⑤颜其所居曰"振绮堂",是为"振绮堂"之来源。⑥

钱塘汪氏的家庭产业及价值取向奠定了其藏书的经济与思想基础。实际上,汪氏自明季迁杭,即代有藏书,而至汪宪而声名始著。⑦汪宪(1721—1771)为汪光豫长子,字千陂,号鱼亭,乾隆十年(1745)进士,⑧系汪氏迁杭支脉第一位进士。其科名早著,然淡于荣进,⑨时两浙文风极盛,得交吴城、杭世骏、汪沆、钱陈群诸学人,暇日相往还,诗益佳而学亦进。汪宪性耽学而尤嗜藏书,益加搜罗,"丹铅多善本,求售者虽浮其直,不与较",⑩"点注丹黄,终日不倦",⑪"一一

---

① 《汪氏振绮堂宗谱》卷三叶5a《文字公暨配叶孺人合葬志》云:"先祖考文字公……赋质聪颖,屡试不售,因废科举从事盐筴。"又同卷叶15b《文字公传略》云:"公生而颖异,气宇凝重,雅嗜书史,后以厥考妣春秋年高,遂肩仔家政,绝意进取,业鹾于浙。"

② 陈世倌《文字公传略》,见《汪氏振绮堂宗谱》卷三叶15b。

③ 汪瑢等纂《平阳汪氏迁杭支谱》卷一钱陈群《淑佩公传略》,国家图书馆藏道光九年(1829)刊本配清抄本。

④ 汪诒年校补《汪康年自传》,见《汪穰卿先生传记》卷一叶1a,民国二十七年杭州汪氏排印本。

⑤ 《汪康年自传》,见《汪穰卿先生传记》卷一1a。

⑥ 《汪氏振绮堂宗谱》卷首叙例叶1b云:"是谱专载介思公支下各子姓……并以介思公颜曾颜所居之堂曰振绮堂,故此谱即定名曰振绮堂宗谱。"

⑦ 《汪康年自传》云:"余家世以藏书为事,至鱼亭公益加搜罗,于是振绮堂藏书之名始著。"见《汪穰卿先生传记》卷一1b。

⑧ 江庆柏编著《清朝进士题名录》,北京:中华书局,2007年,第471页。

⑨ 汪宪仅于乾隆戊寅(1758)、己卯(1759)间在京任职刑部陕西司员外郎,余皆在乡养亲、理家、治学。

⑩ 钱陈群《香树斋文续钞》卷四叶23b《刑部员外郎鱼亭汪君传》,乾隆间刻本。

⑪ 吴颢辑《杭郡诗辑》卷二十八叶12b,同治十三年(1874)杭州丁氏刊本。

牙签手编录"。① 振绮堂藏书乃蔚为大观。汪宪便邀郡内外学人馆其家,为其整理藏书,宿学耆儒若吴颖芳、朱文藻、严诚等皆其选。为便于参互讨论,他甚至同时邀数人同馆。② 所谓"偕同志数人日夕讨论经史疑义,又悉发所藏秘籍,相与校雠;稍暇则投壶赋诗为娱乐"即指此。③ 汪宪家藏书,亦多有出于友人间借抄者。若仁和杭世骏道古堂、钱塘吴城瓶花斋、长塘鲍廷博知不足斋等皆与之互相借抄频繁。汪宪之世,振绮堂藏书约有数万卷,与同郡吴氏瓶花斋、赵氏小山堂齐名。鲍廷博《挽汪鱼亭比部》诗有句云"整整牙签万轴陈",④即描绘的此时振绮堂藏书之盛况。

汪宪凡生四子,其长汪汝瑮,能世其家学及家业。汝瑮(1744—1805)字坤伯,号涤原,少师杭郡宿学高君山,"恒奋然有经世志"。然遭家多故,"辍举子业,专修门内之行事"。⑤ 汪汝瑮继承了祖上多年来的亦儒亦商的生活方式,对于父亲留下的藏书,亦益加裒集而恢宏之。逢开四库馆,曾先后两次选善本进书三百二十七种。⑥ 乾隆皇帝为此赏赐初印本《佩文韵府》一部,又御笔亲题其所进书《曲洧旧闻》《书苑菁华》数诗,乃至有"因翻汝瑮独藏本"之句,示以荣光。振绮堂在藏书之余,亦购贮书板。乾隆四十二年,乾隆皇帝见抄本《经义考》喜而题诗,下令浙江巡抚三宝寻访该书书板出处,竟于振绮堂访得。汪汝瑮亟加印行,并以乾隆御题诗弁首,以广其传。⑦ 乾隆四十九年,乾隆皇帝六巡江浙,汪汝瑮迎銮献诗,再获颁文绮全袭。⑧ 当汪汝瑮之世,振绮堂以藏书获得荣耀,其藏书之富广为士林传知。

---

① 汪阜《题小米侄松声勘书图》,见潘衍桐编《两浙辅轩续录》卷十六叶20b,光绪十七年(1891)浙江书局刻本。
② 汪璐《藏书题识》载朱文藻跋《辽史拾遗》:"此书文藻乙酉岁初馆振绮堂,首钞是书。先是书贾以钞本求售,检校阙卷四之一。后又得手稿,主人属余汇录成完书,厘为二十卷。越岁戊子,吴西林同馆,复取郁陛宣本校过,遂成善本。"此可证朱氏与吴颖芳于乾隆三十二年(1767)同馆于振绮堂。
③ 王锺翰整理《清史列传》,北京:中华书局,1987年,第5890—5891页。
④ 叶昌炽撰,王欣夫校补《藏书纪事诗》,上海:上海古籍出版社,1989年,第496页。
⑤ 吴锡麒《涤源公传略》,汪大燮等纂修《汪氏振绮堂宗谱》卷三叶19b。
⑥ 按,《进呈书目·浙江第四次汪汝瑮家进呈目》及《纂修四库全书档案》均载汪氏进呈219种。笔者新发现汪氏振绮堂第二次进呈书目凡进呈108种,参拙文《新发现的汪氏振绮堂四库进呈书目》(《文献》2017年第一期)。而吴锡麒《涤源公传略》则称汪氏进书陆佰余种,或另有所本。
⑦ 中国第一历史档案馆编《纂修四库全书档案》页589《浙江巡抚三宝奏查明〈经义考〉书板现存杭州并据情转谢天恩折》,上海:上海古籍出版社,1997年。
⑧ 吴锡麒《涤源公传略》,汪大燮等纂修《汪氏振绮堂宗谱四卷》卷三叶19b。

汪汝瑮晚年，振绮堂藏书归诸其弟汪璐。汪璐（1746—1813），字仲连，号春园，汪宪仲子，善治家产，工于词翰，乾隆五十一年举于乡，曾循例入赀而为太常博士。数年后病辞，杜门养疴，于屋后种树叠石建矮屋，沦茗焚香读书其中。嘉庆八年（1803），汪汝瑮兄弟四人为便于管理振绮堂藏书，以汪璐喜家居读书好经籍，计议举振绮堂藏书全部归之。汪諴曾记其始末：

  自比部弃养，先府君昆弟四人，性好宾客，里中诸名士时相假借，竟有久而不归者。迨嘉庆癸亥秋，季叔将卜迁吴门，伯父涤原公乘间谓府君曰："余弟兄析居已久，所未忍分者，此遗书耳。余老矣，季弟又将远离，子读书，且家居，曷不全畀之子，为永久珍守计乎？"府君强应曰："诺。"谋之两叔父，咸如伯父言。于是，议捐祭赀若干，而振绮堂遗书遂全归我府君矣。府君亦笃嗜经籍，及是，又广为搜罗，逾数岁，插架益富。①

杭郡藏书家藏书经换代递传后往往散亡不存，若赵氏小山堂、杭氏道古堂、厉鹗樊榭山房等皆其显例。江浙藏书家进书呈四库馆之后亦多有湮没无闻者。与之相较，汪氏为便于管理，以家藏归诸所好，做法无疑是正确的。汪璐不仅保全了振绮堂藏书且时有增益，数岁后"插架益富"。

汪璐之后，振绮堂藏书的继承者为乃子汪諴，是为振绮堂藏书第三代主人。汪諴（1772—1819），字孔皆，号十寸，乾隆五十九年举人。曾入赀官刑部江西司主事，旋为汪璐以病促归，付之家事。汪諴为人静默寡言，笃志缥缃而无他嗜，返家后益耽卷轴，承父志编藏书目录。据其目，至汪諴时振绮堂藏书约三千三百种有奇，通计六万五千多卷。其中宋元刊本三十九种，明刊本一百三十九种，名家抄本一百一十二种，其他旧抄、精抄、稿本、名家校本亦近百种，②名家递藏者在在皆是，可谓琳琅满目。

汪諴凡生六子，依序为汪远孙、汪适孙、汪迈孙、汪遹孙、汪迪孙、汪述孙，同为振绮堂藏书第四代主人。昆弟六人均能继承先志，遇佳帙多购求。③ 六人中汪远孙于学最著。汪远孙（1793—1836），字久也，号小米。幼聪颖，嘉庆十九年入郡庠，二十一年举于乡，两赴会试循例入赀为内阁中书。待铨京城，闻父疾归里，绝意进取。汪远孙耽于学，每日握管矻矻不倦，勘校群籍。其治学宗乾嘉家法，以勘校经史用力最勤，多有述造，若《国语明道本考异》《汉书地理志校本》

---

① 汪諴《振绮堂书目》卷首汪諴序，南开大学图书馆藏玉笥山房抄本。
② 宋元本、明刊本、名家抄本的统计参李雪硕士学位论文《振绮堂藏书研究》（杨洪升指导）页32"振绮堂家汪氏家藏书版本统计表"。
③ 汪迈孙、汪遹孙《振绮堂书目》卷末汪曾唯跋，民国十六年铅印本。

《经典释文补条例》等皆其佳者。仁和胡敬为其作传,称厉鹗、杭世骏之后,杭郡绩学能文有称于时者不多见,而以著述称闻者群推汪远孙。① 远孙喜吟诵,与同里耆彦结东轩吟社,十年间凡百集。又醉心藏书、刻书,振绮堂曾藏宋刊吕祖谦《大事记》于汪汝瑮兄弟时为人借失,至汪諴编书目时依然遗憾不已,多年后汪远孙竟从市肆中购还,喜极而招友人题咏。② 所刻书以其乡里志乘《咸淳临安志》为最著,他若厉鹗《辽史拾遗》《东城杂记》,梁履绳《左传补释》,汪家禧《三祠志》均以次刊行,亡友诗文代为校勘者,难以悉数。振绮堂至汪远孙之世,于士林影响益巨,声誉益高,振绮堂藏书更多的为其治学所用。

当汪諴之时,振绮堂家资不及十万,其竭力经营,"易簧时可得四十万",于是振绮堂富名大著,号称百万。③ 汪远孙于道光十六年(1836)下世,分房众多,振绮堂之屋已不能尽容。于是析产分居,老大房与五房以孤儿寡母居振绮堂老屋;④二房汪适孙卜居贺衙巷为简永堂;三房汪迈孙购得振绮堂隔壁之屋名道福堂;四房汪遹孙迁居冯山人房;六房迁居嘉兴。然振绮堂藏书仍为公有,仍不断增益。当此之时,汪氏藏书凡四十三大橱,所藏宋元板书已增益至五十六种。龚自珍有诗云:"振绮堂中万轴书,乾嘉九野有谁如。"⑤描述的即此时期的振绮堂藏书。

咸丰元年(1851),太平天国乱起,汪遹孙与汪迈孙目击时艰,连年输饷,奋不顾家。⑥ 咸丰十年春,太平军突至杭州,城陷即复,然汪氏财产损失极大。寡居振绮堂之汪迪孙之妇朱氏,汪远孙之子媳即汪曾撰之妇朱氏均殉于难。次年太平军再至,汪曾撰之十岁嗣子汪绳年亦殉难。太平军两破杭州,汪氏家族死难者男女凡一百四十余人,其惨烈可知。汪迈孙咸丰三年卒,汪遹孙亦于同治元年(1861)殉难。对于振绮堂藏书,亲历战乱的汪遹孙长子汪曾唯说:"至咸丰庚申辛酉杭城两遭兵燹,散佚殆尽。"⑦民国间负责主持捐存振绮堂书板的汪迈

---

① 胡敬《崇雅堂文钞》卷二叶1a《内阁中书汪小米传》。
② 参《胡敬《汪小米旧藏宋刻吕东莱〈大事记〉失去久矣近复得之邀同人作歌》,(《崇雅堂删余诗》叶19b,道光二十六年刊本);钱师曾《题汪小米远孙重得旧藏吕东莱春秋大事记后》(潘衍桐编《两浙輶轩续录》卷十六叶22a)。又汪諴《振绮堂书目》史部编年类《大事记续编》条注云:"架上向有宋刻吕祖谦《大事记》十二卷、《通释》三卷、《解题》十二卷,始周敬王三十九年,迄汉武帝征和三年,今其书已佚。"
③ 汪诒年校补《汪康年自传》,《汪穰卿先生传记》卷一叶2b。
④ 汪迪孙于道光十五年病世,妇朱氏,有子汪曾事。汪远孙有子汪曾撰,曾撰道光二十五年卒。
⑤ 刘己生《龚自珍己亥杂诗注》第一百六十二首,北京:中华书局,1980年,第226页。
⑥ 《汪氏振绮堂宗谱》卷三叶10a《蓉坨公殉难志》。
⑦ 汪迈孙、汪遹孙《振绮堂书目》卷末汪曾唯跋。

孙之孙汪玉年说："咸丰季年，杭城两次失陷，振绮堂藏书坐是散失，即庋藏之书版，亦毁损不少。"①汪迈孙之另一孙汪诒年说："振绮堂藏书自经咸丰庚申、辛酉两次兵燹，已散佚殆尽。"②至于其散佚的去向，今检钱塘丁氏《善本书室藏书志》及《八千卷楼书目》，在在有之。丁氏述云："咸丰庚辛两遭兵燹，复后汪氏书散弃坊市。"③与汪氏后人所述有异。丁氏之语，可令人想见汪氏藏书散佚之情状。

二、藏书目录五种的编纂

振绮堂藏书除了四世递藏为蟫林歆羡外，还有一个特点，即代有书目。当汪宪之世，多邀请郡里名儒宿学馆振绮堂论学、整理藏书。其中朱文藻，为汪宪编有《振绮堂书录》。汪曾唯曾提及之："高大父鱼亭公嗜之尤笃，点黦丹黄，插架甚富。朱朗斋茂才文藻为辑《振绮堂书录》，撮其要旨，载明某某撰述，何时刊本，某某钞藏校读评跋，手编十册。"④朱文藻（1735—1806）于乾隆三十年始馆于汪氏振绮堂，任校雠之役，⑤迄乾隆四十三年入京应大学士王杰之聘佐校《四库全书》，前后凡十三年。⑥ 其编目当在此期间。至于该目之体制，汪曾唯谓："撮其要旨，载明某某撰述，何时刊本，某某钞藏校读评跋。"汪诒年则述之更详："朱朗斋先生文藻所辑之《振绮堂书录》，凡各书之序跋与原书有关系者，率全行载入，间或详叙其内容。每书之后必标明为刊本为钞本，凡经名人校勘者，其评论及跋文以及收藏家之印记，悉详载无遗。于各本之异同及原书真伪，亦间有考证。实为讲究目录学者不可少之书。"⑦今该书虽不可见，然观汪璐《藏书题识》所征引朱文藻语，知其不虚。

---

① 《捐存书板纪略》，《汪氏振绮堂宗谱》卷三叶 12b。

② 《汪康年自传》，《汪穰卿先生传记》卷一叶 2a。

③ 丁丙等《善本书室藏书志》卷十一叶 14a"咸淳临安志"条，光绪二十七年钱塘丁氏刊本。

④ 汪迈孙、汪遹孙《振绮堂书目》卷末汪曾唯跋。

⑤ 朱文藻跋《辽史拾遗》自云："此书文藻乙酉岁初馆振绮堂，首钞是书。"（汪璐《藏书题识》，上海：上海古籍出版社，2009 年，第 19 页）是其馆于振绮堂为乾隆三十年。

⑥ 梁同书《文学朗斋朱君传》记朱文藻称："己卯自浦城还，授徒里中，馆振绮堂汪氏，任校雠之役……戊戌入都，应王文端公之聘。"（丁丙撰《武林坊巷志》第 6 册，杭州：浙江人民出版社，1990 年，第 564 页）是其乾隆二十四年（1749）还乡，先设馆授徒里中，后入馆振绮堂，后又于乾隆四十三年（1777）入都受聘于王杰。又朱文藻在《知不足斋丛书序》中云："余馆振绮堂十余年，君借钞诸书，皆余检集。"（《知不足斋丛书》卷首，清乾隆、道光间长塘鲍氏刊本）所述正相合。

⑦ 《汪康年自传》，《汪穰卿先生传记》卷一叶 2a。

朱文藻《振绮堂书录》之前后，振绮堂还编纂了一简目。此目汪诒年谓之为"最初本"，然称："何人所辑，辑于何时，无明文可考。"①然细察此目，可知其为汪宪时所编。该目所收御制书，称康熙帝为"圣祖仁皇帝"，雍正帝为"世宗宪皇帝"，乾隆帝为"皇上"。②是其为乾隆年间所编。其所收书以集部汪宪同时郡人钱陈群、沈廷芳等人之别集为最晚，其中钱、沈这两种别集皆为刊本。③钱陈群《香树斋文集》为三十卷本，该本刊于乾隆二十九年前后。④钱陈群系汪宪座师，汪氏得该集盖在其刊出后不久。沈廷芳《隐拙斋集》乾隆年间多次续刊，传世有二十二卷本、二十六卷本、三十二卷、五十卷本。该目所载本六册，以册数论，所载本应在五十卷本之前。五十卷本刊于乾隆三十二年前后。⑤振绮堂收录该书或在此前。据此推论，该目之编纂问世至早要在乾隆三十年后，亦即汪宪去世前数年。该目又载"释澹归徧行堂集十七册"。释澹归即金堡，亦汪氏同郡人，是清初著名反清人士，其著作自然在禁毁之列。在办理《四库全书》期间，乾隆四十年闰十月弘历发现此书系金堡作，严令禁毁，⑥并由此曾引发了一个牵扯僧俗五百人的文字狱案。积极献书四库馆的振绮堂必然明晓此事，该书目的编纂

---

① 《汪康年自传》，《汪穰卿先生传记》卷一叶2a。
② 《振绮堂书目》集部别集部一"御制"载书凡三部，分别为"圣祖仁皇帝御制文集四集共六十四册"、"世宗宪皇帝御制文集六册"、"皇上御制日知荟说二册"。其中《皇上御制日知荟说》是弘历即位后辑其十多年课业精华而成，乾隆元年交付武英殿刊出。南京图书馆藏金石录十卷人家抄本。
③ 此目之体例，凡抄本均注明"钞"字。此三书均未注"钞"字，当系刊本，且多可于汪諴《振绮堂书目》中得到明证。
④ 该目载钱陈群之"香树斋文集八册"。汪宪孙汪諴《振绮堂书目》载："香树斋文集三十卷，刊本。国朝钱陈群撰……"当系同一本。钱氏之集于乾隆间陆续刊刻，文集以三十卷本为最早，后删削芜杂及触时忌者改编为二十八卷。其刊刻具体时间，各家目录无述之者，均笼统称其为乾隆本。考三十卷本卷首载沈德潜乾隆二十九年序，又卷中文章收至乾隆二十九年，二十九年后之文章则载于《香树斋文集续钞》中，可断定其刊刻盖在乾隆二十九年前后。
⑤ 该集具体刊刻年代，各家目录无述之者。今考《隐拙斋续集》卷首有乾隆四十四年其子沈世炜跋云："先君子《隐拙斋诗文集》起自雍正壬寅(1722)迄乾隆乙酉(1765)共五十卷，镂版已久矣。"则其诗文集五十卷本收录诗文至乾隆三十年。又五十卷本卷首有多篇序文，其至晚者为桑调元乾隆三十二年序，其刊刻当在此前后。
⑥ 《纂修四库全书档案》页454《寄谕高晋等查缴〈徧行堂集〉〈皇明实纪〉〈喜逢春传奇〉书版》云："朕昨检阅各省呈缴应毁书籍内，有僧澹归所著《徧行堂集》，系韶州府知府高纲为之制序，兼为募资刊行。因查澹归名金堡，明末进士，曾任知县，复为桂王朱由榔给事中，当时称为五虎之一，后乃托迹缁流，借以苟活。其人本不足齿，而所著诗文中多悖谬字句，自应销毁。"

必在乾隆四十年前。进一步考察，乾隆最初下令征书在乾隆三十七年一月，①然因担心因禁毁书获罪之故，各省督抚皆敷衍应付，奏进不力，而"藏书家因而窥其意指，一切秘而不宣"。② 在这种背景下，汪氏亦断不肯在所编目中收录禁书。由此可进一步推知此目之编纂，亦应在乾隆三十七年正月乾隆正式下达访书令之前。

此目编纂在汪宪之时，也可从其他方面得到印证。此目之振绮堂藏本，从汪氏流出后归诸丁氏八千卷楼，后归将江南图书馆，③今藏南京图书馆。其卷中"玄"字缺末笔避讳，"琰"字、"宁"字均不避讳，可证系乾隆间之本。④ 卷首内封叶首内钤"聚书藏书，良匪易事。善观书者，澄神端虑，净几焚香，勿卷脑，勿折角，勿以爪侵字，勿以唾揭幅，勿把秽手，勿展食案，勿以作枕，勿以夹刺，随损随脩。后有得吾书者，并奉赠此法"楷书朱文大方印，正是汪宪藏书之印。其正文首叶钤"钱塘丁氏藏书"白文方印，为丁氏八千卷楼藏书印。⑤ 丁氏《八千卷楼书目》径载其为汪宪所撰。⑥ 仁和胡敬曾论汪宪藏书云："千波公性耽书，插架多善本，甲乙编排，丹黄多所手定。"⑦其"甲乙编排"，有编目之意涵。胡敬为朱文藻之门生，且与汪宪曾孙汪远孙有忘年之交，所云当有据。汪宪所编即是目欤？

当汪汝瑮兄弟之世，振绮堂藏书声名鹊起。昆弟四人皆好宾客，里中诸名士时相假借，书有散乱之虞。归诸汪璐之后，曾欲详加编定书目，以供检阅。"迄以尘世纷杂，未遑就"。⑧ 斟酌之间，乃仿朱彝尊《明诗综》辑录题跋的方式，编《振绮堂藏书题识》。"爰于翻阅之时，钞写成帙。即已刻者，亦间列一二，用

---

① 参《纂修四库全书档案》页 67《谕内阁著直省督抚学政购访遗书》。

② 《纂修四库全书档案》页 67 载乾隆三十八三月二十八日因乾隆三十七年正月下令访书失败而再发访书之《谕内阁传令各督抚予限半年迅速购访遗书》有云："……必系督抚等因遗编著述，非出一人，疑其中或有违背忌讳字面，恐涉手干碍，预存宁略毋滥之见，藏书家因而窥其意指，一切秘而不宣……"

③ 汪诒年云："此目前为吾杭丁氏所藏，今归江南图书馆。"《汪康年自传》，《汪穰卿先生传记》卷一叶 2a。

④ 又中国国家图书馆藏有一郑振铎旧藏抄本，避讳至"琰"字，乃嘉庆时抄本。该本中有数条有后人所加注语，如经部易类"周易集传"条后注"按原著十八卷，周松霭有此书。钞本。□检□□□"；"周易程朱传义折中"条后注《遗书目》作二十三卷，等等，所涉及人及书皆晚于该书问世之时，皆为金石录十卷人家抄本所无，不仅不与上文所考该书问世时间龃龉，恰可使该书问世时间更为明晰。

⑤ 汪诒年曾述及该目从振绮堂流出后之递藏："此目前为吾杭丁氏所藏，今归江南图书馆。"

⑥ 丁立中《八千卷楼书目》卷九叶 16b 载："《振绮堂书目》一卷，国朝汪宪撰。抄本。"

⑦ 胡敬《崇雅堂文钞》卷二叶 1b《内阁中书汪小米传》。

⑧ 汪諴《振绮堂书目》卷首自序。

志珍惜之怀。其中已失之书,据朱朗斋所订《书录》录之。而朗斋跋语则低一字书于后,以其昔年编录,颇费苦心,且于书多所正定"。① 据汪璐卷首自序,该书编纂于嘉庆九年十二月。

汪璐卒后五年,汪諴继承家学,再编藏书目录,以毕乃父未竟之志。其"仿前人法,编次厘为四部",②为志艺林之幸,又以乾隆皇帝御旨及御赐书、御题书及当日汪汝瑮进呈四库馆书目弁首。越岁亦即嘉庆二十四年闰四月成。该目用凡三级类目,计经部十类、史部十三类、子部十四类、集部五类,共四十二类,类目繁者则下设若干三级子目,近于《四库简明目录》。其虽名"书目",其体例实为简要的书录。各条著录书名、卷数、撰者、序者等,并以小字在卷数后注明版本、藏书印记,复本则注版本、卷数异同。对于《四库全书总目》未著录之罕见书,则在正文中简述其旨要、源流,其法颇类《浙江采集遗书总录》。间有引《四库简明目录》之文,其缺文、讹夺竟有与《四库简明目录》雷同者,可见对其之依重。③ 其他用于考证征引之目尚有朱彝尊《经义考》、陈振孙《直斋书录解题》、马端临《文献通考·经籍考》、焦竑著《国史经籍志》、范邦甸等撰《天一阁书目》、宋晁公武著《郡斋读书志》、黄虞稷《千顷堂书目》、宋王尧臣等《中兴馆阁书目》、姚际恒《古今伪书考》以及《宋史·艺文志》《新唐书·经籍志》等,可见其广征博考,而非账簿之目。

振绮堂藏书在汪远孙、汪适孙、汪迪孙去世以后,面临着递传问题。汪迈孙、汪通孙兄弟以子侄辈年幼,惧藏书散佚,又重缮藏书目录,此即所谓"振绮堂简明书目"。④ 其编撰之时间,"大约在道光二十七年至咸丰纪元前后"。⑤ 当此目初成时,陈奂正馆于振绮堂整理刊刻汪远孙遗著。⑥ 汪迈孙、通孙乃以所编书目请陈奂加以检校,著明编撰人。该目以御制书冠首,分"宋元板经史"、"宋元板史集"、"稿本批校本及家刻本"、"抄本经类"、"抄本史类"、"抄本史类"、"抄本

---

① 汪璐《藏书题识》卷首自序。
② 汪諴《振绮堂书目》卷首题识。
③ 如《绍陶录》条"其同时唐汝丹、鹿何可继其风"句,"唐汝丹"之"丹"文渊阁抄本《四库全书简明目录》同讹作"丹",而武英殿本《四库全书总目》作"舟"为正。
④ 汪迈孙、汪通孙《振绮堂书目》卷末汪曾唯跋:"伯父小米公、又村公,叔父子惠公,幼能公自道光丙申至丁未先后谢世。伯父少洪公,先考蓉坨公恐子侄年幼,书籍散佚,重缮《振绮堂简明书目》二册。按,汪适孙号又村,道光二十三年卒;汪迪孙号子惠,道光十五年卒;汪述孙号幼能,道光二十七年卒;汪迈孙号少洪;汪通孙号蓉坨。
⑤ 汪诒年校补,《汪康年自传》,《汪穰卿先生传记》卷一 3b。
⑥ 汪远孙生前与长洲陈奂有师友交游之谊,病重时曾招陈奂至床前以遗书相嘱。汪远孙下世,汪适孙、汪迈孙遂邀陈氏馆其家整理刊刻汪远孙遗著。参见陈奂《师友渊源记》卷一叶22b、23a,光绪十二年钱塘汪氏函雅堂刊本。

子类"、"抄本集类汉魏六朝唐宋人集"、"钞本集类金元明并国朝人集"、"钞本集类杂集并总集",下列刊本,再按照经史子集详细分类。其凡收振绮堂四十三橱藏书,各橱依次从"东壁图书府,西园翰墨林。诵诗闻国政,讲易见天心。位列和羹重,恩叨醉酒深。载歌春兴曲,情畅为知音。振绮堂"各取一字名之,并上述各类别相配。每橱藏书再详细分格依次载明。全书目录中于各类各橱书所在之东楼、西楼、北楼、中楼、东边间楼、是亦楼等位置亦一一载明。该目这种将各书藏书位置与分类相结合的编目方法,盖受到《四库全书分架图》的启示。

三、藏书特点与书目的价值

振绮堂藏书于咸丰末年太平天国战乱中流散,今日散存于以南京图书馆为主的国内外各大图书馆。幸运的是振绮堂各代编纂的藏书目录为我们留下了当年藏书的轨迹。不唯如此,这些藏书目录对于研究清代藏书史、目录学史乃至社会史都具有特殊价值与意义。

从振绮堂藏书目录,可见振绮堂藏书规模、内容及特点。从藏书规模上来看,汪宪生前所编《振绮堂书目》著录振绮堂藏书已达到三千二百余种,其中《通志堂经解》及丛书均以一种计。汪璐《题识》及汪諴所编书目著录了大量小山堂与吴石仓藏本、抄本,即多汪宪时所得。[①] 与至四库开馆,振绮堂进呈书三百二十余种,加上禁毁书的上交,损失可谓巨大。然至汪諴之目,依然著录了三千三百余种,其精华依然存在,并不断增益。这种增益势头一直保持到汪远孙昆仲之世,至汪迈孙、汪通孙所编之目,又续收经部书九十六种,[②]史部书七十九种,子部书七十七种,集部二百三十四种。振绮堂藏书的增益是与雍、乾、嘉、道江浙社会文化的繁荣发展相一致的,也与汪氏的家势相一致。至太平天国战乱之后,大清国势一蹶不振,每况愈下,而振绮堂藏书亦从此散乱四方。从藏书内容上来看,汪氏藏书重经史与别集,以汪宪时所编目录约略论之,其收录别集及总集据一半左右,经史据三分之一,方外之书所收甚少,尽管也设立了道家类,附录以释家,所收除去老、庄、管子等书外,真正属于方外著述的也不过只《云笈七签》《百丈清规》等三数种而已。其尽管也收录了方外人别集五十二种,但将其单独立类,掇入了杂集。这符合清代以儒立国,对汉人文而化之的统治特性,也符合汪氏以儒立家的文化特征。

---

① 汪璐《藏书题识》史部"四明文献志"条中载朱文藻案语云:"案:小山堂钞本书多归振绮堂,《乾道四明志》钞本独不见。"又该书录朱文藻跋亦屡屡提及吴石仓抄本,据此可知。

② 其中《十三经注疏》以一种计。

从振绮堂藏书诸目中可看出振绮堂藏书一大特色是富藏抄本。汪宪时期所编的《振绮堂书目》载书约三千二百余种，其中有钞本九百九十八种，几居三分之一。汪汝瑮进呈书后，至汪諴书目亦著录各类抄本八百九十一种。[①] 从汪迈孙昆仲所编书目我们可以看出振绮堂将重要的抄本以专橱贮藏，凡七橱，尚有其他抄本散见于他类。这些抄本中，名家抄本占据了相当一部分。若汪諴目中即记录有小草斋抄本、赵用光手抄本、赵清常家抄本、澹生堂抄本、汲古阁抄本、晋江黄氏抄本、曝书亭抄本、钱遵王家抄本、石仓吴氏手抄本、玉峰徐氏抄本、琴川冯氏抄本、小玲珑山馆抄本、红药山房抄本、黄汝成家抄本、知不足斋抄本、小山堂抄本等各家抄本一百一十二种。[②] 振绮堂所藏抄本多有为藏书家们艳羡不已者，若汪迈孙、汪逌孙目中所载之抄本《大唐类要》，该书即今传最早的综合性类书《北堂书钞》，北宋时已极难得。明万历间常熟陈禹谟始以抄本付梓，"臆改、臆删、臆补并以他书易之者指不胜屈"，[③]《四库全书》据以为底本。嘉庆中严可均欲为孙星衍校刻此书，凡得见江浙间所藏五家明抄本校雠，即黄丕烈藏抄本、孙星衍藏抄本、张金吾藏抄本、严可均藏抄本与汪远孙藏抄本，而以振绮堂藏本缮写最精。汪氏藏本为朱彝尊曝书亭旧藏，后为钱曾所得，再辗转归振绮堂。[④] 再如振绮堂所藏旧抄丰《曾缘督集》，卷首有明时"钦差处置边务关防"官印，[⑤]进呈四库馆书时以缺卷二十七以下四卷未进呈，馆臣以《永乐大典》辑本二十卷入《四库》，世间流行者即此本。后道光间朱绪曾从汪氏借校《大典》本，竟比《大典》本"多诗一百四十九首，书五首，序三首，记十七首，启三十三首，墓志十七首"，而其原缺者《大典》本仅得文十五首而已。[⑥] 此可见即使在雕版事业非常发达的乾嘉时期，抄本依然是典籍的重要承载形式，它往往以独特的学术价值及文物价值为藏书家及学者珍视。

从汪氏目录可见，抄本之外，振绮堂亦非常重视对丛书的收藏，对《知不足斋丛书》等尤为看重。汪宪时所编目即于集部总集类设立"总书籍"子目，著录了丛书十四种，加上经部总经类三种，及经解类的《通志堂经解》有十八种之多。

---

① 此统计数据参李雪硕士学位论文《振绮堂藏书研究》（杨洪升指导）页32"振绮堂家汪氏家藏书版本统计表"。
② 此数据参李雪硕士学位论文《振绮堂藏书研究》（杨洪升指导）页32"振绮堂家汪氏家藏书版本统计表"。
③ 缪荃孙《艺风堂漫存·乙丁稿》卷五《北堂书钞跋》，民国间艺风堂刻本。
④ 严可均《铁桥漫稿》卷八《书汪小米所藏〈北堂书钞〉原本后》，道光十六年刊本。
⑤ 按此本汪宪时所编《振绮堂书目》注为"元人影钞"，汪諴《振绮堂书目》作"旧钞本"；汪迈孙、汪逌孙《振绮堂书目》作"明钞本"。
⑥ 丁丙等《善本书室藏书志》卷三十"㯋斋先生缘督集"条，清光绪间钱塘丁氏刻本。

到了汪迈孙、汪逷孙兄弟所编之目著录更多，对当时校刊较精者若《平津馆丛书》《士礼居丛刻》《聚珍板丛书》等均有购藏，而尤喜《知不足斋丛书》与《通志堂经解》，前者购藏了三十套，后者竟收藏了六十一套之多。这些丛书虽不若宋元板之惹人眼目，但极具实用性。它们校勘、刊刻精良，是清代学术与版刻发展结合的结晶，富有特色，有很高的学术价值。

汪氏藏书力求善本，朱文藻、严诚、吴颖芳、吴春照、陈奂等都曾在其家坐馆，佐助藏书、抄书、校书，故其家藏亦多精校善本。据汪璐《藏书题识》其家藏之《读书敏求记》《南宋画院录》朱文藻手校；《辽史拾遗》《太平御览》吴颖芳手校；《研北杂志》孙庆曾手校；《麈史》叶奕、叶万手校；《识遗》赵信手校；《龙飞纪略》赵一清手校；《阙史》赵昱手校；《曲洧旧闻》《挥麈录》《西吴里语》《昭德先生读书后志》等吴允嘉手校，举不胜举。然尤称善本者，为王应麟《诗考》，经卢文弨手校，又经臧镛、冯登府、赵坦、李富孙、陈鳣、汪远孙增校增注累累。① 此书汪迈孙、汪逷孙书目载之稿本类，可见汪远孙用功甚力。

振绮堂书目也透露了当时特有一些藏书现象。汪諴《振绮堂书目》收载了多部四库馆抽毁书，如陈九德编《皇朝名臣经济录》、诸匡鼎编《今文短篇》、朱炎编《明人诗钞正集》、王士禛《渔阳精华录》、于慎行《谷山笔麈》、陈仁锡《潜确居类书》等，不过这些书振绮堂均已经按照禁书单开载册自毁。② 在四库馆征书期间，乾隆皇帝对全国藏书及书板进行了彻底的清查，在约十九年时间里，共禁毁书籍三千一百多种、十五万一千多部，销毁书板八万块以上。③ 据黄爱平统计，其中江苏上缴了六万三千一百多种，而与其藏书同样发达的浙江上缴部数才一万四千六百多种，竟不及江西上缴数目，而与安徽几几持平。④ 汪諴书目著录的这些藏书应该是为我们透露了其中的秘密。这种藏书家自己抽毁的办法可使藏书家保留相当部分的抽毁书而不必上缴，这大概是当时浙江藏书家秘而不宣的做法。再如，汪迈孙、汪逷孙所编目在集部续收书目中著录了钱谦益的"《有学集》十册，《初学集》二十四册"。钱谦益著述是乾隆皇帝开四库馆时严令禁毁的典型，以至于各家著述中钱谦益的名字别号都要挖除、删改，更无论其著述。汪迈孙、汪逷孙目中的续收书系汪諴之后所收，此可见道咸之间，清代书禁已经放松。

---

① 《善本书室藏书》卷二叶 4b "诗考"条。
② 如汪諴《振绮堂书目》史部奏议类载《皇朝名臣经济录》："内宋濂《谕中原檄》，已遵奉禁书单开载册毁。"集部总集类《今文短篇》："刊本。删钱谦益、屈大均两家。"此两书亦见于汪宪时所编《振绮堂书目》，应为当时传存。其他可类推。
③ 黄爱平《四库全书纂修研究》，北京：中国人民大学出版社，1989 年，第 78 页。
④ 参黄爱平《四库全书纂修研究》第 78 页《各省查缴禁书部数统计表》。

从目录学史上来看,振绮堂诸目均具有典型时代特征,并形成了简繁结合的完备体系。自明《文渊阁书目》问世以迄清初,家藏书目流行簿录体。其编排方式大体是以藏书橱编号为次而分类编排,仅著录书名、册数等,目的是便于检索、贮藏保管。随着明末清初对藏书版本的重视,其变体或不载书橱编号,而于抄本、宋元板予以著出。清初钱谦益《绛云楼书目》、徐乾学《传是楼书目》、钱曾《述古堂藏书目》均为此类目录。此编目方式至乾隆间依然流行,周永年《借书园书目》等亦用此法。汪宪时所编《振绮堂书目》即是承袭此传统而编纂的一部簿录体书目。它采取四级分类方式,非常细密。朱文藻所编《振绮堂书录》则是一部兼及内容要旨与版本鉴藏的较详尽的藏书目录,展现出乾嘉时期目录学受考据学影响的特点。而其编撰时间早于同类官私各目若《天禄琳琅书目》、《四库全书总目》、孙星衍《平津馆鉴藏记书籍》等,可谓是顺应了学术发展趋势而导夫时代先路之作。此两目一简一繁,各有所用,前者备检索、保管,后者资考证。

汪璐《藏书题识》是预时代潮流之作。目录之作辑录前人序跋以为考证之资起源甚早。释僧祐《出三藏记集》即采取此种方式,后马端临《文献通考·经籍考》、朱彝尊《经义考》、谢启昆《小学考》均用此法。而辑录前人手跋,以为鉴赏、考证之资,则渊源于书画目录。对书籍而论,至《天禄琳琅书目》始设例为之。汪璐《藏书题识》,专辑录前人手跋、题识而为之,可谓预流。其于考证书籍之递藏、内容及版本优劣,均具特殊价值。该目亦可谓是乾嘉时期书籍鉴藏发展的产物。汪諴《振绮堂书目》的编纂受到当时主流书目《四库简明目录》《浙江采集遗书总录》的影响。此目与汪璐《藏书题识》一简一繁,互为补充。其问世之际,图书鉴藏之风盛行,善本藏书志、善本藏书题跋体的鉴藏书目陆续出现,并于此后盛行不衰,颇具代表性的张金吾《爱日精庐藏书志》即与汪諴此目问世相先后。然而此后,与汪諴书目相似的兼顾鉴藏与内容要旨的家藏书目却罕见。在清代目录学上,汪諴该目也有着其独特的学术意义。

汪迈孙、汪遹孙所编《振绮堂书目》民国排印时署作"振绮堂简明书目",当是与当时流行的藏书志比较而谓之"简明"。其实其各个条目著录项与汪諴所编书目相同,有着明显的继承性,只是编排方法有所改变而已。它亦另有特殊的学术价值,即其事实上为我们多角度勾画了一副立体的振绮堂藏书图。不唯便于检索、查验、保管,亦再现了振绮堂的藏书规模与布局。该目这种将各书藏书具体位置与版本、分类及简要叙录相结合的编目方法,为古来私家藏书目录所罕见。

结　语

　　汪氏振绮堂业商宗儒,进而藏书,四世相继,在乾嘉时期江浙大藏书家中具有典型意义。综观振绮堂藏书,富藏名家抄本,重视丛书购置,延请学者勘校善本,均带有鲜明的时代学术特色,是乾嘉学术活动的一个重要组成部分。又其重视编目,四代五目,繁简互补,考索与保藏相结合,形成了完备的藏书目录体系,这在清代藏书史上是绝无仅有的。且各目均具有各时期典型的学术特征,在目录学史上具有重要意义。汪氏振绮堂堪称清代藏书家的典范。而其产生及增益发展与雍、乾、嘉、道江浙社会文化的繁荣发展相一致,盛衰与国势一致,命运亦可谓乾嘉时期江浙藏书家的一个缩影。

洪刍《香谱》佚文考

董岑仕

（人民文学出版社古典文学编辑室，北京　100705）

提　要：洪刍曾在沈立《香谱》的基础上，编为洪刍《香谱》。《百川学海》丛书本《香谱》与《说郛》杂抄本《香谱》两同源文献，过去常被认为是洪刍《香谱》，但此说实误。辨明《香谱》今传本非洪刍撰的同时，对洪刍《香谱》的辑佚工作，亦当重新展开。从文献来源来看，《类说》节引本与记载香方出处的《新纂香谱》是稽考核验对应香方香事是否出自洪刍《香谱》的重要判断依据，而稽考时，不能忽略后出香谱收录之前所编香谱的情况。通过考证，可知洪刍《香谱》的编纂与黄庭坚有着密切关系，而南宋坊刻本的《类编增广黄先生大全文集》"香方"门实从洪刍《香谱》摘录而出。

关键词：香谱　洪刍　类说　说郛　百川学海　谱录　辑佚

伴随着宋代香学知识的更新，在宋代，产生了多部香谱文献。后出的香谱文献，往往征引吸收之前成书的香谱。同时，随着时代的变化，香方的说解与配料，也会发生小幅的变化。北宋中期，沈立曾撰《香谱》一书，宣和年间，洪刍在沈立的基础上，"广而正之"，作《香谱》，洪刍《香谱》原书有序、有跋；南宋绍兴年间，曾慥编纂《类说》，其中有《香谱》《香后谱》，分别为沈立《香谱》与洪刍《香谱》的节本。《香后谱》，应当为洪刍《香谱》的最早的一个节本，当时，洪刍已谢世。在南宋刊刻、流传的《类说》版本中，《香谱》《香后谱》下，当有作者，前者署"沈立"，后者署"洪刍集"。在南宋时期，沈立《香谱》、洪刍《香后谱》曾经以《类说》的节本形式流传。南宋，武冈公库《香谱》，亦吸收了洪刍《香谱》的内容。南宋理宗朝以前，另有一部不署撰人的《香谱》一卷本，吸收了部分沈立、洪刍《香谱》中的香说与香方，但不注出处。咸淳年间的《百川学海》刊本，从此本而出，在翻刻时改为二卷，并有刊刻中的脱漏。宋末元初，陈敬编纂《新纂香谱》时，会集诸家香谱时，亦采纳了该书，但或由此谱原无撰人，而未列入陈敬《新纂香谱》书前的"集会诸家香谱目录"，而沈立《香谱》与洪刍《香谱》原书，陈敬亦曾采录，书中内容多溢出今本《类说》所引"沈立《香谱》"、"洪刍《香后谱》",可知至南宋末年仍有二书全本存世,二书可能亡于明代。《百川学海》丛书本《香谱》与《说郛》杂抄本《香谱》文献同源,而明万历以后,往往据《百川学海》误刊的标目页,将这本《香谱》视为洪刍所作《香谱》。然而,今传本《香谱》实非洪刍所作,此前依今传本《香谱》探讨洪刍的香学,恐不尽正确①。那么传世文献中,又有哪些是洪刍《香谱》的佚文呢?

(一) 序跋与成书时间

洪刍的《香谱序》,见于曾慥《类说》所收《香后谱》,也见于陈敬《新纂香谱》卷首所录《洪氏香谱序》及明崇祯十四年周嘉胄《香乘》卷二八所收"洪氏香谱序"②,序言:

> 《书》称:"至治馨香","明德惟馨",反是则曰"腥闻在上",《传》以芝兰之室,鲍鱼之肆,为善恶之辨。《离骚》以兰蕙杜蘅为君子,粪壤萧艾为小人,君子澡雪其身心,熏被以道义,有无穷之闻。余之谱香,亦是意云。

洪刍序中,对于《香谱》的编纂条例,没有什么陈述。

《类说·香后谱》最末有跋语:

> 予顷见沈立之《香谱》,惜其不完,思广而正之,因作《后谱》,拆为五部。③

此段当从洪刍《香谱》中摘出,而洪刍在沈立《香谱》基础上"广而正之","拆为五

---

① 《香谱》研究,刘静敏撰有《宋洪刍及其〈香谱〉研究》(逢甲人文社会学报 2006 年 6 月第十二期),刘静敏专著《宋代〈香谱〉之研究》(文史哲出版社,2007 年)中,续有讨论。刘静敏考订洪刍生平事迹及诸版本的详细情况,并认定百川学海本《香谱》及《说郛》本的《香谱》为洪刍所作。沈畅《宋洪刍〈香谱〉版本源流考》(《古籍整理研究学刊》,2018 年 1 月第一期),对于丛书本《香谱》与杂抄本《香谱》的版本系统,做了细致的考察,文中虽注意到了不少版本中撰人不题洪刍,不过,这一问题,并没有引起对今传本是否确为洪刍所撰的质疑。《香谱》撰人辨,参见董岑仕:《今传本〈香谱〉非洪刍作辨》,《中国四库学》第四辑,北京:中华书局,2019 年。

② 周嘉胄《香乘》的史源,当为转引自其所得陈敬《新纂香谱》四卷本。

③ 明天启刻本在刊刻时,将跋语阑入"清真香"条,有嘉堂抄本换行出跋语,上海图书馆藏清抄本换行并低三格抄跋语,抄本中有异文,"思广而正之",有嘉堂抄本作"思广之而正之","拆",上海图书馆藏清抄本作"柝"。

部"说明《类说》中洪刍《香后谱》的底本,原分五类。

洪刍绍圣元年登进士第,政和年间,提点太平兴国宫,宣和年间,通判信州,靖康中,为左谏议大夫。建炎元年八月,以御史劾其诱内人为妾及抄札金银,诏长流沙门岛,永不放还,其后不久,洪刍即卒于沙门岛。刘静敏认为洪刍政和六年任祠官,需要掌管祭祀、祠庙,至宣和年间,洪刍汇集相关香药知识,撰述《香谱》的可能性比较大,这个意见基本可以采纳,另外,可以补充的是,范成大编《吴郡志》卷三九,言:

> 吴孙王墓,在盘门外三里,政和间,村民发墓砖,皆作篆隶,为"万岁永藏"之文,得金玉瑰异之器甚多,有东西银杯,初若灿花,良久化为腐土。又得金搔头十数枚,金握臂二,皆如新。并瓦熏炉一枚,与近世陆墓所烧略相似,而箱底有灰炭如故。父老相传云:长沙王墓。按长沙王,即孙策,又恐是其母,若妻墓。郡守闻之,遽命掩塞,所得古物,尽归朱勔家。洪刍《香谱》亦略载此事。

《吴郡志》记政和年间,苏州盘门外传闻的"吴孙王墓"被盗发,而墓中出土有"瓦熏炉",故洪刍《香谱》中有记载,而亦可见《香谱》的撰写,不早于政和年间。今传本《香谱》、陈敬《新纂香谱》中,均未载吴孙王墓事。

(二) 宋元人记载中的洪刍《香谱》

宋代香谱中,往往包括香事典故与香方用香两方面的内容。不少宋人记载中,反映了当时人所阅读的洪刍《香谱》的面貌。周紫芝《太仓稊米集》卷六七,有《书洪驹父〈香谱〉后》跋语一篇,言:"历阳沈谏议家昔号藏书最多者,今世所传《香谱》盖谏议公所自集也,以谓尽得诸家所载香事矣。以今洪驹父所集观之,十分未得其一二也。"从周紫芝跋语可以看出,周紫芝侧重比较了沈立与洪刍《香谱》中"香事"的数量,但对于两部《香谱》中香方,则未详言,而周紫芝亦炫己之博学,言自己赋诗赓韵,所用香事典故,"犹有一二事,驹父《谱》中不录者"。

从文献来源来看,《类说》节引本与记载香方出处的《新纂香谱》是稽考核验对应香方香事是否出自洪刍《香谱》的重要判断依据,而稽考时,不能忽略后出香谱收录之前所编的香谱的情况。值得注意的是,洪刍为黄庭坚之甥,其谱亦多载黄庭坚香学,从黄庭坚入手,也能钩沉出不少洪刍《香谱》相关佚文:

1. 《类编增广黄先生大全文集》"香方"门实从洪刍《香谱》出

洪刍为黄庭坚之甥,黄庭坚之"香癖",为众所知,在洪刍《香谱》中,收入了不少与黄庭坚相关的香方,在《类说·香后谱》中的"意和""意可",即属于后来陈敬《新纂香谱》中的"黄太史四香"。南宋乾道间(1165—1173)麻沙刘仲吉刊《类编增广黄先生大全文集》(以下简称《类编黄集》)五十卷①，其中卷四九有"香方"一门，收录意和香、意可香、深静香、荀令十里香、小宗香、婴香、百里香、篆香八个香方，这些香方，均见于陈敬《新纂香谱》，但部分香方有异文，而在陈敬《新纂香谱》、周嘉胄《香乘》中，记载香方来源上，也并不统一。关于这八个香方，简单整理如下②：

类编黄集	陈　谱	清初抄本	雍正抄本	香乘	备　　注
意和香	356 黄太史四香·[意和]	沈	不存	无	《香后谱》载，黄太史四香1；异文：《类编黄集》引《跋自书所为香诗后》，同《香后谱》，陈敬《新纂香谱》未引。清初抄本、文津本"沈"。
意可香	357 意可(黄太史四香)	沈	不存	无	《香后谱》载，黄太史四香2；略有异文。清初抄本、文津本"沈"。
深静香	358 深静(黄太史四香)	沈	不存	无	黄太史四香3。清初抄本、文津本"沈"。

---

① 黄庭坚：《类编增广黄先生大全文集》，影印刘仲吉乾道刊本，北京：北京图书馆出版社，2006年。按，该书有牌记，目录"门类"页书"增广南昌先生大全文集门类"，卷目页书"类编增广黄先生大全文集"，正文各卷卷首，或作"类编增广黄先生大全文集卷几"，或作"类编增广南昌黄先生大全文集卷几"，并不统一，今依正文卷一书名。

② 本文所用曾慥《类说》，主要依据有嘉堂抄本，参校通行的天启刻本及上海图书馆藏清抄本；百川本《香谱》编号，据咸淳本《百川学海》中《香谱》一书标目，每类重新记数。陈敬编《新纂香谱》版本较为复杂。《新纂香谱》原为四卷本，今存世的四卷本，有中国科学院文献情报中心藏清初抄本《新纂香谱》、四库阁本《陈氏香谱》；另外，清抄本中，还有前二卷的残本，包括国家图书馆藏铁琴铜剑楼旧藏清雍正年间抄本《新纂香谱》(善本书号：06873)、清末瞿启甲影抄本、台北"国家图书馆"藏张钧衡旧藏本。二卷残本中，后二种均从清雍正抄本而出。另外，明代周嘉胄编《香乘》中所引陈敬《香谱》与清初抄本同源。四库文渊阁本、文津阁本的前二卷与二卷雍正残本同源。但各本在辗转传抄时，有删削或漏抄香方、香事出处的，故表格中主要列清初抄本、雍正抄本及《香乘》中所标香方出处。陈敬《新纂香谱》标目序号，参考刘静敏《宋代〈香谱〉之研究》附录一《宋代四家香谱条目一览》。刘静敏《宋代四家香谱条目一览》中，以《陈氏香谱》文渊阁四库全书本为纲，标宋代香谱条目。刘静敏表格中，将曾慥《类说》本《香谱》《香后谱》，统称为"曾谱"，也对其中条目见于《陈谱》者进行标注，不过其标注，往往仅考虑题目的异同，而并未注意到不少条目名不同而内容实同的现象。本文稽考时，均以谱中所记宋代香事内容为准，比核诸书。

续表

类编黄集	陈 谱	清初抄本	雍正抄本	香乘	备 注
荀令十里香	397 荀令十里香	沈	不存	沈	结尾《类编黄集》多"龙脑多则掩众香,亦不可"一句。清初抄本、《香乘》记"沈"。
小宗香	359 小宗(黄太史四香)	沈	不存	无	黄太史四香 4;《类编黄集》未引《书小宗香》,陈敬《新纂香谱》引。清初抄本、文津本"沈"。
婴香	201 婴香	武	武	武	香方同,结尾略有异文。黄庭坚有《制婴香方帖》存世。
百里香	355 百里香	无	不存	无	结尾稍有异文。
篆香	167 宝篆香	洪	洪	洪	香方同,制作异文略多。

黄太史四香,在陈敬《新纂香谱》的清初抄本及文津阁本题下有"跋附 沈"的双行小注,以为出自沈立《香谱》,"沈"当为形讹,沈立《香谱》作于熙宁七年以前,当时"黄太史四香"并未产生;当为两个抄本的祖本在传抄中出现了"沈"、"洪"的互讹。

"意和香""意可香"均见于《类说》的洪刍《香后谱》,在《类编黄集》中,"意和香"内容涵盖了陈敬《新纂香谱》中的香方与《类说·香后谱》的香说,故可推测,《类编黄集》的文献来源,应当出自洪刍《香谱》。

《类说》本洪刍《香后谱》的"意可"条,作:

> 意可香初名宜爱,或云:此江南宫中香,有美人字曰宜,甚爱此香,故名宜爱。山谷曰:香殊不凡,而名乃有脂粉气,易名曰"意可"。

陈敬《新纂香谱》卷三"黄太史四香·意可"一条,除了有香方以外,还介绍"意可香"的命名,而与《类编黄集》的"意可"稍有异文,汇校于下:

> 山谷道人得之于东溪老①,东溪老得自历阳公②,多方,初不知其所

---

① "于"字,《类编黄集》无。
② "得"字,《类编黄集》无;此句后,《类编黄集》有"历阳公"三字。

自①,始名宜爱②,或曰③:此江南宫中香,有美人字曰宜,甚爱此香,故名宜爱。不知其在中主、后主时耶?④ 香殊不凡,故易名意可⑤,使众业力无度量之意⑥。鼻孔绕二十五,有求觅增上必以此香为可,何况酒欸玄参⑦,茗熬紫檀,鼻端已需然乎⑧? 直是得无生意者观,此香莫处处穿透,亦必为可耳⑨。

从《香后谱》《类编黄集》与陈敬《新纂香谱》的比勘来看,《类编黄集》有"山谷曰"三字,部分异文也与《类说》更为接近,而陈敬《新纂香谱》无"山谷曰",《类编黄集》与陈敬《新纂香谱》较《类说》所引,均少"而名乃有脂粉气"一句。二者均出自洪刍《香谱》而文本更全,当为无疑。

"深静香",《类编黄集》与陈敬《新纂香谱》,二者几无异文。

"小宗香",黄庭坚另有《书小宗香》一文:

> 南阳宗少文嘉遁江湖之间,援琴作金石弄,远山皆与之同声,其文献足以配古人。孙茂深亦有祖风,当时贵人欲与之游,不得,乃使陆探微画像,挂壁观之。闻茂深喜闭合焚香,作此香馈之,时谓少文大宗,茂深小宗,故传小宗香云。⑩

在陈敬《新纂香谱》中,"小宗香"下,有小宗香的香方与此篇《书小宗香》,但无题,而稍有异文。陈敬《香谱》此文最末,另有小注:"大宗、小宗,《南史》有传。"《类编黄集》为黄庭坚诗文杂著等的汇编,在卷四九之前的"题跋七·杂书跋"下,已经收录了此篇题跋,或缘此,"香方"门中,仅录香方,未录题跋。《类编黄集》的题跋,大抵从别集中而出,与别集系统更近,亦无陈敬《新纂香谱》中最后小注。"香方"门中的小宗香香方,陈敬《新纂香谱》与之同。黄庭坚另有一封

---

① "初"字,《类编黄集》无。
② "始",《类编黄集》"初"。
③ "曰",《类编黄集》作"云"。
④ "耶",《类编黄集》作"也",此句后,《类编黄集》有"山谷曰"三字。
⑤ "故",《类编黄集》作"因",此句后,《类编黄集》有"东溪诘其所以名,山谷曰"十字。
⑥ "众"下,《类编黄集》有"生"字。
⑦ "款",《类编黄集》作"炊"。
⑧ "然"下有"者"字。
⑨ "必"下,《类编黄集》有"以"字。
⑩ 黄庭坚《豫章黄先生文集》卷二五,四部丛刊本。《类编增广黄先生大全文集》卷四九"题跋七·杂书跋"亦载,略有异文。

《答郭英发书》的书信,其上下文语境今已不得考,信中简述,"东溪老,庐山开先长老行瑛。历阳公,王安上纯父,是时为和州。宗叔粲、宗少文,《南史》有传。陆探微,画与顾恺之可并驱争先。少文、茂深,略同时也"①,其中东溪老、历阳公之事,即有关"意可香",而后面所述的"宗少文、茂深"之类,即"小宗香"的"少文大宗、茂深小宗"的典故,可能是之前黄庭坚曾赠郭英发意可香、小宗香,而以此书信解释其掌故。书信中,应证了《香谱》黄庭坚"意可香"授受的来源,并交代了"小宗香"掌故。黄庭坚赠人意可香、小宗香,而这个"小宗香"之名,用《南史》典故,故此香实即晁公武《郡斋读书志》中所提及的"《南史》小宗香"②,洪刍《香谱》其香方来源,正出自洪刍之舅黄庭坚。从意和香、意可香见诸《类说·香后谱》,小宗香见诸《郡斋读书志》的著录来看,洪刍《香谱》中应当收录了与黄庭坚有关的"黄太史四香"的香方,《类编黄集》的香方,从洪刍《香谱》中转而摘录。

《类编黄集》中"荀令十里香"一条,清初抄本与周嘉胄《香乘》都记载香方出自"沈立《香谱》",沈立《香谱》早于洪刍,洪刍《香谱》在沈立《香谱》基础上"广而正之",故收录了更早的沈立《香谱》中的香方。南宋编纂《类编黄集》时,可能据洪刍《香谱》而以为此香与黄庭坚有关,故而一并摘出③。

《类编黄集》中"婴香"一条,黄庭坚有约元祐年间的书法《制婴香方帖》存,今藏台北"故宫博物院",是难得的保留宋代香方书写面貌的书法作品。陈敬《新纂香谱》中有"婴香",在陈敬《新纂香谱》卷二的清初抄本、雍正抄本及周嘉胄《香乘》卷十四中,都记为"武",意谓武冈公库《香谱》所出。黄庭坚书法手帖、《类编黄集》与陈敬《新纂香谱》之间的文字比勘,有助于我们了解宋代香谱中香方面貌的前后变化。黄庭坚手帖释文:

婴 香

角沉三两,末之,丁香四钱,末之,龙脑七钱(别研),麝香三钱(别研),治了甲香壹(两)钱,末之,右都研匀。入(艳)牙消半两,再研匀。入炼蜜六两,和匀。荫一月取出,丸作鸡头大。

略记得如此,候检得册子,或不同,别录去。

---

① 黄庭坚:《豫章黄先生文集》卷十九,四部丛刊本。
② 晁公武著,孙猛校证:《郡斋读书志校证》,上海:上海古籍出版社,1990年,第670页。
③ 按,《类编黄集》中此条香方最为完整,在四库本、清初抄本中,"荀令十里香"作"薄纸贴纱囊盛佩之,其茴香生则不香,过爇则焦气,多则药气,少则不类花香,须逐旋斟酌添,使旖旎"。最末欠一句,中间稍有异文,周嘉胄《香乘》卷十九几同,在中科院清初抄本陈敬《新纂香谱》,"荀令十里香"则作"薄纸贴纱囊佩之,其香生则不香,略爇更宜,少用"。则结尾异文颇多。

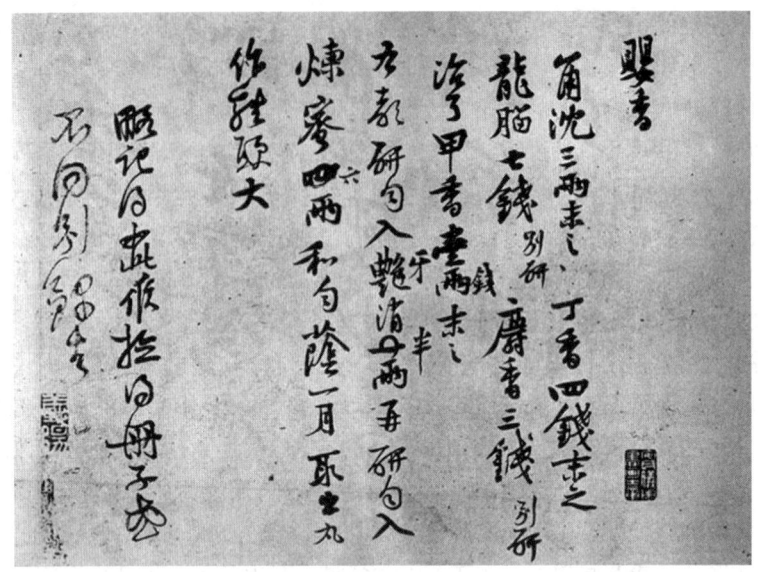

黄庭坚,纸本,28.7 cm×37.7 cm,台北"故宫博物院"

手帖中,"别研"均作小字,而香方中个别错字,在旁侧改正,但未圈去原误之字,而"牙消半两""炼蜜六两"的"半""六",原先误作"一""四",已圈去。从最末的跋语来看,"婴香"香方为黄庭坚凭借自己对香方记忆书写的,手边并无《香谱》、香方之类的册子可资参考,可能是他自己制婴香时用过的配方的回忆。苏轼《香说》一文,言:"婴香(云)[出]《真诰》,其香见沈立《香谱》。"① 可见,沈立《香谱》已录"婴香"香方,黄庭坚的香方,或许自沈立《香谱》而来,凭记忆书写,故起初未必是沈立《香谱》的完全再现,而文字边上的圈改,或许是写完后翻检沈立《香谱》之后的圈改。

《类编黄集》载"婴香"条作:

沉水香三两,末之,丁香四钱,末之,治田[甲]香二钱,末之。龙脑七钱,研,麝香三钱,去皮毛,研。和五物,令相入炼白蜜六两,去沫,入马牙消[硝]末半两,绵滤半,极冷,乃和诸香,稍硬,丸如芡子,扁之,入瓷合,密封之。

右婴香,出道藏。尝有沈推官者自岭南押香药纲来,覆舟于江上,几坏

---

① 苏轼著,孔凡礼点校:《苏轼文集》,卷七十三,北京:中华书局,第2370页。孔凡礼有校记:"此句不易通,沈立《香谱》已不见,无从核对。疑'云'为'出'之误。"此校勘记疑误甚是,从此说。

官香之半,因取削治脱落之余,合此香,号"鲁直香",而鬻于京师,豪人家争市之。遂能偿所败官香而归。

陈敬《新纂香谱》卷二载:

婴香(武)

沉水香三两,丁香四钱,治甲香一钱(各末之)。龙脑七钱(研),麝香三钱(去皮毛,研),栴檀香半两。(一方无)。

右五物相和,令匀,入炼白蜜六两,去沫,入马牙硝半两,绵滤过,极冷,乃和诸香,令稍硬,丸如芡之①,匾②瓷盒,密封,窨半月后用。《香谱拾遗》云③:"昔沈推官者自岭南押香药纲,覆舟于江上,坏宫香之半,因括治脱落之余,合此药香④,而鬻于京师,豪家贵族争市之⑤。遂价直而归⑥,故曰'偿直香'。"本出《汉武内传》。

比较三个香方,可以发现黄庭坚凭记忆所书的"婴香"香方的基本原料,和后来《类编黄集》、陈敬《新纂香谱》的"婴香"香方大体一致,仅个别工序详略不同,陈敬《新纂香谱》香方中多一条"一方无"的"栴檀香半两",可能是其香方来源的武冈公库《香谱》所增的配方。

苏轼《香说》"婴香出《真诰》,其香见沈立《香谱》",黄庭坚元祐年间书写"婴香"香方,均表明沈立《香谱》中曾经记载"婴香"香方,而这一香方,复为洪刍《香谱》收录。《类编黄集》较陈敬《新纂香谱》多"右婴香,出道藏"一句,道藏,即指《真诰》。晁公武《郡斋读书志》中曾言洪刍《香谱》有"《真诰》婴香"方⑦,实即指此方。陈敬《新纂香谱》或从《香谱拾遗》之说⑧,或据香方出处的武冈公库《香谱》,而以为婴香"本出《汉武内传》",而无"出道藏"句。这一例,再证《类编黄集》的"香方"门编纂来源,实为洪刍《香谱》。

---

① 芡之,文渊阁、文津阁四库本作"梧子",疑均误,当作"芡子"。芡子,即黄庭坚帖中"鸡头",又称芡实、鸡头米。
② 匾之,文渊阁、文津阁四库本作"置之"。
③ 《香谱拾遗》,《香乘》卷十八作"《香谱补遗》"。
④ 合此药香,文渊阁、文津阁四库本作"合为此香"。
⑤ 此句以下,文渊阁、文津阁四库本无,清抄本、周嘉胄《香乘》卷十四有。
⑥ "价"疑为"偿"之误,周嘉胄《香乘》卷十四作"偿",下文"偿直香"亦可证。
⑦ 晁公武著,孙猛校证:《郡斋读书志校证》,上海:上海古籍出版社,1990年,第670页。
⑧ 当即指陈敬《新纂香谱》书前罗列目录中的"潜斋《香谱拾遗》"。

《类编黄集》记此香掌故"号'鲁直香'",而陈敬《新纂香谱》中,引《香谱拾遗》,因沈推官"偿其直而归",故名"偿直香","鲁"与"偿(償)"形近,虽然黄庭坚确实曾手书"婴香"的香方,但结合故事情节来看,鬻于京师,却无附会黄庭坚而名"鲁直香"的必要,颇疑麻沙本《类编黄集》从洪刍《香谱》中摘出段落,增豕亥鱼鲁之误,将"偿直香"误作"鲁直香"。

"百里香"一条,清初抄本《新纂香谱》与周嘉胄《香乘》不记出处,《类编黄集》与陈敬《新纂香谱》的香方类似,唯结尾的用香上,《类编黄集》作:

> 盛以不津器,坎瘗[埋]之,自月朔至月望出之,再投少蜜。右裁损"闻思香"法,此似差胜。

陈敬《新纂香谱》卷三作:

> 盛以不津器,坎埋之,半月取出,蒸之,再投少许蜜,拈作饼子亦可。此盖裁损"闻思香"也。

两者的差别,其一,从《类编黄集》中"月朔至月望"的时令感,改为了《新纂香谱》中时长的描写;其二,陈敬《新纂香谱》增加了一种用途,"拈作饼子亦可",或为南宋时期发展而出的用法;其三,《类编黄集》所多的"此似差胜",更带主观性的评价,这些用香法的主观评价,似是《类编黄集》所引香方中较为突出的特点,而陈敬《新纂香谱》中往往不见。"百里香"的香方,应该是改易旧有"闻思香"而来。"闻思香"的掌故,在《锦绣万花谷》卷三二"香"门中,曾记"闻思香,山谷论香,有谓闻思香,取《楞严经》,观音所言,从闻思修入三摩地,因以名香"①。周嘉胄《香乘》卷十一"闻思香"条,袭取此说②。陈敬《新纂香谱》卷二有"闻思香"两方,雍正抄本不言出处,清初抄本与周嘉胄《香乘》,其中一方无出处,一方言出自"武"(武冈公库《香谱》),不详二方是否也与洪刍《香谱》有关。

《类编黄集》中"篆香"一条,陈敬《新纂香谱》有,题作"宝篆香",清初抄本、雍正抄本与《香乘》卷二一均记此方源自"洪",即洪刍《香谱》,但《类编黄集》"篆香"条与陈敬《新纂香谱》结尾处,异文较大,《类编黄集》作:

---

① 《锦绣万花谷》卷三二,文渊阁四库全书本。按,南宋类书如章如愚《山堂群书考索》、潘自牧《记纂渊海》等均有"闻思香"此段述。

② 黄庭坚曾作《有惠江南帐中香者戏答六言》,苏轼和韵《和黄鲁直烧香二首》:"四句烧香偈子,随香遍满东南。不是闻思所及,且令鼻观先参。""不是闻思所及",正用佛经"闻思"之典。

篆　香

海南水沉香一两，夹栈香二两，丁香皮一两，藿香叶一两，紫檀三两，㓥熟，炙，甘草半两，零陵香叶半两，甘松半两，燖治，田[甲]香半两，皆末之，下入钵中，研匀，以瓷合封半月，入焰消[硝]一分，再研匀。

右熏衣，用白僵蚕汤煮之，作印时旋加龙脑香，亦可不用，自一种香，可人意。

陈敬《新纂香谱》卷二，作：

宝篆香（洪）

沉香一两，丁香皮一两，藿香一两，夹栈香二两，甘松半两，甘草半两，零陵香半两，甲香半两（制），紫檀三两，焰硝二分。

右为末，和匀，作印时旋加脑、麝各少许。

从香方的配方来说，除配方的次第和焰硝的方剂数略有差别外，基本相同，《类编黄集》所记香方较《新纂香谱》为详，最末"自一种香，可人意"的笔调，仿佛黄庭坚一贯的香方笔法风貌。与此同时，对于此方如何"用"，《类编黄集》"篆香"最末，既作"熏衣"，又可"作印"，而"熏衣，用白僵蚕汤煮之"，陈敬《新纂香谱》无。根据陈敬《新纂香谱》的分类，此方若是"熏衣香"方，不当载卷二"印篆诸香"，而应该载卷三"佩熏诸香"，《新纂香谱》从省，或许正由分类原则所致。这或许暗示了洪刍《香谱》中的香方分类，并未如陈敬《新纂香谱》般根据功能等加以细分。

综上，乾道坊刻本《类编增广黄先生大全文集》卷四九的"香方"一门八条，均出自洪刍《香谱》。时代上，《类编黄集》早于陈敬《新纂香谱》，部分香方文字优于陈敬《新纂香谱》。同一个香方，出现在多部宋代香谱中，是十分常见的。洪刍《香谱》采纳了之前沈立所编《香谱》中如"荀令十里香""婴香"等香方，而洪刍《香谱》中"婴香""丁晋公清真香"与洪刍所创"洪驹父荔枝香"，又被编入武冈公库《香谱》。陈敬在编纂《香谱》时，会改易删削题跋文字。"荀令十里香""百里香""婴香"，当纳入洪刍《香谱》辑佚范畴。

搜拣与黄庭坚相关的香方材料，还可以注意到更早的任渊《山谷内集诗注》中，其实亦涉及了洪刍《香谱》。任渊于北宋政和元年（1111）完成了初步的注黄庭坚诗的工作，其后，几经修改，在绍兴二十五年（1155）许尹帅蜀时，由许尹作序刊版。据任渊《山谷内集诗注》卷三《有惠江南帐中香者戏答六言二首》任渊注："洪驹父《香谱》有江南李王帐中香法，以鹅梨汁蒸沉香用之。"在陈敬《新纂香谱》卷二的"江南李主帐中香"的"又方(一)"中,言:"沉香一兩(剉如炷),鹅梨十枚(切,研取汁)。右用银器盛,蒸三次,梨汁干即可爇。"此方以"江南李王帐中香"之名,亦收入百川本《香谱》。虽然陈敬《新纂香谱》清初抄本、雍正抄本与周嘉胄《香乘》均不言此方出处,据任渊注,知此香方实出洪刍《香谱》。

此外,陈敬《新纂香谱》中,另有一条在雍正抄本中注为"补"的"黄太史清真香",但此方《类编黄集》未见,当出自南宋的某本补编性质的《香谱》。换言之,《新纂香谱》中出处为"补"的香方时代或许较晚,攀附名人效应而题为"黄太史",而这条香方,洪刍《香谱》中当未收。

2. 晁公武《郡斋读书志》中洪刍《香谱》辑佚线索

晁公武南宋高宗绍兴二十一年撰序并稍后于孝宗朝完成《郡斋读书志》,衢本中记:

> 《香谱》一卷,右皇朝洪刍驹父撰。集古今香法,有郑康成汉宫香,《南史》小宗香,《真诰》婴香,戚夫人迎驾香,唐员半千香,所记甚该博。然《通典》载历代祀天用沉水香独遗之,何哉?①

袁本中,无最末"然《通典》"一句②。晁公武言洪刍《香谱》无《通典》所记载的历代祀天用"沉水香",然而,在《类说·香后谱》中,有"沉笺香"一条,陈敬《新纂香谱》卷一有,标目作"沉水香",并续有补充。《香后谱》中引《杨文公谈苑》及元丰年间张师正所作《倦游杂录》,所叙正为"沉水香",这一情形,似与晁公武《郡斋读书志》有所抵牾。这可能有两种解释:首先,《郡斋读书志》强调"集古今香法",在宋代香谱中,"香法"一指具体的香方,如沈立言"昔尝撰《香谱》,序百刻香印未详,广德吴正仲制其篆刻并香法见贻"③,便指制造百刻香印的具体香方,另外,"香法"还可以指用香方法。从《郡斋读书志》上下文来看,"香法"可能侧重于具体香方,这意味着洪刍《香谱》中,记载了作为香品的"沉水香",但没有祭祀用的"沉水香"的香方。另一种可能,是《郡斋读书志》言"历代祀天用沉水香",强调"祀天"典故,意谓洪刍《香谱》中"香事"失载,《类说》中为"沉水香"香品介绍。故《类说》中洪刍《香后谱》中有"沉笺香"条,与《郡斋读书志》中言洪刍

---

① 晁公武著,孙猛校证:《郡斋读书志校证》卷十四"类书类",上海:上海古籍出版社,1990年,第670页。
② 马端临《文献通考·经籍考》屡引"晁曰",所据均为衢本《郡斋读书志》,故有最后一句,唯"迎驾香"误作"追驾香","沉水香"乙文作"水沉香",见马端临《文献通考》卷二二九《经籍考》,影印元西湖书院本,北京:北京图书馆出版社,2005年,第6页a。
③ 陈敬《新纂香谱》卷二"百刻篆图"条。

《香谱》无"历代祀天用沉水香独遗之"并不矛盾。

晁公武言洪刍《香谱》中,记载古今香法,包括郑玄(康成)汉宫香、《南史》小宗香、《真诰》婴香、戚夫人迎驾香、唐员半千香。但今传百川本、类说本《香谱》中,未见此五香。那么,此五香在文献中能否寻到?如上文所述,南宋坊刻本《类编黄集》中的小宗香、婴香,均为以洪刍《香谱》为底本编纂的,正可对应。郑康成汉宫香可以找到旁证材料,而戚夫人迎驾香、唐员半千香则无考。

洪刍《香谱》中"郑康成汉宫香",可能也是来源于黄庭坚。黄庭坚《与徐彦和书》:"前所寄香,似与小宗不类,亦恐是香材不妙;使香材尽如所惠苏合之精,自可冠诸香矣。意可尤须沉材强妙。前录'意可方'去,似遗两种物,盖当于诸香后云'龙脑、麝香各三钱,别研'。若果遗,幸增入。更有一'郑康成注《汉宫香法》'未检得,续寄上。"①前半所叙,为"小宗香""意可香",最后提及续寄上的"郑康成《汉宫香法》",当即为《郡斋读书志》中所述的香法。

在《类编黄集》中,未见"郑康成《汉宫香法》",在南北宋之际张邦基的《墨庄漫录》卷二中,则记"汉宫香方,郑康成注":

> 沉水香,二十四铢,著石蜜复汤鬻,(铜铁辈皆并香)。以指尝试,能饮甲则已,(南海贾胡贵一种香木,末如蜜房,锐泽正黄,可灭甲。)以寒水炭四焙之。青木香,十二之一,可酌损之。鸡舌香,以其子,勿以其母,(青木香用二钱。)合捣为糜,(沉水得鬻蜜,烟黄而气郁。)投初鬻蜜中,媒使相悦,闷以黄埜,蜜隙塎不津地,霾之一月中许出之,投龙脑六铢,麝损半,一炉注如芡子,熏郁郁,略闻百步中人也。(今太官加蜜鬻,红螺如射,外家效之以殊胜。)

虽然香方中所记载的如沉香、青木香之类香药在汉代时并未传入,当为后来人托附郑玄之名,但这一香方,应当是宋时流行且认定为"郑康成汉宫香"的香方,而《墨庄漫录》中,张邦基并记:"此方,魏泰道辅强记面疏以示洪炎玉父,意其实古语。其后于相国寺庭中,买得古叶子书杂抄,有此法,改正十余字。又,一贵人家见一编号古妆台记,证数字,甚妙。予恐失之,因附于此。"据张邦基言,魏泰授洪刍之兄洪炎,而黄庭坚与人写信谈及此方,两者的来源略有不同。张邦基《墨庄漫录》中还记录了"魏公香"②,即"韩魏公浓梅香",与陈敬《新纂香谱》引洪刍《香谱》的香方近似,而张邦基《墨庄漫录》的"汉宫香"香方也可能与洪刍《香谱》中的香方相类,可附入辑补的参考范围。

---

① 黄庭坚:《与徐彦和书》,《全宋文》第 105 册,第 123 页。
② 张邦基:《墨庄漫录》卷二,收入《墨庄漫录·过庭录·可书》,北京:中华书局,2004年,第 75 页。

3. 陈敬《新纂香谱》及洪刍《香谱》佚文汇考

陈敬《新纂香谱》,实为辑佚洪刍《香谱》之大宗。在关于香事、香说的部分,共有十三条标注了"洪《谱》"或"洪曰"的情形,除见诸于《类说·香后谱》的九条条目外,剩下四条,分别为卷四"香溪"①、"香篆"②、"香兽"③、"栈槎"④条。

在传世文献中,香方的递承较为复杂,后出香谱可能吸收早期香谱文献并间有改动,陈敬标注香方出处时,往往据所本香谱出注,未必代表洪刍《香谱》不收。洪刍《香谱》吸收沈立《香谱》,部分香方也曾被编入武冈公库《香谱》,但《新纂香谱》中的此类香方,在没有他证的情况下,概不阑入。今将百川本《香谱》、说郛本《香谱》、《类说·香后谱》及陈敬《新纂香谱》(参以《香乘》)及相关文献中有关"洪刍《香谱》"香方的条目,纳入整理,参见下表⑤:

香方名		陈敬《新纂香谱》香方名	清初抄本	雍正抄本	香乘	备注
百川本	四 1 蜀主熏御衣法	430 蜀主熏御衣香	洪	不存	洪	
	四 2 江南李王帐中香法	177(又方)江南李主帐中香	无	无	无	黄庭坚撰,任渊《山谷内集诗注》。
	四 3 唐化度寺衙香	186 唐化度寺衙香	无	洪	洪谱	
	四 4 雍文彻郎中牙香法	188 雍文彻郎中衙香	无	洪	洪谱	
	四 5 延安郡公蕊香法	200 延安郡公蕊香	洪	洪	洪谱	

---

① 此条,清初抄本前半有"洪《谱》"小注,后半有"琐碎录"小注,文渊阁本、文津阁本及《香乘》无"洪谱"注;"《琐碎录》"小注,《香乘》有,文渊阁本、文津阁本无。"洪《谱》"部分文字,见于百川本《香谱》"香之事"之"香溪"条,文几同;《琐碎录》之文,百川本《香谱》则无。

② 此条,见于百川本《香谱》"香之事"之"香篆"条,与陈敬《新纂香谱》稍有异文。

③ 此条,见于百川本《香谱》"香之事"之"水浮香"条。

④ 此条,不见于《类说》所引《香后谱》,百川本《香谱》中亦无。另外,文津阁本陈敬《陈氏香谱》卷三"香饼"之"凡烧香用饼子……"一条,条目末有"洪《谱》",清初抄本及周嘉胄《香乘》卷二十最末注"沈《谱》",此条存疑。姑放入待考。

⑤ 其中,以"四+数字"标目的,为百川本《香谱》"香之法"中的内容,陈敬《新纂香谱》298及以后的条目,为卷三之后的内容,清雍正抄本陈敬《新纂香谱》无载,注"不存";清初抄本、清雍正抄本、《香乘》所注有异文者,用斜体标出。

续表

	香方名	陈敬《新纂香谱》香方名	清初抄本	雍正抄本	香乘	备 注
百川本	四 6 供佛湿香法	210 供佛湿香	无	洪	无	
	四 15 傅身香粉法	438 傅身香粉	洪	不存	洪	
	四 17 衣香法	401 衣香	无	不存	洪	
	四 19 球子香法	271 宝球香	洪	洪	洪	
《类说·香后谱》	"清真香"	225 丁晋公清真香	武	武	武	百川本无。
	"意和""意可"	356 黄太史四香（意和）、357 意可、358 深静、359 小宗	跋附，沈	无	无	黄太史四香,清初抄本、文津阁本有"跋附，沈"，当为"洪"之误。又见《类编黄集》。"小宗香"又见《郡斋读书志》。百川本无。
	"浓梅"（"笑兰"提及）	298 韩魏公浓梅香（又名返魂梅）	洪谱	不存	洪谱	《类说·香后谱》"笑兰"提及"岂非韩魏公所谓浓梅"，无香方。百川本无。陈敬《新纂香谱》引，言:"洪驹父集古今香方。"参张邦基《墨庄漫录》卷二。
	"笑兰"	309 笑兰香	洪	不存	洪	提及,香方与"笑兰香"不合。百川本无。
		588 笑兰香序	洪谱	无	无	
百川本、《香后谱》无		164 供佛印香	洪	洪	无	
		167 宝篆香	洪	洪	洪	《类编黄集》作"篆香"。
		176 江南李王帐中香	洪	无	无	
		191 金粟衙香	洪	沈	洪	

续表

香方名	陈敬《新纂香谱》香方名	清初抄本	雍正抄本	香乘	备 注
百川本、《香后谱》无	201 婴香	武	武	武	沈立《香谱》已有，"出《真诰》"。黄庭坚手帖。《类编黄集》收，"出道藏"。《郡斋读书志》"《真诰》婴香"，陈敬《新纂香谱》言出《汉武内传》。
	355 百里香	无	不存	无	《类编黄集》。
	397 荀令十里香	沈	不存	沈	《类编黄集》。
	449 丁晋公文房七宝香饼	洪	不存	无	
备 考	286 闻思香	武	无	武	"闻思香"："山谷论香，有谓闻思香，取《楞严经》，观音所言，从闻思修入三摩地，因以名香。"或出洪刍《香谱》。
	287 闻思香	无	无	无	
其它					出 处
郑康成汉宫香					《郡斋读书志》，香方参《墨庄漫录》。
戚夫人迎驾香					《郡斋读书志》。
唐员半千香					《郡斋读书志》。

表中值得注意的是关于"笑兰香""浓梅香"等的香方、香名的辨析。据《类说·香后谱》，有僧罄宜的"笑兰香"，在陈敬《新纂香谱》的卷三，确有一方注"洪"的"笑兰香"香方，但配方"白檀香、丁香、栈香、玄参各一两、甘松半两、黄熟香二两、麝香一分①，右除麝香别研外，余六味同捣为末，炼蜜搜拌成膏，爇窨如

---

① 麝香的份量，在周嘉胄《香乘》卷十八引时，作"二钱"。

常法"与《类说·香后谱》所叙"笑兰香""以沉为君,鸡舌为臣,北苑之臣,柜邕十二叶之英,铅华之粉,柏麝之脐为佐,以百花之液为使,一炷如芥子许,油然郁然,若鼛九畹之兰而泡百亩之蕙也"不同,并非同方;陈敬《新纂香谱》中所有"笑兰香"香方中亦无匹配的。《笑兰香序》曾提及此香方类似韩魏公(韩琦)作"浓梅香"、黄山谷(黄庭坚)作"藏春香"。陈敬《新纂香谱》卷三中,据洪刍《香谱》录"韩魏公浓梅香(又名返魂梅)"香方:

> 黑角沉半两,丁香一分,郁金半分(小麦麸炒,令赤色),腊茶末一钱,麝香一字,定粉一米粒(即韶粉是),白蜜一盏。
> 右各为末,麝先细研,取腊茶之半汤点澄清调麝,次入沉香,次入丁香,次入郁金,次入余茶及定粉,共研细,乃入蜜,使稀稠得宜,收沙瓶器中,窨月余,取烧久则益佳,烧时以云母石或银叶衬之。
> 黄太史跋云:余与洪上座同宿潭之碧湘门外,舟中衡岳花光仲仁寄墨梅二枝,扣船而至,聚观于灯下。余曰:'只欠香耳。'洪笑发谷董囊,取一炷焚之,如嫩寒清晓行孤山篱落间。怪而问其所得,云自东坡得于韩忠献家,知余有香癖而不相授,岂小鞭其后之意乎?
> 洪驹父集古今香方,自谓无以过此,以其名意未显,易之为"返魂梅"云。
> 《香谱补遗》所载与前稍异,今并录之。

黄庭坚跋中,"洪上座"即释惠洪,黄庭坚贬居宜阳经过潭州时,与惠洪相遇,而黄庭坚以诙谐之笔,写"知余有香癖而不相授,岂小鞭其后之意乎"。香方上,《笑兰香序》中言"以沉为君",而韩魏公浓梅香方用黑角沉半两;"鸡舌为臣",鸡舌香又名母丁香,韩方用"丁香一分",较之半两黑角沉为"君",为"臣"恰如其分;"北苑之尘",即韩方"腊茶末一钱","柜邕十二叶之英",即韩方"郁金半分","铅华之粉",即韩方"定粉一米粒","柏麝之脐",即韩方"麝香","百花之液为使",即韩方"白蜜",香方实可匹配。惠洪为黄庭坚燃香,告诉黄庭坚香方是苏轼从韩琦处得来,而此方韩琦命名为"浓梅香",黄庭坚命名为"藏春香",罄宜命名为"笑兰香",改易为"返魂梅"之名的,应该是洪刍。从《新纂香谱》文字来看,最后两段,为陈敬所加,指出洪刍《香谱》中收录了"韩魏公(韩琦)浓梅香",并补充《香谱补遗》中不同香方。"浓梅香"到"返魂梅"这一命名的更改,不是由黄庭坚进行的,而是洪刍编纂《香谱》时进行的。洪刍《香谱》中的"韩魏公浓梅香"或原与《笑兰香序》前后相连,而在陈敬《新纂香谱》中,可能经过了拆分、别载的过程。"返魂梅"这一香方在南宋十分流行,诗词中,亦有将黄庭坚与"返魂梅"相联系的①,似有混淆黄庭坚与洪刍的命名之嫌。

上列表格,是有明确文献依据的洪刍《香谱》的佚文的汇编。从稽考中可再证,今传百川本、说郛本《香谱》中,部分条目当编自沈立《香谱》与洪刍《香谱》,但该本绝非洪刍所编《香谱》。与此同时,遍检文献,晁公武《郡斋读书志》中所提及的洪《谱》中的戚夫人迎驾香、唐员半千香,恐已无从稽考。

结　语

卷数上,洪刍《香谱》在目录中有二说,一说为晁公武《郡斋读书志》中的"一卷",此为较早的私人藏书目录中卷帙的记载;一说为《宋史·艺文志》著录的"五卷",其中"五卷"之说,与《类说》中洪刍《香后谱》"拆为五部"相合。《宋史·艺文志》中的著录,史源当为南宋所编的《国史·艺文志》。

洪刍《香谱》收集材料涉猎广泛,从古今掌故,到北宋近人笔记,无不纳入,以《类说》中洪刍《香后谱》来看,其中"三班吃香"条,征引了欧阳修《归田录》中的条目,"沉笺香"引了《杨文公谈苑》、张师正《倦游杂录》,"乳香"条引用了沈括《梦溪笔谈》,另外范成大《吴郡志》言洪刍将近时墓中出土的瓦制熏炉亦写入谱录,可见香事知识的更新,十分及时。在香方收集方面,洪刍的《香谱》广采博取,收录了不少沈立《香谱》中已有的条目,但是,是否将所有沈立《香谱》的香方全部纳入,因为文献不足征的缘故,已经难以详考。洪刍《香谱》中所收香方,有的由洪刍更改命名;其中收录的丁晋公清真香的香方,是以歌诀的方式体现的,歌诀琅琅上口、便于记忆的形式,从一个侧面,反映出了宋代香方的发展。

通过钩沉传世文献中的洪刍《香谱》材料,可见作为黄庭坚之甥,洪刍编纂的《香谱》中记载了多个与黄庭坚有关的香方,并附入了不少黄庭坚题跋。南宋孝宗时类编坊刻本《类编增广黄先生大全文集》的"香方"一门,即从当时传本的

---

① 周紫芝《汉宫春》自序云:"别乘赵李成以山谷道人'返魂梅'香材见遗,明日,剂成,下帷一炷,恍然如身在孤山,雪后园林,水边篱落,使人神气俱清。又明日,乃作此词,歌于妙香寮中,亦仆西来一可喜事也。"见唐圭璋主编《全宋词》第二册,北京:中华书局,第878页。如上文所述,周紫芝《太仓稊米集》卷六七,有《书洪驹父〈香谱〉后》跋语一篇,周紫芝曾阅洪刍《香谱》,而言"山谷道人'返魂梅'",或因约定成俗。另外,南宋刘才邵的《次韵朱新仲席上赋梅花影四首》,在咏梅之中,化出"香"来:"老禅墨戏信奇哉,山谷称扬意亦瑰。未似灯前出寒影,真香不假返魂梅。(原注:僧出老墨梅,山谷云:其奈无香何。僧因出香,爇之极佳,因名为'返魂梅'。香方本出韩忠献家。)"(《全宋诗》,第29册,第18871页)。因"返魂梅"在当时不算熟典,故诗人有小注,细绎小注及诗语,也是从洪刍《香谱》所引的黄庭坚跋语的往事而来。"真香不假返魂梅"以翻案之语,将"返魂梅"的香名镶嵌入诗句,以否定"返魂梅"香的方式衬托将暗香浮动的梅姿。此处亦将"返魂梅"的命名归诸黄庭坚。

洪刍《香谱》中摘出。洪刍《香谱》分为五部,然而这五部的部名如何,对后来宋代香谱编纂产生了怎样的影响,已不得详考;洪刍的香方,间或记载一个香方可能有印篆、熏衣等多种用途,而这种一方有多种用途的情况,对于香方的归类、香谱的编纂是有挑战的,但是,洪刍在编纂时如何应对这种挑战,亦已难考。

论文渊阁本、文津阁本《春秋五礼例宗》差异悬殊

杜以恒

(北京大学中国语言文学系,北京　100871)

摘　要：北宋张大亨所作《春秋五礼例宗》是《春秋》礼学和"礼征"学的开创之作,被收入《四库全书》。而文渊阁本《例宗》质量极差,文津阁本质量较好,二本所用底本不同,差异悬殊。文澜阁本《例宗》毁于战火,但顾氏艺海楼抄阁本很有可能据文澜阁本抄,我们或许可以借艺海楼本一窥文澜阁原本面貌。丁氏兄弟抄配的文澜阁本《例宗》以家藏影宋抄本为底本,质量极佳,远超文渊阁本、文津阁本、艺海楼本,可见丁氏兄弟抄配文澜阁用功至深。

关键词：文渊阁本　文津阁本　文澜阁本　抄阁本　《春秋五礼例宗》

《春秋五礼例宗》(下文简称《例宗》)十卷是北宋张大亨撰写的一部"《春秋》礼学"的开创之作,在经学史上有重要地位。该书在清代咸丰以前只有一种宋刻本,难得一见。其余流传于世的都是抄本,抄本之间颇有差别,其中《四库全书》本内部的文渊阁《四库全书》本、文津阁《四库全书》本差别明显。究竟是什么原因造成了这种悬殊？何者为优,何者为劣？是亟待回答的问题。

根据笔者历年调查,《例宗》传世版本共有二十二个,其中刻本两种,分别为国家图书馆藏南宋绍兴年间刊本[①](下文简称"宋本")、清咸丰十一年《粤雅堂丛书》本[②]。其余二十本皆是清代抄本。在清代抄本中,《四库全书》本无疑具有特殊意义。今以国图藏宋本《例宗》为依据,对文渊阁本、文津阁本《例宗》之差异及成因进行讨论。

---

　①　国图藏宋本《例宗》刊刻时间早、质量高,是迄今所见众本中最为可靠的版本,《中华再造善本》据以影印。此本详细情况可参李致忠先生所撰提要,见中华再造善本工程编纂出版委员会:《中华再造善本总目提要》,北京:国家图书馆出版社,2013年,第91—93页。

　②　粤雅堂本虽然为清代唯一之《例宗》刻本,但刊刻质量不精,不足为据。详参笔者拙文,杜以恒:《论粤雅堂本〈春秋五礼例宗〉》,《书目季刊》2016年第3期,第65—78页。

一、文渊阁本《春秋五礼例宗》

文渊阁本《例宗》(下文简称"文渊阁本")七卷,缺第四、第五、第六卷,缺卷与宋本同。文渊阁本有《四库提要》、张大亨《自序》,无《目录》。笔者以宋本校文渊阁本,发现文渊阁本质量极差,讹脱倒衍无数,又以脱文最为严重,兹举例如下:

(1)《例宗》卷二第二页,文渊阁本脱正文"或者疑成王"至"安有不可至者哉"六十五字。

(2)《例宗》卷二第六页,文渊阁本脱正文"《春秋》之文"至"然亦有由也"七十七字。

(3)《例宗》卷二第七页,文渊阁本脱正文"或曰未葬而逾年"至"非此比也"一百七十字。

(4)《例宗》卷二第九页,文渊阁本脱"不系之国"下双行小注"齐小白、莒去疾、齐阳生之入,即系之国"十四字。

文渊阁本全书脱正文六十余处六百余字,脱注文一百余处四百余字,共脱一百六十余处一千余字。除此之外,还有讹误、倒文、衍文一百余处,对原文格式亦常有改动。疏漏之多,不胜枚举。

更令人惋惜的是,文渊阁本删除了宋本原有的《春秋五礼例宗目录》,而此《目录》对《例宗》有极其重要的价值。《例宗》原有十卷,但宋本已缺第四、第五、第六卷,后代诸本亦皆缺此三卷。而《例宗目录》保存了缺卷的纲目,使我们得以窥见缺卷的大体结构,甚至可以根据《目录》对缺卷内容进行一定程度的恢复。文渊阁本删去《目录》,便完全泯灭了原缺三卷的信息,是重大损失。

总的来看,文渊阁本《例宗》脱讹严重且删除《目录》,可谓千疮百孔、支离破碎,是一个质量极差的本子。

文渊阁本脱误如此严重,问题出在哪个环节呢?是四库誊录官的疏失,还是馆臣所选底本不善呢?

据《四库全书总目》记载,《例宗》为"浙江吴玉墀家藏本"[①]。考之《浙江省第四次吴玉墀家呈送书目》,有"《春秋五礼例宗》十卷,宋张大亨著,一本"[②]。检吴慰祖整理《四库采进书目》,进呈《例宗》的,只有浙江吴玉墀一家。更检《浙江采集遗书总录》,著录有"《春秋五礼例宗》十卷,倦圃写本,宋直秘阁雪川张大亨

---

① 魏小虎:《四库全书总目汇订》,上海:上海古籍出版社,2012年,第804页。
② 吴慰祖校订:《四库采进书目》,北京:商务印书馆,1960年,第85页。

撰"①,倦圃,是清初著名藏书家曹溶的堂号。据以上书目所载,进呈之《例宗》只有吴玉墀所献曹溶旧藏抄本这一个版本。文渊阁《四库全书》于乾隆四十六年(1781)抄写完毕②,是《四库》七阁中的第一部,所用底本应当就是曹溶旧藏抄本。

笔者发现国家图书馆藏有一本《例宗》,书号12238,著录为"清抄本"。是本缺卷四、卷五、卷六。前有《自序》《目录》。《自序》首页上钤有九叠篆满汉文大官印"翰林院印",我们姑且称此本为"翰林院本"。经过详细比勘,我们发现翰林院本亦有大量脱文,所脱内容与文渊阁本基本一致。翰林院本中有馆臣圈改,凡是圈改处,文渊阁本均严格照改。

结合校勘与书目记载,我们可以得出这样的推论:翰林院本就是吴玉墀进呈之曹溶倦圃写本,即文渊阁本之底本。遗憾的是,翰林院本中并无曹溶、吴玉墀印记、题跋,翰林院本的原外封皮亦已脱落。因此认定翰林院本为文渊阁本之底本并无疑义,而认定为浙江吴玉墀家进呈倦圃写本则缺乏直接证据。在没有其他证据出现的情况下,我们暂且按照常理推定翰林院本与吴玉墀进呈曹溶写本为一个本子。

文渊阁本基本沿袭了翰林院本的文本面貌,但二本并非完全一致。文渊阁本改正了翰林院本的部分讹误,有的改动甚至比宋本文字更胜一筹。如:

(1)《例宗》序:"顾予非知经者。""予",翰林院本作"余",文渊阁本改作"予",与宋本同。作"予",则与下文"当信予言之不妄也"统一,且与宋本保持一致,此处为馆臣改正翰林院本之误。

(2)《例宗》卷二第十二页:"《公羊》谓'外夫人不书卒葬','适诸侯则尊同,以吾为之葬,卒之也'。""为之葬"之"葬",宋本、翰林院本作"葬",文渊阁本作"变"。"外夫人不书卒葬"为《公羊传》原文,一见于庄公四年,一见于襄公三十年。而"适诸侯则尊同,以吾为之变,卒之也"不是《公羊传》原文,实为《榖梁传》原文。《榖梁传·庄公四年》:"外夫人不卒。此其言卒何也?吾女也。适诸侯则尊同,以吾为之变,卒之也。"③此句讨论春秋笔法。《春秋》本不记载鲁国以外他国夫人的卒葬,而《春秋·庄公四年》却有"三月,纪伯姬卒",《榖梁传》认为这是因为这位"纪伯姬"是鲁国之女,所以应该"尊同",为这种情况做一个变通,记

---

① [清]沈初等:《浙江采集遗书总录》,上海:上海古籍出版社,2010年,第90页。
② 关于《四库全书》七阁成书时间,学界有不同看法。吕坚先生查阅清宫档案,兼采前人所说,堪称确论。本文涉及诸阁成书时间时,皆以吕坚先生观点为准。详参吕坚:《〈四库全书〉七阁成书时间考》,《文献》1984年第3期,第133—137页。
③ [晋]范宁集解,[唐]杨士勋疏:《春秋榖梁传注疏》卷五,《十三经注疏》(第5册),北京:中华书局,2009年,第5167页下栏a。

载她的卒。此处若从宋本、翰林院本作"葬",文义则变为"因为鲁国为纪伯姬举行葬礼"。纪伯姬是纪国国君的夫人,葬礼由纪国举行,不可能由鲁国举行。此处只是讨论《春秋》记载与否的问题。结合原文及经义,宋本、翰林院本作"葬"误,文渊阁本改作"变",尤是。虽所改仅为一字,但可见馆臣水平之高。

(3)《例宗》卷九第七页:"十三年秋……八月甲戌,同盟平兵。""同盟平兵",宋本、翰林院本作"同盟平兵",文渊阁本作"同盟于平丘"。检《春秋》原文,当作"同盟于平丘"。宋本、翰林院本作"同盟平兵",误。文渊阁本作"同盟于平丘",是。

在改正翰林院本少量讹误的同时,文渊阁本又新增了不少脱讹。举例如下:

(1)翰林院本《例宗》存有《目录》,而文渊阁本则将之删除,几乎消灭了《例宗》所缺三卷的结构信息。

(2)《例宗》序:"其间杂以传例,与经踳驳。""踳",宋本、翰林院本均作"踳",是。文渊阁本误作"踳"。

(3)《例宗》卷一第十二页引《礼记·大传》:"大夫、士干祫及其高祖。""干",宋本、翰林院本均作"干",是。文渊阁本误作"于"。

(4)《例宗》卷二第十一页:"天子、诸侯终于路寝,后、夫人终于内寝也。""夫人终"之"终",宋本、翰林院本均作"终",是。文渊阁本作"卒",当是馆臣有意为之,此不必改。

(5)《例宗》卷二第十七页:"(成公)三年二月乙亥,葬宋文公。""三年",宋本、翰林院本均作"三年",文渊阁本作"二年"。根据《春秋》原文,当作"三年",文渊阁本误。

(6)《例宗》卷三第十五页:"雊鼎之雉、同颖之禾、共生之桑谷,圣人存之以示戒。""共",宋本、翰林院本均作"共",文渊阁本作"拱"。"雊鼎之雉"、"同颖之禾"、"共生之桑谷"三典皆出《尚书》,其中"共生之桑谷"出自《咸有一德》,原文:"亳有祥桑谷共生于朝。"伪孔传:"祥,妖怪。二木合生,七日大拱,不恭之罚。"[①]"共生"即孔传之"合生"。文渊阁本作"拱生",盖馆臣根据伪孔传"七日大拱"有意改之,看似通顺,实则否,为误改。

(7)《例宗》卷九第七页:"九月,公至自楚。""九月",宋本、翰林院本作"九月",文渊阁本作"九年"。根据《春秋》原文,当作"九月",文渊阁本非。

从以上的情况可以判断,文渊阁本脱讹严重的主要原因是其所用底本不

---

① 伪孔安国传,[唐]孔颖达正义:《尚书正义》,《十三经注疏》(第1册),北京:中华书局,2009年,第352页上栏a。

精。文渊阁本虽然在其底本的基础上有少量改进,但新增脱讹更多,甚至删除了对《例宗》极为重要的《目录》。可以说,文渊阁本先天不足,后天改进有限,质量极差。

二、文津阁本《春秋五礼例宗》

文津阁本《例宗》七卷,缺第四、第五、第六卷。缺卷与宋本、文渊阁本同。文津阁本有《提要》,无张大亨《自序》,无《目录》。《提要》落款为"乾隆四十九年九月恭校上",则文津阁本誊录时间为乾隆四十九年。

文津阁本与文渊阁本同属《四库全书》本。按照乾隆五十一年十月二十六日永瑢等奏折:"将送到之书充作底本,次第发写,其中有列入《荟要》者,已经缮校各九次,即专入《全书》者,亦已缮校各七次。"①那么,《四库全书》七阁可以认为是一式七份,底本相同。但笔者以文渊阁本、文津阁本相校,发现差异较大,底本不同。我们以宋本校文津阁本,发现文津阁本并没有像文渊阁本那样大段脱文,亦无大量讹误,文字、格式基本与宋本一致,可以肯定文津阁本使用了更好的底本。文津阁本个别文字甚至优于宋本。如:

宋本《例宗》卷八第十六页:"盟于壮丘。"翰林院本、文渊阁本"壮"作"北",文津阁本"壮"作"牡"。检《春秋经》原文,此处当作"盟于牡丘",宋本、翰林院本、文渊阁本皆误,文津阁本则是。

当然,文津阁本也存在少量脱误,与翰林院本、文渊阁本基本相同,如:

(1) 宋本《例宗》卷三第二页小注:"八月,蔡侯庐归于蔡。"翰林院本、文渊阁本、文津阁本脱此小注。

(2) 宋本《例宗》卷二第十七页"葬郑穆公"下小注:"脱月。"翰林院本、文渊阁本、文津阁本脱"脱月"二字。

(3) 宋本《例宗》卷七第二页:"十三年冬,城防。"翰林院本、文渊阁本、文津阁本"三"误作"二"。

文津阁本文字甚至偶有不如文渊阁本者,如:

宋本《例宗》卷二第一页:"一十八年十二月甲寅,天王崩。""一十八年",翰林院本、文渊阁本"一"作"二",文津阁本"一十八"作"十八",无"一"字。检《左传》知此事发生于襄公二十八年,宋本"一"字当为误刻。此处翰林院本改"一"作"二",且惠及文渊阁本。文津阁本删除"一"字,则证明其编修之粗疏。《春秋

---

① 中国第一历史档案馆编:《纂修四库全书档案》,上海:上海古籍出版社,1997年,第1952页。

经》记载年份，凡记某公十几年之事，"十"前从不缀加"一"字，自然不会出现"一十八年"这样的笔法，文津阁本编修者虽然意识到了这一问题，但是没有回查《春秋经》，只是妄删"一"字。从这一例来看，文津阁本编修质量甚至不如文渊阁本。

文津阁本也有退步，即是删除了《例宗》卷首的张大亨《自序》。此序作于绍圣四年（1097），申明了《例宗》的创作宗旨：以五礼分类法总结《春秋》凡例，进而克服杜预《春秋释例》、陆淳《春秋集传纂例》之局限。张大亨《自序》对于我们了解《例宗》及北宋春秋学具有十分重要的意义。文渊阁本时即已删去至关重要的《目录》，文津阁本则更进一步，干脆连《自序》一并删去，使得《例宗》正文之前仅存一篇《提要》。四库馆臣滥删序言、目录，是对古籍的损害。

然而，瑕不掩瑜，由于文津阁本使用了比文渊阁本更好的底本，文津阁本的质量较之先期完工的文渊阁本有跨越式提升。至于文津阁本的底本，笔者目验、通校《例宗》存世版本近二十种，并未发现。但从文津阁本的面貌来看，文津阁本之底本是一个较为接近宋本的本子。

底本的更换，可以看出馆臣之用心。前文我们提到，浙江吴玉墀所献"倦圃写本"《春秋五礼例宗》就是翰林院本，是文渊阁本之底本。文渊阁《四库全书》成于乾隆四十六年，为北四阁第一部；文津阁《四库全书》成于乾隆四十九年，为北四阁最后一部。文渊阁本由于底本不善，其脱讹十分严重，以致很多内容不可通。对于这一情况，馆臣们可能有所察觉，至迟于文津阁本之时获得了更好的版本，对底本进行了更换。

至于细节的处理，文渊阁本、文津阁本都难称精善。二本虽然校改了少量讹误，但是新增的问题更多。文津阁本甚至连基本的覆校都难以保证。

三、抄配文澜阁本《春秋五礼例宗》

谈及文渊阁本、文津阁本，我们很容易联想到文澜阁、文溯阁本。限于阅览条件，我们这里只能对文澜阁本予以连带讨论。

今存文澜阁本为抄配本（下文简称"抄配文澜阁本"），正文缺卷四、卷五、卷六。缺卷与宋本、翰林院本、文渊阁本、文津阁本同。有《提要》《自序》，无《目录》。抄配文澜阁本《例宗》所载《提要》文字与文渊阁本、文溯阁本、文津阁本均不同，而同于《四库全书总目提要》。文渊阁本《提要》末题"乾隆四十五年九月恭校上"，文溯阁本题"乾隆四十七年十月恭校上"，文津阁本题"乾隆四十九年九月恭校上"，抄配文澜阁本尾题则为"乾隆□□□年□月恭校上"，"年"前空三格，"月"前空一格。检《壬子文澜阁所存书目》，著录有"《春秋五礼例宗》七卷，三册，补抄"①。则此抄配文澜阁本为丁氏补抄无疑。

抄配文澜阁本除了无目录、半页八行之外，文字几乎与宋本全同，质量极佳。笔者在调查《例宗》存世版本时，在南京图书馆发现了一部《例宗》影宋抄本，此本书号0112286，著录为"清抄本"，有《自序》《目录》，正文缺第四、第五、第六卷，半叶十一行，行十八至二十五字，无栏格。此本版心书名、卷数、页数、刻工悉与宋本同，文字亦仿照宋本影抄。抄录完毕后，又以朱笔校改抄录之误，如将"条列"改正作"条例"，"完"字未如宋本避讳处，亦以朱笔涂掩"完"之末笔。此本文字几与宋本全同，甚至连宋本误刀处亦加以标记，是影宋抄本无疑。此本后封皮书脑外上钤朱文"经"字，书脑内略低于"经"处钤朱文"春秋类"三字，书脑外下钤"八千卷楼珍藏善本"印。书内除钤有马玉堂印"汉晋唐斋"、"马玉堂"、"笏斋"，还钤有丁申、丁丙兄弟印"八千卷楼丁氏藏书印"、"彊圉涒滩"、"彊圉柔兆"、"善本书室"、"八千卷楼"，另有"江苏第一图书馆善本书收藏记"印。可知此本为马玉堂旧藏，后归八千卷楼丁氏，再归江南图书馆（后更名江苏省立第一图书馆、南京图书馆）。丁氏《八千卷楼书目》著录有"《春秋五礼例宗》七卷，抄本"②，当即此本。

丁氏为抄配《文澜阁四库全书》广求善本，但是宋本《例宗》在清代已是稀世之宝，极为难得。在此情况下，丁氏选择家藏影宋抄本为底本，已殊为难得。至于抄配文澜阁本无《目录》，很可能是丁氏参照文渊阁本而删。总之，抄配文澜阁本当是以丁氏旧藏影宋抄本为底本。

四、顾氏艺海楼抄阁本《春秋五礼例宗》

存世《例宗》版本中，有一部抄阁本，藏于复旦大学图书馆，应当连类而及，予以关注。此本书号0105，著录为"清道光间顾氏艺海楼抄本"（下文简称"艺海楼本"）。此本无《自序》，亦无《目录》，正文前录有《提要》，正文缺第四、第五、第六卷，半叶八行，行二十一字，栏格为蓝色，版心下印"艺海楼"三字。《提要》首行下钤有"芹圃收藏"、"复旦大学图书馆藏"二印。"芹圃收藏"印乃张钧衡之子张乃熊之印，知是本为张氏旧藏。

艺海楼本前有《提要》，是典型的"抄阁本"。那么这个抄阁本到底依何阁而抄呢？从整体上看，艺海楼本无大段脱文，且无《目录》，与文渊阁本不同，与文

---

① 钱恂编：《壬子文澜阁所存书目》卷一，北京：北京图书馆出版社2008年《明清以来公藏书目汇刊》影印民国十二年浙江公立图书馆刻本，第27页a。

② ［清］丁立中：《八千卷楼书目》卷二，北京：中国书店2008年《海王邨古籍书目题跋丛刊》影印丁氏家刻本，第21页a。

津阁本较为相似。但通校之后,我们发现艺海楼本的异文情况比较复杂,有时与宋本一致,有时与文渊阁本一致,有时与文津阁本一致,有时又与各本均不一致。如:

(1)《例宗》卷八第七页小注"及以来一",翰林院本、文渊阁本、艺海楼本脱此注,宋本、文津阁本不脱。

(2)《例宗》卷三第十三页:"十六年春王正月,雨,木冰。"翰林院本、文渊阁本"木"误作"大"。文津阁本作"木",同宋本。艺海楼本"木"则误作"水"。

艺海楼本并无大段脱文,文字也不同于文津阁本,则艺海楼本当不是据文渊、文津二阁本抄。借助艺海楼本卷前所录《提要》,我们可以得到艺海楼本底本的进一步线索。笔者对校《四库全书总目》、文渊阁本、文溯阁本、文津阁本、艺海楼本所载《春秋五礼例宗提要》,发现五篇《提要》各不相同,以下略举数例(以《总目提要》为底本):

(1)"《春秋五礼例宗》七卷",文渊阁本同《总目》,文溯阁、文津阁、艺海楼本"七卷"作"十卷"。

(2)"登元丰乙丑乙科",文渊阁本、文溯阁本、艺海楼本同《总目》,文津阁本"乙科"作"科进士"。

(3)"尝官司勋员外郎",文溯阁本、文津阁本、艺海楼本同《总目》,文渊阁本"员外郎"作"职"。

(4)"叶梦得",文溯阁本、文津阁本同《总目》,文渊阁本"叶梦得"作"叶得得",艺海楼本作"叶得"。

(5)"澄非剽袭人书者",文渊阁本、文溯阁本、艺海楼本同《总目》,文津阁本脱此句七字。

(6)"义例赅贯",文渊阁本、文溯阁本、文津阁本同《总目》,艺海楼本"例"作"礼"。

(7)"经义考",文渊阁本、文溯阁本、文津阁本同《总目》,艺海楼本"考"作"者"。

(8)"诸家写本",文渊阁本、文溯阁本、文津阁本同《总目》,艺海楼本脱"家"字。

三百余字之《四库提要》,异文竟多达十六处,涉及二十七字,且此五本并无相互全同者。艺海楼本有四处异文与《总目》及文渊阁本、文溯阁本、文津阁本均不同。从全书通校结果来看,艺海楼本抄写相对精良,脱讹较少,《提要》中的四处异文,似乎并非艺海楼本抄写疏失所致。

至此,我们可以得出一个推论,那就是艺海楼本并非抄自《四库》北四阁,乃是抄自《四库》南三阁。结合全书及《四库提要》之异文,我们已经推知文渊阁本、文溯阁本、文津阁本并非艺海楼本底本。艺海楼主人顾沅生于嘉庆四年（1799），此时南三阁已经全部抄写完毕，入藏扬州、镇江、杭州。艺海楼位于苏州地区，临近南三阁。北四阁之文渊阁、文溯阁、文津阁并非艺海楼本底本，而北四阁之文源阁，藏于圆明园，顾沅极难得见，故而我们认为艺海楼本抄自南三阁。南三阁损毁大半，文澜阁原本《例宗》毁于战火，今之文澜阁本是丁氏抄配，故而难以断定具体哪一阁为艺海楼本底本。但是从传世的"抄阁本"来看，绝大多数为依文澜阁本抄，我们认为艺海楼本据文澜阁本抄的可能性最大。

艺海楼本与文津阁本均无《目录》《自序》，且无大段脱文，较为接近。在没有更多材料支撑的情况下，我们认为艺海楼本所据之文澜阁本与文津阁本同源。借助艺海楼本，我们或能稍窥文澜阁正本的面貌。

五、结　语

自 2006 年商务印书馆影印《文津阁四库全书》以来，《文津阁四库全书》与《文渊阁四库全书》的比较研究产生了大量成果，学界逐渐形成了二阁本间异文较多这一共识。本文通过文渊阁本、文津阁本《春秋五礼例宗》的比较研究，发现文渊阁本质量极差，而文津阁本质量较好，两者底本不同，差异悬殊。从《例宗》这一个案来看，文渊、文津二阁的差别似乎比想象的更大。这一结果使得我们对文渊、文津二阁本比较研究的重要性有了更具体的认识。

本文还对抄配文澜阁本与顾氏艺海楼抄阁本进行了探讨，发现抄配文澜阁本底本为丁氏自藏影宋抄本，质量上乘，远超文渊阁、文津阁本。而顾氏艺海楼抄阁本与文津阁本较为接近，又有所不同，质量较高。艺海楼本底本并非北四阁本，极有可能是据已毁于战火的文澜阁本所抄，艺海楼本也很可能是我们探求文澜阁原本《例宗》的唯一线索。现存诸阁本当然是四库学研究的重点，但抄阁本与抄配文澜阁本的研究是正本研究的重要辅助，亦当重视。

从诸本《提要》的校勘结果来看，文溯阁本《例宗》与文渊阁本、文津阁本并不完全一致。由于文溯阁远在兰州，居于高阁，又无影印，文溯阁本《例宗》的情况只好暂付阙如。《四库全书》仅存三套半，《文渊》《文津》《文澜》均已影印，我们呼吁早日启动《文溯阁四库全书》的影印工作，以求为四库学研究提供新的材料。

《国语》四库荟要本校勘记疏补

郭万青

(唐山师范学院中文系,唐山　063000)

摘　要:《四库全书荟要》所收《国语》在史部别史类,用孔传铎本为底本,以许宗鲁本、张一鲲本以及明道本之传录本参校,形成校勘记43条。检点发现:1.校勘记录文有与荟要本《国语》原文不同处,属誊写失误;2.校勘记过于迷信明道本,有刊本不误而从明道本改误者;3.校勘记在出校、不出校的处理上具有随意性;4.明道本传录本之外的参校本在荟要本《国语》校勘记中发挥作用甚微。今参照《国语》多种版本、传本以及相关研究成果,对43条校勘记进行逐条辨析疏补。

关键词:《国语》　荟要本　校勘记

乾隆三十八年(1773)五月,四库馆开始编纂《摛藻堂四库全书荟要》。荟要本《国语》为乾隆四十二年校呈,书钞两部,一存摛藻堂,一存味腴书屋,后者于英法联军侵略中国时毁于圆明园之火。后,清室善后委员会接收宫室,点检收藏,始知《四库全书荟要》尚在人间,陈仲益发为《孤本〈四库全书荟要〉之发见》[①],对《四库全书荟要》之编纂等进行初步研究,介绍给世人。1949年,国民党政府将《荟要》运往台湾,台湾世界书局于1985年影印出版。

《四库全书荟要》和四库七大阁本在图书分类、图书所用底本、校对精审与否方面都存在差异。就《国语》而言,荟要本和文渊阁本、文津阁本存在诸多不同之处,包括书前提要以及《国语》正文等各个方面。此外,与阁本不同的是,《四库全书荟要》所收典籍卷后往往有校勘记,荟要本《国语》亦然。今检荟要本《国语》校勘记一共43条,分别置于卷二、卷四、卷六、卷九、卷十二、卷十八、卷二十一之后。《四库全书荟要总目·史部七·别史一》"国语"下云:"《国语》二十一卷,吴中书仆射、云阳韦昭注。今依前户部尚书臣王际华所上国朝孔传铎

---

① 陈仲益:《孤本〈四库全书荟要〉之发见》,《中华图书馆协会会报》1925年第2期,第19—22页。

刊本缮录,据南北宋本、明椠本张一鲲本、许宗鲁本恭校。"①

孔传铎刊本,即后世所称诗礼堂本。《荟要总目》以"孔传铎刊本"名之,更为精准。盖诗礼堂本至少有两次刊刻,第一次刊刻当在康熙年间,与乾隆刊本不尽相同,乾隆丙戌年间刊本也经过重刻。康熙年间印本首单行"×语×第×",别起两行署"阙里","阙里"左右两行行线上分别署"孔毓圻翊宸鉴定"、"孔毓埏宏舆参订",下分三行署"子侄传铤、传铎、传钜仝校"。乾隆丙戌诗礼堂刊本则首行题"国语第×",别一行居下题"云阳　韦昭　弘嗣　注",又别一行居下题"阙里　孔传铎　振路　校",又别一行顶格题"×语×",另行起为正文。②整体而言,孔传铎本校正孔毓圻本错误不少,是诗礼堂本中的精善之本。

荟要本所据南北宋本具体本子无法得知,但从其校勘记屡屡所称之"宋本"看,其所据宋本当为明道本的校宋本或传录本,非真宋代之原本。至于荟要本是否参考过公序本系统《国语》的宋本亦或宋刻后世递修本,不得而知。所参张一鲲本是明万历年间刊刻的本子③,也是明刻本中流通最广、影响最大的版本。所参许宗鲁本是明代嘉靖五年刻本,采用篆书楷化字以及古字,偶有与今传明道本相同之处,在《国语》诸多刻本中比较独特。今参以宋刻宋元递修本、明德堂本、正学书院本、姜恩本、金李本、张一鲲本等相应的《国语》传本以及相关研究成果,对43条校勘记进行逐条辨析,以利于《国语》荟要本校勘记之整理与研究。

1. 谨案:卷一第二页前一行"昔我先王世后稷",刊本脱"王"字,据宋本增。(第27页)

【按】校勘记所谓"刊本"即指孔传铎本。文渊阁本有"王"字,文津阁本无之。有无"王"字,是《国语》公序本与明道本之间的版本区分标志。校勘记以刊本"脱",意谓刊本之祖本或者《国语》之原本当有,《国语》原本本有"王"字还是后来所加,恐不能遽下断论。清代学者多以有"王"字为是。张以仁则提出质

---

① 台湾世界书局:《景印摛藻堂四库全书荟要目录》,台湾世界书局1988年影印本,第150页。
② 详见拙稿《〈书目答问〉史部〈国语〉类书籍补证:以现行三种汇补著作为主》,《图书资讯学刊》2014年第2期,第161—179页。
③ 大野峻根据张一鲲刻本《战国策》署万历九年,以张一鲲本《国语》刊刻亦在万历九年。见大野峻《公序本的再评价》,《东海大学纪要文学部》第22辑(1974年),第5页。大野峻的推断具有一定道理。因为万历十年,杨际盛即据张一鲲本重刻。张一鲲本详情,可参拙稿《〈国语〉张一鲲本及其系统考述》,《海岱学刊》2016年第2期,第243—263。

疑,谓:"细玩之,实难断其当有'王'字也。"①近来学者,则仍有依从,有谓无"王"字亦通者②,有谓有"王"字更胜者③。

2. 第四页后一行"以责犬戎而示之兵法也",刊本"法"讹"非",据宋本改。(第27页)

【按】文渊阁本、文津阁本与荟要本同。此注文对应正文为"且观之兵",即陈兵威慑之,陈兵威慑自然是"示之兵","示之兵法"恐未允。公序本多本作"非",盖其注文当断为"以责犬戎而示之兵,非也","以责犬戎而示之兵"是注文陈述正文"且观之兵"之义,"非也"是注文增文为释,以揣测祭公谋父言下之意。就注文与正文的匹配度而言,公序本更合,荟要本及四库本改从明道本,恐非。

3. 第六页前七行"修师傅理瞽史之教以闻于王",刊本复衍"修"字,又脱"师傅"二字,据宋本删增。(第27页)

【按】荟要本、文津阁本字作"修",文渊阁本字作"修"。荟要本字作"于",文渊阁本、文津阁本作"于"。孔传铎本作"修,修理瞽史之教以闻于王",递修本、许宗鲁本、张一鲲本同。黄刊明道本作"师傅修理瞽史之教以闻于王",较荟要本及四库本注文更通顺合理。今检惠栋校宋本删一"修"字并于"修理"前增"师傅"二字,沈宝研校宋本亦然。未知校勘记所据校宋本有误,还是核对不谨,发生倒乙。本处注文对应正文为"耆艾修理","修(修)"在注文中作为被释词出现,公序本和明道本释语不同,公序本不出现"修理"行为的发出者,而明道本出之。故汪远孙云:"'师傅'二字,公序本作'修'字,义俱通。"④当然,从注文的规整性和表义的完整性上而言,此处以明道本为优。

4. 第十页后五行"大史掌达官之治",刊本"达"讹"逆",据宋本改。(第27页)

---

① 张以仁:《国语斠证》,台北:台湾商务印书馆,1969年,第4页。
② 如:拙稿《李慈铭〈读书简端记〉补笺》,《中央大学人文学报》第52期(2012年10月),第1—35页。辛德勇《公序本〈国语〉'我先世后稷'文证是》,《文史》2014年第2期,第151—173。
③ 如:刘伟《读〈国语〉札记一则》,《文史》2013年第3期,第187—188页。
④ [清]汪远孙:《国语明道本考异》,北京:商务印书馆,1958年重印第1版,第268页。

【按】文津阁本与荟要本同。文渊阁本字仍作"逆"。今递修本、许宗鲁本、张一鲲本字亦作"逆"。朱熹《仪礼经传通解》引字亦作"逆"。《札记》谓:"当依别本作'逆'。"《考异》亦谓"达"字误。因为《周礼·春官·大史》云:"大史掌建邦之六典以逆邦国之治,掌法以逆官府之治,掌则以逆都鄙之治。"《周礼》原文作"逆",韦昭此处用《周礼》文进行解释。故《札记》云:"当依别本作'逆'。"①汪远孙云:"'达'字误,公序本作'逆'。"②

5. 第十三页后六行"邰、岐之所近也。三川,泾、渭、洛",刊本"邰"讹"盖"、"洛"讹"汭",并据宋本改。(第 27 页)

【按】许宗鲁本"邰"误作"涅",明德堂本、金李本、张一鲲本等皆作"盖",递修本作"邰",与明道本同。邰、岐皆周之发祥地,然就绝对地理位置而言,岐距镐京较邰距镐京更近,且岐更为周之发祥地,故虽"盖岐"与"邰岐"皆近事情,然恐仍作"盖"字更胜。检王太岳《四库全书考证》本处校语云:"三'川,泾、渭、洛',刊本'洛'讹'汭',今改。"③王太岳不录前半句仅录后半句,或者认为"盖"字不误。汪远孙仅胪列异文,不别甲乙。

6. 第十六页后六行"其丹朱之神乎",刊本脱"之神"二字,据宋本增。(第 27 页)

【按】明德堂本、许宗鲁本、张一鲲本等无"之神"二字,递修本有"之神"二字。今检《说苑》作"其丹朱耶",又《通志》卷一八一引亦无"之神"二字。《左传正义》、柳宗元《非国语》《文献通考》引有"之神",《尔雅疏》引无"之神"。当然,又上文"王曰:今是何神也"来看,答语最后落在"丹朱之神"上最为妥当。故张以仁认为此处有"之神"二字"上下承照,章法致密"④。此处假如无"之神"二字,蒙上文而省,似亦不为误。故汪远孙云:"公序本无'之神'二字,《尔雅疏》及《说苑》并同。"⑤

---

① [清]黄丕烈:《校刊韦氏解明道本国语札记》,北京:商务印书馆,1958 年重印第 1 版,第 242 页。
② [清]汪远孙:《国语明道本考异》,同上,第 270 页。
③ [清]王太岳:《四库全书考证》,上海:商务印书馆,1940 年,第 1465 页。
④ 张以仁:《国语斠证》,第 57 页。
⑤ [清]汪远孙:《国语明道本考异》,同前,第 272 页。

7. 第二十二页前七行"守节不淫信也",刊本"节"讹"礼",据宋本改。(第27页)

【按】递修本、姜恩本与明道本同。汪远孙谓:"疑'礼'误,《太平御览·封建部五》作'守法'。"①后文有"行礼",此处不当再有"守礼"。俞志慧谓:"《太平御览》卷二百二作'守法不淫'。观文中连续三次分—行—守—节的言说,而'礼'只是本段话头的总冒,'法'字则于上下文均无着落,知当以明道本作'节'为是。"②可从。

8. 卷二第四页前一行"卢由荆讹",刊本"卢"讹"庐",据宋本改,注同。(第27页)

【按】校勘记"讹"字为"妫"字之误。荟要本"荆"字,文津阁本同,文渊阁本作"荆"。但张一鲲本、文渊阁本注文"荆夫人""荆楚"之"荆"并未改从"荆"。又许宗鲁本字作"卢",当是从明道本而改。文津阁本字仍作"庐"。汪远孙云:"卢,金本作'庐'。《汉书·地理志》'庐江郡'应劭曰:'故庐子国。'"③是亦不以作"庐"字为误。舒大刚《春秋时期少数民族分布研究》云:"卢,字又作'庐''纑',皆同音通假。卢,史书常称为'卢戎',杜预注为'南蛮'。清代学者都认为即《尚书·牧誓》八国之一,曾参加武王伐纣之师。伪孔传说:'卢、彭在西北。'当属于西戎系统,为史称'卢戎'的远因。《逸周书·王会篇》记成周之会,'卜卢以纨牛'孔晁注:'卜卢,卢人,西北戎也,今卢水是。'是卢人原在西北,随武王伐纣,一部东迁定居于荆州,成为南蛮之国。因其新迁处本濮人旧址,故称'卜卢'。卜通'濮'。其本部仍留在西北,居于卢水,在魏晋南北朝时,以卢水胡的名称活跃于西方。《国语·周语中》'卢由荆妫'韦昭注:'卢,妫姓之国。荆妫,卢女,为荆夫人。荆,楚也。'卢东迁后,冒姓妫氏,妫为舜后,卢人姓之,当是渐染华风所致。"④这样看来,字作"卢"或"庐"都通,不必以为误字。

9. 第七页后七行"鲁僖公二十五年也",刊本脱此句,据宋本增。(第27页)

---

① [清]汪远孙:《国语明道本考异》,同前,第273页。
② 俞志慧:《〈国语〉韦昭注辨正》,北京:中华书局,2009年,第21页。
③ [清]汪远孙:《国语明道本考异》,同前,第274页。
④ 舒大刚:《春秋时期少数民族分布研究》,北京:文津出版社,1994年,第205—206页。

【按】汪远孙《考异》谓："已见上篇注。此疑衍。"①与荟要本校勘记意见不同。此与上请隧事在同一年，故此处不出"鲁僖公二十五年"亦可通，不必以公序本为脱。

10. 第十页后三行"季范武子字"，刊本脱"武"字，据宋本增。（第27页）

【按】检本篇前文"晋侯使随会聘于周"注云："随会，晋正卿士蔿之孙、成伯之子，士季武子也。"又"范子私于原公曰"注云："范子，随会也。"则此处"士季"注文谓"季，范子字"并没有什么不妥。汪远孙仅指出异文，不言是非。荟要本校勘记过于依从宋本。

11. 第十三页前一行"司空掌道路者"，刊本"司空"下衍"卿官"二字，据宋本删。（第27页）

【按】递修本等作"司空卿官掌道路也"。陈抄本厘定作"司空卿官掌道路者"。审《周礼》六卿，即谓天官冢宰、地官司徒、春官宗伯、夏官司马、秋官司寇、冬官司空。又《公羊传·文公八年》"宋人杀其大夫司马，宋司城来奔"何休注云："诸侯有司徒、司马、司空，皆卿官也。"②《诗·大雅·绵》"乃召司空，乃召司徒"郑玄笺云："司空、司徒，卿官也。司空掌管国邑。"③《左传·庄公二十六年》"晋士蔿为大司空"杜预注云："大司空，卿官。"④则公序本系统韦昭注文"司空"下有"卿官"二字不误。汪远孙仅胪列异文，不别去取。当然，下文高木熊三郎已经提出"视涂"这种事情不一定卿官亲自做，其属官也是"司空"的范畴，恐怕这是认为公序本韦昭注"卿官"不当有的重要原因。"掌道路"实际上也是司空的职任之一，又不是说司空仅仅掌道路，故有"卿官"不误。"掌道路也"是对司空职能的陈述，而"掌道路者"是对司空职官的介绍，用词不同，语气语义效果不同，基本语义则没有什么区别。

12. 第十三页前六行"县方十六里"，刊本"十六"讹"六十"，据宋本改。（第27页）

---

① ［清］汪远孙：《国语明道本考异》，同前，第275页。
② ［清］阮元校刻：《十三经注疏》，北京：中华书局，1980年影印本，第2269页。
③ ［清］阮元校刻：《十三经注疏》，同上，第510页。
④ ［清］阮元校刻：《十三经注疏》，同上，第1780页。

【按】《文章正宗》卷四、《仪礼经传通解》卷二二亦引作"六十"。递修本则作"十六"。董增龄曰:"《周官·小司徒》'九夫为井,四井为邑,四邑为邱,四邱为甸,四甸为县'郑《注》:'甸之言乘也,读如衷甸之甸,甸方八里,旁加一里,则方十里,为一成。积百井九百夫,其中六十四井三百七十六夫,出田税三十六井三百二十四夫,治洫,四面为县,方二十里。'案:此注甚明,韦解原本必作'县方二十里',后人传写讹为六十里。明道本又疑六十里不近人情,妄改为十六里,皆未检《周礼注》也。"①贾公彦《周礼正义》云:"云'四甸为县,方二十里'者,甸方八里,县应方十六里,云方二十里,据通治洫旁加一里为成而言。"②汪远孙《考异》亦谓公序本误倒。本条改是。

13. 第十七页前七行"言俭也",刊本脱此句,据宋本增。(第27页)

【按】"言俭也"以及下文"言侈也"注文,公序本皆无之。盖上文正文中已经明言侈、俭之分,此处相隔不过一句,而必于注中再次言之,似无必要。检《册府元龟》卷六五五亦引《国语》本篇,此处亦无注文。汪远孙谓公序本误脱注文。下文"言侈也"注文,荟要本亦据明道本补,却未出校记。

14. 谨案卷三第一页前五行"经书,公会尹子、单子、晋侯、齐侯、宋公、卫侯、曹伯、邾人伐郑。六月乙酉,同盟于柯陵",刊本"齐"下误脱十七字,衍"国佐邾人"四字,并据宋本增删。(第55页)

【按】今检汪远孙《考异》云:"公序本作'公会尹子、单子、晋侯、齐国佐邾人于柯陵以伐郑'。案:公序本是也,'单子'系后人误增,下注云:'单襄公时命事而不与会,故不书。'是注无此二字矣。韦宏嗣所据之《经》,在鲁成公十六年,《经》书:'公会尹子,晋侯、齐国佐邾伐郑。《内传》云:'公会尹武公及诸侯伐郑,诸侯之师次于郑西。'杜预云:'柯陵,郑西地。'然则'郑西'即'柯陵',《内传》'郑西之师'即《外传》'柯陵之会'。下文《传》云:'十一年,诸侯会于柯陵。'简王十一年,正鲁成公十六年,会柯陵在前,而盟柯陵在后,本属两时两事,故韦注云于柯陵以伐郑,此通内、外《传》以释之,其说当矣。明道本乃据十七年《经》书'同盟于柯陵',遂误合《国语》,改窜韦注,不知传、注皆不可通也。"③与荟要本校勘记相比,汪说似更合理。

---

① [清]董增龄:《国语正义》卷二,光绪庚辰式训堂刊本,本卷第27页。
② [清]阮元校刻:《十三经注疏》,同上,第712页。
③ [清]汪远孙:《国语明道本考异》,同上,第278页。

15. 第二十三页前三行"中德中庸之德声也",刊本"声"讹"舞",据宋本改。(第55页)

【按】陈树华等认为"舞"字疑为衍文,孔继涵、孔广栻等认为"声"字亦衍。汪远孙《考异》引述陈树华之说。以本处注文为"中德,中庸之德也"。从《国语》"于是乎道之以中德,咏之以中音"全句来看,注文"德"字后面确实不应当有"舞"或"声"字。

16. 卷四第十六页前五行"以高槁储",刊本"槁"讹"夏",据宋本改。(第55页)

【按】校勘记"高"字为"为"字之讹。《国语·鲁语上》本篇原文为:"兽虞于是乎禁置罗猎鱼鳖以为夏槁。"公序本注云:"槁,干也。夏不得取,故于此时搷刺鱼鳖以为夏储。"注文之"夏"对应正文"夏槁"之"夏",明道本字作"槁"的出发点,有可能认为注文已有"夏不得取"作为节令标记,此处再出现"夏"字,有重复之嫌。明道本注文"槁储"强调形态,公序本注文强调节令。从文义上讲,刺取是第一步,槁干是第二步,"夏储"是结果。"以为"后面跟"夏储"是合理的,跟"槁干"似未妥当。汪远孙仅出异文,不明去取。《册府元龟》卷七四一、《文章正宗》卷四、《仪礼经传通解》卷二六引注文作"夏"字。

17. 谨案:卷五第二页前四行"贶赐也",刊本脱此三字,据宋本增。(第76页)

【按】四库本据明道本增此三字注文,而汪远孙《考异》却谓此三字注文当衍,因为上文已经有注,故此处不当再出。今检递修本等公序本上文和本处字皆作"况",而四库本则从明道本上文作"况"、此处作"贶"。今检朝鲜集贤殿校本、惠栋校宋本、顾广圻校跋本、黄刊明道本两处字皆作"贶",但沈宝研校宋本、孔继涵校宋本则一处作"况"、一处作"贶"。由此可见,四库本所依据之宋本,当是沈宝研校宋本一系。王引之《经义述闻》卷六引《国语》上句字亦作"况"。检《左传正义》引本处上句字则作"贶"。从公序本作"况",从明道本作"贶",二字上下相隔数句,似当一律。故此处不必再出注文。汪远孙之说是。荟要本校勘记不可从。

18. 第五页后三行"言楚人欲除其侮慢之耻",刊本"慢"讹"后",据宋本改。(第76页)

【按】检递修本、明德堂本、许宗鲁本、姜恩本、正学书院本、金李本等字亦皆作"慢"。张一鲲本、刘怀恕本、郑以厚本、三余堂本、绿荫堂本则误作"后"。董增龄稿本尚误作"后"字,但是刊本则已改作"慢"。则误作"后"字,是从张一鲲本开始的,前此之本皆不误。校勘记涉及的这一条不具备版本系统特征,可据"别本"改,不必据"宋本"。

19. 卷六第四页前六行"处聚也",刊本"处"讹"州",据宋本改。(第76页)

【按】《仪礼经传通解》《格物通》引注皆作"处"字,今检递修本、明德堂本、许宗鲁本、正学书院本、金李本、张一鲲本等公序本系统《国语》"处"字作"州"。"处"在本篇上文中出现多处,语义一致,而韦昭不释,却在本处释之,似不合理。另外,就本句"令夫士群萃而州处"而言,"处"当为一般动词"居处"之义,"聚集"之义当由"群""州"出。"群萃""州处"之"群""州"语义特征一致。《礼记·王制》"二百一十国以为州"郑注云:"州犹聚也。"故汪远孙《考异》谓:"'州'字是也。"①可见被释词作"州"不误,作"处"倒值得商榷。

20. 第七页后一行"因国政以寄军令也",刊本"国"讹"治",据宋本改。(第76页)

【按】递修本、明德堂本、许宗鲁本、金李本、张一鲲本等公序本系统注文字皆作"治",本句注文对应正文为"作内政以寄军令焉"。沈宝研校宋本、惠栋校宋本、黄刊明道本字则作"国"。正文"作内政"是一个动宾结构,故注文当作"因治政"以与正文相应,不应作"因国政"。明道本误,当从公序本。汪远孙《考异》亦谓:"'国'字涉上文而误,公序本作'治',《太平御览·治道部六》同。"②四库本不审,误从明道本。

21. 第十四页前一行"乘七十二人",刊本"二"讹"五",据宋本改。(第76页)

【按】这里也是公序本和明道本版本系统的差异。今检汪远孙《考异》则谓:

---

① [清]汪远孙:《国语明道本考异》,第294页。
② [清]汪远孙:《国语明道本考异》,第295页。

"'二'字误,公序本作'五'。"①《左传·隐公元年》"命子封帅车二百乘以伐京"杜注:"古者兵车一乘,甲士三人,步卒七十二人。"故一乘实为七十五人。因此明道本"七十二"之"二"为"五"字之误。荟要本从误。

22. 谨案卷七第一页前七行"更为翼侯。后十五年,桓叔之子庄伯伐翼",按此十六字刊本误脱,据宋本增。(第102页)

【按】此处牵涉韦昭引述史实周详程度与否的问题。引述黄刊明道本韦昭注全文如下:"武公,曲沃桓叔之孙、严伯之子武公称也。翼,晋国都也。哀侯,晋昭侯之孙、鄂侯之子哀侯光也。初,昭侯分国,以封叔父桓叔为曲沃伯。〔曲〕沃盛强,昭侯微弱。后六年,晋潘父弑(杀)昭侯而纳桓叔,不克。晋人立昭侯之子孝侯于翼,更为翼侯。后十五年,桓叔之子严伯伐翼,杀孝侯。翼人立其弟鄂侯。鄂侯生哀侯。鲁桓三年,曲沃武公伐翼,杀哀侯,后竟②灭翼侯之后而兼之。鲁庄(严)公十六年,王使虢公命武公以一军为晋侯,遂为晋祖考。"〔 〕中字为公序本有而明道本无者,划线部分为公序本无者,( )中字是公序本与明道本不同者。仅从引述史实补充正文的相对完整性上而言,公序本并无不妥、不通之处。《册府元龟》卷七四六引注与《国语》公序本同。又荟要本校勘记误以"庄(严)伯"为脱文,而将公序本不存在的"于翼"二字漏掉了。

23. 第二页前七行"大夫占兆",刊本"兆"讹"色",据宋本改。(第102页)

【按】所校之处为"遇兆衔以骨,齿牙为猾"注文。今检文渊阁本、文津阁本字仍作"色"。《太平御览》卷七二六、《册府元龟》卷七三二引注字亦作"色"。三本中唯荟要本改作"兆"。本句注文上下文为:"礼:卜,卜师作龟,大夫占色(兆),史占墨也。"《周礼·春官宗伯·占人》云:"凡卜筮,君占体,大夫占色,史占墨,卜人占坼。"韦昭据《周礼》为释。公序本不误,明道本误。汪远孙已经指出公序本是正确的③。荟要本误从明道本改字。

24. 第四页前三行"立以为夫人也",刊本脱此句,据宋本增。(第102页)

【按】《册府元龟》卷七三二引"又增其宠"下亦无注文,与公序本同。《晋语

---

① 〔清〕汪远孙:《国语明道本考异》,第296页。
② 此"竟"字,递修本误作"音"。
③ 〔清〕汪远孙:《国语明道本考异》,第297。

一》"又增其宠"句对应上文"获骊姬以归,有宠,立以为夫人",无注文似亦不难理解。至于韦昭注此书时,此处是否有注文,颇难断定。汪远孙《考异》亦谓公序本脱。

25. 第十六页前二行"左右异色",刊本脱"色"字,据宋本增。(第102页)

【按】这四个字是"衣之偏裻之衣"的注文,公序本、黄刊明道本注文皆作"裻在中,左右异,故曰偏。"今所见惠栋、沈宝研、顾广圻亦皆无"色"字,唯孔继涵校宋本有"色"字,谓:"《魏都赋》注引云:韦昭注曰:裻在中,左右异色,故曰偏裻。"陈树华《外传考正》也揭出李善注引韦昭注文与今传之不同。但是录文的时候仍然依从今本,并未依从李善注。汪远孙《考异》复引述《左传》杜注"偏衣左右异色,其半似公服"为证。《史记集解》引服虔曰:"偏裻之衣,偏异色,驳不纯,裻在中,左右异,故曰偏衣。"裁布为衣,则必有缝,这个缝一定是在衣服的后背,到今天依然如此,而且这个背缝一定位居整个衣服圆周的正中,此其常理,"偏裻",也就是本来应该在衣服正中的背缝却没有在正中,不在正中也就不符合常理,那么晋献公赐给申生的这个衣服的背缝也就偏离了其正中位置,所以下文才有仆人赞"君赐之奇,奇生怪,怪生无常,无常不立。使之出征,以先观之,故告之以离心","离心"恰恰和"偏裻"相呼应。此处主要强调位置而非色彩,故无"色"字至当。荟要本所据校宋本与校宋本多本以及黄刊明道本都不同。

26. 卷九第九页前五行"易者易疆界也",刊本脱"易者"二字,据宋本增。(第102页)

【按】此为"焉作辕田"注文。公序本注文作"赏众以田,易疆界也",明道本注作"赏众以田。易者,易疆界也"。从注文来看,"易疆界"是"赏田"的伴随性行为。前文已释"辕"为"易"、"辕田"为"易田之法",此处似无必要再释"易"字。是以无"易者"二字更当。汪远孙《考异》谓公序本是,可从。

27. 谨案卷十第七页后二行"赵夙之弟也",刊本"夙"讹"氏",据宋本改。(第129页)

【按】今检递修本、明德堂本、许宗鲁本、姜恩本、正学书院本等公序本字皆不误。金李本、张一鲲本、刘怀恕本、郑以厚本、吴勉学本、闵齐伋本、绿荫堂本、诗礼堂本等"夙"即误作"氏",故陈树华谓"嘉靖本'夙'始误'氏'"①。

28. 第十页后三行"然则请止狐偃",刊本脱"然"字,据别本增。(第129页)

【按】递修本、许宗鲁本等有"然"字,《国语》之明德堂本、正学书院本、金李本、张一鲲本、吴勉学本、闵齐伋本等脱"然"字。荟要本校勘记所谓"别本"即许宗鲁本。

29. 第十页后五行"媾厚也遂终也",刊本作"媾厚于其罪也",据宋本改。(第129页)

【按】姜恩本、文渊阁本作"遂终也媾厚也",唯姜恩本"终"误作"纵",此处对应正文为"彼已之子,不遂其媾",文渊阁本注文次序与正文相应。递修本、许宗鲁本注与荟要本同。明德堂本、正学书院本、金李本、张一鲲本等作"媾厚于其罪也"。陈树华谓:"'媾,厚也。遂,终也',补修元本、许本与宋本合(补修元本'终'字作'纵'。案《毛诗》郑笺:'遂犹久也。'则作'终'为是)。弘治本'厚'下空三字。嘉靖本始误作'媾厚于其宠也'。"②弘治本空三字,明德堂本源自弘治本,故添补阙字而误,后之刻本遂沿其误。可见公序本多本之误。

30. 第十八页前八行"郇郑地",刊本"郑"讹"晋",据宋本改。(第129页)

【按】《说文·邑部》:"郇,周文王子所封国,在晋地。"汪远孙《考异》亦谓公序本"郇"字是,明道本"郑"字误。故四库本从明道本改字作"郑"是错误的。

31. 第三十页前一行"若是,则文王非专教诲之力也",刊本脱"若"字,据宋本增。(第129页)

【按】今检递修本、明德堂本、许宗鲁本、金李本、正学书院本、张一鲲本、闵齐伋本、吴勉学本、诗礼堂本等公序本皆无"若"字。今检陈树华《外传考正》云:"宋本'是'上有'若'字,依宋本,自当以'是'字为句,'则'字属下。然详译文义,

---

① [清]陈树华:《春秋外传考正》卷十,国家图书馆藏卢文弨抄本,本卷第4页。
② [清]陈树华:《春秋外传考正》卷十,同上,本卷第7页。

仍从众本为惬顺。"①故陈树华厘定正文不取"若"字。汪远孙《考异》仅仅指出二本不同,不别去取。今检《册府元龟》卷七三二、卷七四〇、《通志》卷九十引皆有"若"字。其上下文云:"臣闻:昔者大任娠文王不变,少溲于豕牢而得文王,不加疾焉。文王在母不忧,在傅弗勤,处师弗烦,事君不怒,孝友二虢,而惠慈二蔡,刑于大姒,比于诸弟。《诗》云:'刑于寡妻,至于兄弟,以御于家邦。'于是乎用四方之贤良。及其即位也,询于八虞而咨于二虢,度于闳夭而谋于南宫,诹于蔡、原而访于辛、尹,重之以周、邵、毕、荣,亿宁百神,而柔和万民。故《诗》云:'惠于宗公,神罔时恫。'若是,则文王非专教诲之力也。"黄刊明道本"若是"连用9处,除本处用例之外,另外两处"若是"和"则"连用,《周语中》"若是,则阙乃内侮","若是,则必广其身"。《周语中》两例"若是"前只有古语征引,并无事实陈述。《晋语四》本篇"若是则"前主体成分为文王经历,属于事实陈述。事实陈述是真实存在且已经发生的,似不当用"若"字,陈树华之说似可从。

32. 卷十一第一页前六行"郤成子也",刊本"成"讹"之",据宋本改。(第129页)

【按】今检递修本、许宗鲁本、姜恩本字作"成"。明德堂本、正学书院本、金李本、张一鲲本等则误作"之"。《札记》《考异》皆未出校。张以仁《国语斠证》校出,亦谓:"'郤之子'无解,误。"②

33. 谨案卷十四第三页后八行"三世事家君之",刊本"事"作"仕",据宋本改。(第151页)

【按】递修本、明德堂本、许宗鲁本、正学书院本、金李本、张一鲲本等公序本系统字皆作"仕",《困学纪闻》卷六引字作"仕",与公序本同。汪远孙《考异》谓:"依注,作'事'。"③盖韦注云:"三世为大夫家臣,事之如国君也。"汪说可从。荟要本等改是。

34. 第七页前八行"成伯生缺",刊本讹作"缺成伯",据宋本改。(第151页)

---

① [清]陈树华:《春秋外传考正》卷十,同上,本卷第19—20页。
② 张以仁:《国语斠证》,台北:台湾商务印书馆,1969年,第240页。
③ [清]汪远孙:《国语明道本考异》,第318页。

【按】今检递修本、明德堂本、许宗鲁本、正学书院本、金李本、张一鲲本、诗礼堂本注文为："士蔿生成伯缺，成伯缺生武子士会。"按照明道本，则注文为："士蔿生成伯，成伯生缺，缺生武子士会。"《札记》谓："当依别本。"①汪远孙《考异》谓："公序本是也。《史记索隐》引《世本》合。"②《史记正义》亦以成伯缺为一人，又《册府元龟》卷七八二引注文作"士蔿生成伯缺，缺生士会"。荟要本等依从未当。

35. 第十六页前八行"楚公子围杀郏敖子干奔鲁"，刊本"敖"讹"放"，据《左传》改。（第151页）

【按】荟要本"鲁"字，文渊阁本、文津阁本作"晋"。今检递修本、明德堂本、许宗鲁本、正学书院本、金李本、张一鲲本、黄刊明道本等皆作"敖""晋"。是诗礼堂本误"敖"作"放"。此处荟要本未参宋本、别本，直接据《左传》而改，和其前后校勘之依从标准有区别，比较奇怪。

36. 第十七页前三行"且秦楚匹也"，刊本"秦楚"讹"楚秦"，据宋本改。（第151页）

【按】公序本作"楚秦"。惠栋等校宋本改作"楚秦"，黄刊明道本从之，《札记》《考异》未出校。本篇开头几句为："秦后子来仕，其车千乘。楚公子干来仕，其车五乘。"按照这儿的记述顺序，下文似当为"秦楚"。但就文义表达而言，强调"楚"和"秦"匹敌，楚公子虽车五乘，亦当与秦公子匹敌，其主体当为"楚"而非"秦"，故当为"楚秦"。公序本不误，不必改从。

37. 谨案卷十六第一页后六行"薛任姓"，刊本"任"讹"妊"，据别本改。（第176页）

【按】今检递修本、许宗鲁本、正学书院本、姜恩本字作"任"。明德堂本、金李本、张一鲲本、郑以厚本等字作"妊"。校勘记所云"别本"当指许宗鲁本。张以仁谓字当作"任"，引《左传·隐公十一年》"寡人若朝于薛，不敢与诸任齿"为

---

① [清]黄丕烈：《校勘韦氏解明道本国语札记》，北京：商务印书馆，1958年重印第1版，第258页。
② [清]汪远孙：《国语明道本考异》，第318页。

证。并进一步推断"任"原作"姙",亦作"妊",或公序本原作"妊"而误"妘"①。今检载籍中以薛为任姓。

38. 第九页前三行"当宣王时而生",刊本脱"时"字,据宋本增。(第176页)

【按】递修本等公序本《国语》无"时"字。汪远孙《考异》云:"公序本无'时'字,《诗疏》同。"②"当"作为介词组成介宾结构表示动作行为发生的时间或处所是常见用法,"当是时"也常见,但是"当××时"似较少见,《国语》中仅此一例。从句法韵律的角度来看,恐怕以无"时"字更合。

39. 第十页前七行"则其亡非平王时也",刊本脱"非"字,据别本增。(第176页)

【按】递修本、明德堂本、许宗鲁本、正学书院本、金李本、张一鲲本、郑以厚本、三余堂本、诗礼堂本等公序本系统《国语》皆无"非"字,校勘记所谓"别本"当为"宋本"之误。汪远孙《考异》云:"'非'字误。《诗·韩奕》疏引注作'在'字,是也。公序本脱'在'字。"③"其亡平王时"为主述关系,句法整严,并非不通,不必有"在"字。

40. 谨案卷十九第十一页后七行"然灭虢韩魏",刊本脱"灭"字,据宋本增。(第198页)

【按】检荟要本相应位置注文为"然灭虞虢韩魏",校勘记脱"虞"字。递修本等四库本以前之公序本系统《国语》"然"后皆无"灭"字,当为脱漏,汪远孙《考异》已揭出。

41. 第十四页后五行"三月克博至于嬴是也",刊本"三"讹"五",据宋本改。(第198页)

【按】荟要本"三",文渊阁本、文津阁本仍作"五"。《左传·哀公十一年》云:

---

① 张以仁:《国语斠证》,第298页。
②③ [清]汪远孙:《国语明道本考异》,第327页。

"五月克博,壬申至于嬴。"可证字当作"五"。今检公序本、明德堂本、正学书院本、许宗鲁本、姜恩本、金李本、张一鲲本、诗礼堂本、黄刊明道本等皆作"五"。惠栋校宋本改作"三",是其所据传录本字亦误作"三",荟要本因从传录本改字。

42. 卷二十第一页前七行"言在众子同姓之列者",刊本"言"讹"年",据宋本改。(第198页)

【按】递修本、明德堂本、正学书院本、金李本、张一鲲本、孔传铎本、黄刊明道本"言"作"年",许宗鲁本则作"言"。姜恩本此处无字。今检惠栋校宋本此处不出"言"字,或其所参传录本字亦作"年",而孔继涵校宋本则出"言"字,盖其本出戴震。汪远孙《考异》唯云:"年,作'言'。"①张以仁云:"作'年'无解,作'言'是也,盖由音误。然金、秦、董、日、时、崇各本皆作'年',《考异》所云作'言'者不知何本。"②恐汪远孙据许宗鲁本而校,而且这一条应该是汪远孙自己检寻许宗鲁本所得,因为陈奂替汪远孙校《国语》所用许宗鲁本缺《越语》二卷。回到问题本身,"言"属于训诂术语,用于串讲句义。"年"则表示年龄。"国子姓,言在众子同姓之列者"中之"言"作谓语中心词,连接主语和宾语;"国子姓,年在众子同姓之列者"整句是一个主述关系,"国子姓"仍然是主语,而"年在众子同姓之列者"是小句作述语,在这个述语小句中,"年"是主语,"在"是谓语中心词,而"众子同姓之列者"是宾语。"年"与"言"意义、语法功能都不相同,不能等同视之。王念孙《读书杂志·余编》指出韦昭注非是,以《丧大记》郑注"子姓,谓众子孙也"为释。

43. 第二页后三行"三江,吴江、钱塘、浦阳江也",刊本"吴"讹"松",据宋本改。(第198页)

【按】递修本、明德堂本、许宗鲁本、正学书院本、金李本、张一鲲本、诗礼堂本等四库本以前之公序本《国语》字皆作"松"。汪远孙《考异》仅揭出异文,不明去取。张以仁云:"据《读史方舆纪要》,松江又称吴淞江,又称吴江。是吴江、松江似二实一。然《水经·渐水注》及《夏本纪》索隐引韦昭皆作'松江',则韦原作'松江'也。《丹铅综录》二引亦作'松江',则是据公序之本。"③《黄氏日钞》卷五二引注字亦作"松"。《小学绀珠》卷二"三江"条下"吴松江、钱塘江、浦阳江"注

---

① [清]汪远孙:《国语明道本考异》,第338页。
② 张以仁:《国语斠证》,第325页。
③ 张以仁:《国语斠证》,第327页。

云:"《禹贡释文》。韦昭云《越语》'吴三江环之'注云云。"可与张以仁所引《读史方舆纪要》相呼应。从《水经注》《史记索隐》引字作"松"来看,公序本"松江"之称似早于明道本"吴江"。

就43条校勘记来看:

一、出校勘记或不出校勘记,似乎比较随意。比如有无"王"字,是公序本与明道本版本特征之一,荟要本出校勘记。同样作为公序本、明道本版本系统特征的"瞽献曲(典)",荟要本从明道本改作"曲",却未出校勘记。

二、校勘记对明道本过于迷信,校勘记中多条据明道本而改,而明道本本误,荟要本以及此后的四库本不审,却将本来正确的改错。

三、《目录》虽云校勘时根据南北宋本、张一鲲本、许宗鲁本,从校勘记来看,似乎更多依从明道本,许宗鲁本、张一鲲本基本没有参照。像"放"为"敖"字之误,除了诗礼堂本有误外,其他公序本各本以及校宋本皆不误,校勘记不取所参诸本却远求诸《左传》,也是不可思议的事情。

四、校勘记誊写过程中有误字,有与荟要本本文不一致之处,皆未能校出。

魏鹤山治学特色管窥*

——《四部丛刊》《四库全书》本《鹤山集》比较研究

尹 波 郭 齐

（四川大学古籍所，成都　610064）

摘　要：现存魏了翁文集之宋开庆元年成都刻本与四库全书本存在大量异文，这主要缘于四库本的妄改，大致可分为不谙古语、不明通假、不知古今、不懂引申、不辨字形、不晓通用、形近臆改等几种类型。这些异文不仅见出了二本的优劣，更重要的是，结合魏了翁整个思想学术体系加以考察，还从一个侧面反映出了魏了翁"强烈的复古倾向"以及"深厚的汉学功底"两大学术特色。魏了翁对小学的精深研究和造诣，在两宋学者中罕有其伦，他应是宋代理学中汉学一派的典型代表。

关键词：魏了翁　《鹤山先生大全文集》　宋代汉学　巴蜀文化

今存世魏了翁文集版本凡四种，即宋开庆元年成都刻本（四部丛刊据之影印，并增补安国铜活字本）、明嘉靖初锡山安国铜活字本、嘉靖三十年邛州吴凤刊本和清乾隆间四库全书本。四种版本均有残缺，而以四部丛刊本和四库全书本为通行本。其中，以完整性而言，安国本最全；以文字内容而言，宋本最精。吴凤本、四库本则恣意妄改，遗患无穷。

在整理《鹤山集》过程中，我们发现宋本与四库全书本存在大量异文，孰是孰非，颇需费一番判断功夫。而这些异文的存在，不仅见出了二本的优劣，更重要的是，还从一个侧面反映出了魏了翁的学术特色，值得加以梳理。总体来看，四库本的妄改大致可分为不谙古语、不明通假、不知古今、不懂引申、不辨字形、不晓通用、形近臆改等几种类型，而以前两类为大宗。以下举出一些实例，略加

---

* **基金项目**：四川大学中央高校基本科研业务费研究专项项目《魏了翁全集》（skjp201301）、四川大学创新火花项目《以传状碑志为中心的宋代女性资料整理与研究》（2018hhs—52）。

辨析，以供方家批评。所引例句以四部丛刊影印本①为底本，四库本②异文则用括弧标出。

一

1. 不谙古语

卷14《赐洪咨夔辞免除吏部侍郎兼给事中不允诏》："卿首以忠清，蠲涤垢玩（污）。"按，"垢玩"乃古语，《后汉书·崔骃传附崔寔传》云"政令垢玩，上下怠懈"，③《新唐书·宦者下》云"百度崩弛，内外垢玩"④是其例，此不当改甚明。改者见有一"垢"字，于是望文生义。

卷26《三辞乞以从官参赞军事从丞相行奏札》："前者立脱其责，后者兴（与）受其败。"按，"兴受其败"乃《尚书·微子》语，原文是："商今其有灾，我兴受其败。"孔传："灾灭在近，我起受其败，言宗室大臣义不忍去。"⑤兴者起也，有挺身而出之意。改者不谙古语，一字之别，深浅立见。

卷37《郑丞相》："蜀置自近岁多故，习成皋（怠）缓。"按，"皋缓"盖有出处，馆臣浅薄，改"皋"为"怠"，适见其无知。《左传·哀公二十一年》："鲁人之皋，数年不觉。"杜注："皋，缓也。言鲁人皋缓数年，不知答齐稽首。"⑥

卷38《资州新创贡院记》："校艺之馆，藩拔级夷（组绂委顿）。"按，"藩拔级夷"乃韩文公语。《韩昌黎文集校注·衢州徐偃王庙碑》："藩拔级夷，庭木秃缺。"马其昶校注："《补注》：曾国藩云，藩篱撤，阶级平也。"⑦此无甚难懂，馆臣不知何苦改之。

卷40《眉州新修蟇颐堰记》："然则是堰也，昔人之经启（略）于斯为不少矣。"按，"经启"乃古语，源远流长，历世沿用。《左传·襄公四年》："昔周辛甲之为大史也，命百官官箴王阙，于《虞人之箴》曰：芒芒禹迹，画为九州，经启九道。"杜注："启开九州之道。"⑧改者陋矣。

---

① 《鹤山先生大全文集》，上海：商务印书馆影印嘉业堂藏宋刊本，1929年。以下简称《文集》。所引例句均出自该本，不再一一标注出处。
② 《鹤山先生大全文集》，上海：古籍出版社影印文渊阁四库全书，1987年。
③ 《后汉书》卷52，北京：中华书局，1982年，第1726页。
④ 《新唐书》卷208，北京：中华书局，1982年，第5885页。
⑤ 阮元校刻：《十三经注疏》上册，北京：中华书局，1991年，第178页。
⑥ 阮元校刻：《十三经注疏》下册，第2181页。
⑦ 马其昶：《韩昌黎文集校注》卷26，上海：上海古籍出版社，1986年，第413页。
⑧ 阮元校刻：《十三经注疏》下册，第1933页。

卷47《拙斋记》："具（且）曰予圣，国事之日非而有不知也。"按，此亦古语。《诗经·正月》："具曰予圣，谁知乌之雌雄。"毛传："君臣俱自谓圣也。"①若冷语僻字，尚情有可原，"具"字无甚难懂，不知何苦改之。

卷47《积善堂记》："朝朝莫夕（朝益暮习），油油翼翼。"按，《周礼·夏官·道仆》："道仆掌驭象路以朝夕燕出入，其法仪如齐车。"郑注："朝夕，朝朝莫夕。"贾疏："朝朝莫夕在正朝来往。"②此语甚古，然后代沿用，也非稀见。改者不明，添盐加醋，遂与原意大相径庭。

卷50《耻斋记》："虽君公师长载（在）高位，食厚禄。"按，"载高位"出《汉书·董仲舒传》："身宠而载高位，家温而食厚禄。"颜师古注："载亦乘也。"③馆臣不解擅改，实足贻笑。

卷51《程氏东坡诗谱序》："非若唐人家花车斜之诗，竞为庾（瘦）辞险韵，以相胜为工也。"按，《国语·晋语》："有秦客庾辞于朝。"韦注："庾，隐也，谓以隐伏谲诡之言问于朝也。"④作者此处正用其义，馆臣改为"瘦"字，失其本意矣。

卷53《彭山李肩吾从周字通序》："思欲发明文字之本始，聊以乱（集）思丑类，为用力之端本。"按，"乱思"出赵岐《孟子注疏·题辞解》："聊欲系志于翰墨，得以乱思遗老也。"⑤馆臣所改，文意既异，笔风亦别矣。

卷54《卫正叔礼记集说序》："迨是古（自秦）挟书之令作而《礼》再厄。"按，"是古"者以古为是也。《汉书·刘歆传》："陵夷至于暴秦，燔经书，杀儒士，设挟书之法，行是古之罪。"颜师古注："以古事为是者即罪之。"⑥作者正用此意，不知为何改之。

卷57《湘乡萧定夫师友堂铭》："相酗（鬻）以文，相盐（蛊）以利。"按，酗，滥酒，引申为沉迷，此句并无甚难懂。"相盐以利"则自古语而来。《礼记·郊特牲》："而流示之禽，而盐诸利，以观其不犯命也。"注："流犹行也。行，行田也。盐读为艳，行田示之以禽，使歆艳之，观其用命不也。"⑦宋黄仲元《莆阳黄仲元四如先生文稿》卷一《莆田县庙学圣像记》云："颠冥富贵，相盐以利者勿入。"⑧改者

---

① 阮元校刻：《十三经注疏》上册，第442页。
② 阮元校刻：《十三经注疏》上册，第858页。
③ 《汉书》卷56，北京：中华书局，1975年，第2520页。
④ 《国语》卷11，上海：上海古籍出版社，1982年，第401页。
⑤ 阮元校刻：《十三经注疏》下册，第2663页。
⑥ 《汉书》卷36，第1968页。
⑦ 阮元校刻：《十三经注疏》下册，第1450页。
⑧ 黄仲元：《莆阳黄仲元四如先生文稿》卷1，上海：上海商务印书馆，四部丛刊三编影印明嘉靖刻本，1935年，第29页。

不明，必以"酗"为音近而误，"盐"为形近而误，因而擅改。

卷65《题杨慈湖所书韩贯道墓后》："不平阙可乎（曰：然则可乎）。"按，所谓"平阙"，乃古时敬称阙字的书写体式，如同避讳、抬写之类。《唐六典》卷4就规定："凡上表疏笺启及判策文章如平阙之式。"①《续资治通鉴长编》卷71载："癸卯，诏自今公私文字中有言及玉皇者并须平阙。"②卷109《师友雅言》重出此条，讲得更为明白。云："不平阙可乎？曰，魏晋以来文书不足法，谓之出跳。吾六经二汉为据。"自注："出跳出《左氏》会于夷仪之岁注，襄二十五年出跳疏中。"改者不明"平阙"之义而擅改，致与原文风马牛不相及，文意不通，不知所云。

卷69《太孺人赐冠帔黎氏墓志铭》："谓报则那（彰）？卒负其偿。"按，《左传·宣公二年》："牛则有皮，犀兕尚多，弃甲则那？"杜注："那犹何也。"③改者不解"那"字，又不肯存疑，只好胡改一字，致与上句"其报孔彰"重复，不问其义通与不通、其音谐与不谐。

2. 不明通假

卷4《送侯成甫归蜀》："前霄（宵）大江半归壑，来岁候虫已坏宅。"按，"霄"通"宵"，不误，四库本妄改。《吕氏春秋校释·明理》："有昼盲，有霄见。"高诱注："霄，夜。见，明也。"④

卷14《赐李埴再上章乞还故里不允不得再有陈请诏》："夫委质为臣，苟有以毕诚单（殚）虑，济登乃辟，如汉汲、萧，则宁复以居中为嫌？"按，"单"乃"殚"的通假字，尽也，不当改甚明。《荀子简释·富国》："必至于资单国举然后已。"⑤杨倞注："单，尽也。"

卷18《应诏封事》："故士稍知廉耻者，决不肯簉（造）乎其间。"按，"簉"通"萃"，比也，聚也。《六臣注文选》卷三31江淹《颜特进侍宴》："中坐溢朱组，步栊簉琼弁。"吕延济注："簉，比也。"⑥此属臆改。

卷20《奏乞将赵汝愚配飨宁宗庙廷第一札》："党（傥）犹以婴祸触讳为疑，暗不一言。"卷25《三乞祠》："党（傥）蒙圣慈检会累牍，速赐矜允施行。"卷28《奏和不可信常为寇至之备》："或者谓党（傥）可以稍纾目前，姑为一二年休养之计。"

---

① 《唐六典》卷4，明刻本，第6页。
② 李焘：《续资治通鉴长编》卷71，大中祥符二年四月癸卯条，北京：中华书局，1980年，第1604页。
③ 阮元校刻：《十三经注疏》下册，第1866页。
④ 陈其犹：《吕氏春秋校释》卷6，北京：学林出版社，1984年，第358页。
⑤ 梁启雄：《荀子简释》第十篇，北京：中华书局，1983年，第135页。
⑥ 李善等：《六臣注文选》卷31，上海：上海商务印书馆，四部丛刊影印宋刻本，1929年，第34页。

按,"党"通"傥",这几例均不当改。《荀子简释·天论》:"怪星之党见,是无世而不常有之。"①

卷20《奏将帅漕馈送添犒诸军》:"备仞(物)假宠,微臣之意不任感激。"按,"仞"为"认"的通假字,此用法古已有之。《汉书·孟喜传》:"后宾死,莫能持其说,喜因不肯仞。"②宋李刘《梅亭先生四六标准》卷38《回魏教谕》:"谦扨委赘,备仞勤渠。"③备仞者,充分地感受到也。四库本不识通假,率尔改之。

卷35《答丁大监》:"向来曾作邵子工夫,近亦重别寻驿(绎)。"按,"驿"通"绎",不当改也。《汉书·王莽传》:"及吏民以义入钱谷助作者骆驿道路。"颜师古注:"骆驿,言不绝。"④

卷37《郑左相》:"连日俟候取禀,不获詹(瞻)望。"按,"詹"通"瞻",古已有之,改字多余。《诗·鲁颂·閟宫》:"泰山岩岩,鲁邦所詹。"⑤

卷38《永康军评事桥免夫役记》:"既祥(详)颠末,谓不可无纪。"按,"祥"通"详",知悉也,改字多余。《尚书·吕刑》:"有邦有土,告尔祥刑。"⑥

卷39《石泉军军学记》:"凡而訾(赀)用,率仰奉赐。"按,"訾"通"赀",于古有征,不烦改也。《汉书·司马相如传》:"更名相如,以訾为郎。"⑦

卷39 又:"俟以书邸(抵)余曰。"按,"邸"本通"抵",至也,何烦改之?《史记·河渠书》:"自中山西邸瓠口为渠。"⑧

卷44《绵竹县湖桥记》:"度地飞凫门外,猪(潴)为湖,周广六十有五丈。"卷45《璧津楼记》:"尽力于匽猪(潴),且为支流以泄其怒。"按,"猪"通"潴",水积聚也,亦不当改。《尚书·禹贡》:"大野既猪。"⑨

卷66《成都佥判到任谢刘制置启》:"油莫(幕)风清,闲郾城之棋柝。"又《通谢尚书启》:"洒复着从事衫以陪入莫(幕)之宾。"按,"莫"通"幕",改字多余。《史记·张释之冯唐列传》:"上功莫府。"⑩

卷73《安德军节度使赠少保郡王赵公希馆神道碑》:"以琴书诗酒自虞

---

① 梁启雄:《荀子简释》第十七篇,第226页。
② 《汉书》卷88,第3599页。
③ 李刘:《梅亭先生四六标准》卷38,上海:上海商务印书馆,四部丛刊续编影印宋刻本,1934年,第3页。
④ 《汉书》卷99下,第4161页。
⑤ 阮元校刻:《十三经注疏》上册,第617页。
⑥ 阮元校刻:《十三经注疏》上册,第249页。
⑦ 《汉书》卷57上,第2529页。
⑧ 《史记》卷29,北京:中华书局,1975年,第1408页。
⑨ 阮元校刻:《十三经注疏》上册,第148页。
⑩ 《史记》卷102,第2759页。

（娱）。"按，"虞"通"娱"，改字多余。《汉书·魏相传》："臣闻明主在上，贤辅在下，则君安虞而民和睦。"①

3. 不知古今

卷25《辞免除资政殿学士知潭州札子》："庐山待命，江池权（舣）舟。"按，《史记·项羽本纪》："于是项王乃欲东渡乌江，乌江亭长权船待。"②"权"同"舣"，"权"早出而"舣"晚出，作者自有取舍，不必改亦不当改。

卷28《奏虏犯随信光黄等处事宜》："使吾竟（境）内尽空，国贫民寡。"按，"竟""境"古今字，不当改甚明。《礼记·聘义》："君使士迎于竟。"③《管子》卷20《形势解》："主明而国治，竟内被其利泽。"④

卷37《郑丞相》："守之以攸（悠）久，谨终如始。"按，"攸"同"悠"，作者从古，无烦改之。《广成集·飞龙唐裔仆射受正一箓词》："上愿龙图攸久，凤历延洪。"⑤

4. 不懂引申

卷28《除端明殿学士同签书枢密院事督视江淮京湖军马谢表》："俾并边渴日（竭力）以经纶。"按，四库本盖不懂"渴日"之义而以为有误，因而擅改。其实"竭尽"只是"渴"字的一个引申义项，宋人岳珂对此早有专门考辨。《刊正九经三传沿革例》云："《书·泰誓》注：吉人渴日以为善，凶人亦渴日以为恶。疏以渴作竭。《释文》渴，苦曷反。泛而观之，疏则以其义为竭尽之竭，《释文》则音为饥渴之渴。然考之《周礼》'渴泽用鹿'，渴其列反，则渴字亦有竭音。《说文》：渴，丘葛反，尽也。则音饥渴之渴，其字亦有竭义。注所谓渴日，盖犹言尽日也，今只作渴。"⑥

5. 不辨字形

卷62《跋游景仁所藏裴绍业告》："'书'不从'者（曰）'，而其下为'曰'。"按，此跋乃列举诰命中"东""都""书"等字与篆书字形不合，而《说文解字》"书"字从聿，者声，所据正为小篆字形。作者是说诰命中"书"字从"日"乃后起写法，因而与从"者"之小篆不合。改者不懂字形沿革，足见浅薄。

---

① 《汉书》卷74，第3137页。
② 《史记》卷7，第336页。
③ 阮元校刻：《十三经注疏》下册，第1692页。
④ 房玄龄注：《管子》卷20，上海：上海商务印书馆，四部丛刊影印宋刻本，1929年，第4页。
⑤ 杜光庭：《广成集》卷4，上海：上海商务印书馆，四部丛刊影印明正统道藏本，1929年，第56页。
⑥ 岳珂：《刊正九经三传沿革例》，知不足斋丛书本，第25页。

6. 不晓通用

卷18《应诏封事》："抽索前后奏椟（牍），从公讨论。"按，"椟""牍"通用，无须改之。黄震《黄氏日钞》卷93《除史馆检阅谢庙堂》："奏椟重来，点画睛而既就。"①

卷19《被召除礼部尚书内引奏事第一札》："且元祐之治仅四年而侵（浸）改，又四年而改绍圣者。"按，"侵"本有"渐近"之义，如"侵晨""侵寻"，"侵""浸"通用，无烦改读。《史记·孝武本纪》："天子始巡郡县，侵寻于泰山矣。"②

卷36《答罗制幹》："《元祐馆职》一书，前所未见，兹蒙辍示新刊五秩（帙），为况（要）典甚。"按，"秩"同"帙"，无须改。《华阳陶隐居集·肘后百一方序》："方术之书，卷秩徒烦，拯济殊寡。"③"况"则通"贶"，赐也。《礼记·聘义》："北面拜贶。"④改为"要"甚无谓也。

卷5775《太常博士李君墓志铭》："而议者已曰事关奏审，必不可行，袛队（赘）言焉。"按，"队"古同"坠"，《左传·庄公八年》："公惧，队于车。"⑤"队言"即"坠言"，犹俗言"丢下话"。本书卷38《紫云山崇仙观记》："然执事尝队言焉。"卷55《止止先生宇文公集序》："既队言而卒。"固尝言"队言"矣，何苦改之？

卷104《周礼折衷》："康成以欧（驱）而内之于善训驭字，不知祭祀如何欧（驱）神以内于善。臣有大罪，没入而夺其家财，如何欧（驱）贫者而内于善。"按，"欧"古同"驱"，改之无谓。《管子权·七法》："不明决塞而欲欧众移民，犹使水逆流。"⑥

7. 形近臆改

卷7《次韵李参政壁见谢游龙鹤山诗二首》："北山尝乞草堂灵，娓娓高谈折（析）理精。"按，折，断也，判断裁决也。《尚书·吕刑》："非佞折狱，惟良折狱。"孔传："非口才可以断狱，惟平良可以断狱。"⑦折理即评判理之是非。《通典》卷69《养兄弟子为后后自生子议》云"尚书阎议言辞清允，折理精练"，⑧《嵇中散集》卷6《明胆论》云"折理贵约而尽情"⑨，是其例。"析理"虽也可通，但义有不同，

---

① 黄震：《黄氏日抄》卷93，元刻本，第11页。
② 《史记》卷12，第461页。
③ 陶弘景：《华阳陶隐居集》卷上，明正统道藏本，第18页。
④ 阮元校刻：《十三经注疏》下册，第1692页。
⑤ 阮元校刻：《十三经注疏》下册，第1765页。
⑥ 朱长春：《管子权》卷2，明万历刻本，第3页。
⑦ 阮元校刻：《十三经注疏》上册，第250页。
⑧ 杜佑：《通典》卷69，北宋刻本，第25页。
⑨ 嵇康：《嵇中散集》卷6，上海：上海商务印书馆，四部丛刊影印明嘉靖本，1929年，第6页。

无烦臆改。

卷57《存庵铭为张点咏之作》:"汉存雅乐,周存奠(尊)彝。"按,《周礼·司尊彝》明言"大丧存奠彝"[①],原文不误,改者望文生义,无乃太轻率乎。

卷5775《太常博士李君墓志铭》:"奕奕令姿,孰腜(媲)而予如。"按,腜,厚赐也。《诗·小雅·采菽》:"福禄腜之。"毛传:"厚也。"[②]改为"媲"字,文义亦不通矣。

二

从以上所举不难看出,四库本望文生义,擅改原文,用表面的文从字顺掩盖着极端的不学无术,使本来不误的原始文献变得面目全非,实为斯文之罪人。有意思的是,在浅薄的四库本的反衬下,更加凸显了作者的用字行文风格,使我们得以通过这些异文窥见魏了翁的一些学术特点。

1. 语从其朔,述而不作,追求古雅,体现出强烈的复古倾向

如上所举,不难看出魏了翁的行文风格:好用古字古语,尤喜用通假字。凡一古一今,必择其古;一俗一雅,必择其雅。如上文所举不用"垢污""与受""息缓""经略""朝益暮习""相蛊以利""在高位""集思""叙""境""悠",而用"垢玩""兴受""皋缓""经启""朝朝莫夕""相盐以利""载高位""乱思""杖""竟""攸"。一本字一借字,必用借字,如不用"宵""殚""造""侻""绎""瞻""详""贳""抵""潴""娱""幕",而用"霄""单""簉""党""驿""祥""訾""邸""猪""虞""莫"。正是最大限度地使用古字、雅字、借字,从而形成了魏了翁古雅的文风。之所以这样做,是由他的历史观、小学观所决定的。

同程朱学派一样,魏了翁持倒退的历史观,认为汉唐不如三代,今人不如古人。反映在小学领域,他认为总的发展趋势是今不如昔,每况愈下,体现出强烈的复古倾向。先看他对文字发展的看法:

> 自秦政灭学,经籍道熄。迨隶书之作,又举先王文字而并弃之,承讹袭舛,愈传愈失。蔡伯喈书石经有意正救之,旋亦焚荡。张序所见石经,又不知果为蔡本否。其所引石经文,多失字体。魏晋以来,则又厌朴拙嗜姿媚,随意迁改,义训混淆,漫不可考。重以避就名讳,如"操"之为"掺","昭"之为"佋",此类不可胜举。况唐人统承西魏,尤为谬乱。陆德明、孔颖达同与

---

① 阮元校刻:《十三经注疏》上册,第774页。
② 阮元校刻:《十三经注疏》上册,第490页。

登瀛之选,而《释文》与《正义》自多背驰。至开元新书五经,则又以俗字易旧文,如以"颇"为"陂",以"平"为"便"之类,又不可胜举,而古书益邈。五季而后,镂版翻印,经籍之传虽广,而点画义训谬误自若。本朝胄监经史多仍周旧,今故家往往有之,而与俗本无大相远。南渡草创,则仅取版籍于江南诸州,与京师承平监本大有径庭,与潭抚闽蜀诸本互为异同,而监本之误为甚。①

再看他对词义变迁的看法:

汉儒去古未远,然字义已不甚晓,故多失经意。②

五三六经之所传,如仁义中诚、性命天道、鬼神变化,此致知格物之要也。今往往善柔为仁,果敢为义,依违以为中,纯鲁以为诚,气质以为性,六物以为命,玄虚以为天道也,冥漠以为鬼神也,有无以为变化也,甚则以察为知,以荡为情,以贪为欲,以反经为权,以捷给为才,以谲诈为术。圣贤之言炳如日星,而师异指殊,其流弊乃尔。……风气既降,名称亦讹,有一事而数说,一物而数名,学者亦莫之质也。③

他还专作《古今考》一书,辨古今名物制度异同,其中多有论及语言文字者,大抵以为昨是而今非。如辨"颜"字:

经传有颡有角,未有称颜者。曰额曰颜,亦后世之称。史册用字之讹如此类甚众,本不足辨,姑一及之,以见风气既降,称谓亦舛。④

又辨"皇帝""太公""吏""大夫""夫人""华表""碑"等,"今人用庶羞之奠与几筵字尽错","自春秋以后,名多混乱矣",总之是后人今人错了。再看语音:

参诸《易》《诗》以后,东汉以前,则凡有韵之语,亦与孙炎、沈约以后必限以四声、拘以音切亦不可同日语。⑤

---

① 《毛义甫居正六经正误序》,《文集》卷53,第19页。
② 《周礼折衷》上,《文集》卷104,第6页。
③ 《洪氏天目山房记》,《文集》卷49,第5页。
④ 魏了翁撰、方回续撰:《古今考》卷1,明刻本,第25页。
⑤ 《永嘉薛荣祖临予观亭记本而书袁和叔之语曰观外不如观内观民不如自观以求予一言》,《文集》卷63,第15页。

> 韵书既作人趋便，未能书法穷根原，但以声韵求诸篇，形存声亡韵亦牵。①

基于这样的小学发展观，在阅读写作、研究讲论中，魏了翁对字形、字音、字义锱铢必较，而一以古为准。题字行文讲究"经雅"，即于古有征。

有时即使于古无征，根据自己的研究，魏了翁也以意类推，大胆用字，以形成独特的行文风格。如卷11《次韵虞退夫除夕七绝句》："长叹熙丰祐圣年，偏轻偏重几番（翻）舡。谁能装载亭匀了，多着男儿尽力牵。"卷26《再辞执政恩数乞以参赞军事从丞相行奏札》："是以空历（控沥）愚衷，具陈前牍。"以"番"代"翻"，以"空历"代"控沥"，皆属仅见，几同故意写错别字。作者想必是以"番""空历"为古字，"翻""控沥"为后起字，取古而弃今。

既然今不如昔，对于往古圣贤高山仰止，亦步亦趋，对于圣人经典涵泳呪吸，身体力行即可，何必著述？所以不论是治学还是行文，都应该尽量效法古人，述而不作。魏了翁思想精深，却不以建树名世；学殖深厚，却未留下一部厚重的专门著作，原因正在于此。他说：

> 既入诸经中重新整顿，则益觉向来涉猎疏卤，不惟义理愈抱愈深，而名物度数有一不讲，便是欠阙。缘此且更精读深思，未暇有所著述。②
> 某循环读经，亦以自明此心，未敢便有著述。③
> 今未敢便有所著，且温旧读，以发新知。④

这是复古取向的逻辑结果。

2. 无一字无来历，汉学功底深厚

由上举可知，魏了翁凡用一字一语，皆有出处，于古有征，未可轻改。远自先秦两汉的《尚书》《诗经》《周礼》《礼记》《左传》《孟子》《荀子》《管子》《国语》《吕氏春秋》《史记》《汉书》《后汉书》《说文解字》，近自六朝唐宋的《嵇中散集》《唐六典》《通典》《文选》《昌黎先生文集》《新唐书》《广成集》《续资治通鉴长编》等，皆为了翁用字的经据。而对于原典中的一字一义，皆必深求其是，锱铢必较，务求准确理解和应用，体现了鲜明的汉学精神。

四库馆臣对魏了翁的汉学特色多所论及。《周易要义》提要云："其大旨主

---

① 《抚州崇仁县玉清观道士黄石老工古篆以李公父书来问字》，《文集》卷5，第4页。
② 《答丁大监》，《文集》卷36，第13页。
③ 《答真侍郎》，《文集》卷36，第15页。
④ 《答丁大监》，《文集》卷34，第11页。

于以象数求义理,折衷于汉学宋学之间。"《尚书要义》提要云:"一切考证之实学,已精华毕撷,是亦读注疏者之津梁矣。"《仪礼要义》提要云:"使品节度数之辨展卷即知,不复以词义轇轕为病。《仪礼》之训诂备于郑贾之所说,郑贾之精华备于此书之所取。"①

《要义》而外,他的《周礼折衷》同样也具有鲜明的汉学特色。如讲制度:"古制上下相联络亲比如此。窃意凡一人生死,间胥便计其年月日时,有保有受。天地间人都有个数,沟洫道路自有条数,间有门以讥出入,纵有盗贼,也来不得。"此对古制的憧憬颇有乌托邦的味道。"三年之丧自天子至于庶人,无贵贱一也,故谓之通丧。岂可谓贵者服轻,贱者服重? 郑、贾说未然","死而未葬无几筵,无荐羞,以其体魄在此。生者可以用几筵字,'或赐之筵,或授之几'是也。始死只说奠,有朝夕奠,朔月月半则谓之殷奠。奠亦无庶羞,羞却是祭,当在虞祔之后,不当言于始死之时。今人用庶羞之奠与几筵字尽错。且如孔子庙,只使得奠字,使不得祭字。今谓之丁祭亦非。释奠字只见于《礼记》,不见于他经。二汉以前,亦无释奠字,然却未至大误。非报功使祭字不得"。此条释丧祭之礼,明辨古今。"古无灌茅之义,所谓缩酒,只是醴有糟,故缩于茅以清之。若曰渗下去如神饮,此是郑大夫臆说"。②按《左传·僖公四年》云"尔贡包茅不入,王祭不共,无以缩酒,寡人是征",③缩酒如神饮是许多今注还在普遍采用的说法,了翁对此制作了详解,批驳了这一说法。"古者天子有迎送诸侯之礼,如今之飨大宾,至则王乘金辂迓之。有大飨于庙之礼,燕于寝之礼,有戒有宿有速。谓之友邦冢君,乃是与诸侯共守天下,天子统天下而君之,诸侯统一国而君之,皆有君道,上下相维,相亲相敬。自秦罢侯置守,尊君卑臣,一人恣睢于上,极情纵欲而天下瓦解土崩"。④

讲名物:"交睫腥,郑以为肉有米似星。乡在靖州,人或告以屠所市豕肉不可食者,问其故,则云夜于星下饲豕,则肉上尽有星,如米状,此不可食。索而观之信然,乃知康成之言有所据。"按,此即所谓"米猪肉",今天尚未绝迹。了翁所引解释虽不科学,然其援生活经验入实证的方法是值得称许的。"鱼随阴阳而上下,冬在水底,春在水之半,夏在水上。冬腹腴在下,夏至腹腴在鳍。夏时下水,以后上水";"齐侯疥,遂痁,本是疥疾,后变而为痁。梁元帝改疥作痎,以为初是隔日疟,后来变痁,非是。此便是夏阳溢于肤革,至秋则痁";"奄是有此天

---

① 永瑢《四库全书总目提要》卷3、11、20,上海:上海古籍出版社影印文渊阁四库全书本,1987年,第1册,第90、265、414页。
② 以上引文参见《周礼折衷》,《文集》卷104,第17页;卷105,第50、60、68页。
③ 阮元校刻:《十三经注疏》下册,第1792页。
④ 《周礼折衷》,《文集》卷106,第15页。

奄之病者,非是后世刑余之人。春秋时,如二五耦皆奄。赵高元是病,非刑余"。按,了翁深于医学,有《学医随笔》。其"疥,遂痁"——反对王安石的鄙薄,情不自禁地称道:"荆公此一节最好,常举以教医者。"①

补书证、明避讳:"丧荒之币玉,郑、贾谓宾客所赒委之礼,不知何故不引宣王祷旱之诗云:'靡神不举,靡爱斯牲。圭璧既卒,宁莫我听'乎";"避光武讳,改秀为茂";"后来为避汉祖讳,传注多改邦字概称国"。②

而更加体现魏了翁汉学特色的,是他在小学方面的造诣。在魏了翁的思想学术体系中,小学占有极为重要的地位。首先,对小学功能的认识,他虽和朱熹一脉相承,但重视程度则有过之而无不及。他说:

> 书有六体,或指其事,或象其形,或谐诸声,或会以意,或转注相受也,或假借相成也,凡以极天地万物之变,而与八卦九章并行于两间者也。③
>
> 能于此处知其端,事事物物谁非天。九章八卦莫不然,一毫人力无加焉。④

这就是说,语言文字同数学、卦象一样,是用来摹写描画天地万物的。这种描画是自然而然,莫之为而为之,没有丝毫人为的因素。这一论述是异常深刻的,深入到了对语言文字本质及与客观世界关系的思考,超越了程朱派的简单工具论。正因为如此,小学功夫就是关系到能否穷尽天地万物之理的大事,绝不可等闲视之。在《答巴州郭通判》中,魏了翁说:

> 其不可忽者,音训声韵、偏旁点画,往往诸儒所未及,今骤然理会,人亦惊怪。不知要作穷理格物功夫,无三代以前规摹在胸次,只在汉晋诸儒脚迹下盘旋,终不济事。程邵张朱诸公亦皆由此而充者。⑤

将小学提到了是否能具有"三代以前规模"的高度。因此他认为"形体内事最是切近",⑥需"自《易》《诗》《书》《三礼》《语》《孟》重下顿工夫,名物度数、音训偏旁

---

① 《周礼折衷》,《文集》卷105,第64、73页;卷106,第4、14页。
② 《周礼折衷》,《文集》卷104,第34、44、5页。
③ 《彭山李肩吾字通序》,《文集》卷53,第1页。
④ 《抚州崇仁县玉清观道士黄石老工古篆以李公父书来问字》,《文集》卷5,第4页。
⑤ 《答巴州郭通判》,《文集》卷36,第2页。
⑥ 《回牟总幹》,《文集》卷37,第11页。

字字看过"。①

　　小学之中,魏了翁尤重文字,认为它是接受间接知识的唯一媒介,舍此无以极天地万物之变,通经入圣。他深受《说文解字》的影响,认为造字的主要原则是表意,因此应当从分析字形入手,以把握造字之初的本义为基本目标。他说,"字之本乎偏旁",②"偏旁点画各有其义",③因此要"知有造书之意","力探本始而因声求形,因形得意",④"发明文字之本始",⑤溯流寻源,以及于秦汉而上求古人所以正名之意"。⑥ 他本人对文字形义用功甚深,"每夜挟册子商量十字"。⑦ 在他看来,就是"颠张草圣、阿买八分"这样的著名书法家也可以说是不识字,因为他们都不能因形得意,发明文字之本始。

　　在魏了翁那里,文字发展的趋势是每况愈下。自隶书始,文字的表意作用即开始丧失,"承讹袭舛,愈传愈失"。魏晋以后,更是"随意迁改,义训混淆,漫不可考"。唐代"尤为谬乱",五代至宋,则"点画义训谬误自若"。他认为隶书出现之前存在一种"先王文字",实际上就是小篆,加上钟鼎文、蝌蚪文、籀文、石鼓文、泰山石刻等古文。⑧ 而"钟鼎所篆,出入变化未尝不与小篆合"。⑨ 可见所谓先王文字,是指春秋战国至秦代的文字,而以小篆为代表。他说:

　　　　去圣既远,礼乐失传,射御与数亦罕有知者,惟六书之学犹见于篆籀仅存之余。⑩
　　　　今礼慝乐淫,射御数有其名无其义,六书之法惟小篆仅存。⑪

因此,魏了翁大肆力于小篆,进行了精深的研究,俨然名家,一时门庭若市,求其作字者络绎不绝。

　　本着因形得意的原则,魏了翁或自创新解,发前人所未发,或补充前人不

---

① 《答丁大监》,《文集》卷34,第11页。
② 《答遂宁李侍郎》,《文集》卷34,第14页。
③ 《答刘提幹》,《文集》卷34,第5页。
④ 《潘舍人集篆韵序》,《文集》卷53,第15页。
⑤ 《彭山李肩吾字通序》,《文集》卷53,第1页。
⑥ 《题陈思书苑菁华》,《文集》卷65,第7页。
⑦ 《师友雅言》,《文集》卷109,第53页。
⑧ 参见《文集》卷3《次韵张太傅得余所遗二程先生集辩二程戏邵子语》、卷5《抚州崇仁县玉清观道士黄石老工古篆以李公父书来问字》、卷34《答刘提幹》。
⑨ 《答刘提幹》,《文集》卷34,第5页。
⑩ 《潘舍人集篆韵序》,《文集》卷53,第16页。
⑪ 《洪氏天目山房记》,《文集》卷49,第5页。

足,纠正其错误,或据字形决定众说之是非取舍,或申说论证前贤之意,形成了内容丰富的文字形义学,俨然宋代"说文解字"一大家。一是对文字形义关系的理解和论述。魏了翁把表意作为造字的第一原则,认为"偏旁点画各有其义",要"知有造书之意","发明文字之本始",将形义关系的重要性发挥到了极致。虽然有时推求过当,难免以偏概全,但毕竟继承了许慎以来说文解字的优良传统。二是对小篆字形的考定。要讲形义,就必须上溯到原初字形。魏了翁当然还看不到甲骨文和大量的金文,因此他认为原始的"先王文字"就是小篆。而隶书以下字体已经破坏了文字的表意功能,所以不足挂齿。要正确地解析字形,必须从小篆正字开始。在这方面,魏了翁堪称专门名家,上至东汉的许慎,下至唐代的李阳冰,本朝的二徐,他都能指出其错误,遑论其余。三是"因形得意"方法的运用。通过分析字形,找到造字之初的本义,从而由源及流,达到对字义的准确理解,是行之有效的传统训诂方法之一,由来已久,源远流长。魏了翁有声语言的概念相对模糊,声训方法使用很少,"因形得意"就具有特殊的重要性,几乎成了字义训释的基本法则。虽然还谈不上对训诂方法论的贡献,但他对此方法娴熟的运用,在当时堪称首屈一指。关于这一点,魏了翁有很多论述,已见前述。四是以形求义的成果。如前所述,魏了翁运用形训法,取得了很多成果,或自创新解,或补正旧说,或取舍众家,或疏证前贤。凭借其深厚的文字学功底,他从不迷信权威,拾人牙慧,而是实事求是,纵横捭阖,从而成为宋代最重要的说文解字家之一。

形义分析而外,魏了翁对古今字、异体字、通假字、避讳字、多音字、多义字、音韵、检字法、小学史、方言俗语、词汇史、语用学及其他小学领域也进行了全面的探讨。他对小学的精深研究和造诣,在两宋学者中罕有其伦,完全可以和专门名家分庭抗礼。正是凭借这一点,他在宋学风气中鹤立鸡群。其深厚的汉学功底和取向,甚至比起号称学贯汉宋的朱熹也有过之而无不及。显然,魏了翁应是宋代理学中汉学一派的典型代表。通过《鹤山集》异文,我们看到了魏了翁鲜明的学术特色:文追古雅,学承汉风。

《翠屏集》版本考

朱夜明

(河北大学文学院,保定　071000)

摘　要:张以宁,元末明初著名文学家,著有《翠屏集》《春王正月考》等,本文从《翠屏集》的版本校勘入手,将文渊阁本《翠屏集》(以下称"四库本")与其他传世本进行校勘,尤其以白莲泾本《明诗综》(以下简称"《明诗综》本")、日藏本《石仓十二代诗选》(以下简称"石仓本")中所录张以宁诗作以及明成化本《翠屏集》(以下简称"成化本")为依据,对文渊阁本《翠屏集》进行校勘研究,得出以下结论:一、四库本与其他刊本相比,收诗较全,校勘价值较高,可以正明成化本之讹误,但不足之处是存在诗作漏辑、自身讹误等情况。二、《石仓十二代诗选·明诗选》最大的特色是收录浩博,较少门户之见,尽最大的可能保留明代诗文的风貌,但其中《翠屏集》收诗73首,却存在删改诗题、小注、正文等情况,且目次安排与明成化本、四库本截然不同。

关键词:《翠屏集》　石仓本　四库本　《明诗综》　版本

一、作者生平

张以宁,字志道,元末明初文学家。生于元大德五年(1301),卒于明洪武三年(1379),古田(今属福建宁德)人。因家居翠屏峰下,自号翠屏山人,元泰定四年(1327)年进士。曾任黄岩州判官、真州六合县尹等。入明拜翰林侍读学士、朝列大夫等。著有《翠屏稿》《淮南稿》《南归纪行》《安南纪行集》诸集。宋濂《翠屏集》序云:"丰腴而不流于丛冗,雄峭而不失于粗砺,清圆而不涉于浮巧,委蛇而不病于细碎,诚可谓一代之奇作矣!"①陈南宾亦评价其诗云:"其长篇,浩汗雄

---

① 《翠屏集·宋濂序》,成化十六年刻本,今藏于国家图书馆。

豪似李;其五七言律……信乎！名下无虚士也。"①这些都足以说明其诗作在文学史上的成就。

二、《翠屏集》版本考略

《翠屏集》今通行的为四卷本,诗两卷、文两卷。张以宁生前,列观州邑,其诗文散落四方,后又遇兵燹,其全稿不可复见,但在其门人石仲濂及其子孟晦的搜集下,文集逐渐恢复全貌,陈琏序云:"先生平昔著述甚富,后多散佚。文则其子孟晦汇次,太史公宋景濂序之,诗则其门人国子博士石仲濂编次,学士刘公三吾、长史陈公南宾序之。"②其版本源流较为清晰。

1. 明宣德三年初刻本。明张以宁撰,明石光霁编。丁丙《善本书室藏书志》云:"诗,则门人石光霁先为编刊,缀有小跋文,则其子孟晦汇次,有宋濂、刘三吾、陈南宾等序。石光霁跋。宣德三年,诸孙南雄教官隆复更以《安南稿》续刊,羊城陈琏为后序,此为宣德间刊本。今为残本,仅存诗一卷(卷二),存于南京。"

2. 成化十六年张淮刻本,次刻本(十一行二十二字,黑口,四周双边,双鱼尾。版心刻书名、卷次页码。卷首有宋廉、刘三吾、陈南宾以及陈琏序,其后有张淮自叙。现藏于国家图书馆、上海图书馆。又一部附明张瑄辑张氏至宝集挽联一卷)(上海,四库全书底本)

四库全书本(乾隆写)

清抄本(国图)

抄本(北大)

3. 明成化十六年德庆府儒学刻本。今藏于台湾图书馆、日本内阁,据此本有两个抄本,清抄本(未题编者)和抄本。

4. 《石仓十二代诗选》本,其中明代收诗最为浩繁,《明初集》中收张以宁诗作73首,书前仅宋濂序一篇,无陈南宾、刘三吾、陈琏序,据《石仓十二代诗选》成书情况看,该本当依据明刻本而成。

三、《翠屏集》版本之校勘

(一)《明诗综》之辑校

《明诗综》卷三收张以宁诗十五首,四库本共收诗三百八十六首(以诗题

---

① 《翠屏集·陈南宾序》,成化十六年刻本,今藏于国家图书馆。
② 《翠屏集·陈琏序》,成化十六年刻本,今藏于国家图书馆。

记),两本经过校勘,异文较少,共有七处,但价值较高的是,辑出《杭州歌》一首,将校勘情况列出:

1. 诗题:游句容同林景和县尹子尚规登僧伽塔赋

《明诗综》本"游"作"题",石仓本、四库本、宣化本均作"游"字。"题"有书写、题署之意,明·魏学洢《核舟记》—题名其上。此为"游"字。

2. 霜飙天际来,毛发飒森爽。

《明诗综》本"飙"作"讽",石仓本、四库本、宣化本均作"飙"字。《说文·风部》:"飙,风声也",《汉语源流字典》中,"飙爽"引申为豪迈矫健之意,此处作"讽"字,文义不通。

3. 诗题:夜饮醉归赠王伯纯是日王得容程子初同饮

《明诗综》本"得"作"德",石仓本、四库本、宣化本均作"得"字。

4. 城头惜惜云下垂,竹外骚骚雪微作。

《明诗综》本"雪"作"风",石仓本、四库本、宣化本均作"雪"字。据下句"爱竹爱雪仍爱诗"可知,此处当为"雪"字。

5. 君归过溪上,为问水中鱼。(送重峰阮子敬南还)

《明诗综》本"溪"作"江",石仓本、四库本、宣化本均作"江"字。据上句"君家重峰下,我家大溪头。"可知,此处当为"溪"字。

6. 坡陁石上曾披雪,遍海莲华白于月。

《明诗综》本"披"作"波",成化本同,四库本作"披"字。"披"有"覆盖",当据四库本改。

《明诗综》本"华"作"峰"。"华"古同"花",此处当为"莲花"之意。

《明诗综》本所收张以宁诗作与石仓本、四库本、宣化本相较,异文不多,但与其余版本皆不同,据笔者考证均为《明诗综》本误,笔者认为原因或有以下两点,一、《明诗综》本所据底本不同于当世通行版本。二、朱彝尊或改张诗,令其传世。具体原因,仍待研究。

(二)石仓本之删改、脱讹

1. 目次安排

石仓本《翠屏集》收诗73首,其目次安排与四库本、成化本差异较大。四库本与成化本目次一致,书前有宋濂、陈南宾、刘三吾、陈琏四篇序,卷一为古言诗篇,分四言、五言与七言。卷二为律诗和绝句,分五言律、七言律诗、七言长律、五言绝句、七言绝句。而石仓本书前仅有宋濂序一篇,其余三篇序未收。目次也与之不同,分五言古诗(7首)、五言律诗(21首)、五言长律(1首)、七言古诗(17首)、七言律诗(17首)、五言绝句(2首)、七言绝句(9首),其中七言长律未收诗。

2. 删诗情况

（1）删诗文。如《题马致远清溪晓渡图》石仓本将"我呼九曲峰前船,君帆正渡潇湘渚。雁去冥冥红叶天,猿啼历历青枫树。是时美人不相见,我思美人美无度。美人之材济时具,我老但有沧洲趣。他日开图思我时,溪上春深采芳杜。"10句删去,《明诗综》本与成化本、四库本具存,可知是曹学佺的个人行为,至于是主动删诗还是被动删诗,有待于继续研究。

（2）删张以宁注及诗题介绍等。如《题马致远清溪晓渡图》题注:"先生自注致远广西宪掾子琬从子学"。《青山白云歌送周熙穆高士归天台省亲时寓玄妙观》题注:"先生自注高士乃天台上参政孙"等。此外诗题下还有一些诗题介绍的如《王伯纯读书别墅与有怀纵笔奉寄》,注云:"伯纯,河东人,寓居扬州。有别墅近邵伯镇,常读书于彼。轻财好客,谊侔古人。且才甚高,长于诗。后领河东乡荐。"这些内容曹学佺石仓本全部删去,或许这是为了节省经费,便于刻印,亦或者在曹学佺看来,这些小注的价值不大,所以删去。这样或许刻印方便,但在一定程度上破坏了诗集的原貌。

（3）删改诗题。如四库本中《科举以滞选法报罢士无有为钱若水者何也予于胶西张起原坐上闻此语悚然予获戾甲戌冬而乙亥科举罢徒抱耿耿进退跋疐此古昔有志之士所以仰天泪尽者也感胡永文事赋廿八字凡我同志当为怃然》,石仓本中将此诗题改为《科举以滞选法报罢书怀》将原诗题的创作介绍全部删去,虽然原诗题过长,但删改诗题的做法,在后世看来仍不当。四库本中像这样过长的诗题有很多,曹学佺先生或许同样认为删改诗题的做法失当,所以整个诗集中诗题过长的诗作只选了这一篇。

3. 异文

石仓本与四库本文本比较过程中,73篇诗作,共出现了三十四处异文,除异体字外,校勘结果如下表:

序号	诗题	石仓本	四库本	备注
1	题子献访戴图	云溪夜回舟	雪溪夜回舟	
2	䌷斋为张景思总管赋	愿言垂昭代	愿言宝昭代	
3	江南曲	平原万里莽空阔	中原万里莽空阔	
4	夜饮醉归赠王伯纯是日王得容程子初同饮	饮醉不知宾主谁	饮醉那知宾主谁	
5	夜饮醉归赠王伯纯是日王得容程子初同饮	瑶华翠色光陆离	瑶华翠色森陆离	

续表

序号	诗题	石仓本	四库本	备注
6	王伯纯读书别墅与有怀纵笔奉寄	更有参差不相遇	纵有参差不相遇	
7	次韵同年李孟幽编修见贻	垂晓拂琼林枝	垂鞭晓拂琼林枝	
8	次韵同年李孟幽编修见贻	雪风吹酒绿生鳞	雪风吹酒生绿鳞	
9	倦绣篇为云中吕遵义作	停针默默无人会	停针嘿嘿无人会	
10	闽关水吟	飘飘直度长江水	飘飖直度长江水	
11	闽关水吟	碧草满地黄云多	碧树满地黄云多	
12	闽关水吟	陇水潺潺似人语	陇水潺湲似人语	
13	题杨子第八港韩氏十景卷	白雪赵君诗句好	白雪赵子诗句好	
14	题杨子第八港韩氏十景卷	持似潇洒江居人	持似潇湘江畔人	
15	送同年江学庭第学文归建昌	庭树乌群喜	庭树乌先喜	
16	送同年江学庭第学文归建昌	江帆雁独飞	江帆雁共飞	
17	九江庙	蜀江来楚尽	蜀岗来楚尽	
18	浙江	潮到富阳回	湖到富阳回	
19	送徐君美之六合县尹	马首人青云	马首又青云	
20	建业清凉寺次王伯循御史竹亭壁间韵	为余诗眼青	为予诗眼青	
21	题青山白云图	忆昔似曾游	忆着昔曾游	
22	至直沽	拙宦向何堪	拙宦白何堪	疑为"自"古作"白"
23	夜久	柔橹戛河声	柔橹助河声	

续表

序号	诗题	石仓本	四库本	备注
24	送三人杰都事开诏福建	送三人杰都事开诏福建	送三人杰都事开诏福建	成化本"三"作"王",王人杰,人名
25	高邮	湖岸楼台连海上	潮岸楼台连海上	
26	高邮	四海升平须进酒	四海升平谁乐隐	

以上异文,石仓本与四库本皆不同,但与成化本相比,石仓本、四库本又有共同的错误,如"弋阳"写为"戈阳","王人杰"写为"三人杰"等,可惜宣德三年的初刻本已残,无法辨知其书原貌,笔者推断,石仓本与四库本所据底本无太大差异,之所以出现这些异文,笔者认为曹学佺存在修改张以宁诗文的嫌疑,原因有二:一是石仓本出现异文与现存版本皆不同;二是出现的异文与正文之间文义是相通的,且只有极少的笔误,所以笔者认为,这是曹学佺的主观行为,但这只是笔者的个人见解,仍待进一步研究。

四、结 论

综上,我们可以得出以下结论:

1. 现存的通行版本中,四库本校勘价值较高,以四库本校成化本,可以改正很多讹误,2016年广陵书社出版的《翠屏集》就是将四库本与成化本进行校勘,成果较为显著,也证明了四库本的校勘价值。但不足之处是四库本存在诗作漏辑的情况,除《明诗综》,2012年由鹭江出版社出版,游友基先生主编的《翠屏集》在钱谦益的《列朝诗集》中辑出五言古诗两首,在明叶翼《余姚海隄集》中辑出七言古诗一首,在《述善集》中辑出七言长诗一首,这便是四库本的现有情况。

2. 《明诗综》本校勘价值不大,存在改诗的情况,但辑出四库本未收诗作一首。

3. 石仓本《翠屏集》相较而言,一、石仓本删改序、诗题、小注等情况较为严重,在一定程度上破坏了《翠屏集》原貌,这一点上四库本较好。二、从石仓本与四库本校勘结果来看,根据现存的版本情况,石仓本应该对张以宁诗进行过改动又或者是石仓本在当时寻访到《翠屏集》的其他稀有版本,以之为底本也未可,此问题有待于笔者进一步研究。

明朱升《尚书旁注》版本勘误

钟云瑞[①]

(山东大学儒学高等研究院 济南 250100;
曲阜师范大学孔子文化研究院 曲阜 273165)

摘　要：中国国家图书馆藏有明代朱升《尚书旁注》二卷、《尚书傍注》二卷,二者书名不同,但为同一部书。《四库全书总目·书类存目》著录明朱升《尚书旁注》六卷,与台湾汉学研究中心藏明嘉靖五年刻本实为一书,书名当题为《书经旁注》六卷。国图藏《尚书旁注》二卷,明代藏书志不载撰人,清人丁丙、王重民未能就撰者问题予以解决,在现有文献资料前提下,《尚书旁注》二卷的著者不当定为明代朱升,还需进一步考证。"旁注""旁训"这一注释古籍的方式,与元末明初科举制度有关,在元代已经产生,《四库全书总目》与《援鹑堂笔记》始于明初朱升的说法值得商榷。"旁训"因注解简明,诵读方便,对明清时代的文献版刻形式产生了极大的影响。

关键词：朱升　《尚书旁注》　《书经旁注》　旁训

笔者因参加国家社科基金重大项目"《尚书》学研究",在整理明代《尚书》文献时发现,明代朱升著有《尚书旁注》与《书经旁注》两部著作,通过翻检对照,两书在内容方面存在明显差异,朱升一人撰有书名相似但内容迥异的两书,是否合理?因此笔者不揣浅陋,拟对这一问题进行探讨。

中国国家图书馆的中华古籍资源库目前上网了朱升的两部《尚书》学著作,一为《尚书旁注》二卷,题明朱升撰,明内府刻本,6行16字;一为《尚书傍注》二卷,题明朱升撰,明刻本,6行16或17字,每行旁有小注一行,黑口,四周双边。经过比勘,国图所藏两书在版式、行款与文字内容方面均无差异,说明两书是同一本书,只是刊刻年代不同。值得注意的是,两书前后均无序跋,书中不题书名

---

① **基金项目**：教育部人文社会科学研究青年基金项目"清代《御纂七经》研究"(18YJC751071)、山东社科规划优势学科项目"清代山东《尚书》文献整理研究"(19BYSJ55)、国家社科基金重大项目"《尚书》学研究"(18ZDA245)阶段性成果。

与撰者姓氏。无论是《旁注》或《傍注》，只是今人所题，书中并无明显痕迹表明作者及刊刻时代。为行文方便，本文统称为国图藏《尚书旁注》。

2001 年齐鲁书社出版《四库全书存目丛书补编》，其中第 89 册收录台湾汉学研究中心藏明嘉靖五年刻《书经旁注》六卷，题明朱升撰。书后附有《四库全书总目 · 尚书旁注六卷》提要。

尚書序
唐陸德明云此西漢孔安國所作安國孔子十一世孫也
古者伏犧氏之王天下也始畫八卦造
書契以代結繩之政由是文籍生焉伏犧
神農黃帝之書謂之三墳言大道也少
昊顓頊高辛唐虞之書謂之五典

图一　国图藏《尚书旁注》

尚書序
唐陸德明云此西漢孔安國所作安國孔子十一世孫也
古者伏犧氏之王天下也始畫八卦造
書契以代結繩之政由是文籍生焉伏犧
神農黃帝之書謂之三墳言大道也少
昊顓頊高辛唐虞之書謂之五典

图二　国图藏《尚书傍注》

尚書孔氏傳序
古者伏犧氏之王天下也始畫八卦
造書契以代結繩之政由是文籍生
焉伏犧神農黃帝之書謂之三墳
大道也少昊顓頊高辛唐虞之書謂
之五典言常道也至于夏商周之書
雖設教不倫雅誥奧義其歸一揆是
故歷代寶之以為大訓八卦之說謂

图三　明嘉靖五年《书经旁注》

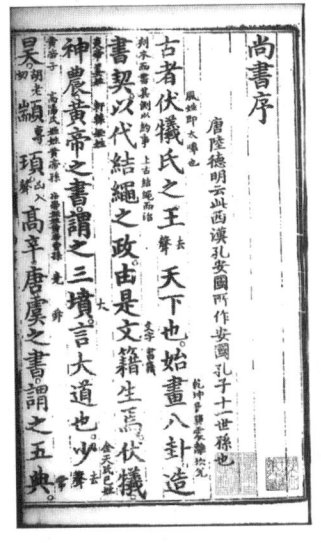

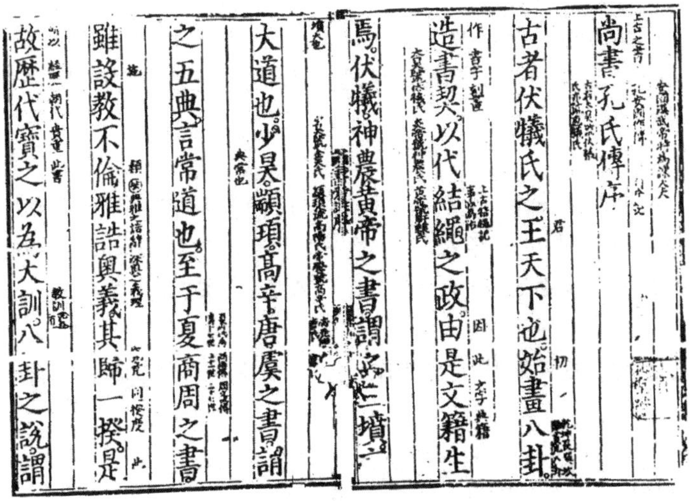

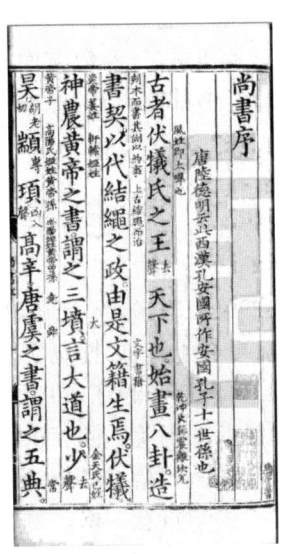

明嘉靖五年《书经旁注》共六卷,版心题"书旁注",亦不著撰人姓名,惟书后有程闻礼《书刻书经旁注后》。通过比对,嘉靖五年《书经旁注》与国图藏《尚书旁注》在卷数、版式、内容等方面皆不相同。同时,《四库全书总目·书类存目》著录有《尚书旁注》六卷,题明朱升撰。

通过以上梳理可知,关于朱升的著作,目前存在三种不同的记载,分别为国图藏《尚书旁注》二卷、明嘉靖五年《书经旁注》六卷、《四库总目提要》载《尚书旁注》六卷。三者在书名、卷数方面均不一致,因此,朱升所撰《尚书》著作名称究竟为何,亦或三书并非朱升一人所撰,而是另有他人,这都需要我们继续寻找证据进行讨论。

一、朱升《尚书旁注》六卷辨误

朱升(1299—1370),字允升,号枫林,元徽州路休宁(今安徽)人。自幼力学,早年师从乡进士陈栎,博览群书,穷研极虑,尤其深于经学,学宗程朱。元至正三年(1343),偕赵汸赴江州路景星书院从黄泽受《六经疑义》,次年初归里,应邀讲学于歙县紫阳书院。同年秋乡试中举。八年授池州路学正,专以讲学著述为务。十二年秩满归籍,建枫林书屋于歙县石门,收徒讲论于其中,同时兼任商山书院讲席。讲学自悬一格,"每耻俗学之陋,务穷极天人之蕴,研精覃思,兼理数而一之",①由是声名远播。明洪武元年(1370)告归,卒祀紫阳书院。《明史》有传。

关于朱升的著作,《明史·朱升传》只言"所作诸经旁注,辞约义精",但未列出书目。《明实录》的记载更为详细一些,"所著有《易》《诗》《书》《周官》《仪礼》《礼记》《四书》《孝经》《小学》旁注注解,及《书传补正辑注》存于世"②。又据《(弘治)休宁志》载:

> 学者称枫林先生,所著有《易》《书》《诗》《周官》《仪礼》《礼记》《论语》《孟子》《大学》《中庸》《孝经》《小学书》旁注,有《书传辑》《书传补正》,《老子》《孙子》旁注,他如《小四书》、小学、名数、医书、葬书皆有记录。③

以上记载只是大略说了朱升所撰著作,而在《明史·艺文志》中就有了详细的书

---

① 〔明〕汪舜民撰:《(弘治)徽州府志》,卷七,明弘治刻本。
② 《明太祖实录》,卷四十"洪武二年三月庚子"。
③ 《(弘治)休宁志》,卷八,北京图书馆古籍出版编辑组编:《北京图书馆古籍珍本丛刊》,第29册,北京:书目文献出版社,1998年,第510页。

名、卷数等细节,据所载,朱升著作主要有《周易旁注》《尚书旁注》《诗旁注》《三礼旁注》《四书旁注》《小四书》《孙子旁注》《老子旁注》《枫林文集》等,其中《尚书旁注》为六卷。

对于《尚书旁注》六卷的记载,还有清代黄虞稷《千顷堂书目》、嵇璜《续文献通考·经籍考》、朱彝尊《经义考》,均题为朱升《尚书旁注》六卷,此外还有上文已经提到的《四库提要》载《尚书旁注》六卷。

虽然这些目录学专著都提到了六卷本的《尚书旁注》,但笔者极力搜索各地馆藏,并未见有该书存世。值得注意的是,《明代版刻综录》有"《书经旁注》六卷",版本为"明嘉靖五年休宁程闻礼刊"①,而该本正是台湾汉学研究中心藏明嘉靖五年刻本,后被《四库全书存目丛书补编》收入。

休宁临溪程闻礼在《书刻书经旁注后》中称:

> 《书经》六卷,乃乡先达翰林侍讲学士朱风林先生所旁注者。其意义悉本诸先儒经解,间以己意参用之,逐字顺附于经文之旁,而大旨不能尽附者,复于外行节疏之。离之则字各有训,贯之则篇章不失于浑全,此风林独得之妙也。历年久远,几至亡失。予宗率溪程确斋尝搜访得之。近过其独善园亭,偶获借阅,因请刻之,俾与《易》《诗》二经共公于天下。②

程确斋即程曾,明代徽州人,对当地乡贤的著作非常留心,其中朱升两本主要的注经作品《周易旁注》和《书经旁注》均由程曾搜访辑佚,校定文本。汪玄锡嘉靖元年(1522)在《书刻易旁注后》中记述:

> 乡先达朱枫林先生诸经《旁注》,凡有志于学古者,靡不好之。……吾姻友程确斋,旁搜远索,方得《易》《书》《诗》三经,朝录夕校,殆三十余年。又欲尽刻诸梓,而力弗之逮。其好古之心可谓勤矣。其族友率东程君世纲、廷敬、廷镦、世大、世现、廷兴、世岳、世治,乃相与捐赀刻《易旁注》,成确斋之志,以公于人。③

---

① 杜信孚纂辑:《明代版刻综录》第五册,扬州:江苏广陵古籍刻印社,1983年,第24页。
② [明]程闻礼:《书刻书经旁注后》,见[明]朱升:《书经旁注》,《四库全书存目丛书补编》影印明嘉靖五年刻本,第89册,济南:齐鲁书社,2001年,第654页。
③ [明]汪玄锡:《书刻易旁注后》,见[明]朱升:《周易旁注》,《续修四库全书》影印明刊本,上海:上海古籍出版社,1995年,第1页。

朱升在《朱枫林集》中对自己的注《书》宗旨和治学理路有过述说,

> 朱子传注诸经略备,独于《书》未暇及,尝别出小序辨正疑误,指其领要,以授蔡氏而为《集传》。惜其成于朱子既没之后,门人《语录》未辑之前。自是以来,诸儒继作,讲明著述,补益宏多,然往往不与经传相附而翻阅之难也。升不揆愚陋,蒐辑见闻,既为读经者作《旁注》,纲目有统,离合成章;又为读《传》为《传辑》,补缺正讹,发明旨趣,亦既有年矣。今为此编,不过约取《传辑》补缺正讹之文,仅使传文周密,经意通畅而已,庶几文字简洁,而学童诵习不惮其繁。若欲求其发明旨趣之详,则有《传辑》在。(《书传补正序》)①

> 前年读书郡城紫阳祠,始为诸生作《书旁注》,观者多喜之,以其注文附经,语意通贯,一读即了,无繁复之劳也。……先儒经解至矣,而犹未免云云者。先儒用圣贤功夫,故能因经文以得圣贤之意;学者用先儒功夫,而能因经解以得先儒之意,几人哉!性质庸常,学力卤莽,父兄师友取经解而督之,读经与解离,不能以意相附。其弊也,断裂经文,使之血脉不通,首尾不应,欲求其知味乐学不可得也。……愚之所注,其意义取诸先儒解经而已,辞语则有不可纯用原文者。盖以逐字顺附经文,实而不泛,离之则字各有训,贯之则篇章浑全,制作之体既殊,辞语各有宜也。至于意义,间亦有不得已而不可以苟同者,则又有望于平心明眼,实用功力之君子,相与印可之,商榷之也。(《大学中庸旁注序》)②

根据以上材料,朱升确实撰有《书经旁注》一书,即现今所能见到的台湾汉学研究中心所藏六卷本。同时,台湾故宫博物院编《故宫博物院善本旧籍总目》有"《书经旁注》六卷",题为"明朱升撰,明刊梵夹本五经旁注之一"③,疑即该书。清代戴震《尚书义考》卷二"禋于六宗"条下云:

> 许氏慎《五经异义》曰:"今《尚书》欧阳、大小夏侯说六宗者,上不及天,下不及地,旁不及四方,居中央,恍惚无有神助,阴阳变化有益于人,故郊天并祭之。"朱氏升《书经旁注》曰:"上下四方六合宗主之神。"④

---

① [明]朱升撰,刘尚恒校注:《朱枫林集》,合肥:黄山书社,1992年,第34页。
② [明]朱升撰,刘尚恒校注:《朱枫林集》,合肥:黄山书社,1992年,第33—34页。
③ 台湾故宫博物院编:《故宫博物院善本旧籍总目·上》,台北:台湾故宫博物馆,1983年,第41页。
④ [清]戴震:《尚书义考》,《聚学轩丛书》本,卷二,第14页。

戴震《尚书义考》所引文字，与明嘉靖五年《书经旁注》所载文字内容相合，而不见于国图藏二卷本《尚书旁注》，证明戴震当时所见版本确为明嘉靖五年六卷本《书经旁注》。

《四库全书总目》对《尚书旁注》所作提要如下：

> 《尚书旁注》六卷，两江总督采进本。明朱升撰。升有《周易旁注图说》，已著录。是编以《尚书》本文大书正行，以训释字义者细书于旁，间有疏明大旨者，又别作一行书之。盖乡塾课蒙之本，不足以言诂经也。梅文鼎序谓升有《四书五经旁注》，明嘉靖间程闻礼为重锓，止存《易》《诗》《书》三种，余皆散佚。国朝康熙五十年，石城蔡鏊再为锓板以行。近坊肆《五经旁训》之本，实倡始于升。经学至此而极陋，又出朱申《句解》下矣。①

《四库全书总目》虽然题为《尚书旁注》六卷，但关于该书的刊刻过程记载，与程闻礼、汪玄锡所作跋文相符，说明《四库全书总目》当时所见《尚书旁注》与明嘉靖六卷本《书经旁注》当为一书，二者只是书名稍有差异。因此，综合以上材料，台湾汉学研究中心藏明嘉靖五年刻朱升《书经旁注》六卷，书名、撰者、卷数均不误，而《千顷堂书目》《明史·艺文志》《四库总目提要》等所载六卷本《尚书旁注》，书名有误，其实际版本当为朱升撰《书经旁注》六卷。

二、朱升《尚书旁注》二卷辨误

1992年黄山书社出版朱升《朱枫林集》，刘尚恒校注。在该书的《前言》中，校注者在提到《尚书旁注》的版本情况时说：

> 流传于世者，主要有明初内府刻二卷本（北京图书馆、复旦大学图书馆、南京图书馆有藏）；六卷本（《明史·艺文志》《钦定续文献通考·经籍考》《四库提要·经部书类存目》著录）及不分卷本，均未见有藏家。②

校注者整理出版《朱枫林集》时，限于当时的各种条件，并没有见到台湾汉学研究中心藏明嘉靖五年刻朱升《书经旁注》六卷本，因此说未见有藏家，这是情有可原的。对于《尚书旁注》明初内府刻二卷本的馆藏，校注者调查详

---

① ［清］永瑢等：《四库全书总目》，北京：中华书局，1965年，第108页。
② ［明］朱升撰，刘尚恒校注：《朱枫林集》，合肥：黄山书社，1992年，第6页。

备，这与笔者目前所见相合，但二卷本《尚书旁注》的作者是否为明代朱升，值得商榷。

明代的藏书目录对《尚书旁注》有所记载，晁瑮《晁氏宝文堂书目》载有《尚书旁注》，谓"内府刻二部"，不载撰人；高儒《百川书志》载有《尚书旁注》二卷，不载撰人。明代两部藏书志均不载撰者姓氏，这是值得注意的地方。到了清代，徐乾学《传是楼书目》载有《尚书旁注》二卷，题朱升撰，开始出现撰者、卷数。最早注意到《尚书旁注》存在问题的是清人丁丙，他在《善本书室藏书志》中并未采用《尚书旁注》这一书名，而是标注"《尚书》二卷，明刊本，吉府旧书"，云：

> 按首行题"尚书序"，次行题"唐陆德明云此西汉孔安国所作。安国，孔子十一世孙也"，第三行大书本文于正行，以训释字义者细书于旁。简有疏明大旨者，别作一行书之，或于本文下小字夹行。版匡宽长，正行阔而字大，旁行窄而字小，每半页正六行，旁六行。
>
> 盖乡塾课蒙之本，未足为训诂之学。梅文鼎谓明初朱升所撰。升有《四书五经旁注》，嘉靖间程闻礼重刊，止存《易》《书》《诗》三种，余皆散佚。坊肆所行《五经旁训》，实倡于升。
>
> 而《天禄琳琅》有明刊《五经句训》，云"不著撰人姓氏，《易》三、《书》二、《诗》四、《春秋》四、《礼记》六，共十九卷。依经直解，旁注窄行。前有万历丙申程大科序，揭衔'总督两广、兵部侍郎'，略云《五经旁训》旧有刻者，会督学周君应治从山东来，以善本饷予，遂手校而重刻之云。"此书二卷，与《天禄》藏本合，殆即所谓《句训》也。①

按照丁丙对该书版式的描述，正与国图现藏《尚书旁注》两卷本相合，而丁丙不著书名和撰人姓氏，表明丁氏当时所见也无确切信息。但丁丙提出了一种假设，即"此书二卷，与《天禄》藏本合，殆即所谓《句训》也"。丁丙作出判断的依据是《天禄琳琅书目后编》著录的《五经句训》不著撰人姓氏，且《书》为二卷，"依经直解，旁注窄行"的版式相似，正与其所见吉府旧藏明刊本《尚书》二卷相合，于是认为吉府旧藏本应为《尚书句训》。根据丁丙所述，虽然可以假定国图现藏两卷本《尚书旁注》为《尚书句训》，但也没有解决该书撰者是何人的问题。

王重民在《中国善本书提要》中对《尚书旁注》二卷也有过论述：

---

① ［清］丁丙：《善本书室藏书志》，《续修四库全书》，上海：上海古籍出版社，2002年，第171页。

《尚书旁注》二卷,二册,北图,明内府刻本,六行十六字。按原书经文旁刻注解音释,故《北京图书馆善本书目》题为《尚书旁训》。考《存目》有《尚书旁注》六卷,明朱升撰,疑即其书。《提要》云:"梅文鼎序谓:升有《四书五经旁注》,明嘉靖间程闻礼为重锓,止存《易》《诗》《书》三种,余皆散佚。国朝康熙五十年,石城蔡鏊再为锓板以行。近坊肆《五经旁训》之本,实倡始于升。"《五经旁训》予未见,后又广其书为《十一经音训》,传本甚多。余持校其音注,知《音训》即从是书出。此本分卷,虽与朱升六卷本不同,当为翻刻时所合并。旁注取义浅显,但如有异说难通之处,仍节取蔡《传》本文,迻附经文之下,因知是书固从蔡《传》出,故原本一遵蔡《传》卷数也。此本下卷阙末一叶。①

根据王重民的述说,我们可以得出以下几点信息。第一,《北京图书馆善本书目》根据原书经文旁刻注解音释的特点,曾命名该书为《尚书旁训》,说明北京图书馆当时所见该书没有确切的书名与撰者。第二,王重民"疑即该书"的说法,表明王重民也是根据《四库全书总目》著录《尚书旁注》的情况来进行推测,并没有得出定论。第三,关于分卷不同的原因,王重民认为《尚书旁注》二卷是翻刻时合并所致,而《四库全书总目》所载六卷本乃是"原本",所以卷数与蔡沈《书集传》六卷相同。按照常理而言,翻刻可以使卷数不同,但不能改变原书内容。第四,王重民所言"此本下卷阙末一叶",正与国图藏《尚书旁注》二卷相符,证明王氏所见版本正是该书。综合以上所论,王重民虽然对《尚书旁注》二卷本提出疑问,但缺乏实证材料,也没有就《尚书旁注》的撰者问题得到根本解决。

此外,王重民提到的《十一经音训》,是清代杨国桢所撰,其中就有《书经音训》。据杨氏所撰《十一经音训序》云:"其各经旁注,悉诸家原文,不妄增改一字。大字附载音切,句旁只著圆点,意取便读,无事繁难。上列先儒之说,择其尤粹美者以备稽览。"该书采用旁注的形式,浅显易懂。经笔者对校,《尚书旁注》与《书经音训》虽然都采用旁注这一形式,但注文内容却不一致,因此王重民"持校其音注,知《音训》即从是书出"的说法值得商榷。

国图现藏明代朱升撰《尚书旁注》二卷,明代藏书志不载撰人,清代丁丙把该书与《天禄琳琅书目后编》著录《五经句训》对戡,认为是《尚书句训》,但不著撰者姓氏。王重民虽然对《尚书旁注》的作者朱升持怀疑态度,但也没有充分证据就撰者问题予以实质性的解决。因此笔者认为,在现有材料的条件下,对国图所藏《尚书旁注》二卷题名为《尚书句训》,或《尚书旁训》,均无不可,但至于撰

---

① 王重民:《中国善本书提要》,上海:上海古籍出版社,1983年,第8页。

者问题,不可盲目定为明代朱升,这还需要学界进一步考证。

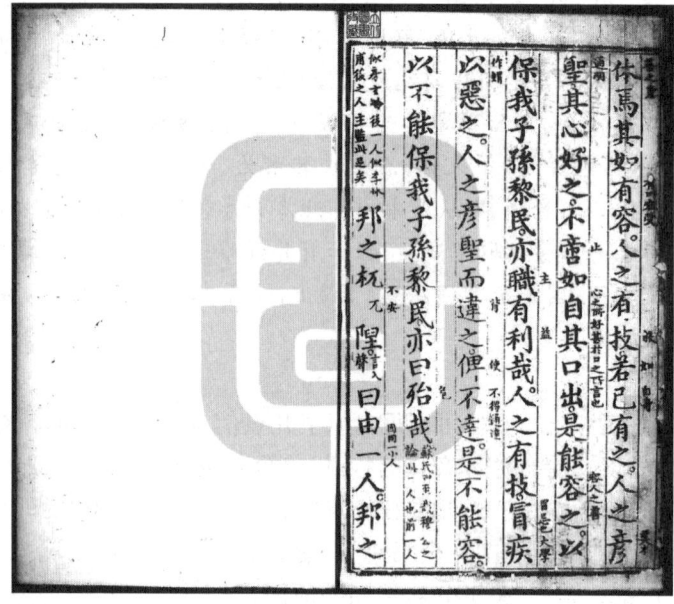

图四　国图藏《尚书旁注》下卷末叶

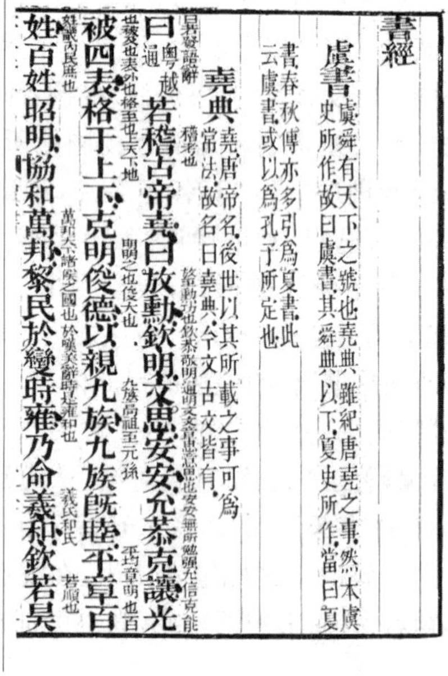

图五　清杨国桢《书经音训》(清道光十一年湖北崇文书局刻本)

三、"旁注""旁训"渊源探析

所谓"旁注""旁训",是一种注释古书的方式,著者把训诂、音释、注解等书于正文旁边,以方便读者阅读。"旁注""旁训"这种注解方式能够让读者在阅读经文原文的时候一并参考前人注解,从而使初学者熟习《五经》训诂,并能简明地掌握经义,避免"博而寡要,劳而少功"的弊病。

关于"旁训"这种注解方式的起源与流衍,《四库全书总目》认为与朱升有关,谓"近坊肆《五经旁训》之本,实倡始于升",而清代姚范《援鹑堂笔记》也有类似记载:

> 予少习句读,有《五经旁训》尚为旧本,不知肇于何人,近知昉于明初朱升。升字允升,号枫林,休宁人,少师同里陈栎,亦尝就学于九江黄泽。升尝谓先儒作传注求以明经也,俗学皆诵经注,使经文断裂,旨趣不融,乃作诸经旁注,离观则逐字为训,合诵则条达成章云。
>
> 东树按:元庐陵李恕字省中,有《五经旁注》六卷。①

姚范认为《五经旁训》始于明初朱升,这与《四库全书总目》"近坊肆《五经旁训》之本,实倡始于升"意见相合。但清代方东树所加按语值得注意,提出元代李恕著有《五经旁注》六卷,这为我们提供了新的线索。

李恕,字省中,元代人,生平不详,其事迹仅见于明人杨士奇《东里续集》中,云:

> 《五经旁注》,《易》《书》《诗》《论》《孟》旁注,庐陵李省中先生作,简明切当,便于初学。先生名恕,与龙麟洲、刘水窗同辈行。余识其从曾孙思益,为沭阳县教谕,其家已不传此书,余所畜总六册,书坊板颇有阙误。②

其后清人王梓材、冯云濠《宋元学案补遗》及朱彝尊《经义考》等皆节引杨士奇的说法来记述李恕的生平。

根据《中国古籍善本总目》著录,元代李恕撰有《五经旁训》,全书十九卷,分为《易经旁训》三卷、《书经旁训》二卷、《诗经旁训》四卷、《礼记旁训》六卷、《春秋

---

① [清]姚范:《援鹑堂笔记》,卷四十六集部,清道光姚莹刻本。
② [明]杨士奇:《五经旁注跋》,见《东里续集》卷一六,《文渊阁四库全书》本,第20页。

旁训》四卷。① 该书已无元代版本,现存最早的刻本是明万历十六年(1588)江西刻本。该书已经收入《故宫珍本丛刊》,海南出版社在2000年复印原书出版,因此流传较广。

万历本《五经旁训》与杨士奇所载存在明显不同,首先,杨氏称为"旁注",而万历本作"旁训";其次,万历本《旁训》训解《易》《书》《诗》《礼记》《春秋》,而杨氏所记有《论语》《孟子》,无《礼记》《春秋》;第三,杨士奇所载《五经旁注》为"六册",并无卷数的记载。朱彝尊《经义考》著录李恕《五经旁注》六卷,注曰"未见",说明朱氏未曾见过该书。但朱彝尊著录《五经旁注》为六卷,可能是源于杨士奇《东里续集》"六册"而致误。针对这一问题,陈鸿森有过论述:

> (《五经旁训》)并无杨士奇所言《论》《孟》二种;且以《论》《孟》充五经,殊觉不伦。复据《经义考》卷二三五著录李恕《孟子旁注》七卷,盖《论》《孟》别有成书,与《五经旁训》非一书,杨士奇之说殆未可据。又,此书当名《旁训》,竹垞作"旁注"者,亦缘杨氏而误也。②

同时,李恕在《易经旁训·序》中说:"今不量浅陋,辄合程朱二家之说及《本义附录》《何氏发挥》《大易粹言》《南轩解易》诸书,节而一之,以为《旁训》。"③据此,元人李恕所撰当为《五经旁训》,而非杨士奇所载《五经旁注》。

因此,"旁训"这种注解经文的方式在元代已经产生,而《四库全书总目》与姚范《援鹑堂笔记》所言始于明初朱升的说法值得商榷。同时,正是因为《四库全书总目》持有"旁训"倡始于朱升的观点,并且据县志和《明史》记载,朱升"旁注"著作确实很多,这就影响了后来学者的判断,导致在判定二卷本《尚书旁注》撰者时,误以为是明初朱升。我们对这一问题不能不加以辨析探究。

至于"旁注""旁训"这种注解《五经》的形式兴起的原因,应该与元末明初的科举有关。明初的科举取士制度承继了元代的特点,在《五经》注本的选择上以宋元经说为主,据《明史·选举二》载:"《四书》主朱子《集注》,《易》主程《传》、朱子《本义》,《书》主蔡氏《传》及古注疏,《诗》主朱子《集传》,《春秋》主《左氏》《公羊》《穀梁》三传及胡安国、张洽《传》,《礼记》主古注疏。永乐间,颁《四书五经大全》,废注疏不用。其后《春秋》亦不用张洽《传》,《礼记》止用陈澔《集说》。"④由

---

① 翁连溪编校:《中国古籍善本总目·经部》,北京:线装书局,2005年,第142页。
② 陈鸿森:《〈经义考〉札逐》,《经学研究集刊》第五期,2008年,第122页。
③ [元]李恕撰:《五经旁训》,故宫博物馆编:《故宫珍本丛刊》第17册,海口:海南出版社,2000年,第4页。
④ [清]张廷玉等撰:《明史·志第四十六·选举二》,北京:中华书局,1974年,第1694页。

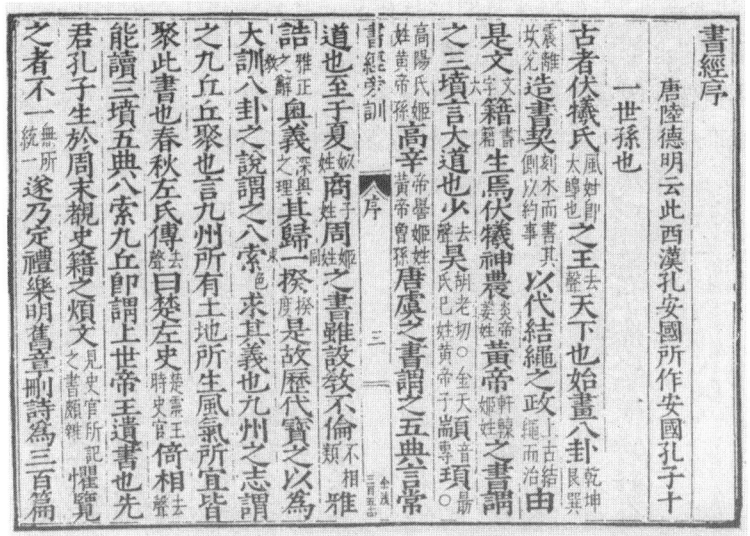

图六　元李恕《书经旁训》（明万历十六年江西刻本）

此可见明初的科举考试所用经学著作主要是宋元时代的，体现出宗尚程朱学说的鲜明特色。据明代李默《孤树裒谈》记载："永乐中翻刊《五经大全》，《书经》一依蔡《传》，士子专业以为科举，蔡说之外遂不复有所考故也。"① 元代李恕《书经旁训》、明初朱升《书经旁注》、国图藏明代《尚书旁注》均以宋人蔡沈《书集传》为依据，可见这些著作与明代规定的科举考试范围相契合。同时，永乐年间胡广等纂修的《五经大全》一百三十五卷，对士子而言，部头太大，读来不易，而"旁注""旁训"这种形式简洁明了，诵读方便，在读书人中流布广泛，于是刊刻不在少数。因此，明代学者对"旁注""旁训"这一注解方式有着极高的评价，如陈文烛《五经旁训序》云："今取六经之古文而旁训之，根本注疏，折衷众论，易则易知，简则易从，如菽粟疗饥，布帛御寒，通之千万世者也。"② 又游居敬《序》云："余近得《五经旁训》一书，俱离断句读，摘注意义，简明精约，披卷即可了然知其大义，余甚喜之，以为初学者诵此，则诸经圣贤立言之指，即可以得其大端，研而穷之，会而通之。"③ 明代学者认为"旁训"注解简明，便于诵读，有助于初学者研习经文。

---

① ［明］李默：《孤树裒谈》卷一，《续修四库全书》本，上海：上海古籍出版社，2002年，第596页。
② ［元］李恕撰：《五经旁训》，故宫博物院编：《故宫珍本丛刊》第17册，海口：海南出版社，2000年，第1页。
③ ［元］李恕：《五经旁训》，明万历二十三年郑汝璧刻本。

"旁注""旁训"版刻形式对明清时代的文献行款样式产生了极大的影响,这种形式肇端于经部文献,继而在史部、子部文献中使用,如明代郑维岳《新锲郑孩如先生精选战国策旁训便读》、方虚名《南华真经旁注》都使用了旁注的形式,在这样的推动作用下,使其成为一种特殊的注解古籍方式。

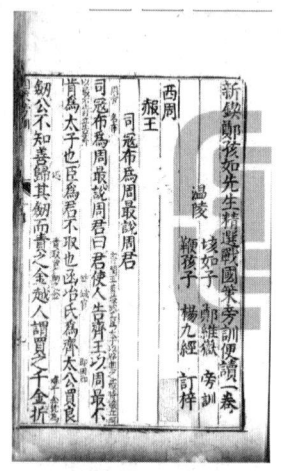

图七　明郑维岳《新锲郑孩如先生精选战国策旁训便读》(明万历二十八年杨氏同仁斋刻本)

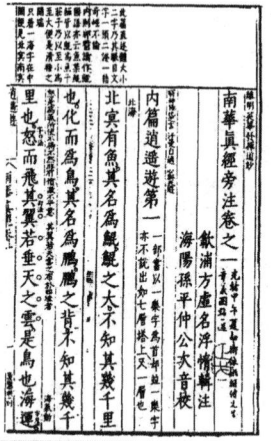

图八　明方虚名《南华真经旁注》(明万历二十二年刻本)

《续修四库·集部》作者分布及原因的可视化分析

吴思慧

（浙江大学，杭州 310000）

摘 要：《续修四库全书总目提要·集部》中所辑著作的著者及编注者共著者1396人，编注者118人，共计1514人。除去著者存疑、尚待考证的作者、不著籍贯的皇族宗室、藩王、隶属八旗的作者以及外国人，共有1440人。本文对这1440位作者的地理分布及其原因进行了分析，发现《续修四库·集部》的作者的人数在明清时期最多，增长的速度也是最快的，其中主要集中在南方地区，并以浙江、江苏、江西、福建、安徽等省份为主，北方地区虽然也有分布，但是不如南方地区密集，主要是在北京、河南、山东、陕西、河北等地，分布较为均匀。南方诸省又以杭州、苏州、宁波、桐城等市县为最，本文通过对《续修四库·集部》著者和编注者籍贯分布、历代人物的分布和变化进行的可视化分析和原因探析，以便对《续修四库·集部》著者和编注者地理分布有一个更加清晰的认识。

关键词：《续修四库全书总目·集部》 籍贯分布 南方地区 江浙地区

"《续修四库全书》补辑收录了清代所编修的《四库全书》中未收录而有价值的著作，并且系统选录了民国期间一些代表性的著作。《续修四库全书总目提要》作为《续修四库全书》的配套使用工具书，包括了所收全部五千二百十三种古籍。每种提要的内容，均包含著者仕履、内容要旨、学术评价、版本情况等几个方面"[①]。作为《续修四库全书总目提要》的一部分，《续修四库全书总目提要·集部》（以下简称《续修四库·集部》）中所辑著作的著者和编注者共1396

---

① 《续修四库全书总目提要》编纂委员会：《续修四库全书总目提要·集部》，上海：上海古籍出版社，2014年，第2页。

人,除去著者存疑、尚待考证的 19 条,共有 1377 人。《续修四库全书总目提要》对于每位著者的生平、仕履等资料的记载详细,这为统计《续修四库全书》的著者籍贯提供了可行性。

一、《续修四库·集部》对撰者及编注者籍贯的著录

《续修四库全书总目提要》经史子集各部对于著者和编注者的籍贯著录以及作者的生平事迹等介绍,体例整齐。以《集部》为例,大致有以下几种情况:一是著录籍贯并说明现今所属的省级行政区域和地名。如王维桢,"华州(今陕西华县)人";陈仁锡,"长洲(今江苏苏州)人";惠周惕,"吴县(今江苏苏州)人"。二是著录籍贯,在其后说明现今所属省级行政区域。如黄道周,"漳浦(今属福建)";陈确,"海宁(今属浙江)";陈普,"福州宁德石塘(今属福建)人"。三是著录籍贯和省属行政区域,并说明现今地名。如金农,"浙江钱塘(今杭州)人";曹仁虎,"江苏嘉定(今属上海)人";朱珪,"直隶大兴(今属北京)人"。四是著者籍贯有多种说法的,将其一并著录。如朱淑真,"钱塘(今浙江杭州)人,一说海宁(今属浙江)人";晁冲之,"济州巨野(今山东巨野)人,一说开封(今属河南)人"。五是著录祖籍或原籍,并注明其寓居或移家之处。如林表民,"祖籍东鲁,寓台州临海(今属浙江)";李鼐,"祖籍菏泽(今属山东),家吴兴三汇之交(今属浙江)"。罗聘,"原籍歙县(今属安徽),流寓江南,居扬州天宁门内弥陀巷,故自称扬州人"。六是标明著者属于皇室宗族成员,不著录籍贯,或标注其封地。如朱权,"洪武二十四年(1391)封于大宁(今属内蒙),永乐元年(1403)改封南昌(今属江西)";永瑆,"清高宗乾隆第十一子乾隆五十四年封为亲王";恒仁,"宗室,袭封辅国公"。七是清朝隶属于八旗的著者,标明其所属何旗。如梦麟,"姓西鲁特氏,蒙古正白旗";法式善,"蒙古族乌尔济氏,隶属内务府正黄旗";阿克敦,"章佳氏,隶满洲正蓝旗"。最后是原书不著撰人,或者著者的生平事迹不详,居里以及仕履亦无从考证的情况,不著录籍贯。前者如《词林韵释》一卷:"原书不著撰人",《精选名儒草堂诗馀》三卷:"不著编者";后者如《梁江文通集》十卷注者胡之骥,"字伯良,生平不详";《古本董解元西厢记》八卷撰者董解元"生平无考"。则阙如。

对于籍贯著录的处理,为了便于可视化分析,采取以下方式:省属和具体籍贯明确的作者及编注者直录;有具体府县者直录;著者籍贯有多种说法存在争议的,在地图中一致使用前者,另一说则在备注中加以说明;不可考其籍贯或所属省份者,或不撰著者则阙如。据此统计,《续修四库全书总目提要·集部》中所辑数据为:著者1396人,编注者118人,共计1514人。除去著者存疑、尚待

考证的44条,不著籍贯的皇族宗室、藩王3人,隶属八旗者26人,共有1441人。

二、《续修四库·集部》著者的省属分布分析

除了上述存在的籍贯著录情形之外,还有一位是日本的遍照金刚,因属于外国人,不纳入考察范围。以及永瑆、朱权、恒仁三位属于皇族、藩王和宗室的著者,没有明确的籍贯著录,故不在所属省级行政区域的考察范围。因生平无法考证而没有籍贯著录的作者和编著者,待考证成果出现后纳入考察范围之列。因此,这里先对1440位有省级行政区域和具体籍贯的作者进行排序。

表1 《续修四库·集部》作者籍贯省属分布表

省属(直辖市)	人数	省属(直辖市)	人数
浙江	364	四川	24
江苏	344	陕西	19
安徽	105	北京	15
江西	101	广西	10
福建	73	贵州	9
湖南	63	甘肃	8
山东	56	辽宁	6
上海	46	云南	6
广东	45	天津	5
河南	41	重庆	5
湖北	36	吉林	1
山西	30	台湾	1
河北	27		

从表1中可以看出,排名前六位的省份分别是:浙江、江苏、安徽、江西、福建、湖南。排名前十的省份中,除山东、河南以外的省份,其余八省都属于南方地区,可见南方作家在《续修四库·集部》作者中占据了极大的比例。其中排名前两位的浙江和江苏作者人数是总人数的49.2%,几乎占了总人数的一半。由此可见,《续修四库·集部》的著者和编注者主要集中在南方地区。

自唐宋以来,江南地区①一直是中国最先进的农业区,具有着高投入高产出的农业形式以及发达的丝、棉纺织业,江南是全国最主要的丝、绸产区,其产品不仅销行全国各省,而且输出日本、东南亚、欧美以及俄国。②除此之外,明清时期江南地区市镇的高度发展,其市镇密度及规模在全国都是绝无仅有的。在由此可见,明清时期,南方地区经济发达,而江浙两省作为其具有代表性的区域,这种经济上的优势更为突出,为该地文化的发展提供了充足的物质基础,推动了文化的繁荣。唐宋以后,南方地区的经济逐渐繁荣,对外交流更加频繁,其教育和科举最为兴盛,读书风气盛行,表现在学校和书院的设置上,则是这些机构于元明清三代数量众多,南方地区的文教事业日益发达。

据多洛肯的数据统计,明代进士人数在各省分布的情况分别是:南直隶4090人,占进士总人数的16.44%;其次是浙江,共考取3458人,占14.87%;江西3117人,占12.53%;福建2417人,占9.72%;山东1798人,占7.23%;河南1763人,占7.09%。这个进士省属排名和《续修四库·集部》作者籍贯省属排名基本上是相吻合,而且《续修四库·集部》作者绝大部分都是进士出身,这个排名数据具有一定的可参照性,一方面说明了《续修四库·集部》作者与其所属籍贯进士分布的联系,也从另一个方面反映了科举对于文化事业发展的重大作用。另一方面据香港何佑森统计,元代江西有书院73所、浙江62所、福建55所、湖南37所、江苏26所、广东24所、四川23所、山东22所、河北20所、湖北19所、安徽17所、山西12所、河南10所、陕西7所。③这些数据都充分说明了南方地区对文化事业的重视和文教的繁茂。

从上述数字中看出,浙江省的书院数量在元代省份中位列第二,"两浙人文独盛,才俊嗣兴"④,浙江省于明清两代产生了诸多进士,明代洪武四年至崇祯十六年共举行殿试八十八科,共录取进士24876人。浙江省共考取进士3458人,占全国14.8657%,总体而言,明代每8个进士,就有一个来自浙江。⑤清代举行

---

① 据许檀文中的表述,江南地区主要指江浙两省环太湖平原的苏、松、常、杭、嘉、湖六府和太仓直隶州,共计50余州县。(《明清时期区域经济的发展——江南、华北等若干区域的比较》,《中国经济史研究》1999年第2期,第19页)
② 许檀:《明清时期区域经济的发展——江南、华北等若干区域的比较》,《中国经济史研究》1999年第2期,第22页。
③ 郭佑森:《元代书院之地理分布》,《新亚学报》1956年第2期。
④ [明]胡宗宪修,薛应旗等纂:《浙江通志》卷五十《选举志》,明嘉靖四十年刻本。
⑤ 多洛肯:《明代浙江进士研究》,上海:上海古籍出版社,2004年,第155页。

文进士科举考试112科,共录取进士26747名①。浙江省共有录取进士2808名,占全国的10.48%。②在明清两代全国所有省份中皆排名第二位。从这个进士人数和在全国人数所占比例中也能看出浙江文化的发达。另外,浙江地区还有着深厚的学术渊源,南宋以吕祖谦为代表的"婺学",以陈亮为代表的"事功之学",叶适等人的永嘉学派,一直到明末清初的浙东学术。理学的兴盛对浙江此后的学术和文化,包括文人的心态以及治学理念、创作心态都产生了深远的影响。明清时期,浙江的藏书家大量涌现,现列举一些著名人物:如明初金华宋濂,明代中叶仁和郎瑛、鄞县丰坊、范钦,吴兴茅坤,万历之后有山阴祁氏父子、长兴臧懋循、海盐胡震亨、吴兴潘曾纮等。清代的一些进士藏书家如秀水朱彝尊,余杭严沆,仁和杭世骏、沈廷芳,钱塘卢文弨、汪宪,乾隆以后则有如龚自珍、朱学勤、钱仪吉、俞越、全祖望等。同时,相关的刻书事业也十分兴盛,书林、书肆、书坊随处可见。这些就不难解释《续修四库·集部》的作者籍贯省属浙江高居榜首的现象。

江苏省自古就是文学和文化发达之地,江苏一带水网密集、交通便利,市镇发达,自古便是商业繁茂之地,并且物产丰富,具有优越的物质资源和深厚的人文渊源。汉代枚乘,晋代葛洪、陆氏兄弟,梁朝陶弘景等,唐代则有著名的文学家殷璠、刘禹锡、钱起、许浑、陆龟蒙等人,南北宋时期的著名文人范仲淹、秦观、范成大、尤袤、陈师道、叶梦得等人都是属于江苏人氏。在元末,江苏创作和影响最大的便是浙东派和吴中作家群体,其中成就较突出,影响较大的是杨维祯和"吴中四杰"。"吴人张习企翱跋《张来仪集后》云:'吴中之诗,一盛于唐末,再盛于元季,继而有高、杨、张、徐及张仲简、杜彦正、王止仲、宋仲温陈惟寅、丁逊学、王汝器、释道衍辈,附和而起,故极天下之盛,数诗之能,必指先屈于吴也。'先辈推重逊学如此,今人不复知其氏名,可叹也,余故录一诗以识其人焉"③。夸赞吴中诗人的高度成就。顾瑛于元末明初所举行的多次"玉山草堂雅集"吸引各地的诸多文士的聚集酬唱,也从一个侧面反映出元代江苏地区的文学事业之盛。明代的江苏属于南直隶的范围之内,这一时期江苏文士群体众多,如"吴中四才子",属于"后七子"成员的王世贞、王世懋、宗臣等,属于唐宋派的唐顺之、归有光,东林党作家则有顾宪成、高攀龙等人;明代后期还有以沈璟为代表的吴江派作家

---

① 毛晓阳、金甦:《清代文进士总数考订》,《清史研究》2005年第4期。在该文中对清代文进士的总数进行考订,总结了相关学者著作中统计的进士人数数据,并得出其考证数据:实际所刊载的进士总数是26849人。虽然多篇著作中人数有所出入,但是不影响整体上对省属排名的分析。
② 多洛肯:《清代浙江进士群体研究》,北京:中国社会科学出版社,2010年,第44页。
③ 钱谦益:《列朝诗集小传》,上海:古典文学出版社,1957年,第201页。

群体、冯梦龙、张溥、顾炎武等著名的文人。清代著名的有钱谦益、吴伟业、常州词派文人、沈德潜、惠栋、段玉裁、阮元,等等,人数众多,可谓盛极一时。江苏的进士在明清两代所有省份中都排在第一位,在这种社会经济文化条件和文化环境下,浙江和江苏在所有省级行政区域中作者人数所占比例之高是能够理解的。

三国两晋南北朝时期,虽然经历战乱和纷争,但是安徽地区仍产生大量人才,这与经济的恢复和思想的解放密切关联,这一时期安徽地区的人才为该时期的思想、文化、科技的发展做出了杰出的贡献,并对后世文学产生了深远的影响。宋以后,安徽地区的社会历史进入了迅速发展繁荣的阶段,有宋一代,安徽人才辈出,为宋代文化的鼎盛做出了重要的贡献,代表性人物如姚铉、梅尧臣、张孝祥、朱熹等,北宋名臣中如王安石、欧阳修等也曾长期在安徽为官。这一时期,安徽的进士人数较之前代猛增,这与宋代经济重心南移的完成有密切的关系。此时安徽经济得到恢复和空前发展,农业和市镇经济发达,宋人李觏在其《寄上富枢密书》中言道:"当今天下根本在于江淮,天下无江淮不以足用,江淮无天下自可以为国。何者?汴口之入岁,常数百万斛,金钱布帛百物之备,不可胜计,而度支经费,尚闻有阙。是天下无江淮不以足用也,吴楚之地,方数千里,耕有余食,织有余衣,工有余材,商有余货,铸山煮海,财用何穷,水行陆走,馈运而去,而不闻有一物由北来者,是江淮无天下自可以为国。"①经济基础决定上层建筑,商业的繁荣推动了文化事业的发展,而文化事业发展又促进了人才的产生,自宋元到明清,安徽的进士人数在所有省份排行中一直位列前五。在思想上,"朱熹及其思想对徽州的文化教育产生了重要的影响。……自宋末到明初,新安理学'师又渊源,后先辉映,如霞蔚云蒸',……他们一方面潜心钻研程朱理学,一方面创办书院、或主持书院讲学,传播朱子思想,培养了大批优秀人才"②。这种深远的文化传统是安徽历代人才辈出的诸多影响因素中不可或缺的一环。江西文化上的兴盛与政治、经济的关系也极为密切,历史上的三次重大事件"永嘉之乱""安史之乱"和"五胡乱华"导致北方人口向南方大量迁徙,而江西作为距离中原较近的南方地区成为了北方人口的落足之地。另外,自唐代开始经济重心逐渐开始南移,唐代江西商业发达,常规主要商品包括粮食、茶叶、瓷器、木材、酒、食盐、鱼等,虽然都是小手工业,但是规模和数量庞大。北宋时期便捷的交通为商贸的发展提供有利的条件,"于是来商纳贾,舟楫连檣,交易繁盛"。在经历宋元的战火之后江西地区虽然一度被打断发展,但是"从明初以来经济就获得较大的发展,不但从元末明初的战事中恢复过来,也成为全国地区经济最

---

① 李觏:《直讲李先生文集》,北京:商务印书馆,1936年,第203页。
② 姚娟:《安徽历史人才地理分布研究——以列传人物、进士为考察对象》,福建师范大学硕士学位论文,2007年,第45页。

发达的地区之一"①。除此之外,江右商帮从宋代就开始兴起,在明清两代也依旧保持其生命力和活力,江西商人在传统儒家思想影响下,重"礼""义",重视宗祠和家族的传承,所以花费大量的钱财用于振兴家族、兴修宗祠,还用于救灾、修桥、补路、兴办学校、赈济灾民、捐助粮饷等事业,虽然不利于资本积累和商人本身事业的发展,但是这些都为江西的文化事业提供了良好的基础。自宋以来,江西的科举鼎盛,文化发达,进士人数在历朝历代都占了相当一部分的比重,《续修四库·集部》数量众多的作者集中在这样的文化重镇,有着深厚的历史背景和文化渊源。

北方地区著者和编著者分布较多的省份是山东、山西、河南、河北、陕西等以及北京市。北京作为自元代以来的首都,既是政治中心,也是文化和经济中心,文人聚集,文化氛围自然十分浓郁。齐鲁之地是孔孟之乡,山东自古是文化大省,河南、河北等黄河流域宋代以前就属于水陆交通便利、地势平缓农业发达的地方,这个时期北方一直是经济政治文化中心,文化渊源自然深厚,不难理解此地会产生诸多作者。直到宋室南迁,南方地区的不断开发以及中原人口由于战争和人口密集、资源紧张等种种原因向南方迁移,人口的流动和经济及政治重心的转移,促进了南方地区的持续发展,进而在明清之际南方文化的繁盛从各个方面呈现出来。也由此可见,人文荟萃的局面出现受到了诸多因素的影响,乃是一个不断变迁的历史过程。

三、《续修四库·集部》作者的籍贯分布分析

上述的"《续修四库·集部》作者籍贯省属分布表"和以下按照作者籍贯制作的所属省份分布图直观呈现了《续修四库·集部》作者的省属分布情况,以下的"《续修四库·集部》著者的籍贯分布表"和"《续修四库·集部》著者籍贯分布密度图"则反映了作家的具体籍贯具体位置和密度。

表2 《续修四库·集部》著者的籍贯分布表②

序号	籍贯	数量	所属	序号	籍贯	数量	所属
1	钱塘	55	浙江	3	鄞县	29	浙江
2	长洲	32	江苏	4	仁和	28	浙江

① 张小健:《江右商帮兴衰研究(1368—1911)》,华中师范大学博士学位论文,2015年,第72页。
② 由于篇幅过长,将剩余部分人数少于5人的著者籍贯分布统计表省略不予列入。

续表

序号	籍贯	数量	所属	序号	籍贯	数量	所属
5	桐城	27	安徽	33	休宁	9	安徽
6	吴江	26	江苏	34	余姚	9	浙江
7	苏州	25	江苏	35	长乐	9	福建
8	武进	24	江苏	36	公安	8	湖北
9	常熟	23	江苏	37	全椒	8	安徽
10	吴县	23	江苏	38	太原	8	山西
11	歙县	22	安徽	39	婺源	8	江西
12	归安	20	浙江	40	仪征	8	江苏
13	秀水	20	浙江	41	常州	7	江苏
14	乌程	19	浙江	42	杭州	7	浙江
15	会稽	18	浙江	43	桐乡	7	浙江
16	山阴	18	浙江	44	新城	7	江西
17	长沙	18	湖南	45	长兴	7	浙江
18	海宁	16	浙江	46	宝山	6	上海
19	昆山	16	江苏	47	海盐	6	浙江
20	太仓	16	江苏	48	建安	6	福建
21	嘉兴	15	浙江	49	江宁	6	江苏
22	番禺	13	广东	50	金陵	6	江苏
23	江阴	13	江苏	51	临桂	6	广西
24	南海	13	广东	52	南汇	6	江苏
25	松江	13	江苏	53	瑞安	6	浙江
26	阳湖	13	江苏	54	山阳	6	江苏
27	侯官	12	福建	55	上海	6	上海
28	无锡	12	江苏	56	扬州	6	江苏
29	临川	11	江西	57	陈留	5	河南
30	莆田	11	福建	58	衡阳	5	湖南
31	大兴	10	北京	59	嘉善	5	浙江
32	华亭	10	上海	60	江都	5	江苏

续表

序号	籍贯	数量	所属	序号	籍贯	数量	所属
61	泾县	5	安徽	68	宁波	5	浙江
62	莱阳	5	山东	69	绍兴	5	浙江
63	历城	5	山东	70	顺德	5	广东
64	庐陵	5	江西	71	天津	5	天津
65	满洲镶白旗	5		72	湘潭	5	湖南
66	闵县	5	福建	73	湘阴	5	湖南
67	南城	5	江西	74	宜兴	5	江苏

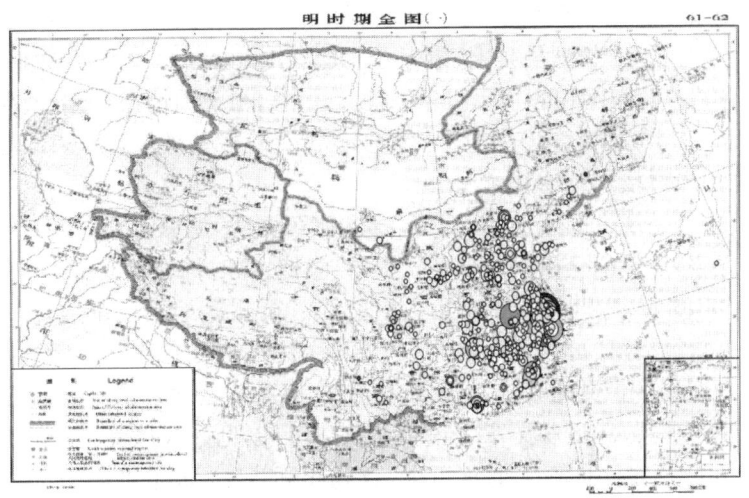

图 1　《续修四库·集部》著者籍贯分布密度图①

　　从上表中可见,《续修四库·集部》的作者人数最多的前十个地区分别是钱塘、长洲、鄞县、仁和、桐城、吴江、苏州、武进、常熟、吴县,其中3个属浙江省,有112人;6个属江苏省,有153人,1个属安徽省,有27人。这十个市县均属于南方地区,更确切而言,即江浙两地。其中钱塘籍中较为著名的人物如宋代著名的词人周邦彦,书商陈起,元代仇远、张雨,仇远在宋末和白珽并称为"仇白",其以诗著称,曾与周密、张炎等人互相唱和,其著作有《山村遗稿》《山村杂著》《稗

---

①　密度图所使用的底图引自谭其骧先生的《简明中国历史地图集》(下同)。(谭其骧:《简明中国历史地图集》,北京:中国地图出版社,1991年,第61—62页。)

史》以及词谱《无弦琴谱》等，著作颇丰。明代有瞿佑、杨讷、高濂、洪楩等。瞿佑，字宗吉，号存斋。洪武中曾历任仁和、临安、宜阳三县训导，迁国子监助教，周王府右长史。作品有《归田诗话》《存斋遗稿》《剪灯新话》等。杨讷、高濂是著名的戏剧家，明嘉靖年间的洪楩不仅以藏书丰富著，还编刻了最早的话本小说丛刻——《清平山堂话本》。清代袁枚、厉鹗、吴锡麒、张应昌，其中袁枚是乾隆四年进士，历任溧水、江浦等多地的知县，创作上强调"性灵"，著述有《随园诗话》《随园随笔》《小仓山房集》《新齐谐》。厉鹗是宋诗派代表诗人之一，其词亦享有盛名，著有《樊榭山房集》《辽史拾遗》《宋诗纪事》等。长洲，于今天属江苏苏州，《续修四库·集部》中的长洲籍作者有皇甫冲、沈周、张凤翼、陆采等，清代有尤侗、惠周惕、沈德潜、惠栋、彭绍升、王芑孙、宋翔凤、朱骏声等人。张凤翼，嘉靖年间中举，会试不第，遂绝意仕途，能诗，作有多种传奇，"伯起善书，晚年不事干请，鬻书以自给，好度曲，为新声，所著《红拂记》，梨园子弟皆歌之"①。惠栋，字定宇，号松崖，长洲吴县人，诸生。他是清代乾嘉朴学吴派的领袖，梁启超在《清代学术概论》中评价："元和惠栋，世传经学，祖父周惕，父士奇，咸有著述，称儒宗焉。栋受家学，益弘其业。"②著述有《古文尚书考》《九经古义》《明堂大道录》《渔洋山人自撰年谱注补》等。

鄞县也就是现今的宁波市，元袁士元、张可久等，明张邦奇、范钦、沈一贯、屠隆、张煌言，清代的全祖望、万斯同、张琦、童槐、徐时栋、董沛、张寿镛、王相等人都属于宁波人。张可久，字小山，曾任绍兴、衢州等地酒税都监，工于散曲，《四库全书总目》评："可久之词，《太和正音》称其如瑶天笙鹤，既清且新，华而不艳，有不食烟火气。又谓其如披太华之天风，招蓬莱之海月。今观所作遣词命意，实能脱其尘蹊，故虽非文章之正轨，附存其目以见一代风尚之所在焉。"③全祖望，字绍衣，号谢山，雍正七年贡生，乾隆年间进士，曾主讲蕺山、端溪书院，"祖望为学渊博无涯涘，于书无不贯串"④，为士林所仰，著有《汉书地理志稽疑》《鲒埼亭集》《经史问答》等。仁和，与钱塘其实都属于现今杭州的一部分，历代属于仁和籍的作者有：明邵经济、黄汝亨，清杭世骏、卢文弨、孙士毅、金德瑛、余集、沈赤然、胡敬、龚自珍等人。前五位的市县唯一不属于江浙两省的是桐城，桐城自古以来名儒聚集，明清两代人物中有左光斗、马其昶、方世举、方以智、方文、钱澄之、方孝标、戴名世、方苞、刘大櫆、姚鼐、汪志伊、方东树、刘开、姚莹、戴

---

① 钱谦益：《列朝诗集小传》，上海：上海古籍出版社，1983年，第483页。
② 梁启超：《清代学术概论》，北京：东方出版社，2012年，第28页。
③ 永瑢等：《四库全书总目》，北京：中华书局，1965年，第1835页。
④ [民国]赵尔巽：《清史稿》卷四百八十一列传二百六十八，北京：中华书局，1977年，第13186页。

钧衡、萧穆、吴汝纶等人,方以智。字密之,崇祯年间进士,《清史稿》载曰:"以智生有异禀,年十五,群经子史略能背诵,博涉多通,自天文、舆地、礼乐、律数、声音、文字、书画、医药、技勇之属皆能考其源流,析其旨趣,著书数十万言。"①方苞、刘大櫆、姚鼐都是桐城派的代表人物,而方东树、姚莹属于"姚门四弟子",继承桐城派的传统。"明清两代,桐城文化的繁荣是与桐城在明清两朝处于政治上的重要地位分不开的。桐城于明清两朝逐渐形成了以方氏、姚氏、张氏、左氏、马氏为代表的一批大家族。这些大家族中,'科第、仕宦、名臣、循吏、忠节、儒林,彪炳史志者,不可胜书'"。桐城人才鼎盛与这些文学家族也有着密切关系。

综上所述,《续修四库·集部》的著者及编注者几乎都集中在南方地区,以江、浙、闽、赣地区为中心向四周辐射的形式呈现,他们多为布衣、举人或进士出身,历任多是中下层职官,在当时不太得志,出于文学家族或学术流派者居多,人物之间交往联系密切。

四、作者籍贯市县分布原因分析

据《续修四库·集部》中所撰录的著者及编注者人数(包括已知朝代但著者不详或著者生平有待考证者)统计,在历代著者人数中,居于首位的是清代作家,共有709人,其次是明代224人,宋代97人,而唐代与金元为次之,为31人和58人,唐代以前的著者总计只有11人。"清初之儒,皆讲'致用',所谓'经世之务'是也。"②清人注重经世致用,"求实"思潮盛行,在治学方法上强调的是朴学实证,这种文学观念和治学方法影响了清代的文献整理工作,因而戏曲、小说等文献不受重视,其搜集整理也少有人从事。清人所修的《四库全书·子部》中所收小说家类总共320条,明清小说家类条目只150条,戏曲和话本、章回小说被视为俚俗而不收。以元明词曲为例,于元词仅收录白朴《天籁集》二卷、张翥《蜕岩词》,于元曲则仅有《四库全书存目》著录张可久《张小山令》二卷;③明词则仅收录瞿佑《乐府遗音》五卷、吴子孝《玉霄仙明珠集》二卷、施绍莘《花影集》五卷。另一方面,《四库全书总目》的修撰是在处于统治全盛期的乾隆朝,为了加强统治,宣扬钢纲常伦理,对不符合统治者需要的思想和书籍进行抑制和禁毁,《总目》指出:"今所采录,惟离经叛道、颠倒是非者,摈击必严;怀诈挟私、荧惑视听者,屏斥必力。"又因受传统诗文观念的影响,小说以及散曲作品作为边缘文

---

① [民国]赵尔巽:《清史稿》卷五百列传二百八十七,北京:中华书局,1977年,第13833页。
② 梁启超:《清代学术概论》,北京:东方出版社,2012年,第17页。
③ 查洪德:《元代文学文献学》,北京:中国社会科学出版社,2002年,第60页。

体被排除在外。"集部之目,楚辞最古,别集次之,总集次之,诗文评又晚出,词曲则其闰馀也"。出于对曲类的贬抑态度,《四库·集部》中这类作品收录很少,而在明清时期,这一类作者增加,在《续修四库·集部》中收录增多,词曲如《四声猿》《六十种曲》《新编林冲宝剑记》《连环记》《新编目连救母劝善戏文》《牡丹亭还魂记》《新刻博笑记》《玉茗堂批评红梅记》《鸣凤记》《东郭记》《秣陵春传奇》《十五贯》《风筝误》《钧天乐》《长生殿传奇》等,小说及小说集如《虞初志》《虞初新志》《清平山堂话本》《古今小说》《拍案惊奇》《萤窗异草》《夜雨秋灯录》《聊斋志异》《红楼梦》《镜花缘》《儿女英雄传》《官场现形记》《二十年目睹之怪现状》等,这些在《四库总目·集部》中是不可能见到的,《续修四库全书》的补辑弥补了《四库全书》中未收的词曲、小说等不为清人重视的文献著作。而戏曲小说的创作在元明清三代中尤为繁盛,再加上明清时期江浙经济和文化事业极为发达,因而《续修四库·集部》中明清江浙地区著者数量众多,并且几乎都是在浙江、江苏、江西等南方地区,可见词曲类著者的数量和籍贯也是影响《续修四库·集部》著者分布很大的原因之一。

其次,经济发展始终是文化繁荣的基础,"环太湖地区的苏、松、常、杭、嘉、湖六府,凭借经济上的绝对优势,经济与文化共荣,这种优势一直持续到清乾隆、嘉庆年间"[1]。从宋代开始,经济重心南移,南方地区的经济飞速发展,并超过了大多数的北方地区,这种经济上的优势在文化事业上的反映就是南方地区进士数量从明清时期开始就远远超过中原诸地。全国出进士最多的9个府都属于南方地区,明代浙江占据了3个(在全国府县中的排名为:绍兴第2、宁波第8、嘉兴第9),江西2个(在全国府县中的排名为:吉安第1、南昌第4),江苏2个(苏州第3、常州第5),福建2个(福州第6,泉州第7);清代的浙江占据了3个(在全国府县中的排名为:杭州第1、绍兴第6、嘉兴第7、湖州第8),江西1个(南昌第9),江苏2个(苏州第2、常州第4),福建1个(福州第3),广东1个(广州第5)。[2] 南方地区科举事业的高度繁盛,也从一方面解释了《续修四库·集部》中该地区著者之多的原因。此外,南方地区作为宋代以后的经济重心,著名的徽商、赣商、浙商群体以及相当数量的商帮和数量众多的政治、文学家族对于南方地区文教事业的发展也发挥了不可小觑的作用。

---

[1] 叶晔:《明代中晚期越中望族研究》,浙江大学硕士学位论文,2006年,第4页。
[2] 数据源于《明清社会史论》。何炳棣著,徐泓译注:《明清社会史论》,台北:联经出版事业股份有限公司,2013年,第306—307页。

五、与《四库全书总目·集部》的对比

从图三中可见,《四库·集部》和《续修四库·集部》的作者数量一直以江浙两省居先,曾大兴先生的《中国历代文学家的地理分布——兼谈文学的地域性》中所列文学家的地理分布,"周秦、两汉、三国、西晋、隋唐时期,中国文学家的分布重心多在北方,主要是黄河中下游流域;而东晋南北朝、宋辽金、元、明、清时期,中国文学家的分布重心则多在南方,主要是长江中下游流域"[1]。这是地域分布上的特点,在上文中已经有所分析,此处不再多加赘述。《续修四库》收录之重点在清乾隆以后,试以广东省为例,看《四库·集部》和《续修四库·集部》选录标准的不同。

张九龄是唐丞相,宋余靖"天圣二年进士,累除右正言、知制诰,出知古州,经略广西南路安抚使,预平侬智高,迁工部侍郎,英宗时官至工部尚书,谥曰襄,事迹具《宋史》本传。靖初为台谏,以申救范仲淹外贬,……迹其生平树立,要不失为名臣。其文章不甚著名,然狄青讨平侬智高,靖摩崖作记,以旌武功,当时咸重其文。尝奉命使辽,作《契丹官仪》一篇,颇可与史传参证。他如论史序潮诸作,亦多斐然可观,以方驾欧、梅固为不足,要于北宋诸人之中,固亦自成一队也"[2]。明代以孙蕡为首的南园诗社是当时岭南文人交往的中心,孙蕡是南园诗社的组织者和岭南文坛的领袖。陈献章是明时大儒,为理学向心学的转变奠定了基础,《提要》称:"盖以高明绝异之姿,而又加以静悟之力,如宗门老衲,空诸障翳,心境虚明,随处圆通,辨才无碍。有时俚词鄙语,冲口而谈,有时妙义微言,应机而发。其见于文章者,亦仍如其学问而已。虽未可谓之正宗,要未可谓非豪杰之士也。"[3]其门人湛若水继承发扬其师学,对明代心学有重要影响,所以二人皆被收录。陈绍儒、张诩、林魁等皆为进士出身,陈官至南京工部尚书,张诩为南京通政司左参议,林魁任云南兵备副使,这些人或是在政治上有所作为,或是在当时的文坛上有重大的影响力。清初的"岭南三大家"中的梁佩兰被收在《四库总目提要》中,其《药亭诗集》二卷,《提要》:"佩兰字药亭,番禺人。康熙戊辰进士,改庶吉士。是编乃休宁汪观所选,皆近体诗。卷首有朱文小印,曰'古体嗣出'。则不但非其全集,即选本亦尚未刻竣矣。"[4]梁佩兰入仕清廷,诗风

---

[1] 曾大兴:《中国历代文学家的地理分布——兼谈文学的地域性》,《学术月刊》2003第9期,第92页。
[2] 永瑢等:《四库全书总目》,北京:中华书局,1965年,第1311页。
[3] 永瑢等:《四库全书总目》,北京:中华书局,1965年,第1487页。
[4] 永瑢等:《四库全书总目》,北京:中华书局,1965年,第1663页。

倾向温柔敦厚,平和雅正,且在当时的岭南文坛有很大的影响力;但是屈大均、陈恭尹则力主抗清,因而两人在《续修四库全书总目》中才被收录,郑观应、吴趼人、丘逢甲等人,有是反侵略的志士,也有小说作者,可见《四库·集部》与《续修四库·集部》,一个更注重相同趋向的文学审美和政治取向,所取的是在政治和文学上能产生较大影响的人物,后者则是对《四库》的补充和发展,更倾向于中下层官员和文人。

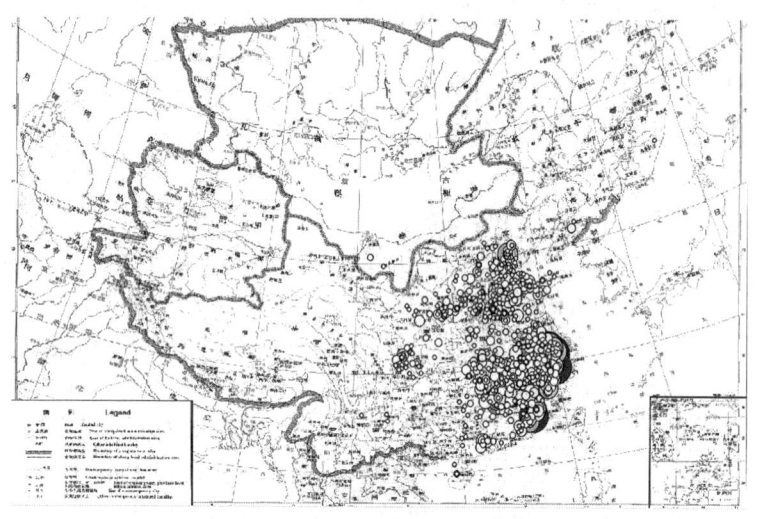

图 2 《四库全书总目·集部》著者籍贯分布密度图

六、结　论

通过对《续修四库·集部》著者和编注者地理分布的分析,可知《续修四库·集部》著者和编注者主要分布在浙江、江苏、江西、福建、安徽等南方地区,北方地区虽然也有分布,但是不如南方地区密集。在明清时期,北方地区人数有所增加,主要是在北京、河南、山东、陕西、河北等地,分布较为均匀。在南方诸省份中,又以江浙两地的杭州、苏州、宁波以及安徽桐城为最。通过对《续修四库·集部》著者和编注者籍贯分布、历代人物的分布和变化进行的可视化分析和原因探析,对《续修四库·集部》著者和编注者地理分布的认识也更加清晰明确。

四库提要研究

《四库提要·经部总序》"公理"义初识

邓国光

(澳门大学中文系,澳门)

摘　要:《四库提要·经部总序》强调依据"公理",视之为持平"汉""宋"门户之公论。此"公理"一词,乃自先秦自汉唐儒家经传著述所未睹,而宋明诸儒所罕用,其著者,唯独陆九渊之对质朱子,乃自标榜"公理"。则《四库》馆臣彰着此词,乃刻意为之,掩抑朱子"天理"重旨。究其实质,不外强调文字训诂,响应帝力居多。

关键词:经学六变　汉宋之辨　公理　训诂　帝力

前　言

　　《四库提要》以"汉""宋"两大朝代之名,标志经学两大"门户"。犹如文章之事,以朝代主名"唐""宋"。夫朝代之名,重在一宗君权之更替。则朝宗换易,乃权力世界之常态,非关学术与文学之本质。《四库》则总提学术与文章,异常强调朝宗之标志,则其立意宗旨,究竟不离"时序"之变,其中"帝力"之转移,方为关键,苟以当下学术话语言之,可谓"意识形态主导",未免先入为主者也。

　　"门户"一词,意取治学方式,乃馆臣刻意特出。夫学术文章,自存本末体统,成熟与否,乃须一生投入,其中转折起伏,得失成败,非可以一途囿之,则以偏盖全,乃刻意强加"门户"一词于汉、唐、宋、明之经学,实为无本虚论。然此等偏颇无据之名,引《四库》之倡导,风行于上而草掩于下,二百余年之今,经学必曰"汉""宋",文章必曰"唐""宋",滥假遂以为论定,如此先入为主之祸害,流弊至今,不可胜言。

　　至于本文所深思者,乃在《四库提要·经部总叙》,其依据时变概括汉至清中叶之经学流变,称"六变"。而以"汉""宋"为两大门户,而馆臣则自标榜持平,以"公理"定夺是非。此"公理"一义,尽驱一切私心门户,乃非常大义,唯至今学界未及注意,故特拈出交流商论,以商确其当否。

一、"六变"与"汉宋"

《四库》馆臣总论汉、魏、六朝、唐、宋、明迄清中叶以来"诘经之说"之六变,而表明孔子"删定"《六经》之为正裁,不容有议,所论次者唯孔子之后诸儒。"诘经之说"一词,乃概指历来孔门经传之经传解说,今谓之"经典诠释"。解经诂经,固为治经之基础,然亦非"经学"之全体。馆臣以经典解诂总冒经学之全体,无异以偏盖全。此馆臣重旨,不宜空说,以其文辞精简,未为繁冗,谨征其说,实事求是也。《经部总叙》云:

> 经禀圣裁,垂型万世。删定之旨,如日中天,无所容其赞述。所论次者,"诘经之说"而已。自汉京以后,垂二千年,儒者沿波,学凡六变。
>
> 其初专门授受,递禀师承。非惟诂训相传,莫敢同异。即篇章字句,亦恪守所闻。其学笃实谨严,及其弊也拘。
>
> 王弼、王肃稍持异议,流风所扇,或信或疑。越孔、贾、啖、赵以及北宋孙复、刘敞等,各自论说,不相统摄,及其弊也杂。
>
> 洛闽继起,道学大昌,摆落汉唐,独研义理。凡经师旧说,俱排斥以为不足信。其学务别是非,及其弊也悍(如王柏、吴澄攻驳经文,动辄删改之类)。
>
> 学脉旁分,攀缘日众,驱除异己,务定一尊。自宋末以逮明初,其学见异不迁,及其弊也党(如《论语集注》误引包咸"夏瑚商琏"之说,张存中《四书通证》即阙此一条,以讳其误。又如王柏删《国风》三十二篇,许谦疑之,吴师道反以为非之类)。
>
> 主持太过,势有所偏。材辨聪明,激而横决。自明正德嘉靖以后,其学各抒心得,及其弊也肆(如王守仁之末派,皆以狂禅解经之类)。
>
> 空谈臆断,考证必疏。于是博雅之儒,引古义以抵其隙。国初诸家,其学征实不诬。及其弊也琐(如一字音训,动辨数百言之类)。
>
> 要其归宿,则不过汉学、宋学两家,互为胜负。
>
> 夫汉学具有根柢,讲学者以浅陋轻之,不足服汉儒也。宋学具有精微,读书者以空疏薄之,亦不足服宋儒也。消融门户之见而各取所长,则私心祛而公理出,公理出而经义明矣。盖经者非他,即天下之公理而已。今参稽众说,务取持平,各明去取之故。分为十类:曰易,曰书,曰诗,曰礼,曰春秋,曰孝经,曰五经总义,曰四书,曰乐,曰小学。①

---

① 永瑢等编:《四库全书总目》卷一《经部总叙》,北京:中华书局,1965 年,第 1 页。后凡征引,皆用此本。

此总叙历朝经学流变,文从字顺,条理分明,故后来学人,多所称许,若皮锡瑞《经学历史》云:

> 二千年经学升降得失,提要以数十言包括无遗,又各以一字断之。所谓拘者两汉之学也,杂者魏、晋至唐及宋初之学也,悍者宋庆历后至南宋之学也,党者宋末至元之学也,肆者明末王学也,琐者国朝汉学也。提要之作,当惠、戴讲汉学,专宗许、郑之时,其繁称博引,间有如汉人三万言说"若稽古"者。①

然通究其义,未为文辞所惑者,亦所在多有,若张舜徽先生则批评其妄判"汉""宋"云:

> "汉学""宋学"之名,发自清儒。名之不正,孰甚于此?最初见于《四库提要》,其后江藩撰《汉学师承记》《宋学渊源录》,于是门户之见,牢不可破,彼此攻诘,势同水火。当江氏《汉学师承记》始成,龚自珍即遗书规之,斥其立名有十不安。②

《经部总叙》"汉""宋"之判,学界争议不休,今时俨然视为思想史之关键,乾嘉经学以至整个经学研究领域,莫能绕过,甚且以为定调与前设。唯学术求真,非一篇短叙所能了。单以叙文载体之意义向度而言,已非早定一尊。根据江庆柏先生对照《四库初目》及《四库荟要》之提要,发现"在早期完成的四库提要中,汉宋之辨并不是馆臣特别关注的问题"③,此非常关键。江先生并特别指出此《经部总叙》试图调停汉宋之态度,并非原初之旨,于《四库荟要》中根本"是不存在的"④,此是极重要之学术发现,表明强别"汉""宋",乃乾隆后期方始突显,乃一时之见,迥非定论。若就江藩撰《汉学师承记》之时间互证,其书始撰于嘉庆十六年,更可说明此意气之争,乃乾隆后期至嘉庆期间,即乾嘉之际之特殊思路,未能视为康乾时期对待经学流变之整体认识。此则可以肯定《四库提要》"汉""宋"之分野,可能不只"失之笼统"⑤,更属特定时期之意气偏见,则其所概

---

① 皮锡瑞著,周予同注释:《经学历史》,北京:中华书局,1959年,第382—383页。
② 张舜徽:《四库提要叙讲疏·经部》,载《旧学辑存》,济南:齐鲁书社,1988年,第1653页。
③ 江庆柏:《〈四库全书荟要〉研究》,南京:凤凰出版社,2018年,第575页。
④ 同上,第576页。
⑤ 周积明:《文化视野下的四库全书总目》,桂林:广西人民出版社,1991年,第98页。

括之历朝经学"六变",迥非清儒通论。其以一字概括一时期之经学,乃运"一字立骨"之文章技法,属时文巧辞,未可为典要,更未可以视为严格学术观念。后儒单据此叙文以通观经学历史,先入为主,未免为巧辞所愚蔽。

二 "公理"与"训诂"

值得关注者,乃是《经部总叙》末段调停汉宋之文,其运"公理"一词以为机括,竟至于三致其意,此则非一时之意兴,可断言也。

如此关键之"公理",除《经部总叙》外,其他篇章,俱未及。纪昀论著亦未见用,则其非纪氏所习用之观念,可断定也。而以"公"取义之原则性观念词组合,则有"公道"一词,见《四库提要·凡例》,文云:

> 汉唐儒者,谨守师说而已。自南宋至明,凡说经讲学论文,皆各立门户。大抵数名人为之主,而依草附木者嚣然助之。朋党一分,千秋吴越,渐流渐远,并其本师之宗旨亦失其传。而仇隙相寻,操戈不已,名为争是非,实则争胜负也。人心世道之害,莫甚于斯。……故甄别遗编,皆"一准至公",铲除畛域,以预消芽蘖之萌。至诗社之标榜声名,地志之矜夸人物,浮辞涂饰不尽可凭,亦并详为考订,务核其真,庶几"公道"大彰,俾尚论者知所劝戒。①

此"公道"乃表明实事求是,对治种种门户标榜。基于此"一准至公"之原则以选录四部文献。则此"公道"一词与"公理"有异,与"私心"相对,乃先秦两汉诸子与史传泛见之词。则论其意涵,实在可与"公理"容可互涵。"公道"之见于《凡例》,"公理"见于《经部总叙》,俱涵纲领全书整体之要义,其义虽可互涵,唯未为之统一。如此情况,或可以杂出众人之手释之。然更有进焉。

《经部总叙》之遣用"公理",而不求与《凡例》之"公道"一致,实在有意为之,其中牵涉乾隆一生对待朱子之态度,先扬后抑之反复,乃其特色,此江庆柏先生探究《四库》前后期提要,透过精致对照研究显示,确定"朱熹思想又明显有着清朝皇帝不能接受的东西,馆臣也明了乾隆帝对朱熹思想的态度"②,也就是说,《四库提要》之所贬抑朱子,并非出以学术"大公"之判断,此清代帝王经学之重大关键,而投射于官修撰述之中,抑可视为逢君而已。

考"公理"之见载古籍,先秦两汉儒书所未采,仅《韩非子》一用。而朱子及

---

① 永瑢等编:《四库全书总目》卷首。
② 江庆柏:《〈四库全书荟要〉研究》,第599页。

吕祖谦合编之《近思录》卷十《政事》,载北宋程颢与吴师礼论王安石新法,有云:

> 为我尽达诸介甫,我亦未敢自以为是,如有说,愿往复。此天下公理,无彼我。①

然大程所论在政事,非关学理。朱子学宗二程,手订《二程遗书》,于此绝无陌生之理。朱子《四书章句集注》绝无"公理"一词,此大关键。

进而考之,元吴澄明白区别朱子与陆九渊,明以来学术意气,"遂成分道扬镳之铁案"②,此乃学术常识。则贬朱意欲釜底抽薪,必举陆九渊为说,所谓学术定势也。陆九渊《与陶赞仲书》批评朱子云:

> 看晦翁书,但见糊涂,没理■。观吾书,坦然明白。吾所明之理,乃天下之正理、实理、常理、公理。③

陆九渊所串言"天下之正理、实理、常理、公理",唯独不言"天理",立异亦极明显,其所言"公理"与"实理"相同。因"公"而言"实",正《四库》馆臣取意所在,以故《四库提要·凡例》标白曰:

> 刘勰有言:"意翻空而易奇,词征实而难巧。"儒者说经论史,其理亦然。故说经主于明义理,然不得其文字之训诂,则义理何自而推?论史主于示褒贬,然不得其事迹之本末,则褒贬何据而定?……今所录者,率以考证精核论辨明确为主,庶几可谢彼虚谈,敦兹实学。④

以训诂、义理分途,乃《四库》之别汉宋之基本观念。是《经部总叙》之言"公理",即《凡例》所谓"实学",其途径非出自个人之身体力行与生命启悟,乃建基于"文字之训诂"。诂字之为"公理",则又非陆九渊论旨,此自明白。则《四库》馆臣不外巧借批评朱子之澜言,以抑朱子义理之学而已,此为其采用"诂经之说"取代经学全体之用意。

---

① 朱熹、吕祖谦合编:《近思录》卷十《政事》,台北:台湾商务印书馆,2000年,第398页。
② 唐文治:《性理救世书》卷三《朱子、陆子学派异同论》。
③ 陆九渊:《与陶赞仲书二》,载《陆象山全集》卷十五,北京:中国书店,1992年,第124页。
④ 永瑢等编:《四库全书总目》卷首。

245

结 论

《四库提要·经部总叙》所涉及之三层问题,即经学六变、汉宋之辨、天下公理,其实出自乾隆晚期,意气固然有在,然奉迎帝王意志则属主调。根据胡玉缙考证,此叙文出自纪昀[①],无疑为舞文弄艺之虚论,非博通经传之通方。故此三层观念,其可为经学史或思想史之专题研究对象,然未足为治经考史之前设依据。

[①] 胡玉缙撰,王欣夫辑:《四库全书总目提要补正》卷一,北京:中华书局,1964年,第2页。

《四库全书总目》"小学"类属源流考

徐胜利　董恩林

（华中师范大学历史文化学院，武汉　430079）

摘　要：中国目录学以"辨章学术，考镜源流"为旨归，"小学"自《汉志》以下皆居于经部而内涵及书目多有变迁。正本清源，"小学"一词而有三义：学校、小艺、小节。汉唐小学重小艺，宋明小学重小节。明清学术转型，至于《总目》而析"小学"为三，首重《尔雅》《说文》《广韵》解经的方法论价值，实质上蕴含着道在器中的学术理念，而使"小学"于"小艺"和"小节"义外衍生出了"学理化小学"。学理化小学在促进清代实学繁荣的同时，客观上亦在解构经学，某种意义上加速了经学分化的进程，催生着近世的语言文字之学。

关键词：小学　小艺　小节　学理化小学

中国目录学自创建伊始，即以"辨章学术，考镜源流"[①]为旨归，因而历来为学界所重，迄清《四库全书总目》（下简称《总目》）而发展至顶峰，影响深远。然"小学"何以自始至终立于经部？《尔雅》居于十三经之列，而《总目》另设"尔雅之属"而归之于"小学类"置于经部十类之中，后学莫衷一是。那么《总目》"小学类"一分为三的分类，在学理上又是否成立？官方史志及所撰提要（即《总目》）在传统目录学中居于核心地位，具有代表性，因而本文试图通过对其"小学"类属源流及变化的探讨，以探讨上述问题。

一

"小学"自《汉书·艺文志》（以下简称《汉志》，历史志皆仿此）以下而至于《总目》，始终被置于经部之末，加之"训诂之属"多搜罗经典故训、"文字之属"多

[①] 章学诚著，王重民通解，傅杰导读，田映曦补注：《校雠通义通解》，上海：上海古籍出版社，2009年，自序第1页。

析形考义而为经学家藉以解经考物,是以"小学作为经学附庸"之说大行其道,将乾嘉"小学"等同于乾嘉"考据学"亦代不乏人,更有甚者竟以小学括经学①,皆以未能深考"小学"而致。

《大戴礼记·保傅》:"古者年八岁而出就外舍,学小艺焉,履小节焉。"②艺者,技也;节者,德操也。古小学亡而茫不可知,《汉志》则曰:"古者八岁入小学,故《周官》保氏掌养国子,教之六书,谓象形、象事、象意、象声、转注、假借,造字之本也。"③以"六书"之小艺释小学之教,而以"小节"之教入于"孝经"下《弟子职》,杨树达《汉书管窥》:"明人朱长春云:'《弟子职》,韵格相协,便于儿童诵读。子游示洒扫、应对、进退,此略具格式矣。'庄述祖云:'《弟子职》是古家塾教弟子之法,记弟子事师之仪节,受业之次序,亦《曲礼·少仪》之支流余裔也。'"④。至朱熹则解为:"人生八岁,则自王公之下,至庶人之子弟,皆入小学,而教之以洒扫、应对、进退之节,礼、乐、射、御、书、数之文。"⑤是以"小学"一语而兼有三义:学校,《孟子·滕文公上》:"夏曰校,殷曰序,周曰庠,学则三代共之,皆所以明人伦也。"⑥小艺,或谓即六艺——礼、乐、射、御、书、数,或谓即六书;小节,洒扫、应对、进退之节。章太炎在《小学略说》中即明确指出:"由是言之,小学固宜该小艺、小节而称之。"⑦

小学以为学校,《仪礼经传通解》:"《白虎通》曰'八岁入小学,十五入大学'是也,此太子之礼;《尚书大传》曰'公卿之太子,大夫元士嫡子,年十三始入小学,见小节而履小义;二十而入大学,见大节而践大义',此世子入学之期也。"⑧小艺、小节的内容则若《礼记·学记》所载:"古之教者,家有塾,党有庠,术(当为遂)有序,国有学。比年入学,中年考校。一年视离经辨志,三年视敬业乐群,五年视博习亲师,七年视论学取友,谓之小成。九年知类通达,强立而不反,谓之大成。"⑨不同身份入学年龄不同,而所学内容则必然为贵族身份所共同认定的道德知识体系——六艺,"六书"者则当仅为国子"小艺"之一种。三代以降,

---

① 陈东辉:《阮元与小学》,北京:中国文联出版社,1999年。
② 方向东撰:《大戴礼记汇校集解》,北京:中华书局,2008年,第377页。
③ 班固撰,颜师古注:《汉书》,北京:中华书局,1962年,第1720页。
④ 陈国庆编:《汉书艺文志注释汇编》,北京:中华书局,1983年,第85页。
⑤ 朱熹编撰:《四书章句集注》,武汉:长江出版社,2016年,第2页。
⑥ 朱熹编撰:《四书章句集注》,武汉:长江出版社,2016年,第229页。
⑦ 王乘六、诸祖耿记,孙世扬校:《小学略说》,章氏国学讲习会讲演记录第一期,民国廿四年十月,第1页。
⑧ 朱熹撰:《仪礼经传通解》,文渊阁四库全书本,第131册288页。
⑨ 郑玄注、孔颖达疏,龚抗云整理:《礼记正义》,北京:北京大学出版社,2000年,第1227页。

"礼、乐、射、御"主要保存于六经,"书"则保存于《史籀》《苍颉》之篇,是以构成后世目录学中经部的两大体系。

《汉志》以下,《隋志》中《孝经》地位提升,《论语》置于经传之末,"《尔雅》诸书,解古今之义,并五经总义,附于此篇",至于"小学"则始"音韵"之书,"古者童子示而不诳,六年教之数与方名。十岁入小学,学书计"①则明言,此一时期,"洒扫、应对、进退"之小节不在小学之内。然相较《汉志》变化有二:"《孝经》类"下分"谶纬"一类,小学类中杂入书法笔帖一类,殊为不经,既非古小学所教,亦非汉小学所学,当归之子部。《旧唐志》"《尔雅》诸书"始变为"诂训类"而从《论语》类"下独立成类,与"小学类"并立,至《新唐志》始合"诂训类"入"小学类"。至此,隋唐诸史志虽杂入谶纬、书法笔帖的内容,大体仍沿袭汉小学重小艺的传统。至于《宋志》"小学"始于小艺之外杂入小节,朱熹亲自所辑《小学》一书提倡"洒扫、应对、进退"之德育,元朝四书定为科举考试用书,程朱理学定于一尊,使得《明志》中蒙学读物凌驾于传统"训诂、文字、音韵"之上,小节完全取代了小艺。

古小学亡而不可详考,《汉志》有接续古小学之意,故立"六艺略"一类以存古小学之内容,在尊经崇儒的时代,是为经典小学。就其实际内容而言,"小学"一词的"学校"之义,汉唐之"小学"在"学校"义下重视"小艺"的识字之育,宋元明之"小学"在"学校"义下重"小节"之道德之育。须要注意的是,《汉志》以六书释"小艺",六书者文字之学也,而文字形兼音、义,六书中有"象声",且字书若《急就章》者又以韵文成书,是音韵之学实亦隐含于《汉志》小学之中。

二

经学关乎治道人心,成为经典教育时代皇权的指导思想。在古小学亡而不存的背景下,汉代重建的小学作为经典教育的一部分而归于"六艺略",后"六艺略"分而为"经部"、"史部",小学又归于"经部",这又是否合适呢?归之于"六艺略"是不是就证实了它们的附庸身份了呢?

儒家本为诸子之一,"盖出于司徒之官"②,司徒掌邦教,《周礼·地官·大司徒》:"以乡三物教万民而宾兴之……三曰六艺:礼、乐、射、御、书、数。"③孔子即以六艺教弟子,《史记》:"孔子以诗书礼乐教,弟子盖三千焉,身通六艺者七十有

---

① 魏征等撰:《隋书》,北京:中华书局,1973年,第939、946页。
② 班固撰、颜师古注:《汉书》,北京:中华书局,1962年,第1728页。
③ 郑玄注,贾公彦疏,彭林整理:《周礼注疏》,上海:上海古籍出版社,2010年,第370页。

二人。"孔子"追迹三代之礼,序《书传》……故《书传》、《礼记》自孔氏",于诗"去其重,取可施于礼义……三百五篇孔子皆弦歌之,以求合《韶》《武》《雅》《颂》之音。礼乐自此可得而述","晚而喜《易》,序《彖》《系》《象》《说卦》《文言》","乃因史记作《春秋》,上至隐公,下讫哀公十四年,十二公"①,是为六经。以六经皆经孔子删述而始终居于经典教育的核心地位,确立了后世的儒家经典教育体系。

在经典教育体系中,小学亦关乎治道人心,不能独立。古者有小学,亦有大学,小学只是经典教育的一个环节,"小学"由小成而至大成,关乎"大学""化民易俗,近者说服从,而远者怀之"②理想的成败。在帝制文官政治时代,小学(识字以离经辨志)与大学(圣贤之道)在士大夫身上被更加紧密地联系在一起,以为皇权出谋划策,成为皇权正统的关键所在。"汉世利禄之路既开,一经说至百余万言"③,更有甚者秦延君者说"尧典"二字至十余万言,说"曰若稽古"三万言,繁琐而随意解经。"五经无双许叔重"著《说文解字》即叙其机曰:"盖文字者,经艺之本,王政之始,前人所以垂后,后人所以识古。故曰:'本立而道生'。"④由此可见,《汉志》在"小学类"中反复强调"六书"的重要性,《说文解字》为汉唐所重,概以小学已不再仅仅是离经辨志的需要,已经成为经学规避失去合理论证风险,杜绝经义被随意解释发生的关键所在。只有确立了文字本义,方能提高经解的准确性,防止为私利而随意解经的发生,避免皇权被左右。

六艺经传在经典教育体系中核心地位的确立,经典小学只能立于六艺略或经部。汉武帝"罢黜百家,独尊儒术"后,置五经博士,始以儒家经典作为取士标准,一方面儒家经典开始有别于其他典籍,被赋予"经"之名,地位上明显高于其他典籍,在图书分类及缮写载体的尺寸上凸显其尊贵地位;另一方面崇儒即须尊孔重孝⑤,《论语》《孝经》亦开始有别于一般的儒家著作,进而也获得了"经"的地位;它们构成了经部最重要也是最稳定的部分。刘向、刘歆考镜源流,条别部居,立"六艺略"以别于"诸子略""诗赋略",以儒家一般著作皆入于"诸子略"中的"儒家",后为进一步凸显"六艺九种"的独尊地位,又将《春秋》类下数量庞大的史学著作单独分立为"史部",所余即后世之"经部"。六艺经传在经典教育和皇权政治中核心地位的确立,对六艺经传的诠释成为帝制时代最显要的学术行

---

① 司马迁撰:《史记》,北京:中华书局,1982年,第1938、1935—1936、1936—1937、1937、1943页。
② 郑玄注、孔颖达疏,龚抗云整理:《礼记正义》,北京:北京大学出版社,2000年,第1227页。
③ 陈国庆编:《汉书艺文志注释汇编》,北京:中华书局,1983年,第98页。
④ 许慎撰:《说文解字》,北京:中华书局,1963年,第316页。
⑤ 杨兴华:《古文学家的政治追求与汉代"小学"的繁荣》,《江西社会科学》,2005年。

为和政治行为。六艺经传著之简帛者文字也，识字方可通经，通经方可上追大学之道下行圣人之治，经师解说虽赖师传亦不能离训诂、文字而有所发明创造。"小学"即以六艺为范围，编写字书，掇拾前贤经解之语，旁及于诸子，汇而为《尔雅》，以为六艺经传诠释之根基。故而在儒家经典教育系统中，"小学"只能归于"六艺略"或"经部"。

汉世基于学术和现实政治的双重需求，重建了以"六书"为核心的"小学"系统。秦汉之世，中国汉字经历了大篆、古文、小篆、秦隶、汉隶的变革，这种空前绝后的复杂的汉字应用状况，一方面使得儒家经典在秦火之后，因孔壁古文经书的发现，而与当时以隶书书写的儒家经典产生了差异，形成了汉代影响深远的古文经学和今文经学；另一方面在大一统中央集权文官政治形成后，官员在日常政治事务的处理中精准使用汉字的难度大大增加，识字成为作官的重要标准之一，《汉志》即述丞相萧何草律之法："太史试学童，能讽书九千字以上，乃得为史。又以六体试之，课最者，以为尚书、御史、史书令史。吏民上书，字或不正，辄举劾。"[1]汉世学术以政治的利禄之学，使儒家经典教育中"识字"的迫切性被无限放大，小学既是儒家经典研习的前提，其著作又在数量上相当可观而具备了单独成类的必要，因而"小学"与"易、诗、书、礼、乐、春秋"以及"论语""孝经"构成了汉代完整的经典教育系统，"序六艺为九种"[2]方能成为事实。

《汉书》序六艺为九种，六艺在经典教育系统中居于核心地位，《论语》"所以发挥六经的精蕴"，《孝经》"为六经的总汇"[3]，也就是说《论语》《孝经》亦为"记"以解经也。我们不能说《论语》《孝经》进入《六艺略》而实际上充当了"记"的角色，就认为《论语》《孝经》是六经或六艺略的附庸。同理，《尔雅》之属、《五经杂议》之属和"小学类"亦不能视其为附庸，经与传记一体，学有先后深浅而已。后世"小学"的发展，即在"序六艺为九种"的基础上，以"识字"的小艺为核心而不断予以丰富，以适应学术的发展。

三

"小学"归之于"经部"当无可疑，那么将"小学类"再分为"训诂之属、文字之属、音韵之属"在学理上又是否成立呢？该问题的症结其实在于"训诂之属"和"文字之属、音韵之属"是否能够并列这一点上。

在讨论此问题前，我们要先解决《汉志》的一处疑似"错简"问题。《汉志》

---

[1] 班固撰，颜师古注：《汉书》，北京：中华书局，1962年，第1721页。
[2] 同上，第1723页。
[3] 陈国庆编：《汉书艺文志注释汇编》，北京：中华书局，1983年，第98页。

"孝经"类下明言"凡孝经十一家,五十九篇"①,现存书目为"十三(按,三当为四)家,五十六篇,多三家,少三篇"②,家数、卷数皆不相符。且"安昌侯说一篇"者安昌侯《孝经说》也。"孝经者,孔子为曾子陈孝道也",其旨在于广明孝道人伦。而《汉志》考镜源流,条别部居,必当以"弟子职一卷"、"说三篇"立于"安昌侯说一篇"下,而不当于其下置"五经杂议、《尔雅》《小尔雅》《古今字》"。"五经杂议",五经者,易经、书经、诗经、礼经、春秋经也,王先谦曰"此经总论也"③,不释《孝经》,亦无关乎《弟子职》,绝不当立于此。以"孝经"于"六艺九种"例属第八,考《隋志》:"《尔雅》诸书,解古今之意,并五经总义,附于此篇"之言,则"五经杂议十八篇"、"《尔雅》三卷二十篇"、"《小尔雅》一篇"、"《古今字》一卷"当错简,应置于"弟子职一篇"、"说三篇"以下。

王先谦于"五经杂议"下注曰:"此经总论也。《尔雅》《小尔雅》《诸经通训》《古今字》《经字异同》,皆附焉。"④王先谦注,盖亦由《隋志》而发。关于《尔雅》之作,扬雄云:"孔子门徒游夏之俦所记,以解释六艺者也。"郑玄:"某之闻也:'《尔雅》者,孔子门人所作,以释六艺之旨',盖不误也。"《总目·尔雅注疏》提要引张揖:"周公著《尔雅》一篇,以释其义。今俗所传三篇,或言仲尼所增,或言子夏所益,或言叔孙通所补,或言沛郡梁文所考。"盖皆以《尔雅》圣门之作,且其本为解释"六艺"所作,故考镜源流,《尔雅》《小尔雅》在《诸经通训》之上,那么作为石渠阁会议讨论的一部分"五经杂议"亦应当附于"《尔雅》之属"以下。而石渠阁所议,其中今古文经的文字异同是其中一个重要内容,王先谦谓"此盖列具古今,以便诵览"⑤,则"古今字"、"经字异同"当在"五经杂议"之下。

就《汉志》而言,"《尔雅》《小尔雅》"为训诂之书,以存古今之义;"五经杂议、诸经通解"当为群经总义之属,综论群经;至于"古今字、经字异同"则字书之属,特为考经字体篆隶之别。章学诚以为"《古今字》,篆隶类也","必当依《史籀》《苍颉》诸篇为例","其二书不当入于《孝经》"⑥,而应归之于"小学"。《隋志》"群经总义"下亦不存此类"考经字形"之书,但"小学"下却收有《古今字诂》《古今字书》,似亦可为其错简之一证。如此,则《汉志》系统即为"易类、书类、诗类、礼类、乐类、春秋类、论语类、孝经类(附《尔雅》之属、五经杂议)、小学类"。

《尔雅》采集故训以解义,以其保存了大量名物、方言词汇的解释而常常被经学家据以说经,经学家为了表明自己解经的权威性,而赋予了其周公、孔子所作的身份,立于《汉志·六艺略》"孝经类"下,后世地位不断提升,至唐时已经正

---

① 陈国庆编:《汉书艺文志注释汇编》,北京:中华书局,1983年,第85页。
② 同上,第86页。
③④ 同上,第83页。
⑤⑥ 同上,第85页。

式获得了经的地位而在《旧唐志》中摆脱了附立《孝经》的身份,至宋又获得了《十三经》的一席之地。而"小学"虽一出现即立于"六艺略"(经部),据六书以析字形,收字范围亦是使"六艺群书所载略备矣"①,且与诂训之书皆为解经而作,前者主形,后者主义,以防止学术"务碎义逃难,便辞巧说,破坏形体"②局面的加剧,在学理上存在并立的可能。

然在事实上,汉代字书的编纂形式,多"断六十字以为一章",虽有六书理论,非博学之士不能明也,而极亦失读(兼音义而言),《汉志》"《苍颉》多古字,俗师失其读",至汉宣帝时已须"征齐人能正读者"③。离经师、博学之士则"小学"几不能识读,即便《说文解字》出现以后局面有所改观,"唐制,则国子监置书学博士,立《说文》《石经》《字林》之学"④,仍然不能改变"小学"无经典被确立为"经"以与《尔雅》并存的事实。这种学术地位先天不对等的局面,在清代以前都未能被打破,故而即便《新唐志》《宋志》并"诂训"于"小学",也并不能消除"《尔雅》"是不是可以归于"小学"的争端。

至于"小学"三门之一的音韵之学,《汉志》中并无专门著作,然经解中直音法已经能够被熟练运用,且六书之学虽主形而实则兼有音义,音韵之学即在其中。迄魏晋之世,四声与反切的出现,使得音韵学快速发展,至《隋志》所著录的音韵学著作已经极为可观,具备了单独成类的可能。唐宋诗学的发达,音韵学体系日益严密,施之于学术研究则有叶音之论,至明则已注意到古今音韵的发展变化,已经成为专门之学。与音韵之学、文字之学的不断发展相比,训诂之学伴随学术的转型,在有明一代却陷入低谷。仅"就二百七十年各家著述,稍为厘次,勒成一志"⑤的《明史》"小学类"即可见一斑:《小学》、女学、书数的三分已殊失古例,朱熹编纂的《小学》取代了《尔雅》的地位,"小节"之学取代了训诂之学,蒙学读物取代汉唐的专家之学,"书数"之内合"文字之属"、"音韵之属"而以"书"括者尤缪,古小学系统于斯尽淹,几沦为明代蒙学读本库。

三者在《新唐志》《宋志》《明志》的合流是以经学的衰退和转型为代价的,蒙学化的"小学"已经不再是汉唐的经典"小学"。在这个过程中,《尔雅》因蒙学的繁荣其经典地位被极大消解,在陆王心学的话语体系中《尔雅》又进一步被边缘化,音韵之学与文字之学则不断发展,三者之间的现实距离在不断被缩小,至于明,不仅在学理上,在现实上也已经具备合流的可能了。

---

① 班固撰,颜师古注:《汉书》,北京:中华书局,1962年,第1721页。
② 同上,第1723页。
③ 陈国庆编:《汉书艺文志注释汇编》,北京:中华书局,1983年,第95页。
④ 戴震著,杨应芹编:《戴东原文集》,合肥:黄山书社,2008年,第269—270页。
⑤ 张廷玉等撰:《明史》,北京:中华书局,1974年,第2344页。

四

入清经过百余年的学术积淀,《四库全书总目》"复经详细厘订,直至(乾隆)四十六年(1781)始全部告竣"①,经部分为十类,"小学类"变化犹大,也最能反映乾嘉学术的风格。那么《总目》又是如何一步步重建起"小学"系统的呢?

首先,区分经典小学和蒙学化小学。"惟《汉志》根据经义","古小学所教,不过六书之类"②,小学习小艺通六书以解经,是为经典小学,《汉志》明其旨,《隋志》增一字、三字诸石经,经典小学的专家之旨益显;《小学》、幼仪者、蒙求之书、《弟子职》、便记诵者,稚子启蒙践小节之书,是为蒙学化小学,"《汉志》以《弟子职》附《孝经》"③已肇其端,"朱子作《小学》以配《大学》,赵希弁《读书附志》遂以《弟子职》之类并入小学"④壮其势,《明志》总其成。经典小学者,汉唐专门之学也,经学化的小学也;蒙学化小学,宋明之德育是也,是理学化的小学。

其次,尊崇经典小学,廓清经典小学之杂质。"考订源流,惟《汉志》根据经义,要为近古"⑤,故而《汉志》"小学"最醇,尊崇《汉志》即是尊崇经典小学,一方面明代中期已降杨慎、焦竑、赵宧光、梅膺祚、陈第、方以智等人已作了极大努力,清初经顾炎武等人的大力提倡乾嘉学者壮其大的必然追求;另一方面,"朱子作《小学》以配《大学》,赵希弁《读书附志》遂以《弟子职》之类并入小学,又以蒙求之类相参并列,而小学益多岐矣"⑥,至《明志》而登峰造极,"小学"不古终至束书不观,据语录而玄思,讲学辩论,学术空虚已极的局面,《总目》尊崇《汉志》,既是对此局面的一种拨乱反正,也是对经典小学的回归。欲拨乱反正而回归,就必须剔除使"小学"失古义的内容,"今以论幼仪者别入《儒家》,以论笔法者别入《杂艺》,以蒙求之属隶《故事》,以便记诵者别入《类书》"⑦,《唐志》所增的"书法、书品"入于子部"艺术类"。至于《隋志》所增的金石刻文,则区别对待,若宋薛尚功所撰《历代钟鼎彝器款识法帖》,以其"所释者诸器之文字,非诸器之体制"故入"小学"而不入子部"艺术类";再若《隋志》收一字、三字石经十一种,"以刻文同异可资参考之故",故入"小学"可也,"万斯大《石经考》之类,皆但溯源流,不陈字体,与小学无涉。今仍附之金石焉"⑧。辨析详而明,始可再见经典小学之轮廓。

然后,经典小学三分,体例严明而成系统。"训诂之属"历经沉浮,在清代名

---

① 郭伯恭著:《四库全书纂修考》,长沙:岳麓书社,2010年,第197页。
②③④⑤⑦ 纪昀等著,四库全书研究所整理:《四库全书总目》,北京:中华书局,1997年,第526页。
⑧ 同上,第544页。

物、语词训释成为学术焦点,夏味堂《拾雅》、刘灿《续广雅》、张金吾《广释名》、杭世骏《续方言》、陈奂《毛雅》、朱骏声《说雅》、邵晋涵《尔雅正义》、郝懿行《尔雅义疏》、毕沅《释名疏证》、王念孙《广雅疏证》、王煦《小尔雅疏》、臧庸《尔雅汉注》、陈玉澍《尔雅释例》、顾广圻《释名释例》、胡元玉《雅学考》,涵盖了拾遗增补、模仿、注疏、辑佚、释例、目录诸多方面,详可参窦秀艳《中国雅学史》。① 至于"文字之属",段玉裁《说文解字注》、顾广圻《说文考异》、朱骏声《说文通训定声》、王筠《说文句读》《说文释例》、吴玉搢《说文引经考》、桂馥《说文解字义证》,注疏、校勘、释例既博且精,乃至突破说字解经传统而孕育了现代语文学。至于"音韵之属",自明末陈第《毛诗古音考》提出"时有古今,地有南北,音有转移"②以来,顾炎武《音学五书》、毛奇龄《古今通韵》、江永《古韵标准》、戴震《声类表》《声韵考》、段玉裁《六书音均表》、王念孙分古音二十一部、孔广森《诗声类》《声类分例》古音学大明,钱大昕则对上古音中声母系统多所贡献,若"古无轻唇音"、"古无舌头舌上之分"③。三类著作蔚为壮观,皆博大精深,而各有所主:《尔雅》主义,搜罗、考释古今名物之实,以今语释古语,以雅言释方言;《说文》主形,据六书以析形辨义,贯穿古今、正俗字体;《广韵》主音,由中古音上推上古音,求古音以破字之通假,助益经典韵文之考释。各有专长,类有关联,是以"《尔雅》以下编为《训诂》,《说文》以下编为《字书》,《广韵》以下编为《韵书》。庶体例谨严,不失古义"④。

最后,博古求是,回归原典。《尔雅》附《孝经》下与《五经杂议》为类,《汉志》以其为解经之书,扬雄、王充、郑玄、陆德明皆以其为专门解经之作,并托之周公、孔子、子夏、叔孙通以重其说,馆臣回归《尔雅》文本,广征博引,以"同文复出,知非纂自一手",考其训释材料有取自《列子》《管子》《山海经》《尸子》《国语》之文,且"释五经者不及十之三、四,更非专为五经作",知其书"大抵小学家缀缉旧文,递相增益","盖亦《方言》《急就》之流,特说经家多资以证古义,故从其所重,列之经部耳"⑤,破除《尔雅》身上的神圣外衣,经的神圣性被消解,一方面解决了《尔雅》与《方言》《释名》《广雅》等书在经解领域话语权不均等的问题,使《方言》《释名》《广雅》摆脱了"《尔雅》附属"的身份,"《尔雅》之属"也演变为"训

---

① 窦秀艳著:《中国雅学史》,济南:齐鲁书社,2004年,第204—299页。
② 陈第著:《毛诗古音考》,文渊阁四库全书本,第239册407页。
③ 钱大昕著,杨勇军整理:《十驾斋养心录》,上海:上海书店出版社,2011年,第90页、第100页。
④ 纪昀等著,四库全书研究所整理:《四库全书总目》,北京:中华书局,1997年,第526页。
⑤ 同上,第527、528页。

诂之属","训诂之属"开始名符其实,"属"的概念得以确立;另一方面降低了《尔雅》在经解领域话语权威性后,其与文字之学、音韵之学才真正平等起来,训诂之学、文字之学、音韵之学皆以求是为风格,"即《尔雅》亦多不足据"、"《说文》于字体字训,罅漏不免"①、"追求知识与学术"②的智识主义成为乾嘉学术的共同追求,一切小学文本问题都变成可以研究和批判的纯粹的学术问题,而不再仅仅是经解的工具,实际上也就彻底摆脱了"经学附庸"的地位。

《总目》重建了汉唐经典小学的体系,虽本之于《汉志》,集历代书志之大成,但也有其独特贡献:回归经典,研究文本以代替依圣解经,文本不外"义、形、音"及存于其中的圣贤之道而已,道在器中,究器而道自明,因而尤其重视"义、形、音"三位一体的小学之道,小学三门始真正成为一个缺一不可的整体,一个缺一可以余下二门推明的整体。

五

明清学术转型,经学研究的重心重新回到"序六艺为九种"上来,"藉回归原典来解决经典诠释的种种困难"③,那么清学回归原典以重建学术的门径又是什么呢?

顾炎武以为"读九经自考文始,考文自知音始。以至诸子百家之书,亦莫不然"④,小学为本成为清学的突出特征,由经而及于史、子则扩大了清学的研究范围,博学于文方能实事求是,以杜明学空疏臆断之弊。四库馆臣及其同时代学者对此亦多有论述:戴震详论小学通经之关键,"六书也者,文字之纲领,而治经之津涉也","夫援《尔雅》以释《诗》《书》,据《诗》《书》以证《尔雅》,由是旁及先秦以上,凡古籍之存者综核条贯,而又本之六书、音声,确然于故训之原,庶几可与于是学","夫六经字多假借,音声失而假借之意何以得? 故训音声相为表里。故训明,六经乃可明"⑤,文字重六书,训诂重音声而互为表里,小学与经典综核条贯,小学明则六经明。戴震弟子王念孙最擅训诂,"说文之为书,以文字而兼

---

① 戴震著,杨应芹编:《戴东原文集》,合肥:黄山书社,2008年,第95、96页。
② 余英时著,何俊编,程嫩生、罗群等译:《清代儒家智识主义的兴起处论》,《人文与理性的中国》,上海:上海古籍出版社,2007年,第132页。
③ 林庆彰著:《中国经学研究的新视野》,台北:万卷楼,2012年,第91页。
④ 顾炎武撰,华忱之点校:《顾亭林诗文集》,北京:中华书局,1959年,第76、44页。
⑤ 戴震著,杨应芹编:《戴东原文集》,合肥:黄山书社,2008年,第102、69、262页。

声音、训诂者也"①,"窃以训诂之旨,本于声音,故有声同字异、声近义同,虽或类聚群分,实亦同条共贯……今则就古音以求古义,引申触类,不限形体"②,因声求义,不限形体,将训诂水平提到一个新的高度。段玉裁进一步发挥了王念孙的主张,"小学有形、有音、有义,三者互相求,举一可得其二;有古形、有今形、有古音、有今音、有古义、有今义,六者互相求,举一可得其五……圣人之制字,有义而后有音,有音而后有形;学者之考字,因形以得其音,因音以得其义"③,以六书析字形可定汉字形体流变、考求本义,证之经典则可得本义的引申系统,以中古音之声韵系统考经典之韵文可得古音,音、义存于经典之字,考字之形声系统可以知音,声同、声近则义多可通以明训诂,文字、音韵、训诂明则经典小学明矣。"训诂"、"文字"、"音韵"三者互求,小学与经典互求,引申触类,由零及整,由小及大,以求小学之是,经学自明,经学明则人心正。

此种门径在《总目》中亦有清晰呈现:一方面四库馆臣反复申述经部著录的原则为"五经中心观"④,一切非圣贤解释五经的著作皆予以剔除,若释、佛者流,若明代大量的课艺著作,具有非常严肃的学术取舍标准;另一方面在"道问学"的旗帜下,学术关乎亡国而不亡天下的至高经世理想,关乎圣贤之道的传续,而"治经有法,不歧以异端"⑤,"训诂、声音明而小学明,小学明而经学明"⑥成为治学门径,因而推明小学即可"以得道德之旨归,政治之纲纪,明彰礼乐而悠通鬼神,可以砭诸家之失,可以解后学之疑,真能推广圣人正名之旨"⑦,因而《总目·小学类序》明确提出"《尔雅》以下编为训诂,《说文》以下编为字书,《广韵》以下编为韵书",较之前世官方史志的一大变化即是确立了小学的三部经典《尔雅》《说文》《广韵》,而《尔雅》以其解经的权威地位在宋代已居"十三经"之列而获得经的地位,那么《总目》将《说文》《广韵》与之并举,《说文》《广韵》虽未有经之名而学术地位的提升却是显而易见的。

《说文》"六书"以析字形明字义,《尔雅》明词义,《广韵》明音声,因声以求古义,彼此之间的关系恰若戴震所述"经之至者道也,所以明道者其词也,所以成

---

①⑥ 王念孙撰:《说文解字注序》,《说文解字注》,上海:上海古籍出版社,1988年,第1页。
② 王念孙著,钟宇讯整理:《广雅疏证》,北京:中华书局,1983年,第2页。
③ 段玉裁撰,钟敬华校点:《经韵楼集》,上海:上海古籍出版社,2008年,第187页。
④ 司马朝军著:《〈四库全书总目〉研究》,北京:社会科学文献出版社,2004年,第152页。
⑤ 戴震著,杨应芹编:《戴东原文集》,合肥:黄山书社,2008年,第102页。
⑦ 卢文弨著,王文锦点校:《抱经堂文集》,北京:中华书局,1990年,第33页。

词者字也。由字以通其词,由词以通其道,必有渐"①。钱大昕亦有类似论述"有文字而后有训诂,有训诂而后有义理。训诂者,义理之所由出,非别有义理出乎训诂之外者也"②。《总目》小学下三架齐驱,重视小学的学术方法论价值,缺一不可。较之汉唐经典小学和宋明蒙学化小学,已经具有明显的区别——尤其强调小学解经的方法论价值,逐渐演变为学理化小学、专家之学,已非"学校"、"小艺"、"小技"所能概括,乾隆述编纂《四库全书》之旨:"其巨者羽翼经训,垂范方来,固足称千秋法鉴;即在识小之徒,专门撰述,细及名物、象数,兼综条贯,各自成家,亦莫不有所发明,可谓游艺养心之一助。"亦可见一斑。对此,杨国荣先生曾指出"在经学的实证化过程中,文字、音韵等学科本身似乎也经历了由'技'到学的演化",周积明先生将这种建构在小学系统之上的经学称之为"新义理学"③,这是《总目》"小学"分类一个值得关注的焦点。

六

目录之学,诞生于帝制时代,经本位是其显著特色。学校教育亦经历了贵族教育向士大夫教育而及于平民教育的阶段特征,经典教育贯穿始终,小学围绕经典教育而展开而与经学同质,故"小学"自始至终居于经部。官方史志及提要中,汉唐小学重小艺,宋明小学重小节,清学重方法与学理,因而小学经历了经典化小学、蒙学化小学和学理化小学三个阶段。帝制结束而经学瓦解,在清代学理化专家之学的丰硕成果积淀下,伴随新的学科体系建立,小学也最终蜕变为语言文字之学。但小学绝不能等同于语言文字之学,语言文字学侧重语言、文字本体的研究,而小学则是经典教育时代的产物,不能脱离经典而存在,仍须至于经典教育系统内,这是"小学"的特质,亦是其分类归属的根本依据。

---

① 戴震著,杨应芹编:《戴东原文集》,合肥:黄山书社,2008年,第240页。
② 钱大昕撰,程远芬点校:《潜研堂序跋》,上海:上海古籍出版社,2010年,第32页。
③ 周积明:《〈四库全书总目〉与乾嘉'新义理学'》,《中国史研究》2002年第1期,第145—162页。

《四库全书》中《箴膏肓》《起废疾》《发墨守》梳理及考证[*]

王文琦　闫春新

（曲阜师范大学孔子文化研究院，曲阜　273165）

摘　要：东汉时期，何休与郑玄关于《春秋》学进行了精彩的学术论战，如今，有关二人论战的著作已经亡佚，只能从后人并不完整的辑佚中窥探二人对《春秋》所阐发的微言大义的理解。二人论战的著作后世究竟是如何流传发展的，又是如何亡佚的，是谁进行了辑佚，《四库全书总目》中有相关记载，再结合其他相关文献，大致将其梳理考证出来。

关键词：《四库全书总目》　三阙　王应麟

东汉何休著有《公羊墨守》《左氏膏肓》《穀梁废疾》，史称"三阙"，以维护《公羊》家说，郑玄专门对"三阙"进行了进一步驳斥与评论，发《公羊墨守》，箴《左氏膏肓》，起《穀梁废疾》，这六部《春秋》学著述后世究竟是如何发展的，《四库全书总目》中有相关记载，《四库全书》中有辑本。

《四库全书总目》记载：

《箴膏肓》一卷、《起废疾》一卷、《发墨守》一卷。（山西巡抚采进本）
汉郑元撰。《后汉书》元本传称："任城何休好《公羊》学，遂著《公羊墨守》《左氏膏肓》《穀梁废疾》。玄乃发《墨守》、针《膏肓》、起《废疾》。休见而叹曰：'康成入吾室，操吾矛，以伐我乎！'"其卷目之见《隋书·经籍志》者，有《左氏膏肓》十卷、《穀梁废疾》三卷、《公羊墨守》十四卷，皆注"何休撰"。而又别出《穀梁废疾》三卷，注云"郑元释，张靖笺"。似郑氏所释，与休原本，隋以前本自别行。至《旧唐书·经籍志》所载《膏肓》《废疾》二书，卷数

---

[*] **课题项目**：本论文为"2016年国家社科基金年度项目"（16BZX055）《经学观念视野下的汉唐〈春秋〉学研究》的阶段性成果。

并同,特《墨守》作二卷为稍异。其下并注"郑元箴""郑元发""郑元释"云云,则已与休书合而为一。迨于宋世,渐以散佚。惟《崇文总目》有《左氏膏肓》九卷,而陈振孙所见本复阙宣、定、哀三公。振孙谓其错误不可读,疑为后人所录,已非隋、唐志之旧。其后汉学益微,即振孙所云不全之《左氏膏肓》亦遂不可复见矣。此本凡《箴膏肓》二十余条、《起废疾》四十余条、《发墨守》四条,并从诸书所引,掇拾成编,不知出自谁氏,或题为宋王应麟辑,亦别无显据,殆因应麟尝辑郑氏《周易注》《齐鲁韩三家诗考》,而以类推之欤?然《玉海》之末,不附此书,不应其孙不见,而后来反有传本也。今以诸书校勘,惟《诗·大明》篇疏所引"宋襄公战泓"一条尚未收入,其余并已搜采无遗。虽不出自应麟手,要亦究心古义者之所为矣。谨为掇拾补缀,著之于录。虽视原书不及什一二,而排比荟萃,略存梗概,为郑氏之学者,或亦有所考焉。①

根据《四库全书总目》及其他相关文献,笔者对"三阙"及郑玄驳文的写作缘起及发展进行梳理、考证。

《后汉书·郑玄传》载:"时任城何休好《公羊》学,遂著《公羊墨守》《左氏膏肓》《穀梁废疾》;玄乃发《墨守》,针《膏肓》,起《废疾》。休见而叹曰:'康成入吾室,操吾矛,以伐我乎!'"②何休作为东汉的今文经学大师与两汉《公羊》学的集大成者,为了巩固今文经学的学术主导地位,反击甚或主动攻击古文经学家,专门撰写了史称"三阙"③的三部《春秋》学论著:《公羊墨守》《左氏膏肓》《穀梁废疾》,在维护《公羊》家说的同时,更排斥其他二传及其学派的《春秋》经说;郑玄则以古文经学为宗,兼采今文经学,专对《公羊》学固守派何休的"三阙"又进一步进行了驳斥与评论,平衡其说,综合三传而发《公羊墨守》,箴《左氏膏肓》,起《穀梁废疾》。这六部《春秋》学著作,是何郑二人围绕三传的经典学术辩论。

《隋书·经籍志》载:"《春秋左氏膏肓》十卷(何休撰)、《春秋穀梁废疾》三卷(何休撰)……《春秋公羊墨守》十四卷(何休撰)……《春秋公羊疏》十二卷。《春秋穀梁传》十三卷(吴仆射唐固注。梁有《春秋穀梁传》十五卷,汉谏议大夫尹更始撰,亡)、《春秋穀梁传》十二卷(魏乐平太守糜信注)、《穀梁传》十卷(晋堂邑太守张靖注。梁有《春秋穀梁传》十三卷,晋给事郎徐乾注;《春秋穀梁传》十卷,胡

---

① [清]永瑢等撰:《四库全书总目》,北京:中华书局,1965年,第211—212页。
② [南朝宋]范晔撰、[唐]李贤注:《后汉书·张曹郑列传》,北京:中华书局,1973年,第1207—1208页。
③ [晋]王嘉撰《拾遗记·后汉》:作《左氏膏肓》《公羊废疾》《穀梁墨守》,谓之"三阙"。自注:作《公羊墨守》《穀梁废疾》,《拾遗记》误。

讷集解。亡)……《春秋穀梁传》十二卷(范甯集解。梁有《穀梁音》一卷,亡)、《春秋穀梁传》四卷(残缺,张、程、孙、刘四家集解)……《春秋公羊、穀梁传》十二卷(晋博士刘兆撰)、《春秋穀梁废疾》三卷(何休撰,郑玄释,张靖笺)。"①关于"三阙"及郑玄驳文的相关记载,我们可得出其两者在汉唐的流传的两大讯息:

一是从汉到唐,何休"三阙"是单行本,《穀梁废疾》与《起废疾》存在合编本,极有可能是晋堂邑太守张靖将其合编。

二是郑玄所驳"三阙",《隋志》仅见"何休撰,郑玄释"之何郑异义汇编本,未有仅题名郑玄驳"三阙"之本行世。更为精准地说,汉晋间,何休"三阙",从其产生以来都是各自单独成篇的,即这三篇《春秋》学著述都独自单行,而郑玄相应的三篇驳文未见著录,似其成书后未在官方流传,但有可能郑玄成书时,三篇驳文也各自成编;最迟在张靖在为十卷《穀梁传》作注前后,可能将《穀梁废疾》与《起废疾》进行合编。另外,在《箴膏肓》的版本上,"陈永定中,有人发郗愔冢,见愔尸如生,得古铜器十余,有郑康成所书《箴左氏膏肓》。愔手书其后云:'得于广固邓伯道。邓云石勒军发康成冢得之。'又有纸笔并题人名"②。原藏于郑玄墓中的《箴左氏膏肓》,几经周折,到南朝陈霸先永定年间,郑玄墓中的《箴左氏膏肓》才流传于世。

《旧唐书·经籍志》载:"《春秋左氏膏肓》十卷(何休撰,郑玄箴)、《春秋公羊墨守》二卷(何休撰,郑玄发)、《春秋穀梁废疾》三卷(何休作,郑玄释,张靖笺)。"③到唐代,《左氏膏肓》与《箴膏肓》,《公羊墨守》与《发墨守》也已依不同的经传文本两两合编成书。《唐书·艺文志》载:"何休《左氏膏肓》十卷(郑玄箴)、《墨守》一卷(郑玄发)、《穀梁废疾》三卷(郑玄释,张靖笺)。"④疑为《墨守》散佚一卷。

至宋代,何休撰、郑玄发《春秋公羊墨守》,何休作、郑玄释《春秋穀梁废疾》后世文献均无记载其流传的状况,应已散佚,但《春秋穀梁传注疏》中有范宁和杨士勋引用何休《穀梁废疾》和郑玄《起废疾》的内容。而何休撰、郑玄箴《春秋左氏膏肓》据《崇文总目》:"《左氏膏肓》九卷。原释:'汉司空掾何休始撰,答贾逵事,因记《左氏》所短,遂颇流布,学者称之。后更删补为定。今每事左方辄附郑康成之学,因引郑说窜寄何书云。书今残逸,第七卷亡。'(见《文献通考》)东

---

① [唐]魏征等撰:《隋书·经籍志》,北京:中华书局,1997年,第930、931页。
② 若郗愔冢发现郑康成所书《箴左氏膏肓》为真,该《箴左氏膏肓》极有可能是郑玄单行本。王利器著:《郑康成年谱》引《嘉定镇江志》,济南:齐鲁书社,1983年,第241页。
③ [后晋]刘昫等撰:《旧唐书·经籍志上》卷五十,北京:中华书局,1975年,第1977、1978、1979页。
④ [宋]欧阳修、宋祁撰:《唐书·艺文志》,北京:中华书局,1975年,第1437、1438页。

垣按《隋志》十卷。"①可知,北宋时期,何休撰、郑玄笺《春秋左氏膏肓》还流传于世。南宋陈振孙《直斋书录解题》载:"《左氏膏肓》十卷。何休著《公羊墨守》等三书(卢校注:庄进士述祖抄撮作三编),郑康成作《针膏肓》《起废疾》《发墨守》以排之。休见之曰:'康成入吾室,操吾矛,以伐我乎!'今其书多不存,惟范宁《穀梁集解》载休之说,而郑君释之,当是所谓《起废疾》者。今此书并存二家之言,意亦后人所录。《馆阁书目》阙第七篇,今本亦止(卢校本'止'为'正')阙宣公,而于第六卷分文十六年以后为第七卷,当兹合之。其十卷止于昭公,亦阙定、哀,固非全书也。而错误殆未可读,未有他本可正。"②陈振孙认为自己所见的《左氏膏肓》,错误不可读,疑为后人所录,已不是隋、唐志所记载的《左氏膏肓》。

其后汉学日渐衰微,陈振孙所见《左氏膏肓》,也已经散佚。何休"三阙"及郑玄相应驳文虽已散佚,但部分内容散件于《十三经注疏》中,后世有不少学者将其辑佚出来。

今《四库全书》所收录的《箴膏肓》一卷、《起废疾》一卷、《发墨守》一卷就是后人辑佚的成果,但辑者是谁不得而知,有人推测为宋代王应麟辑。虽没有明显的证据,但该辑本应与王应麟有很大的渊源,理由如下:

首先,王应麟曾辑郑玄《周易注》《齐鲁韩三家诗考》,而以此类推,他就有可能辑佚这三部已合编的《春秋》学论著。其次,王应麟《玉海》载:"《何休传》:作《公羊解诂》,覃思不窥门,十有七年。又注训《孝经》《论语》《风角》《七分》。与其师博士羊弼,追述李育之意以难二传,作《公羊墨守》(言不可攻,如墨翟之守城也,十四卷)、《左氏膏肓》(十卷)、《穀梁废疾》(三卷)。《郑玄传》:乃《发墨守》《针膏肓》《起废疾》。休见而叹曰:'康成入吾室,操吾矛,以伐我乎!'(休始撰答贾逵事,因记《左氏》之短,康城箴附逐章之下,《诗正义》引郑《箴膏肓》,《明堂位》疏引《发墨守》《箴膏肓》,《公羊》疏、《礼·大司徒》疏、《礼器》疏引《发墨守》,《正义》引何休《膏肓》,苏氏释云,又引《膏肓》郑箴云,《文选》注引《墨守》。)《隋志》……《左氏膏肓》十卷。(《崇文目》九卷,《中兴书目》第七卷阙。)《公羊墨守》十四卷。(唐志一卷。)……《穀梁废疾》三卷,何休撰,郑玄释,张靖笺。(《穀梁》疏:案郑释《废疾》,张靖策《废疾》)"③《玉海》中几乎明确《左氏膏肓》与《箴膏肓》、《公羊墨守》与《发墨守》的辑佚来源,如果不是王应麟亲自辑佚过,《玉海》中又怎会对《左氏膏肓》《公羊墨守》在其他文献中的引用,记载地如此详尽?至于《穀梁废疾》与《起废疾》,陈振孙已明确说明:"范宁《穀梁集解》载休之说,而

---

① [宋]王尧臣等撰:《崇文总目》,《中国历代书目丛刊》第一辑,北京:现代出版社,1987年,第24页。
② [宋]陈振孙:《直斋书录解题》,上海:上海古籍出版社,1987年,第55—56页。
③ [宋]王应麟:《玉海·艺文》,江苏古籍出版社·上海书店,1987年,第750页。

郑君释之"。王应麟也说:"《穀梁》疏:案郑释《废疾》。"即现存《穀梁废疾》与《起废疾》的内容大部分都在《穀梁传注疏》中可见。最后,《玉海·兵制》载:"何休云:'《运斗枢》曰:夏不田。《穀梁》有夏田,於义为短。'"郑玄释之云:"'四时皆田,夏殷之礼。《诗》云:之子于苗,选徒嚣嚣。'夏田明矣。……郑《释废疾》云:'岁三田,谓以三事为田。'"①均为《礼记正义》中所辑《穀梁废疾》与《起废疾》,《礼记正义》存在少部分《穀梁废疾》与《起废疾》,王应麟在《玉海》直接将其引为"何休云"和"郑玄释",很可能是他已经辑佚了《穀梁废疾》与《起废疾》。

既然,推测《四库全书》中"三阙"及郑玄相应驳文的辑佚与王应麟有很大的关系,甚至很可能是王应麟所辑,那么何休撰、郑玄箴的《春秋左氏膏肓》应在王应麟时期及后世应无传本。但《宋史·艺文志》载:"何休《公羊传》十二卷,又《左氏膏肓》十卷。"②又是怎么回事呢?

笔者推测,由于《宋史》的撰写比较粗略,脱脱并非真的见到《左氏膏肓》十卷,陈乐素先生在《宋史·艺文志》考证中也载:"春秋类何休《左氏膏肓》十卷。《崇文目》九卷,云:'书今残逸,第七卷亡。'《玉海》卷引《中兴目》作十卷,云:'阙第七卷'。《解题》十卷,云:'《馆阁书目》阙第七卷,今本亦止阙宣公,而于第六卷分文十六年以后为第七卷。'《宋志》云十卷,据《中兴目》也。"③可见《宋志》关于《左氏膏肓》的记载仅参考了《中兴馆阁书目》。《中兴馆阁书目辑考》:"《左氏膏肓》十卷。阙第七卷。"④且陈乐素先生说:"《宋志》只见书目(旧史目),不见书。但题'不著录'的是见书。"⑤显然,脱脱并非见到过《左氏膏肓》十卷,只是照搬了《中兴馆阁书目》的记载。

至于为何未记载王应麟的辑本,则很可能是《宋志》自身编撰的缺漏。"《宋志》编者水平低,潦草粗疏。王应麟生于嘉定十七年(1224),他的写作在理宗以后。《宋志》著录王应麟著作十五种,这明显是如《宋志》序所云,'益以宁宗以后史之所未录者'。但《宋史》本传载他的著作有二十三种,其中传于今日的《困学纪闻》《玉海》等,《宋志》却失载。又王应麟著作今存者,尚有重编之《周易郑康成注》一卷,《宋志》亦缺"⑥。那么,《宋志》缺王应麟所辑之《箴膏肓》一卷、《起废

---

① [宋]王应麟:《玉海·兵制》,江苏古籍出版社·上海书店,1987年,第2656页。
② [元]脱脱等撰:《宋史·艺文志》,北京:中华书局,1977年,第5057页。
③ 陈乐素:《〈宋史·艺文志〉考证》,广州:广东人民出版社,2002年,第688—689页。
④ [宋]陈骙等撰,[近代]赵士炜辑:《中兴馆阁书目辑考》,《中国历代书目丛刊》第一辑,北京:现代出版社,1987年,第374页。
⑤ 陈乐素:《〈宋史·艺文志〉考证》,广州:广东人民出版社,2002年,第694页。
⑥ 陈乐素:《〈宋史·艺文志〉考证》,广州:广东人民出版社,2002年,第695、698—699页。

疾》一卷、《发墨守》一卷也很有可能了。

综上,何休"三阙"及其各自郑玄相应的六部《春秋》学著述,最初可能都是各自单独成篇的,后自隋末至初唐渐次依不同的经传文本而合编成书。合编成册后的三部《春秋》学论著,在宋代渐次散佚,《四库全书》中所收辑本为后世最早的辑本,其它的辑本大都在清代辑佚,《四库全书》辑本很可能是王应麟所辑。

《四库全书总目》对历代礼器图发展演变之总结考论

张 琪

(扬州大学文学院,扬州 225009)

摘 要:《四库全书总目》对历代礼器图发展演变有所总结,认为礼器图肇始于汉末之郑玄、阮谌,此为源头。经过夏侯伏朗、张镒、梁正及隋代开皇中之礼图,至聂崇义总其大成,是为礼器图之发展。而刘绩《三礼图》多取诸《博古图》,与旧图大异,是礼器图发展中的嬗变。同时,《总目》还将聂图、刘图划分为两个体系,暗示礼器图的发展分成两个阶段。但是其认为郑玄未尝作《三礼图》,仍存争议。其对聂图的评价,稍有矛盾之处,文中为之辩证。其否定出土古器物在绘制礼器图中的作用,悖逆学术发展的潮流,是其局限。

关键词:四库全书总目 礼器图 发展演变 总结

礼学是中国传统文化的核心,然礼学繁难,古人为此总结了不少学礼的方法,第一紧要的就是"必先明礼之具",所谓礼之具,"乃散见于'三礼'中有关宫室、器用名物也"①。"三礼"名物研究的主要成果就是礼器图②,历代礼器图之作,可谓洋洋大观,其具体发展演变情况如何,今时学者尚未有专门总论者。但是这并不是说没有相关研究存在,事实上,清代学者早就有所阐发,只不过因其表现形式较为隐晦,故而未曾引起注意,此研究即存于《四库全书总目》中③。笔者不揣固陋,试为揭示,并作探讨,以就教于方家。

---

① 钱玄:《三礼名物通释》,南京:江苏古籍出版社,1987年,第1页。
② 按:"三礼"名物之图,有称"名物图"者,如黄以周《礼书通故》;有称"礼器图"者,如《钦定三礼义疏》。窃以为称"名物图"固佳,然若不冠以"三礼"二字,稍显宽泛,故本文取"礼器图"之说。
③ 按:为行文方便,下皆简称《总目》。

一、《总目》所收历代礼器图作品及评价辑录

众所周知,《总目》是一部提要性质的著作,受体裁限制,很难如作论文般专门讨论某个主题。那么其中是否存在对历代礼器图发展演变的总结?是如何进行总结的?总结之具体内容是什么?解决这些问题,我们首先要搞清《总目》中对哪些礼器图作品进行了评价,评价之具体内容是什么。

展开讨论之前,需要明确一个概念,即本文所谓礼器图,不仅是指专门的礼图著作,如聂崇义《三礼图集注》之类,其余专著中有成规模之礼图,亦包括在内,比如陈祥道《礼书》及《钦定三礼义疏》之礼器图等。如此界定是由礼器图本身的特点决定的:一般来说,一幅礼器图中除了图像本身之外,往往还包括题目及说明文字,即所谓图文配合。由于礼器图的这种完整性,使得其即便不与相关论述文字配合,也能保持独立,而不会造成阅读上的困扰。因此很多礼学专著中之礼器图都是单独分卷的,代表即《钦定三礼义疏》之礼器图、黄以周《礼书通故》之名物图。更为明显的一个例子是陈祥道《礼书》,元刻本《礼书》中每卷之图是散落文中,先图后文,图文配合的。而明张溥重刻本中将每卷之图抽出,与原论述文字分离,集中排布于卷首。即使这样改变了原书体例,但并未对读者研读该书带来多少困惑,这就是礼图的独立性的表现。明确了这个前提,我们下面对《总目》中所收礼器图及其评价进行辑录,以时间先后顺序,逐一罗列①:

1. 宋聂崇义《三礼图集注》二十卷,《总目》曰:

> 世宗诏崇义参定郊庙祭玉,因取"三礼"旧图,凡得六本,重加考订。宋初上于朝,太祖览而嘉之,诏颁行。考礼图始于后汉侍中阮谌。其后有梁正者,题谌图云:"陈留阮士信受学于颍川綦母君,取其说为图三卷。多不案礼文,而引汉事与郑君之文违错。"正称《隋书·经籍志》列郑玄及阮谌等《三礼图》九卷。《唐书·艺文志》有夏侯伏朗《三礼图》十二卷,张镒《三礼图》九卷。《崇文总目》有梁正《三礼图》九卷。《宋史》载吏部尚书张昭等奏云:"四部书目内有《三礼图》十二卷,是开皇中敕礼部修撰。其图第一、第二题云梁氏,第十后题云郑氏。今书府有《三礼图》,亦题梁氏、郑氏。"则所谓六本者,郑玄一,阮谌二,夏侯伏朗三,张镒四,梁正五,开皇所撰六也。

---

① 按:以下罗列对各礼器图之评价,如各提要版本之间语意无较大差异,则一以《总目》为准,不作特别说明。

然勘验《郑志》，玄实未尝为图，殆习郑氏学者作图，归之郑氏欤？今考书中宫室车服等图，与郑《注》多相违异。即如《少牢馈食》"敦皆南首"，郑《注》云："敦有首者，尊者器饰也。饰盖象龟。周之制，饰器必以其类。龟有上、下甲，此言敦之上、下象龟上、下甲。"盖者，意拟之辞，而是书敦与簠簋皆作小龟，以为盖顶。是一器之微，亦失郑意。沈括《梦溪笔谈》讥其牺象尊、黄目尊之误。欧阳修《集古录》讥其簋图与刘原甫所得真古簋不同。赵彦卫《云麓漫钞》讥其爵为雀背承一器，牺象尊作一器绘牛象。林光朝亦讥之曰："聂氏《三礼图》全无来历，簋壁则画簋，蒲壁则画蒲，皆以意为之。不知榖壁止如今腰带铐上粟文耳。"是宋代诸儒亦不以所图为然。然其书钞撮诸家，亦颇承旧式，不尽出于杜撰。淳熙中陈伯广尝为重刻，题其后云："其图度未必尽如古昔，苟得而考之，不犹愈于求诸野乎？"斯言允矣。①

2. 宋陈祥道《礼书》一百五十卷，《总目》曰：

前说后图，考订详悉。陈振孙称其论辨精博，间以绘画，唐代诸儒之论，近世聂崇义之图，或正其失，或补其缺。②

3. 宋林希逸《鬳斋考工记解》，《总目》曰：

特以经文古奥，猝不易明。希逸注明白浅显，初学易以寻求，且诸工之事，非图不显，希逸以《三礼图》之有关于《记》者，采摭附入，亦颇便于省览，故读《周礼》者，至今犹传其书焉。③

4. 刘绩《三礼图》四卷，《总目》曰：

是书所图，一本陆佃《礼象》、陈祥道《礼书》、林希逸《考工记解》诸书，而取诸《博古图》者为尤多，与旧图大异。考汉时去古未远，车服礼器犹有存者。郑康成图虽非手撰，要为传郑学者所为。阮谌、夏侯伏朗、张镒、梁正亦皆五代前人。其时儒风淳实，尚不以凿空臆断相高。聂崇义参考六本，定为一家之学。虽踵谬沿讹，在所不免，而递相祖述，终有典型。至《宣

---

① [清]永瑢等：《四库全书总目》，北京：中华书局，1965年，第176页。
② 《四库全书总目》第178页。按：此谓《礼书》前说后图，是就《四库》本而言，如元刻本、明刻本等《礼书》实则或前图后说，或前说后图。
③ 《四库全书总目》第152页。

和博古图》所载,大半揣摩近似,强命以名。其间疏漏多端,洪迈诸人已屡攻其失。绩以汉儒为妄作,而依据是图,殊为颠倒。然所采陆、陈诸家之说,如齐子尾送女器出于魏太和中,牺尊纯为牛形,王肃据以证凤羽婆娑之误。齐景公器出晋永康中,象尊纯为象形,刘杳据以证象骨饰尊之非。蒲璧刻文如蒲荏敷时,縠璧如粟粒,其器出于宋时,沈括据以证蒲形、禾形之谬。此书并采用其说,亦足以备一解。至于宫室制度,舆轮名物,凡房序堂夹之位、輢较贤薮之分,亦皆一一分析。不惟补崇义之阙,且以拾希逸之遗。其他玠、荼、曲、植之属,增旧图所未备者又七十余事。①

5. 明季本《读礼疑图》六卷,《总目·存目》曰:

> 前三卷以其疑《周礼》者为图辨之。②

6. 明季本《庙制考》,《总目·存目》曰:

> 是书总论凡七义,附录七十七图。③

7. 明王应电《周礼传》十卷《图说》二卷《翼传》二卷,《总目》曰:

> 其《图说》二卷,用以稽考《传》义。中如《职方氏》九州之类,有图无说。又有如女官、女奚、女奴诸辨,有说无图。……其《自序》谓旧《周礼图》冕服则类为男女之形,而章服仍不明;井邑则类为大方隔,而沟洫仍不分。则亦颇有所订正,今姑与其传并存,以备一家之说。④

8. 明林兆珂《考工记述注》二卷,《总目·存目》曰:

> 于名物制度,绝无所发明。末附《考工记图》一卷,亦林希逸之旧本,无所增损也。⑤

---

① 《四库全书总目》第176页。
②⑤ 《四库全书总目》第183页。
③ 《四库全书总目》第200页。
④ 《四库全书总目》第154页。

9. 清黄宗羲《深衣考》一卷,《总目》曰:

是书前列己说,后附《深衣》经文,并列朱子、吴澄、朱右、黄润玉、王廷相五家图说,而各阐其谬。其说大抵排斥前人,务生新义。①

10. 清乾隆敕撰《钦定周官义疏》四十八卷,其卷四十五至卷四十八为《礼器图》,《总目》未有评价。

11. 清乾隆敕撰《钦定仪礼义疏》四十八卷,《总目》曰:

分经文为四十卷,冠以纲领一卷,《释宫》一卷不入卷数,殿以《礼器图》四卷、《礼节图》四卷。……《礼器图》则用聂崇义《三礼图》本,"礼节"用杨复《仪礼图》本,而一一刊其讹缪,拾其疏脱。②

12. 清乾隆敕撰《钦定礼记义疏》八十二卷,《总目》曰:

经文四十九篇,厘为七十七卷,附载图五卷。③

按此五卷图为《礼器图》,《总目》未作评价。

13. 《周礼文物大全》,《总目·存目》曰:

不著撰人名氏,亦无序跋,其版为蓝朱二色,首列六官之所属,次为制度器物诸图,终以诸儒传授图。大抵转相剿袭,摹写失真。④

分析以上材料,可知《总目》对《臕斋考工记解》《读礼疑图》《庙制考》《(周礼传)图说》《深衣考》《钦定周官义疏》《钦定礼记义疏》《周礼文物大全》之礼图的评价,或者阙如,或者就书论书,并没有对礼器图的发展演变有什么讨论。其对《礼书》《考工记述注》《钦定仪礼义疏》礼图的评价中,仅仅指明了其图之借鉴来源,虽稍涉源流,却并不具备较大的时间跨度,不可谓之总结。而其对《三礼图集注》《三礼图》的评价中,则大有玄机。下面详细阐发。

---

① ③ 《四库全书总目》第 172 页。
② 《四库全书总目》第 162 页。
④ 《四库全书总目》第 184 页。

二、《总目》对历代礼器图发展演变之总结探析

考《总目》评刘绩《三礼图》之文，先言"是书所图，一本陆佃《礼象》、陈祥道《礼书》、林希逸《考工记解》诸书，而取诸《博古图》者为尤多，与旧图大异"①，这是受限于提要的体例，需先说明本书的情况。其后又说："考汉时去古未远，车服礼器犹有存者。郑康成图虽非手撰，要为传郑学者所为。阮谌、夏侯伏朗、张镒、梁正亦皆五代前人。其时儒风淳实，尚不以凿空臆断相高。聂崇义参考六本，定为一家之学。虽踵谬沿讹，在所不免，而递相祖述，终有典型。"②这就是梳理从汉代到宋代礼器图的发展情况了。倘若我们摆脱提要体裁的限制，将《总目》这段话按照时间的顺序重新组织——实际就是把论《三礼图》取材诸书这句话放在后面——就会发现《总目》将历代礼器图由其产生到发展再到演变的过程作了完整的的梳理总结。

其所总结的内容，具体来说，首先是探求礼器图始于何人何书，是谓追本溯源。《总目》提出："郑康成图虽非手撰，要为传郑学者所为。"③这句话乍看很突兀，"郑康成图"是何图？"传郑学者所为"是什么意思？解释这些问题，必须参看《三礼图集注》的提要，其中说：

> 考礼图始于后汉侍中阮谌。其后有梁正者，题谌图云："陈留阮士信受学于颍川綦母君，取其说为图三卷。多不案礼文，而引汉事与郑君之文违错。"正称《隋书·经籍志》列郑玄及阮谌等《三礼图》九卷。……然勘验《郑志》，玄实未尝为图，殆习郑氏学者作图，归之郑氏欤？

这段文字中因为第一句先抛出了结论，后面几句是论证，故而显得不好理解，需要做个说明。根据《隋书·经籍志》记载，有《三礼图》九卷，并注明其作者是"郑玄及后汉侍中阮谌"④。《总目》称郑玄、阮谌之后的梁正曾见有题名阮谌所作之《三礼图》，并作了题跋；又称梁正指出《隋书·经籍志》记载的《三礼图》九卷作者题郑玄和阮谌。言下之意是阮谌作有《三礼图》是事实，但是郑玄是否作有礼图则不能确定。《总目》考察《郑志》中没有记载郑玄作图的事，于是认定郑玄未尝作《三礼图》。但是《隋书·经籍志》却记载了郑玄、阮谌作《三礼图》九卷，怎么解释呢？《总目》据梁正之跋文中说阮士信即阮谌之《三礼图》实际上是

---

① ② ③ 《四库全书总目》第176页。
④ ［唐］魏征等：《隋书》，北京：中华书局，1973年，第925页。

有所因袭的,是学于綦母君,綦母君之学大概又是出于郑玄,这样阮谌之图就是承袭自郑玄之学了,最终得出"殆习郑氏学者作图,归之郑氏欤"的结论。其实就是猜测阮谌受郑玄之学而作《三礼图》,追述自己学术之所自,将其归功于郑玄,故而题此书为郑玄、阮谌合撰,实际作图者只是阮谌,礼器图之作也是始于阮谌的《三礼图》。

因此,刘绩《三礼图》提要中所说的"郑康成图",指的是《隋书·经籍志》记载的郑玄、阮谌合撰之《三礼图》九卷。"传郑学者所为"意思是这个《三礼图》实际上是阮谌所撰。《总目》之所以不在刘绩《三礼图》提要中作详细的解释,是因为在《三礼图集注》中已经解释过了。这是典型的"互文"的手法,使得《总目》整体上详略得当。

既辨明礼器图之源头,接下来自然是阐释其发展过程。《总目》说:"阮谌、夏侯伏朗、张镒、梁正亦皆五代前人。其时儒风淳实,尚不以凿空臆断相高。聂崇义参考六本,定为一家之学。"①理解这几句话,还要参看《三礼图集注》提要,其中说:"《唐书·艺文志》有夏侯伏朗《三礼图》十二卷,张镒《三礼图》九卷。《崇文总目》有梁正《三礼图》九卷。《宋史》载吏部尚书张昭等奏云:'四部书目内有《三礼图》十二卷,是开皇中敕礼部修撰。其图第一、第二题云梁氏,第十后题云郑氏。今书府有《三礼图》,亦题梁氏、郑氏。'则所谓六本者,郑玄一,阮谌二,夏侯伏朗三,张镒四,梁正五,开皇所撰六也。"②意思是郑玄、阮谌之后,聂崇义之前,分别有夏侯伏朗、张镒、梁正以及隋开皇时期所撰《三礼图》。而聂崇义作《三礼图集注》,参考的就是郑玄以至开皇所撰《三礼图》,总计六家,可谓集前代之大成③。因此在《总目》看来,《三礼图集注》是礼器图发展的一个高峰。

按照我们调整后的顺序,《三礼图集注》之后,《总目》谈到明代刘绩《三礼图》所图"一本陆佃《礼象》、陈祥道《礼书》、林希逸《考工记解》诸书,而取诸《博古图》者为尤多"。这就是说,从聂崇义到刘绩之间,创作礼器图者有陆佃、陈祥道、林希逸诸家,同时还有较为特别的《宣和博古图》。陆佃《礼象》早佚④,故《四库全书》未收,《总目》亦无从评价。陈祥道《礼书》,《总目》谓其对聂崇义之图"或正其失,或补其缺"。林希逸《鬳斋考工记解》,《总目》称其"以《三礼图》之有关于《记》者,采摭附入"。由此可见,在《总目》看来,陈、林之书只是对聂图沿袭或补正,未能脱出《三礼图集注》之范畴。而《宣和博古图》,《四库全书》未将其

---

① ② 《四库全书总目》第176页。

③ 按:相关研究可以参考王锷先生《宋聂崇义〈新定三礼图〉的价值和整理——兼评丁鼎先生整理的〈新定三礼图〉》一文(《孔子研究》2008年第2期,第76—87页)。

④ 按:有关《礼象》内容及其亡佚时间等,可参看拙文《北宋陆佃佚书〈礼象〉辑考》,《历史文献研究》总第43辑,广陵书社,2019年10月,第81—101页。

列入礼类,可见并不以其为礼图。通过《总目》对陈、林二书的评价,我们可以推测,《总目》认为这一时期的礼器图创作乏善可陈,是一个过渡时期,主要的成就是对聂崇义之图有所订补。

接下来谈到刘绩《三礼图》,《总目》谓其"与旧图大异",这个"旧图"是指以聂崇义《三礼图集注》为代表的诸礼器图。我们只看"大异"二字,便可知礼器图的发展至此产生了较大的变化,可以称之为礼器图发展过程中的演变或曰嬗变。造成这种演变的原因,《总目》认为是刘图"取诸《博古图》者为尤多"。今考刘绩《三礼图》,其卷三之夏琖、殷斝、觯、角、匏,卷四之彝(二图)、卣、山尊、著尊、壶、牺尊、象尊、圆壶、方壶、罍、甒、缶、会盖、簠、簋、豆、登、丰、废禁、镬、铏、甑、甗、鼎、盦、匜、盘、洗、盂等,共计三十四器之图,皆取诸《博古图》,而卷三之琥、周爵、觚、散,卷四之瑚琏、铏、盉等,共计七器之图,则取诸吕大临《考古图》。将刘绩《三礼图》与聂崇义《三礼图集注》相比较,以上四十一种礼器中,刘图与聂图都有所图绘,而刘图却只取《考古图》《宣和博古图》者,共有二十七种,包括:觯、角、匏、彝、山尊、著尊、壶、牺尊、象尊、圆壶、方壶、罍、簠、簋、豆、登、丰、废禁、鼎、匜、盘、洗、琥、周爵、觚、散、铏。由此可见,《总目》谓刘绩《三礼图》与旧图大不相同,的确如此。

事实上,讲到刘绩《三礼图》这里,《总目》的梳理总结已经完成了,简略的说就是历代礼器图经历了一个由产生到发展再到嬗变的过程:郑玄之学传于阮谌,阮谌《三礼图》是礼器图创作之始,经历了夏侯伏朗、张镒、梁正及隋开皇等《三礼图》的发展,到了北宋初年,聂崇义总其大成,创作了《三礼图集注》。此后陆佃、陈祥道、林希逸等继有续作,至明代刘绩《三礼图》出,与聂崇义图大异,是为礼器图的演变或曰嬗变。

当然,我们也应注意到,《总目》对历代礼器图发展演变的总结,并不是单纯地梳理历代礼器图作品,而是有一个理论支撑的。《总目》首先提出郑玄时期,"去古未远,车服礼器犹有存者",而阮、夏侯、张、梁,皆五代前人,"其时儒风纯实,尚不以凿空臆断相高",至聂崇义作《三礼图集注》,"虽踵谬沿讹,在所不免,而递相祖述,终有典型"①。这显然是将自郑玄到聂崇义归为一个体系,这个体系中诸礼器图一脉相承,标准一致。而明代刘绩"以汉儒为妄作",其《三礼图》显然是与郑玄、聂崇义之体系对立的,属于另一个体系。从其断言刘绩《三礼图》一本陆佃、陈祥道、林希逸之书,可以推测《总目》似乎倾向于将陆、陈、林三家归到刘绩《三礼图》为代表的体系中。

《总目》这种体系论,实际就是将礼器图的发展演变划分成了两个阶段。由

---

① 《四库全书总目》第176页。

郑玄至聂崇义之礼器图是第一个阶段,属于礼器图从产生到发展的阶段;刘绩《三礼图》是第二个阶段的代表,表现为礼器图的演变。

综上所述,《总目》虽然受到"提要"体裁的限制,但是其中的确存在对历代礼器图发展演变的总结,主要集中于《三礼图集注》《三礼图》两篇提要中。其方法是针对两书的内容特点展开评论,从而实现考镜源流。考证中两篇文字相互呼应,有详有略,使用了所谓"互文"的方法。不仅如此,《总目》还提出了划分礼器图发展演变阶段的体系论。这些都可谓是《总目》的创见。

三、《总目》对礼器图之总结相关论点辩证

根据前文所述,我们认为《总目》梳理历代礼器图沿革,并将清代以前礼器图的发展演变划分为两个阶段,这是从礼器图作品本身出发,其结论是可靠的。但是其总结过程中提出的一些观点,却有待商榷,下面择其一二试为辩证。

首先,《总目》提出"郑康成图虽非手撰"的观点,认为郑玄未尝作过《三礼图》,始作礼图者乃阮谌。这是涉及礼器图发展演变源头的问题,历代以来,多有持不同见解者。比如马国翰《玉函山房辑佚书补遗》中《三礼图》序曰:

> 《三礼图》一卷,后汉郑玄、阮谌撰。郑有《鲁礼禘祫制》等书,已各著录。《魏志·杜畿传》裴松之注引《阮氏谱》:"武父谌,字士信,征辟无所就,造《三礼图》传于世。"《隋志》:"《三礼图》九卷,郑玄及后汉侍中阮谌等撰。"盖郑注"三礼",遂为之图。阮复因郑图而修之,故世只称阮谌《三礼图》,而《隋志》推本而题之也,今佚。考聂崇义引郑氏图、阮氏图,又引旧图,皆一书之文。①

马氏认为阮谌《三礼图》是沿袭郑玄《三礼图》,故而《隋书·经籍志》记郑玄之名。又考聂崇义《三礼图集注》中所引郑氏图、阮氏图以及所谓"旧图",都是出自郑玄所著《三礼图》,但是其如何考证的,则不得而知。

今人乔辉先生亦认为郑玄撰《三礼图》可信,其于《郑玄撰〈三礼图〉真伪考》一文中从五个方面展开论证:其一,后世学者以郑玄撰《三礼图》为实;其二,诸家承认《隋书》所载是实;其三,文献多征引郑玄《三礼图》之内容;其四,比勘郑玄《三礼注》和叔孙通《汉礼器制度》、文献所载郑玄《三礼图》内容;其五,撰图有

---

① [清]马国翰:《玉函山房辑佚书》,日本中文出版社,1979年,第23页。

据可依①。乔辉先生之文征引材料广博详实,但是推论尚有不足,其结论亦未敢信为必然。比如其第一条推论"后世学者以郑玄撰《三礼图》为实"中征引清代陈澧《东塾读书记》卷八《仪礼》之文:

> 郑、贾作注、作疏时,皆必先绘图,今读注疏,触处皆见其踪迹。如《士冠礼》"筮人许诺,右还,即席,坐",注云:"东面受命,右还北行就席。"……又如《燕礼》"主人盥洗象觚",注云:"取象觚者东面。"疏云:"以膳篚南有臣之篚,不得北面取,又不得南面背君取,从西阶来,不得篚东西面取,以是知取象觚者东面也。"此必郑有图,故知东面取;贾有图,故知不得北面南面西面,而必东面也。②

乔先生说:"陈澧亦是认为郑玄为《仪礼》作注时必有图可依,郑玄确曾撰《三礼图》。"③这其中有两点不妥,一是陈澧推测郑玄撰有礼图本身就是推测,并没有确凿的证据,正确与否尚且难说。而乔先生则以此不确定之推论为论据,难免缺乏说服力。二是根据陈澧本人的意思及引文内容,可知其所推测的是郑玄撰有仪节图,并没有说郑玄曾作礼器图,乔先生显然是将二者混为一谈了。

以笔者之见,文献有阙,尚不足征,故而关于郑玄是否曾作《三礼图》的问题,还需进一步考证,暂且存疑。《总目》所言可备为一说,但绝非定论。

其次,《总目》在刘绩《三礼图》提要中说阮谌、夏侯伏朗、张镒、梁正等所处五代前时代,儒风淳实,"尚不以凿空臆断相高",至聂崇义之图,虽然不可避免的沿袭了一些错误,但是"递相祖述,终有典型"④。这是间接认为聂崇义《三礼图集注》亦不凿空臆断。然而其于《三礼图集注》中说:"其书钞撮诸家,亦颇承旧式,不尽出于杜撰。"⑤所谓"不尽出于杜撰",意思就是说还是有杜撰的,这与前说不免相互矛盾。

事实上,《新定三礼图》之杜撰,广为宋人诟病。除了《总目》所言沈括《梦溪笔谈》、欧阳修《集古录》、赵彦卫《云麓漫钞》以及林光朝之批评外,《玉海》记载:"政和五年六月丁巳(十九日),校书郎贾安宅言:'崇义图义皆诸儒臆说,于经无

---

① 乔辉:《郑玄撰〈三礼图〉真伪考》,《文艺评论》2011年第10期,第154—156页。
② [清]陈澧著,钟旭元、魏达纯点校:《东塾读书记》,上海古籍出版社,2012年,第129页。
③ 《郑玄撰〈三礼图〉真伪考》,第154—156页。
④⑤ 《四库全书总目》第176页。

据,国子监三礼堂实存图绘,下至郡县学间亦有之,不足示学者。'"① 贾安宅上书之后,宋徽宗"诏《三礼图》及郡县学绘画图像并改正,旧所绘两壁《三礼图》并毁去。宣和元年五月二十七日,诏诸州祠祭器,令礼制局绘图敛降,依图制造"②。《三礼图集注》本来是用于国家礼器制造的范本,因宋人认为其多为臆说,终至废弃不用。南宋初期,因经历战乱,礼器图簿多散失,朝廷不得已重新启用聂崇义图,但是统治者认为这只是迫不得已,《中兴小纪》记载绍兴十年(1140)八月,"甲子,上曰:'近世礼器大不合古制,如聂崇义《三礼图》极可笑。俟兵事稍定,当讲论改造,况亦无大费也。'"③朱熹也认为聂图简陋,他在《绍熙州县释奠仪图》中说:

> 祭器。淳熙颁降仪式,并依聂崇义《三礼图》样式,伏见政和年中议礼局铸造祭器,皆考三代器物遗法,制度精密,气象淳古,足见一时文物之盛,可以为后世法。故绍兴十五年曾有圣旨,以其样制开说印造,须付州县遵用。今州县既无此本,而所颁降仪式印本,尚仍聂氏旧图之陋,恐未为得。④

今考《三礼图集注》内容,除了古人已论定的其爵、牺尊、象尊、穀璧、蒲璧等图为臆造外,还有不少其他礼器之图,也是一样。比如乔辉先生《聂崇义〈三礼图集注〉指瑕四则》一文,指出其阙翟、旜与物形饰、禁、琮之形义等皆有不妥⑤。笔者于此再举一例,《三礼图集注》卷十二"觚"图(图一):

图一 《三礼图集注》　　图二 刘绩《三礼图》

---

① [宋]王应麟:《玉海》,影印文渊阁《四库全书》本,台北:台湾商务印书馆,1986年,第1122页。

② 《玉海》第2册,第1116页。

③ [宋]熊克著,顾吉辰、郭群一点校:《中兴小纪》,福州:福建人民出版社,1985年,第339页。

④ [宋]朱熹:《绍熙州县释奠仪图》,影印文渊阁《四库全书》本第648册,台北:台湾商务印书馆,1986年,第10页。

⑤ 乔辉:《聂崇义〈三礼图集注〉指瑕四则》,《广西社会科学》2014年第7期,第167—170页。

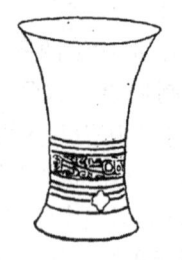 

图三　出土商代铜觚①　　　图四　上海博物馆藏有耳觚

觚之为物,经书中时见之,然皆未言其形制,郑注亦不涉及。聂崇义绘此觚乃是参酌前人之图,其文曰:

> 旧《图》云:"觚锐下,方足,漆赤中,画青云气通饰其卮。"又觚者,寡也,饮当寡少也。二升曰觚,口径四寸,中深四寸五分,底径二寸六分,今圜足。②

据此文可知,聂崇义引旧《图》之说,太过简略,不能知晓觚之整体模样。而其所言亦语焉不详,表明他实际对觚之具体形制并不清楚。其图中觚画作有耳之形,而刘绩《三礼图》则是无耳(图二),孰是孰非? 以现今出土之觚来看(举其一图如上,图三),其形制绝大部分无耳,有耳者绝少。今人王文娟先生有《商周青铜觚研究》一文,收集传世铜觚199件,举图数十,有耳者止上海博物馆藏斜角雷纹觚一件(图四),余者皆无耳③。由此可见,先秦时期觚之形制主要是无耳者为主。聂图绘作有耳,显然不妥。

因此,在刘绩《三礼图》提要中,《总目》也许为了证成己说,对聂崇义《三礼图集注》有些过誉。其在《三礼图集注》中所作评价更为公允。

第三,《总目》言"至《宣和博古图》所载,大半揣摩近似,强命以名","绩以汉儒为妄作,而依据是图,殊为颠倒"。这是对《宣和博古图》极力否定,对引用《宣和博古图》为据绘图大加斥责,而本质上则显然是对出土古器物在礼图绘制中的作用加以贬低。

《总目》的这种态度,不独反映在对《宣和博古图》的针对上,对其他出土古器物订正传世礼图的现象,其评价都有所保留。比如在刘绩《三体图》提要中谈道:

---

① 按:此铜觚出土于河南新郑望京楼。
② [宋]聂崇义:《三礼图集注》,《通志堂经解》本。
③ 王文娟:《商周青铜觚研究》,西北大学2005年硕士论文,第75—81页。

  然所采陆、陈诸家之说，如齐子尾送女器出于魏太和中，牺尊纯为牛形，王肃据以证凤羽婆娑之误。齐景公器出晋永康中，象尊纯为象形，刘杳据以证骨饰尊之非。蒲璧刻文如蒲荏敷时，穀璧如粟粒，其器出于宋时，沈括据以证蒲形、禾形之谬。此书并采用其说，亦足以备一解。①

  牺尊、象尊实际就是牛形、象形之尊，蒲璧、穀璧之刻文非蒲形、禾形，王肃、刘杳、沈括等已经据出土实物考明，这些论断也得到了当今考古成果的印证，但是《总目》仅言"足以备一解"，似乎并不以其为然。由此可见，《总目》不只是针对《宣和博古图》，其对据出土古器物绘图这件事本身是有意见的，甚至可以说是反对的。

  在今天看来，出土古器物对于考证传世文献的作用不可忽视，价值巨大。充分利用出土器物展开研究，这是学术发展的正确方向。而《总目》的观点，显然是悖逆学术发展潮流的，这是其局限之处。

四、余 论

  以上我们阐释了《总目》对历代礼器图发展演变的总结，并考明其将历代礼器图划分成两个阶段的相关理论。上文虽然已经对其理论中的三个观点作了辩证，但是还有其他一些问题需要我们留意，比如《总目》认为"汉时去古未远，车服礼器犹有存者"，这种说法合乎历史事实吗？《总目》在分析刘绩《三礼图》与聂崇义《三礼图集注》的不同时，似乎在刻意营造一种对立性，认为聂图所代表的是汉代正统，而刘图则是"以汉儒为妄作"，是不是含有类似"汉学""宋学"对立的思想在其中？《总目》否定出土器物在绘制礼图中的作用，这是写作刘绩《三礼图》提要者的观念，还是当时学者的共识？《总目》所总结的礼器图发展演变情况，时间段是清代以前，那么清代礼器图创作的情况又是怎样的？《总目》的理论有没有对此发生影响？凡此种种，皆需进一步探讨。

---

① 《四库全书总目》第176页。

《四库全书总目·尔雅注疏》考论*

瞿林江

(陕西师范大学文学院,西安 710119)

摘 要:四库馆臣以乾隆四年(1739)武英殿所刊刻之《尔雅注疏》为底本,最终撰成《四库总目》中的《尔雅注疏》提要。其分述了《尔雅》的作者、成书时间、性质以及注疏情况,得出诸如"大抵小学家缀缉旧文,递相增益,周公、孔子,皆依托之词""大抵采诸书训诂名物之同异,以广见闻,实自为一书,不附经义""盖亦《方言》《急就》之流,特说经之家,多资以证古义,故从其所重,列之经部耳"等切实结论。然为更进一步研究该《总目》,供读者参考,经过我们逐句文本细读及考辨,发现该《总目》在论述过程中偏信张揖《上广雅表》、陆德明《释文》、注疏等前人旧说而不详核,所举之证又多不确切,尚需读者鉴别。

关键词:四库全书 尔雅注疏 郭璞 邢昺

在中国古代众多的官修目录中,清乾隆敕令所编之《四库全书总目》无疑是一部集大成之作。其不仅在学术上取得了空前的成就,其版本之复杂也位居历代目录学著作之冠。笔者最近从事《尔雅注疏》的汇校工作,故本文即以《尔雅注疏》提要为考察对象,窥探其成篇过程及相关问题。

乾隆四十七年至五十年(1782—1785),《四库全书》先后入藏内廷"北四阁",其后,江浙"南三阁"也陆续入藏。此"七阁"现只存三阁半,而每阁所藏的各部书的卷前均有提要,介绍与评价该书的内容与价值,这即是《四库全书总目》的早期文本形态。由于入藏时间有先后之别,故每阁所收相同书籍的书前提要亦有所区别,值得留意。然其实在乾隆四十三年(1778),第一部《四库全书荟要》已写成,置于故宫御花园内的摛藻堂,今辗转存于台北故宫,其书前已有提要。《尔雅注疏》在其列,云:

---

* 本文是2017年国家社科基金后期资助项目"《尔雅注疏》汇校"(17FZW002)阶段性成果。

> 臣等谨案:《尔雅注疏》十一卷,晋郭璞注,宋邢昺等疏。治《尔雅》者,自犍为文学而下共十余家。璞荟萃为注,陆德明谓其"洽闻强识,为世所重"。自是以后,为解义者甚多,《释文》而外传者甚少。晁公武曰:"旧有孙炎、高琏《疏》,以其浅略,命昺等别著此书。"其后若陆佃之《埤雅》、罗愿之《尔雅翼》,又因邢《疏》而广之者也。明刻本不载《释文》,今补入,又取郑樵注本参校,是正为多,皆乾隆四年奉敕校定本也。乾隆四十年二月恭校上。总纂官臣纪昀、臣陆锡熊、臣孙士毅,总校官臣陆费墀。①

文渊阁位于北京故宫东华门内的文华殿之后,在诸阁中地位最为尊贵,也是诸阁《四库全书》中最先入藏的,今辗转存于台北故宫,其书前提要与《荟要》完全相同,只是末署"乾隆四十一年五月恭校上"而已。

文溯阁位于沈阳故宫西路,为第二部《四库全书》入藏之所,今辗转保存在兰州北山九州台,至今尚未影印出版。其所附《总目》,早在乾隆五十五年(1790)即存于北京故宫,今收藏于天津图书馆,然不完整。民国间,史学家金毓黻先生曾组织人力,辑其书前提要,相较文渊阁本,内容已有所增加:

> 臣等谨案:《尔雅注疏》十一卷,晋郭璞注,唐陆德明音义,宋邢昺等疏。璞字景纯,河东闻喜人,官著作郎、弘农太守,后为王敦所害,事迹详《晋书》列传。昺字叔明,曹州济阴人,九经及第,官至礼部尚书。治《尔雅》者,自犍为文学而下凡十余家。璞荟萃为注,陆德明谓其"洽闻强识,详悉古今,为世所重"。自是以后,为解义者甚多,《释文》而外传者甚少。晁公武曰:"旧有孙炎、高琏《疏》,咸平初,以其浅略,诏昺与杜镐、舒雅等别著此书。"前有昺《序》,详述经注原委及奉敕校定之勤。然据程敏政,以为此《序》见舒雅《集》内,题曰"代邢昺作",则此注当亦广集众长而昺总其成耳。其后若陆佃之《埤雅》、罗愿之《尔雅翼》,又因邢《疏》而广之者也。明刻本不载《释文》,今补入,又取郑樵注本参校,是正为多,皆乾隆四年奉敕校定本也。乾隆四十七年十月恭校上。②

文津阁位于承德避暑山庄,是第四部《四库全书》入藏地,1913年运抵京师图书馆,即今国家图书馆,保存至今,也为诸阁中唯一按原架、原函、原书一体保存至今的《四库全书》。其书前提要与文溯阁本同,惟末署"乾隆四十九年三月

---

① 《景印摛藻堂四库全书荟要》第79册,台北:世界书局,1985年,第2页。
② 金毓黻等编:《文溯阁四库全书提要》,北京:中华书局,2014年,第755、756页。

恭校上"①，较之略晚而已。

　　文澜阁位于杭州西湖孤山圣因寺，是乾隆五十五年（1790）入藏"南三阁"中唯一残存下来的一阁。可惜大部分为光绪、民国间钞补，已不复其旧日面目。其卷前提要亦与今浙本《总目》相同，而末尾署"乾隆□年□月恭校上"，其原本想非如此。从残存的其余写本《总目》来看，其卷前提要当同于文溯阁。

　　《荟要》与"七阁"《全书》完成后，《总目》的编纂工作仍在继续。现上海图书馆、天津图书馆、国家图书馆各收藏一部稿本《总目》。上图本基本可以断定为乾隆四十六年（1781）进呈的初稿；天图本吸收上图本修改意见，有所更近，"抄写年代确定为乾隆五十一年"②；而国图本则被认为是武英殿本《总目》之底本。除天图本，上图、国图所藏当有《尔雅注疏》的相关提要信息，惜至今尚无影印本问世，故笔者尚未得见。

　　乾隆六十年（1795）十一月，武英殿刊出定本《总目》，其中的《尔雅注疏》提要较十几年前的卷前提要篇幅大幅度增删，可读性更强，但文字讹误亦复不少。因其为浙本、粤本等众本之祖③，为便于后人校记之附着，今即以之为底本④，校以中华书局1965年影印的浙本，随文出校勘记列于页脚之处，又随文考辨议论而列于该段之下，求正于方家。

一、论《尔雅》之作者

《尔雅註⑤疏》十⑥卷　内府藏本〔一〕

---

　　①　《文津阁四库全书提要汇编》，北京：商务印书馆，2006年，第553页。

　　②　刘浦江：《天津图书馆藏〈四库全书总目〉残稿研究》，《文史》2014年第四辑，第163—184页。

　　③　崔富章先生认为浙本《总目》以文澜阁《总目》为底本而刊刻的，非承袭自殿本，也具有一定合理性。见《〈四库全书总目〉武英殿本刊竣年月考实——"浙本翻刻殿本"论批判》，《浙江大学学报》（人文社会科学版）2006年第1期，第104—108页。

　　④　《钦定四库全书总目》卷四〇，第18册，第1—4页，国家图书馆·中华古籍资源库，网址：http://mylib.nlc.cn/web/guest/search/shanbenjiaojuan/medaDataDisplay? metaData.id=2101389&metaData.lId=2102971&IdLib=402834c3409540be0141aa7d72035310

　　⑤　"註"，当作"注"，下同。阮元《校勘记》引段玉裁云："传'注'字，必从水，即六书之转注，引伸其义，有所归，如引水注于江海也；凡记'註'字，则从言。明人尽改'注'为'註'，张参云'註，与训"注"字同'，则唐时已昧昧矣。"（见［清］阮元校刻《十三经注疏·尔雅注疏》，北京：中华书局，2009年，第5591页）

　　⑥　"十"，当作"十一"。元刊注疏本以来的闽、监、毛、殿本均为十一卷，浙本已更正。

晋郭璞註,宋邢昺疏。璞,字景纯,河东闻喜人,官至宏①农太守,事迹②具《晋书》本传。昺有《孝经疏》,已著录。案《大戴礼·孔子三朝记》〔一〕称孔子教鲁哀公学《尔雅》〔三〕,则《尔雅》之来远矣,然不云《尔雅》为谁作。据张揖《进广雅表》称"周公著《尔雅》一篇"〔四〕,案《经典释文》以揖所称"一篇"为《释诂》。今俗所传三篇,案《汉志》:《尔雅》三卷。此"三篇"谓"三卷"也。或言仲尼所增,或言子夏所益,或言叔孙通所补,或言沛郡梁文所考。皆解家所说,疑莫能明也",于作书之人,亦无确指。其余诸家所说〔五〕,小异大同。

〔一〕内府藏本:《总目》所著录的图书多有源自内府的,但却有"内府刊本"与"内府藏本"之别。《荟要总目》云"今依内府刊本缮录,据明国子监本、毛晋汲古阁本、郎奎金本及诸家所勘宋本恭校",《荟要提要》又云"明刻本不载《释文》,今补入"③,陈垣先生清查文津阁《四库全书》,共一函六册四百八十一页④,则《荟要》所据之底本即乾隆四年(1739)武英殿所刊刻之《尔雅注疏》,其书删去元十行本、明闽本、明监本、明毛本经注后的《尔雅音释》,而以陆德明《尔雅音义》补入,书前又将《尔雅注解传述人》《尔雅注疏序》《尔雅注序》三篇列为一卷,变乱体例,特征明显,《荟要》与"七阁"《四库全书》想必皆依其格式与内容。如此,则此处"内府藏本"即"内府刊本",两者为一本也。

〔二〕《大戴礼·孔子三朝记》:今存《大戴礼》三十九篇中无,然《春秋榖梁传》疏、《史记·黄帝纪》《汉书·高帝纪》《汉武纪》臣瓒注、《文选·东都赋》注等皆引此书,清马国翰有辑本。《汉书·艺文志》中《六艺略·论语》中著录有"《孔子三朝》七篇",颜师古云:"今《大戴礼》有其一篇,盖孔子对鲁哀公语也。三朝见公,故曰《三朝》。"⑤《三国志·蜀书·秦宓传》"昔孔子三见哀公,言成七卷,事盖有不可嘿嘿也"裴松之云:"刘向《七略》曰:'孔子三见哀公,作《三朝记》七篇,今在《大戴礼》。'臣松之案:《中经部》有《孔子

---

① "宏",当作"弘",清人避高宗讳而改。弘农,郡名,西汉元鼎四年(前113)置,范围在今河南、陕西一带,东汉后,范围缩小,东晋时,已属前秦管辖,治所在今河南灵宝市东北。"弘农太守"为郭璞遇害后所追赠,其生时曾任著作郎、记室参军等职务。
② "迹",浙本作"蹟"。
③ 江庆柏等整理:《四库全书荟要总目提要》,北京:人民文学出版社,2009年,第211页。
④ 陈垣:《四库全书考异》,《陈垣全集》,合肥:安徽大学出版社,2009年,第3册,第74页。
⑤ [汉]班固撰,[唐]颜师古注:《汉书》,北京:中华书局,1962年,第1717页。

三朝》八卷,一卷目录,余者所谓七篇。"①《史记·黄帝纪》索隐引刘向《别录》亦云:"孔子见鲁哀公。问政,比三朝,退而为此记,故曰《三朝》。凡七篇,并入《大戴记》。"②可见此书虽西汉时并入《大戴记》,但三国时尚有单行本传世,唐以后散佚。至于这七篇为何?王应麟云:"七篇,今考《大戴礼》,《千乘》《四代》《虞戴德》《诰志》《小辨》《用兵》《少间》。"③清人沈钦韩《汉书疏证》亦有类似之说法,王聘珍从之云:"此七篇亦七十子后学者所记,原在《古文记》二百四篇之中,故大戴采而录之。"④《总目》云"《大戴礼·孔子三朝记》",盖转引自邢昺《尔雅疏》中所引张揖《上广雅表》"《礼·三朝记》"之文。然张揖为三国曹魏时人,彼时《古文记》中的《孔子三朝记》单行本尚存,故称之。《总目》转引而不及详核,失之。

〔三〕鲁哀公学《尔雅》:《大戴礼·小辨》云:"是故循弦以观于乐,足以辨风矣;尔雅以观于古,足以辨言矣。"北周卢辩注云:"尔,近也,谓依于《雅》《颂》。"清俞樾云:"'循弦'者,循乎弦也,则'尔雅'者,尔乎雅也,不得以'尔雅'为书名。……'尔雅以观于古',盖即此义,谓欲观于古者,当依乎故以求之也。……至《尔雅》一书,其名义即取之此。"⑤余嘉锡亦云:"其所谓'雅'者,即《论语》'子所雅言'之雅。雅者,夏也,谓中夏也。'尔雅'乃古之成语,《汉书·儒林传》所谓'文章尔雅','尔雅'即'近正'之义也。"⑥又《汉志》将《尔雅》与《孝经》《弟子职》等列在一起,可见《尔雅》在西汉时是塾师教育学生的启蒙读物,如《西京杂记》云"《外戚传》称史佚教其子以《尔雅》。《尔雅》,小学也"⑦,而孔子归鲁与哀公对答时,哀公至少三十八岁,不当于此时学《尔雅》,《总目》误引张揖之言,而又误读《大戴礼·小辨》之文也。

〔四〕周公著《尔雅》一篇:《西京杂记》云"郭威,字文伟,茂陵人也,好读书,以谓《尔雅》周公所制"⑧,是在西汉时即有学者认为《尔雅》为周公所作,其后,《雅》学大显,周公所作之说甚嚣尘上,至今仍有学者认为在周公时代

---

① [晋]陈寿撰,[南朝宋]裴松之注:《三国志》,北京:中华书局,1982年,第974页。
② [汉]司马迁撰,[唐]司马贞索隐,赵生群等整理:《史记》,北京:中华书局,2013年,第5页。
③ [宋]王应麟:《汉艺文志考证》,北京:中华书局,2011年,第183页。
④ [清]王聘珍:《大戴礼记解诂·目录》,北京:中华书局,1983年,第7页。
⑤ 方向东:《大戴礼记汇校集解》,北京:中华书局,2008年,第1113、1114页。
⑥ 余嘉锡:《四库提要辨证》,北京:中华书局,2007年,第89页。
⑦ [晋]葛洪:《西京杂记》,西安:三秦出版社,2005年,第134页。历代斥为伪书,但实为西汉刘歆所撰《汉书》之残篇。(《四库提要辨证》,第1007、1008页)
⑧ 《西京杂记》,第134页。

出现这种字书的可能性极大,不能简单地否定①。只是张揖独辟蹊径,提出《尔雅》首卷为周公所著,其后两卷疑为孔子、子夏、叔孙通、梁文等人所补,确属首见。然其所据《礼·三朝记》与纬书《春秋元命包》不可信,因而以之证明《尔雅》为周公所作,自然难以置信。

〔五〕其余诸家所说:如刘歆云:"《尔雅》有'张仲孝友',张仲,宣王时人,非周公之制明矣。尝以问扬子云,子云曰:'孔子门徒游、夏之俦所记,以解释六艺者也。家君以为《外戚传》称史佚教其子以《尔雅》。《尔雅》,小学也。又《记》言孔子教鲁哀公学《尔雅》。《尔雅》之出远矣,旧传学者皆云周公所记也。"张仲孝友"之类,后人所足耳。"②郑玄云:"《尔雅》者,孔子门人所作,以释六艺之言,盖不误也。"③刘勰云:"《尔雅》者,孔徒之所纂,而《诗》《书》之襟带。"④陆德明云:"《释诂》一篇,盖周公所作,《释言》以下,或言仲尼所增,子夏所足,叔孙通所益,梁文所补,张揖论之详矣。"⑤等等。

二、论《尔雅》之成书时间

今参互而考之。郭璞《尔雅註·序》称"豹鼠既辨⑥,其业亦显",邢昺《疏》以为汉武帝时终军事〔一〕;《七录》载犍为文学《尔雅註》三卷,案《七录》久佚,此据《隋志》所称"梁有某书,亡",知为《七录》所载。陆德明《经典释文》以为汉武帝时人〔二〕,则其书在武帝以前。曹粹中《放斋诗说》曰:按此书今未见传本,此据《永乐大典》所引。"《尔雅》,毛公以前,其文犹畧⑦,至郑康成时则加详。如'学有缉熙于光明',毛公云'光,广也',康成则以为'学于有光明⑧者',而《尔雅》曰'缉熙,光明⑨

---

① (日)福田襄之介:《中國字書史の研究》,东京:明治书院,1979年。
② 《西京杂记》,第134页。
③ [清]皮锡瑞:《驳五经异义疏证》,北京:中华书局,2014年,第274页。
④ [清]黄叔琳:《文心雕龙辑注》,北京:中华书局,1957年,第342页。
⑤ 吴承仕:《经典释文叙录疏证》,北京:中华书局,2008年,第145页。
⑥ "辨",《尔雅》唐石经、宋监本、雪窗本、蜀本均作"辩",《总目》盖据元明以来的注疏本。《尔雅序》上文云"辩同实而殊号者也",各本均无异文,则此亦当作"辩"。
⑦ "畧",浙本作"略"。
⑧ "光明",今《毛诗》郑笺作"光明之光明"。
⑨ "光明",今《尔雅·释诂》各本均作"光",无"明"字。宋段昌武《毛诗集解》卷首、朱彝尊《经义考》卷二〇三七引曹氏说亦无"明"字。

也'⁽³⁾;又'齐子岂弟',康成以为'犹①发夕也',而《尔雅》曰'岂弟②,发也'⁽⁴⁾;'薄言观者',毛公无训;'振古如兹',毛公云'振,自也',康成则以'观'为'多'⁽⁵⁾,以'振'为'古'⁽⁶⁾,其说皆本于《尔雅》。使《尔雅》成书在毛公之前,顾得为异哉?"则其书在毛亨以后⁽⁷⁾。案《诗传》乃毛亨作,非毛苌作,语详《诗正义》条下。大抵小学家缀缉旧文,递相增益,周公、孔子,皆依托之词。观《释地》有"鹡鹡",《释鸟》又有"鹡鹡",同文复出⁽⁸⁾,知非纂自一手也。

〔一〕终军辨鼠事:《汉书·终军传》言终军"以辩博能属文闻于郡中"③,然并无辨鼠之事。《释兽》"豹文鼮鼠"郭注云"鼠文彩如豹者,汉武帝时得此鼠,孝廉郎终军知之,赐绢百匹",是此事之最早记载,南朝梁顾野王《玉篇》因之。然《汉书》云终军"至长安上书言事。武帝异其文,拜军为谒者给事中",非为孝廉郎。西晋挚虞云:"窦攸举孝廉为郎。世祖大会灵台,得鼠,如豹文,问群臣,莫知者。攸对曰:'鼮鼠也,见《尔雅》'。诏按秘书,如攸言,赐帛百足。"④《注水经·谷水》《文选·任彦升表注》《广韵》《太平御览》《艺文类聚》等亦有类类似之记载。如此,则辨豹鼠者,乃光武时窦攸,非终军,郭璞盖是传闻之误。邢疏不审郭注之谬,云"谓汉武帝时,孝廉郎终军既辨豹文之鼠,人服其博物,故争相传授,《尔雅》之业,于是遂显"⑤,而《总目》又因邢疏之谬。

〔二〕犍为文学为汉武帝时人:陆德明《经典释文·序录》云:"犍为文学注三卷。一云犍为郡文学卒史臣舍人,汉武帝时待诏。"⑥为最早记载。然用"一云"二字,足见隋唐时关于"犍为文学"已有多种说法,陆氏只选取与《汉书》"郭舍人"事迹相符的一种,实难尽信。《隋书·经籍志》又云:"《尔雅》三卷,汉中散大夫樊光注。梁有汉刘歆、犍为文学、中黄门李巡尔雅各三卷,亡。"⑦刘歆为西汉末年之人,樊光、李巡为东汉之人,则在此三者之间的"犍为舍人"为东汉时人的概率较大。余嘉锡亦说:"《尔雅》一书传习,孝平以前犹未显著,……习之者尚尠,若舍人果为武帝时,而有《尔雅注》,刘

---

① "犹"下,据郑笺,当有"言"字。《毛诗集解》《经义考》引亦有,浙本已更正。
② "岂弟",今《尔雅·释言》各本均作"恺悌"。
③ [汉]班固,[唐]颜师古注:《汉书》,北京:中华书局,1962年,第2814页。
④ [晋]挚虞:《三辅决录》卷一,清《二西堂丛书》本,第19页B面。
⑤ 《十三经注疏·尔雅注疏》,第5582页。
⑥ 吴承仕:《经典释文序录疏证》,北京:中华书局,2008年,第147页。
⑦ [唐]魏征,[唐]令狐德棻:《隋书》,北京:中华书局,1973年,第937页。

歆《七略》必着于目矣。然《汉志》不载其书,是舍人非汉武帝时人也。"①《总目》以终军辩鼠事、犍为文学为汉武帝时人论定《尔雅》成书在武帝以前,证据显然不足。

〔三〕缉熙,光也:《诗》中"缉熙"出现四次,另外三次分别是:《文王》"穆穆文王,于缉熙敬止",传云"缉熙,光明也",笺云"又能敬其光明之德";《维清》"维清缉熙,文王之典",传无释,笺云"缉熙,光明也";《昊天有成命》"于缉熙",传云"缉,明。熙,广",笺云"广,当为光"②。是毛传自有训"缉熙"为"光明"者,与《尔雅》本合。《敬之》传"光,广也"与笺"缉熙,光明也"不合,《释诂》郭注取其"光明"之义,是舍毛传而用郑笺也。《总目》以之为例证,不确。

〔四〕"岂弟,发也":《诗》中《蓼萧》《旱麓》《泂酌》《卷阿》《青蝇》均言及"岂弟",传笺均作"乐易"解。唯独《载驱》传言"乐易",而笺云"此岂弟,犹言发夕也",两者不合。《释言》云"岂弟,发也",郝懿行云"'发'字以开明为义,不兼行进为义""经典'岂弟'训'乐易',此训'阐明',盖经师旧说相传谓然"③,是《尔雅》与毛传本合。郭注云"发,发行也",乃用郑笺义。《总目》以之为例证,不确。

〔五〕康成则以"观"为"多":《诗》中《小雅·采绿》"薄言观者"、《大雅·文王有声》"遹观厥成"、《臣工》"奄观铚艾"三处"观"字,毛传皆无释,而郑笺皆云"观,多也"。马瑞辰云"物多而后可观,故观有多义。又观音近灌,灌为聚木,亦多也"④,是"多"为"观"之引申义,其本义仍为观看,故《韩诗》作"覩",而毛传不释。《释言》云"观,多也",与郑笺合,而与毛传亦不相违。《总目》以之为例证,不确。

〔六〕以"振"为"古":《释言》云"振,古也",今各本皆同,而王引之云"《尔雅》本作'振,自也','自'字古文作'㡭',形与'古'相似,因讹为'古'""毛传之'振,自也'即本于《尔雅》""郑所见《尔雅》本'自'字始讹作'古',故据之以易传"⑤,马瑞辰以为是。盖郑笺"乃古古而如此"不辞,而《总目》以之为例,失之。

〔七〕其书在毛亨以后:《尔雅》成书于毛公以后,源于北宋欧阳修"秦、

---

① 《四库提要辨证》,第91页。
② [汉]毛亨传,[汉]郑玄笺:《毛诗传笺》,北京:中华书局,2018年,第354、453、455页。
③ [清]郝懿行:《尔雅义疏》,北京:中华书局,2017年,第319、320页。
④ 《毛诗传笺通释》,第777页。
⑤ [清]王引之:《经义述闻》,上海:上海古籍出版社,2016年,第1635、1636页。

汉间学《诗》者纂集说《诗》博士解诂之言尔"①之说,其后吕南公《题尔雅后》、崔述《考信录》、叶梦得《石林集》、姚际恒《古今伪书考》等皆踵之。曹粹中以《尔雅》多有与毛传不同而与郑笺同者断定《尔雅》成书于毛传后,但从所举之例句来看,显然不能证明之。且即使与毛传不同,或二者师承有别,或传钞有讹误;而与郑笺同者,亦有可能是后人取郑笺增益之,或郭注《尔雅》时单取与郑笺相合者证之,实难一一分辨。

〔八〕同文复出:除"鹡鸰"《尔雅》复出者尚有《释言》"阇,台也",《释宫》"阇谓之台";《释训》"凡曲者为罶",《释器》"篓妇之笱谓之罶";《释丘》"宛中,宛丘",《释山》"宛中,隆";《释草》"蘩,皤蒿""蘩,由胡"等,由此可见,其成书后未经进一步的删重去复工作,其性质当与《论语》相近。

三、论《尔雅》之性质

其书,欧阳修《诗本义》以为"学《诗》者纂集博士解诂",高承《事物纪原》亦以为"大抵解诂诗人之旨",然释《诗》者不及十之一〔一〕,非专为《诗》作;扬雄《方言》以为孔子门徒解释"六艺",王充《论衡》亦以为《五经》之训故,然释《五经》者不及十之三四,更非专为《五经》作〔二〕。今观其文,大抵采诸书训诂名物之同异,以广见闻,实自为一书,不附经义,如《释天》云"暴雨谓之涷"〔三〕,《释草②》云"卷施草,拔心不死",此取《楚词③》之文也;《释天》云"扶摇谓之猋"〔四〕,《释虫》云"蒺藜,蝍蛆"〔五〕,此取《庄子》之文也;《释诂》云"嫁,往也"〔六〕,《释水》云"瀵,大出尾下"〔七〕,此取《列子》之文也;《释地》云西至④"西王母"〔八〕,《释兽⑤》云"小领,盗骊"〔九〕,此取《穆天子传》之文也;《释地》云"东方有比目鱼焉,不比不行,其名谓之鲽;南方有比翼鸟焉,不比不飞,其名谓之鹣⑥"〔十〕,此取《管子》之文也;又云"卭卭⑦岠虚负而走,其名谓之蟨"〔十一〕,此取《吕氏春秋》之文也;又云"北方

---

① [宋]欧阳修:《诗本义》卷十,《四部丛刊》三编景宋本。
② "草",浙本作"艸",下同。
③ "词",当作"辞",浙本已更正。
④ "云西至",浙本误作"四极云","西王母"乃"四荒"之一,非"四极"。
⑤ "释兽",据《尔雅》正文,当作"释畜",浙本已更正。
⑥ "鹣",据《释地》,当重,浙本已更正。
⑦ "卭卭",据阮元《校勘记》,当作"邛邛",浙本已更正。

有比肩民焉,迭食而迭望"〔十二〕,《释地①》云"河出昆仑②虚"〔十三〕,此取《山海经》之文也;《释言③》云"天、帝、皇、王、后、辟、公、侯",又云"洪④、廓、宏、溥、介、纯、夏、幠",《释天》云"春为青阳"至"谓之醴泉",此⑤《尸子》之文也〔十四〕;《释鸟》曰"爰居,杂县"〔十五〕,此取《国语》之文也。如是之类,不可殚数。盖亦《方言》《急就》之流,特说经之家,多资以证⑥古义,故从其所重,列之经部耳。

〔一〕释《诗》者不及十之一:据丁忱先生统计,《尔雅》释《诗》之比例为22%⑦;而据卢国平先生统计,《尔雅》全书共有条目2091条,其中与《毛传》相关者有772条,比例约为37%⑧。均超过十分之一,《总目》所言不实。以此观之,下文云"释《五经》者不及十之三四",亦非实言。郭璞《尔雅序》"叙诗人之兴咏"邢疏云"《尔雅》所释,徧解六经,而独云'叙诗人之兴咏'者,以《尔雅》之作多为释《诗》,故毛公传《诗》,皆据《尔雅》,谓之《诂训传》,亦此意也"⑨,是据郭璞十八年来之观察,《尔雅》草创之初独钟情于《诗》矣。

〔二〕非专为《五经》作:除扬雄、王充,郑玄也曾说"《尔雅》者,孔子门人所作,以释六艺之言,盖不误也"⑩,黄侃论之说"康成之学,囊括大典,网罗众家,审六艺之指归,翼古文之正训,其言足以为信"⑪。可见《尔雅》释《五经》为两汉学者之共识。彼时,《五经》重出而不全,《乐》又亡于秦火,故《尔雅》中或有不见"六艺"者,无足怪也。

〔三〕暴雨谓之涷:郭注引《离骚》,故《总目》用之。

〔四〕扶摇谓之猋:郭注无句证,邢疏引《庄子》"抟扶摇而上者九万里",故《总目》用之。然《淮南子·览冥训》"降扶风,杂涷雨"高诱注云"扶风,疾风也。涷雨,暴雨也"⑫,《礼记·月令》孟春"行秋令,则其民大疫,猋风暴雨

---

① "释地",据《尔雅》正文,当作"释水"。
② "昆仑",今存各本均作"崐崘",只敦煌所藏六朝写本作"昆仑"。
③ "释言",据《尔雅》正文,当作"释诂",浙本已更正。
④ "洪",当作"弘",清人避高宗讳而改。
⑤ "此",据上下文例,其下当有"取"字,浙本已更正。
⑥ "证",浙本作"證"。
⑦ 丁忱:《尔雅毛传异同考》,武汉:武汉大学出版社,1988年。
⑧ 卢国平:《〈尔雅〉与〈毛传〉之比较研究》,台北:花木兰出版社,2009年,第178页。
⑨ 《十三经注疏·尔雅注疏》,第5581页。
⑩ 《驳五经异义疏证》,第274页。
⑪ 黄侃:《黄侃论学杂著》,北京:中华书局,1964年,第363页。
⑫ 刘文典:《淮南鸿烈集解》,北京:中华书局,2013年,第201页。

總至"鄭注"回風為猋"①,是《爾雅》此兩條亦可能取自《月令》《淮南子》,非一定為《離騷》《莊子》也。

〔五〕蒺藜,蝍蛆:郭注無句證,邢疏引《莊子》云"蝍蛆甘帶",故《總目》用之。然《淮南子·說林訓》云"騰蛇游霧,而殆于蝍蛆"②,《關尹子·三極篇》云"蝍蛆食蛇,蛇食蛙,蛙食蝍蛆,互相食也"③,是可能取自《淮南子》《關尹子》,非一定為《莊子》也。

〔六〕嫁,往也:郭注、邢疏皆無句證。《列子·天瑞篇》云"子列子居鄭圃""將嫁于衛",晉張湛注云"自家而出謂之嫁"④,與郭注引《方言》同,故《總目》用之。然《戰國策·趙策》云"韓之所以內趙者,欲嫁其禍也",是以"嫁"為"往",亦有可能出自《戰國策》。

〔七〕濆,大出尾下:郭注、邢疏皆無句證。《列子·湯問篇》云:壺領"頂有口,狀若員環,名曰滋穴。有水涌出,名曰神濆。"釋文引此郭注⑤,故《總目》用之。

〔八〕西王母:邢疏引《穆天子傳》之文,故《總目》用之。然《山海經·西山經》云"有人,戴勝,虎齒,有尾,穴處,名曰西王母",《竹書紀年》云"帝舜九年,西王母來朝",《大戴禮·少閒篇》云"西王母來獻其白琯",《淮南子·墜形篇》云"西王母在流沙之瀕",是"西王母"乃山名,亦國名也。《爾雅》用之,非一定為《穆天子傳》也。

〔九〕盜驪:郭注引《穆天子傳》,故《總目》用之。然《列子·周穆王》云"左驂盜驪"⑥,是不一定取自《穆天子傳》也。

〔十〕比目魚、比翼鳥:郭注、邢疏皆無句證。《管子·封禪》"東海致比目之魚,西海致比翼之鳥"房玄齡注云"各有一目,不比不行,其名曰鰈""各有一翼,不比不飛,其名曰鶼鶼"⑦,《史記·封禪書》集解引韋昭注同,故《總目》用之。然《上林賦》"禺禺魼鰨"郭注與此同,《山海經》"有鳥焉,其狀如鳧,而一翼一目,相得乃飛,名曰蠻蠻"郭注云"比翼鳥也。色青赤,不比不

---

① 《十三經注疏·禮記注疏》,第2938頁。
② 《淮南鴻烈集解》,第556頁。
③ 〔周〕尹喜:《關尹子》上卷,《四部叢刊》三編景明本,第14頁上。四庫館臣云:"其書雖出于依托,而核其詞旨,固遠出天隨無能諸子上,不可廢也。"(《四庫全書總目》,第1245頁)
④ 楊伯峻:《列子集釋》,北京:中華書局,1979年,第1頁。
⑤ 《列子集釋》,第163頁。
⑥ 《列子集釋》,第97頁。
⑦ 黎翔鳳:《管子校注》,北京:中華書局,2004年,第953頁。

能飞。《尔雅》作'鹈鹈'鸟也"①,《逸周书·王会》"巴人以比翼鸟"孔晁注云"巴人在南者,不比不飞,其名曰鹈鹈"②,亦有可能是《尔雅》取材之来源,非一定为《管子》也。

〔十一〕邛邛岠虚:郭注引《吕氏春秋·慎大览》,故《总目》用之。然《逸周书·王会》云"独鹿、邛邛距虚善走也"③,《韩诗外传》云"西方有兽名曰蟨,前足鼠,后足兔,得甘草,必衔以遗蛩蛩距虚"④,是非一定为《吕氏春秋》也。

〔十二〕比肩民:郭注、邢疏皆无句证。《山海经·海外西经》"一臂国在其北,一臂、一目、一鼻孔"与此郭注类似,故《总目》用之。然《韩诗外传》云"北方有兽名曰娄,更食而更视,不相得不能饱"⑤,是非一定为《山海经》也。

〔十三〕河出昆仑虚:郭注引《山海经》"河出昆仑西北隅",故《总目》用之。然《释文》引郭《音义》云"《禹本纪》及《山海经》皆云河出昆仑山"⑥,是不独《山海经》也。《禹本纪》为上古奇书,《史记·大宛列传》太史公云:"《禹本纪》言'河出昆仑。昆仑其高二千五百余里,日月所相避隐为光明也。其上有醴泉、瑶池',今自张骞使大夏之后也,穷河源,恶睹本纪所谓昆仑者乎?故言九州山川,《尚书》近之矣。至《禹本纪》《山海经》所有怪物,余不敢言之也。"⑦

〔十四〕取《尸子》之文:郭注、邢疏引《尸子》之文,故《总目》知而用之。然《隋书·经籍志》云"《尸子》二十卷、目一卷。梁十九卷。秦相卫鞅上客尸佼撰。其九篇亡,魏黄初中续"⑧,是在曹魏之前,《尸子》已亡佚九篇,只有十一篇传世。因具体篇目不可考,故唐魏征《群书治要》提及十三篇中必然夹杂曹魏时所续补者。郭璞所见者已难尽信,宋邢昺所据《广泽》《仁意》二篇,又果为传世原书者乎?明清以来诸家辑本多据邢疏,更不足凭借。即便如《总目》所言,《尔雅》多有与《尸子》相合者,焉知《尸子》不是征用《尔

---

① [清]郝懿行:《山海经笺疏·西山经》,济南:齐鲁书社,2010年,第4715页。
② 佚名:《汲冢周书》卷七,《四部丛刊》景明嘉靖二十二年本,第8页B。
③ 《汲冢周书》卷七,第9页A。
④ 许维遹:《韩诗外传集释》,北京:中华书局,1980年,第193页。
⑤ 《韩诗外传集释》,第193页。
⑥ 黄焯:《经典释文汇校》,北京:中华书局,2006年,第891页上。
⑦ 《史记》,第3830页。
⑧ [唐]魏征,[唐]令狐德棻:《隋书》,北京:中华书局,1973年,第1006页。

雅》或二者不是同出另一书乎①？正如郝懿行所云"古书茫昧，千载无声，编简丛残，遗文散落，夫孰从而辨之"②？

〔十五〕爰居：郭注引《国语》"海鸟爰居"，故《总目》用之。然《左传·文公二年》"祀爰居，三不知也"杜注云"海鸟曰爰居，止于鲁东门外，文仲以为神，命国人祀之"③，是可能源于《左传》也。

四、论《尔雅》郭注、邢疏

璞时去汉未远，如"遂幠大东"〔一〕称《诗》，"钊我周王"〔二〕称《逸书》，所见尚多古本，故所注多可据，后人虽迭为补正〔三〕，然宏纲大旨，终不出其范围。昺《疏》亦多能引证，如《尸子·广泽篇》《仁意篇》，皆非今人所及睹。其犍为文学、樊光、李巡之註〔四〕，见于陆氏《释文》者，虽多所遗漏，然疏家之体，惟明本註，註所未及，不复旁④搜，此亦唐以来之通弊，不能独责于昺。惟既列註文，而《疏》中时复述其文，但曰"郭註云云"，不异一字，亦更不别下一语，殆不可解。岂其初疏与註别行欤〔五〕？今未见原刻〔六〕，不可复考矣。

〔一〕遂幠大东：见《释诂》"幠、庬，有也"郭注，邢疏云："《鲁颂·閟宫》文也。案今《诗》本作'遂荒'，此言'遂幠'者，所见本异也，或当在《齐》《鲁》《韩诗》。"⑤今《诗》"即《毛诗》，"荒""幠"一声之转。因《齐诗》亡于汉魏之间，故郭注所见《诗》只能是《鲁诗》或《韩诗》。又《鲁颂·閟宫》释文云"《韩诗》作'荒'云'至也'"⑥，是郭注所引当为《鲁诗》。王先谦说："臧庸堂《拜经日记》以《尔雅》所释《诗》字，训义皆为《鲁诗》，允而有征。郭璞不见《鲁诗》，多袭汉人旧义。""《尔雅》，《鲁诗》之学，先儒已有定论。"⑦

〔二〕钊我周王：见《释诂》"显、昭、觐、钊、覵，见也"郭注。今伪古文《尚

---

① 胡奇光先生认为《释天》"从文字上看，也比《仁意》写得精炼"，《释诂》"把尊大之义与广大之义区分开来，比《尸子》稍胜一筹"（《尔雅译注·前言》，上海：上海古籍出版，2004年，第5页），进而判断《尔雅》采用《尸子》，乃一家之言。
② 《尔雅义疏》，第14页。
③ 《十三经注疏·春秋左传注疏》，第3992页。
④ "旁"，浙本作"匐"。
⑤ 《十三经注疏·尔雅注疏》，第5584页。
⑥ 《经典释文汇校》，第235页。
⑦ ［清］王先谦：《诗三家义集疏·叙例》，北京：中华书局，1987年，第6、7、16页。

书·武成》"钊"作"昭",《孟子》又引作"绍",三者不同。案《尔雅》郭注所引《书》多见于今文,故段玉裁以《释畜》"狗四尺为獒"郭注"尚书孔氏传曰犬高四尺曰獒即此义"十五字乃出自《旅獒》古文,为"后人所附益"①,非郭注原文,今验之南宋国子监本《尔雅》以及南宋单疏本《尔雅疏》,果如段氏所言。盖古文《尚书》出于东晋,然郭璞未及得观,故所见《书》均为今文。"钊我周王"不见于今文,故称《逸书》。《总目》以此云郭璞"所见尚多古本",恐未确。

〔三〕迭为补正:以清儒最为突出,如戴蓥《尔雅郭注补正》多以汉旧注及《释文》以下如邢疏、《埤雅》《尔雅翼》等指出郭注之谬;翟灏《尔雅补郭》补说郭注"未闻""未详"等处;王树枏《尔雅郭注佚存补订》以东晋以来诸书所引郭注来复原郭注旧貌。此外尚有刘玉麐《尔雅补注残本》、潘衍桐《尔雅正郭》、张宗泰《尔雅注疏本正误》、龙启瑞《尔雅经注集证》等,均从不同视角来补正郭注的阙疑与不足。

〔四〕犍为文学、樊光、李巡之注:今邢疏中援引者,刘歆仅1次,樊光有16次,犍为文学(舍人)90余次,李巡160余次,孙炎170余次,此为《经典释文》著录郭注之前的五家注。邢疏无意搜集,而"多掇拾《毛诗正义》掩为己说,间采《尚书》《礼记正义》,复多阙略,南宋人已不满其书,后取列诸经之疏,聊取备数而已"②。胡玉缙说:"《提要》此篇,意在专论《尔雅》本文,故于注及疏不暇举其得失,转近敷衍。"③

〔五〕疏与注别行:唐代孔、贾所撰诸经《疏》,本皆单行,不附经注,故疏首皆标经注起止,今敦煌卷子、日本皆有其时之写本。北宋国子监所刊《五经正义》等书即以唐时写本上板,又增撰《孝经》《论语》《尔雅》《孟子》单疏,今亦有数种南宋覆刻本传世。南宋后,单疏方附上经注,成八行、十行诸合刻本,元、明又因之翻刻。四库馆臣所用《十三经注疏》为乾隆四年(1739)武英殿所刊之本,是经、注、疏、释文四合一之本。邢疏合并时虽删节经注起止,而于所引郭注则多有保留,故与注重复。

〔六〕原刻:《尔雅疏》于北宋咸平四年(1001)校订完毕于国子监,同年十月在杭州刻板,次年刻成并颁行,惜靖康时,书版被金人掠去。南宋绍兴十五年(1145),博士王之望请令临安府及其它州郡翻刻北宋监本,将其书版征调至国子监,然后刷印,颁行天下。入元之后,其书版转存西湖书院。

---

① 《十三经注疏·尔雅注疏》,第5783页。宋监本、单疏本虽传于清世,但乾嘉诸人多未得观。
② [清]邵晋涵:《尔雅正义·序》,北京:中华书局,2017年,第2页。
③ 胡玉缙:《四库全书总目提要补正》,台北:木铎出版社,1971年,第60页。

明洪武八年(1375),这些书版又移置南京国子监,重新整补、印行。据张丽娟先生考察①,清时,宋刻《尔雅疏》单行本尚有数种传世:臧庸撰《校勘记》时所用为袁廷梼旧藏、黄丕烈后得之本,今不知所踪;黄氏先得之本乃配补之本,为顾应昌、周锡瓒旧藏,用明洪武公牍纸印,又有明初补版,当即南京国子监印本,后转让给陈鳣,今存国家图书馆;丽宋楼陆氏所得之本,以元致和、至顺中公文纸印,亦有明初补版,今转存日本静嘉堂文库,不易得观,而有光绪翻刻本习见。民国间,傅增湘又见宝应刘翰臣所藏残本,与黄氏先得之本同,当亦是宋刻,然今亦不知所踪。

五、结　论

四库馆臣以乾隆四年(1739)武英殿所刊刻之《尔雅注疏》为底本,从《荟要》书前提要开始不断丰富其内容,最终形成《总目》中一篇完整的目录学性质非常强的提要。其分述了《尔雅》的作者、成书时间、性质以及注疏情况,得出诸如"大抵小学家缀缉旧文,递相增益,周公、孔子,皆依托之词""大抵采诸书训诂名物之同异,以广见闻,实自为一书,不附经义""盖亦《方言》《急就》之流,特说经之家,多资以证古义,故从其所重,列之经部耳"等切实结论。然在论述过程中,《总目》偏信张揖《上广雅表》、陆德明《释文》、注疏等前人旧说而不详核,所举之证又多不确切,尚需读者鉴别。

---

① 张丽娟:《宋代经书注疏刊刻研究》,北京:北京大学出版社,2013年,第242—245页。

《四库全书总目》"易纬"提要辨证*

张学谦

（北京大学中文系，北京　100871）

摘　要：《四库全书总目》收"易纬"提要八篇，考证颇精，但仍有不少谬误不明之处。如征引文献多据《经义考》转引，而未核对原书，故引文颇有讹误。由于馆臣对宋代官私目录存在认识上的不足，导致提要的相关结论也存在偏差。今逐条辨证，以供学界参考。

关键词：四库全书总目　易纬　辨证

《易纬》是汉代纬书之一种，保存了不少汉代象数易学的内容，对于我们认识汉代学术具有不可替代的重要价值。宋代以降，《易纬》篇目分合与流传衍变的情况较为复杂，南宋馆阁藏本至明初尚存内府，收入《永乐大典》中。现今学界利用的《易纬》文本，乃清乾隆三十八年（1773）四库馆臣邹炳泰、闵思诚从《永乐大典》中抄出。此本经武英殿刊行，又收入《四库全书荟要》和《四库全书》中。① 馆臣共辑出《易纬》八种，每种皆撰有提要，收入《四库全书总目》时附录"经部·易类"之末。② 提要考证精详，今人论述《易纬》多引其说，以为定论。然各篇提要中仍存在不少谬误不明之处，今一一辨证如下，以供学界参考。

乾坤凿度二卷（《永乐大典》本）

案《乾坤凿度》，隋唐《志》《崇文总目》皆未著录，至宋元祐间始出。《绍兴续书目》有仓颉注《凿度》二卷，后以郑氏所注《乾凿度》有别本单行，故亦

---

* **基金项目**：国家社会科学基金青年项目"谶纬辑佚史研究与谶纬文献的重新校理"（19CZS006）及中国博士后科学基金面上资助（2018M640008）、特别资助（2019T120006）阶段性成果。

① 详参拙文《〈易纬〉篇目、流传与辑佚的目录学考察》，《古典文献研究》第二十辑上卷。

② ［清］永瑢等：《四库全书总目》，影印清乾隆杭州刻本，北京：中华书局，1965年，第46—47页。本文所引提要皆据此本，以下不再一一注明。

称此本为《巛凿度》。

谦按:《四库总目》经部提要多参用朱彝尊《经义考》之文,已经前人揭示。①《易纬》八种提要所引文献亦多据《经义考》转引,而非实核原书,故引文颇有讹误。"宋元祐间始出"乃据《经义考》引宋晁公武《郡斋读书志》之说,提要未言所出。《经义考》引《绍兴续书目》作"苍颉注《乾凿度》",②而提要作"仓颉注《凿度》",应是据元胡一桂《周易本义启蒙翼传·外篇》所引改。③ 所谓《绍兴续书目》即《秘书省续编到四库阙书目》,④今检原书实作"苍颉注《坤凿度》",⑤以上各书所引皆误。按提要的说法,似乎此书本名《乾坤凿度》,后来因有郑玄注《乾凿度》单行,故而亦名《坤凿度》,这种认识与实际情况恰恰相反。《田氏书目》《郡斋读书志》《秘书省续编到四库阙书目》《遂初堂书目》均著录为《坤凿度》,⑥可见此为本名。宋人伪造此书,取"坤凿度"之名,最初正是为了与《乾凿度》对应。直到陈振孙《直斋书录解题》方才出现"乾坤凿度"之名,⑦此本卷上称"乾凿度",卷下称"坤凿度",黄震(1213—1280)所见即是此本。⑧ 此后流传的版本,如现存明《永乐大典》本、明范氏天一阁刊本、明末自得轩刊本等皆是如此。

晁公武疑为宋人依托,胡应麟亦以为《元包》《洞极》之流。而胡一桂则谓汉去古未远,尚有祖述,有裨《易》教。评骘纷然,真伪莫辨。伏读《御制题乾坤凿度》诗,定作者为后于庄子,而举《应帝王篇》所云儵忽、混沌分配

---

① 庄清辉:《〈经义考〉与〈四库提要〉之关系》,《朱彝尊〈经义考〉研究论集》下册,台北:"中央研究院"中国文哲研究所筹备处,2000年,第475—548页。张宗友:《〈经义考〉研究》,北京:中华书局,2009年,第299—340页。

② [清]朱彝尊:《经义考》卷二六三,影印清康熙朱氏曝书亭刻乾隆卢见曾续刻本,《经义考·补正·校记》第四册,北京:中国书店,2009年,第1744页。

③ [元]胡一桂:《周易本义启蒙翼传·外篇·纬书》,元刊本,日本国立公文书馆藏,第2页b。

④ 关于此目的详细情况,参见张固也、王新华《〈秘书省续编到四库阙书目〉考》,《古典文献研究》第十二辑。

⑤ [宋]佚名编,[清]叶德辉考证:《秘书省续编到四库阙书目》卷一《易类》,《宋史艺文志附编》,上海:商务印书馆,1957年,第298页。

⑥ [宋]晁公武撰,孙猛校证:《郡斋读书志校证》,上海:上海古籍出版社,2011年,第8页。

⑦ [宋]陈振孙撰,徐小蛮、顾美华点校:《直斋书录解题》卷三《谶纬类》,上海:上海古籍出版社,2015年,第79页。

⑧ [宋]黄震:《慈溪黄氏日抄分类》卷五七《读诸子》"乾坤凿度"条,影印上海图书馆藏元后至元三年刻本,《中华再造善本·金元编》,北京:北京图书馆出版社,2005年。

乾坤、太始，以推求"凿"字所以命名之义，援据审核，折衷至当。臣等因考《列子》《白虎通》《博雅》诸书习以太易、太初、太始、太素为气、形、质之始，与《凿度》所言相合，独《庄子》于《外篇·天地》略及"泰初有无"之语，而其他名目概未之见。则儵忽、混沌实即南华氏之变文，作《凿度》者复本其义而缘饰之耳。

谦按：清高宗《御制题乾坤凿度》诗云："以余观作者，盖后于庄子。《南华》第七篇，率已揭其旨。儵忽凿七窍，窍通浑沌死。乾坤即儵忽，浑沌实太始。"将此书与《庄子》之文强行比附，并无理据，而馆臣碍于"圣裁"，又不得不曲为之证。从形式上看，《乾坤凿度》伪托伏羲、黄帝及苍颉，与《易纬》其他诸篇假托孔子有异。从内容上看，《乾坤凿度》亦非汉代象数易学之文。又如《乾坤凿度》云："孔子五十而为《易》作十翼。"按汉人仅言"易传"，魏晋以来方谓之"十翼"。释道安《二教论》曰："伏羲作八卦，文王重六爻，孔子弘十翼。""十翼"之称始见于此。[①] 此例亦可证明《乾坤凿度》非汉代之书。其书当如晁公武《郡斋读书志》所言，产生于北宋后期。[②]

案七经纬皆佚于唐，存者独《易》，逮宋末而尽失其传。

谦按：提要言《易纬》宋末失传不确。南宋馆阁所藏《易纬》至明初尚存内府，故得以收入《永乐大典》。正统六年（1441）修成的《文渊阁书目》中则仅有"《易乾凿度》一部一册"，[③]而无其余各篇，说明旧有的馆阁藏本已经佚失。即便如此，仍有《周易乾凿度》和《乾坤凿度》二种单行流传，并非"尽失其传"。

周易乾凿度二卷（《永乐大典》本）

原本文字断阙，多有讹舛，谨依经史所引各文，及旁采明钱叔宝旧本互相校正，增损若干字。其定为上下二卷，则从郑樵《通志》之目也。

谦按：所谓"明钱叔宝旧本"即清乾隆二十一年德州卢见曾雅雨堂刊本，收入卢氏辑《雅雨堂藏书》中。据卢序，知其底本为"嘉靖中吴郡钱君叔宝藏本"，钱叔宝即钱榖。《周易乾凿度》之文见《永乐大典》卷一四七〇八，接抄于

---

① 吴承仕：《经典释文序录疏证》，北京：中华书局，2008年，第29页。
② 详参拙文《〈易纬〉篇目、流传与辑佚的目录学考察》。
③ ［明］杨士奇：《文渊阁书目》，清乾隆《文渊阁四库全书》本。

《乾坤凿度》之后,未题书名,仅标"郑氏注"三字,亦未分卷。《通志·艺文略》虽著录"《乾凿度》二卷,郑玄注",然仅据此无从知晓从何处分卷,实际分卷仍应是依据钱本。

易纬稽览图二卷(《永乐大典》本)

惟陆德明《释文》引"无以教之曰蒙",《太平御览》引"五纬各在其方"之文,此本皆阙如,则意者书亡仅存,已不免于脱佚矣。

谦按:《经典释文·周易》"蒙"下引《稽览图》作"无以教天下曰蒙",①提要"天下"误"之"。《太平御览》卷七八《皇王部三》引"五纬各在其方"则实为《春秋内事》之文,非《稽览图》。

易纬辨终备一卷(《永乐大典》本)

案《辨终备》一作《辨中备》。……《史记正义》所引《辨中备》孔子与子贡言世应之说,与此反不类。或其书先佚,而后人杂取他纬以成之者,亦未可定也。

谦按:此亦从《经义考》之说。《史记·仲尼弟子列传》正义引作《中备》,②乃《隋书·经籍志·五行类》著录《易三备》中的《中备》。郑樵《通志·艺文略·五行类》云:"《上备》言天文,《中备》卜筮,《下备》地理。"此书成于六朝时期,今尚存敦煌写本残卷,③并非汉代纬书,故与《辨终备》之文不类。不过,今本《稽览图》卷上首有"推天元甲子之术""推易天地人之元术"二段,则确是《易三备》之文,乃后人迻录以作参考。④

---

① [唐]陆德明:《经典释文》,影印清康熙通志堂刊本,北京:中华书局,1983年,第20页。
② [汉]司马迁撰,[南朝宋]裴骃集解,[唐]司马贞索隐,[唐]张守节正义:《史记》卷六七《仲尼弟子列传》,北京:中华书局,1982年,第2217页。
③ 陈槃:《敦煌唐咸通钞本〈三备〉残卷(增订本)》,《古谶纬研讨及其书录解题》,上海:上海古籍出版社,2010年。张志清、林世田:《S.6015〈易三备〉缀合与校录——敦煌本〈易三备〉研究之一》,《敦煌吐鲁番研究》第九卷,2006年。
④ 详参拙文《关于今传〈易纬稽览图〉的文本构成——兼论两种易占、易图类著作的时代》,《中国古籍文化研究》(稻畑耕一郎教授退休纪念论集),东京:东方书店,2018年。

易纬乾元序制记一卷（《永乐大典》本）

案《乾元序制记》，《后汉书》注"七纬"名并无其目，马氏《经籍考》始见一卷，陈振孙疑为后世术士附益之书。

谦按：《乾元序制记》最早见于晁公武的《郡斋读书志》，《中兴馆阁书目》和陈振孙《直斋书录解题》亦有著录，为七卷本《易纬》中的一种，①并非马端临《文献通考·经籍考》始见。《直斋书录解题》云：

《易纬》七卷，汉郑康成注。其名曰《稽览图》《辨终备》《是类谋》《乾元序制记》《坤灵图》。其间推阴阳卦，直至唐元和中，盖后世术士所附益也。按"七纬"之名，无《乾元序制》。②

陈氏言《易纬》七卷中有后世附益之内容，主要指《稽览图》（"元和"年号见今本《稽览图》卷下），而非专指《乾元序制记》。下云"按'七纬'之名，无《乾元序制》"一句，方是怀疑此篇。《经义考》著录《乾元序制记》，仅记"《通考》一卷"，且将"其间推阴阳卦"至"无《乾元序制》"一段置于此篇之下，提要误认为此篇解题，故有此误。③

疑本古纬所无，而后人于各纬中分析以成此书者。晁公武谓其本出于李淑，当亦唐宋间人所妄题耳。

谦按：晁公武《郡斋读书志》云：

《周易纬稽览图》二卷、《周易纬是类谋》一卷、《周易纬辨终备》一卷、《周易纬乾元叙制记》一卷、《周易纬坤灵图》一卷、《易通卦验》二卷，右汉郑玄注。按《隋志》有郑氏注《易纬》八卷，《唐志》有宋均注《易纬》九卷。李氏本注与《隋志》同，卷数与《唐志》同。家本盖出李氏，独不载《乾凿度》二卷，

---

① ［宋］晁公武撰，孙猛校证：《郡斋读书志校证》，第8页。［宋］王应麟撰，武秀成、赵庶洋校证：《玉海艺文校证》，南京：凤凰出版社，2013年，卷一《易》"易纬"条引《中兴馆阁书目》，第53页。
② ［宋］陈振孙撰，徐小蛮、顾美华点校：《直斋书录解题》卷三《谶纬类》，第79页。
③ 当时尚未从《永乐大典》中辑出《直斋书录解题》，馆臣无从核对原书。

而有《乾元叙制》一卷。①

从篇名看，晁氏藏本中的前五篇皆冠"周易纬"三字，仅末篇《易通卦验》不同。由此推知，前五篇当是一个整体，或是有人将单行的《易通卦验》合于前五篇之末，故有此面貌。如果将前五篇视为一个整体，则晁氏藏本更接近于《中兴馆阁书目》和《直斋书录解题》著录的七卷本《易纬》。李淑（1002—1059）为北宋初人，《中兴馆阁书目》之《易纬》叙录中引及李淑《书目》（按即《邯郸书目》），著录《易纬》九卷，"凡《乾凿度》《稽览图》《通卦验》各二，《辨终备》《是类谋》《坤灵图》各一"。② 晁氏藏本与李氏藏本相较，篇目和卷数均有异，晁氏谓"家本盖出李氏"不确。李氏藏本当与北宋馆阁所藏的九卷本《易纬》相同，此本亡佚于两宋之际，南渡后重新收得七卷本《易纬》，篇目已发生篡乱，加入了宋人伪造的《乾元序制记》，故此篇的产生时间不晚于南宋初年。③

易纬是类谋一卷（《永乐大典》本）

案《是类谋》一作《筮类谋》。

谦按：此说亦据《经义考》，惟朱氏原书云"或作《筮谋类》"，④提要以意乙正。《经义考》之说则据孙瑴《古微书》，孙书以《易筮谋类》立目，云"一作《是谋类》"。⑤ 按类书征引及《永乐大典》所载均作《是类谋》，无作《是谋类》《筮谋类》《筮类谋》者，《古微书》及《经义考》之说不可从。

易纬坤灵图一卷（《永乐大典》本）

考《后汉书》注，《易纬坤灵图》第三，在《辨终备》《是类谋》之上。而王应麟《玉海》谓三馆所藏有郑注《易纬》七卷，《稽览图》一，《辨终备》四，《是类谋》五，《乾元序制记》六，《坤灵图》七，二卷、三卷无标目。《永乐大典》篇

---

① [宋]晁公武撰，孙猛校证：《郡斋读书志校证》，第8—9页。
② [宋]王应麟撰，武秀成、赵庶洋校证：《玉海艺文校证》卷一《易》"易纬"条引《中兴馆阁书目》，第53页。
③ 详参拙文《〈易纬〉篇目、流传与辑佚的目录学考察》。
④ [清]朱彝尊：《经义考》卷二六三，第1746页。
⑤ [明]孙瑴：《古微书·删微》卷一六，影印明崇祯刻本，《中华再造善本·明清编》，北京：国家图书馆出版社，2014年，第5页a。

次亦然。今略依原第编焉,盖从宋时馆阁本也。

谦按:"三馆所藏"云云乃《玉海》引《书目》之文,此《书目》即南宋孝宗淳熙五年(1178)编成的《中兴馆阁书目》,反映了当时馆阁藏本的情况。此七卷本《易纬》(含五篇)明初尚存内府,被整体抄入《永乐大典》卷一五二九七"纬"字下,故提要云"《永乐大典》篇次亦然"。据《永乐大典目录》所载,卷一五二九七"纬"字下为《易纬稽览图》,①这是因为首篇是《稽览图》,并非《大典》此卷仅收有《稽览图》一篇。此外,《大典》中的《乾坤凿度》《周易乾凿度》(卷一四七〇八"度"字下)和《易通卦验》(卷一九五二七)当均据单行本收入。提要言"略依原第编焉",然乾隆武英殿本及《四库全书荟要》本《易纬》八种的编次先后为《易纬乾坤凿度》《易纬乾凿度》《易纬稽览图》《易纬通卦验》《易纬辨终备》《易纬是类谋》《易纬乾元序制记》《易纬坤灵图》,与南宋馆阁藏本及《永乐大典》次序基本一致,但《通卦验》误排《稽览图》后。②

案　语

案儒者多称谶纬,其实谶自谶,纬自纬,非一类也。谶者诡为隐语,预决吉凶。……纬者经之支流,衍及旁义。

谦按:提要所言是典型的"谶纬有别"论,属于明清时期的主流观点。而清代中期以后出现的"谶纬无别"论则认为谶、纬可以互称,内涵没有差别。此说虽然晚出,但经过现代学者的论证,成为当今的主流认识。实际上,两说皆是静态考察,未能认识到谶、纬本义及其在不同历史时期的词义演变,这正是"有别"与"无别"之争的症结所在。"谶"的本义是预言,西汉晚期以后,一般只有假托天意或圣贤之言、事关国家或帝王历运兴衰的预言书才能称作谶书。就东汉图谶而言,河洛谶假托上天和九圣,七经谶假托孔子。河洛谶出于方士之手,本身属于数术之学,与儒家经义无涉。而七经谶则是东汉初年校定图谶的成果,目的是牵合河洛谶与经义。"纬"名的兴起则迟至东汉晚期。③

---

① 《永乐大典目录》卷四〇,影印道光间灵石杨氏刊《连筠簃丛书》本,《永乐大典》第十册,北京:中华书局,1986年,第477页。
② 值得注意的是,仅《通卦验》纂修官为邹炳泰,余皆为闵思诚。或许正因纂修官不同,才导致最后的编次略有参差。《文渊阁四库全书》本的编次又与殿本、《荟要》本不同,与纂修官本意相去愈远。
③ 详参拙文《关于"谶纬"义界与性质的再检讨》,《中国典籍与文化》2020年第1期。

>   班固称"圣人作经,贤者纬之"。

谦按:此句抄自《经义考》卷二九八《通说四·说纬》,①实非班固之语,乃班氏《幽通赋》孟康注之文(见《汉书·叙传上》)。②

---

① 〔清〕朱彝尊:《经义考》卷二九八,第 2016 页。
② 〔汉〕班固撰,〔唐〕颜师古注:《汉书》卷一〇〇上《叙传上》,北京:中华书局,1962 年,第 4224 页。

《四库全书总目》佛教讯息探论

杨晋龙

("中研院"中国文哲研究所、台北大学中文研究所,台北)

摘　要：本文探索《四库全书》出现的僧众与收录的佛教书籍的实情。以《四库全书》附录的武英殿版《总目》为对象,透过实际的纸本阅读,以及计算机系统搜寻网络数据库的协助,因而考得《总目》总共出现 274 位僧众,以宋代的 72 人最多；收录与征引 185 部涉及佛教作者与内容的专书和 17 篇文章,其中属于"集部"者最多,"子部"次之。取得的研究成果,除有助于《总目》佛教相关讯息的确实了解之外,同时对于四库学、宗教学与清代学术的研究者,当该也具有提供有效参考数据的功能。

关键词：四库学　四库全书总目　佛教　僧众

一、前　言

清高宗乾隆帝(1711—1799；1735—1795 在位)在乾隆三十八年(1773)间下令成立"四库馆",在此前后曾多次下诏各地官员,要求官员"兼收并录"搜访采集管辖地区,"历代流传旧书内,有阐明性学治法,关系世道人心者"、"发挥传注,考核典章,旁暨九流百家之言,有裨实用者"、"历代名人洎本朝士林宿望,向有诗文专集及近时沉潜经史,原本风雅,各著成编,并非剿说卮言可比"及"未经镌刊,只系抄本存留者"等,已出版或未出版的书籍"汇送京师",以便编纂《四库全书》。但由于了解到"各省搜辑之书,卷帙必多,若不加之鉴别,悉令呈送,烦复皆所不免",同时也注意到"康熙年间旧藏书籍,多有摘叙简明略节,附夹本书之内者,于检查洵为有益"的事实,因此要求"该督抚等,先将各书叙列目录,注系某朝某人所著,书中要旨何在？简明开载,具折奏闻,候汇齐后,令廷臣检核,有堪备阅者,再开单行知取进"。规定"移取各省购书全到时,即令承办各员,将书中要指,櫽括总叙厓略,粘开卷副页右方,用便观览"。其后承办的"《四库全书》处",因而进逞送到书籍的"总目",并和办理《永乐大典》的情况一样,"于经史子集内"撰写"'提要',将一书原委,撮举大凡,并详著书人世次、爵里"。乾隆帝对此成果相当满意,以为"考订分排,具有条理,而撰述'提要',粲然可观"。因而特别下令奖赏负责撰写"提要"的纪昀(1724—1805)和陆锡熊(1734—1792)两人。①"提要"的主要任务,在于根据乾隆帝立下的收书标准,判别书籍的"妍媸",决定书籍的处理方式:"其上者悉登编录,罔致遗珠;其次者亦长短兼胪,见瑕瑜之不掩。其有言非立训,义或违经,则附载其名,兼匡厥缪。至于寻常著述,未越群流,虽咎誉之咸无,究流传之已久,准诸家著录之例,亦并存其目,以备考核。"(卷首3/2)②汇合前述三类书籍所有"提要"者,即是《四库全书总目》(以下简称《总目》)。

乾隆帝规定《四库》馆臣用以判断收录书籍优劣高下的标准,就实质的功能而论,必须具备有关系或有益"世道人心"(卷首1/2、6、29)、"有裨实用"(卷首1/2;55/40)、"可资考证"(卷首3/8),且可"明体以达用"(卷首3/9)者。总的来说,即"其上者足以明理载道,经世致用;其次者亦有关法戒,不为空言"(190/14—15)之书。就收录书籍的对象而论,主要是"以阐圣学、明王道者为主,不以百氏杂学为重"(卷首3/12)为基本原则,实际操作则是"汰除释老之编"(卷首2/6);遵循刘昫(887—947)《旧唐书》"惟录诸家之书为二氏作者,而不录二氏之经典"(145/1)的收录原则,同时仅"择其可资考证者",至于"经、忏、章、咒"则"一字不收"(卷首3/8—9)。虽然有"兼收并蓄,如渤澥之纳众流,庶不乖于全书之目"(卷首3/11)的开放性原则,但这个原则显然不适用于道、佛两教之书。若从《总目》起首的"经禀圣裁,垂型万世,删定之旨,如日中天,无所容其赞述"(1/1)之论;以及"学者研理于经,可以正天下之是非;征事于史,可以明古今之成败,余皆杂学也"、"以佛语解经者,则斥入杂家。凡以风示儒者,无植党、无近名,无大言而不惭,无空谈而鲜实则,庶几孔孟之正传矣。"(91/1—3)这类明白的宣示来看,可知《总目》系以"儒家"的"经世"立场作为判别书籍高下价值的标准,这个结论当然是一般"四库学"研究者的普遍性"共识"。然则《总目》基于儒家基本立场,因而以"阐圣学、明王道";"有益于世道人心"(卷首1/6)为标准的

---

① [清]永瑢等编:《四库全书总目·圣谕》,迪志文化出版公司:《文渊阁四库全书电子版3.0版》(香港:迪志文化出版公司,2007年附清武英殿刻本),卷首1,第1—8页。以下的征引以此本为主。再以[清]永瑢等编,王伯祥断句:《四库全书总目》(北京:中华书局,1992年)的纸本为辅。另外基于错别字与文本的校勘与差异比对需要,再以陈郁夫设计的《[寒泉]古典文献全文检索数据库》:http://skqs.lib.ntnu.edu.tw/dragon/比对。

② 本文使用的《总目》文本,均来自同一版本,是以下文不再另出脚注,直接在引文后注明出处。斜线前是"卷数",斜线后为"页码"。

前提下,对于被归入"外学"(91/2)的佛教相关讯息,实际记录与运用的情况如何?亦即《总目》到底实际呈现有那些佛教实质的讯息,例如《总目》基于儒学"经世"的立场收录相关书籍,"经世"因此以"人事"为重,特别肯定面对"人事"(卷首3/9、1/2、2/8、2/9),同时强调"论是非,非论祸福"(2/14)。这种立场相对于佛教以"出世"为前提,且多讲"非儒者之正理"的"因果之绪论"(84/6),两者自然有难以有效调和之处,但佛教传入中国千年,不可能不对士人产生影响,《总目》如何面对这种无法逃避的事实?《总目》是如何"祛私心"以"消融门户之见,而各取所长"(1/2),而让"公理"呈现?这应该是个相当值得探讨了解的议题。主要是这类问题涉及《总目》的佛教观、学术公平观,同时也涉及乾隆时期官方与士大夫的一般性佛教观,因此对于"四库学"、宗教学及清朝学术等的研究,应该都有探讨认知的学术价值,笔者因而设计此文进行研究。但这个议题的讨论必须涉及的范围,至少有四项必须探讨的内容:一是《总目》收录与记载佛教僧众与论著情况的了解;二是《总目》对佛教相关历史状况与判断的了解;三是《总目》运用佛教词汇表现情况的了解;四是《总目》有效区分佛教与儒家不同之处的了解。由于这四项议题涉及的范围较为广泛,当非一篇小论文所能承担,笔者因此先讨论第一项涉及的内容,用以作为继续探讨其它三项议题内容的基础,同时提供相关研究者可以参考的实证性结果。

  本文以《总目》为对象,接受《总目》"消融门户之见,而各取所长"的宣言,立基于全面性、整体性观察了解的角度,并尽可能排除不自觉从现代人"自由""民主"的"先验"认知,导致隐藏有一种"反帝制""反传统"的"审查"与"批判"等"先厌"态度的影响,期望可以较为平情客观的探讨说明《总目》内的佛教讯息,用以提供相关研究者较为平实且经得起反复检证的结果。在进行实质讨论之前,自当有必要先考察了解前贤针对此一议题的相关研究概况。观察二十世纪以来,针对《四库全书》及《总目》的研究探讨,因而逐渐形成的"四库学",发展到二十一世纪的今日,研究成果已经相当丰硕。① 实际审阅这些论著的标题或摘要、目

---

① 笔者大略考察了中日文等涉及"四库学"研究的相关成果:(一)中文研究成果:台北图书馆共得学位论文33篇(1985—2016)、期刊论文350篇(1931—2018)。北京中国国家图书馆·文津搜索寻得学位论文224篇(2001—2017)、期刊论文10869篇(1950—2015)、会议论文219篇(1981—2013)。(二)日文研究成果:CINII取得学术论文96篇(1950—2017)。(三)中日韩文研究成果:东洋学文献类目:415篇(1981—2010)。同时参考了2篇回顾性的论文:张晓芝:《对新世纪以来〈四库全书总目〉研究的反思与前瞻》,《武汉理工大学学报(社会科学版)》第28卷第2期(2015年3月),第334—341页。以及程惠新、陈东辉:《2000—2014年〈四库全书总目〉研究综述》,《图书馆工作与研究》第241期(2016年3月),第67—70页。还有《南洋商报·副刊·商余》2014年12月9日刊登的《零七八碎:〈四库全书〉收录的宗教信仰著作》:http://www.enanyang.my/。2018年5月20日搜寻。

次及部分文本内容的陈述，可以了解"四库学"研究者关注的层面相当广泛，是以其中亦不乏关注《总目》涉及宗教及宗教观等相关内涵的成果，虽然由于研究意图与立场及态度的差别，是以研究所得成果，本文难以直接取用，但如陈占山（1963—　）讨论《总目·集部》载录的僧人著作，①毛伟林探讨《总目》的佛教、佛学观，②对本文讨论的部分内容，确实具有参考应用的帮助功能。至于其它类似的研究讨论，③同样也有提供某些研究信息的功能，并非全无参考价值，是以本文的研究探讨，固然直接立基于《总目》的文本，但确实也有获益于前人相关研究成果之处。

　　本文旨在探讨《总目》在"提要"内呈现的佛教讯息，包括收录及出现的书籍、人物等的实质表现。研究使用的文献为附录于文渊阁《四库全书》的武英殿本《总目》，除直接进入《子部·释家类》阅读搜寻之外，并设计诸如："佛""释""禅""僧""梵""和尚""上人""禅师""法师""大师""菩萨"……与佛教直接相关的词汇为"关键词"，借用计算机搜寻技术，进入网络数据库搜寻，再透过实质的归纳方法，进行客观的统计、判读与分析。研究进行的程序，除说明研究理由等相关信息的"前言"外，首先，将搜寻统计《总目》出现的僧众人物，了解《总目》除《子部》收录著作的僧众作者外，还征引或提及那些其它的僧徒；其次，归纳《总目》收录的僧众全部著作，并考察《总目》直接收录的书籍之外，还出现有哪些与佛教相关的书籍文献；最后再统整前述的研究成果，说明本研究的学术意义与功能，以结束本文的讨论。

二、《四库全书总目》出现的佛教僧众

　　《总目》以儒家经世之学为标准收录的著作，但基于"全书"体裁的必要，因此也"兼收并蓄"的收录部分佛教僧徒著作，《子部》因此乃有《释家类》，总共收录25部书籍(145/1—22)，其中即有17部为僧徒之著作。除此之外，统括《总目》出现

---

①　陈占山：《〈四库总目·集部〉载录僧人撰述析论》，《暨南学报（哲学社会科学版）》2009年第2期，第224—230页。
②　毛伟林：《〈四库全书总目〉的佛教佛学观研究》（兰州：兰州大学中国史硕士论文，2017）。此学位论文的全文未见，仅根据网络提供的"摘要"和"目次"发言。
③　例如周生春：《四库全书总目子部释家类、道家类提要补正》，《世界宗教研究》2000年第1期，第86—92页。陈占山：《〈四库全书总目〉宗教典籍析论》，《汕头大学学报（人文社会科学版）》第21卷第5期(2005)，第35—40页。周录祥、胡露：《〈四库全书总目〉释家类、道家类补正》，《宗教学研究》2007年第1期，第57—60页。成雪：《从〈四库全书总目〉看儒佛思想的冲突》，《东京文学》2008年第10期，第23—24页。

的僧徒,根据实际阅读的统计,总共有 275 名,实际的名讳与朝代情况如下:

"佛世"僧众名讳与出处

名 讳	出 处
释迦佛①	8/44、46/21、46/21、51/30、66/26、97/12、112/4、124/10、125/12、125/20、144/17、145/15、145/17
定光佛	46/21、121/1
无量寿佛	76/36
儒童菩萨	129/1
普贤	76/28、125/10
文殊	78/22、125/10、126/17
观音②	46/20、76/35、78/22、124/25、179/22
胁尊者	101/22
迦叶	76/35、185/18

上表总共 9 名是来自佛经中的"佛世"僧众,以今天的认知角度来看,除"定光佛"(燃灯佛)、"儒童菩萨"(孔子)、"胁尊者"之外,其它则是一般人比较熟悉的名讳,推想清朝时代士人,这方面的认知程度,应该和现代差不多,《总目》提供的讯息,应该也是当时一般性认知程度的讯息。除"佛世"僧众之外,《总目》也出现许多中国历史上确实存在的"现世"僧众,实际情况如下:

"现世"僧众名讳与出处

朝代	名 讳	出 处
汉	摩腾法兰	145/18
晋	支道林	124/27、146/28、166/14、197/27(林公)
	伽婆罗	41/15
	竺昙摩罗察	42/37
	释支遁	68/23、146/27、149/36、189/52、192/26
	释慧远	166/14、174/3、197/27(远公)
	义兴禅师	77/7

---

① 又称"释迦牟尼佛""释迦佛陀""牟尼佛"。
② 又有"观音大士""千手观音"之称。

续表

朝代	名讳	出处
南朝	释法显	71/4、71/6
	释惠休	128/16、187/23、189/52
	释道猷	187/23
	释宝月	187/23、189/52
	释宝志	76/29、77/11
	达摩	116/17、116/18、144/17、125/11、125/13、145/4、145/17、192/43、195/42（菩提达摩）
	释惠敏	145/7
	释僧祐	145/1、166/14
	释僧肇	129/1、166/14
	释慧皎	145/7
	释智永	86/16、112/25、112/28、189/47
	释僧珍	112/4
	释僧觉	112/4
北朝	释神琪	44/52
	卫元嵩	108/5、134/20
隋	释净琬	145/19
	释智颙	37/12
	释道宣	145/7
唐	行思禅师	77/10
	拾得	149/2
	贞俊禅师	144/7
	悟空禅师	58/33
	般舟和尚	68/3
	马大师	143/21
	寂照和尚	86/36
	船子和尚	144/17
	无畏三藏	140/8

续表

朝代	名讳	出处
唐	寒山子	149/2、153/29、164/20、171/4、197/25
	邹和尚	115/41
	慧可大师	174/6
	丰干	149/2
	释一行	6/56、8/47、29/9、50/56、72/10、106/45、107/42、108/26、108/30、111/3、149/4、149/5、184/19（大慧禅师）
	释元孚	86/23
	释元亮	69/8
	释玄奘	71/6
	释行勤	142/34
	释宗密	164/16（圭峰禅师）
	释居远	151/35
	释法振	186/20
	释法海	85/7、132/4
	释法钦	77/3
	释彦悰	113/24、114/1
	释祖可	187/10
	释祖咏	186/20、190/25、193/55
	释神珙	41/13、42/9、42/37
	释常达	186/23
	释清江	186/20
	释清塞	186/23（周朴）
	释皎然	136/22、149/36、151/40、170/1、186/20、186/24、186/35、187/23、187/24、194/43、195/1、195/9、197/2、197/9、197/11
	释贯休	148/1、149/36、151/40、151/41、187/24
	释善权	187/10
	释智升	145/5

续表

朝代	名讳	出处
唐	释智猷	44/36
	释道世	145/4
	释道宣	108/6、113/20、145/1、145/2、145/7
	释道翘	149/2
	释齐己	149/36、151/40、170/1、187/24、195/43、197/11、197/39
	释辨机	71/6
	释璧师	187/10
	释怀素	58/34、112/28、113/14、196/22
	释药山	150/28
	大颠和尚	145/20、146/36、150/11、150/28、162/15(释宝通)
	释灵一	186/20、186/23
	释灵澈	186/20
五代	释昙域	151/41
	坦法师	194/42
宋	中峰和尚	127/28
	知礼禅师	77/6
	为清禅师	157/13
	珦禅师	166/14
	清智大师	157/17(释普璇)
	圆明大师	115/54(释德严)
	达观昙颖	145/10
	释了元	144/27、144/28
	释士珪	187/10
	释仁铣	152/38
	释元复	145/17
	释元敬	145/17
	释元颖	145/16
	释少嵩	174/54

续表

朝代	名讳	出处
宋	释文政	152/38
	释文珦	164/33、166/14
	释文莹	47/29、89/16、119/1、140/52、140/53、140/54、143/16、152/8、152/20、153/2、197/5（湘山野录）
	释可灿	151/41
	释本明	145/11
	释正受	145/13
	释仲仁	114/4
	释仲殊	154/26
	释如璧	154/34、166/14、189/52（饶节）
	释行秀	166/9
	释志盘	145/16
	释宗永	145/21
	释宗昂	142/37
	释宗杲	35/18、124/4、133/15、158/16
	释宗鉴	145/17
	释居简	164/16
	释法秀	180/38
	释契嵩	152/37、164/16、170/1（明教大师）
	释重显	152/38
	释修范	112/20
	释悟明	145/13
	释海惠	154/23
	释祖秀	50/16、50/16、72/1、72/1、141/20
	释起宗	148/35
	释从悦	99/11
	释惟白	145/13
	释净端	141/34

续表

朝代	名讳	出处
宋	释绍嵩	145/12、187/25
	释惠洪	117/13、118/43、120/29、121/40、126/8、141/10、145/10、145/10—11、145/21、152/38、154/7、154/24、154/26、164/16、170/1、191/5、195/32、197/6、197/27(觉范)
	释惠崇	115/54
	释惠涣	196/19
	释惠远	70/3
	释斯植	162/18、187/26、187/29、190/39
	释普济	145/12、145/13
	释景迁	145/17
	释智能	174/28
	释智缘	105/19、111/51
	释溥光	114/16
	释义堪	103/13
	释万安	61/24
	释道古	145/8
	释道原	145/13
	释道潜	152/38、154/23、154/26、174/39、189/52(妙总大师)
	释道璨	165/7、170/1
	释寿涯	155/29
	释广遇	145/10
	释庆老	145/10
	释适之	114/5
	释昙莹	109/27、109/28
	释晓莹	145/12
	释赞宁	70/28、115/54、122/29、130/1、145/7、145/10、149/36、186/23
	释边镐	123/17(边和尚)
	释宝定	145/10

续表

朝代	名讳	出处
宋	释继业	58/32
	释觉慈	154/26
	释鉴聿	44/36
	释显忠	145/7
	释显万	195/40
辽	僧行均	41/34
金	释可道	188/2
	释英粹	166/3（性英粹中）
元	八思巴	138/7、145/18（帕克巴）
	天如禅师	193/35
	佛光大师	167/7 德公（释志德）
	南岳云	114/15
	珦禅师	166/14
	隆禅师	166/42
	释了性	145/17、145/20
	释大圭	167/65
	释大杼	167/63、199/16
	释大欣	167/6—7
	释天然	114/15
	释念常	145/15
	释枯林	114/15
	释英	166/13
	释祖柏	168/6
	释善住	166/31
	释惠觉	114/15
	释绝照	114/15
	释圆至	166/42、187/31、191/18
	释万金	169/15

续表

朝代	名讳	出处
元	释寿宁	191/19—20
	释静如	122/13
	释德净	174/68
	释莲公	114/15
	释镜塘	114/15
	释觉岸	145/14
明	石屋禅师	180/43
	释大用	189/10
	释大善	180/43—44
	释大壑	77/2—3
	释大鉴	133/15
	释天祥	189/10
	释文儒	43/9
	释方一	77/3
	释方泽	178/52
	释古光	147/44
	释可真	145/19（紫柏大师）
	释本以	128/28—29
	释正勉	189/52
	释永升	76/4
	释永瑛	193/46
	释如愚	180/19
	释如脖	152/37
	释守仁	197/24
	释成斌	77/11
	释至柔	180/43
	释克新	175/5
	释妙声	169/15

续表

朝代	名讳	出处
明	释来复	167/63、175/15、189/27、197/24、199/16
	释宗泐	166/33、167/63、170/1、175/15、175/16、197/24、199/16
	释宗净	77/3、77/6
	释岳岚	9/2(岳虞峦)
	释性涵	189/52
	释明河	166/42
	释明亮	116/19
	释洪恩	180/19、180/19、193/36(雪浪)
	释海云	111/6
	释真空	42/23、43/36、44/20
	释祖浩	191/35
	释梵琦	197/24
	释真一	116/36
	释斯学	180/20
	释普文	189/52
	释智海	114/15
	释智舷	116/30
	释智观	193/36
	释无相	193/21
	释无尽	76/16、76/16
	释袾宏	125/27(莲池和尚)
	释超拨	178/11
	释黄河	77/12
	释圆复	77/6
	释道恂	193/35
	释道衍	卷首 3/11、166/10、166/39、169/43、175/16(姚广孝)
	释道泰	43/36
	释道璎	191/35

续表

朝代	名讳	出处
明	释满空	64/11
	释睿略	175/15
	释广宾	76/20
	释德涵	77/4
	释德清	147/13（憨山大师）
	释德祥	175/15
	释德璘	169/15
	释洁庵	77/12
	释莲儒	114/16
	释机先	189/10
	释静福	143/41
	释继晓	175/57、175/61
清	中峰禅师	184/4
	僧人蒋超	76/25
	僧大然	77/10
	僧元贤	76/27
	僧如乾	185/22
	僧戒显	145/21
	僧性制	76/29
	僧通门	181/38
	僧智藏	77/10
	僧湛性	185/22
	僧实行	76/41
	释大汕	78/25、186/36
	释大错	43/39（钱邦芑）
	释山止	194/41
	释元奇	77/11
	释元璟	181/37

续表

朝代	名讳	出处
清	释本果	145/20
	释目融	145/21
	释佛眉	194/49
	释定昺	76/29
	释洪瀚	180/35
	释寂曙	77/12
	释敏膺	185/22
	释净溥	194/42
	释通复	181/38
	释雪花	116/37
	释圣药	185/22
	释彻莹	109/6
	释德基	76/29
日本	僧虚中	114/36

《总目》全书出现的"现世"僧众除日本僧人1位外,从汉朝到清代乾隆朝之前总共有265名,其中汉代1名、晋代6名、南北朝15名、隋代3名、唐代46名、五代2名、宋代72名、辽代1名、金代2名、元代26名、明代62名、清代前期29名。就朝代而论,宋代出现的僧众最多、其次是明代、唐代居三,清代乾隆朝之前的清前期与元代大致接近。

不同朝代僧众出现多寡的情况,当然不是《总目》编纂官员刻意的安排,但这种无意之间呈现的情况,自然也跟朝代出家僧众人数的多寡无关,这些出现在《总目》的僧众,除收录的书籍僧众作者外,其它僧众主要当是《总目》在讨论收录的书籍与作者的相关问题之际,僧众因为涉及才会出现在《总目》的讨论中,因此也就可以根据不同朝代僧众出现人数的多寡,了解《总目》讨论问题之际,涉及不同朝代佛教及僧众关系的密切度,从而可知前述朝代出现僧众人数的多寡,可用以了解《总目》对不同朝代佛教与僧众涉入程度的高低。根据前述的实质统计,可见《总目》讨论之际涉及宋代和明代佛教的情况,关注程度较其它朝代为高,这或者与《总目》以为"宋初承唐余俗,士大夫多究心于内典"(117/27)及"明自万历以后,心学盛行,儒禅淆杂"(179/36)的认定相关,因此基于说明、批判的立场,不自觉征引较多僧众的论著为说。

僧众在《总目》讨论中出现次数的多寡，当然跟受到关注程度的深浅相关，关注程度包括著作收录和讨论著作讨论受到征引的情况，那类出现次数较少的僧众，自然是因为关注度较浅，因此受限在直接相关的讨论之内，难以突破到间接相关的讨论之中，能够突破自身讨论范围的限制，扩散到其它间接相关讨论的僧众，不仅显示其受到关注度较高，同时还可以根据这些较被关注僧众的学问专长，用来观察《总目》重视这些僧众的是哪一方面的表现。就这275名僧众在《总目》中出现的次数而论，出现次数最多者为宋代的释惠洪（1071—1128）19次，其后依次是：唐代释皎然（约745—805）15次、唐代释一行（683—727）13次、宋代释文莹（1040—1070前后）11次、南北朝达摩（483—540）9次、宋代释赞宁（919—1001）8次、唐代齐己（863—937）和明代释宗泐（1318—1391）各7次。《总目》收录的这8位僧众出现次数所以居前的缘故，大致可以有如下的推测：（一）长《总目》收录有惠洪《冷斋夜话》《石门文字禅》《天厨禁脔》和《僧宝传》《林间录》等书，这些书的内容属于诗作、诗评与禅宗僧录等方面的表现，《总目》当是看中惠洪在诗学与僧传上的表现。（二）一行是唐代著名的天文历算专家，《总目》的注重当即在此。（三）《总目》收录有文莹的《湘山野录》《玉壶野史》《玉壶诗话》等书，根据这些书的内容，可知《总目》主要是重视文莹在记载故实考证功能上的成就。（四）达摩是"禅宗"的创始僧人，后代论及者较多，加上《总目》对"禅宗"的观点甚为反感，批判的状况特别多，①同时讨论禅宗僧众或故实之际，不免也会因为溯源而波及达摩，是以出现次数较多。（五）《总目》收录有赞宁《笋谱》、《宋高僧传》等，重视的当是赞宁在记载僧众故实考证功能上的丙线。（六）《总目》收录有齐己《白莲集》，当是要在其诗作上的表现。（七）《总目》收录了宗泐《全室外集》，除论及其引荐道衍姚广孝（1335—1418）一事外，主要恐怕还是重视宗泐的诗作表现。归纳《总目》对前述七名僧众重视的情况，可知《总目》重视僧众的表现，除一行的天文历算外，主要在于"诗作"相关的表现，"禅宗"僧徒传记等的内容。

《总目》出现近三百名僧众的原因，以及僧众在《总目》讨论中的功能，大致如上述所言，但除此之外，由于《总目》官方地位的属性，在书籍与内容的全国性传播与被接受重视的程度，显然不是一般私人著作所能比拟，基于这种传播与权威上的优势，当《总目》提到僧众，无论是讨论其著作，征引其书籍，或评论其表现，合理的推测，应该都会影响到读者对该僧徒的注意，于是某些原本仅在佛教界受到关注传述的人物，经由《总目》的批评或引介，进而扩充传播的层面，因

---

① 例如针对"狂禅解经"（1/1）、"杂以禅"（2/7）、"持禅偈以诂经"（6/30）等等的批判之类，这方面的议题，颇有值得探讨之处，似乎还没有受到研究者较为深入的关注，然需要另写专文探讨。

而超出佛教界而成为《总目》读者普遍认知的对象。是以《总目》征引僧众,不仅有助于本身的讨论,同时也提供传达给读者,某些以往未曾受到注意的"新"佛教讯息,因而在无形中帮助某些僧众,获得更多学者的注意,这当然不是《总目》的本意,但应该无法完全排除此一"意外附带"的功能。

三、《四库全书总目》出现的佛教书籍

《总目》立基于"有益世道人心"及"考证"的实用立场,经由考察评定以确定书籍的收录与否。然则在此一"非常儒家"的前提立场下,《总目》收录有哪些与佛教相关的书籍?经由实际的搜寻考察,大致可以将出现在《总目》内直接与佛教相关的书籍,根据作者的身份与出现的情况分成三类:一是《总目》收录的僧众专著;二是《总目》收录非僧众的佛教相关内容的专著;三是《总目》在"提要"讨论过程中,征引或提到的涉及佛教的专著与篇章等文献。本文的研究接受《总目》"消融门户之见,而各取所长"的基本态度,主要是基于"了解"而非"批判"的立场进行研究,研究关注的是《总目》提供的佛教直接讯息为重心,因此"著录"与"存目"之书,就本文的研究设计而论,两者完全处于等值等价的平等地位,下文即以此基本立场进行实际的探讨。

首先,《总目》收录的僧众著作,除《子部·释家类》之外,在其他"部""类"也收录有僧众的专著,《总目》收录僧众全部专著的实际表现情况如下:

《总目》收录的僧众专著

朝代	南北朝			唐					
作者	释法显	释僧祐	卫元嵩	寒山子	僧皎然	释玄奘释辨机	释彦悰	释皎然	释贯休
书名	佛国记	宏明集	元包	寒山子诗集	杼山集	大唐西域记	后画录	诗式	禅月集
出处	71/4	145/1	108/5	149/2	149/36	71/6	114/1	197/2	151/41

朝代	唐				宋				
作者	释智升	释道世	释道宣	释齐己	僧元敬僧元复	僧文莹	僧文莹	僧仲仁	僧志盘
书名	开元释教录	法苑珠林	广宏明集	白莲集	武林西湖高僧事略	玉壶野史	湘山野录	华光梅谱	佛祖统纪

续表

朝代	唐				宋				
出处	145/5	145/4	145/2	151/40	145/17	140/53	140/52	114/4	145/16

朝代	宋								
作者	僧祖秀	僧惠洪	僧惠洪	僧道潜	僧适之	僧赞宁	释少嵩	释文珦	释文莹
书名	华阳宫记事	石门文字禅	冷斋夜话	参寥子集	金壶记	笋谱	渔父词集句	潜山集	玉壶诗话
出处	72/1	154/26	120/29	154/23	114/5	115/54	174/54	164/33	197/5

朝代	宋								
作者	释如璧	释居简	释契嵩	释重显	释惠洪	释惠洪	释惠洪	释普济	释道璨
书名	倚松老人集	北磵集	镡津集	祖英集	天厨禁脔	林间录	僧宝传	五灯会元	柳塘外集
出处	154/34	164/16	152/37	152/38	197/6	145/10	145/10	145/13	165/7

朝代	宋			辽	元				
作者	释昙莹	释晓莹	释赞宁	僧行均	释大圭	释大欣	释念常	释英	释善住
书名	珞琭子三命消息赋注	罗湖野录	宋高僧传	龙龛手鉴	梦观集	蒲室集	佛祖通载	白云集	谷响集
出处	109/28	145/12	145/7	41/34	167/65	167/7	145/15	166/13	166/31

朝代	元				明				
作者	释圆至	释圆至	释寿宁	释德净	释觉岸	佚名僧	佚名僧	僧宗泐	释大善
书名	牧潜集	唐诗说	静安八咏诗集	山林清气集	释氏稽古略	石屋山居诗	谈往	全室外集	西溪百咏
出处	166/42	191/18	191/20	174/68	145/14	180/43	54/22	170/1	180/43

朝代	明								
作者	释大壑	释方泽	释可真	释本以	释正勉 释性涵	释如愚	释克新	释妙声	释宗净
书名	净慈寺志	冬溪集	长松茹退	兰叶笔存	古今禅藻集	空华集等	元释集	东皋录	径山集
出处	77/3	178/52	145/19	128/29	189/52	180/19	175/5	169/15	77/3

朝代	明								
作者	释岳岚	释洪恩	释祖浩 释道瑢	释真一	释真空	释斯学	释智观等	释无相	释无尽
书名	周易感义	雪浪集	齐山诗集	笋梅谱	篇韵贯珠集	幻华集	三僧诗	天籁集	天台山方外志
出处	9/2	180/19	191/35	116/36	44/20	180/20	193/36	193/21	76/16

朝代	明								
作者	释无尽	释圆复	释道恂	释道衍	释道泰	释睿略	释广宾	释德清	释德祥
书名	幽溪别志	延寿寺纪略	师子林纪胜	逃虚子集	集钟鼎古文韵选	松月集	上天竺山志	观老庄影响论	桐屿集
出处	76/16	77/6	193/35	175/16	43/36	175/15	76/20	147/13	175/14

朝代	明			清					
作者	释莲儒	释莲儒	释静福	僧蒋超	僧大然	僧元贤	僧如乾	僧戒显	僧性制
书名	湖州竹派	画禅	癸未夏抄	峨眉山志	青原志略	鼓山志	敲空遗响	现果随录	龙唐山志
出处	114/16	114/15	143/41	76/25	77/10	76/27	185/22	145/21	76/29

朝代	清								
作者	僧通门	僧智藏	僧湛性	僧实行	释大汕	释大错	释山止	释元奇	释元璟
书名	懒斋别集	崇恩志略	双树轩诗钞	雁山图志	海外纪事	他山字学	韬光庵纪游集	江心志	完玉堂诗集
出处	181/38	77/10	185/22	76/41	78/25	43/39	194/41	77/11	181/37

朝代	清								
作者	释本果	释本昼	释目融	释同揆	释定暠	释敏膺	释净溥	释通复	释德基
书名	正宏集	直木堂诗集	南宋元明僧宝传	洱海丛谈	庐山通志	香域内外集	兴善寺历代名贤留题集	冬关诗钞	宝华山志
出处	145/20	181/15	145/21	78/22	76/29	185/22	194/42	181/38	76/29

《总目》总共收录僧众专著108种，若以朝代分：南北朝3部、唐代10部、宋代26部、辽代1部、元代10部、明代34部、清前期24部。《总目》收录的明代僧众书籍最多，其次是宋代与清前期。若就书籍的四部分类属性观之，经部5种、史部21种、子部32种、集部50种，经部收录的书籍，主要在小学类，解经之作仅有1部，很明显《总目》关注僧众专著的次序是：集、子、史、经，重心主要在集部。这与前一小节僧众出现次数分析的结果相同，关注的重点是僧众在诗作上的表现，这主要是因为"六代以来，僧能诗者多，而能古文者不三、五人"(166/43)，因此僧众作者"大抵有诗而无文"(164/16)，是以重心不得不在此范围内也。

其次，《总目》除收录僧众的著作之外，同时也收录涉及佛教人物、故实或诗文等编辑讨论的专著，这类专著的作者包括佛教的信仰者，以及对佛教相关议题有兴趣的一般学者。这类非僧众编撰的有关佛教思想观点、故实或僧众著作的书籍，应该也就是《总目》所谓"为二氏作者"与"可资考证"的著作。《总目》收录的这类著作的情况如下：

《总目》收录非僧众涉及佛门的专著

朝代	南北朝	宋					元		明
作者	颜之推	王古	佚名	李龏	晁迥	晁迥	佚名	冯子振	李长科
书名	还冤志	道院集要	唐四僧诗	唐僧宏秀集	法藏碎金录	迦谈	神僧传	梅花百咏	广仁品二集
出处	142/20	145/9	186/24	187/23	145/8	145/16	145/18	188/10	132/31

朝代	明							清	
作者	周永年	夏树芳	梅鼎祚	郭子章	陈实原	葛寅亮	管志道	朱谨等	李调元
书名	吴都法乘	法喜志	释文纪	阿育王山志	大藏一览	金陵梵刹志	觅迷蠡测	普陀山志	同归集
出处	145/20	145/19	189/46	76/9	145/18	77/5	145/18	76/35	133/8

朝代	清			
作者	范承勋	徐泌	张世荦	毕曰澪
书名	鸡足山志	湘山志	南华摸象记	苍洱小记
出处	76/35	76/36	147/13	78/10

非僧众类的专著,总共收录 22 部。若以时代区分:南北朝 1 部、宋代 5 部、元代 2 部、明代 8 部、清前期 6 部。若以四部的归属而论,则史部 6 部、子部 12 部、集部 4 部。相对于前述僧众的专著,大致侧重在僧众与佛寺等相关的故实上,这自然是属于"可资考证"的范围。

其三,《总目》"提要"在讨论著作内容与作者等相关信息之际,不仅僧众会有征引佛教相关文献的可能,即使一般作者也可能涉及佛教相关的讯息,尤其是身处在"宋初承唐余俗,士大夫多究心于内典"(117/27)的著作,或者"自万历以后,心学盛行,儒禅淆杂"(179/36);"士大夫流于禅者十之九"(179/36)的明代时段著作,很可能就会有涉及佛教的内容,《总目》居于"儒家"的立场,对于其中与佛教内涵相关者,或者征引以说明,或者征引以批判,这也就是"提要"不免会出现某些佛教相关文献的原因。这类出现在《总目》"提要"之内涉及佛教内涵的相关论著,指的是僧众的作品或涉及佛教内容的文献,这类文献包括有专著和单篇文章两类,这两类文献实际出现在《总目》的情形如下:

《总目》在"提要"征引的佛教相关专著

作者	专著名称	出处
	《心经》	128/34、132/4、147/35、174/37、193/32
	《四十二章经》	146/44
	《多心经》	118/31
	《法华经》	132/4
	《盂兰经》	132/4
	《金刚经》	132/4
	《指月录》	185/29
	《涅盘经》	179/19
	《无量经》	132/4
	《华严经》	127/27
	《圆觉经》	132/4

续表

作者	专著名称	出处
	《楞伽经》	132/4
	《楞严经》	132/4、180/29
	《楞严经注》	138/26
	《维摩经》	132/4
	《弥陀经》	132/4
	《药师经》	132/4
	《释迦谱》	51/31
竺昙摩罗察	《光赞般若经》	42/37
释慧远	《庐山记略》	70/3
释惠敏	《高僧传》	145/7
释僧肇	《肇论》	129/1
释神珙	《等韵》	44/52
释智𫖮	《大庄严经论》	37/12
释智𫖮	《法华经文句解》	37/11
释道宣	《续高僧传》	145/7
房融	《楞严经》	9/25
释法海	《六祖坛经》	85/7、132/4
释神珙	《五音声论》	41/14
释神珙	《反纽图》	41/14
释神珙	《四声五音九弄反纽图》	41/14、42/37
释智猷	《辨体加字切韵》	44/36
中峰和尚	《山堂夜话》	127/28
吴克己	《释门正统》	145/17
李遵勖	《天圣广灯录》	145/13
释元颖	《宗元录》	145/16
释正受	《嘉泰普灯录》	145/13
释宗永	《宗门统要》	145/21
释宗鉴	《重修释门正统》	145/17

续表

作者	专著名称	出处
释悟明	《明联灯会要》	145/13
释惟白	《建中靖国续灯》	145/13
释景迁	《宗源录》	145/17
释道原	《景德传灯录》	145/13
释庆老	《补禅林僧宝传》	145/10
释鉴聿	《韵总》	44/36
赵秉文	《闲闲外集》	166/3
赵友钦	《仙佛同源》	147/42
佚名	《南藏目录》	77/5（《大明三藏圣教南藏目录》）
袁黄	《功过格》	125/44
莲池和尚	《竹窗三笔》	125/27（释袾宏）
释智舷	《茗笺》	116/30
释智观	《中峰草》	193/36
释佛眉	《龙潭集》	194/49
释彻莹	《直指元真》	109/6
西域僧	《七音韵鉴》	42/37

《总目》"提要"内征引的佛教相关专著总共55部，指明作者的36部专著，来自晋代者1部、南北朝者4部、隋朝3部、唐朝6部、宋朝13部、金朝1部、元朝1部、明朝5部、清前期2部。这55部专著被《总目》征引进入62部收录的书籍"提要"内，其中"经部"12部、"史部"4部、"子部"38部、"集部"8部。出现在"经部"的专著，主要是"小学"方面的著作，这或者与《总目》承认"声音之学，西域实为专门，儒之胜于释者，别自有在"（41/14）的基本认知有关，讨论之际因而乃征引源自西域之学的佛教僧众之作的缘故。再者《总目》"提要"在讨论僧众或与佛教相关故实之际，自然有必要征引相关文献说明或批驳，"释家类"既然被归入"子部"，"子部"出现较多的征引，当属自然。

《总目》在"提要"征引的佛教相关篇章

作者	篇章名称	出处
昭明太子	《谢赉涅盘经讲疏启》	148/38

续表

作者	篇章名称	出处
傅奕	《请正佛法表》	118/32
韩愈	《大颠三书》	145/20、150/11、150/28、162/15
释元孚	《与王薆游天台诗》	86/23
李纯甫	《释迦赞》	124/9
释了性	《大颠本传》	145/20
明太祖	《释迦佛赞解》	97/12
李腾芳	《金刚经注采序》	179/42
李腾芳	《金刚经集注序》	179/42
李腾芳	《莲池自知录序》	179/42
涂伯昌	《书唐武宗毁佛复僧后》	180/30
曹璜	《楞伽质义》	179/36
曹璜	《临济大意》	179/36
边连宝	《禅家公案颂》	185/29
	《玉石观音像唱和诗碑》	46/21
	《释迦佛舍利铁塔记》	46/20
	《释迦定光二佛舍利塔记》	46/21

《总目》出现的佛教相关篇章，总共有 17 篇，14 篇知悉作者的文章，来自南北朝者 1 篇、隋朝 1 篇、唐朝 2 篇、金朝与元朝各 1 篇、明朝 7 篇、清前期 1 篇。总共出现在 20 部书籍的"提要"内："史部"4 部、"子部"5 部、"集部"11 部。"集部"征引较多，大致与《总目》较重视僧众诗作的表现相关。

出现在《总目》"提要"内与佛教相关内容的论著共有 72 笔，出现在《总目》"经部"12 部书、"史部"8 部书、"子部"43 部书和"集部"19 部书等的"提要"内。"经部"的征引，主要是承认僧众在"音韵"方面有优于儒家之处的缘故。"子部"则是《总目》收录僧众专著的大本营；"集部"则因为《总目》多注意僧众在诗作上的优劣表现之故。这当然也同时显示《总目》面对僧众之际的一种评价态度，经学与史学非僧众之长，固非《总目》刻意关注者；诗作表现与思想影响，方是《总目》较为关注的对象。

《总目》总共收录僧众及非僧众涉及佛教内容的专著 130 部，就诸书作者所处的时代而论，南北朝有 4 部、唐朝有 10 部、宋朝有 31 部、辽代有 1 部、元代有

12部、明代有42部、清前期有30部。《总目》收录与佛教直接相关的专书,以明代的著作最多,宋代与清前期居次,这种实际的表现,似乎可以证实《总目》一再强调的"宋初"和"明季"两个时段佛教相对流行的观察。若从四部分类的角度观察,则"经部"有5部、"史部"有27部、"子部"有44部、"集部"有54部。佛教本就归属"子部",故且排除不计,可知《总目》对佛教直接相关的专著,最为关注的重心实在"集部",亦即前文提及的诗作的表现。

纯就本文探讨《总目》提供佛教讯息的基本研究立场而论,《总目》提供给读者与佛教直接相关论著的讯息,包括僧众与非僧众的著作是:185部专著和17篇文章。这项经由实际阅读归纳《总目》全书而取得的成果,应该可以提供相关研究者有效的参考信息。

四、结　论

乾隆帝下令编纂《四库全书总目》,当然有其既定的立场,只要读过《总目》的《圣谕》(卷首1/1—30)与《凡例》(卷首3/1—13),应该就可以清晰地感受到《总目》在学术归属上坚持"阐圣学,明王道"而归于"明体以达用"即"体用兼备"(92/51)的"儒学";在实际操作上"主于考订异同,别白得失,故辨驳之文为多";在态度上重视"求归至当,以昭去取之至公"的基本立场。《总目》这些宣称是否确实执行,尤其是在面对与"儒学"基本主张大不相同的"佛教"之际,是否确实能够"消融门户之见,而各取所长"的尊重佛教思想观点。观察《总目》在"提要"内的某些发言,可以发现《总目》确实有执行此一要求的自觉。如曰"佛法初兴,惟明因果。……虽其间荒唐悠谬之说,与儒理抵牾,而要与儒不相乱。"(145/4)又说"佛之为患,在于以心性微妙之词,汩乱圣贤之学问,故不可不辨。至其经典荒诞之说,支离矛盾,妄谬灼然,皆所谓不足与辨者。"(95/19)又以为"二氏之书,往往阴取儒理而变其说,儒者说经明道,不可不辨别毫厘,剖析疑似,以杜学者之歧趋。若为二氏之学而注二氏之书,则为二氏立言,不为儒者立言矣。"(146/10)甚至认为焦竑(1540—1620)"于二氏之学本深于儒学,故其说儒理者多涉悠谬,说二氏之理者,转具有别裁。"(146/13)可见《总目》确实有"各取所长"的认知,所以特别推崇于成龙(1617—1684)"不佞佛亦不辟佛"自守儒学立场的观点,以为"其言明白正大"(97/33),《总目》虽没明说,但显然同意儒佛应该"各行其是",因为"学术各有源流"(147/34),不应该"混杂"故也。这也就是《总目》会有将"显然以佛语解经者,则斥入'杂家'"(91/3)规范的缘故;以及会出现"佛氏之说,儒者所不道"(77/4)、"解说轮回,尤非儒者立言之道"(124/24)等之类发言的缘故。《总目》即基于此一"各行其是"的基本立场,承认佛教存在的地位,但又基于"儒学"的基本立场,进行"考订异同,别白得失"的"辩驳",这也就是《总目》既对佛教不假辞色,但也在无形中提供许多佛教讯息的原因。

考察《总目》提供的佛教讯息,可以大致归为四项,这四项研究的范围相当广泛,难以一时全部探讨,本文因此首先探讨其中最基本的第一项:一则作为尔后继续探讨其它三项内容的研究基础;再则经由实际阅读后的归纳统计,因而可以获得较具实证性的有效资料与讨论,提供相关研究者参考。经由前述的实际考察,本文大致可以获得下述几点结果:

首先,《总目》收录的专著与"提要"内出现的僧众,可以区分为两类:一类是中国历史上确实出现的"现世僧众";一类是与中国历史无关,仅出现在佛书而传入中国的"佛世僧众"。根据考察统计,出现在《总目》的"佛世僧众"有9位;"现世僧众"有265位,总共274位。就265位"现世僧众"而论,宋代的72位最多,其次是明代的62位,唐代的46位居三,这3个朝代出现的僧众,占《总目》全部僧众的六成八,自是《总目》较为关注的对象。

其次,考察275名僧众在《总目》"提要"中出现的次数,以宋代释惠洪的19次最高,接着依次是:唐代释皎然15次、唐代释一行13次、宋代释文莹11次、南北朝达摩9次、宋代释赞宁8次、唐代齐己和明代释宗泐各7次。出现的次数即是出现在《总目》收录的几部书籍"提要"内,这同时表示该名僧众学术或地位涉及层面广狭。释一行在天文历算成就甚高,达摩为禅宗创始者,释惠洪等在诗作表现与历史故实的记载上,都有较高的成就,这也就是会在《总目》较多书籍"提要"出线的原因。

其三,统计《总目》收录的僧众专著,以及非僧众而涉及佛教讯息的专著,总共有130部,收录书籍的朝代,以明代42部最多,其次是宋代的31部和清前期的30部,这或者与"明季"和"宋初"佛教在士人间较为流行相关,但这还需要更进一步的深究。其中属于"经部"者5部、"史部"者27部、"子部"者44部、"集部"者54部。明显可以看出在《总目》佛教僧众与涉及佛教的专著,主要还是在"集部"和"子部"。属于这两部的书籍较多的现象,或者与佛家本就归属在"子部",以及僧众在诗作方面有较佳表现等原因相关。

其四,《总目》"提要"内征引佛教相关的专书55部、单篇文章17篇,这些佛教僧众与涉及佛教讯息的论著,出现在82部书籍的"提要"内,其中属于"经部"者12部、"史部"者8部、"子部"者43部、"集部"者19部。"经部"征引的原因,乃因《总目》承认僧众在"音韵学"优于儒者之故。"子部"特多,或许是僧众专著本就属于"子部",讨论之际征引讨论的相关文献较多之故。

其五,本文考察《总目》提供的涉及佛教书籍与僧众讯息,经由实际的阅读考察,以及网络数据库及计算机搜寻技术的协助,因而获得具有实证性质的成果,不仅有助于《总目》提供的佛教讯息的彻底了解,同时也证明《总目》即使基于"儒学"的立场,批驳佛教的某些观念,但其实是抱持"各行其是"的立场,因此特别反对"混杂"儒释。研究取得的成果,除可以作为尔后更深入探讨《总目》佛教讯息的基础外,同时对于四库学、宗教学、清代学术等的研究者,应该也能够为他们提供具有参考价值的有效数据。

《钦定四库全书总目》诗文评提要点校辨误

冯英华

（1. 西南大学 文学院 重庆 400715；
2. 和田师范专科学校 文学院 新疆和田 848000）

摘 要：《钦定四库全书总目》诗文评提要点校文本的出版，不仅方便了读者的阅读、研究者的研究，而且也使其传播的传统文化、多样知识、批评理论更为系统。但其点校文本中存在着一些错误，直接或间接地影响到学术批评的客观性、公正性和科学性，因此，其点校文本中存在的错误亟需澄清。它点校文本中的错误主要是知识性层面，错在与于实际情况不相符合；《钦定四库全书总目》诗文评提要文本是其批评思想观念的重要载体之一，且不可等闲视之。

关键词：钦定四库全书总目 诗文评提要 点校 辨误

《钦定四库全书总目》[①]不仅是目录学著作，其集部诗文评提要也不失为广义上、系统上的文学思想批评著作。因为《钦定四库全书总目》诗文评提要的批评对象、范畴、术语、方法、原则等就足以显示它文学批评思想的独特性、体系性。再进一步说，其文学批评思想成就的取得是以传统诗文文献整理为基础建构的，《钦定四库全书总目》诗文文献考证、辑佚、辨伪、校勘等是其文献整理工作的重要组成部分。因此，今人对《四库全书总目》诗文评提要文本施以简体字处理、现代标点、横排印刷，从这种意义上说，《钦定四库全书总目》诗文评提要文本点校，是其文献整理工作的具体落实、细化。它不仅方便了读者的阅读、学者的研究，而且使其传播的知识更为系统。

一般而言，同一著作的点校文本，因有前面著作可以参考、借鉴，应当晚出转精。于是，《钦定四库全书总目》对《四库全书总目》诗文评提要文本中的明显

[①] 按，本文所据主要为《钦定四库全书总目》（整理本）与《四库全书总目》（本文所引系影印浙江杭州本）二种本子。本文所称《四库全书总目》者，是指中华书局1965年出版之影印本、未点校本；《钦定四库全书总目》是指中华书局1997年出版对《四库全书总目》的整理本、点校本。

错误进行校正，功莫大焉。我们可以从以下数则诗文评提要中得到印证，如《本事诗》提要曰："皆采历代诗人缘情之作"①，其中"诗人"乃纠正"词人"②之误；又如《墓铭举例》提要载曰"其大要十有三事"③，其中"十有三事"乃订正"十有二事"④之误；再如《渔阳诗话》提要说"应吴陈琰之求者"⑤，其中"陈琰"乃纠正"陈琬"⑥之误；还如《诗家直说》提要载曰"何因点窜澄江练，笑杀谈诗谢茂秦"⑦，其中"谢茂秦"乃纠正"谢茂榛"⑧之误等，不一而足。《钦定四库全书总目》诗文评提要文本的校正不仅表现为"晚出转精"，更为推动诗文评提要研究向纵深方向发展奠定基础。但是，也不可否认，《钦定四库全书总目》诗文评提要点校文本中仍然存在着一些错误，如明显断句错误、人名之误、诗文评著作名称不准确等，亟需辨证。本文择其明显之误，按照《钦定四库全书总目》诗文评提要著录、存目顺序，辨误九则，具体论述如下：

一、司空图《诗品》一卷（内府藏本）

王士禛但取其"采采流水、蓬蓬远春"二语；又取其"不著一字、尽得风

---

① 纪昀等：《钦定四库全书总目》（整理本）卷一九五，《本事诗》提要，北京：中华书局，1997年，第2739页。

② 按，"皆采历代词人缘情之作"。参阅永瑢等：《四库全书总目》卷一九五，《本事诗》提要，北京：中华书局，1965年，第1780页。

③ 纪昀等：《钦定四库全书总目》卷一九六，《墓铭举例》提要，北京：中华书局，1997年，第2756页。

④ 按，"其大要十有二事"。参阅永瑢等：《四库全书总目》卷一九六，《墓铭举例》提要，北京：中华书局，1965年，第1792页。

⑤ 纪昀等：《钦定四库全书总目》卷一九六，《渔阳诗话》提要，北京：中华书局，1997年，第2758页。

⑥ 按，"应吴陈琬之求者"。参阅永瑢等：《四库全书总目》卷一九六，《渔阳诗话》提要，北京：中华书局，1965年，第1793页。《渔阳诗话·序》云"武林吴宝厓陈琰书来"。王士禛：《渔洋诗话》（卷上），《清诗话》（上），上海：上海古籍出版社，1963年，第164页。

⑦ 纪昀等：《钦定四库全书总目》卷一九七，《诗家直说》提要，北京：中华书局，1997年，第2770页。

⑧ 按，"何因点窜澄江练，笑杀谈诗谢茂榛"。参阅永瑢等：《总目》卷一九七，《诗家直说》提要，北京：中华书局，1965年，第1801页。此外，王士禛《戏仿元遗山论诗绝句三十二首》载曰："枫落吴江妙入神，思君流水是天真。何因点窜澄江练，笑杀谈诗谢茂秦。"王士禛：《精华录》卷五，《景印文渊阁四库全书》第1315册，台北：台湾商务印书馆，1986年，第96页。

流"二语。以为诗家之极,则其实非图意也。①

按,"以为诗家之极,则其实非图意也"虽然此语表面上能够讲通,但其与《四库全书总目》断句方式不同。其载曰"以为诗家之极则,其实非图意也"②,与"以为诗家之极"比较而言,"极则"与"极"体现的程度不同,"极则"为达到最高境界之语;"极"则含有较高之义。本文以为,此处断句应为:以为诗家之极则,其实非图意也。这更符合文本的原义。再举《钦定四库全书总目》诗文评提要文本中一例来做佐证。譬如,邓云霄《冷邸小言》提要载曰:"司空图所谓'不著一字、尽得风流'者,亦诗家之一派,不可废也。然以为极则,则狭矣。"③此处"极则",当可与司空图《诗品》提要断句相互参考、印证。

二、吴开《优古堂诗话》一卷(两江总督采进本)

王僧绰蜡凤一条。④

按,"王僧绰蜡夙一条"中"夙"字有误,其错误影响整句话完整意义的表达。考《四库全书总目》中《优古堂诗话》提要载为"王僧绰蜡凤一条"⑤。又考,《优古堂诗话》"僧绰采蜡烛作凤凰"条载曰:"'忆昔庚寅降屈原,旋看蜡凤戏僧虔。随翁万里心如铁,此子何劳为置田。'东坡《送子由奉使》最后一章。时子由之子侍行,故及之。然蜡凤之戏,识者以为误。盖《南史》王昙首与兄弟集会,子孙任其戏,适僧达跳其地作虎子,僧虔累十二博棋,既不坠落,亦不重作,僧绰采蜡烛作凤凰。乃知蜡凤之戏,非僧虔也。"⑥因此,"蜡夙"与"蜡凤",是不同的事物,不可误用。

---

① 纪昀等:《钦定四库全书总目》卷一九五,《诗品》提要,北京:中华书局,1997年,第2739页。

② 永瑢等:《四库全书总目》卷一九五,《诗品》提要,北京:中华书局,1965年,第1781页。

③ 纪昀等:《钦定四库全书总目》卷一九七,《冷邸小言》提要,北京:中华书局,1997年,第2772页。

④ 纪昀等:《钦定四库全书总目》卷一九五,《优古堂诗话》提要,北京:中华书局,1997年,第2741页。

⑤ 永瑢等:《四库全书总目》卷一九五,《优古堂诗话》提要,北京:中华书局,1965年,第1782页。

⑥ 吴开:《优古堂诗话》,《历代诗话续编》(上),北京:中华书局,1983年,第274页。

三、许颉《彦周诗话》一卷(江苏巡抚采进本)

其谓韩愈齐、梁及陈、隋众作,等蝉噪语,不敢议,亦不敢从。①

按,"其谓韩愈齐、梁及陈、隋众作,等蝉噪语",断句明显有误。考《四库全书总目》中《彦周诗话》提要载曰:"其谓韩愈'齐梁及陈隋,众作等蝉噪'语,不敢议,亦不敢从。"②又考许颉《彦周诗话》载曰:"六朝诗人之诗,不可不熟读……退之云:'齐梁及陈隋,众作等蝉噪。'此语我不敢议,亦不敢从。"③再考韩愈《荐士》诗曰:"周诗三百篇,丽雅理训诰。曾经圣人手,议论安敢到……齐梁及陈隋,众作等蝉噪,搜春摘花卉,沿袭伤剽盗。国朝盛文章,子昂始高蹈……"④因此,此处断句应为"其谓韩愈'齐梁及陈隋,众作等蝉噪'语,不敢议,亦不敢从。"也就是说,我们不能把引文内容与诗文评提要文本内容混为一谈。

四、王士禛《渔阳诗话》三卷(编修励守谦家藏本)

如记其弟士祜论焦竑字。⑤

按,"记其弟",有误。考《文溯阁四库全书提要》载为"记其弟"⑥;《文津阁四库全书提要》所载相同⑦。又考《四库全书总目》载为其兄⑧。那么,二人兄弟关系如何呢?再考《清史稿》载曰:"士禛姿禀既高,学问极博,与兄士禄、士祜并致

---

① 纪昀等:《钦定四库全书总目》卷一九五,《彦周诗话》提要,北京:中华书局,1997年,第2742页。
② 永瑢等:《四库全书总目》卷一九五,《彦周诗话》提要,北京:中华书局,1965年,第1782页。
③ 许颉:《彦周诗话》,《历代诗话》(上),北京:中华书局,1981年,第383页。
④ 韩愈著,王基伦注析:《韩愈诗选》,郑州:中州古籍出版社,2016年,第110页。
⑤ 纪昀等:《钦定四库全书总目》卷一九五,《彦周诗话》提要,北京:中华书局,1997年,第2758页。
⑥ 金毓黻等编:《文溯阁四库全书提要》(第5册)卷一百一十二,北京:中华书局,2014年,第3964页。
⑦ 《四库全书》出版工作委员会:《文津阁四库全书提要汇编》(集部下),北京:商务印书馆,2006年,第1042页。
⑧ 按,"如记其兄士祜论焦竑字"。参阅永瑢等:《四库全书总目》卷一九六,《渔阳诗话》提要,北京:中华书局,1965年,第1793页。

力于诗,独以神韵为宗。"①还考,王士禛《渔阳诗话》载曰:"东亭(案,士祜)与宋荔裳、严武伯熊、叶元礼舒崇诸名士,游吴兴道场山,共赋五言诗,兄诗先成,群公叹绝,以为'微云淡河汉'之比。"②也就是说,王士祜为王士禛之兄,非其弟也。

五、吴兢《乐府古题要解》二卷(两江总督采进本)

> 晋《跋》称是书凡三本:一得之广山杨氏、一得之锡山颜氏、最后乃得一元板,然则是书为元人所赝造也。③

按,《乐府古题要解》有三种不同版本之说见于毛晋《跋》文。考吴兢《乐府古题要解》中毛晋《跋》载:"余家藏是书凡三本:一得之虞山杨氏,一得之锡山顾氏,……既得元版,颇善。"④此处所用版本为"明崇祯毛氏汲古阁刻津逮秘书本"⑤。汲古阁为明毛晋藏书之处,收藏了诸多宋、元珍贵书籍。又考《历代诗话续编》收录《乐府古题要解》,所载毛晋《跋》内容亦同。⑥《四库全书总目》载"板"为"版"。⑦因此,《钦定四库全书总目》载为"板"字,值得商榷。此与潘昂霄《金石例》提要所载情况类似,其"书在元代板凡三刻"⑧。

六、蒋冕《琼台话》⑨二卷(编修吴典家藏本)

按,"《琼台话》"著作名称不准确。考《四库全书总目》载为《琼台诗话》⑩。

---

① 赵尔巽等:《清史稿》(第33册)卷二百六十六,北京:中华书局,1977年,第9954页。
② 王士禛:《渔洋诗话》卷上,《清诗话》(上),上海:上海古籍出版社,1963年,第165页。
③ 纪昀等:《钦定四库全书总目》卷一九七,《乐府古题要解》提要,北京:中华书局,1997年,第2761—2762页。
④ 按,《总目》关于"广山杨氏、锡山颜氏"的说法不准确,因与本文关系不大,故不深究。
⑤ 吴兢:《乐府古题要解》,《四库全书存目丛书》第415册,济南:齐鲁书社,1997年,第15页。
⑥ 参阅吴兢:《乐府古题要解》,《历代诗话续编》(上),北京:中华书局,1983年,第67页。
⑦ 永瑢等:《四库全书总目》卷一九六,《乐府古题要解》提要,北京:中华书局,1965年,第1796页。
⑧ 纪昀等:《钦定四库全书总目》卷一九六,《金石例》提要,北京:中华书局,1997年,第2755页。
⑨ 纪昀等:《钦定四库全书总目》卷一九七,《琼台话》提要,北京:中华书局,1997年,第2768页。
⑩ 永瑢等:《四库全书总目》卷一九七,《琼台诗话》提要,北京:中华书局,1965年,第1800页。

又考《四库采进书目》"浙江省第十次呈送书目"载曰:"《琼台诗话》二卷,明蒋冕辑。"①《四库全书存目丛书》所载亦为《琼台诗话》,明崇祯十一年爱吾庐刻本②。

七、谢榛《诗家直说》二卷(两江总督采进本)

至所谓"诗以一句为主,落于某韵,意随字生,岂必先立意云何",其语似高实谬,尤足误人。③

按,《四库全书总目》"诗家直说"提要断句方式与此处相同④。考《四溟诗话》(案,《诗家直说》又名《四溟诗话》)载曰:"诗以一句为主。落于某韵,意随字生,岂必先立意哉?杨仲宏所谓:'得句意在其中'是也。"⑤也就是说,"岂必先立意"在《四溟诗话》中是意义完整的一句话,如果曰:"岂必先立意云何",就完全改变了引用文献的含义。本文认为,此处断句应为:至所谓"诗以一句为主,落于某韵,意随字生,岂必先立意"云,何其语似高实谬,尤足误人。

八、《绿天耕舍燕抄》四卷(两淮盐政采进本)

不著撰人名氏,但署云畴子辑,不知何许人也。⑥

按,"云畴子"有误,正确应为"雪畴子"。考《四库全书总目》载为"雪畴子"⑦。又考《四库全书存目丛书补编》所录清抄本(今北京图书馆藏)《绿天耕舍

---

① 吴慰祖校订:《四库采进书目》,北京:商务印书馆,1960年,第134页。
② 蒋冕:《琼台诗话》,《四库全书存目丛书》第416册,济南:齐鲁书社,1997年,第540页。
③ 纪昀等:《钦定四库全书总目》卷一九七,《诗家直说》提要,北京:中华书局,1997年,第2774页。
④ 永瑢等:《四库全书总目》卷一九七,《诗家直说》提要,北京:中华书局,1965年,第1801页。
⑤ 谢榛:《四溟诗话》卷二,北京:中华书局,1985年,第20页。亦可参阅刘德重、张寅彭:《诗话概说》(修订版),合肥:安徽教育出版社,2009年,第175页。
⑥ 纪昀等:《钦定四库全书总目》卷一九七,《绿天耕舍燕抄》提要,北京:中华书局,1997年,第2774页。
⑦ 永瑢等:《四库全书总目》卷一九七,《绿天耕舍燕抄》提要,北京:中华书局,1965年,第1804页。

燕抄》所载亦同①。

九、费经虞《雅论》二十六卷（安徽巡抚采进本）

而引孙颖达《诗》疏。②

按，"孙颖达"中"孙"实为"孔"之误。考《四库全书总目》载曰"孔颖达"③；又考《雅论》曰"孔《诗疏》云"④。此处应为"孔颖达"。佐证亦可参阅《文心雕龙辑注》提要载曰："案：《系词》（案，应为辞）'易有四象'，孔《疏》（案，指孔颖达）引庄氏曰"⑤。

此外，《钦定四库全书总目》诗文评提要文本在施以简体字，横排过程中，对有些繁体字或异体字，没有能较好地处理，也是值得注意的现象。譬如，孟棨《本事诗》提要中"韦縠《才调集》作葛鸦（案，应为鸦）儿"⑥；又如司马光《续诗话》提要中"花去晓丛蝴蝶乱，箫声吹暖卖鍚（案，应为杏）天"⑦；陈师道《后山诗话》提要载中"蔡條（案，应为绦）《铁围山丛谈》"⑧；吴可《藏海诗话》提要中"讹'渝阴'为'阴渝'（案，应为沦）"⑨；周密《浩然斋雅谈》提要载中"厉鹗编《宋诗纪事》，符曾荨（案，应为等）七人编《南宋杂事诗》"⑩、又考《四库全书总目》中《浩然斋雅

---

① 雪畴子辑：《绿天耕舍燕抄》，《四库全书存目补编丛书》第 45 册，济南：齐鲁书社，2001 年，第 98 页。
② 纪昀等：《钦定四库全书总目》卷一九七，《雅论》提要，北京：中华书局，1997 年，第 2770 页。
③ 永瑢等：《四库全书总目》卷一九七，《雅论》提要，北京：中华书局，1965 年，第 1804 页。
④ 费经虞：《雅论》卷一，周维德集校：《全明诗话》第 6 册，济南：齐鲁书社，2005 年，第 4452 页。
⑤ 纪昀等：《钦定四库全书总目》卷一九五，《文心雕龙辑注》提要，北京：中华书局，1997 年，第 2737 页。
⑥ 纪昀等：《钦定四库全书总目》卷一九五，《本事诗》提要，北京：中华书局，1997 年，第 2739 页。
⑦⑧ 纪昀等：《钦定四库全书总目》卷一九五，《续诗话》提要，北京：中华书局，1997 年，第 2740 页。
⑨ 纪昀等：《钦定四库全书总目》卷一九五，《藏海诗话》提要，北京：中华书局，1997 年，第 2744 页。
⑩ 纪昀等：《钦定四库全书总目》卷一九五，《浩然斋雅谈》提要，北京：中华书局，1997 年，第 2753 页。

谈》提要载为"等"①；劳孝舆《春秋诗话》提要中"每条后各以所见附著之,既不同铨(案,应为诠)释传文,又非尽沿讨诗义"②、《四库全书总目》为"诠"③等。

本文进一步思考、追问,造成《钦定四库全书总目》诗文评提要文本点校错误或偏差的原因是什么？简言之,一果多因,即产生错误结果的原因多样。我们发现,其存在的错误或偏差,既有主观方面的原因,也有客观方面的原因,主观与客观相结合,足以遮蔽其对诗文评提要文本的正确理解；我们期待在去蔽的研究中,能逐步达到"澄明"的境界。本文所谓"主观方面"主要指点校者的文献批评视野局限,导致点校失误；"客观方面"则指诗文评提要文本所征引文献复杂、多样,增加了点校工作的难度。

首先,就"主观方面"而言,点校者文献视野的局限性。《钦定四库全书总目》诗文评提要文本的点校者虽然博学,但长于《楚辞》者,未必长于"别集"或"总集",长于"别集"或"总集"者,未必长于"诗文评",其他亦然。也就是说,从点校者文献批评视野的角度看,其大视野有一些局限性是不可避免的事情,进而造成文本点校的视野"盲点"；同时这也是点校者点校工作的疏忽所致。此主要体现在《钦定四库全书总目》对《四库全书总目》诗文评提要错误的沿袭,如"至所谓'诗以一句为主,落于某韵,意随字生,岂必先立意云何',其语似高实谬,尤足误人"。

其次,从"客观方面"看,《钦定四库全书总目》诗文评提要批评对象复杂而多样,不容易全面把握、理解。因为其批评征引文献繁多、琐碎,增加了点校工作的难度。如上文中的"王僧绰蜡凤一条"、"不著撰人名氏,但署云畴子辑"等。在点校过程中,点校者可能并未对《钦定四库全书总目》所征引文献内容进行逐条核对,从而造成人名之误、著作名称不准确等。

最后,从目前学界《钦定四库全书总目》诗文评提要研究成果看,可资点校借鉴者较为有限。具言之,余嘉锡、胡玉缙、李裕民、杨武泉等前辈《钦定四库全书总目》诗文评提要考辨情况如下：余嘉锡《四库提要辨证》"诗文评类"7则,从《本事诗》到《唐子西文录》④；胡玉缙《四库全书总目提要补正》33则,从《文心雕

---

① 永瑢等：《四库全书总目》卷一九五,《浩然斋雅谈》提要,北京：中华书局,1965年,第1790页。
② 纪昀等：《钦定四库全书总目》卷一九七,《春秋诗话》提要,北京：中华书局,1997年,第2778页。
③ 永瑢等：《四库全书总目》卷一九七,《春秋诗话》提要,北京：中华书局,1965年,第1806页。
④ 参阅余嘉锡：《四库提要辨证》(第4册)卷二十四,北京：中华书局,1980年,第1584—1599页。

龙》到《原诗》①;郭绍虞《宋诗话考》有关《钦定四库全书总目》宋诗文评提要 42则,从《六一诗话》到《弁阳诗话》(旧题周密附《浩然斋诗话》)②;蒋寅《清诗话考》与《钦定四库全书总目》明、清诗文评提要相关 19 则③;李裕民《四库提要订误》19 则,从《六一诗话》到《老杜诗评》④;杨武泉《四库全书总目辨误》8 则,从《风月堂诗话》到《诗薮》⑤。此外,王承斌《〈四库全书总目〉"诗文评类存目考辨"》7则,从《诗法源流》到《冰川诗式》⑥。上述共计 127 则,亦包括重复部分在内。《钦定四库全书总目》诗文评提要"著录"64 则;"存目"85 则,共计 149 则。如《四库全书总目辨误》2001 年出版、《清诗话考》2005 年出版(2007 年出修订版),皆在《钦定四库全书总目》诗文评提要点校本出版之后。因此,对于《钦定四库全书总目》诗文评提要点校文本存在的错误,我们要以同情理解的态度来对待。我们辨误的主要目的在于使其更为完善,充分发挥其学术批评的价值与意义。

综上所述,以学术问题研究为导向的《钦定四库全书总目》诗文评提要点校文本在发展中传承中华民族文学批评的诸多因素,它是清代文学批评正宗观念、正统思想的重要载体之一,在历时性诗文著作梳理与共时性诗文作家审视中,呈现文学批评史的独特精神、多样风貌。因此,它不仅具有折中、集大成的特征,且开启了现代文学批评研究的先河,作用不可低估。

---

① 参阅胡玉缙撰,王欣夫辑:《四库全书总目提要补正》(下)卷五十九,上海:上海书店出版社,1998 年,第 1657—1680 页。

② 参阅郭绍虞:《宋诗话考》,上海:复旦大学出版社,2015 年,第 13—123 页。

③ 参阅蒋寅:《清诗话考》,北京:中华书局,2007 年,第 234—341 页。

④ 参阅李裕民:《四库提要订误》(修订版),北京:中华书局,2005 年,第 429—454 页。

⑤ 参阅杨武泉:《四库全书总目辨误》,上海:上海古籍出版社,2001 年,第 290—293 页。

⑥ 王承斌:《〈四库全书总目〉"诗文评类存目考辨"》,《图书馆工作与研究》2008 年第 4期,第 63—64 页。

张维屏与翁方纲及《四库提要》

李福标

(中山大学图书馆特藏部,广州　510275)

摘　要：清嘉道间广东文人张维屏与翁方纲、冯敏昌有亲密的师承关系,又与曾燠、潘有为、法式善、秦瀛等人有过从,并通过其交游对朱筠、纪昀、陆锡熊等前辈大佬在四库全书编纂的成就和贡献耳熟能详。这不但影响其对前辈文人编纂《四库全书》的看法、对《四库提要》的接受,而且直接启发了陈澧等后学。

关键词：张维屏　翁方纲　冯敏昌　《国朝诗人征略》　陈澧

《四库全书总目》自流通以来,就受到广东学者的重视。清同治年间,在两广总督阮元、盐政方浚颐等人的推动下,继浙江之后,广东书局将《四库全书总目》及《四库全书简明目录》等撰述付之剞劂,一版再版,广布人间。其主事者,是岭南大儒陈澧;而启发陈澧之人,实乃嘉道年间广东文坛领袖张维屏。前此已有拙文《陈澧与四库全书总目》论及之,[①]今仍将其人的交游与《四库全书总目》间的因缘缕述之,以见其对广东四库学的开导之功。亦大抵罗列旧事,卑之无甚高论,殆可以稍资学界之谈助云。

一、张维屏与四库馆臣的关系

张维屏(1780—1859),字子树,号南山,广东番禺(今广州市)人。清嘉庆九年(1804)举人,道光二年(1822)进士。历黄梅、南康诸州县。道光十六年辞官归里。年少即以诗鸣,鸦片战争中撰《三元里》《三将军歌》诸诗,讴歌抗英斗争,开风气先,在文学史上有重要地位;又从事《国朝诗人征略》(以下简称《征略》)正续编等撰述多种,享誉学林。其人一生交游广泛,其中与前辈四库馆臣的交

---

① 李福标：《陈澧与〈四库全书总目〉》,收入2018第三届中国四库学高峰论坛(杭州)会议论文集。

游最为亮眼,对其人的诗与学影响甚巨。

(一)张维屏的师承:翁方纲、冯敏昌

在张与四库馆臣的关系中,以与翁方纲为最密。而张与翁之间,又是以另一馆臣冯敏昌为中介的。翁方纲(1733—1818),字正三,号覃溪,顺天大兴人。乾隆十七年(1752)进士。官内阁学士,左迁鸿胪寺卿。有《粤东金石略》《复初斋诗文集》等。张之干谒翁,始于嘉庆十二年二十八岁北上赴试时。《征略》卷三四"翁方纲"条自叙:"四月入都,时翁覃溪方纲学士罢官家居,海内骚坛岿然鲁灵光也。顾朋辈中每言先生持论太严,门墙太峻,是以屏于先生门下虽有渊源,未往请见。九月一日,先生嗣君宜泉太史忽见访,言:'家君知子来已数月,曷为不往相见?今日特命仆来奉约,明晨便往,勿迟也。'屏诺之。翌日往见,覃溪颜色甚欢,大称赏,惊呼:'诗坛大敌至矣!'"又叙云:翁氏谓:"前年伊墨卿携子诗一册示余,余意中早有一张南山,乃今始得握手于苏斋耶!"乃共几对谈,辱承奖藉。①

依此,张维屏言中称"于先生门下虽有渊源",似指一年前携其诗以呈翁的前惠州知府伊秉绶。然伊秉绶之师为朱筠,与翁氏并无师生关系,故非是。实际上,张维屏尝师钦州冯敏昌(1747—1807)学诗,而冯正是翁广东学政任上所拔士,誉为"南海明珠"。冯字伯求,号鱼山,诗为岭南三子(另张锦芳、胡亦常)之冠,而古文受之朱筠、钱大昕。据冯士履编《先君子太史公年谱》,冯敏昌入职四库馆在乾隆四十五至四十八年间。② 翁、冯师生情深谊笃,《征略》卷四五"冯敏昌"条云:"鱼山先生弱冠时即为学使北平翁公方纲所赏拔,且命随至省垣节署读书。后先生官都中,亦追随先生最久,受知最深,故朋辈中每语及翁公,先生辄肃然动容,且为叙述师训,娓娓不倦。先生既殁之明年,余入都见翁公,语及先生,公辄欷歔鸣咽,盖师弟之谊笃挚如此。至先生每朔望向阙稽首,转而拜于祖及其师,终身如一日。"而冯氏于张亦格外钟爱,《征略》同条云:"先生以忧归,前后主讲端溪、越华、粤秀三书院。时余方弱冠,先生一见即索观近诗,因录数十首就正。先生评云:'诗才清逸,自是空群之彦。及此盛年,精进不已,方当扶轮大雅,岂但横绝一时。'又书楹帖见赠,云:'声华日下苟鸣鹤,志节琅琊邴曼容。'今悬斋壁间,犹令人想见老成典刑也。"在张入都备考前,冯就常向他讲翁氏事迹,鼓励他入都后拜访翁,云:"子如质所疑,师必示以则。"③

---

① [清]张维屏:《国朝诗人征略》初编,清道光粤东省城富文斋刻本。以下所引均出此本,不再一一出注。
② [清]冯士履编,冯士镛补编:《先君子太史公年谱》,清道光刻本。
③ [清]张维屏:《听松庐诗钞》卷二《呈翁覃溪先生》诗,清道光刻本。

或以为张与翁的"渊源"仅止于此,则又非是。从科第意义上来说,其"渊源"尚另有所指。嘉庆十六年闰三月翁方纲取张维屏诗,合谭敬昭、黄培芳诗序之,题曰"粤东三子",其序曰:"当鱼山向学之初,予与陆耳山、李南涧击节推赏于羊城,又与钱萚石把卷欣叹于都门,皆鱼山早岁诗也。今又三十余年,而吾门陈荔峰于粤得张南山、黄香石二诗人,又因南山得见谭康侯之作。三子诗各有所就,粤中将刊此三集,而问序于予,予方日与南山论诗,又得见《香石诗话》,持论皆正,恶可无一言?"①言中"吾门陈荔峰",乃指钱塘陈嵩庆,为翁所拔士;而张维屏为嘉庆九年陈嵩庆广东学政任上所举,得乡试第三十四名。②

既如此,为什么张又不大胆地去攀附翁氏呢?一来听说翁氏门墙严峻,而自己年岁尚轻,未免顾虑重重;二来因冯敏昌新逝,自己冒然叩门,有借报丧以行卷之嫌,端士所不为也。面见后,为什么翁氏不说冯敏昌或陈嵩庆推荐过张维屏,而称"伊墨卿携子诗一册示余"呢?以冯氏新逝,伤心事不轻弹而顾左右以言他也。且已言张维屏另一诗友伊秉绶矣,则其师陈、冯之荐岂不自明且加倍矣夫?更何况伊秉绶与冯亦是同学,出入朱筠之门呢。

翁方纲与岭南文坛渊源颇深。乾隆二十九年,三十二岁的翁方纲奉命督学广东,因政绩优异而连任三届至三十七年,在广东树艺长达八年之久。此后对广东入京文士格外垂爱,更何况于自己门生的小弟子呢?知道张维屏入京,逡巡而不敢入见,竟耐不住直接叫儿子去寻。一旦入门,七老八十的诗坛盟主见到这么个三十不到而惴惴不安的后生,翁氏简直就像贾母见到了林黛玉,心疼得不行,乃张大怀抱,故作仰首惊呼状:"诗坛大敌至矣!"此话不能说明年轻的张维屏在文坛上当真已很厉害,却足见翁氏的宽厚和幽默。

越日,张即赋诗呈翁云:"公怀自浩浩,小草亦嘘植。谆谆勉力学,法古毋貌袭。诗髓参微茫,得失究纤悉。汉魏唐宋元,万法归一穴。本朝推渔洋,著录征定识。尊宿言讵忘,下走说请毕。少陵美多师,昌黎重解惑。学海千派殊,灵台众妙集。徒抽独茧纶,终逊百花蜜。公示一指禅,我乞诸天食。颇思穷垓埏,未敢守阡陌。"③翁亦即刻赠诗:"风抗南园后,鱼山又药房。……于苏窥杜法,诗境乃升堂。"④京城备考之际,张"每清晓过苏斋,先生辄为论古人诗源流异同,亹亹不倦";⑤出京后,张虽在天一涯,但鸿雁频寄,请学敲诗。⑥

---

① [清]翁方纲:《复初斋外集》文集卷一,清道光十六年李彦章刻本。
② [清]梁廷枬:《粤秀书院志》卷一三,清咸丰二年刻本。
③ [清]张维屏:《听松庐诗钞》卷二《呈翁覃溪先生》诗。
④ [清]翁方纲:《复初斋诗集·石画轩草四》之《赠张南山孝廉三首》诗其三,清嘉庆刻本。
⑤ 参沈津:《翁方纲年谱》,台北"中央研究院"中国文哲研究所2002年版,第473—474页。
⑥ 同上,第429—487页。

翁氏仁厚的"隔代亲"在客观上提拔了张,特别是"诗坛大敌"一语使张名播京华,顷刻间拥有了高端的朋友圈。而张也在主观上感恩戴德,拥护备至。嘉庆二十年四月,翁以《石洲诗话》稿寄时任两广总督的门人蒋攸铦,属为开雕。蒋随命张维屏董校勘之役。刻成,张为作跋云:"维屏既以诗辱知于先生。忆乙卯、戊辰寓京师,每清晓过苏斋,先生辄为论古人诗源流异同,孜孜不倦。……至先生闻见之博,考订之精,用心之勤,持论之正,是编特全鼎之一脔耳。"①道光十年,张维屏五十一岁时在京与张祥河饮酒论诗,祥河撰《赠张南山司马即题其听松庐诗稿后》诗云:"学人论诗实非是,毕岁矻矻胡为乎。诗本天真自可喜,古人辞尚达而已。琼波诡谲固霸才,训诂入诗诗亦死。尊前放论追汉唐,得勿笑我醉后狂。"②盖暗讽翁方纲诗有训诂气也,维屏毫不含糊,乃立辨以博学爱才如翁者世所少。③ 翁仙逝多年后,张仍拿出翁的诗歌手稿摩挲回忆,"每一展览,如亲杖履,怆怀知己,追溯典型,不禁泫然陨西州之涕也"。④ 竟有意为翁撰年谱,但"未得其详,凡家传、墓志,屏未获见",只好在诗集中举其生平大略,著《翁覃溪先生年谱稿》。⑤

(二)张维屏与其他四库馆臣的交游

四库馆臣中,除与翁、冯的师承关系之外,张维屏还跟潘有为、蒋攸铦、法式善、秦瀛、曾燠等关系颇密,其中亦多因翁方纲的关系而相交。

1. 潘有为　字毅堂。广东番禺人。乾隆三十五年举人。为翁方纲所举士,与冯敏昌为同年友,于张维屏为师辈。其人后官内阁中书。后丁父忧,不复出。有《南雪巢诗》。张少年时就当与潘有交集。有为乃广州十三行巨贾有度之弟。乾隆五十六年,潘有度聘张维屏父炳文馆于潘氏南墅双桐书屋授其子正亨、正炜读,十二岁的张维屏随入馆就学。时与金菁莪、吴格、张思齐诸人课余聚乐。⑥嘉庆十八年,潘正衡倡常阴轩诗社,张维屏与焉,为赋诗五题八首。请潘有为评阅,取张维屏《五羊石》诸诗为卷首。此后仍时与潘有为交游唱和。嘉庆十九年

---

① [清]翁方纲:《石洲诗话》张维屏跋,清嘉庆二十年刻本。
② [清]张祥河:《小重山房诗词全集·诗舲诗录》卷五,清道光咸丰间刻本。
③ [清]张维屏:《松心诗集·花地集》卷四《诗舲方伯自粤西寄示诗集中有见赠长篇盖庚寅所作也赋此奉报》诗自注,清道光咸丰间刻《张南山全集》本。
④ [清]张维屏:《国朝诗人征略》初编卷三四。
⑤ 汪兆镛:《碑传集三编》卷三六,《近代中国史料丛刊续编》第七十三辑,台北:文海出版社,1980年。
⑥ [清]张维屏:《艺谈录》卷下"潘正亨"条引《听松庐诗话》,清刻本。

二月,魏成宪将随粤督蒋攸铦赴广西公干,二人还应叶梦龙之招集风满楼饯行。①

2. 蒋攸铦　字颖芳,号砺堂。汉军人。乾隆四十九年进士。为翁方纲门下士。官大学士。有《绳枻斋诗钞》。嘉庆十七年,蒋为两广总督,公余尝邀张维屏谈艺,宾主对坐,相与酬和,形迹胥忘。②嘉庆十八年,张从蒋攸铦处得翁方纲书函。③嘉庆二十年,翁以《石洲诗话》稿寄蒋,属为开雕,蒋转命南山董校勘之役。嘉庆二十二年九月,蒋调四川总督时自言:"余督粤六载,公余邀南山论文谈艺,而南山从未干以私,余益重之。"嘉庆二十四年九月,清仁宗六旬万寿,蒋攸铦入都祝嘏,邀张维屏至直庐,此后数旬中凡蒋之奏御、笔札等文字均出张维屏之手,且奖许甚至。④

3. 秦瀛　字凌沧,号小岘。江南无锡人。乾隆三十九年举人。官刑部侍郎。有《小岘山人集》。秦瀛嘉庆九年为广东按察使,十年升浙江布政使,卸任前冯敏昌招张维屏、黄培芳等饯送于花田。⑤十二年,秦瀛在京招张维屏等集寓斋唱和,张有诗云:"记从珠水送扬舲,又向京华仰德星。百粤民情深望岁,九重天眷慎明刑。但知报国心常赤,只为怜才眼易青。把酒劳公问桑梓,海门风黑浪犹腥。"⑥《征略》卷四三"秦瀛"条云:"丁卯余在都中,先生招同法时帆宫庶、吴兰雪国博、陶季寿大令、潘伯临比部拜淮海先生像,谈燕极欢。后公余辄招过寓斋,评诗读画。先生论及古人诗文,或自出所作,每琅琅吟诵,或谈古今事,意所不可,辄振袂离席,甚且匕箸落于地。其真性坦率,令人想见老辈天怀,犹是书生本色也。"

4. 法式善　字开文,号时帆。蒙古人。乾隆四十五年进士。官侍读。有《存素堂稿》。嘉庆十二年在都,秦瀛招张与法式善诸人拜秦观像;东坡诞日,翁方纲招张与法式善等集苏斋拜东坡公笠屐画像,乃与法式善往还甚契。《征略》卷四七"法式善"条云:"丁卯余寓都门,秦小岘侍郎招同时帆学士暨诸词人拜淮海先生像。越日,学士过余寓斋,茶话良久,且曰:'朋好多在城南,吾常出城,子

---

① [清]魏成宪:《清爱堂集》卷一七《将之桂林叶云谷农部梦龙招同潘毅堂观察李凤冈太守张南山孝廉小集风满楼饯别》诗,清道光八年刻本。

② [清]张维屏:《国朝诗人征略》二编卷四三"蒋攸铦"条,清道光刻本。

③ [清]张维屏:《听松庐诗钞》卷五《奉答覃溪先生》诗中自注。

④ [清]张维屏:《国朝诗人征略》二编卷四三"蒋攸铦"条。

⑤ [清]秦瀛:《小岘山人集》卷一七《七月八日鱼山朴石招同顺德张孝廉维屏张秀才思齐香山黄明经培芳鹤山吴孝廉应逵番禺刘秀才广利灵山梁秀才昃钦州冯秀才士履饯予于花田复赋此志别》诗,清嘉庆二十二年城西草堂刻本。

⑥ [清]张维屏:《听松庐诗钞》卷二《五月十日少寇秦小岘先生招同家船山侍御问陶鲍树堂侍御勋茂吴兰雪国博嵩梁潘伯临比部家孟平孝廉延年集寓斋赋呈一首》诗。

勿拘往还之礼,吾所居甚远也。'其待人温厚如此。旬余余乃报谒,主人出城,余入其室,庭户翛然,新绿侵帘,古书插架,为裵裵久之。"又云:"时帆先生索余诗,欲选入《诗龛及见录》。余方欲改定数十篇,觅人写正与之,会偕友南旋,忽促未果。后因便寄去一帙,未几闻先生归道山,令嗣亦下世,所寄诗不知入目否。"

5. 曾燠　号宾谷。江西南城人。乾隆四十六年进士。官至贵州巡抚。有《赏雨茅屋诗文集》。嘉庆十五年,时为广东布政使的曾燠于光孝寺内重建虞翻祠,张维屏赋《诃林虞仲翔祠》诗纪其盛。① 嘉庆十六年九月二十八日,曾燠又招张维屏、伊秉绶诸人集光孝寺。②

除以上所述,前引翁方纲《粤东三子诗序》中称冯敏昌还受陆锡熊、朱筠、钱载等激赏,而陆、朱、钱后均入四库馆,地位綦重。晚生张维屏无疑对他们心存一份特殊的敬爱。

(三) 张维屏的其他交游与四库馆臣的渊源

甚至在张维屏的其他并未有四库馆经历的交游中,也有与四库馆臣的因缘在。略举二例:

1. 金菁莪　字艺圃。广东番禺人。嘉庆七年进士。官兵部主事。有《轩于诗文钞》。如上所述,乾隆五十二年潘有度聘张维屏父炳文馆于潘氏南墅双桐书屋,南山随入馆就学,时与金菁莪诸人课余聚乐。嘉庆三年九月,又与金菁莪诸人集南墅联句,并赋诗送金菁莪北上应试。③《征略》卷五五"金菁莪"条记:嘉庆七年、八年间仍与金菁莪、潘正亨等集南墅,"裵羊其间"。则其与金菁莪读书游乐相续之日久、感情之深可知。

2. 伊秉绶　字组似,号墨卿。福建宁化人。乾隆五十四年进士。有《留春草堂诗草》。嘉庆七年,张维屏《秋怀》诗八首为惠州府知府伊秉绶所赏,来札订交,遂往谒见。④ 同年十二月十九日苏轼诞辰,张在惠州,为伊所招,同宋湘、张思齐诸人设祀,有诗。⑤ 嘉庆十三年,张与林伯桐、黄培芳诸人筑云泉山馆于白

---

① [清]张维屏:《花甲闲谈》卷五,清道光富文斋刻本。
② [清]陈昙:《海骚》卷四《九月二十八日,曾宾谷方伯招陪伊墨卿夫子、邱太守先德、刘编修彬华、谢吉士兰生、江文学之纪、叶兰成、张维屏二孝廉集光孝寺》诗,清嘉庆十六年邝斋刻本。
③ [清]张维屏:《松心诗集·珠江集》卷一、《花甲闲谈》卷五《秋晚集南墅联句送金艺圃孝廉菁莪北上》诗注。
④ [清]张维屏:《听松庐诗钞》卷六《哭墨卿先生》诗自注。
⑤ [清]张维屏:《松心诗集·珠江集》卷二《十二月十九日苏文忠公生日伊墨卿太守秉绶招同宋芷湾庶常湘家无山思齐陈仲卿昙两茂才设祀寒玉斋》诗。

云山,请伊撰记,有"七子诗坛"之语。① 嘉庆十六年九月,伊自闽来粤,与张畅谈至夜,并为题《松石读书图》,有诗纪之。② 嘉庆十八年正月伊秉绶来访,张喜而作《墨卿太守枉驾草堂喜晤》诗,并乞为作《云泉山馆记》。③ 嘉庆二十年,伊秉绶卒于扬州府知府任上。讣至,叶梦龙招张维屏等集广州长寿寺为位以哭,张恭撰祭文,续又作《哭墨卿先生》诗致悼。④

以上二人以年辈较晚,虽未及参校四库书,然同四库馆臣的渊源颇深。金菁茅以纪昀为师。《花甲闲谈》卷五《二高传》记徐本义云:"于书无所不窥,尤熟史事。……貌清癯,性狷介,非义不取。广州太守欲延先生课子,先生曰:'士岂可出入有司衙署耶!'却之。平侍郎恕与先生善,侍郎视学粤东,邀先生襄校,先生曰:'吾当避嫌。'卒不往。……金兵部菁茅性伉爽,尝醉后大言曰:'吾生平止服两人:万卷罗胸,功深四库,其惟吾师纪文达公乎!千仞壁立,不染一尘,其惟吾师徐芍圃先生乎!'"又,《征略》卷五〇"伊秉绶"条:"既出朱文正公之门,而纪文达公尝延为西席,课公之孙,迨成进士。"

张维屏本服膺于纪昀、朱筠等,又因少年交好金菁茅和诗文知己伊秉绶,乃有格外一种亲切。《征略》卷三五"纪昀"条云:"或言纪文达公博览淹贯,何以不著书?余曰:文达一生精力,具见于《四库全书提要》,又何必更著书?今人目中所见书不多,故偶有一知半解,便自矜为创获,不知其说或为古人所已言,或为昔人所已驳,其不为床上之床、屋下之屋者,盖亦鲜矣。文达之不轻著书,正以目逾万卷,胸有千秋故也。或又言:文达不著书,何以喜撰小说?余曰:此文达之深心也。盖考据辨论诸书,至于今已大备,且其书非留心学问者多不寓目,而稗官小说,搜神志怪、谈狐说鬼之书,则无人不乐观之。故文达即于此寓劝戒之方,含箴规之意,托之于小说,而其书易行,出之以谐谈,而其言易入。然则《阅微草堂笔记》数种,其觉梦之清钟,迷津之宝筏乎!观者慎无以小说忽之。"又,同卷"朱筠"条云:"《四库全书》得于《永乐大典》者凡五百余部,皆世所不传之本,先生一言,而此五百余部之书其精神心力得以复见于世。呜呼!可谓盛业矣。"赞叹不止。

---

① [清]金菁茅:《张南山先生年谱撮略》,清咸丰刻本。
② [清]张维屏:《松心诗集·白云集》卷一《九月廿一夜墨卿太守枉过适黄香石同年朱文学文溥在座谈至二鼓》诗。[清]伊秉绶:《留春草堂诗钞》陈昙跋。
③ [清]张维屏:《听松庐诗钞》卷六《云泉歌》诗自注。
④ [清]张维屏:《听松庐诗钞》卷六、《国朝诗人征略》卷五〇"伊秉绶"条。

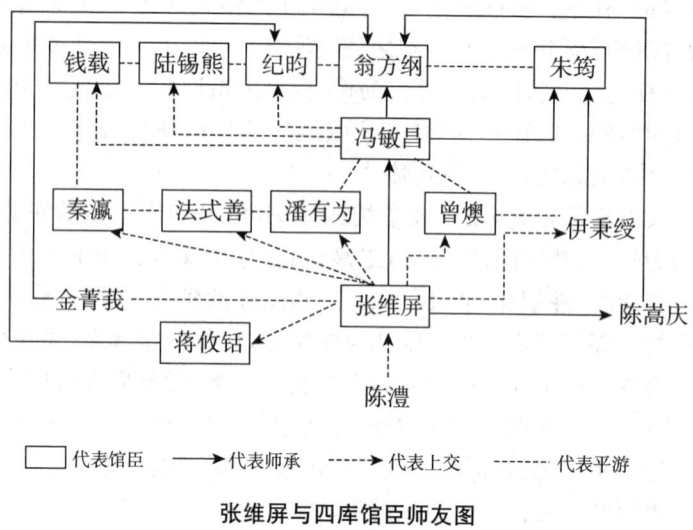

张维屏与四库馆臣师友图

二、《国朝诗人征略》对《四库提要》的藉重

以上之所以长篇累牍地梳理张与四库馆臣的关系,目的是要说明他对《四库全书》,特别是对《四库全书总目》之重视。这个问题以前没人注意过,故要加以说明,不如从张的巨著《国朝诗人征略》初编、二编单刀直入。这书是张于嘉庆、道光间所辑的诗话撰述,初编六十卷,大略编定于嘉庆二十四年,录清代诗人929家;二编六十四卷,大略编定于道光二十年,录清诗人262家,其中与初编重出者数人。《诗话》之类虽属集部,而实际上是集部流略之学。而《征略》体例为张维屏所独创,全书以诗人姓名为条目,每条大抵包括五部分:一、诗人字号、里贯、生平主要经历及著述;二、辑录自诸家文集、诗话、志乘、说部中的有关的轶事及诗评;三、摘录作者自撰的《听松庐文钞》《听松庐诗话》《松轩随笔》《松心日录》中有关的评述;四、其人重要诗作的标题;五、其人的诗作佳句。总体来说,《征略》可谓集"传"、"论"、"选"于一体,所载大量名臣名儒事略,皆以修身齐家治国平天下为要务,而于军事方面如收西北、平叛乱、办乡兵、制造枪炮火药等,经济方面如治河、开矿、赈灾、钱法等,教育方面如建书院、兴义学等,皆一一网罗,可见其经世之心。《征略》核心部分的体例是与《四库提要》相仿而相通的。

陈永正整理本《点校说明》指出其书所征引的材料来源云:"第一部分为诗人所编撰,保存了不少见于其他载籍的诗人资料,其中广东诗人的资料尤为详尽,颇具文献价值;第二部分征引诸书,取材宏富,无曼衍之病,是较为完备的诗人资料汇编,其中所引的一些著作,现已稀见或失传,故更为可贵;第三部分是全书的精华,大量引录作者的著作,进行具体而微的评介,有不少精到之论。"①可偏就忽视了张称引《四库全书总目》的现象。事实是,《征略》引用"四库提要"的分量,在所有征引书籍中是分量最大者之一。据统计,其数据如下:引张自撰《听松庐诗话》403条、《听松庐文钞》128条、《松轩随笔》160条、《松心日录》63条,引其他著述较多者有《四库提要》255条、沈德潜《国朝诗别裁》111条,除他自撰的《听松庐诗话》之外,引用最多的即是《四库提要》。另,其安排征引群籍之例,均以《四库提要》居首,其下再列其他引用文籍。无论就征引数量还是在书中安排的位置来说,《四库提要》的重要性在《征略》中均一目了然。当然,此亦有说:一者,《四库提要》于天下群籍著录最详,是堪称完备的工具书,《征略》网罗一代诗人达千余,自然引用较多;另者,《四库提要》是钦定之书,当然要置于首要的位置以示尊重,有何稀奇呢?然历史地看问题,则又当承认,在当时《四库提要》并非轻易能得的情况下,张能在撰述中大量引用,实在是大有眼光的。在与张维屏友善的四库馆臣中,法式善《存素堂文集》《陶庐杂录》、秦瀛《乙未词科录》、曾燠《江西诗征》《国朝骈体正宗》等均有征引《四库全书》书目提要者,然只是极少量。广东作者中,同被誉为"粤东三子"的黄培芳著有《香石诗话》,亦得翁方纲揄扬,而或因撰述体例所限,其中竟未有提及《四库提要》者。可以说,张维屏《征略》之推重《四库提要》,又借《征略》推广《四库提要》,开广东学人风气之先。

乾隆四十七年《四库全书》编成时,张维屏方三岁。乾隆六十年,《四库全书总目》方有浙江刻本和武英殿刻本的出现,时张维屏十六岁。至于《总目》流通至广东,为一般读书人聚精会神地阅览,则又不知在此后何年何月了。嘉庆十二年张二十八岁见到翁方纲之前是以诗名的,且又为求功名所累,大概不至于有时间用力啃《四库全书总目》的。其注心于四库提要,必在入都拜谒翁方纲之后。

众所周知,在乾嘉时期,翁被视为肌理诗派的代表,主张以学问为诗,讲求道理、考据,强调远唐亲宋和尊杜崇苏,认为"宋人之学,全在研理日精,观书日富,因而论事日密","宋人精诣,全在刻抉入里,而皆从各自读书学古中来,所以不蹈袭唐人也"②。其代表作《石洲诗话》完成于岭南,后来也特意选择在岭南刻成流布,岭南诗坛不免受其祧唐祢宋、尊杜崇苏等主张的影响。乾隆中后期,岭南诗歌之所以出现清代第二个高潮的原因固然很复杂,但翁方纲督学广东、且

---

① [清]张维屏编撰,陈永正点校:《国朝诗人征略》,广州:中山大学出版社,2004年。
② [清]翁方纲:《石洲诗话》卷四。

长期关心广东文坛所造成的积极影响是一个重要的因素。① 然而,岭南诗坛总体诗风学宋固有之,但鲜少以学为诗者。作为诗人的张维屏,其诗风也显然并非翁氏一路,②其主张也持与翁氏"和而不同"之旨。③ 这么说,张与翁之间是否"当面输心背面笑"呢?当然不是的。事实上,他遵循翁氏多方指导,并得其提携,眼界大开,诗歌创作水平得到很大提高。他因翁方纲而更非常推崇苏轼,许多诗词都具有苏轼风格,且在许多岭南诗社、词社举办的纪念苏轼活动中都能见到他活跃的身影。然而,张固然受到翁诗学的影响良多,而对翁的学术更为推崇。翁在连任广东学政之后,于乾隆三十八年至乾隆四十六年任《四库全书》馆校办各省送到遗书纂修官,期间饱览群籍。翁曾有"致林泰交"书云:"弟自癸巳蒙恩再入翰林,八载校雠,得以稍补幼时失学之憾。……尔来数年,适象兄帮同校阅四部万卷,粗已尽心。"④当时采进书纂修官平均每人办书约有七百余部,而翁氏所办书或达到千部以上;且翁氏注意保留其所撰提要稿,故存世者独多。⑤ 在翁的四库学方面,作为虚心向学的晚辈,张没有任何理由视而不见。他曾说:"覃谿先生精心汲古,宏览多闻,于金石谱录、书画碑版之学尤能剖析毫芒,如肉贯串,生平论诗谓渔洋拈'神韵'二字,固为超妙,但其弊恐流为空调,故特拈'肌理'二字,盖欲以实救虚。《复初斋集》中诗,几于言言征实,使阅者如入宝山,心摇目眩。盖必有先生之学,然后有先生之诗,世有空疏白腹之人,于先生之学曾未窥及涯涘,而轻诋先生之诗,是则妄矣。"⑥

翁在清代文坛上,其诗不如其学;其《石洲诗话》在广东的影响,似也不如另一学术撰述《粤东金石略》。而张维屏也不满足做一名诗人,他还有一个学者的身份,经史子集都有涉足。翁主张以学为诗,主张诗与学合为一炉;而张则诗是诗,学诗学,划为二途。张在诗歌方面未追随翁,却无论在言谈还是著述中,都力为维护翁在学术上的地位。从其《征略》可见,翁氏学术对他的重要影响正在《四库提要》之学上,且当得到翁氏的耳提面命。

---

① 参见潘务正:《翁方纲督学广东与岭南诗风的演变》,《文学遗产》2013 第 2 期。
② [清]丘炜萲:《五百洞天挥麈》卷五评曰:"张南山司马亦出翁覃谿学士门下,虽极推重其师,然智水仁山,各乐其乐。今观两家之集,岂徒青出于蓝而胜于蓝,实在冰不同炭。"清光绪二十五年邱氏粤垣刻本。
③ [清]张维屏在《复翁覃谿先生》一诗中曰:"汉魏唐宋,递嬗递更。中有不更,至性至情。李杜韩苏,面目各异。中有不异,真意真气。素绚悟礼,磋磨悟诗。无固无执,有信有疑。规矩绳墨,先学古人。后贵有我,万法一身。盍各凤闻,率尔应恕。敬问起居,伏惟崇护。"见《听松庐骈体文钞》卷一。
④ 沈津:《翁方纲题跋手札集录》,桂林:广西师范大学出版社,2002 年,第 540 页。
⑤ 张升:《翁方纲纂四库提要稿的构成与写作》,《文献》2009 年第 1 期。
⑥ [清]张维屏:《国朝诗人征略》卷三四。

三、张维屏对岭南后学陈澧的影响

道光七年,张维屏四十八岁。十八岁的陈澧初次谒见,张阅陈澧诗大赏之,时教以诗法,又教以读书法,谓宜从《四库全书总目》入手。① 这一次本属平常的见面(标按:张为陈之姨丈),却对陈澧一生影响甚深。作为岭南大儒的陈澧本写诗不多,却为这一天写过《感旧诗》一首,云:"我年未弱冠,初见张南康。请问读书法,乞为道其详。答云四库书,提要挈其纲。千门兼万户,真如古建章。从此识门径,渐可升其堂。又言读书者,古书味最长。当时一古字,语重声琅琅。我得此二语,如暗室得光。我举此二语,先生云已忘。贱子不敢忘,书之什袭藏。"②

这时的陈澧拔得县试第一名,旋补廪生。督学翁心存尝告之曰:"汉儒之学如治田得米,宋儒之学如炊米为饭,无偏重也。"命入粤秀书院肄业,与杨荣绪、卢同伯、桂文耀为友,誉为一时"四俊"。院长陈钟麟极赏誉之。而此前一年,阮元在广东颁发学海堂章程,始设学长制,委派吴兰修、赵均、林伯桐、曾钊、徐荣、熊景星、马福安、吴应逵八人为学长。③ 应当说,广东学术已经步入一个黄金时代。陈澧在这样一个时代,又身为粤秀书院的学霸,竟然第一次听一个从外地回家闲居的官员说"读书应从《四库提要》入手",好不惊奇。

时张维屏以父卒,自道光六年冬从襄阳、武昌官任上回家守制。自此至道光十年,家居中陆续将《征略》初编刻至六十卷,并识云:"海内诗人众矣,诗集繁矣,兹编所录不过千百之十一,然百数十年以来心藏心写,师事友事之人,大半略可考见,且意在知人,本非选诗……回思在楚五年,每当簿书迷闷之余,风雨萧寥之会,开卷有益,聊以自娱,论者谓增广闻见,陶冶性灵,均有神助,因忿恚付梓。旋里四载,刻至六十卷,续有所得,随时增补,拙著四种,间附数条,藉以就正有道焉。道光十年二月维屏再识。"④ 未提及《四库提要》,而仅云"拙著四种"(即《听松庐诗话》《听松庐文钞》《松轩随笔》《松心日录》),却大量地征引《四库提要》。这是因为《四库提要》为钦定之书,且是目录工具书,为最高典范,遵之唯恐不及,何敢于自撰序中污之也? 其在首要位置添入《四库提要》在何时已不可考,无乃正在此空闲时期或稍前数年耶? 或正在此时日夜涵咏于《四库提

---

① [清]陈澧:《东塾集》卷四《与陈懿叔书》,清光绪十八年菊坡精舍刻本。
② 黄国声辑:《陈东塾先生遗诗》,见《陈澧集》,上海:上海古籍出版社,2008年。
③ 参见黄国声、李福标:《陈澧先生年谱》道光七年、八年条,广州:广东人民出版社,2014年。
④ [清]张维屏:《国朝诗人征略》卷首。

要》,方对少年陈澧顺口谈及也? 说者无心,听者有意,多少年后,张维屏本人已忘,可见陈澧对于学术的敏感;而陈澧记忆犹昨,亦可反映张维屏对于四库提要的推崇热忱与精熟程度。

  历史就是在不断的重复轮回中,呈螺旋式上升之状。回想张维屏与前辈四库馆臣的交游,特别是翁方纲的提携与影响,再看张维屏对陈澧的激赏与启示,广东学术正向更高层次腾跃。陈澧对《四库提要》的重视,无疑更在张维屏之上,不仅于同治七年在广东书局首刻《四库全书总目》《四库全书简明目录》,同治九年又重刻《简明目录》,且屡训教门人要购买新刻的《四库提要》,一定要读,读之期成通人。① 张、陈二人之相遭,可不谓广东四库学发生史上一大公案耶?

---

  ① 参见李福标:《陈澧与〈四库全书总目提要〉》,2018 年第三届中国四库学研究高峰论坛(杭州)论文集。

四库提要尚书类辨证七则

邢 伟

(南京师范大学文学院,南京 210097)

摘 要:四库提要有分纂稿提要、汇总提要、刊本提要、库本提要及总目提要五种类型,内容丰富,是我国古代目录学的集大成之作;但毋庸讳言,四库提要在书名、卷数、版本及内容等方面存在诸多问题,影响着人们的使用,所以又有胡玉缙、余嘉锡、李裕民、崔富章等的订补著作问世。笔者因从事尚书提要的汇辑汇校汇考的课题工作,撰成提要辨证七则,企方家垂教。

关键词:四库提要 辨证

宋夏僎《尚书详解》二十六卷

文渊阁库本夏僎《尚书详解》前有乾隆题《御题宋版尚书详解》诗一首:"五十八篇始至终,历为详解折于中。道心勿使人心杂,圣法由来王法通。士行(去声)胡编诚足伟,九峰蔡传实相同。设如切己举其要,二典三谟用不穷。"①但是细读诗句,无有关夏氏书的字眼,而有"士行(去声)胡编成足伟"之语,又是诗见于《天禄琳琅书目后编》,置于胡士行所撰"御题尚书详解"条之下,②则该诗应是题胡士行《尚书详解》明矣。馆臣因两书同名而误置,所以文渊阁库本胡氏《尚书详解》前未载该诗。

诸提要称:"浙江采进之本,《虞书》《尧典》至《大禹谟》全阙,《周书》阙《泰誓中》《泰誓下》《牧誓》三篇,又阙《秦誓》之末简。"检《浙江采集遗书总录》:"夏柯山尚书详解十六卷(写本)。右宋龙游夏僎辑。陈振孙谓其集二孔、王、苏、陈、

---

① [宋]夏僎撰:《尚书详解》,影印文渊阁四库全书第56册,台北:台湾商务印书馆,1986年,第393页。
② [清]于敏中、彭元瑞等编:《天禄琳琳琅书目 天禄琳琅书目后编》,上海:上海古籍出版社,2007年,第384页。

林、程伊川、张子韶及诸儒之说,以便举子。按杨慎言明初高庙科举之诏犹云《书》主夏氏、蔡氏两《传》,近则罕有习此编矣。原有时澜《序》。今本阙前三卷。"①则诸提要所称"浙江采进之本"当为此本。今检该书的文渊阁库本而不见时澜之《序》,则时澜《序》当为馆臣所删而不见于文渊阁库本中。

诸提要称:"惟《泰誓》《永乐大典》亦阙,无从校补外,其余所载尚并有全文,各据以补辑,复成完帙。"但是检文渊阁库本,《泰誓上》《泰誓中》《泰誓下》三篇并未付诸阙如,且通检全书,该书五十八篇具在,《提要》所言非是。又《浙江采集遗书总录》称:"今本阙前三卷。"但是诸提要称:"浙江采进之本,《虞书》《尧典》至《大禹谟》全阙,《周书》阙《泰誓中》《泰誓下》《牧誓》三篇,又阙《秦誓》之末简。"《泰誓中》《泰誓下》《牧誓》属《周书》,不当在前三卷中,参之上文所述五十八篇具在和《浙江采集遗书总录》所记录的内容,则浙江所进抄本当阙前三卷,②而《泰誓中》《泰誓下》《牧誓》三篇未阙。至于所谓"又阙《秦誓》之末简",今检文渊阁库本经文"昧昧我思"至"亦尚一人之庆"下仅有孔颖达《正义》的一段文字而无夏僎之论或夏僎引他人之说,其后是否有阙可存一疑。

宋傅寅《禹贡说断》四卷

该书《永乐大典》中辑出,各提要均称此书为《禹贡说断》,但检《文渊阁书目》《国史经籍志》均称傅寅所作为《禹贡说》。元黄溍《金华黄先生文集·杏溪祠堂记》载:"先生……资取甚博,参验甚精,事为一图,累至于百,号曰《群书百考》。大愚吕公阅其《禹贡图考》曰:'是书可谓集先儒之大成矣……'"③又《通志堂经解》本《禹贡集解》前有乔行简《序》:"《百考》文多,欲锓之,板未办。姑摭其《禹贡说》出之。"④盖《禹贡集解》原统于傅寅《群书百考》中,后被析出。据《杏溪祠堂记》及乔行简《序》可知此书亦可被称为《禹贡图考》《禹贡说》,《永乐大典》又称该书为《禹贡说断》。该书书名颇多,或由于是书从《群书百考》中析出,原本无名,后人添之,《永乐大典》称其为"禹贡说断",馆臣从之。

《武英殿聚珍版提要》《文津阁提要》有"吕祖谦谓其集先儒之大成";《荟要

---

① [清]沈初等撰,杜泽逊、何灿点校:《浙江采集遗书总录》,上海:上海古籍出版社,2010年,第42页。
② 因文渊阁库本《书详解》与浙江所进之本篇数分合有不同,所以具体所缺篇目是否如《提要》所载尚待考证。
③ [元]黄溍:《金华黄先生文集》,中华再造善本影印上海图书馆藏元刻本,北京:北京图书馆出版社,2005年,第七册,第31页。
④ [宋]傅寅:《杏溪傅氏禹贡集解》,哈佛燕京图书馆藏康熙十二年刻《通志堂经解》本。

总目提要》《文渊阁提要》《文溯阁提要》则称"吕祖俭谓其集先儒之大成",殿本、浙本、粤本《总目》无类似语句。按上文《杏溪祠堂记》:"大愚吕公阅其《禹贡图考》曰:'是书可谓集先儒之大成矣……'"①吕祖俭自号"大愚叟",则"集先儒之大成"应为吕祖俭所言,《武英殿聚珍版提要》《文津阁提要》作"吕祖谦"非是。

诸提要称"《山川总会》及《九河》《三江》《九江》四图,《经解》俱误编入程大昌《禹贡论》"。检《通志堂经解》本程大昌《禹贡论》,该本有图名而不附图,仅于书中应有图之处写上图名而已,检该书前目录,亦未见有《总目》所言四图之名。则《通志堂经解》并未将《九河》等图误编入程大昌《禹贡论》中,《总目》所言非是。

是书《总目》标"永乐大典本"。通观文渊阁库本《禹贡说断》,全书刻本阙佚之处均用小字标出"从某某至某某刻本阙佚,今从《永乐大典》增入"。检文渊阁库本从《永乐大典》增入之处与《通志堂讲解》本所缺之处,仅有一处不合。文渊阁库本于"五服辨"条下所补内容与《通志堂经解》本第八十一页阙文内容有出入,文渊阁库本"五服辨"下有"案以下刻本所阙,今从《永乐大典》原本增入",但是《通志堂经解》本"五服辨"下仍有"唐孔氏曰……里至"共计四十六字,疑此处馆臣所误记。同时文渊阁库本《禹贡说断》在与底本有文字出入时会用小字标出"刻本作某某"、"刻本下衍某某"或"刻本下阙(脱)某某",将其与《通志堂经解》本相校,均相符。《荟要总目》称"今依明《永乐大典》本缮录,据通志堂本恭校",其言甚是,《总目》只言《永乐大典》本,其说不确。

宋程大昌《禹贡论》五卷②《后论》一卷 《禹贡山川地理图》二卷

《总目》标《禹贡论》《禹贡后论》《禹贡山川地理图》为"永乐大典本",称"其图……嘉靖中尚有传本,今已久佚……今以《永乐大典》所载校之,只缺其《九州山水实证》及《禹河汉河》二图尔,其余二十八图岿然并在",则其意为《四库全书》所收《禹贡山川地理图》中的二十八图当全来自《永乐大典》。按《禹贡论》《禹贡后论》世有传本,收入《通志堂经解》中,《四库全书》所收不当全辑自《永乐大典》。《荟要总目提要》仅提及《禹贡山川地理图》称《禹贡山川地理图》"今依明《永乐大典》本缮录,据通志堂本恭校",又言"其旧图分五卷,篇次已不可考,今依《经解》原目定为上下二卷"。则是书除辑自《永乐大典》外亦当校勘了《通志堂经解》本。

---

① [元]黄溍:《金华黄先生文集》,中华再造善本影印上海图书馆藏元刻本,北京:北京图书馆出版社,2005年,第七册,第31页。

② 该书文渊阁库本实为两卷,下有考论。

《禹贡山川地理图》并非如《总目》所言亡佚已久，《铁琴铜剑楼藏书目录》载有抄本《禹贡山川地理图》二卷："此本专录其图而不录前后论。"①又陆心源《仪顾堂题跋》有《影宋本〈禹贡论〉〈禹贡山川地理图〉跋》，称："程尚书经进《禹贡论》二卷《后论》一卷《禹贡图》二卷，影写宋刊本。论前有淳熙四年《自序》，末有《后序》，图前有《自序》，后有淳熙辛丑承议郎提举福建路市舶彭椿年《序》，淳熙辛丑迪功郎充泉州学教授陈应行跋，直学林冠英、陈凯，学录王伯修、石起山，学正林园镇校勘，掌膳王冲远等衔名四行……乾隆中馆臣始从《永乐大典》辑出二十九图②，以聚珍版印行，尚缺《九州山水实证》及《禹河汉河》二图，此从淳熙辛丑泉州刊本影写，三十一图完具③，与《书录解题》合，诚可宝也。明嘉靖时，吴纯甫藏有宋本，见《归震川集》，道光中归上海郁氏，近归丰顺丁雨生中丞家。《宋史·艺文志》：'《禹贡图论五卷》。'盖《论》二卷、《后论》一卷、《图》二卷，合之得五卷，与泉州本合。"④则陆氏影宋写本内容完具，较通志堂刊本、《永乐大典》辑本为优。

陆氏所谓的宋本《禹贡山川地理图》现藏于中国国家图书馆，《禹贡论》《禹贡后论》《禹贡山川地理图》俱全。该书有"郁松年印"、"泰峰"等印，检郁松年《宜稼堂书目》、丁日昌《持静斋书目》均有著录宋本《禹贡山川地理图》。该书后为祁阳陈澄中所得，由陈氏捐给中国国家图书馆。⑤中华再造善本即据此本影印。

殿本《总目》称"《禹贡论》五卷"，《文渊阁提要》《文澜阁提要》、浙本《总目》、粤本《总目》同；《文溯阁提要》《文津阁提要》作"《禹贡论》二卷"。检文渊阁库本，《禹贡论》分上下两卷，实非为五卷，殿本《总目》《文渊阁提要》《文澜阁提要》、浙本《总目》、粤本《总目》所记为误。

殿本《总目》称"大昌上《禹贡论》五十三篇"，《文渊阁提要》《文溯阁提要》《文津阁提要》《文澜阁提要》、浙本《总目》、粤本《总目》作"五十二篇"。检文渊阁库本《禹贡论》与中华再造善本《禹贡论》，知该书共有五十二篇，殿本《总目》作"五十三篇"为误。

---

① ［清］瞿镛：《铁琴铜剑楼藏书目录》，《清人书目题跋丛刊三》，北京：中华书局，1990年，第34页上。

② 实为二十八图。

③ 该书图只三十幅。

④ ［清］陆心源著，冯惠民整理：《仪顾堂书目题跋汇编》，北京：中华书局，2009年，第24页。

⑤ 中国国家图书馆、上海图书馆：《祁阳陈澄中旧善本古籍图录》，上海：上海古籍出版社，2006年。

《禹贡山川地理图》前有彭椿年《序》称该书有图三十一篇，《通志堂经解》仅收三十篇之目，馆臣亦只从《永乐大典》中辑出三十篇，馆臣虽有疑惑但未深究。中华再造善本及文渊阁库本《禹贡山川地理图》都仅有图三十篇，则是书自宋代刻印就仅有图三十篇，《彭椿年序》中的文字或为抄写或为雕刻或为彭氏不查之误。后代书目多有因据彭氏此《序》而误者，如《直斋书录解题》作"三十一篇"①、《文献通考·经籍考》作"图三十一"②及上文所引《影宋本〈禹贡论〉〈禹贡山川地理图〉跋》，但也有详查原书核对篇目者，如《铁琴铜剑楼藏书目录》："图本三十，今存二十有八。"③

宋黄度《尚书说》七卷

《总目》称黄为绍兴间进士，但检《宋史·黄度传》："隆兴元年进士，知嘉兴县。"④检叶适《水心集》有《故礼部尚书龙图阁学士黄公墓志铭》："公隆兴元年中进士第……"⑤则《总目》所言不确。《总目》称黄度弹劾韩侂胄误国，按《宋史》："度具疏将论其奸，为侂胄所觉，御笔遽除度直显谟阁、知平江府。"⑥《宋史》又有："右正言黄度欲劾侂胄，谋泄，斥去。"⑦则黄度有弹劾韩侂胄之意，未来得及做出实际行动便因泄密被降职，《总目》所言不确。

《总目》称"此本乃明吕光洵与唐顺之所校，前有光洵《序》。"检《中国古籍总目》，山西博物馆藏有六卷明万历三年吕光洵刻本《尚书说》，亦有辽宁图书馆和吴江图书馆藏明抄本，⑧上述三个版本虽因条件限制而均不得一见，但据《藏园补丁邵亭知见传本书目》："《尚书说》七卷……【补】明吕光洵、唐顺之校勘本，十行二十字，白口，左右双开。有万历三年黄遵年、吕光洵《序》。余藏。"⑨则吕光洵与唐顺之所校本确有吕光洵的《序》。但是检文渊阁库本《书说》不载吕光洵《序》，《通志堂经解》本《书说》只有纳兰成德之《序》而无吕光洵之《序》。是书

---

① [宋]陈振孙：《直斋书录解题》，上海：上海古籍出版社，1987年，第31页。
② [元]马端临撰，上海师范大学古籍研究所、华东师范大学古籍研究所点校：《文献通考》，北京：中华书局，2011年，第5288页。
③ [清]瞿镛：《铁琴铜剑楼藏书目录》，《清人书目题跋丛刊三》，北京：中华书局，1990年，第34页上。
④ [元]脱脱等：《宋史》，北京：中华书局，1977年，第12009页。
⑤ [宋]叶适：《水心集》，《四部备要》第80册，1989年，第182页下。
⑥ [元]脱脱等：《宋史》，北京：中华书局，1977年，第12010页。
⑦ [元]脱脱等：《宋史》，北京：中华书局，1977年，第13772页。
⑧ 《中国古籍总目·经部》，中华书局、上海古籍出版社，2012年，第244页。
⑨ 莫友芝、傅增湘：《藏园补丁邵亭知见传本书目》，北京：中华书局，2009年，第41页。

《荟要总目》标"今依内府所藏通志堂刊本缮录恭校",《总目》标"内府藏本"。将《通志堂经解》本第四卷与文渊阁库本第四卷相校,两者相似度极高,文字几无差异。又文渊阁库本《四库全书考证》载有与《尚书说》文字相关考证六条,将其所谓刊本讹误之处与《通志堂经解》本的文字相校,全部契合。则文渊阁库本底本当为《通志堂经解》本,且文渊阁库本又有校改。文渊阁库本《尚书说》底本原就应无吕氏之《序》,不应原有而被馆臣删去,《总目》此处所言非是。

宋钱时《融堂书解》二十卷

"嘉熙中以丞相乔行简荐授秘阁校勘",殿本《总目》作"嘉熙中",《文津阁提要》、浙本《总目》、粤本《总目》同;《武英殿聚珍版提要》《文渊阁提要》《文溯阁提要》"熙宁中以丞相乔行简荐授秘阁校勘"。检《宋史·杨简传》所附《钱时传》有:"丞相乔行简知其贤,特荐之朝,且曰:'时夙负才识,尤通世务,田里之休戚利病,当世之是非得失,莫不详究而熟知之,不但通诗书、守陈言而已。'授秘阁校勘。诏守臣以时所著书来上。未几,出佐浙东仓幕,太史李心传奏召史馆检阅。"①是钱时曾因乔行简之荐而授秘阁校勘,但具体时间《宋史》不详。检《南宋馆阁续录》有"秘阁校勘……嘉熙以后……钱时字子是,严州人,二年五月十五日以布衣特补迪功郎差充……"②又《南宋馆阁续录》有"嘉熙二年五月十五日,左丞相乔行简奏严州布衣钱时……且与钱时特补迪功郎……"③则钱时授秘阁校勘当在理宗嘉熙年间,"熙宁"为北宋神宗年号,《武英殿聚珍版提要》《文渊阁提要》《文溯阁提要》非是。

殿本《总目》有"中惟《伊训》《梓材》《秦誓》三篇全佚",《文溯阁提要》《文津阁提要》、浙本《总目》、粤本《总目》同;《武英殿聚珍版提要》《文渊阁提要》作"中惟《伊训》《梓材》《泰誓》三篇全佚"。检阅文渊阁库本《融堂书解》发现,该书于《伊训》《梓材》《秦誓》三篇下均有"案某某解永乐大典原阙"的字样,而《泰誓》上、中、下三篇并未付之阙如而是已从《永乐大典》中辑出,则《武英殿聚珍版提要》《文渊阁提要》作"泰誓"非是。且文渊阁库本《融堂书解》前有目录,目录中最后一篇作"泰誓",而文渊阁库本《融堂书解》中最后一篇题名"秦誓",伪《古文尚书》最后一篇亦为"秦誓",文渊阁库本目录作"泰誓"为误。

---

① 〔元〕脱脱等:《宋史》,北京:中华书局,1985,第12293页。
② 〔宋〕佚名:《南宋馆阁续录》,影印文渊阁《四库全书》第595册,台北:台湾商务印书馆,第533页。
③ 〔宋〕佚名:《南宋馆阁续录》,影印文渊阁《四库全书》第595册,台北:台湾商务印书馆,第498页。

殿本《总目》有"至以《泰誓》为告西岐师",《文渊阁提要》《文溯阁提要》、浙本《总目》、粤本《总目》同;《武英殿聚珍版提要》《文津阁提要》作"至以《秦誓》为告西岐师"。检文渊阁库本《融堂书解》,《泰誓》内有"是与众士言,不可不明谕"、①"中下二篇皆誓西土之将士也"②,则"至以泰誓为告西岐师"当有所据。上文已说明"秦誓"已佚,则不当有"以秦誓告西岐师"之说,《武英殿聚珍版提要》《文津阁提要》非是。

殿本《总目》有"《康诰》首节以周公初基定为东都营洛邑",《文津阁提要》、浙本《总目》、粤本《总目》同;《武英殿聚珍版提要》《文渊阁提要》《文溯阁提要》作"《康诰》首节以周公初基定为未营洛邑"。检阅文渊阁库本《融堂书解》,《康诰》载:"周公初基,做新大邑于东国洛"下有钱氏引先儒脱简之说"周公东征二年乃克管、蔡,即以余民封康叔,七年而复辟,营洛在复辟之岁,则封康叔时决未营洛……安得商之故地数年无君,而康叔之封乃迟之营洛之日乎?脱简之疑诚似有理,然细考之则殆不然……"③则钱时之见在于反对脱简之"未营洛邑"之说,"细考之则殆不然"下有钱氏详细考证。《武英殿聚珍版提要》《文渊阁提要》《文溯阁提要》以为钱氏的观点在于"未营洛邑",则是未见钱氏后有"细考"之言,非是。

宋赵善湘撰《洪范统一》一卷

殿本《总目》称"(赵善湘)封文水郡公",《文渊阁提要》《文溯阁提要》《文津阁提要》、浙本《总目》、粤本《总目》同;《分纂稿》作"天水郡"。《宋史·地理志》载:"太原府,太原郡……县十……文水……"④则"文水"为"太原郡"下一个县,非是郡,且《宋史·地理志》不载有"文水郡"者。检《宋史》本传有"封天水郡公"⑤。《宋史·地理志》亦载:"秦州,下府,天水郡,雄武军节度。"⑥则知殿本《总目》《文渊阁提要》《文溯阁提要》《文津阁提要》、浙本《总目》、粤本《总目》作"文水郡"为误。

殿本《总目》称"《文渊阁书目》又作《统纪》",《文渊阁提要》《文溯阁提要》

---

① ② [宋]钱时:《融堂书解》,影印文渊阁《四库全书》第59册,台北:台湾商务印书馆,1986年,第542页。

③ [宋]钱时:《融堂书解》,影印文渊阁《四库全书》第59册,台北:台湾商务印书馆,1986年,第572页。

④ [元]脱脱等:《宋史》,北京:中华书局,1984年,第2131页。

⑤ [元]脱脱等:《宋史》,北京:中华书局,1984年,第12402页。

⑥ [元]脱脱等:《宋史》,北京:中华书局,1984年,第2154页。

《文津阁提要》、粤本《总目》、浙本《总目》同；《分纂稿》作"《经义考》又作统纪"。是书《郡斋读书志》《直斋书录解题》《玉海》不载，《文渊阁书目》有"赵善湘《洪范统一》一卷一册"①。《内阁藏书目录》载："《洪范统一》一册，宋开禧间宗室汉园善湘著。"②检文渊阁库本《洪范统一》前有赵善湘《序》："善湘幼业是书，长无所闻，窃谓汉儒离合之说非《洪范》之本旨，遂撰《洪范统一》……"则赵氏于书成之时名之曰"洪范统一"。《经义考》称："赵氏善湘《洪范统纪》。"③不知"统纪"所据为何。殿本《总目》《文渊阁提要》《文溯阁提要》《文津阁提要》、粤本《总目》、浙本《总目》言"文渊阁书目又作统纪"为误。

殿本《总目》作"今据善湘谓'汉儒解《传》只以'五事''庶征'为'五行'之验而'五纪''八政'谓畴散而不知所统'"，浙本《总目》、粤本《总目》同；《文渊阁提要》"今据善湘'谓汉儒解《传》只以'五事''庶征'为'五行'之验而'五纪''八政'诸畴散而不知所统'"；《文溯阁提要》《文津阁提要》作"今据善湘谓'汉儒解《传》作只以'五事''庶征'为'五行'之验而'五纪''八政'为畴散而不知所统'"；《分纂稿》作"善湘谓'汉儒《鸿范五行传》只以'五事''庶征'为'五行'之验而'五纪''八政'诸畴散而不知所统'"。虽说法不一，但大意相同。检文渊阁库本《洪范统一》，前有赵善湘的《序》称："自汉氏儒者为灾异之说，乃以五行、五事、皇极、庶征、福极五者合而求灾异之应，而于八政、五纪、三德、稽疑四者离不相属……"则提要所述当祖于该句。"五行""五事""皇极""庶征""福极"是"洪范九畴"中的重要概念，汉儒附会将其定为灾异之应，但提要则简省作"只以五事庶征为五行之验"，不仅少言"皇极""福极"等概念，并将"灾异"与"五行"相等同，提要所言与赵氏之意相去甚远。同时赵氏所谓"八政、五纪、三德、稽疑四者离不相属"，而提要省作"五纪八政谓（诸）畴散而不知所统"而少言"三德""稽疑"，亦与赵氏之意有差。

"五事则貌言视听皆统于思"，殿本《总目》作"五事"，《文渊阁提要》《文溯阁提要》《文津阁提要》、浙本《总目》、粤本《总目》同；《分纂稿》作"五视"。"貌""言""视""听""思"于"洪范九畴"中统于"五事"，明而无争论。检文渊阁库本《洪范统一》作"五事"，分纂稿作"五视"为误。

诸提要言"书以'大中'释'皇极'本诸《注疏》"，检阅《尚书正义》经文"皇极"下有疏文"皇，大也。极，中也"，又有"此畴以大中为名，故演其大中之义"，则孔

---

① ［明］杨士奇等：《文渊阁书目》，影印文渊阁《四库全书》第 675 册，台北：台湾商务印书馆，1986 年，第 123 页下。
② ［明］张萱等：《内阁藏书目录》，《续修四库全书》第 917 册，第 10 页上。
③ ［清］朱彝尊、翁方纲、罗振玉：《经义考·补正·校记》，北京：中国书店，2009 年，第 684 页下。

氏以"大中"与"皇极"为统一的概念,不分彼此。但检文渊阁库本《洪范统一》"次五曰建用皇极"条下有"皇乃皇上帝之皇,大之不可明言也。《说文解字通释》曰:'极,栋也。屋脊之栋。言众木之极至也。'经曰'会其有极,归其有极',言之甚明。不曰大中者,皇极之道有非大中之所能尽也。"则赵氏引《说文解字通释》解"极"与《尚书正义》所言"中"本有所别,且赵氏已明言"不曰大中者,皇极之道有非大中之所能尽也"。综上,赵氏《洪范统一》并未"以大中释皇极本诸注疏",提要所言不确。

宋金履祥《尚书表注》二卷

殿本《总目》称"履祥字吉人";《文渊阁提要》《文溯阁提要》《文津阁提要》、浙本《总目》、粤本《总目》作"吉父"。《元史·金履祥传》载:"金履祥,字吉父。"检金履祥《仁山集》有"桐阳金履祥吉甫为诗以贺"①。又《仁山集》载履祥《次农说》:"宋景定甲子十月次农金履祥吉父记。"②则金履祥称自己字"吉甫"或"吉父"而非"吉人",殿本《总目》所载不确。

殿本《总目》称"履祥作《尚书注》二十卷",《文津阁提要》同;《文渊阁提要》《文溯阁提要》、浙本《总目》、粤本《总目》作"十二卷"。据《中国古籍总目》,有金履祥撰《书经金氏注》(或《金氏书经注》),现存有《十万卷楼丛书》本、《碧琳琅馆丛书》本、《芋花庵丛书》本、清抄本,均为十二卷,③则殿本《总目》《文津阁提要》作"二十卷"为误。

《提要》称:"惟此书刻《通志堂经解》中,前有自《序》称:'摆脱众说,独抱遗经,伏(复)读玩味,为之正句画段,提其章指与其义理之微,事为之概。考正文字之误,表诸四阑之外。'"但检《通志堂经解》本《尚书表注》及文渊阁库本《尚书表注》前面所附金履祥所作之《序》,均无此文字。检《经义考》有:"柳贯曰:'先生早岁所著《尚书章释句解》既成书矣,一日超然自悟,摆脱众说,独抱遗经,复读玩味,为之正句画段,提其章指与其义理之微,事为之概,考正文字之误,表诸四阑之外,曰《尚书表注》,而自序之。'"④检《柳待制集》载《故宋史馆编校仁山金公行状》曰:"先生早岁所著《尚书章释句解》既成书矣,一日超然自悟,摆脱众说,独抱遗经,复读玩味,则其节目明整,脉络通贯,中间枝叶与夫讹谬一一易

---

① [宋]金履祥:《仁山集》,影印文渊阁《四库全书》第1189册,第791页上。
② [宋]金履祥:《仁山集》,影印文渊阁《四库全书》第1189册,第807页上。
③ 《中国古籍总目·经部》,中华书局、上海古籍出版社,2012年,第248页。
④ [清]朱彝尊、翁方纲、罗振玉:《经义考·补正·校记》,北京:中国书店,2009年,第608页下。

见。因推本父师之意,正句画段,提其章指与其义理之微,事为之概,考正文字之误,表诸四阑之外,曰《尚书表注》,而自序其述作之意曰:'……'。"①"而自序其述作之意曰"其后所附为金履祥所作《尚书表注序》。则《经义考》引柳贯之文有删节,馆臣读之而未检原书,误以为《经义考》所引"摆脱众说"至"表诸四阑之外"为金履祥所作《序》之内容,其事明矣。"伏读玩味",殿本《总目》作"伏";《文渊阁提要》《文溯阁提要》《文津阁提要》、浙本《总目》、粤本《总目》作"复",则殿本《总目》引用的文字又有讹误。

"于古来注经之家别为一体",殿本《总目》作"注";《文渊阁提要》《文溯阁提要》《文津阁提要》、浙本《总目》、粤本《总目》作"著"。考核原文,作"著"于文意不谐,则《文渊阁提要》《文溯阁提要》《文津阁提要》、浙本《总目》、粤本《总目》作"著"不确。

---

① [元]柳贯:《柳待制文集》,中华再造善本影印上海图书馆藏元至正十年余阙浦江刻明永乐四年柳贵补修本,2005年,第13册,第5页。

《四库提要》本校法讹例录述
——以史部提要为例

王 婷

(金陵科技学院人文学院,南京 210038)

摘 要:《四库全书》编纂过程中形成的四库学文献,可分为进呈文献、档案文献、提要文献、库本文献、禁毁文献五种类型。其中提要文献又可分为分纂提要、汇总提要、刊本提要、书前提要及总目提要五类①。《四库提要》保留了当时成书时被增补删改的痕迹,彼此间有一定相承及交叉关系,具有重要的文献价值和校勘价值。陈垣曾提出校勘四法,其中"本校法者,以本书前后互证,而抉摘其异同,则知其中之谬误"②。今以本校法比勘《四库提要》,可建立提要文献与库本文献间的紧密联系,了解乾隆年间学者的编纂态度以及相关学术观点,进一步推动四库学的深入研究。

关键词:《四库提要》 史部提要 库本文献 本校法

《四库提要》可大致分为分纂提要、汇总提要、刊本提要、书前提要及总目提要五类③。因成于众手,版本众多,且编纂、缮校、删改等时间跨度较长,《四库提要》各本间存在不少差异。经比勘,发现《四库提要》所记与《四库全书》所收书目④本身即存在矛盾之处,可充分利用本校法,通过原提要或原书所载内容来校

---

① 参见江庆柏:《四库学文献的基本类型》,《中国典籍与文化》2014年(总第90期)。
② 陈垣撰:《校勘学释例》,北京:中华书局,1959年,第145页。
③ 说明:因条件限制,此次比对未包括文澜阁《四库全书》书前提要。且《金毓黻手定本文溯阁四库全书提要》为排印本,本身即有不少文字错误,有些讹误不代表文溯阁《四库全书》书前提要误。
④ 说明:库本文献以文渊阁《四库全书》为主,未包括《荟要》本、文津阁本、文溯阁本及文澜阁本,尚不够全面。

正文句原始讹误①。本文从书目名称、卷册数目、人物名称、内容差异四方面录述如下：

一、书目名称

《三国志》(403 中)②

文渊阁《四库全书》书前提要、殿本《四库全书总目》(以下省称《总目》)云："裴松之受诏为注……《明帝纪》之'叟'、'更'异字，亦间有所辨证。""《明帝纪》"，浙本《总目》作"《少帝纪》"。

按：所谓"'叟'、'更'异字，亦间有所辨证"者，指"必有三老、五更，以崇至敬"下之裴注："郑玄注《文王世子》曰：'三老、五更各一人，皆年老更事致仕者也。'注《乐记》曰：'皆老人更知三德五事者也。'蔡邕《明堂论》曰：'更'应作'叟'。叟，长老之称，字与'更'相似，书者遂误以为'更'。'嫂'字'女'傍'叟'，今亦以为'更'，以此验知，应为叟也。臣松之以为邕谓'更'为'叟'诚为有似，而诸儒莫之从，未知孰是。"此文见于《三少帝纪》③，非《明帝纪》，浙本《总目》所改甚是。

《通鉴前编》(428 中)

邵晋涵分纂稿云：

> 又用《尚书记异》，于周昭王二十二年书"释氏生"，则其征引群籍，去取有未尽当者。

文溯阁《四库全书》书前提要、浙本《总目》云：

> 至于引《周书记异》，于周昭王二十二年书"释氏生"，则其征引群籍，去取失当，亦未必遽在恕书上也。

文津阁《四库全书》书前提要、殿本《总目》将文溯阁《四库全书》书前提要中

---

① 说明：本次比勘主要采用本校法，辅以对校法、他校法等予以左证。
② 采用1965年中华书局版浙本《总目》题名及页码标注，且按《总目》先后顺序排列。
③ ［晋］陈寿撰：《三国志·魏书四》，《景印文渊阁四库全书本》第254册，台北：台湾商务印书馆，1986年，第95页。

的《周书记异》替换成《尚书记异》,其他同。是邵晋涵分纂稿、文津阁《四库全书》书前提要、殿本《总目》所云为"《尚书记异》",文溯阁《四库全书》书前提要、浙本《总目》所云为"《周书记异》"。

按:《尚书》分为《虞书》、《夏书》、《商书》和《周书》。故文中引用"《尚书记异》"与"《周书记异》"为同一本书。金履祥《通鉴前编》卷九云:"庚戌二十有年,释氏生。《周书记异》曰:周昭王二十有二年,释氏生。"①是原书所用即为《周书记异》,故可知文溯阁《四库全书》书前提要、浙本《总目》所引更为精确。邵晋涵分纂稿所记为"《尚书记异》"②,后文津阁《四库全书》书前提要、殿本《总目》因袭未改。虽不为错,然失之精准。

《左史谏草》(497 上)

翁方纲分纂稿云:"《宋吕午谏草》一卷。"文渊阁、文溯阁、文津阁《四库全书》书前提要、《总目》、《四库全书简明目录》(以下省称《简明目录》)作:"《左史谏草》一卷。"

按:《翁方纲纂四库提要稿》云:"标题云'宋左史吕午公谏草'。"③盖为翁方纲起名"《宋吕午谏草》"的原因。文渊阁、文溯阁、文津阁《四库全书》书前提要、《总目》、《简明目录》命名"《左史谏草》",文渊阁《四库全书》书前提要等云:"午,字伯可。歙县人。嘉定四年官至进士起居郎右文殿修撰,知漳州。事迹具《宋史》本传。"④《宋史》卷四百七列传第一百六十六云:"迁起居郎兼史院官,官至中奉大夫。"⑤可见文渊阁《四库全书》书前提要等当是以吕午的官职命名。又,明唐桂芳《白云集》卷五作"吕左史谏草序"⑥,可参佐。故二者书名不一,然所指的为同一本书。

《敬乡录》(522 下)

文渊阁、文溯阁、文津阁《四库全书》书前提要中云:"《文统》止载《矫斋记》及《答雷公达书》二篇。""《答雷公达书》",《总目》作"《雷公达书》"。

---

① [宋]金履祥编:《资治通鉴前编》,《景印文渊阁四库全书》第 332 册,第 198 页。
② 吴格、乐怡编:《四库提要分纂稿》,上海:上海书店出版社,2006 年,第 482 页。
③ [清]翁方纲纂,吴格整理:《翁方纲纂四库提要稿》,上海:上海科学技术出版社,2005 年,第 250 页。
④ [宋]吕午撰:《左史谏草》,《景印文渊阁四库全书本》第 427 册,第 389 页。
⑤ [元]托克托等撰:《宋史》,《景印文渊阁四库全书本》第 287 册,第 560 页。
⑥ [明]唐桂芳撰:《白云集》,《景印文渊阁四库全书本》第 1226 册,第 854 页。

按：元吴师道《敬乡录》卷二收有"《答雷公达书》"文。① 且文渊阁《四库全书》书前提要云："《录》载潘良贵《矫斋记》《静胜斋记》《答雷公达书》《君子有三戒说》四篇。"②《总目》同。提要中已出现"《答雷公达书》"，可以前后呼应，故此处以文渊阁《四库全书》书前提要所作为恰当。

《古今列女传》（523下）

文渊阁《四库全书》书前提要云："书成上进，帝自制《序》文，刊印颁行。"《总目》同。文津阁《四库全书》书前提要亦云："书成上进，帝自为文《序》之。""序"，在文溯阁《四库全书》书前提要中作"存"。

按：《古今列女传》中有永乐元年九月朔旦御制《古今列女传原序》③；翁方纲分纂稿有云："前有永乐元年成祖御制《序》。"④且文渊阁、文溯阁、文津阁《四库全书》书前提要、《总目》亦有云："黄虞稷《千顷堂书目》称此书成于永乐元年十二月。今考成祖御制《序》，实题九月朔旦。"⑤由此即可断此处应为"序"而非"存"。文溯阁《四库全书》书前提要因"序"、"存"二字形近而讹。

《庐山记》（617中）

文渊阁《四库全书》书前提要云："《庐山记》三卷，附《庐山记略》一卷，宋陈舜俞撰。"《总目》同。"《庐山记略》"，文溯阁、文津阁《四库全书》书前提要作"《庐山略记》"。

按：文渊阁《四库全书》书前提要中云："释惠远《庐山记略》一卷，旧载此本之末，不知何人所附入。"⑥文溯阁《四库全书》书前提要、《总目》与之同。《简明目录》亦云："末缀宋释慧远《庐山纪略》一卷，不知何人所附。"⑦与之同。文溯阁《四库全书》书前提要前所云"《庐山略记》一卷"⑧与后文所云"释惠远《庐山记

---

① ［元］吴师道撰：《敬乡录》，《景印文渊阁四库全书本》第451册，第273页。
② ［元］吴师道撰：《敬乡录》，《景印文渊阁四库全书本》第451册，第251页。
③ ［明］解缙等撰：《古今列女传》，《景印文渊阁四库全书本》第452册，第38页。
④ 吴格、乐怡编：《四库提要分纂稿》，上海：上海书店出版社，2006年，第114页。
⑤ 说明：标注排在首位的提要版本信息。［明］解缙等撰：《古今列女传》，《景印文渊阁四库全书本》第452册，第38页。
⑥ ［宋］陈舜俞撰：《庐山记》，《景印文渊阁四库全书本》第585册，第14页。
⑦ ［清］纪昀、永瑢等撰：《景印文渊阁四库全书简明目录附索引》，台北：台湾商务印书馆，1986年，第124页。
⑧ 金毓黻辑：《金毓黻手定本文溯阁四库全书提要》卷41，中华全国图书馆文献缩微复制中心，1999年，第332页。

略》一卷"①不一致,而文津阁《四库全书》书前提要则前后均写作"《庐山略记》"②。今查《庐山记》后所附为释惠远《庐山略记》一书③,由此可证文津阁《四库全书》书前提要为是,文渊阁《四库全书》书前提要出现倒文误笔,后诸提要照抄,因误。

《六朝事迹编类》(624 中)

文渊阁、文溯阁、文津阁《四库全书》书前提要云:"首《总叙》,次《形势》,次《城阙》,次《楼台》,次《江河》,次《山冈》,次《宅舍》,次《谶记》,次《灵异》,次《神仙》,次《寺院》、次《庙宇》、次《坟陵》、次《碑刻》,凡十四门。""《灵异》",在《总目》中作"《灵典》"。

按:《六朝事迹编类》中"灵异"列第九门,具体有"八功德水、志公鲙残鱼、牝狙触网、感龙产鲤、郗氏化蛇、燕雀湖、新洲、生人参、木醴"九小类。④《翁方纲纂四库提要稿》中亦列举出十四门类,其中有"灵异"类,除"志公鲙残鱼"在《翁方纲纂四库提要稿》中写作"志公残鲙鱼"外,其余内容均同。⑤ 因"典"与"异"字形相近,故《总目》作"灵典"当因形近而讹。

《通典》(693 下)

(1) 文渊阁《四库全书》书前提要云:"《兵门》所列诸子目,如分《引退取之》《引退佯败取之》为二门,分《出其不意》《击其不备》《攻其不进》为三门,未免稍涉繁冗。""《攻其不进》",《总目》作"《攻其不整》"。

按:唐杜佑《通典》卷一百五十五兵八列有《出其不意》《击其不备》《攻其不整》等门目⑥,文渊阁《四库全书》书前提要作"《攻其不进》"有误。

《唐鉴》(751 下)

文津阁《四库全书》书前提要云:"王懋竑《石田杂著》亦曰范淳夫《唐鉴》言

---

① 金毓黻辑:《金毓黻手定本文溯阁四库全书提要》卷 41,中华全国图书馆文献缩微复制中心,1999 年,第 333 页。
② 《四库全书》出版工作委员会编:《文津阁四库全书提要汇编》(史部),北京:商务印书馆,2006 年,第 341—342 页。
③ [宋]陈舜俞撰:《庐山记》,《景印文渊阁四库全书本》第 585 册,第 42 页。
④ [宋]张敦颐撰:《六朝事迹编类》,《景印文渊阁四库全书》第 589 册,第 226—228 页。
⑤ [清]翁方纲纂,吴格整理:《翁方纲纂四库提要稿》,上海:上海科学技术出版社,2005 年,第 348 页。
⑥ [唐]杜佑编:《通典》,《景印文渊阁四库全书》第 605 册,第 181、185、186 页。

有治人无治法。""《石田杂著》",《总目》作"《白田杂著》"。

按：文渊阁《四库全书》本收《白田杂著》一书①。王懋竑，字予中（一作在中），号白田。因居白田草堂，又被称为白田先生，著有《白田草堂存稿》二十四卷。且《总目》子部杂家类三收"白田杂著八卷"提要云："懋竑所自订或诩所选录，近别有《白田草堂全集》，凡此本所载，皆在其中。"②此处文津阁《四库全书》书前提要作"《石田杂著》"为误录。《总目》是。

此外，《通鉴外纪》（422 下）、《孙威敏征南录》（529 上）、《两河清汇》（614 下）、《明臣谥汇考》（704 中）、《来斋金石考》（741 下）、《十七史纂古今通要》（755 上）等提要亦存在书目名称不一情况，可应用本校法详勘。

二、卷册数目

《三国志》（403 中）

《四库全书荟要总目提要》（以下省称《荟要提要》）云："《魏纪》四，《列传》二十六，《蜀列传》十五，《吴列传》二十，凡六十五卷。"文溯阁《四库全书》书前提要云："《魏纪》五卷，《列传》二十五卷，《蜀列传》十五卷，《吴列传》二十卷，凡六十五卷。"文津阁《四库全书》书前提要与之同。两者关于《魏纪》《列传》的卷数出现差异。

按：《三国志·魏书》据目录所列：一卷武帝操，二卷文帝丕，三卷明帝叡，四卷三少帝（齐王芳、高贵乡公髦、陈留王奂），五卷后妃（武宣卞皇后、文昭甄皇后、文德郭皇后、明悼毛皇后、明元郭皇后），六卷始为列传，至三十卷止，共计二十五卷③。上述提要关于第五卷后妃放于"纪"还是"列传"存有争议。《后妃》正文云："《易》称男正位乎外，女正位乎内。男女正天地之大义也。"④由此可推，更倾向于将后妃与帝王并列于"纪"中。故文溯阁、文津阁《四库全书》书前提要所述更为贴切。

《金史》（414 上）

翁方纲分纂稿，《荟要提要》，文渊阁、文津阁《四库全书》书前提要，《总目》，《简明目录》皆作《金史》"一百三十五卷"，凡纪十九卷、志三十九卷、表四卷、列传七十三卷。唯文溯阁《四库全书》书前提要作"一百三十四卷"，云"凡纪十九

---

① ［清］王懋竑撰：《白田杂著》，《景印文渊阁四库全书本》第 859 册，第 645—779 页。
② ［清］永瑢等：《四库全书总目》卷 119，北京：中华书局，1965 年，第 1030 页。
③ ［晋］陈寿撰：《三国志》，《景印文渊阁四库全书本》第 254 册，第 3—6 页。
④ ［晋］陈寿撰：《三国志》，《景印文渊阁四库全书本》第 254 册，第 105 页。

卷、表四卷、列传七十三卷"。

按：《金史》目录为：本纪十九卷、志三十九卷、表四卷、列传七十三卷，合计一百三十五卷①。正文与目录吻合。且乾隆四十六年十月二十六日和珅等奏折称："节次进过《金史》一百三十五卷，《元史》二百十卷，又续进过《辽史·本纪传志》一百零七卷，此次将《辽史·表》八卷改对校正，缮写装潢进呈，所有辽、金、元三史现在全行告竣。"②是文溯阁《四库全书》书前提要误。

《御批通鉴辑览》(430 中)

《荟要提要》云："《御批历代通鉴辑览》一百十六卷。"文渊阁、文津阁《四库全书》书前提要较之多出："附《明唐桂二王本末》四卷。"文溯阁《四库全书》书前提要、《总目》、《简明目录》则云："《明唐桂二王本末》三卷。"

按：《御批历代通鉴辑览》目录显示，前一百十六卷为正文，附《明唐桂二王本末》四卷内容，分别为：第一百十七卷附《明唐桂二王本末》(唐王)，第一百十八卷附《明唐桂二王本末》(桂王一)，第一百十九卷附《明唐桂二王本末》(桂王二)，第一百二十卷附《明唐桂二王本末》(桂王三)③。正文中亦收录此四卷内容④。此外，《郑堂读书记》等亦均作"附《明唐桂二王本末》四卷"⑤，由此见文渊阁、文津阁《四库全书》书前提要所云为是，文溯阁《四库全书》书前提要、《总目》《简明目录》所云误，后来《清通志》《书林清话》《清史稿》等均作"附《明唐桂二王本末》三卷"，当是因袭致误。

《宋史纪事本末》(439 上)

《荟要提要》、文渊阁、文溯阁、文津阁《四库全书》书前提要作"《宋史纪事本末》二十八卷"。《总目》、《简明目录》作"《宋史纪事本末》二十六卷"。

按：《宋史纪事本末》二十八卷，第二十七卷内容为"贾似道要君"、"蒙古陷襄阳"⑥，第二十八卷内容为"元巴延入临安"、"二王之立"、"文谢之死"⑦。故

---

① [元]托克托等撰：《金史》，《景印文渊阁四库全书本》第 290 册，第 3—26 页。
② 中国第一历史档案馆编：《纂修四库全书档案》，上海：上海古籍出版社，1997 年，第 1426 页。
③ 《御批历代通鉴辑览》，《景印文渊阁四库全书本》第 335 册，第 28 页。
④ 《御批历代通鉴辑览》，《景印文渊阁四库全书本》第 339 册，第 737—797 页。
⑤ [清]周中孚：《郑堂读书记》，《续修四库全书》本第 924 册，第 236 页。
⑥ [明]冯琦原编，[明]陈邦瞻增辑：《宋史纪事本末》，《景印文渊阁四库全书本》第 353 册，第 712—731 页。
⑦ [明]冯琦原编，[明]陈邦瞻增辑：《宋史纪事本末》，《景印文渊阁四库全书本》第 353 册，第 732—751 页。

《荟要提要》、文渊阁、文溯阁、文津阁《四库全书》书前提要所述有理据。《明史·艺文志》亦载："冯琦言《宋史纪事本末》二十八卷。"①故以《荟要提要》、文渊阁、文溯阁、文津阁《四库全书》书前提要所作更为贴切。

《古史》(448 上)

姚鼐分纂稿、文溯阁、文津阁《四库全书》书前提要、浙本《总目》均作"《古史》六十卷"。文渊阁《四库全书》书前提要、殿本《总目》、《简明目录》作"《古史》六十五卷"。

按：《古史》中目录列为《本纪》七、《世家》十六、《列传》三十七②。合计"六十卷"。又，《古史·原叙》云："故因迁之旧，上观《诗》《书》，下考《春秋》及秦汉杂录，记伏羲、神农讫秦始皇帝，为七《本纪》、十六《世家》、三十七《列传》，谓之《古史》。"③宋绍圣二年(1095)三月二十五日眉山苏辙曾云："借书于州学，不足者求之诸生，以续《古史》之缺，明年三月而成，凡六十卷。"④可佐证之。且，文渊阁《四库全书》书前提要云："辙以司马迁《史记》多不得圣人之意，乃因迁之旧，上自伏羲、神农，下讫秦始皇，为《本纪》七、《世家》十六、《列传》三十七。"⑤《简明目录》亦云："所述上起伏羲，下讫秦始皇帝。凡《本纪》七、《世家》十六、《列传》三十七。"⑥据此统计，卷数当为"六十卷"，与提要所云"六十五卷"前后矛盾。未知文渊阁《四库全书》书前提要、殿本《总目》、《简明目录》缘何标为"六十五卷"。或为笔误。修世平等已指出此误，但谓文渊阁《四库》本为六十卷(按：此说不误)，书前提要亦作六十卷，则非是⑦。

《关中奏议》(498 上)

文渊阁、文溯阁、文津阁《四库全书》书前提要、《简明目录》作"《关中奏议》十八卷"，《总目》作"《关中奏议》十卷"。

按：文渊阁《四库全书》书前提要云："此书皆其生平章疏之文，分为六类，卷一、卷二曰马政类；卷三曰茶马类，则以副都御史督理陕西马政时所上；卷四、卷

---

① [清]张廷玉等撰：《明史》卷97，《景印文渊阁四库全书本》第298册，第521页。
② [宋]苏辙撰：《古史》，《景印文渊阁四库全书本》第371册，第208—210页。
③ [宋]苏辙撰：《古史》，《景印文渊阁四库全书本》第371册，第207页。
④ [宋]苏辙撰：《古史》，《景印文渊阁四库全书本》第371册，第653页。
⑤ [宋]苏辙撰：《古史》，《景印文渊阁四库全书本》第371册，第205—206页。
⑥ [清]纪昀、永瑢等撰：《景印文渊阁四库全书简明目录附索引》，台北：台湾商务印书馆，1986年，第93页。
⑦ 修世平等：《〈四库全书总目〉订误十七则》，《青海图书馆》1993年第3期。

五、卷六曰巡抚类,则巡抚陕西时所上;卷七、卷八、卷九曰总制类,则总制延绥宁夏甘肃边务时所上;卷十曰后总制类,则其病归复起时所上;卷十一至卷十八则嘉靖四年以故相复,提督三边军务以后所上也。"①文溯阁、文津阁《四库全书》书前提要大致同。《总目》云:"此编以其生平章疏分为五类,卷一、卷二曰马政类;卷三曰茶马类,宏治十五年以副都御史督理陕西马政时所上;卷四、卷五、卷六曰巡抚类,则寇入花马池,命巡抚陕西时所上;卷七、卷八、卷九曰总制类,则正德初寇犯固原隆德,一清以延绥甘肃宁夏有警不相援,患无所统摄,请遣大臣领之,即命一清总制时所上;第十卷曰后总制类,则其忤刘瑾致仕后,以安化王寘鐇反复起时所上也。"②少却"卷十一至卷十八"。而《关中奏议》正文"十八卷",其中卷十一至卷十八皆为提督类③。与文渊阁、文溯阁、文津阁《四库全书》书前提要、《简明目录》合,《总目》疑误。

《杨文忠公三录》(498 中)

文渊阁《四库全书》书前提要作"《杨文忠三录》八卷",文溯阁、文津阁《四库全书》书前提要、殿本《总目》、《简明目录》作"《杨文忠三录》七卷",浙本《总目》作"《杨文忠公三录》七卷"。

按:文渊阁《四库全书》书前提要云:"是编名为三录,实则《题奏前录》一卷、《题奏后录》一卷、《视草余录》二卷、《辞谢录》四卷,凡四种。"④其中,"《视草余录》二卷",在文溯阁、文津阁《四库全书》书前提要、《总目》、《简明目录》中皆作"《视草余录》一卷"⑤。明嘉靖六年(1527)丁亥秋八月丙午石斋杨廷和序云:"《视草余录》者,录在朝奏对之言及政事可否之议也。"⑥解释《视草余录》所收内容。正文八卷:卷一题奏前录,卷二题奏后录,卷三至卷四《视草余录》,卷五辞谢录一,卷六辞谢录二,卷七辞谢录三,卷八辞谢录四⑦。故以文渊阁《四库全书》书前提要所述为准。

《潘司空奏疏》(500 中)

文渊阁、文津阁《四库全书》书前提要、殿本《总目》作"《潘司空奏疏》七卷",

---

① [明]杨一清撰:《关中奏议》,《景印文渊阁四库全书本》第 428 册,第 1—2 页。
② [清]永瑢等:《四库全书总目》卷 22,北京:中华书局,1965 年,第 498 页。
③ [明]杨一清撰:《关中奏议》,《景印文渊阁四库全书本》第 428 册,第 312—558 页。
④ [明]杨廷和撰:《杨文忠三录》,《景印文渊阁四库全书本》第 428 册,第 749 页。
⑤ 金毓黻辑:《金毓黻手定本文溯阁四库全书提要》卷 41,中华全国图书馆文献缩微复制中心,1999 年,第 275 页。
⑥ [明]杨廷和撰:《杨文忠三录》,《景印文渊阁四库全书本》第 428 册,第 752 页。
⑦ [明]杨廷和撰:《杨文忠三录》,《景印文渊阁四库全书本》第 428 册,第 754—896 页。

文溯阁《四库全书》书前提要、浙本《总目》、《简明目录》作"《潘司空奏疏》六卷"。

按：文渊阁《四库全书》书前提要云："此集凡巡按广东奏疏一卷、督抚江西奏议四卷、兵部奏疏二卷。"①文津阁《四库全书》书前提要、殿本《总目》与之同，计七卷。"兵部奏疏二卷"，在浙本《总目》中记作"兵部奏疏一卷"，故相加为六卷。而文溯阁《四库全书》书前提要云："此集凡巡按广东奏疏一卷、督抚江西奏疏四卷、兵部奏疏二卷。"②相加为七卷，然题为六卷，前后矛盾，《简明目录》情形与之同。查《潘司空奏疏》正文作七卷，其中卷一《巡按广东奏疏》，卷二至卷三为《兵部奏疏》，卷四至卷五为《巡抚江西奏疏》，卷六至卷七为《督抚江西奏疏》③。可见文渊阁、文津阁《四库全书》书前提要、殿本《总目》所作为准，《浙本》总目疑误，文溯阁《四库全书》书前提要与《简明目录》存在逻辑错误。

《抚黔奏疏》(511下)

翁方纲分纂稿云：

自康熙十八年三月至二十三年十一月，凡在黔六年间奏疏四百五十一本，至雍建告养归止。

《总目》云：

雍建自康熙十八年巡抚贵州，凡在任六年。内升兵部侍郎，阅一年有余，告请终养。是编合载贵州及兵部奏疏共五百四十一篇。

"四百五十一本"，在《总目》中写作"五百四十一篇"。
按：《抚黔奏疏》中载《抚黔奏疏总目》，今摘录如下：卷之一：康熙十八年三月二十日至康熙十九年十二月初十日止计六十三本；卷之二：康熙十九年十二月初十日至康熙二十年七月二十日止记五十九本；卷之三：康熙二十年七月二十五日至康熙二十一年五月十七日止记六十一本；卷之四：康熙二十一年五月十七日至康熙二十一年十月初四日止记五十四本；卷之五：康熙二十一年十月初四日至康熙二十一（应写作"二十二"）年五月十五日止记五十八本；卷之六：康熙二十二年五月十五日至康熙二十二年十二月十一日止记五十二本；卷之

---

① [明]潘季驯撰：《潘司空奏疏》，《景印文渊阁四库全书本》第430册，第1页。
② 金毓黻辑：《金毓黻手定本文溯阁四库全书提要》卷41，中华全国图书馆文献缩微复制中心，1999年，第277页。
③ [明]潘季驯撰：《潘司空奏疏》，《景印文渊阁四库全书本》第430册，第2—187页。

七:康熙二十二年十二月十一日至康熙二十三年五月二十八日止记五十二本;卷之八:康熙二十三年五月二十八日至康熙二十三年十一月十二日止记五十二本①。笔者将八卷(从康熙十八年三月到康熙二十三年十一月)中所收本累加得四百五十一本,与翁方纲分纂稿所说相符,故翁方纲分纂稿所作为是。《总目》所作"五百四十一篇"当是抄写时倒文致误。

《十国春秋》(588 下)

《荟要提要》云:

> 凡《吴》纪传十四卷,《南唐》二十卷,《前蜀》十三卷,《后蜀》十卷,《南汉》九卷,《楚》十卷,《吴越》十三卷,《闽》十卷,《荆南》四卷,《北汉》五卷,《十国纪元》、《世系表》各一卷,《地理志》二卷,《藩镇表》一卷,《百官表》一卷。

文渊阁、文溯阁、文津阁《四库全书》书前提要、殿本《总目》与之同。

1. "《十国纪元》《世系表》各一卷",在浙本《总目》中作"《十国纪元》《世系表》合一卷"。

按:《十国春秋》卷一百九为《十国纪元表》、卷一百十为《十国世系表》②,故应称各一卷。且按照上述卷数累积,唯有《十国纪元》《世系表》各一卷,方能达到"《十国春秋》一百十四卷"之数。"各"、"合"两字形似,许是浙本《总目》致误原因。

2. "《地理志》二卷",文渊阁、文溯阁、文津阁《四库全书》书前提要、《总目》均与之同。

按:《十国春秋》卷一百十一、卷一百十二,作《十国地理表上》和《十国地理表下》③,非《地理志》二卷,故诸提要此处所述均不够精确。

《桂林风土记》(623 上)

《四库全书初次进呈存目》(以下省称《初目》)、文溯阁、文津阁《四库全书》书前提要、《总目》云:"卷中目录四十六条,今缺'火山'、'采木'二条。"《简明目录》亦云:"目录凡四十六条,今亦佚其'火山'、'采木'两条。""四十六条",在文渊阁《四库全书》书前提要中作"四十四条"。

---

① [清]杨雍建撰:《抚黔奏疏》,《四库全书存目丛书·史部》第 67 册,第 292 页。
②③ [清]吴任臣撰:《十国春秋》,《景印文渊阁四库全书本》第 465 册,第 34 页。

按:《桂林风土记》目录记有四十四条,名称如下:

桂林、舜祠、双女冢、伏波庙、东观、越亭、岩光亭、訾家洲、漓山、尧山庙、东山亭、碧浔亭(去思馆附)、拜表亭、夹城、独秀山、欧阳都获冢、海阳山、会仙里、隐仙亭、灵渠、甘岩、张天师道陵宅、严州牂牁水、如锦潭、象州仙人山、迁莺坊(进贤坊附)、菩提寺道林和尚、开元寺霞井、延龄寺圣像、宜州龙开江事、苍梧火山、宜州龙采木、徐氏还魂、石氏射樟木灯檠祟、米兰美绩、李给事长歌、颜特进(名延之)、李光禄(名袭志)、李卫公(名靖)、褚中令(名遂良)、张中令(名九龄)、桂州陈都督、袁恕己、张鷟①。

《初目》等作"四十六条",显然是将所附去思馆、进贤坊两条及已佚之苍梧火山、宜州龙采木两条合并计算在内了。文渊阁《四库全书》书前提要中作"四十四条",或因未计所附去思馆、进贤坊两条,或因未计已佚之苍梧火山、宜州龙采木两条。此处差异,系计算方法不同。

《文献通考》(696 中)

殿本《总目》云:

是书凡《田赋考》七卷,《钱币考》二卷,《户口考》二卷,《职役考》二卷,《征榷考》六卷,《市籴考》二卷,《土贡考》一卷,《国用考》五卷,《选举考》十二卷,《学校考》七卷,《职官考》二十一卷,《郊社考》三十三卷,《宗庙考》十五卷,《王礼考》二十二卷,《乐考》三十一卷,《兵考》十八卷,《刑考》十二卷,《经籍考》七十八卷,《帝系考》十卷,《封建考》十八卷,《象纬考》二十七卷,《物异考》二十卷,《舆地考》十八卷,《四裔考》二十四卷。

按:浙本《总目》内容基本与殿本《总目》相同,但有些篇目卷数有差异。如殿《总目》云"《郊社考》三十三卷、《乐考》三十一卷、《兵考》十八卷、《经籍考》七十八卷、《舆地考》十八卷、《四裔考》二十四卷"②。浙本《总目》则作"《郊祀考》二十三卷、《乐考》十五卷、《兵考》十三卷、《经籍考》七十六卷、《舆地考》九卷、《四裔考》二十五卷"③。《文献通考》卷数,诸本提要均言"三百四十八卷"。照上所述,殿本《总目》为三百九十三卷,浙本《总目》为三百五十二卷,均与提要前所

---

① [唐]莫休符撰:《桂林风土记》,《景印文渊阁四库全书本》第589册,第63—64页。
② [清]永瑢等:《钦定四库全书总目》卷81,台北:台湾商务印书馆,1986年,第684页。
③ [清]永瑢等:《四库全书总目》卷22,北京:中华书局,1965年,第696页。

列"三百四十八卷"不同。经查《文献通考》：

《郊社考》自卷第六十八至卷第九十，共二十三卷①。是殿本《总目》卷数误，浙本《总目》卷数不误，但篇名作《郊祀考》误。

《乐考》自卷第一百二十八至卷第一百四十八，共二十一卷②。殿本、浙本《总目》均误。

《兵考》自卷第一百四十九至卷第一百六十一，共十三卷③。是殿本《总目》误，浙本《总目》不误。

《经籍考》自卷第一百七十四至卷第二百四十九，共七十六卷④。是殿本《总目》误，浙本《总目》不误。

《舆地考》自卷第三百十五至卷第三百二十三，共九卷⑤。是殿本《总目》误，浙本《总目》不误。

《四裔考》自卷第三百二十四至卷第三百四十八，共二十五卷⑥。是殿本《总目》误，浙本《总目》不误。

《钦定皇朝礼器图式》(706下)

《荟要提要》、文溯阁、文津阁《四库全书》书前提要作"十八卷"，文渊阁《四库全书》书前提要、《总目》、《简明目录》均为"二十八卷"。

按：《皇朝礼器图式》目录作十八卷：《祭器》二卷，《仪器》一卷，《冠服》四卷，《乐器》二卷，《卤簿》三卷，《武备》六卷，共十八卷⑦。且正文卷数止于十八卷⑧。《国朝宫史》卷二十六记录"皇朝礼器图式一部"，并云："命纂图式厘为六门：曰《祭器》二卷，曰《仪器》一卷，曰《冠服》四卷，曰《乐器》三卷，曰《卤簿》三卷，曰《武备》五卷，凡十八卷。乾隆二十八年校刊。"⑨虽分类卷数有所差别，然总卷数同为十八卷。故文渊阁《四库全书》书前提要、《总目》、《简明目录》作"二十八卷"似误。此或文渊阁《四库全书》书前提要笔误，《总目》因照抄而致误，又因《简明目录》参考过《总目》，也因而致误。

---

① ［元］马端临撰：《文献通考》，《景印文渊阁四库全书本》第610册，第34—35页。
② ［元］马端临撰：《文献通考》，《景印文渊阁四库全书本》第610册，第38—39页。
③ ［元］马端临撰：《文献通考》，《景印文渊阁四库全书本》第610册，第39—40页。
④ ［元］马端临撰：《文献通考》，《景印文渊阁四库全书本》第610册，第41—45页。
⑤ ［元］马端临撰：《文献通考》，《景印文渊阁四库全书本》第610册，第50页。
⑥ ［元］马端临撰：《文献通考》，《景印文渊阁四库全书本》第610册，第50—53页。
⑦ ［清］允禄等撰：《皇朝礼器图式》，《景印文渊阁四库全书本》第656册，第11—12页。
⑧ ［清］允禄等撰：《皇朝礼器图式》，《景印文渊阁四库全书本》第656册，第913页。
⑨ ［清］鄂尔泰、张廷玉等撰：《国朝宫史》，《景印文渊阁四库全书本》第657卷，第510页。

《隶释》(734下)

（1）翁方纲分纂稿云："又适自跋《隶续》云：'《隶释》有续，凡汉隶碑碣二百五十有八。'又跋《淳熙隶释》后云：'《淳熙隶释》目录五十卷，乾道中书始萌芽。十余年间，拾遗补阙，一再添刻，凡碑版二百八十五。'"文渊阁、文溯阁、文津阁《四库全书》书前提要与之同。然《总目》云："又适自跋《隶续》云：'《隶释》有续，凡汉隶碑碣二百八十有五。'又跋《淳熙隶释》后云：'《淳熙隶释目录》五十卷，乾道中书始萌芽。十余年间，拾遗补阙，一再添刻，凡碑版二百五十有八。'"

按：文渊阁《四库全书》书前提要以翁方纲分纂稿为参照，文溯阁、文津阁《四库全书》书前提要以文渊阁《四库全书》书前提要为参照，观点一致，乃一脉相承。而《总目》以阁本提要为参照，却出现倒文现象。按翁稿记载，原先汉隶碑碣"二百五十有八"，在经过十余年的拾遗补阙，一再添刻，故而增加到"碑版二百八十五"①，符合逻辑。洪适《自书隶续卷后》亦云"凡汉隶见于书者为碑碣二百五十八"②。而《总目》则原先汉隶碑碣"二百八十有五"，在经过十余年的拾遗补阙，一再添刻，增加到"碑版二百五十有八"③，"二百五十有八"较之"二百八十有五"，不为增加，而应是减少了，故《总目》此处前后矛盾，不符合逻辑。此处以原提要内容证明正误，当为《总目》倒文误笔。

此外，《大事记》(425下)、《靖康要录》(427上)、《契丹国志》(449下)、《忠贞录》(516中)、《钦定蒙古王公功绩表传》(526上)、《闽粤巡视纪略》(530下)、《吴越春秋》(582下)、《安南志略》(588中)、《大清一统志》(597上)、《咸淳临安志》(600下)、《钦定日下旧闻考》(603中)、《钦定河源纪略》(613下)、《海塘录》(616中)、《桂胜十六卷附桂故八卷》(618上)、《益部谈资》(627中)、《职方外纪》(632下)、《异域录》(634中)、《礼部志稿》(684下)、《钦定历代职官表》(686上)、《钦定续通典》(699下)、《钦定皇朝通志》(700中)、《营造法式》(712下)、《郡斋读书志四卷后志二卷考异一卷附志二卷》(729中)等提要亦存在卷册数目不一情况，可应用本校法详勘。

---

① 吴格、乐怡编：《四库提要分纂稿》，上海：上海书店出版社，2006年，第164页。
② ［宋］洪适撰：《隶续》卷21，《景印文渊阁四库全书本》第681册，第875页。
③ ［清］永瑢等：《四库全书总目》卷86，北京：中华书局，1965年，第734页；［清］永瑢等：《钦定四库全书总目》卷86，台北：台湾商务印书馆，1986年，第771页。

三、人物名称

《后汉纪》(419 中）

文渊阁《四库全书》书前提要、《总目》作："其所缀会《汉纪》、谢承书、司马彪书、华峤书、谢沈书、《汉山阳公记》、《汉灵献起居注》、《汉名臣奏》，旁及诸部《耆旧先贤传》，凡数百卷。""谢沈"，文溯阁、文津阁《四库全书》书前提要作"谢忱"。

按：此谓晋袁宏撰《后汉纪》时所依据前人之书，谢沈所撰为其中之一。《后汉纪》收袁宏原序云："予尝读《后汉书》，烦秽杂乱，睡而不能竟也。聊以暇日，撰集为《后汉纪》。其所缀会《汉纪》、谢承书、司马彪书、华峤书、谢沈书、《汉山阳公记》、《汉灵献起居注》、《汉名臣奏》，旁及诸郡《耆旧先贤传》，凡数百卷。"①谢沈，亦作谢沉，《晋书》卷八十二有传，略云："谢沉，字行思，会稽山阴人也。……何充、庾冰并称沉有史才，迁著作郎，撰《晋书》三十余卷。……沉先著《后汉书》百卷及《毛诗》《汉书外传》，所著述及诗赋文论皆行于世。"②是谢沈非谢忱，文溯阁、文津阁《四库全书》书前提要误抄。

《贞观政要》(463 上）

（1）《荟要提要》云："考《明皇本纪》，乾曜为侍中，嘉贞为中书令，皆在开元八年，则兢上此书在开元八年后矣。"文溯阁、文津阁《四库全书》书前提要与此同。"《明皇本纪》"，《初目》、文渊阁《四库全书》书前提要、《总目》作"《元宗本纪》"。

按："乾曜为侍中、嘉贞为中书令"事见《旧唐书》卷八本纪第八之《玄宗上》（"玄"避讳少却最后一点）"夏五月丁卯，源乾曜为侍中，张嘉贞为中书令"③，亦见《新唐书》卷五本纪第五之《玄宗皇帝》④，《总目》避讳作《元宗本纪》。唐玄宗李隆基死后被谥为"至道大圣大明孝皇帝"，故亦多称其为唐明皇。但"明皇"非《唐书》本纪之正式名称，故文渊阁《四库全书》书前提要等改作《元宗本纪》。

（2）《荟要提要》云：

> 元至顺四年，戈直始为作注。又采唐柳芳，晋刘昫，宋宋祁、孙甫、欧阳

---

① [晋]袁宏编撰：《后汉纪》，《景印文渊阁四库全书本》第 303 册，第 493 页。
② [唐]房玄龄等编撰：《晋书》，《景印文渊阁四库全书本》第 256 册，第 352 页。
③ [五代]刘昫等编撰：《旧唐书》，《景印文渊阁四库全书本》第 268 册，第 146 页。
④ [宋]欧阳修、宋祁等编撰：《新唐书》，《景印文渊阁四库全书本》第 272 册，第 106 页。

修、曾巩、司马光、孙洙、范祖禹、马存、朱黼、张九成、胡寅、吕祖谦、唐仲友、叶适、林之奇、真德秀、陈悖修、尹起莘、程祁及吕氏《通鉴精义》二十二家之说附之，名曰《集论》。

文津阁《四库全书》书前提要与之同。"程祁"，文渊阁、文溯阁《四库全书》书前提要、《总目》作"程奇"。

按：《贞观政要》卷一"政体第二"中"太宗自即位之始霜旱为灾"一条，元戈直《集论》引"程氏祁曰"云云①，是其所采为程祁之说，而非程奇。文渊阁、文溯阁《四库全书》书前提要、《总目》作"程奇"非是。

《钱塘先贤传赞》(520 中)

文渊阁、文津阁《四库全书》书前提要、《总目》云：

> 是编犹元时旧刻。所纪录者虽止及一乡之耆旧，其中郎简、谢绛等十余人，又俱见于正史。然是书为宋人所撰，又在元人修史之前，于事实多所综核。如《东都事略·谢绛传》，称阳夏人，是书称富阳人。

文溯阁《四库全书》书前提要云：

> 是编犹元时旧刻。所纪录者虽止及一乡之耆旧，其中郎简、俞绛等十余人，亦俱见于正史。然是书为宋人所撰，又在元人修史之前，于事实多所综核。如《东都事略·俞绛传》，称阳夏人，是书称富阳人。

按：《钱塘先贤传赞》中"宋知制诰谢公"云："公字希深，讳绛，富阳人。"②宋王称《东都事略》卷六十四列传四十七云："谢绛，字希深，阳夏人也。"③由此可知当以"谢绛"为是，文溯阁《四库全书》书前提要作"俞绛"为误，"俞"与"谢"形不相似，且无避讳，未知文溯阁《四库全书》书前提要缘何写作"俞绛"。

《圣贤图赞》(533 上)

殿本《总目》云："考《玉海》，绍兴十四年三月十一日己巳，幸太学，览唐明皇帝以及太祖、真宗御制赞文，令有司取从祀诸《赞》悉录以进。""太祖"，浙本《总

---

① ［唐］吴兢撰：《贞观政要》，《景印文渊阁四库全书本》第407册，第365页。
② ［宋］袁绍撰：《钱塘先贤传赞》，《景印文渊阁四库全书本》第451册，第12页。
③ ［宋］王称撰：《东都事略》，《景印文渊阁四库全书本》第382册，第406页。

目》作"太宗"。

按：此处"太祖"指宋太祖赵匡胤，"太宗"指宋太宗赵匡义，"真宗"指宋真宗赵恒。宋王应麟《玉海》第一百十三学校"绍兴幸太学"条云："三月十八日己巳，车驾幸太学，祗谒先圣御崇化堂。命礼部侍郎秦熺、执经高阅讲泰卦，赐三品服。遂幸养正、持志二斋。上览太祖、真宗、徽宗所制赞文。命有司悉取从祀诸《赞》并录以进。"①故殿本《总目》所作"太祖"为是，浙本《总目》作"太宗"误。

《庭训格言》（荟要：诏令类）（总目：子部儒家类四）（795下）

文渊阁《四库全书》书前提要云："粤考三皇、五帝以逮于禹、汤、文、武，其佚文遗教，散见于周、秦诸书，而纪录失真，醇疵互见。故司马迁有百称皇帝，其文不雅驯之说。""皇帝"，《总目》作"黄帝"。

按："百称皇帝，其文不雅驯"，此为《史记·五帝本纪》赞语，原文作"然《尚书》独载'尧以来，而百家言黄帝，其文不雅驯'"②。《五帝本纪》记载黄帝、颛顼、帝喾、尧、舜五个远古传说中部落首领的事迹，又《史记》曾云："黄帝者……《索隐》按有土德之，瑞土色黄，故称'黄帝'。"③是文渊阁《四库全书》书前提要作"皇帝"非是，且其引司马迁之语亦有误。

此外，《资治通鉴释文辨误》（421上）、《太平治迹统类前集》（465上）、《孙威敏征南录》（529上）、《历代建元考》（708中）、《隶释》（734下）、《观妙斋金石文考略》（742上）等提要亦存在人物名称不一情况，可应用本校法详勘。

四、内容差异

《通鉴前编》（428中）

邵晋涵分纂稿云：

> 既成，以授门人许谦曰：二帝三王之盛，其微言懿行，后王所当法；战国申、韩之术，其苛法乱政，亦后王所当戒。自周威烈王二十三年以后，司马公既已论次，而《春秋》以前无编年之书，是编固不可莫之著也。

"微言懿行"，文津阁《四库全书》书前提要、殿本《总目》同，文溯阁《四库全

---
① ［宋］王应麟撰：《玉海》，《景印文渊阁四库全书本》第946册，第58页。
② ［汉］司马迁撰：《史记》，《景印文渊阁四库全书本》第243册，第56页。
③ ［汉］司马迁撰：《史记》，《景印文渊阁四库全书本》第243册，第37页。

书》书前提要、浙本《总目》作"媺言懿行"。又"莫之著也",四库提要均作"少之著也"。

按:邵晋涵分纂稿此文①引自元柳贯所作《故宋迪功郎史馆编校仁山先生金公行状》②,意在赞美元金履祥《通鉴前编》记有后王所当效法的二帝三王的言行。柳贯、许谦皆为金履祥门生,本段话乃金履祥嘱许谦语,亦见于皇元天历元年(1328)十有二月庚子门人金华许谦《通鉴前编前序》:"二帝三王之盛,其微言懿行,宜后王所当法。"③文溯阁《四库全书》书前提要将"微言懿行"改作"媺言懿行",或以微言指精深微妙的言辞,懿行指善行,两者意思不尽相同,故将"微言"改作表示美好言辞的"媺言",以与"懿行"配合。然《资治通鉴前编》即作"微言懿行",邵晋涵分纂稿不误,文溯阁书前提要不当擅改。又"莫"、"少"义同,柳贯原文作"莫"④,四库提要也不宜轻易改动。

《十国春秋》(588 下)

《荟要提要》云:"任臣以欧阳修作《五代史》,于霸国仿《晋书》例为载记,每略而不详。乃采诸霸史、杂史以及小说家言,并证以正史,汇成是书。"文溯阁、文津阁《四库全书》书前提要与之同。"于霸国",文渊阁《四库全书》书前提要、《总目》作"于十国"。

按:清康熙八年(1669)己西孟夏仁和吴任臣《十国春秋·自序》云:"然古史于正统为特详,至偏霸人物事实,恒略而不备。《晋书》仅列刘石、慕容等于载记。……若欧阳《五代史》附十国世家于末,中间叙事雅称简洁,然颇多遗漏,立传者独孙晟、刘仁赡数人而已。又于十国事时有未核……任臣以孤陋之学思,取十国人物事实而章著之,网罗典籍,爰勒一书,名曰《十国春秋》。"⑤所述与文渊阁《四库全书》书前提要、《总目》大致同。清周中孚《郑堂读书记》卷二十六史部十二著录《十国春秋》所述亦是⑥。且,文渊阁《四库全书》书前提要等在介绍作者时有云:"国朝吴任臣撰。任臣,字志伊,仁和人。康熙己未召试博学鸿词,授翰林院检讨。"⑦查清秦瀛《己未词科录》卷三云:"任臣以欧阳修作《五代史》,于十国仿《晋书》例为载记,每略而不详,乃采诸霸史、杂史以及小说家言,并证

---

① 吴格、乐怡编:《四库提要分纂稿》,上海书店出版社,2006年,第482页。
② [元]柳贯:《待制集》卷20,《景印文渊阁四库全书》第1210册,第510页。
③④ [宋]金履祥:《资治通鉴前编》,《景印文渊阁四库全书》第332册,第4页。
⑤ [清]吴任臣撰:《十国春秋》,《景印文渊阁四库全书本》第465册,第1页。
⑥ [清]周中孚撰:《郑堂读书记》,《续修四库全书》本卷924,上海:上海古籍出版社,2002年,第339页。
⑦ [清]吴任臣撰:《十国春秋》,《景印文渊阁四库全书本》第465册,第5页。

以正史,汇成是书。"①与之符。故此处当以文渊阁《四库全书》书前提要、《总目》作"于十国"更适合。《荟要提要》等作"于霸国",与文中的"霸史"有呼应之嫌。

《景定严州续志》(600中)

《初目》云:"惟'物产'之外,别增'瑞产'一门,但纪景定'麦秀四岐'一条。"文渊阁、文津阁《四库全书》书前提要、《总目》与之同。"麦秀四岐",文溯阁《四库全书》书前提要作"麦秀两岐"。

按:《景定严州续志》卷二"瑞产"一门中云:"景定壬戌夏四月九日,郡民孔文桂等言'麦秀两歧'在东郊公田中。"②可见《初目》、文渊阁《四库全书》书前提要、等作"麦秀四岐"为因误致误,文溯阁《四库全书》书前提要改作"麦秀两岐"甚是。

《吴中水利书》(613中)

(1)《初目》云:"下逮论议、叙记、祝歌谣。""祝歌谣",在文渊阁、文津阁、文溯阁《四库全书》书前提要、《总目》中作"歌谣"。

按:《吴中水利全书》卷二十一以下目录为:卷二十一论,卷二十二议,卷二十三序,卷二十四记,卷二十五记,卷二十六策对,卷二十七祀文,卷二十八诗歌③。故《初目》作"祝歌谣"当误。致误原因:《初目》是以翁方纲分纂稿为参照,翁方纲分纂稿云:"首刊诏敕章奏,下逮论议序记、祀祝歌谣。"④故《初目》可能在参照翁方纲分纂稿时,将"祀祝歌谣"误漏一字,抄为"祝歌谣"。

(2)《初目》、文渊阁、文津阁《四库全书》书前提要云:"凡例谓崇明、靖江二邑,浮江海之中,地脉不相联赘。""联赘",在文溯阁《四库全书》书前提要、《总目》中作"联贯"。

按:《吴中水利全书》凡例中云:"崇明、靖江亦附庸苏常,兹书曷为不叙录,二邑沙浮江海之中,地脉不相联贯。"⑤可见原文凡例中即作"联贯"一词。"赘"与"贯"字形相近,故可能是《初目》抄写时形近致误,文渊阁《四库全书》书前提要以《初目》为参照,故因误致误。而文溯阁《四库全书》书前提要中写作"联

---

① [清]秦瀛编:《己未词科录》,《续修四库全书》本卷537,上海:上海古籍出版社,2002年,第159页。
② [宋]郑瑶、方仁荣撰:《景定严州续志》,《景印文渊阁四库全书本》第487册,第539页。
③ [明]张国维撰:《吴中水利全书》,《景印文渊阁四库全书本》第578册,第14—20页。
④ 吴格、乐怡编:《四库提要分纂稿》,上海:上海书店出版社,2006年,第138页。
⑤ [明]张国维撰:《吴中水利全书》,《景印文渊阁四库全书本》第578册,第23页。

贯",很可能是核对过原书,故不误。

《帝王经世图谱》（荟要：谱录类）（总目：子部类书类一）（1147中）

（1）文渊阁《四库全书》书前提要云："其所绘画,山居部分,经纬详明,具有条理。其所辨订,不甚主注疏旧说,而引据博赡,亦非杜撰空谈。""山居部分",《总目》作"州居部分"。

按：《帝王经世图谱》卷七收有：禹迹九州之图、舜肇十有二州之图、禹贡九州山川之图、禹贡九州谱、周职方辨九州之图、职方九州山川之图、职方九州谱、周礼土会之谱、九等异同之谱、十二土壤之谱、土宜教稼穑之谱、周保章九州分星之谱、魏陈卓十二次分野图、唐一行山河分野图、世纪十二次配合谱、九州分星旁通谱、六家分星异同之谱、三家分星异同谱①。所列多以"州"字出现,故此处文渊阁《四库全书》书前提要所述"山居部分"不准确,当以《总目》所改"州居部分"为是。

（2）《荟要提要》、文溯阁、文津阁《四库全书》书前提要云："又朱右《白云稿》有《题宋濂所作仲友补传》,云：'在台州发粟赈饥,抑奸拊弱,创浮梁以济艰涉,民咸利赖。'""民咸利赖",文渊阁《四库全书》书前提要、《总目》作"民赖利焉"。

按：文渊阁《四库全书》收录明朱右《白云稿》五卷,提要云："所著《白云稿》本十卷,今世所传仅存五卷,杂文之后仅有《琴操》而无诗,检勘诸本并同,无可校补。"②可见其集多有散佚,此《题宋濂所作仲友补传》不在保存仅有的五卷之内,未知原文何如。又,《明文衡》卷四十六收朱右《题唐仲友补传》云："初仲友以乾道七年守台时,朱子提举浙东常平。仲友发粟赈饥,抑奸拊弱,创中津浮梁以济艰涉,民至今赖之。"③《荟要提要》等所记"民咸利赖",与文渊阁《四库全书》书前提要、《总目》所说"民赖利焉",并无实际区别,但可看到相互文字上的差异。

此外,《圣祖仁皇帝圣训》（493上）、《东家杂记》（513下）、《元朝名臣事略》（523中）、《钓矶立谈》（585上）、《江表志》（586上）、《禁扁》（595上）、《吴兴备志》（603中）、《北户录》（623上）、《岭南风物记》（628上）、《明臣谥汇考》（704中）、《钦定康济录》（710上）、《大事记讲义》（753下）等提要亦存在内容差异情况,可应用本校法详勘。

除以上所列,《资治通鉴释文辨误》（421上）等提要关于朝代之异、《通鉴地

---

① ［宋］唐仲友撰：《帝王经世图谱》,《景印文渊阁四库全书本》第922册,第495—496页。
② ［明］朱右撰：《白云稿》,《景印文渊阁四库全书本》第1228册,第1页。
③ ［明］程敏政编：《明文衡》,《景印文渊阁四库全书本》第1374册,第209页。

理通释》(421下)、《纲目续麟》(424中)等提要关于地名之异、《建炎以来系年要录》(426上)等提要关于官职之异、《平台纪》(444中)、《契丹国志》(449下)、《大金国志》(450中)等提要关于时间之异,亦可通过原提要或原书进行校证,待悉次整理之。

四库宋人别集提要辨证四则

闫现霞

(南京师范大学文学院,南京 210097)

摘　要：陈东所撰《少阳集》,各提要著录卷目不一,《初目》《文津阁提要》《总目》作十卷,《文渊阁提要》《文溯阁提要》作六卷。王蘋《王著作集》据浙江鲍士恭家藏本录入,提要称其为明弘治中刻本,实际当为正德翻弘治刻本。许及之《涉斋集》乃四库馆臣从大典本录出,《永乐大典》原题"许纶撰",馆臣力证此集为及之作,却误以为纶与及之乃前后更名。孙觌《鸿庆居士集》,提要引集中为莫俦所作墓志,误将吴开、莫俦合为一人,其名作"莫开"。

关键词：少阳集　王著作集　涉斋集　鸿庆居士集

　　四库提要从最初四库馆臣撰写的分纂稿到最后形成的《四库全书总目》之间,前后长达二十余年。在此期间,《四库全书》的文本经过多次改动,四库提要也相应地进行了反复修改,由此形成了各种文本。就南宋别集《少阳集》《王著作集》《涉斋集》《鸿庆居士集》而言,各提要在卷数、作者、版本以及文字内容等方面存在差异及不实之处。笔者通过汇校四库各提要,核实《四库全书》所收书,参考四库提要订补类文献等,力图证实文集原貌,梳理四库提要源流,对提要加以澄清,并说明提要存在的主要问题。

一、宋陈东撰《少阳集》六卷

　　总目:《少阳集》十卷,编修朱筠家藏本,宋陈东撰。东有《靖炎两朝见闻录》,已著录。其文集《宋志》不载。《书录解题》亦不载。据戴埴《鼠璞》载"张浚奏胡铨笔削东书,追勒编置。盖以浚为黄潜善客,铨为李纲客,故借此去之"云云。则东死以后,尚牵连兴钩党之狱,宜无编辑其文者。元大德中,始有刻本《尽忠录》,凡八卷,编次颇嫌错杂。续刊于国朝康熙中者曰《少阳文集》,凡十卷,前五卷皆东遗文,后五卷则本传、行状及他书论赞也。东以诸生愤切时事,摘发权奸，冒万死以冀一悟，其气节自不可及。然于时国步方危，而煽动十余万人，震惊庭陛。至于击坏院鼓，变割中使，迹类乱民，亦乖大体。南宋末太学之横，至于驱逐宰辅，莫可裁制，其胚胎实兆于此。张浚所谓"欲以布衣持进退大臣之权，几至召乱"者，其意虽出于私，其言亦未始不近理也。后应诏再出，卒以为小人所构，亦不可谓东等无以致之矣。第以志在匡时，言皆中理。所掊击者皆人不敢触之巨奸，所指陈者事后亦一一皆验。是其事缘忧国，不出求名。故南宋以来儒者以忠义予之，而遗文亦至今传述焉。盖略迹而原其心也。

按：该书卷目，各提要著录有差异。其中，《初目》著录为"《少阳集》五卷，《附录》五卷"，《文渊阁提要》《文溯阁提要》作"《少阳集》六卷"，《文津阁提要》《总目》作"《少阳集》十卷"。概括来说，即六卷与十卷之差异。今核检库本原书，文渊阁本实为六卷，文津阁本则为十卷，与各自提要著录一致。库本抄录所依之底本，乃编修朱筠家藏十卷本，据祝尚书考证，为雍正活字本①。文渊阁本在抄录时对原书进行了删削，厘为六卷。关于删削的内容及删削原因，提要中有说明。《文渊阁提要》云："今存遗文五卷，附录史传一篇，行状一篇，及钦宗省敕一篇，高宗谕旨七篇，为第六卷。他皆汰之。"文渊阁本明确说明除作者遗文五卷外，《附录》部分仅采与作者相关的本传、行状、诏词数篇。他人所书挽词、序跋等，则一概删汰。《文津阁提要》此处则云："前五卷皆东遗文，后五卷则本传、行状及他书论赞也。"虽然也知后五卷为他人之作，但并未说明要将其删去。因此文津阁本仍照底本十卷进行抄录，故而两阁本卷目产生差异。文溯阁本因无法见到，不知其具体抄录情况。从其提要著录来看，当与文渊阁本同。

除卷目差异外，提要述及文集的刊刻流传，亦有不同。《文津阁提要》《总目》云："元大德中，始有刻本《尽忠录》。"《初目》《文渊阁提要》《文溯阁提要》则作"其集刻于元大德中者曰《尽忠录》"。文集最初由何人编次，今已不详。经查检，发现国家图书馆藏明天启五年贺愁忠刻本《宋陈少阳先生文集》一部，其卷九载李纲之孙李大有所作《尽忠录序》，云："大有家藏《少阳事迹》，莫知何人编次，意有深旨，悉从其旧，止易其书二字曰《尽忠录》，盖掇取赐金制诏中语，固重以词旨。圣语三条揭诸篇者，锓木以广其传。"②大有序作于嘉定改元年（一二〇八），且序中明言"锓木以广其传"，说明其集宋时已付梓刊行。天启本卷首又载魏了翁所作《陈少阳文集序》，略曰："余尝与李忠定公之孙大有为友，得其家所刊陈公少阳文集，梓类既详。……今又得三山孙君遇正凤所辑，又加详焉。君遇凤号多闻，加以游走淮楚，客京口，尝访陈公家里，得其言行甚悉。既为之谱

---

① 祝尚书：《宋人别集叙录》，北京：中华书局，1999年，第799页。
② ［宋］陈东：《宋陈少阳先生文集》卷九，明天启五年刻本，第1页b。

系,并以思陵前后诏旨,臣寮奏陈,前辈题识,与范《传》、李《记》,列诸篇帙。非惟著国家育才之功,抑以彰祖宗悔过之美意。集凡若干卷。"①除李大有刊本外,魏氏还载录了孙君遇辑本。由序言可知,孙氏辑本校大有刊本,多出诏旨、奏议、题识、传记诸篇,盖主要是增加附录之类。今两种版本久已失传,未见诸书目。四库本抄录所据编修朱筠家藏本,盖已无李、魏二序,馆臣未见,故不悉是集源流。

又馆臣以元大德中始有《尽忠录》刻本,似因"东死以后,尚牵连兴钩党之狱,宜无编辑其文者"。"钩党之狱",指钦宗元年(一一二五)陈东率太学生上书请愿一事。据《宋史》本传,钦宗即位后,陈东率其徒伏阙上书,请诛蔡京、梁师成、李彦、朱勔、王黼、童贯六贼,撼动朝廷。高宗建炎元年(一一二七),东又上书乞留丞相李纲而罢黄潜善、汪伯彦,为二人所构谗,被斩于世。时人怕受牵连而无敢掇拾其文者,尚可理解。然而陈东死后三年,高宗便悔悟,追赠其为承事郎。绍兴四年(一一三四),又加赠朝奉郎秘阁修撰官,赐钱五百缗、祭墓田四十顷②,是很快就为其平反。况建炎至大德中前后百余年,提要云"尚牵连兴钩党之狱",不甚可信。余嘉锡《四库提要辨证》卷二二亦驳之,曰:"夫重忠臣,尚死节,国人之风也,宋、元之际,于斯为盛,其于陈东,安得恝然如此乎?"③余氏所辩为是。

二、宋王蘋撰《王著作集》八卷

文渊阁提要:《王著作集》八卷,明王观编辑其远祖宋王苹遗文及他人荐札像赞题跋之属。蘋字信伯。《福建通志》称:"绍兴初,平江守孙佑以德行荐于朝,召对赐进士出身。除秘书省正字。累官左朝奉郎。"陈振孙《书录解题》则作"以赵忠简荐赐进士出身,官至著作佐郎。秦桧恶之,会其族子坐法,牵连文致夺官"。与《通志》所记不同。然此集以"著作"为名,则陈所言为是也。陈氏著录作四卷,宝祐中其曾孙思文刊于吴学,卢钺为序。此本为明弘治中蘋十世孙观所编。一卷为《传道支派图》,二卷为札子、杂文十余篇,三卷以下为像赞题跋及门人私志语录之类。较陈氏所记,卷数遽增一倍。然遗文不过一卷,余皆附录。实则遗佚过半。盖捃拾残剩而成,已非旧本。以其学出伊洛,而能不附秦

---

① [宋]陈东:《宋陈少阳先生文集》卷首,明天启五年刻本,第1页a、b,第3页a、b。此序亦见于魏了翁《鹤山先生大全集》卷五十四。
② [元]脱脱等撰:《宋史》卷四五五《陈东传》,北京:中华书局,1977年,第38册,第13359页至第13362页。
③ 余嘉锡:《四库提要辨证》,北京:中华书局,1980年,第1445页。

桧,立身无愧于师门,故录而存之,不以残缺废焉。乾隆四十六年十二月恭校上。

按:王蘋《宋史》无传,四库馆臣引《福建通志》与《书录解题》详其仕履,所摘之文出现差异。其中《福建通志》作"累官左朝奉郎",《解题》作"官至著作佐郎",馆臣认为《解题》所言为是。今查《王著作集》卷五收其门人章宪所作《墓志》,云:"于朝召见,赐进士出身,除秘书省正字。……兼史馆校勘,属刊修裕陵实录。书奏,改左承奉郎,迁著作佐郎。丐外补通判常州,主管台州崇道观。……族子坐法,一时观望,文致以罪。久之还故官,复主管崇道。观引年致仕,官至左朝奉郎。寿七十有二。"①其下又有《国史传》,亦云:"蘋起草茅,而议论若素,宦于朝通儒也。赐进士出身,授左迪功郎,秘书省正字。会修神宗皇帝实录,兼史馆校勘。书成,改左承奉郎,迁著作佐郎。通判常州,主管台州崇道观。累官左朝奉郎,卒年七十二。"②是以知王蘋终官左朝奉郎,《福建通志》所言为是。四库馆臣仅因文集以"著作"为名,就判定陈氏所言为是,实为疏失。

文集为蘋后人王观所编。《文渊阁提要》称"此本为明弘治中蘋十世孙观所编",《文津阁提要》与之同。《初目》《文溯阁提要》《文澜阁提要》《总目》及《简目》则作"十一世孙",是。四库本此集卷首载弘治三年(一四九〇)祝允明所作《重刻王著作文集序》,云:"著作者,水部之九世孙,聘君(王观)之十一世祖也。"③又卷五载吴宽所作《像赞》,云:"乡先生著作王公小像,其十一世从孙观奉以示,宽瞻拜之。"④《序》及《像赞》明言蘋为观十一世祖,观乃蘋十一世从孙。《文渊阁提要》作"十世孙",误。《文津阁提要》盖据《文渊阁提要》抄录,故从其而误。

四库所录为浙江鲍士恭家藏本,《初目》云:"正德间蘋裔孙世颙翻刻以行,徐源为序,即是本所从录也。"《文渊阁提要》《文溯阁提要》《文津阁提要》《文澜阁提要》《总目》皆云:"此本为明弘治中蘋十世孙观所编。"与《初目》有差异。今查此集卷首有正德九年(一五一四)三月徐源所作序,称:"今为世孙惟颙翻刻于梓,使乡之后学皆得而观之。"⑤其下又有杜启序,亦云:"今世孙惟颙将刻以传,瓜泾徐先生乡丈为序之矣。"⑥知《四库》所录实为正德翻弘治本,并非弘治本。《初目》所言为是。

---

① [宋]王蘋:《王著作集》卷五,《景印文渊阁四库全书》本,第88、89页。
② [宋]王蘋:《王著作集》卷五,《景印文渊阁四库全书》第1136册,第92页。
③ [宋]王蘋:《王著作集》卷首,《景印文渊阁四库全书》第1136册,第66页。
④ [宋]王蘋:《王著作集》卷五,《景印文渊阁四库全书》第1136册,第87页。
⑤ [宋]王蘋:《王著作集》卷首,《景印文渊阁四库全书》第1136册,第65页。
⑥ [宋]王蘋:《王著作集》卷首,《景印文渊阁四库全书》第1136册,第67页。

馆臣又称此集"盖捃拾残剩而成,已非旧本",各本提要同。此处"旧本",当指宋本,今已不见,今可从前人序跋中略知一二。四库本此集卷首载宝祐丙辰(四年,一二五六)卢钺所作《王著作集序》,云:"福清邑庠旧有先生文集,而吴学独无有,非一大欠缺欤!曩王公遂守此邦,始祠先生于学,访其后曰思文者,俾奉尝岁时。思文将以福清墨本刊于吴学,嘱钺序之。"①王蘋之祖世居福清,后随其父仲举迁至姑苏吴江。后人王遂在吴学为其建祠,王思文又将福清所刊文集在吴学翻刻。咸淳元年(一二六五)五月,思文作《李提刑芾行学问立祠因依申状》,称"今家塾有福清刊行文集,蕲春刊行《论语集解》、《震泽记善录》,兼《国史》有传,可考出处"。②《震泽记善录》今载四库本卷八之中,末有淳熙三年丙申(一一七六)仲冬蕲春假守施温舒题识,云:"右《震泽记善录》,著作王先生平昔与门人答问辞也。先生文集顷已刊之郡庠,今复得此遗言于先生之子郡丞大本,谨并刻之,以示后学。"③可知蕲州州学亦尝刊其文集。盖宋时以福清本刊刻最早,其他两种版本(吴学、蕲州)皆由福清本翻刻。但此三种版本皆不详其卷数。

祝允明《重刻王著作文集序》略曰:"其集自宝祐中曾孙贡补进士思文取福清邑庠墨本刊于吴学,迄今传者甚鲜。观因其旧,复取像赞之属附之,第为八卷。"④知八卷者为王观重新厘定,新附"像赞"之属,而其余皆"因其旧"。所因之"旧",即序中所云"宝祐吴学刻本"。吴学刻本乃翻刻福清本,前已证明。祝序仅言吴学刻本"传者甚鲜",并未称其残缺,故馆臣谓弘治本"盖捃拾残剩而成",与祝序不符。馆臣谓弘治本"已非旧本",主要依据是该本所收文章甚少。今查吴学本有宝祐四年(一二五六)袁万顷跋,称"今观著作王先生奏篇遗稿仅存十余地('地'字盖误),文不过数则,读之皆温醇平实,沈潜蕴藉,蔼然有余味,真得程氏之传矣"⑤云云。实宝祐时是集当未亡佚残缺,然其所载文章不过寥寥,与弘治本相仿(弘治本除卷一《传道支派》外,卷二札子、奏状十二篇,杂文六篇)。可见王蘋遗文,宋本原止此数,并无脱佚。至于作者遗文甚少,宋、明人论之已详。王蘋门人章宪所作《墓志》引王大本语曰:"先君未尝著书,所以传后者惟幽堂之铭。是赖子从先君游久,子实甚宜宪义,不得以浅陋辞也。"⑥袁万顷跋亦云:"程门诸贤多不甚著书,大抵要于涵养,特守处用功,盖二程夫子教人之法如

---

① [宋]王蘋:《王著作集》卷首,《景印文渊阁四库全书》第1136册,第65页。
② [宋]王蘋:《王著作集》卷六,《景印文渊阁四库全书》第1136册,第99页。
③ [宋]王蘋:《王著作集》卷八,《景印文渊阁四库全书》第1136册,第107页。
④ [宋]王蘋:《王著作集》卷首,《景印文渊阁四库全书》第1136册,第66页。
⑤ [宋]王蘋:《王著作集》卷三,《景印文渊阁四库全书》第1136册,第80页。
⑥ [宋]王蘋:《王著作集》卷五,《景印文渊阁四库全书》第1136册,第89页。

是也。"①祝允明序曰："今观集中所载,不过状札数篇、余文五首,与周、宋二弟子所录语耳。盖程门之教不尚词章,固如此然。"②是王观文集本少,馆臣因此疑弘治本为"已非旧本",与事实不符。

此外,陈氏《直斋书录解题》卷一八著录《王著作集》四卷,云："著作佐郎福清王蘋信伯撰。从程门学,以赵忠简荐,召对,赐出身。秦桧恶之,会其族子坐法,牵连文致,夺官以死。"③《文献通考》卷二三九著录同。是宋代所传版本中当有四卷之本。馆臣将正德翻弘治本与陈氏所录相较,述之云："一卷为《传道支派图》,二卷为札子、杂文十余篇,三卷以下为像赞题跋及门人私志语录之类。较陈氏所记,卷数遽增一倍。然遗文不过一卷,余皆附录。实则亡佚四分之三。"陈氏著录本今虽不可得见,然据前引诸家序跋,已可略知其概。盖宋本除正文外,亦多附录,遂通编为四卷,并非其它三卷皆王蘋之文。④ 否则,弘治本除"像赞之属"外,其它各卷从何而来? 因正德翻刻本所载遗文不过一卷,而陈振孙所录之本为四卷,馆臣就认为原本"亡佚四分之三",亦实属荒谬。

三、许及之撰《涉斋集》十八卷

文渊阁提要：《涉斋集》,《永乐大典》题许纶撰。集中《王晦叔惠听雨图诗序》,自称永嘉人。隆兴元年进士,累官至知枢密院。事与自序"永嘉人"合。《艺文志》载许及之文集三十卷,《涉斋课稿》九卷,与今本"涉斋"之名合。焦竑《经籍志》载许右府《涉斋集》三十卷。宋人称枢密为右府,与及之本传官知枢密院者又合。则此集当为及之所撰。又《宋史·宁宗本纪》："绍熙四年六月,遣许及之贺金主生辰。"《金史·交聘表》亦同。今集中使金之诗,一一具在。本传称及之尝为宗正簿,今集中亦有《题玉牒所壁间》诗。则此集出于及之,尤证佐凿然。《永乐大典》所题,不知何据。或及之初名纶,史偶未载更名事欤? 此集世无传本。今捃摭残剩,编为十八卷。观其《读王文公诗绝句》曰："文章与世为师范,经术于时起世雠。少读公诗头已白,只应无奈句风流。"知其瓣香在王安石。安石之文平挹欧、苏,而诗在北宋诸家之中,其名稍亚。然早年锻炼镕铸,工力至深。《瀛奎律髓》引司马光之言,称其晚年诸作华妙精深,殆非虚誉。是集虽下笔稍易,未能青出于蓝,而气体高亮,要自琅琅盈耳。较宋末江湖诗派刻画琐屑者,过之远矣。乾隆四十六年三月恭校上。

---

① [宋]王蘋：《王著作集》卷三,《景印文渊阁四库全书》第1136册,第80页。
② [宋]王蘋：《王著作集》卷五,《景印文渊阁四库全书》第1136册,第66页。
③ [宋]陈振孙：《直斋书录解题》卷一八,上海：上海古籍出版社,1987年,第534页。
④ 宋人编书,将正文与附录通编,其例不胜枚举。

按:《涉斋集》十八卷,乃四库馆臣从大典本录出。《永乐大典》原题"许纶撰"。馆臣援引《宋志》、焦竑《经籍志》《金史·交聘表》以及集中诗文等,力证此集为许及之作,证据确凿。而《永乐大典》旧题许纶,馆臣却不知何据,仅疑云:"或及之初名纶,史偶未载更名欤?"今查光绪《永嘉县志》卷十二《选举·杂选》"许纶"条云:"许纶,及之子,号筼斋,舂陵守。按,四库书目误以为及之名。"① 又卷二十八《艺文志》著录许右府《涉斋诗集》三十卷、《涉斋课稿》九卷,题下按语云:"孙衣言跋许深甫《涉斋集》十八卷,《四库全书》据《永乐大典》旧题许纶,考定为及之作,援据甚确。而疑及之初名纶,其后更名,或史未及详。今按集中有《纶子以筼名斋》诗,又有《与卢次夔直学投赠》诗,云:'卢之父有师法,方训长孙铸,而次夔近绎子,屈致教参孙发。'纶、绎皆从系旁,盖以偏旁联名。则纶固及之子也。"② 是许纶实为及之子,并非一人而前后更名。孙氏跋语还进一步解释了四库馆臣出现疏失的原因,云:"宋元人编辑文集,往往但题某官、某先生集,而系编者姓名于其次。此集必许纶所编,明人录诗时未及深考,因以为纶作。而校修四库者亦沿其误耳。"③ 是《大典》所题乃编者姓名,明人不知宋人编辑体例,误以为纶作。而四库馆臣又沿其误。

今人辑《全宋诗》,也注意到这个问题。《全宋诗》卷二四四三"许及之"条云:"清四库馆臣据《永乐大典》所录许纶《涉斋集》,辑为许纶《涉斋集》十八卷(按纶为及之子,集中卷二有《纶子效靖节止酒体赋筼斋余亦和而勉之》可证。纶当为及之诗之编撰者,《永乐大典》误属为作者,今订正)。"④

又,提要云:"《瀛奎律髓》引司马光之言,称其晚年诸作'华妙精深',殆非虚誉。"今查《瀛奎律髓》卷十三,有"《漫叟诗话》谓荆公定林后诗律精深华妙,此作自以比灵运,予以为一唱三叹之音也"⑤ 句。此句为评介荆公王安石《岁晚》诗作。胡仔《渔隐丛话》前集卷二三三、魏庆之《诗人玉屑》卷十、《诗林广记》后集卷二皆引作《漫叟诗话》,均未著撰人,今亦不详其作者。司马光号迂叟,今查其《温公续诗话》,并无"华妙精深"之语,提要盖误。

---

① [光绪]《永嘉县志》卷十二,清光绪八年刻本,第33页a。
②③ [光绪]《永嘉县志》卷二十八,清光绪八年刻本,第10页b。
④ 北京大学古文献研究所编:《全宋诗》卷二四四三,北京:北京大学出版社,1999年,第28281页。
⑤ [元]方回:《瀛奎律髓》卷十三,《景印文渊阁四库全书》第1366册,台北:台湾商务印书馆,1986年,第139页。

四、宋孙觌撰《鸿庆居士集》四十二卷

《总目》：宋孙觌撰。觌字仲益，晋陵人。徽宗末，蔡攸荐为侍御史。靖康初，蔡氏势败，乃率御史极劾之。金人围汴，李纲罢御营使，太学生伏阙请留。觌复劾纲要君，又言诸生将再伏阙。朝廷以其言不实，斥守和州。既而纲去国，复召觌为御史。专附和议，进至翰林学士。汴都破后，觌受金人女乐，为钦宗草表上金主，极意献媚。建炎初，贬峡州，再谪岭外。黄潜善、汪伯彦复引之，使掌诰命。后又以赃罪斥，提举鸿庆宫，故其文称《鸿庆居士集》。孝宗时，洪迈修国史，谓靖康时人独觌在，请诏下觌，使书所见闻靖康时事上之。觌遂于所不快者，如李纲等，率加诬辞。迈遽信之，载于《钦宗实录》。其后朱子与人言及，每以为恨，谓"小人不可使执笔"。故陈振孙《书录解题》曰："觌生于元丰辛酉，卒于乾道己丑，年八十九，可谓耆宿矣。而其生平出处，则至不足道。"岳珂《桯史》亦曰："孙仲益《鸿庆集》大半志铭，盖谀墓之常，不足诧。独《武功大夫李公碑》，乃俨然一档耳。亟称其高风绝识，自以不获见之为大恨。言必称公，殊不为怍。"赵与峕《宾退录》复摘其作莫沔墓志，极论屈体求金之是，倡言复雠之非。又摘其作韩忠武墓志，极诋岳飞。作万俟卨墓志，极表其杀飞一事，尤颠倒悖谬。则觌之怙恶不悛，当时已人人鄙之矣。然觌所为诗文颇工，尤长于四六，与汪藻、洪迈、周必大声价相埒。必大为作集序，称其名章隽句，晚而愈精。亦所谓"孔雀虽有毒，不能掩文章也"。流传艺苑已数百年。今亦姑录存之，而具列其秽迹如右。一以节取其词华，一以见立身一败。诟辱千秋，清词丽句，转有求其磨灭而不得者，亦足为文士之炯戒焉。

按：是书各提要言及孙觌仕履，皆云其在建炎初，贬峡州。"峡州"，当为"归州"之误。《宋史·高宗本纪》载建炎元年（一一二七）李纲劾张邦昌僭逆伪政一事，云："侍郎张邦昌坐僭逆，责降招化军节度副使，潭州安置。及受伪命臣僚王时雍高州，吴开永州，莫俦全州，李擢柳州，孙觌归州，并安置。"①《建炎以来系年要录》卷六同。知觌当贬归州，而非峡州。提要又云："后又以赃罪斥，提举鸿庆宫。"《鸿庆居士集》卷九收录《提举南京鸿庆宫谢表》，表中有"力排聚敛，乃贻聚敛之讥"、"卒从吏议，追褫官资"②之语。此表置于《龙图阁学士再知平江府谢表》后，《辞免龙图阁侍制知临安府状》前。通观全集可以发现，集中所收诗文大致按照年代先后排列，表状部分尤其严格。由此可以推断，孙觌是在建炎三年

---

① ［元］脱脱等撰：《宋史》卷二十四《高宗本纪》，北京：中华书局，1977年，第2册，第445页。
② ［宋］孙觌：《鸿庆居士集》卷九，《景印文渊阁四库全书》第0853册，第95页。

再任平江府时因建明常平法夺职、罢去职事之后所领宫祠,非以赃罪见斥。

因孙觌多次代草降表并力主议和,故馆臣评其为人"怙恶不悛"。又引赵与旹《宾退录》,以斥其奴颜媚骨。引文作:"赵与旹《宾退录》复摘其作莫汧墓志,极论屈体求金之是,倡言复雠之非。"其中,误将"莫俦"作"莫汧"。查赵与旹《宾退录》卷十,云:"莫俦靖康末所为,虽三尺童子亦恨不诛之。而孙仲益尚书志其墓,顾谓'靖康之变,台谏争请和戎,皆斥废不用。而二三狂生抗首大言,乘险侥幸,试之一掷,卒至误国。高宗狩维扬,移跸临安,国步阽危,至此极矣,而进取之士终以和戎为讳。此翰林莫公所以投闲置散,至于老死不用。'斯言也,不几于欺天乎?"①此志今载《鸿庆居士集》卷三十八,名《宋故翰林学士莫公墓志铭》,文曰:"靖康之变,金人拥骑数万,长驱河朔,直侵宫阙。于时台谏争请和边,以备仓卒不测之难,皆斥废不用。而二三狂生抗首大言,乘险侥幸,起于小吏,骤擢将相。试之一掷,卒至误国。二帝蒙尘,中原抢攘,亿万生灵不得宁处。太上皇狩维扬,移跸临安,国步阽危,至此极矣。而进取之士尚循绍述之利,终以和边为讳。此翰林莫公所以投闲置散,致于老死不用,固其礼也。"②其下又云:"谓正奉曰:'俦少年耳,草数千言,文辞赡丽,皆切当世之务。……适与公同姓名,徽宗曰非其伦也,名实混矣,命去偏旁名寿"。③ 与《宾退录》所言相合,可知《墓志》实为莫俦所作。盖《宋史》高宗本纪、唐恪、李纲、范宗尹、吕好问诸传多次以吴开、莫俦并举,故四库馆臣将二人误合为"莫开",又因形近而误作"莫汧"。

---

① [宋]赵与旹:《宾退录》卷十,《宋元笔记丛书》本,上海:上海古籍出版社,1983年,第124页。
② [宋]孙觌:《鸿庆居士集》卷三十八,《景印文渊阁四库全书》第1135册,第417页。
③ [宋]孙觌:《鸿庆居士集》卷三十八,《景印文渊阁四库全书》第1135册,第418页。

《四库全书》集部提要订误十二则

周 忠

(江苏春雨教育集团,南京 210009)

摘 要:《四库全书》提要留有不少讹误,讹误的产生是由于提要撰写者没有仔细阅读原书内容,或没有认真核对书中引证的材料,草率撰写,因而导致此类问题。本文主要依据中华书局1965年影印本《四库全书总目》,同时参考各本提要,对集部提要略作考订。

关键词:《四库全书》 《四库全书》 集部 《四库全书》提要

清代乾隆年间编撰《四库全书》,四库馆臣又为收入和未收入《四库全书》的一万余种书籍撰写了内容提要,涵盖了大量的古代重要文献,为后世学者读书治学提示了门径。同时需要注意的是,《四库》提要也留有不少讹误,其中有些讹误的产生,是由于提要撰写者没有仔细阅读原书内容,或没有认真核对书中引证的材料,草率撰写,因而导致此类问题。本文对集部提要略作考订,主要依据中华书局1965年影印本《四库全书总目》。同时参考各本提要。[①]

一、集部二十二别集类二十二 《蓝涧集》六卷

明蓝智撰。其字诸书皆作"明之",而《永乐大典》独题"性之"。[②]

各本提要皆同。

按:蓝智,字明之,又字性之,不独《永乐大典》,也见于本书。本书卷一

---

① 《景印文渊阁四库全书》卷前提要,台北:台湾商务印书馆,1986年(以下简称《文渊阁》本)。《文津阁四库全书总目提要汇编》,北京:商务印书馆,2006年(以下简称《文津阁》本)。《金毓黻手定本文溯阁四库全书提要》,中华全国图书馆文献缩微复制中心,1999年(以下简称《文溯阁》本)。《文澜阁四库全书》卷前提要,杭州:杭州出版社,2015年影印本(以下简称《文澜阁》本)。

② 《四库全书总目》1471页。

《书怀十首寄示小儿泽》,云松樵者(张槩)跋云:"右友人蓝性之所作《书怀十诗》也。性之天赋淳美,学行超诣,尤长于诗。庚戌秋以才贤荐授广西金宪。筮仕之初即膺重选,非素有抱负者孰能当此任耶?性之持身廉正,处事平允,于今三载始终无失。……使人见之莫不曰:性之幸哉!有子岂不韪欤?尚其勉之!"①

明王兆云《皇明词林人物考》卷一,蓝明之,又云性之。蓝涧,字性之。②

二、集部二十二别集类二十二 《白云樵唱集》四卷附录一卷

卷末又有永乐中林蕙诸人所作《皆山樵者传》《赞》《辞》《说》,则刻成之后续为增入者也。③

各本提要皆同。

按:"林蕙",当作"林慈"。《皆山樵者传》末署为:"国子博士长乐林慈志仁书于成均之署。"卷末九仙山人黄镐跋:"右《皆山樵者传》《赞》《辞》《说》,乃前辈解大绅、王孟扬、曾子棨、林慈、林仲贞诸先生为王皆山先生作也。"④本书卷三有《寄赠林志仁博士》《送邑造士萧戴贡胄监兼似国子博士林志仁》二首。

明陈道《(弘治)八闽通志》卷五十七荐辟:林慈,国子博士。长乐人。⑤

三、集部二十四别集类二十四 《一峰集》十卷

后载《梦稿》二卷,记梦之词至三百余首。⑥

《文津阁》本、《文溯阁》本俱无此语。

按:《文渊阁四库全书》收入罗伦《一峰文集》十四卷。卷前提要作《一

---

① 《景印文渊阁四库全书》1229册,第845页。
② 《续修四库全书》532册,上海:上海古籍出版社,2002年,第455页。
③ 《四库全书总目》,第1473页。
④ 《景印文渊阁四库全书》1231册,第206、208页。
⑤ 《四库全书存目丛书》178册,济南:齐鲁书社,1997年,第373页。
⑥ 《四库全书总目》,第1491页。

峰集》十卷。本书文九卷,诗歌五卷。无《梦稿》二卷,记梦之词至三百余首亦不确,集中以梦为题的诗歌有二十余首,如《二十三日梦》《初四日梦》《二十一日梦》《二月初二日梦》等。南京图书馆藏明嘉靖刻本《一峰文集》十四卷内容相同。

四、集部二十四别集类二十四 《华泉集》十四卷

鲁中立《海岳灵秀集》曰:"华泉之作虽不逮何、李,然平淡和粹。孝庙以前,海岱之才无其伦比。"①

各本提要俱作:鲁中立《海岳灵秀集》。

  按:"鲁中立",误。《海岳灵秀集》的编撰者为朱观熰,字中立,鲁王之后,封镇国中尉。所著有《济美堂稿》等。明焦竑《国朝献征录》卷一、《明史》卷一百一十六有传。《千顷堂书目》卷三十一:朱观熰《海岳灵秀集》二十二卷。明于慎行《谷城山馆文集》卷十《济美堂集叙》称朱观熰"我鲁中立王孙"。②《明诗综》多次提及朱观熰,称作"朱中立",也更恰当。

五、集部二十六别集类二十六 《敬业堂集》五十卷

集首载王士禛原序,称黄宗羲比其诗于陆游。③

"黄宗羲",《文澜阁》本作"黄宗炎"。

  按:"黄宗羲",当作"黄宗炎"。本书《文渊阁四库全书》本,书名作《敬业堂诗集》。书中王士禛原序作:"姚江黄晦木(宗炎字)先生常题目其诗,比之剑南。"王士禛序后又有黄宗炎序,云:"查子夏重(慎行)屡有诗酬和,寻其佳处,真有步武分司、追踪剑南之堂奥者。"④《四部丛刊》本《敬业堂诗集》内容与此相同。

  胡玉缙《四库全书总目提要补正》此则提要,沿袭《总目》之误,亦作"黄

---

① 《四库全书总目》,第1497页。
② 《四库全书存目丛书》集部147册,第414页。
③ 《四库全书总目》,第1528页。
④ 《景印文渊阁四库全书》1326册,第3、4页。

宗羲"。①

六、集部四十总集类二　《三体唐诗》六卷

考范晞文《对床夜语》曰：周百弻选唐人家法。②

　　按："周百弻"，当作"周伯弻"。《景印文渊阁四库全书》本《对床夜语》原文作"周伯弻选唐人家法"。③《知不足斋丛书》本《对床夜语》同。周弼小传见于《四库全书总目》集部十七〇别集类十七《汶阳端平诗隽》四卷：弻字伯弻，汶阳人。④

　　《文津阁》本无此提要。《文溯阁》本提要与《四库全书总目》有差异。书名后为周弼小传，云：弻字伯弼，阳谷人。文璞之子。⑤

　　胡玉缙《四库全书总目提要补正》作"周伯敔"。⑥

七、集部四十一总集类三　《荆南唱和集》一卷

后（周）砥从张士诚，死于兵。而（马）治入明，为内邱知县，迁建昌府知府，与高启友善，遂以此集手录本付启。启复以与吕敏，有启《后序》及徐贲《题志》。敏后仍归诸马氏。⑦

各本俱作马治与高启友善，以此集手录本付高启。

　　按："与高启友善"者为周砥，《提要》误书马治。"以此集手录本付启"，亦误。此集本高启所藏，启属其乡人吕志学收之，后归马治。

本书《景印文渊阁四库全书》本，书名作《荆南唱和诗集》。高启《荆南唱和诗集后序》，记其与周砥交往事颇详，未记与马治交往事。其后徐贲之

---

① 胡玉缙：《四库全书总目提要补正》卷五十四，上海：上海书店出版社，1998年，第1517页。
② 《四库全书总目》，第1702页。
③ 范晞文：《对床夜语》卷二，《景印文渊阁四库全书》1481册，第865页。
④ 《四库全书总目》，第1408页。
⑤ 《金毓黻手定本文溯阁四库全书提要》，第955页。
⑥ 胡玉缙：《四库全书总目提要补正》卷五十六，第1602页。
⑦ 《四库全书总目》，第1712页。

文也记其与周、高二人交往事。后云:"此帙乃履道(周砥)之亲笔,季迪(高启)所藏者。后季迪序而属其乡人吕志学收之。志学常持此过予山中求题,时洪武四年七月一日也,于时季迪尚无恙。今季迪亦逝去几四载。洪武丁巳,予在河南,孝常(马治)持此帙来见,盖吕所归也。"此记作于洪武十年。书后成化四年李应祯之文亦云:"周与高善,周既无子而诗为高藏。吕敏字志学者得之于高,复以归马。"①

八、集部四十二总集类四　明偶桓编《乾坤清气集》十四卷

《乌夜啼》《将进酒》《赵孝子歌》三首,《玉山草堂雅集》作柯九思,此作雅琥。②
《文津阁》本、《文溯阁》本俱无此语。

　　按:本书卷七《乌夜啼》《将进酒》《赵孝子歌》三首,题柯九思,非雅琥。提要误书。③

九、集部四十二总集类四　《古乐苑》五十二卷

至梁昭明太子、沈约、王锡、王规、王缵、殷钧之《大言》《细言》。④
《文津阁》本、《文溯阁》本俱无此语。

　　按:"王缵",当作"张缵"。本书卷三十八载梁昭明太子等六人所作《大言》《细言》,作者之一为张缵。⑤《古乐苑衍录》卷三有张缵传。⑥南京图书馆藏明万历刻本同。

---

① 《景印文渊阁四库全书》1370册,第256—258页。
② 《四库全书总目》,第1712—1713页。
③ 《景印文渊阁四库全书》1370册,第338—339页。
④ 《四库全书总目》,第1720页。
⑤ 《景印文渊阁四库全书》1395册,第408页。
⑥ 《景印文渊阁四库全书》1395册,第596页。

十、集部四十二总集类四 《隋文纪》八卷

李德林之《修定五礼诏》题为文帝,祖君彦之《移郡县书》《与袁子干书》、魏征《与郇王庆书》皆题为李密,孔德绍《遗秦王书》题为窦建德。①
各本提要皆同。

按:上述各文分列入文帝、李密、窦建德名下,文章标题后又各有小注,表明实际作者。《修定五礼诏》原文标题下小字注:"二年,李德林撰。"②《移郡县书》原文标题下小字注:"记室祖君彦之辞也。"③《与袁子干书》原文标题下小字注:"祖君彦作。"④《与郇王庆书》原文标题下小字注:"《文苑英华》作魏征为李密檄郇王庆文。"⑤《遗秦王书》,《景印文渊阁四库全书》本《隋文纪》篇名作《遗唐王李世民书》,标题下小字注:"《英华》一作孔德绍为建德檄秦王文"。⑥南京图书馆藏明崇祯刻本《隋文纪》同上述内容。

十一、集部四十八诗文评类一 《诗品》三卷

又一百三人之中,惟王融称王元长,不著其名,或疑其有所私尊。⑦
各本提要皆同。

按:《景印文渊阁四库全书》本《诗品》卷三"齐宁朔将军王融诗,齐中庶子刘绘诗",直书王融之名,与他人同。其后又云"元长(融)、士章(绘)并有盛才。"⑧《元明善本丛书·夷门广牍》本《诗品》同。提要所述与本书内容不合。

---

① 《四库全书总目》,第 1722 页。
② 《隋文纪》卷一,《景印文渊阁四库全书》1400 册,第 206 页。
③ 《隋文纪》卷八,《景印文渊阁四库全书》1400 册,第 377 页。
④ 《隋文纪》卷八,《景印文渊阁四库全书》1400 册,第 382 页。
⑤ 《隋文纪》卷八,《景印文渊阁四库全书》1400 册,第 383 页。
⑥ 《隋文纪》卷八,《景印文渊阁四库全书》1400 册,第 388 页。
⑦ 《四库全书总目》,第 1780 页。
⑧ 《景印文渊阁四库全书》1478 册,第 200 页。

十二、集部四十八诗文评类一 《后村诗话前集》二卷《后集》二卷《续集》四卷《新集》六卷

谓吴融、韩偓国蹙主辱,绝无感时伤事之作。似但据《唐英歌诗》《香奁集》,而于《韩内翰集》则殊未详阅,持论亦或偶疏。①

《文津阁》本、《文溯阁》本俱无此语。

按:提要所述与原文有差异。本书《文渊阁四库全书》本,书名作《后村诗话》十四卷。"谓吴融、韩偓国蹙主辱,绝无感时伤事之作",见于本书卷六。②"而于《韩内翰集》则殊未详阅,持论亦或偶疏",则与本书内容不合。本书卷十二刘克庄罗列了韩偓诗《火蛾》《锡宴》《苑中》《湖南少含桃有感》《欲明》《赠隐逸》《寄隐者》《失鹤》《安贫》《八月六日》《醉著》《寄道侣》《乱后野塘》《翠碧鸟》等多首,中多感时伤事之作,俱载于《韩内翰集》,对韩偓的评价亦颇为公正:"韩偓与吴融同时为词臣,偓忠于唐,为朱三面斥贬责不悔,如捋虎须之句人未尝诵,似为《香奁》所掩。及朱三篡弑,偓羁旅于闽,时王氏割据,偓诗文只称唐朝官职,与渊明称晋甲子异世同符。余读其集而壮其志。"③卷十四又云:"于时间关乱世,挺然自立,不践二姓之庭,惟司空表圣(图)、韩致光(偓)二士而已。致光大节为《香奁》所累,不若表圣。"④《四部丛刊》本《后村集》卷一百七十八《诗话续集》,卷一百八十四《诗话新集》,卷一百八十六《诗话》所载,同此内容。

---

① 《四库全书总目》,第1789页。
② 《景印文渊阁四库全书》1481册,第367页。
③ 《景印文渊阁四库全书》1481册,第435—436页。
④ 《景印文渊阁四库全书》1481册,第459页。

余氏《四库提要辨证》订补三则

张淘淘

(山东大学儒学高等研究院,济南 250100)

摘 要:《四库全书总目》因衷于众手、识见固囿、学术偏见、政治压迫等因素而存在一些罅漏缺失。余嘉锡的《四库提要辨证》是民国时期最具代表性的订误《四库全书总目》的著作,这部著作曾以其精深的考据、缜密的逻辑、凝练的表达而备受好评,其辨证成果被学者大量引用。然而后来人们发现,因作者限于当时的历史条件,因而对《四库全书总目》的辨证存在不足之处。现对其中《四库提要辨证》中《周易集说》《晋书》《保越录》三篇进行订补,以期为当下四库学研究略尽绵薄之力。

关键词:《四库提要辨证》 余嘉锡 考据

一、《周易集说》

《辨证》:"明卢熊《苏州府志》云:'俞琰字玉吾,苏州吴县林屋山人。生宋宝祐间,以词赋称。宋亡,隐居著书,尤好鼓琴,自号石涧,卒于元贞间,年七十。'(原文注:卢《志》余未见,此据《宋史翼》卷三十五所引)考自宋理宗宝祐元年,至元成宗元贞元年,裁四十四年,不得云年七十,卢《志》误矣。《万姓统谱》卷十二云:'俞琰字玉吾,吴人,宝祐间以词赋称。'则非生于宝祐初也。统谱所据,必旧志也。《宋诗纪事》卷七十七云:'琰,长洲人。'"[①]

按:余嘉锡所引《苏州府志》所云其卒于元贞间,亦未确。李裕民《四库提要订误》辨狷庵此条错误较详,其引俞琰所撰笔记《书斋夜话》卷四所载俞琰十六岁时应咸淳九年(1273)乡贡进士,又引《书斋夜话》卷二俞琰自谓至元十四年(1277)方年少,因此不得在宝祐间便以词赋称,以证《提要》谓俞琰生于"宝祐

---

① 余嘉锡:《四库提要辨证》卷一《经部一·易类三·周易集说》,第20页。

初"者为误,应生于"宝祐间",并推断出其卒年盖在泰定三年(1299)或四年。至于《提要》谓俞琰"延祐初始卒",盖是本于《周易集说·后序》①,兹节录如下:

> "至大辛亥自番易归吴,憩海滨僧舍,地僻人静,一夏风凉,闲坐无所用心,因取旧稿系辞传读之,不三月并说卦、序卦、杂卦,改窜皆毕,遂了此欠。噫!予发种种矣,向尝与予共讲明者,如西蜀荀在川、新安王太古、括苍叶西庄、番易齐节初,悉为古人,独予未亡。今也,书既完矣,癖既瘳矣。则当自此收心归腔,以乐余年;留气暖脐,以保余生。弗复更自苦矣。"②

此序作于皇庆二年(1313),也就是四库馆臣所谓俞琰卒年——延祐元年(1314)的前一年。我们可以看到,知己的故去、著述的竣工,使得《周易集说·后序》的主要感情基调是乐天知命。难怪四库馆臣一见此自序便认为俞琰平生之志已经了结,因此"夕死可矣"。

至若狷庵谓明代卢熊《苏州府志》所述俞琰生平乃引旧志,恐亦是智者之失。按凌迪知《万姓统谱》修纂于万历己卯年(1579)③,而明初洪武年间知苏州府卢熊初修《苏州府志》载:"俞琰,字玉吾,吴县林屋山人,生宋宝祐间,以词赋称,宋亡,隐居著书。"④道光年间重修《姑苏府志》载:"俞炎⑤,字玉吾,吴县林屋山人,生宋宝祐间,以词赋称,宋亡,隐居著书。"⑥同治年间重修《苏州府志》亦载:"俞琰,字玉吾,吴县人,生宋宝祐间,以词赋称,宋亡,隐居著书。"⑦盖一地之志,新旧相沿,妄改的情况不多,而《万姓统谱》删"吴县人"为"吴人"则失其明确概念,且又刊去"生"字,再加上句读出错,辄使"宋宝祐间"同后"以词赋称"苟连成句,意义迥别矣。选择引用《万姓统谱》以驳地方志的错误源自于余嘉锡对方志文献的重视程度不够,这在李石《方舟易说》提要辩证中也有体现,其引李心传《建炎以来朝野杂记》中"李知几豪迈"一条订补《提要》所引《资州志》所载李

---

① 俞琰《周易集说》有元贞丙申五月六日前序与皇庆癸丑四月十四日后序,四库本《周易集说》仅录其前序,然《四库全书总目·周易集说》曰"据自作后序"云云,是馆臣参照后序而作提要。
② [元]俞琰:《周易集说·序》,清《通志堂经解》本,第1叶a。
③ [明]凌迪知《万姓统谱·叙》,明万历刻本,第4叶b。
④ [明]卢熊修:《苏州府志》卷三十七《人物·儒林》,明洪武十二年刊本,第16叶b。
⑤ 避嘉庆帝颙琰讳。
⑥ [清]宋如林修;石韫玉纂:《苏州府志》卷九十五《人物·儒林》,清道光四年刻本,第16叶b。
⑦ [清]李铭皖修;冯桂芬纂:《苏州府志》卷三十七·人物·儒林,清光绪九年刊本,第16叶b。

石之仕履。《资州志》载李石历任太学博士、成都学官、郎官、合州知府、黎州知府、眉州知府、成都转运判官。《建炎以来朝野杂记》载李石历任太学录、都官郎中、眉州知府、成都路转运判官。①《杂记》比方志所载李石之历官数量少,优点只在于详尽每一次去职缘由,若于两者持互存的态度还算公平,余嘉锡言其"互有详略",亦未为失实,然后文转而说"方志出于后人之手,多不可信,当先引宋人书,舍《朝野杂记》而引《资州志》,非也。"这种"同则取其古"的原则,从史源学的角度上说得过去,但如果说方志文献相较任何其他文献都处于史料源流的下流,未免过于武断。况且此条辩证中余嘉锡所推重的《万姓统谱》②本身就大量引用了方志材料,可见事实与余嘉锡所预设的理论并不是一致的。然而我们不可否认余嘉锡对《方志》持怀疑态度的合理性——在《契丹国志》辩证条目中就出现了《至元嘉禾志》《咸淳临安志》《处州府志》《饶州府志》所载其撰者籍贯皆不同,此种经验亦成为偏见所产生的源头。

二、《晋书》

《辩证》:"唐无名氏《文选集注》卷六十二引公孙罗《文选抄》曰:'征为司徒掾,不就,故号征君。好神游,乐隐遁之事。祖式,濮阳太守,父助,山阴令。《隐录》云:询总角奇秀,众称神童。隐在会稽幽究山,与谢安、支遁游处,以弋钓啸咏为事。'《隐录》不知何书,考何法盛《晋中兴录》易传为录,此盖其书中之《隐逸录》也。"③

按:唐无名氏《文选集注》卷六十二所引公孙罗《文选抄》所引《隐录》与《晋中兴书》非一书,且极有可能撰于何法盛《晋中兴书》之后。理由有二:

其一,《隐录》此处的叙述文字要比《晋中兴书》相关描述简洁,反映了后代史书对前代史料的剪裁。④ 唐房玄龄等撰《晋书》卷七十九列传第四十九《谢安传》:"寓居会稽,与王羲之及高阳许询、桑门、支遁游处,出则渔弋山水,入则言

---

① 余嘉锡:《四库提要辩证》卷一《经部一·易类存目一·方舟易说》,第22页。
② 凌迪知《万姓统谱·凡例》:"人物历屡采于二十一史列传及《通志》、统志、郡邑志等书。"
③ 按:嘉锡此说出自清人吴士鉴的《晋书斠注》,其卷九十六《列传·良吏》云:"书钞五十六卷《晋录》当是《晋中兴书》某郡某录,有脱字,曰:'光禄大夫鲁芝清约俭啬,耆艾不渝,赐绢三百匹,乃命不令房希谢可特免也。'案:'乃命'以下恐有说文。"
④ 邵晋涵在《新唐书》分纂提要中提出:"夫后人重修前史,使不省其文,则累幅难尽,使不增其事,又何取乎重修?"

咏属文，无处世意。"①刘孝标注《世说·雅量·谢太傅》曰："《中兴书》曰：'安元居会稽，与支道林、王羲之、许询共游处，出则渔弋山水，入则谈说属文，未尝有处世意也'。"②则《晋书·谢安传》此处纯以《晋中兴书》为材料，《隐录》与此二者叙述一事，而遣词造句明显有详略之异，是不能以《隐录》为《晋中兴书》中之一部分，而更可能是《隐录》利用了《晋中兴书·谢安传》中叙述许询、谢安等人悠游共处的文句。

其二，《隐录》采用了《晋中兴书》之外的史料。《世说新语·言语篇》"刘真长"条下刘孝标注曰："《续晋阳秋》曰：'许询字玄度，高阳人，魏中领军允玄孙，总角秀惠，众称神童，长而风情，简素司徒，掾辟不就，蚤卒。'"③"总角秀惠，众称神童"又为《隐录》描述许询所据之材料，《史通·古今正史篇》载："自邓粲、孙盛、王韶之、檀道鸾已下，相次继作，远则编记两朝，近则唯叙六朝。至宋湘东太守何法盛始撰《晋中兴书》，勒成一家，首尾该备。齐隐士东莞臧荣绪又集东西二史合成一书。"④可见檀道鸾《续晋阳秋》先于何法盛《晋中兴书》成书。《隐录》很可能是剪裁檀、何二家所述许询之事合为一句的，其撰于何法盛《晋中兴书》之后的可能性很大。即使《隐录》此处的直接来源并非《续晋阳秋》和《晋中兴书》而是更原始的史料，至少也可以证明《隐录》关于许询的记载，其与檀道鸾《续晋阳秋》以及何法盛《晋中兴书》两种书的相关史料来自于同一史源，总之《隐录》与《晋中心书》有史源上的关系，而绝非一本书。

三、《保越录》

《辨证》："谈迁《枣林杂俎·智集》云：'张世信《保越录》盖守绍兴拒官兵全城事，出越人笔，词多指斥，云红寇。山阴祁彪佳有其书，常熟钱谦益录之，改帝号，非复旧本。'以谈氏之言，合之傅氏所考，疑祁彪佳所藏者即明代越中椠本。"⑤

按：余嘉锡的猜想难以被证实。考《祁忠敏公日记·弃录（崇祯己卯年）》二月十八日载"钱牧斋向予借书，予以先人之命，不令借人，但可录以相赠，回托德

---

① [唐]房玄龄等：《晋书》卷七十九《列传第四十九·谢安传》，第2073页。
② [南朝宋]刘义庆撰，[梁]刘孝标注：《世说新语》卷中之上《雅量第六》，北京：人民文学出版社，2009年，第426页。
③ [南朝宋]刘义庆撰，[梁]刘孝标注：《世说新语》卷上之上《言语第二》，第134页。
④ [唐]刘知几撰，[清]浦起龙通释：《史通通释·外篇》，第32页。
⑤ 余嘉锡：《四库提要辨证》，北京：中华书局，2007年，第349页。

公兄简出诸书"。又五月初九日载"作书致钱牧斋,以抄书十种应其所取"①。可见祁彪佳并未将所藏原本赠与钱谦益,而是命门人抄录以与之,则祁彪佳所藏确实是刻本。钱谦益《列朝诗集·甲集前编》卷五载:"《保越录》曰:'(王)冕见太祖于军门,陈攻取方略,上大悦,命军前咨议,大军用冕计,有石堰之败,颇咎冕,以此疏之。'传录载冕军前事多互异,徐《传》所云大师者即胡越公也,天下未定,敌国指斥之词流传简牍,习其读者或有考焉。""敌国指斥之辞"非指称明臣胡越公为大帅的徐《传》,而是以元为正统的原本《保越录》,此与谈迁《枣林杂俎》所云一致。又钱谦益《国初群雄事略》卷七载:"吕珍守绍兴,有才略,善战。尝以牛革囊兵宵济以袭我师,每战,令战士及城中人为歌高噪,以诟胡越公,绍兴人王冕不肯附,珍诣我军献策,攻之,然亦弗克。珍作《保越录》夸守城之功,既降乃泯之,今越人有其书。原文注:《九朝野记》②"这《九朝野记》的撰人祝允明称"珍作《保越录》",可见在祁彪佳之前,越中地区所传《保越录》的撰人就已经不详,又祁彪佳之父祁承㸁所撰《澹生堂书目》著录《保越录》一卷一册③,亦未题撰人,则钱谦益所见本必未题撰人,与《十万卷楼丛书》跋尾所提到的"明代越中椠本"不同④,钱谦益所见的祁彪佳藏本仅仅是经过传刻之后失却撰人和自序的本子,只是内容上基本保留了元人的史笔,相对后出的四库本而言较为可信。

余嘉锡认为自钱谦益之后,此书传本全为其改订之本,亦未可确信。然余嘉锡所引《十万卷楼丛书》本《保越录》,全书称明兵皆曰敌军、敌兵,未有如四库本那样称"大军"者⑤,且载二月壬辰"敌军发掘冢墓,自理宗慈献夫人以下至官庶坟墓无不发,金玉宝器捆载而去⑥,尸或贯之以水银,面皆如生,被斩戮污辱者尤甚"。四库本亦未载此条,可见《十万卷楼丛书》本与傅以礼所描述的明代越中椠本更为接近,而与四库本不同。《十万卷楼丛书》本《保越录》后有傅以礼三跋,第一条云:"吴友李莼客郎中囊官都门,从翰林院得吴玉墀进成本,录副以归,暇日借阅,因取坊刻对勘一过,钞本固多舛误,坊刻亦间有脱讹,参互订正,

---

① [明]祁彪佳:《祁忠敏公日记》第9册《弃录》,明祁氏远山堂钞本。
② [清]钱谦益:《国初群雄事略》卷七,民国适园丛书刊汉唐斋藏旧抄本,第43叶a。
③ [明]祁承㸁:《澹生堂书目·史部上》,清宋氏漫堂钞本。
④ 余嘉锡本条辩证所引陆氏《十万卷楼丛书》引同治丁卯大兴傅以礼节子跋云"一为明代越中椠本,并《武备志》附《古越书》后,题曰元徐勉之撰,前有自序,结衔为乡贡进士杭州路海宁州儒学教授"。
⑤ 余嘉锡本条辩证所引陆氏《十万卷楼丛书》后同治丁卯大兴傅以礼节子跋,此跋谓杭州吴氏瓶花斋旧钞本"其序中称明兵为大军及太祖皇帝字样,今著录《四库》者,即祖是本"。
⑥ 此条俞樾《茶香室丛钞·三钞》卷二十亦引,据俞樾自序,其《茶香室丛钞》著于光绪九年癸未,《保越录》收录于光绪八年所刊《十万卷楼丛书》二编二十种,则俞樾所见很可能是《丛书》本《保越录》。

后属侍史缮一清本,即未能复元时旧观,亦庶几成善本矣。"①第三条云:"己巳春日,从周季贶太守假得瓶花斋旧钞,其中讹夺与进呈本略同,盖两本皆出吴氏也,于此益征,明椠之善,因属孙子九秀才覆勘一过,据以是正者,仅数字之耳。"②则傅以礼校刻《保越录》的过程中至少参考了坊刻本、吴玉墀进呈本以及瓶花斋钞本,瓶花斋本和吴玉墀进成本略同,则当与四库本一致,据傅以礼本人所述,坊刻本祖本乃明代越中椠本,和钱谦益改订本不同,《十万卷楼丛书》本《保越录》即傅以礼刻本,国内仍存,现藏于上海图书馆、吉林大学图书馆以及东北师范大学图书馆。③

---

① [元]徐勉之《保越录》,《十万卷楼丛书》第41册,清光绪归安陆氏刻本,第26叶b。
② [元]徐勉之《保越录》,《十万卷楼丛书》第41册,清光绪归安陆氏刻本,第29叶a。
③ 《中国古籍总目·史部·杂史类·事实之属》,上海:上海古籍出版社,2013年,第268页。

文献学研究

太极图和中华法系的初期形态

黄震云

(中国政法大学中文系,北京 102249)

摘 要：仰韶文化、马家窑文化效法自然,构建了鲸鲵器物图案(太极图),以鲵鱼首尾相连,表示和顺的帝王和诸侯关系,双鲸相对或者相随体现正常的帝王和诸侯关系,鲸鲵断尾象征对诸侯的封杀,是为器法时代,后人称为象刑制度；尧舜时代"画衣冠异章服"将法器普遍化,和律条相对应,丰富了象性制度,中华法系最初形态因此形成。

关键词：太极图　仰韶文化　马家窑文化　中华法系　形成形态

一、太极图的产生时代

我国的太极文化由来已久、影响深远,太极图是太极文化的标志,连韩国的国旗图案、新加坡空军机徽、玻尔勋章族徽都以太极图作为标志。对于图案的理解,历来都解释为黑白两鱼,因此又称阴阳鱼太极图,为道家推崇；后来四周又增加了方位,称为太极八卦图。

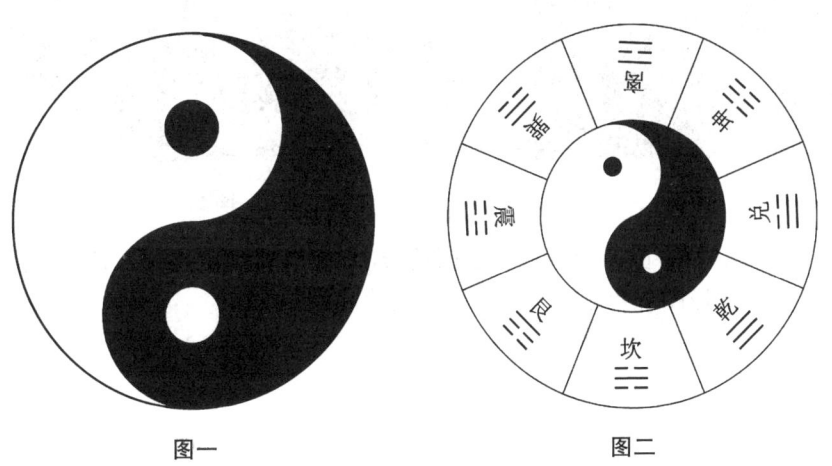

图一　　　　　　　　图二

言太极图是阴阳两鱼是对的,但是是什么鱼?什么时候出现的?则无信说,现在传布的很多说法都是猜测,如和渔猎时代有关,类似河图,象征婚姻,事关天体等等多种解法。我国的小学课本则将其定义为儿童墓的棺盖,等等。这些想象实在凭空,实质上太极图究竟是什么到现在我们根本没有解读清楚。

关于太极图形成的时间,一般认为是宋代陈抟的发明,但是出土文物否定了这一说法。仰韶文化出土了大量的类似的鱼纹盆。

图三　　　　　　　　　图四　　　　　　　　　图五

仰韶文化出土的些陶器上不少都绘有双鱼,虽然不尽相同,但有些类似。其中,图三是在盆的外边,双鱼相连,图四则并列,看上去又像比目鱼,图五则在盆中,两条是首尾相连,另外一条中间被断开。根据皇甫谧《帝王世纪》记载,黄帝遇到大鱼,杀无能醮之,鱼入大海,这里的鱼是干旱的象征;《史记》记载周公翦商时在孟津遇到一条白鱼,因此一条鱼又作为胜利吉祥的标志。《尔雅》中列出比目鱼,已多次出现在汉代画像石中,见图六、图七。图七中拉车的是四条鱼,类似的在汉画像中还有几幅,有的边上有文字注出:"河伯出行。"

图六　　　　　　　　　　　　图七

陶器石刻上的鱼,常常拟人化,因此,还不能够就确定是什么鱼,只是概称为鱼。接近太极图双鱼的图出现在仰韶文化晚期。

图八—0 （荆州博物馆藏）
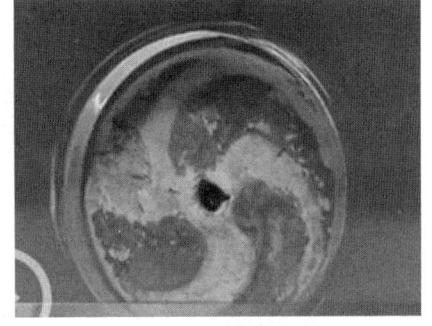
图八—1 （荆州博物馆藏）

图八是荆州屈家岭出土的陶器，考古学界认为时间比仰韶晚1000多年，时间在四千年前，他们定器物为纺锤，形状确实有些像纺锤，但实际上不是。其中的双鱼图案和仰韶文化具有明显的传承关系，所以应该是礼器，而非实用器。

图九　三星堆太极八卦图

图九是标准的太极八卦图像，因此太极八卦图像，至少在三千年前的东周时期已经形成。

二、太极图和"封鲸鲵"的象刑制度

我们将图十、图十一和图五对照可以看出，图五中的双鱼图像由黑白两部分组成，和现实当中的鲸鱼最相似。但是，我们如果就此证明，仰韶文化中的鱼就是鲸鱼显然说服力差了一点。我们现在需要知道的是鲸鱼在仰韶文化时代被看成什么？代表什么？

图十　鲸鱼画像

图十一　鲸鱼照片

考《左传》宣公十二年丙辰说:"古者明王伐不敬,取其鲸鲵而封之,以为大戮,于是乎有京观,以惩淫慝。今罪无所,而民皆尽忠以死君命,又可以为京观乎？祀于河,作先君宫,告成事而还。古是役也,郑石制实入楚师,将以分郑而立公子鱼臣。辛未,郑杀仆叔子服。君子曰:'史佚所谓毋怙乱者,谓是类也。《诗》曰:"乱离瘼矣,爰其适归？"归于怙乱者也夫。'"[1]1882—1883

根据《左传》的记载,上古时期,天子讨伐诸侯,采用封鲸鲵的方式代替惩罚,也就是说上古时期,鲸鲵形象代表诸侯,封就是封土。后代舍弃了这种方式,采取的是京观的方式。

图十二　鲵(娃娃鱼)

那么,封鲸鲵是如何封的呢？时间又是什么时候？考《左传》有这样一条数据说:

执莒公子务娄,以其通楚使也,将执戎子驹支。范宣子亲数诸朝,曰:"来！姜戎氏！昔秦人迫逐乃祖吾离于瓜州,乃祖吾离被苫盖,蒙荆棘,以来归我先君。我先君惠公有不腆之田,与女剖分而食之。今诸侯之事我寡君不如昔者,盖言语漏泄,则职女之由。诘朝之事,尔无与焉！与将执女！"对曰:"昔秦人负恃其众,贪于土地,逐我诸戎。惠公蠲其大德,谓我诸戎,是四岳之裔胄也,毋是翦弃。赐我南鄙之田,狐狸所居,豺狼所嗥。我诸戎除翦其荆

棘,驱其狐狸豺狼,以为先君不侵不叛之臣,至于今不贰。"[1]1955—1956

上引材料见《左传》襄公十四年,记载了范宣子和姜戎氏的一段对话,回忆历史上秦人追逐姜戎氏吾离于瓜州的情形,当时姜戎氏战败,吾离被秦人苫盖,蒙荆棘。苫盖就是泥土掩埋,在上面栽种荆棘,这是一种下葬的方式,意味着吾离的死亡,也就是姜戎氏的灭国。但事实上吾离没有死,投奔晋国去了,晋惠公体恤姜戎氏残部,给他们分田安居,显然晋惠公对姜戎氏有恩。那么,被苫盖,蒙荆棘显然是一种象征性的惩戒仪式,而不是真正实施,这种象征形式就是象刑制度。象刑一语最早见于《尚书》:"象以典刑。"(《尧典》)"皋陶方祗厥叙,方施象刑惟明。"(《皋陶谟》)一共16个字,可以说语焉不详,但时间比较明确,产生在皋陶时代。根据考古发现,关于象形的议题再度成为话题。唐兰《陕西省岐山县董家村新出土西周重要铜器铭辞的译文和注释》中认为,象刑是战国以后人上了儒家的唯心主义的胡说八道,把唐虞时代的象刑当成刑法,没有否定象形的存在。但是,象刑究竟是什么时代产生的,具体的情形是什么?似乎唐兰无法回答[2]。很明显,大家对象刑出现和实施的时间存在着争议和不解。考《汉书》卷八十四说:

荛尽坏义第宅,污池之。发父方进及先祖冢在汝南者,烧其棺柩,夷灭三族,诛及种嗣,至皆同坑,以棘五毒并葬之。而下诏曰:"盖闻古者伐不敬,取其鲸鲵,筑武军,封以为大戮,于是乎有京观,以惩淫慝。乃者反虏刘信、翟义悖逆作乱于东,而芒竹群盗赵明、霍鸿造逆西土,遣武将征讨,咸伏其辜。惟信、义等始发自濮阳,结奸无盐,殄灭于圉。赵明依阻槐里环堤,霍鸿负倚盩屋芒竹,咸用破碎,亡有余类。其取反虏逆贼之鲸鲵,聚之通路之旁,濮阳、无盐、圉、槐里、盩屋凡五所,各方六丈,高六尺,筑为武军,封以为大戮,荐树之棘。建表木,高丈六尺。书曰'反虏逆贼鲸鲵'。"在所长吏常以秋循行,勿令坏败,以惩淫慝焉。[3]3439

根据《汉书》,我国古代地方对中央采取敬的相处模式,如果彼此不合,就叫不敬,成为反贼,朝廷打败了"反贼"以后,在大路边树立鲸鲵,方式是封。具体操作是将象征(诸侯)身份的鲸鲵盖上土,上面树以荆棘,还立一根木头,木头上书字反虏逆贼鲸鲵几个字,表示震慑。比起《左传》的材料,《汉书》的记载更为详细清晰,而封鲸鲵的方式一直到西汉时期依然存在,以后就没有这方面的消息了。我们根据文献记载再查看仰韶文化和马家窑文化的有关考古发掘报告,清清楚楚写着这些器物都是反扣着的,说明文献记载十分可靠。

鲸鲵就是鲸和鲵,鲸就是鲸鱼,鲵是我们说的娃娃鱼。为什么选择封这两种鱼作为相性制度？晋代杜预注《左传》说："鲸鲵,大鱼名,以喻不义之人吞食小国。"[1]1883 雄曰鲸,雌曰鲵。四库本《帝范》的序云："敌无大而不摧,兵何坚而不碎,剪长鲸而清四海,扫枪廓八纮。"贾行注曰："剪,削也,削尽凶毒,清净四海……海,晦也,取荒远冥昧之称也。鲸,大鱼也。"又汉代李陵《答苏武书》说："妻子无辜,并为鲸鲵。"[4]1848《尔雅·释地》说："九夷、八狄、七戎、六蛮,谓之四海。预览三十六引舍人云晦暝无识,不可教诲,故曰四海……皆言近于海也。"[5]2616

根据上述资料的记载,天子富有四海,也就是四方。根据《山海经》以及相关史书资料,古人用河山表示天下。诸侯或部落只是天子的一块属地,鲸为鱼之大者,也就象征海,也就是后人说的河山之河。鲵居在山中,因此象征山,代表诸侯,所以我们说的拉山头就是占地盘。秦汉之前的国家体制比较小,数量多,大禹时代甚至有万国,所以用山来代表诸侯,没有小看的意思。鲸鲵代表天下诸侯或者河山,杜预注释为雌雄,显然是望文生义。实际上,鲸鲵图背后是一个敬天的秘密,就是我国上古时代设计的象形制度。

东汉时应劭在其《风俗通》中说："帝者任德设刑,以则像之,言其能行天道。"[6]10 道出了象刑的法理。张海峰《"象刑"辨疑》[7]认为象刑是象征性刑罚,还是公布刑罚的图像？难以确定,估计不应该是象征性的。他推测象形是通过公布刑罚的图像威胁普通百姓的一种方式。王小健《论象刑》[8]根据马克思主义关于原始社会的学说和考古学及文献资料试图证明,中国处于原始氏族社会晚期的尧舜时代有过以不戕害肉体为特点,以"画衣冠异章服"为形式,耻辱其形象为目的的象刑。中国在几千年的阶级社会中,作为象刑遗存的诸多惩罚方式一直存在。象刑绝非古人所杜撰,说象刑出于后人的虚构和编造是缺乏根据的。象刑是效法、摹仿肉刑、死刑的一种刑罚。相关的还有吴荣曾《试论先秦刑罚规范中所保留的氏族制残余》[9]认为我国从原始社会进入阶级社会,有了国家以后,诸如血族复仇、发替、神判、象刑等旧习惯,依然有所保留,不过其性质、作用都和原来不同,已转化为法律的一个部分。

两篇文章都认为,象刑是习惯法。尤韶华《历经二千五百年争议的中国最早刑制——中国传统司法原则的渊源》[10]对历来象刑的研究进行了归纳分析,也一定程度上表明了他的看法,引用《荀子》有关资料,认为画像说是乱世妄说。刑罚的宗旨,是遏制残暴和罪恶,以儆戒将来。杀人者不死,伤人者不刑,是纵容残暴,而非遏制罪恶。文章还列举汉代班固、宋人林之奇、夏僎的观点,说明象刑是读舜典而误。当代关于象刑的争论并没有出现有说服力的结论,原因很简单,还是在重复分析现有的相关资料,就资料谈资料。总之,象刑的有无争论没有结果,多数人倾向于不存在。由此看来,象刑确实存在。太极图中的黑白表示的是时间白天和黑夜,亦即任何时候,两鱼指鲸与鲵,首尾相随,表明关系和谐,同心同德,天下天平。

三、仰韶、马家窑彩陶画体现的象刑制度和法理

1954年到1957年,半坡遗址发掘中发现了七件绘有人面纹的陶器,两件较为完整,最著名的是人面鱼纹盆,高16.5厘米,口径39.5厘米,在陶盆内壁,绘有对称的两个人面和两条鱼纹,因此得名,如下图,现藏于中国国家博物馆[11]201,人面鱼纹盆是考古发现时的命名,一直沿用到现在。将盆定义为这样一个名字,是出于对于器物功能的判断,考古者认为图形是捕鱼的渔网。但是,学界并不很相信,于是又有装饰艺术、阴阳符号、天象历法、太阳崇拜、部落图腾、权力象征、氏族通婚[12]等30多种说法。为什么会出现那么多的判断?其实原因很简单,没有文献依据或对照,只是猜测,既然是猜,那你猜我也猜了,这么多的结论其实就是没有结论。

图十三　鲸(半坡人面鱼纹盆)　　图十四　鲵(人面鲵鱼彩陶瓶,现存甘肃省博物馆)

1959年10月,甘肃马家窑出土了一个人面鱼身的瓶子,高38.4厘米,口径7厘米,器身黑彩绘鲵鱼纹,头似人面,鱼身细长。鲵鱼纹是马家窑文化石岭下类型彩陶最具特色的纹饰。国家文物局专家考察后认为,这是中国远古神话中人类始祖伏羲的原形。1996年9月,经国家文物局组织鉴定,认为人面鲵鱼彩陶瓶为国家一级甲等文物,其图案是传说中龙的形象,是原始龙的雏形,是世界公认的原始氏族部落最早的图腾,堪称中华第一龙[13]。天水有伏羲庙,传说伏

羲出生在天水,因此将瓶子上的花纹对号伏羲,这是一种直观的思维,应该没有什么不妥。但把鱼纹看成是伏羲,没有根据,伏羲为人首蛇身,不是鲵首鱼身(鲸鲵),因此无论是半坡的人首鱼身盆,还是鲵首鱼身瓶,这些说法都不对,其真实的名称就是鲸鲵,是诸侯的标志或者说权力地位的象征。仰韶时期的鱼纹盆为一鲸一鲵,马家窑则为鲵,也就是说鲵瓶出土的地点天水曾经是西部文化中心。我们看到,仰韶的图案是断开的,而马家窑的图案首尾相连,这又唱的是哪一出呢?

考三国曹冏《六代论》说:

> 至于孝景,猥用晁错之计,削黜诸侯,亲者怨恨,疏者震恐,吴、楚倡谋,五国从风。兆发高帝,衅钟文、景,由宽之过制,急之不渐故也。所谓末大必折,尾大难掉。尾同于体,犹或不从,况乎非体之尾,其可掉哉?……悲夫!魏太祖武皇帝躬圣明之资,兼神武之略,耻王纲之废绝,愍汉室之倾覆,龙飞谯、沛,凤翔兖、豫,扫除凶逆,翦灭鲸鲵,迎帝西京,定都颍邑,德动天地,义感人神。汉氏奉天,禅位大魏。[14]448

曹冏的文章论述汉朝征服诸侯的事情,他对汉景帝削藩评价说:"尾同于体,犹或不从。"就是指鲸鲵的形象如果是首尾一体相连的表示服从,但在乱世出现复杂的情形。由此对照甘肃天水马家窑彩绘鲸鲵瓶,正是尾同于体的形态,就是把鱼尾和鱼头相连,烧制这样形状异常的图案,表示诸侯与天子同心同德。这就是马家窑文化鲵瓶的真实含义。而仰韶文化时期的鱼纹盆,鲸鲵的首尾断开,尾巴比较大,即尾大不掉,显然是被封的对象了。核之相关的考古报告,出土时双鱼盆被反扣,那么,考古发现对象刑在细节上又作了一点补充。根据考古分析,仰韶文化和马家窑文化距今皆有五六千年,显然在传说的神农氏时代封鲸鲵的象刑制度已经存在。

仰韶文化时期的描绘在盆瓶上的鲸鲵图案,也不仅仅上列两图,甘肃庆阳博物馆等地也有鲸鲵瓶发现,只是没有引起注意,目前东部地区还没有见到。

四、尧舜画衣冠易章服和中华法系的形成与调整

仰韶文化和马家窑文化时期的普遍存在的象刑制度,说明在黄帝以前,我国已经成为大一统的国家,而这个国家天子对诸侯的惩罚只是象征性的惩治,是一种不伤人而治的象治。象治什么时候开始不知道,但是一直作为国家治理方式得到传承肯定是事实。上古时期,对士大夫和贫民阶层如何治理,目前还

没有更多的资料供我们参考。五经中的稽古文献从尧舜开始,汉代以后出现的关于炎黄时期的事迹往往与政治利益有关,因此难以盲目认同。甲骨文是卜辞文书,或有涉及,难以成章,因此,我们主要讨论尧舜、周代和汉代的象刑制度。

(一) 尧舜的象刑制度

汉代应劭《风俗通义》说:"《周礼》:'三王始作狱。'夏曰夏台,言不害人,若游观之台,桀拘汤是也。殷曰羑里,言不害人,若于闾里,纣拘文王是也。周曰囹圄,囹,令,圄,举也,言令人幽闭思愆,改恶为善,因原之也。今县官录囚,皆言举也。"[6]585 又《周礼·秋官·司圜》说:"掌收教罢民,凡害人者弗使冠饰而加明刑焉,任之以事而收教之。"[15]231 郑玄注:"弗使冠饰者,着墨幪,若古之象刑。"按照郑玄的观点,象刑在西周时期已经不传了。根据《风俗通》等的记载,我们知道,监狱是尧舜时代,也就是三王时期设立,但是用刑的方式是羞辱即围观,名义上是困以思过。事实上,象性制度在三王时期得到了全面的发展和完善。

《史记·五帝本纪第一》记载:

> 驩兜进言共工,尧曰不可而试之工师,共工果淫辟。四岳举鲧治洪水,尧以为不可,岳强请试之,试之而无功,故百姓不便。三苗在江淮、荆州数为乱,于是舜归而言于帝,请流共工于幽陵,以变北狄;放驩兜于崇山,以变南蛮;迁三苗于三危,以变西戎;殛鲧于羽山,以变东夷:四罪而天下咸服。[16]28

四罪中除了鲧以外,皆通过环境来实施。这种通过环境置换的方式有惩罚的故意,但也有不忍之情怀,是为刑恤。其中三苗安置在三危,地域上属于平行移动,只是更为偏僻,因此叫迁。共工流放到幽陵是顺水而下,因此叫流。这就是流刑命名的由来。驩兜往南,因此叫放,犹如南下放牧。这也是识别流宥五刑的方向的参数,但后代的流放往往根据罪犯的生活地来决定按照反方向流动,以示惩戒。如北方人放到南方去,南方人放到北方去。这就是流放迁窜的区别。《尚书·尧典》说:

> 象以典刑,流宥五刑,鞭作官刑,扑作教刑,金作赎刑,眚灾肆赦,怙终贼刑,钦哉!钦哉!惟刑之恤哉!流共工于幽州,放驩兜于崇山,窜三苗于三危,殛鲧于羽山,四罪,而天下咸服。[17]128

象的用刑方式是对五刑的实际执行方式是流宥:即鞭作官刑,扑作教刑,金作赎刑,眚灾肆赦,怙终贼刑。只有屡教不改、罪大恶极的才怙终贼刑。流宥是精神方式,刑恤是执行原则。又《墨子·非攻下》说:

  昔者有三苗大乱,天命殛之。日妖宵出,雨血三朝,龙生庙,犬哭乎(于)市,夏冰(水)、地坼及泉,五谷变化,民乃大振。高阳乃命玄宫,禹亲把天之瑞令,以征有苗,四(雷)电诱(谆)祇(振),有神人面鸟身,若瑾以侍,搤矢有苗之祥。苗师大乱,后乃遂几。[18]72

根据《墨子》的记载,三苗造反时自然界出现了异常现象,因此指派大禹负责平定。《韩非子·五蠹》说:"当舜之时,有苗不服,禹将伐之。舜曰'不可。上德不厚而行武,非道也。'乃修教三年,执干戚舞,有苗乃服。"[19]470 舜不允许大禹武力解决三苗,大禹执干戚舞三年,就是说面对三苗,大禹和将士们手拿武器干戚演练,经过三年时间,三苗归顺。这种武力威慑的方式后来一是形成了帝王眚灾肆赦制度,二是出现了系统的礼乐方式,周代构建实施吉凶军宾嘉五大礼系,军礼因此产生。《天问》说:"永遏(鲧)在羽山,夫何三年不施?伯禹愎鲧,夫何以变化?"[20]90 这是《天问》最难以解释的章节之一。一般认为鲧囚禁在羽山,三年没有施刑,或者说鲧永远关押在羽山,三年为什么还不释放呢?那么,关键是为什么三年?大禹平定三苗的时间也是三年。这说明三年是一个期限。又《左传·文公十八年》说:

  昔帝鸿氏有不才子,掩义隐贼,好行凶德,丑类恶物,顽嚚不友,是与比周,天下之民谓之浑敦;少昊氏有不才子,毁信废忠,崇饰恶言,靖谮庸回,服谗搜恶,以诬盛德,天下之民谓之穷奇;颛顼氏有不才子,不可教训,不知话言,告之则顽,舍之则嚚,傲很明德,以乱天常,天下之民谓之梼杌。此三族也,世济其凶,增其恶名,以至于尧,尧不能去。缙云氏有不才子,贪于饮食,冒于货贿,侵欲崇侈,不可盈厌,聚敛积实,不可穷极,不分孤寡,不恤穷匮,天下之民谓之饕餮。舜臣尧,宾于四门,流四凶族:浑沌、穷奇、梼杌、饕餮,投诸四裔,以御螭魅,是以尧崩而天下如一,同心戴舜,以为天子。[1]1862

杜预注说梼杌就是鲧。那么,鲧被流放是当时著名的政治事件之一,至于说治理洪水的行政过失不过是借口,真正的原因是鲧是四岳的盟友,与尧舜为敌。最早记录鲧禹治水的《山海经·海内经》说:

> 洪水滔天,鲧窃帝之息壤以堙洪水,不待帝命。帝命祝融杀鲧于羽郊。鲧复生禹,帝乃命禹卒布土以定九州。[21]472

又《史记·夏本纪》说：

> 当帝尧之时,鸿水滔天,浩浩怀山襄陵,下民其忧。尧求能治水者,群臣四岳皆曰鲧可。尧曰："鲧负命毁族,不可。"四岳曰："等之未有贤于鲧者,愿帝试之。"于是尧听四岳,用鲧治水。九年而水不息,功用不成。于是帝尧乃求人,更得舜。舜登用,摄行天子之政,巡狩。行视鲧治水无状,乃殛鲧于羽山以死。天下皆以舜诛之为是。于是,舜举鲧子禹,而使续鲧之业。[16]50

根据《山海经》,鲧和帝尧发生了冲突,主要理由是没有按照帝命行事。虽然不是造反罪,但也是严重的犯罪。鲧为什么要这么做？主要有四岳作为后台,殛而未死,是因为实际是流刑,流放羽山是以死,相当于说等死。《史记》说："禹乃遂与益、后稷奉帝命,命诸侯百姓人徒以傅土,行山表木,定高山大川。禹伤先人父鲧功之不成受诛,乃劳身焦思,居外十三年,过家门不敢入。薄衣食,致孝于鬼神。卑宫室,致费于沟淢。陆行乘车,水行乘船,泥行乘橇,山行乘檋。左准绳,右规矩,载四时,以开九州,通九道,陂九泽,度九山。令益予众庶稻,可种卑湿。命后稷予众庶难得之食。食少,调有余相给,以均诸侯。"[16]51 正因为鲧的遭遇不幸,所以大禹薄衣食、卑宫室,十三年过家门不敢入,用现在的话说是低调,忠于职守,实际上一方面是避祸,二方面是积蓄对抗的力量。《越绝书·吴内传》说："尧遭帝喾之后乱,洪水滔天,尧使鲧治之,九年弗能治。尧七十年而得舜,舜明知人情,审于地形,知鲧不能治,数谏不去,尧殛之羽山。"[22]26 又《三国志》说：

> 唐虞之君,委任稷、契、夔、龙而责成功,及其罪也,殛鲧而放四凶。[23]501

由上述我们看出,舜知道鲧治水不能成功,也劝说他放弃,但鲧坚持,因此被殛羽山。

这实际上是一种故意,但史家往往为尊者讳,因此一般难以考察真相。三年不施就是三年不免除流放之禁,不召回。王逸注说："言尧长放鲧于羽山,绝在不毛之地,三年不舍其罪也。"就是说三年没有召回,就等于是永远流放了,鲧只能死在羽山了。三年后应该有一个对话或者说讯问,但是鲧没有服软,所以

415

才执行长流这样的措施。《离骚》说:"女媭之婵媛兮,申申其詈余,曰:'鲧婞直以亡身兮,终然殀乎羽之野。'"[20]18 婞直是拷问的结果,鲧永远遏在羽山的原因。按《文选》亡作方。王注:"尧使鲧治洪水,婞很自用,不顺尧命,乃殛之羽山,死于中野。"死于中野,才是鲧确切的死去的地方。为什么选择三年时间?这取决于当时流刑司法的律例。按《易经》说:"系用徽纆,置于丛棘,三岁不得。"[24]42 王注:"险峭之极不可升也,严法峻整难可犯也。宜其囚执置于思过之地三岁。"[24]42

根据《周易》,对犯人用黑色绳索捆缚,置于监狱,三年不得出来。《尚书·舜典》记载:"象以典刑,流宥五刑。"[17]128 注云:"以流放之法宽五刑。"[17]128 因为古代对犯罪,有疑狱三年制度,因为鲧有四岳为后台,所以没有立即,执行死刑,而是用流刑,三年不召回,是因为鲧仍然固执其见。又《公羊传》宣公元年:"古者大夫已去,三年待放。"何注云:"古者疑狱三年而后断。易曰:'系用徽纆,置于丛棘,三岁不得'是也。自嫌有罪当诛,故三年不敢去。"[25]2277 以此三年,为待放之时期也。

由上述我们看出,尧舜以来,西周以前有"古者疑狱三年而后断"的惯例,因此鲧被流放到羽山,三年以后君臣关系没有缓和,又进一步处置为永遏。屈原的意思是鲧有功德、品行正直,为什么三年后还没有召回?批评尧舜对鲧的处置方式。后面是责问,凭借什么让大禹代替鲧来治水,也就是所谓何以变化。比喻自己的被免职很不公平,因此问天,求助明神。这也是《天问》的本意,与被流作《离骚》的情绪一致。从疑狱三年不断的审慎决狱,到今天的疑罪从无,反应了法律和社会的进步,但是经过了四千年时间。

舜是著名的象刑制度的设计者之一。《墨子》说:"画衣冠,异章服,而民不犯。"(见《文选·永明策秀才文》注引)又《荀子·正论篇》云:"世俗之为说者曰:'治古无肉刑而有象刑。墨黥,慅婴;共,艾毕;菲,对屦;杀,赭衣而不纯。'"[26]326 按照荀子的记录,尧舜以前不存在肉刑,只有象刑。由于文献不足征,因此难以坐实。王先谦注说,舜异章服的目的是耻辱其形象。墨黥不是刺墨,只是用黑巾蒙面。慅婴就是《礼记》中说的缌冠澡缨。古代卿大夫死,则皮弁锡缨以吊,同姓则缌缨以吊。之所谓云服缌者,臣为君,子为父,妻为夫。亲见尸柩,不可无服,服缌三月而除之。有事其布以为缨,大功以上散带,大功以上缭重,初而散之。小功缌轻,初而绞之。就是说慅婴是丧服的帽子。殷商以白为国色,周人易之以红,将白色作为丧服的颜色,共,艾毕就是白色服装。菲对屦指鞋子穿顺的,或如两只皆左脚。犯死罪,用红土涂衣服,表示血溅,不纯就是衣服不带边,一般大丧时的孝服,也就是齐衰服(《北堂书钞》引)。而《御览》六四五引《慎子》则云:"有虞之诛,以幪巾当墨,以草缨当劓,以菲履当刖,以艾韠当宫,布衣无领当大辟,此有虞之诛也。斩人肢体,凿其肌肤,谓之刑。画衣冠,异章服,谓之戮。上世用戮而民不犯也,当世用刑而民不从。"[27]68 彼此有些差异,也许本来就有多种形式。共同点是象征性,以羞辱有罪。

画衣冠异章服的原理,《荀子·礼论》说:"卑绖、黼黻、文织,资粗、衰绖、菲繐、菅屦,是吉凶忧愉之情发于衣服者也。"[26]366 荀子认为色彩、声音、建筑、食饮都是人类吉凶忧愉之情的集中体现,那么异章服用刑于情,也就是精神审判,固然也是一种惩罚,但是还是提供了回归社会的机会。因此,象刑还是得到了社会的广泛认可。除了《墨子》《慎子》以外,历代溢美言辞不决。《尚书大传·唐传》云:"唐虞象刑而民不敢犯,苗民用刑而民兴相渐(指《吕刑》制定五刑)。唐虞之象刑:上刑赭衣不纯,中刑杂屦,下刑墨幪,以居州里而民耻之。""唐虞象刑,犯墨者蒙皂巾,犯劓者赭其衣,犯膑者以墨幪其膑处而画之,犯大辟者布衣无领。"汉文帝、汉武帝皆有诏书,肯定象刑制度。又《汉书·元帝纪》:"盖闻唐虞象刑而民不犯。"[3]288 扬雄《法言》:"唐虞象刑惟明,夏后肉辟三千,不胶着,卓矣。"[28]1063—21,28 根据上述资料,后代对唐虞的象刑制度有很高的评价,认为肉刑出自夏朝,是禅让制度崩溃的结果。

(二)商周的象刑制度

《左传·僖公六年》说:

> 冬,蔡穆侯将许僖公以见楚子于武城。许男面缚,衔璧,大夫衰绖,士舆榇。楚子问诸逢伯,对曰:"昔武王克殷,微子启如是。"[29]98

根据《史记·宋世家》,微子开者,殷帝乙之首子而帝纣之庶兄。周武王克殷,微子乃持其祭器造于军门,肉袒面缚,左牵羊,右把茅,膝行而前以告。于是武王乃释微子,复其位。成王诛武庚,乃命微子代殷之后,国于宋。武王亲释其缚,受其璧而祓之。璧是贽礼,榇是梧桐树做的棺材,表示死罪,祭器就是养和白茅,皆具象征意义。

《左传·昭公四年》:

> 庆封曰:"无或如楚共王之庶子围,弒其君兄之子麇而代之,以盟诸侯。"王使速杀之。遂以诸侯灭赖。赖子面缚衔璧,士袒舆榇从之,造于中军。中军,王所将。王问诸椒举。对曰:"成王克许,许僖公如是,王亲释其缚,受其璧,焚其榇。"王从之,迁赖于鄢。楚子欲迁许于赖,使斗韦龟与公子弃疾城之而还。为许城也。申无宇曰:"楚祸之首,将在此矣。召诸侯而

来,伐国而克,城竟莫校,王心不违,民其居乎?"[29]317

根据《左传》《史记》的记载,我们知道殷商时代的象刑制度,微子肉袒面缚,左牵羊,右把茅,表示投诚降服,面敷就是舜时期的幪巾性质,表示认罪,牵羊表示财富的奉献,而把茅的茅指白茅,也就是楚辞中说的琼茅,《白虎通》认为是祭品,表示社稷。面缚,衔璧,大夫衰绖,士舆榇与此一脉相承。周初,成王克许,就是这样的规矩,显然这样的打扮就是认罪的标志,包括礼品、自罚、带棺、孝服等方面。《史记·廉颇蔺相如列传》负荆请罪与此类似。至少说明战国时象刑已经成为大家认可的惩罚形式。

周代有一整套管理制度,但是惩罚的对象只是故意犯罪,对于过失犯罪或意外发生事故,法律不予追究,由当地民众自己评议调解。对于已经犯法的人,处理方式很多,如示众,示众的方式也很多。如当众训斥、游行羞辱等。《周礼·地官·司市》记载:"市刑、小刑宪罚,中刑徇罚,大刑扑罚,其附于刑者,归于士。"[15]93又《周礼·地官·司救》有云:"凡民之有邪恶者,三让而罚,三罚而士加明刑。耻诸嘉石,役诸司空,其有过失者,三让而罚,三罚而归于圜土。"[15]90进入司法程序后,明刑有着具体的前提,面石思过、强迫劳作后还要数落责备,以达到最佳教育惩罚效果。最后才入囚。所谓明刑,指书写犯罪事实,表明惩罚的正当性,同时起到警示作用。《周礼·秋官·司圜》提道:"凡害人者,弗使冠饰,而加明刑焉。任之以事,而收教之。能改者,上罪三年而舍,中罪二年而舍,下罪一年而舍。"[15]231脱去冠饰,书写罪过,劳役随之,促使改过自新。这里卸下冠饰,明显具有象形特征。法律不仅对人,对动物也同样适用。郑玄注说:"弗使冠饰者,着墨幪若古之象刑。……郑司农(众)云:'罢民,谓恶人不从化为百姓所患苦而不入五刑者。"[15]231贾公彦疏:"以版牍书其罪状与姓名著于背,表示于人,是明刑也。"[15]231又《周礼·地官·司徒第二·调人》说:"凡过而杀伤人者,以民成之。鸟兽亦如之。凡和难、父之仇辟诸海外,兄弟之仇辟诸千里之外,从父兄弟之仇不同国。君之仇视父,师长之仇,视兄弟,主友之仇,视从父兄弟。弗辟,则与之瑞节而以执之。凡杀人有反杀者,使邦国交仇之。凡杀人而义者,不同国,令勿仇,仇之则死。凡有斗怒者,成之,不可成者,则书之。先动者,诛之。"[15]91相关的周人还采取回避措施,避免激化矛盾或者造成新的伤害。

又《礼记·玉藻》说:

> 始冠,缁布冠。自诸侯下达,冠而敝之可也。玄冠朱组缨,天子之冠也。缁布冠缋緌,诸侯之冠也。玄冠丹组缨,诸侯之齐冠也。玄冠綦组缨,

士之齐冠也。缟冠玄武,子姓之冠也。缟冠素纰,既祥之冠也。垂緌五寸,惰游之士也。玄冠缟武,不齿之服也。居冠属武,自天子下达,有事然后緌。五十不散送,亲没不髦,大帛不緌。玄冠紫緌,自鲁桓公始也……着墨幪若古之象刑。[30]168

所谓不齿之服,是对惰游之人的羞辱,但指的是不帅教被抛弃的人,亦即不可救药之人。这里的士应该不是指渎职的官员,而是指无业游民。就整个周代的关于象刑的实施看,部分沿袭了尧舜以来的画衣冠、异章服的传统,但并没有明确的象刑制度。按《左传》宣公十二年丙辰说:

"古者明王伐不敬,取其鲸鲵而封之,以为大戮,于是乎有京观,以惩淫慝。今罪无所,而民皆尽忠以死君命,又可以为京观乎?"祀于河,作先君宫,告成事而还。古是役也,郑石制实入楚师,将以分郑而立公子鱼臣。辛未,郑杀仆叔子服。君子曰:"史佚所谓毋怙乱者,谓是类也。《诗》曰:'乱离瘼矣,爰其适归?'归于怙乱者也夫。"[1]1882—1883

根据《左传》的记载,我国古代的象刑制度,一直存在着变化,但其本质旨趣没有根本变化,形式上的反复也客观存在。如封鲸鲵以后是京观制度,到战国后期已经不复存在,但是秦末项羽坑杀二零万秦军于长平,立为京观,汉代沿陇海铁路一线建有五大京观。唐代高丽败唐军以后也用尸体筑为京观。京观制度,一直到清朝才废除。根据《荀子》《白虎通》等文献我们发现,象刑制度在实际执行中在形式上有一定的调整,见下表。

汉代的象刑制度

《慎子》	《荀子》	《白虎通》	《晋书·刑法志》
墨以蒙巾当墨。	墨黥,注:世俗以为古之重罪,以墨涅其面而已,更无剕,剕之刑也。或曰"墨黥",当为墨。	犯黥者蒙巾。	犯墨者,皂其巾。
劓以草缨当劓。	慅婴,注:当为"澡婴",请濯其布为缨。郑云:"凶冠之饰,令罪人服之。"《礼记》曰:"缌冠澡缨。"郑云:"有事布以为缨也,澡,或请为草。"	犯劓者,以赭著其衣。	犯劓者,丹其服。
刖以菲履当刖。	共艾毕,注:共,未详,或衍字,艾,苍白色,毕与韠同绂也,所以蔽前,君以朱,大夫以韦,十爵韦,令罪人服之,故以苍白色为韠也。	犯剕者,以赭蒙其膑处而画之。	犯髌者,黑其体。

419

续表

《慎子》	《荀子》	《白虎通》	《晋书·刑法志》
宫以艾𬘘当宫。	菲对屦,注:菲,草履也,对当为糸封(běng,麻鞋或小儿皮鞋,校者注)。传写误耳,糸封,枲也。《慎子》作:"糸封,言罪人或菲或枲为屦,故曰:菲糸封屦。"	犯宫者履杂扉。	犯宫者,杂其屦。
杀布衣无领以当大辟。	杀赭衣而不纯,注:以赤土染衣,故曰:"赭衣纯缘也,杀之所以异于当人之服也。"	犯大辟者,布衣无领。	大辟之罪,殊刑之极,布其衣裾,而无领缘,投之于市,与众弃之。

王充《论衡·四讳》也谈到象刑,他举出汉代所行象刑时说:"古者用刑,刑毁不全,乃不可耳。方今象刑,象刑重者,髡钳之法也,若完城旦以下,施刑彩衣系躬,冠带与俗人殊,何为不可。"按照王充的理解,象形制度是对用刑制度的否定,但目前已经无从查考了。汉代的象形有轻重两类,重的是髡钳之法。《白虎通·五刑篇》云:"传曰:三皇无文,五帝画象,三王明刑,应世以五"。认为象刑产生的原因是没有文字,所以画图表示,不完全符合实际,否定了象征特质。陈寿《三国志》裴松之注引《曹瞒传》曰:"常出军,行经麦中,令'士卒无败麦,犯者死'。骑士皆下马,付麦以相持,于是太祖马腾入麦中,敕主簿议罪;主簿对以春秋之义,罚不加于尊。太祖曰:'制法而自犯之,何以帅下?然孤为军帅,不可自杀,请自刑。因援剑割发以置地。'"[23]54—55

曹操割发代罪的服刑形式表明,象刑制度在汉代已经消失,所以只好权宜取春秋之义,也就是象刑方式处理。三国时期,将帅赠送女人衣服于对方,象征对方软弱像女子,民国时候何香凝送裙子给蒋介石,就是象刑遗风,制度已经退出公序。目前文献中关于象刑的记载多比较零碎,前列《白虎通》等象刑数据表可见其变化之大略。

根据《汉书》的记载,西汉初年曾经封鲸鲵五处,沿着以洛阳为中心的传统的南北分界线。《全汉文》卷二汉文帝《除肉刑诏》(十三年五月):

> 制诏御史:盖闻有虞氏之时,画衣冠异章服以为戮,而民弗犯,何治之至也?今法有肉刑三,而奸不止,其咎安在?非乃朕德之薄而教不明与?吾甚自愧。[14]133

又汉武帝《诏贤良》(元光元年五月):

> 朕闻昔在唐虞,画象而民不犯,日月所烛,莫不率俾。周之成康,刑错

不用,德及鸟兽,教通四海;海外肃慎,北发渠搜、氐羌徕服。"[14]140

汉武帝《元光五年策贤良制》制曰:

> 盖闻上古至治,画衣冠,异章服而民不犯;阴阳和,五谷登,六畜蕃,甘露降,风雨时,嘉禾兴,朱草生,山不童,泽不涸;麟凤在郊薮,龟龙游于沼,河洛出图书;父不丧子,兄不哭弟;北发渠搜,南抚交阯,舟车所至,人迹所及,跂行喙息,咸得其宜。朕甚嘉之。今何道而臻乎此?"[14]139

汉代延续实施了封鲸鲵制度,同时兼用画衣冠异章服方式,但是文献中论述古代象刑制度时很少见到封鲸鲵的记载,所以出现了法起于兵,法起于礼的争论,更有象刑是否存在的讨论,纠缠不休。

《荀子·正论》说:"世俗之为说者曰:'治古无肉刑而有象刑。墨黥、澡婴,共艾毕;菲,对屦;杀,赭赭衣而不纯。治古如是。'是不然,以为治邪?则人固莫触罪,非独不用肉刑,亦不用象刑矣;以为人或触罪央,而直轻其刑,然则是杀人者不死,伤人者不刑也。罪至重而刑至轻,庸人不知恶矣,乱莫大焉。"[26]326—328 王先谦注说:"古之治世也……象刑,异章服,耻辱其形象,故谓之象刑也。"将象刑只解释为形象刑,不是很恰当。其实礼乐征伐自天子出,用兵是依礼用兵,都是治国的规范和制度,所以《左传》有礼乐征伐自天子出之言,孔子说天下有道,礼乐征伐自天子出;天下无道,礼乐征伐自诸侯出。东周王室式微,天子权威到汉代才重建,因此长期以来天子之德(封鲸鲵)不作话题也就不足为怪。很显然,封鲸鲵和画衣冠、异章服是象刑的两个面,前者为治理国家的象刑制度,后者为治理民众的象刑制度,合起来就是古代的象刑制度。司马迁《史记·五帝本纪》说:"南抚交阯、北发;西戎、析枝、渠廋、氐、羌;北山戎、发、息慎;东、长、鸟夷。四海之内,咸戴帝舜之功。"[16]43《史记》的记载和汉代文武二帝的诏策有一个大致的倾向,即象刑是虞舜治国的成功经验,应该是虞舜时代的象刑比较系统完备吧,但生成很早。由于虞舜时代没有文字,历时弥远,所以具体情况也不清楚。

根据史料记载,东汉以后封鲸鲵制度消失,现在我们看到的是文学作品中带有记忆性质的表达,而不是历史记录,但堆聚京观依然存在。南北朝时南宋孝武帝大明三年(439),竟陵王刘诞在广陵起兵反叛朝廷。孝武帝以始兴王沈庆之为车骑大将军,带兵讨伐刘诞。沈庆之"帅众攻城,身先士卒,亲犯矢石",数月后终于攻克广陵,刘诞兵败被诛杀。孝武帝在平定刘诞反叛后,下令把广陵城中士民,无大小"悉命杀之"。经沈庆之请求,五尺以下获免,其余男子皆死,而女子则赏给军人为妻妾或为婢女。最后被处死的仍有三千多人,负责行刑的校尉宗越首先把这三千人"刳肠抉眼,或笞面鞭腹,苦酒灌肠,然后斩之"。孝武帝把杀掉的三千人聚首于石头南岸为京观[31]4048。

又《通鉴》卷一八五又载:唐高祖武德元年(618),薛举进逼高墌,秦王李世民带领唐兵迎击,适逢李世民患上疟疾,不能指挥作战,便吩咐行军长史刘文静、司马殷开山:"薛举悬军深入,食少兵疾,若来挑战,慎勿应也。但刘、殷二人不听劝告,私下恃众而不设备"并和薛举军队战于浅水原,结果唐兵"八总管皆败,士卒死亡什五六"。李世民被迫退回长安,薛举"遂拔高墌,收唐兵死者为京观。"[31]5800—5801

又《旧唐书》卷一九也载:唐中和三年(883)三月,"沙陀军与贼将(指唐末农民起义军将领)赵章、尚让战于成店,贼军大败,适奔至良天坡,横死三十里,王重荣筑尸为京观"[32]714。

看了以上记载,我们对古代的京观应该有了大致的了解了。京观一词,最早见之于《左传·宣公十二年》,潘党曰:"君盍筑武军而收晋尸,以为京观。"[1]1882−1883 杜预注曰:"积尸封土其上,谓之京观。"[1]1883

《资治通鉴·晋愍帝建兴元年》有"扫除鲸鲵,奉迎梓宫"[31]2799 句。唐卢纶《奉陪浑侍中上巳日泛渭河》诗:"舟楫方朝海,鲸鲵自曝腮。"明李梦阳《鄱阳湖十六韵》诗:"力屈鲸鲵仆,声回雁鹜呼。"太平天国洪仁玕《诛妖檄文》:"雍正、乾隆以下,奸奴和升揽权,卖官鬻爵,荼毒等于鲸鲵。"康有为《遣人入北寻幼博墓携骸南归》诗:"鲸鲵横波斜日曛,誓起义师救圣君。"亦都提到鲸鲵,但是显然东汉以后京观只是作为一个典故和意象来使用。

五、象刑制度的时代风格(以首鼠两端为例)

象刑制度内容丰富,各个时代都有自己的特点,但共同点都是象,也就是立象以尽意。譬如说商周时期,将坏人比喻成老鼠,因此《诗经》中有硕鼠、相鼠之说。有时候还将老鼠头代替坏人的人头使用。"首鼠两端"一词最早出现在《史记·魏其武安侯列传》,说:"武安已罢朝,出止车门,召韩御史大夫载,怒曰:'与长孺共一老秃翁,何为首鼠两端?'"[16]2853 长孺,指韩安国,言武安侯下朝以后,让韩安国与他同车,非常生气,说他和韩安国侍候老秃翁(窦婴),"何为首鼠两端"?何为表示对现状的目的、原因提出责问。首鼠两端是什么意思呢?目前的解释是犹豫不决,拿不定主意。辞书如《辞源》《辞海》等引例《后汉书·西羌传》:"初,饥五同种大豪卢忽、忍良等千余户别留允街,而首尾两端。"[33]2892 或引《后汉书·邓禹传》说:"先是小月氏胡分居塞内,胜兵者二三千骑,皆勇健富强,每与羌战,常以少制多。虽首施两端,汉亦时收其用。"[33]609 认为,"首鼠"、"首尾"、"首施"同义。仅因为存在着"首施两端"、"首尾两端"的句子,就认为相同于"首鼠两端",这样的论证显然草率,没有根据,不能成立。

但是,将"首施两端"与"首鼠两端"解释为同义的不限于现代人,在古代亦由来已久,辞书中也非无征。明代朱谋㙔《骈雅·释训》说:"逗遛、首施、首鼠、夷犹、尤豫、犹豫、虚徐、莎随、依违、罔养……,迟疑也。"[34]22 既然首施、首鼠、犹豫意思一样,解释为迟疑,似无不当。清代大儒王念孙《读书杂志·余编上》说:"施读如'施于中谷'之施。首施,犹首尾也。首尾两端,即今人所云进退无据也。《春秋》鲁公子尾字施父,是施与尾同意。服虔注《汉书》曰:首鼠,一前一却也。则首鼠亦即首尾之意。"[35]3 王念孙根据鲁公子尾字施父,证明施与尾同意,显然也是想当然,名和字未必就是同意,一般来说,名以正体,字以表德,基本不一致,因此理由不能说服人。宋代还有这样一个说法:"旧说鼠性疑,出穴多不果,故持两端谓之首鼠。"[36]287 看来他也是听过去人说的,说明也不肯定。且不论他具体怎么想,但是他把鼠看成实义名词,而不是一义两字,值得我们注意。

检裴骃集解引汉代服虔《汉书音训》说:"秃老翁,言婴无官位扳援也。首鼠,一前一却也。"这是一条非常清晰的注释,却就是退。意思是一进一退。从语用上看,以此解释史书中的用例并无不妥。如《南齐书·氐传》说:"梁州刺史范柏年怀挟诡态,首鼠两端,既已被伐,盘桓稽命。"[37]1028 质疑梁州刺史范柏年的进退。又《陈书·虞荔传附弟寄传》说:"高瓛、向文政、留瑜、黄子玉,此数人者,将军所知,首鼠两端,唯利是视。"[38]261 就是说这些人心怀叵测,进退唯利。又《周书·文帝纪上》说:"如其首鼠两端,不时奉诏,专戮违旨,国有常刑,枕戈坐甲,指日相见。"[39]8 这里的首鼠也是进退、用心之意。又《宋史·田绍斌传》说:"太宗怒曰:'此昔尝背太原来投,今又首鼠两端,真贼臣也。'"[40]9497 指阳奉阴违。首鼠用进退训,不差其义。这样说来,用首施来替释首鼠肯定不对了。那么,在首见的《史记》中"与长孺共一老秃翁,何为首鼠两端?"究竟应该如何解释呢?我们将《史记》中前后文都录出来看看:

> 上(汉武帝)问朝臣:"两人孰是?"御史大夫韩安国曰:"魏其言灌夫父死事,身荷戟驰入不测之吴军,身被数十创,名冠三军,此天下壮士。非有大恶,争杯酒,不足引他过以诛也。魏其言是也。丞相亦言灌夫通奸猾,侵细民,家累巨万,横恣颍川,凌轹宗室,侵犯骨肉,此所谓'枝大于本,胫大于股,不折必披',丞相言亦是。唯明主裁之。"主爵都尉汲黯是魏其。内史郑当时是魏其,后不敢坚对。余皆莫敢对。上怒内史曰:"公平生数言魏其、

武安长短,今日廷论,局趣效辕下驹,吾并斩若属矣。"即罢起入,上食太后。太后亦已使人候伺,具以告太后。太后怒,不食,曰:"今我在也,而人皆藉吾弟,令我百岁后,皆鱼肉之矣。且帝宁能为石人邪!此特帝在,即录录,设百岁后,是属宁有可信者乎?"上谢曰:"俱宗室外家,故廷辩之。不然,此一狱吏所决耳。"是时郎中令石建为上分别言两人事。

  武安已罢朝,出止车门,召韩御史大夫载,怒曰:"与长孺共一老秃翁,何为首鼠两端?"韩御史良久谓丞相曰:"君何不自喜?夫魏其毁君,君当免冠解印绶归,曰'臣以肺腑幸得待罪,固非其任,魏其言皆是'。如此,上必多君有让,不废君。魏其必内愧,杜门龂舌自杀。今人毁君,君亦毁人,譬如贾竖女子争言,何其无大体也!"武安谢罪曰:"争时急,不知出此。"[16]2851

  由上述我们看出,由于韩安国在朝廷上为武安侯解脱,因此武安侯罢朝时约其同行,表示亲近感谢。首鼠两端指他和魏其侯窦婴的争执,称其为老秃翁,一是笑话其年事已高,头发稀落,二是嘲弄他没有援助,委婉地对韩安国表示谢意。那么,首鼠究竟是指窦婴还是指他和窦婴两个人,抑或是说窦婴的行为呢,仍需要继续讨论。

  按《仪礼·既夕礼》十三有却之之说,却之指仰[41]201,即正面朝上,覆之为正面朝下。因此却之作为退来解释近恰,是出于礼制中仪注的动作。魏其侯、武安侯先后奏对,互相攻击都要出列行礼,因此说进退两端,就是彼进我退,我进彼退,交互进退之意。用何为表示反问,意思是与窦婴进退攻击,心里很不高兴,窦婴不配作为敌国。显然是把窦婴比喻为老鼠,把自己比喻成人臣,认为不值得和这样的垃圾理论。为什么要这样比喻呢?

  我们知道,魏其侯与韩安国说的是抒愤的话,不过是俗语,是当时大家都能明白的话语。这种情况要么是当时流行语,要么是熟知的典实。这些典实或出自典册,或出自礼制,随着其话语时代消失,就成为百姓都能明了的俗语。首鼠两端正是这样,出自古代的礼制,也就是殉葬制度。考《战国策》卷二十四《秦败魏于华魏王且入朝于秦》说:

  秦败魏于华,魏王且入朝于秦。周欣谓王曰:"宋人有学者,三年反而名其母。其母曰:'子学三年,反而名我者,何也?'其子曰:'吾所贤者,无过尧、舜,尧、舜名。吾所大者,无大天地,天地名。今母贤不过尧、舜,母大不过天地,是以名母也。'其母曰:'子之于学者,将尽行之乎?愿子之有以易名母也。子之于学也,将有所不行乎?愿子之且以名母为后也。'今王之事秦,尚有可以易入朝者乎?愿王之有以易之,而以入朝为后。"魏王曰:"子患寡人入而不出邪？许绾为我祝曰：'入而不出，请殉寡人以头。'"周䜣对曰："如臣之贱也，今人有谓臣曰，入不测之渊而必出，不出，请以一鼠首为女殉者，臣必不为也。今秦不可知之国也，犹不测之渊也；而许绾之首，犹鼠首也。内王于不可知之秦，而殉王以鼠首，臣窃为王不取也。且无梁孰与无河内急？"王曰："梁急。""无梁孰与无身急？"王曰："身急。"曰："以三者，身，上也；河内，其下也。秦未索其下，而王效其上，可乎？"[42]332

殷商以前的君王死后，往往用人殉葬，同时也会用牲殉，西周施行仁政，因此逐步用陶人俑或者豢家的动物或纸木的所谓刍狗来殉葬。如殷墟的侯家庄西北冈是盘庚迁殷后的帝王陵园，埋着盘庚以下的十一位君主。1934年3月至1935年8月，主持发掘的中央研究院史语所人员，发掘出很多殉葬的人和动物。小墓多是杀头或全躯人殉坑，另外则是车马坑、动物殉坑（如象坑、鹿坑、羊坑及其他鸟兽坑），没有说发现老鼠。但约商周时代同时的安徽和县、怀宁县孙家城遗址一带发现了陶鼠[43]，更早时候的良渚文化遗址也发现了黑陶鼠形壶（良渚文化鼠形泥质蛋壳黑陶卮）。说明殉葬用鼠符合历史真实。至于以人喻鼠，在《诗经》的《硕鼠》《相鼠》[44]63,135等篇中已有硕鼠、相鼠等，《史记》中亦曾引用李斯之叹"人之贤不肖譬如鼠矣"[16]2539，并不奇怪。

根据上面的论证我们可以看出，魏其侯说的首鼠两端的首指自己，鼠蔑称窦婴，首鼠两端，指自己和窦婴当朝相互先后进退奏答，针锋相对，各不相能。后来的史书中常用这一成语，意思不误。至少宋人开始或望文生义作社会学思考，推测为老鼠多疑，因此训为犹豫两端；或按照语言模拟，怀疑为三心二意，当面一套，背后一套，等等。显然都错了。究其原因，不是从探寻词汇的本源入手思考，而是着意词汇后来的用法，因此误读。

六、象刑制度和当代法治社会建设

法治中国已成为我国根本性的治国方略。十五大以来，党中央提出和确立了"依法治国""依法执政"和"依法行政"的治国理政原则，逐步明确了"法治国家""法治政府"和"法治社会"的法治建设目标。2010年10月8日，党的十八大报告明确要求提高领导干部运用法治思维和法治方式深化改革、推动发展、化解矛盾、维护稳定能力。2013年10月十八届三中全会通过的《中共中央关于全面深化改革若干重大问题的决定》，将"推进法治中国建设"确立为我国新时期法治建设的新目标和全面深化改革的重大内容。

新华社2014年10月14日电：中共中央政治局10月13日下午就我国历史

上的国家治理进行第十八次集体学习。习近平在主持学习时发表了讲话。他强调：

> 历史是最好的老师。在漫长的历史进程中，中华民族创造了独树一帜的灿烂文化，积累了丰富的治国理政经验，其中既包括升平之世社会发展进步的成功经验，也有衰乱之世社会动荡的深刻教训。我国古代主张民惟邦本、政得其民，礼法合治、德主刑辅，为政之要莫先于得人、治国先治吏，为政以德、正己修身，居安思危、改易更化，等等，这些都能给人们以重要启示。治理国家和社会，今天遇到的很多事情都可以在历史上找到影子，历史上发生过的很多事情也都可以作为今天的镜鉴。中国的今天是从中国的昨天和前天发展而来的。要治理好今天的中国，需要对我国历史和传统文化有深入了解，也需要对我国古代治国理政的探索和智慧进行积极总结。

究竟何为法治，如何实施法治？在西方学界普遍认为是一个没有结论的命题。习近平同志的讲话为我们法治社会建设指明了方向。作为四大文明古国之一的中国，为人类的发展进步事业做出了重要贡献。历史这面镜子不仅会让我们看到自己的现在，也可发现我们的过去。作为我国长期实施的象刑制度，在今天就有着重要的现实价值和意义，需要我们正确把握和科学挖掘。

近代以来，象刑制度似乎忽隐忽现，漂泊不定。1932年上海"一·二八"事变以后，十九路军奋起反抗日本的侵略，但由于孤军作战，伤亡惨重。廖仲恺夫人、著名民主党派人士何香凝女士，抱病前往慰问伤员，还亲赴南京求援，可是国民政府阳奉阴违，毫无作为。她气愤至极，寄了一件女裙给蒋介石，并附一首打油诗："枉自称男儿，甘受倭奴气。不战送山河，万世同羞耻。吾侪妇女们，愿赴沙场死。将我巾帼裳，换你征衣去。"这是走正常程序情愿失败的情况下采取的行为方式。给对手寄女人衣服并非何香凝首创，但在危机时刻，这种象刑方式产生了很大的积极影响。在现代男女平等的原则下，有些人还很愿意成为女人，也就不会有人用这种方式。因此，对于象刑，首先要历史地辩证地认识。

其次，象刑制度传承下来的很多已经分解为公序民俗，有时候还吸取了国外的做法。例如司法工作者的服装。公安部有《公安机关人民警察着装管理规定》，目的是为了加强公安队伍正规化建设，规范公安机关人民警察着装管理，树立人民警察良好形象。最高人民法院关于印发《人民法院法官袍穿着规定》(2007)的通知指出："为增强法官的职业责任感，进一步树立法官公正审判形象。"公安机关的形象是什么，没有进一步的表述，但这种通过服装体现执法的现象,不是想象,而是古老象刑制度中的獬豸冠的继续。法官审案时候穿的服装受到国外的影响,但其性质与獬豸冠也是异曲同工。

第三,象刑仍有存在的必要或者说依然存在,那么首先需要正名,将象刑作为我们立法司法的理论范畴,而不是作为可笑的历史垃圾。其次,象刑对中国传统道德的影响深远,羞耻心、恻隐心、同情心往往会构成私情,成为公正、科学执法的负面因素。如果正确引导,利用传统道德的力量作为法治的资源,将大大提高法治的力量和水平。另外,需要具体情况具体分析,违法犯罪复杂多元,应该有针对性地研究象刑的实施,特别是偶然的情景下犯罪和意外的过失犯罪,更多一些尊重人的生命和尊严,不能单单适用刑罚,也可以做出象刑的选择。具体情况具体分析,就是利用象刑的原理,尽量挽救救济一些可以挽救的犯了罪的人,赋予法律以更多的德性。还有,犯罪定罪尺度的细致区分将能更清晰地体现公平正义,譬如说唐代对于杀人的戏杀、斗杀、误杀等情况的细致区分,就历来受到称颂。其原因之一是法律效应。法律效应及其普遍性是法治的基础,也是法治民主的重要内容,我们永远不能轻视。

参考文献:

[1] [唐]孔颖达.春秋左传正义[M].上海:上海古籍出版社,1997.

[2] 唐兰.陕西省岐山县董家村新出土西周重要铜器铭辞的译文和注释[J].社会科学战线,1985(1).

[3] [汉]班固.汉书[M].北京:中华书局,1962.

[4] [梁]萧统.文选[M].上海:上海古籍出版社,1986.

[5] [晋]郭璞注,[宋]邢昺疏.尔雅注疏[M].上海:上海古籍出版社,1997.

[6] [汉]应劭撰,王利器校注.《风俗通义》校注[M].中华书局,1981.

[7] 张海峰."象刑"辨疑[J].西南政法大学学报,2010(3).

[8] 王小健.论象刑[J].吉林大学学报,1998(1).

[9] 吴荣曾.试论先秦刑罚规范中所保留的氏族制残余[J].中国社会科学,1984(3).

[10] 尤韶华.历经二千五百年争议的中国最早刑制——中国传统司法原则的渊源[EB/OL].中国法学网,2014-02-25. http://iolaw.org.cn/shownews.asp? id=2159.

[11] 巩启明.仰韶文化[M].北京:文物出版社,2002.

[12] 陆思贤.神话考古[M].北京:文物出版社,1995:121—125,165;陆思贤、李迪.天文考古通论[M].北京:紫禁城出版社,2000:70—71;陈久金.阴阳五行八卦起源新说[J].自然科学史研究,1986,5(2).

[13] 谢诚.华夏文明的曙光[N].人民日报(海外版),2003—03—24.

[14] [清]严可均.全上古三代汉魏六朝文[M].上海:上海古籍出版社,2009.

[15] 佚名.周礼[M].《汉魏古注十三经》本.北京:中华书局,1998.

[16] [汉]司马迁.史记[M].北京:中华书局,1959.

[17] [汉]孔安国传,[唐]孔颖达正义,[清]阮元校刻.尚书正义[M].《十三经注疏》本.上海:上海古籍出版社,1997.

[18] [战国]墨子.墨子[M].上海:上海古籍出版社,1995.

[19] 梁启雄.韩子浅释[M].北京:中华书局,1960.

[20] [宋]洪兴祖.楚辞补注[M].北京:中华书局,1983.

[21] 袁珂校注.山海经校注[M].上海:上海古籍出版社,1980.

[22] 袁康、吴平辑录,乐祖谋点校.越绝书[M].上海:上海古籍出版社,1985.

[23] [晋]陈寿.三国志[M].北京:中华书局,1959.

[24] [唐]孔颖达.周易正义[M].《十三经注疏》本.上海:上海古籍出版社,1997.

[25] [唐]徐彦.春秋公羊传注疏[M].《十三经注疏》本.上海:上海古籍出版社,1997.

[26] [清]王先谦.荀子集解[M].北京:中华书局,1988.

[27] 许富宏.慎子集校集注[M].北京:中华书局,2013.

[28] [汉]扬雄.扬子云集[M].《文渊阁四库全书》本.台北:台湾商务印书馆,2008.

[29] [春秋]左丘明.左传[M].《汉魏古注十三经》本.北京:中华书局,1998.

[30] [清]陈澔.礼记集说[M].上海:上海古籍出版社,1987.

[31] [宋]司马光著,[元]胡三省音注.资治通鉴[M].北京:中华书局,1956.

[32] [后晋]刘昫.旧唐书[M].北京:中华书局,1975.

[33] [南朝宋]范晔.后汉书[M].北京:中华书局,1973.

[34] [明]朱谋㙔.骈雅[M].北京:中华书局,1985.

[35] [清]王念孙.读书杂志[M].北京:中国书店,1985.

[36] [宋]陆佃.埤雅[M].北京:中华书局,1985.

[37] [南朝梁]萧子显.南齐书[M].北京:中华书局,1972.

[38] [唐]姚思廉.陈书[M].北京:中华书局,1972.

[39] [唐]令狐德棻.周书[M].北京:中华书局,1971.

[40] [元]脱脱.宋史[M].北京:中华书局,1977.

[41] [汉]郑玄注.仪礼[M].北京:中华书局,1985.

[42] 吴师道.战国策校注[M].北京:中华书局,1991.

[43] 熊润频.安徽怀宁孙家城遗址发现许多独特现象[N].中国改革报,2008-01-10;朔知,金晓春.安徽怀宁孙家城遗址发现新石器时代城址[N].中国文物报,2008-02-15.

[44] 陈戍国.《诗经校注》[M].长沙:岳麓书社,2004.

取镕经意铸伟辞,骈俪勾连新风雅
——《诗经摘艳》刍议

刘立志

(南京师范大学文学院,南京 210097)

摘 要:美国加州柏克莱大学东亚图书馆藏有清人项珍卿所著《诗经摘艳》,乃是江亢虎藏书,其性质为叙写《诗经》史事的赋体类书。这种文体可溯源于《焦氏易林》,宋人多有取材《左传》的相似著作,当是直接启发了此书的撰著。

关键词:项珍卿 《诗经摘艳》 赋体类书

美国加州柏克莱大学东亚图书馆藏有清人项珍卿《诗经摘艳》一书,美国独此一家一本,中国大陆未见收藏,当为孤善之本,值得关注。

项珍卿其人其书,《安徽省馆藏皖人书目》未见载录。蒋元卿《皖人书录》据《安徽艺文考》著录"项善宝(清)咸同间太平人。《仙源峻节歌》一卷"[1]。项善宝即项珍卿,珍卿乃其字。黄山市地方志编纂委员会编《黄山市志》第十四编《文化艺术》第二章《文献 文物》著录"项善宝《诗经摘艳》《仙源峻节歌》"[2],但没有言明其材料之源出。

《诗经摘艳》,一册,书页高15.3厘米,宽9.5厘米,封面为硬壳,左上方红字镌刻"先生旧有《仙源峻节歌》及《峻节杂录诗话》若干卷刊行,版遭兵燹,诸君处倘有藏本,希送城东项祠重刊"。扉页三栏,右栏题"项珍卿先生著",中栏题"诗经摘艳",左栏题"版藏项氏宗祠"。扉页背面题"光绪五年三月刊行"。

扉页之后为汪庆蕙所作《叙》,文云:"己卯春,余司铎桐城,同邑孙二尹墨樵衷其业师项珍卿明经所著《诗经摘艳》四卷,邮寄余,且报书曰:'此先生侨寓荆州时以训初学者也。先生著述宏富,兵燹后散佚无存,今存此一编,及门诸子醵

---

[1] 蒋元卿:《皖人书录》,合肥:黄山书社,1989年,第225页。
[2] 黄山市地方志编纂委员会编:《黄山市志》,合肥:黄山书社,1992年,第601页。

金为付梓。先生旧交惟君岿然存,请叙其集,并述先生之为人。'嗟乎!珍卿死十三年矣。珍卿有史才,熟于毛诗注疏,以古文名家,七言古体诗豪迈有奇气,固余之畏友也。善诱乡后进,孙孝廉玉堂、家孝廉质初、胡拔萃朗夫、胡通守震南及墨樵二尹,皆出其门,至今乡人艳称之。嗟乎!此岂足以尽珍卿哉?君负气节,嫉恶如寇雠,方发逆之陷金陵也,蹂躏江南北,每与余谈时事,悲歌慷慨,作金石声。丙辰三月,贼犯境,君团义勇,随邑长欧阳公往堵,全军陷于阵,君得脱。庚申,邑再陷,奔山中,几绝食。贼酋闻君名,陈厚币往聘君,君掷之地,努目骂贼,贼怒,长绳系之树,将加以刃,蛇咬贼足,贼逐蛇,君乃得脱,走祁门,乞师于督部曾公。曾公方持重,君收集义勇百余人,驻箸岭太歔踞,贼不得通者屡月,终以无食悉散去。辛酉夏,与余相遇于汉阳,余方慰藉君,君顾盼自雄,笑谈如平时。何其壮也!自贼踞邑城,乡人脱虎口,流离沙市、汉口者数万人。君门人孙玉堂馆汉东道署,劝同乡善士筹巨款,筑广厦,留养妇女老稚,其壮者给之资,使谋生业,得免于饥寒。君时寓沙市,亦劝乡人殷实者之行,舌敝唇焦,几数月,始就绪。及邑城收复,君又护送难民以归,迄今邑中人有谈前事至涕下者,则以君之感人深也。然君归,不数载即死,又无子,以堂侄兰为之后,所著诗文词不可得,仅得此训初学者一编。嗟乎!人之气节如此,天之报施如此,岂可解哉!余与君交最深,知君最悉,又感君门人之意,特表君之生平,以告阅是编者知君之为人,吾无憾已。君讳善宝,安徽太平县岁贡生。光绪五年春三月愚弟汪庆蕙兰亭甫拜叙于桐城学署。"

据此可以考知《诗经摘艳》一书乃光绪五年(1879)三月付梓,是初刻本,当是由项氏宗祠刊版。作者项善宝,字珍卿,生年不详,卒于同治六年(1867),安徽太平人,岁贡生,明经出身。咸丰六年(1856),三月,太平军进犯安徽太平,项珍卿率领乡勇予以抗击,兵败逃脱。咸丰十年,太平军再次攻占安徽太平,项珍卿逃亡山中,太平军找到他,颇加礼遇,有心聘任。项珍卿严词叱骂,拒不合作,几乎被杀,脱身后又率领乡勇进行反抗。咸丰十一年夏,汪庆蕙在湖北汉阳遇到项珍卿,其时项珍卿正在多方筹集善款资助流亡在外的乡人。太平天国败亡之后,项珍卿又护送流亡的乡人返回故里,未过几年即去世。项珍卿撰著有《诗经摘艳》《仙源峻节歌》《峻节杂录诗话》等,但大多散亡于战乱期间,传世唯有《诗经摘艳》。他没有后人,过继了堂侄项兰。他的弟子有孙玉堂、项质初、胡朗夫、胡震南和孙墨樵,皆学有所成。光绪五年己卯年春,孙墨樵把项珍卿所撰《诗经摘艳》四卷寄给汪庆蕙,请求他作序,至于三月,汪氏序文完稿。

此书封底页贴有书签,上部中间为双行英文"GIFT OF S. C. KIANG K. H.",右侧为竖排三个汉字"江亢虎",左侧为竖排三个汉字"捐赠品"。可知《诗经摘艳》乃是江亢虎捐赠给柏克莱大学图书馆的图书。

江亢虎(1883—1954),原名绍铨,字康瓠,祖籍安徽旌德,生于江西弋阳。早年三次留学日本,宣传无政府主义。后来游学日本、英国、法国、德国、俄国等,转变为社会主义者,大力鼓吹社会主义学说,领导建立了中国第一个社会主义研究会,创办了中国第一个宣传社会主义的杂志,创建了中国第一个以社会主义为纲领的政党"中国社会党",积极投身社会活动,与北洋军阀频繁接触,力图谋求践行个人的政治主张。后因遭受袁世凯政府打压而亡命国外,先后在美国、加拿大大学担任教职。抗日战争爆发后,加入汪伪集团,沦落为汉奸,曾经担任考试院副院长兼铨叙部部长。抗战胜利后被判处无期徒刑,1954年病死狱中。

江氏与柏克莱大学渊源较深。1913年8月,中国社会党被袁世凯通令解散,9月,江亢虎逃亡日本,秋冬间,到达美国,接替退休的原英国在华传教士傅兰雅,在加州大学(即今加州大学柏克莱分校)担任中文讲师,成为当时在美教授汉语和中国文化的唯一中国人,直至1920年9月方才回国。其间,江氏曾开设"中国文化"讲座,发起成立弘道会,还曾受聘担任美国国会图书馆中文部主任,1920年娶得美籍华人卢岫霓为继室。江亢虎任教柏克莱大学长达七八年时间,《诗经摘艳》一书很可能是在他归国前捐赠。考其1920年之后,长期在国内参与多种社会活动,只有1927年夏至1930年再次寓居美国,任职于美国国会图书馆,其书或为此阶段所捐赠,亦未可知。

《诗经摘艳》于江氏《叙》后为目录,次之即为正文,版框宽8厘米,高11厘米,半页9行,行24字。全书四卷,分为"天地门"、"人伦门"、"性学门"、"政治门",各一卷。每门之下又分列若干小类,"天地门"分为天文类、地理类两类,末附水族类;"人伦门"分为君臣总类、君类、臣类、父子总类、父类、子类、兄弟类、夫妇类、朋友类九个小门类,"性学门"包括仁类、智类、言类、行类、文学类五类,"政治门"包括政事类、富类、教类、尊贤使能类、逸色货贵德类、仕宦类(附隐逸)、朝觐类、巡狩类、礼乐总类、礼类、征伐类、讼狱类十二小类。

书中各卷小类中,概括三百篇诗作内容,骈俪对仗,敷衍成篇,每句之后以双行小字标注其源出诗篇所在四诗类名及其题目,对于渊源隐曲者,则偶有揭示注语,前后连缀,颇见巧思。如卷一《天地门》中的《天文类》:

若夫文王起化作人,媲美于天章。《大雅·棫朴》。宣王中兴,修已遥呼于云汉。《大雅·云汉》。睹小星而知命,抱衾者夕则谁当。《召南·小星》。见流火以御寒,授衣者秋则先备。《邠风·七月》。甘棠听讼,行露无多。《召南·行露》。苊黍兴歌,阴雨皆润。《曹风·下泉》。齐妃戒旦,月方出而心惊。《齐风·鸡鸣》。卫国知时,定方中而力作。《墉风·定之方中》。沐东山之雨,周公破敌,战士忘劳。《邠风·东山》。听南山之雷,召伯尊王,诸侯咸服。《召南·隐其雷》传。鹤闻天而诲主,《小雅·鹤鸣》。凤传天而求贤。《大雅·卷阿》。天本高高,《周颂·敬之》。天亦赫赫。《大雅·大明》。纵然无声无臭,莫可仪型。《大雅·文王》。究之不识不知,祗宜顺则。《大雅·皇矣》。商得天而元鸟降,《商颂·元鸟》。周得天而元龟呈。成王时元龟背书典,借用《鲁颂·泮水》字句。夫岂独燕,及群臣君道媿恩于湛露。《小雅·湛露》。鸟慙孝子,母仪比德于凯风也哉。《邶风·凯风》。无何蔓草,露沾美人思遇。《郑风·野有蔓草》序。束薪星出,粲者来迟。《唐风·绸缪》。白露降而人遥,水方安在?《秦风·蒹葭》。白云歌而后黜,天步何艰?《小雅·白华》。呼日月以伤怀。卫后虽贤,庄公不答。《邶风·日月》。望蝃蝀而莫指。子都虽美,灵公同讥。《墉风·北风》序。东风刺时,星犹负约;《陈风·东门之杨》序。北风刺虐,雪亦增威。《邶风·北风》序。月离毕而雨多,《小雅·斩斩之石》。星在罶而岁缺。《小雅·苕之华》。南箕北斗,东国困穷。《小雅·大东》。冬电春霜,夏时颠倒。《小雅·十月》《小雅·正月》。推之皇父专政,日有食而山崩。《小雅·十月之交》。甚至召忽无权,风其吹而蓁陨。《郑风·蓁兮》序。南山之昊天,不吊姻亚。琐琐民心,每惧于尔瞻。《小雅·节南山》。北山之溥天不均,士子偕偕,王事祇愁于我独。《小雅·北山》。兄弟来而欢无几。霰之集也,雪则随之。《小雅·頍弁》。夫妇别而会无期。雨其求乎,日乃出矣。《卫风·伯兮》。大车誓日,王政难行。《王风·大车》。小弁呼天,亲恩莫至。《小雅·小弁》。以此知天眷西顾开柞棫者,本由翼翼之小心。《大雅·大明》《皇矣》。天怒东迁悲黍离者,无怪悠悠之搔首也。《王风·黍离》。于戏可不鉴哉?

檃栝诗旨,撰为骈语,以类相从,衍为赋体。《天文类》拈出《诗经》中关涉天文气象的诗篇与语句,包括风云雨露、日月星辰、天命国运等,涉及《野有蔓草》《湛露》《苕之华》《大车》《大明》诸篇。诗旨绝大多数取用毛诗之序、传,以意义相互对照的对句形式,述列葩经诗篇中的史事,分门类聚。行文之中亦偶有逸出毛诗、杂用他书文史故实者,如"周得天而元龟呈"语下出注云:"成王时元龟背书典,借用《鲁颂·泮水》字句。"成王典故源出旧籍,《初学记》卷二十一引《尚书中候》说:"元龟负图出,周公援笔以时文写之。"后世引征皆作"负图"。"元龟负书"事出于黄帝或尧帝。《艺文类聚》卷一、《太平御览》七十一引《春秋演孔图》言"黄帝将兴""元龟负书而出,背甲赤文成字"。而《北堂书钞》卷一百五十八引《尚书中候》云尧帝时"元龟负书"。此处项氏可能误记。《鲁颂·泮水》:"憬彼淮夷,来献其琛。元龟象齿,大赂南金。"意谓淮夷臣服,贡献宝物,包括美玉、巨龟、象牙,还有南方出产的黄金。项氏因成王事典与《泮宫》诗皆有"元龟",故而加以牵连,以与《商颂》玄鸟生商事典相对应。类似例子,又如卷二《人伦门》"君类"有语云:"小戎兴而王畿锡,皈章下夺于强侯。《秦风·小戎》《终南》。无衣请而宝器贪,贿赂上行于天子。《唐风·无衣》。甚至黍离宫废,雅降伤心。《王风·黍离》。推之麦秀君昏,经亡不齿。《郑风》,《毛传》缺经文。"末句所指乃是《麦秀歌》,《史记·宋微子世家》载:"箕子朝周,过故殷墟,感宫室毁坏,生禾黍。箕子伤之,欲哭则不可,欲泣为其近妇人,乃作《麦秀之诗》以歌咏之。"《诗经摘艳》注语已经说明《毛诗》未收。

《诗经摘艳》全书行文大体如上,性质属于赋体类书。此种文体,可以溯源于题名汉代焦赣所撰的《焦氏易林》一书。《焦氏易林》袭用《周易》结构体例,六十四卦下分别配以四言韵语之占辞,多是敷衍《诗经》史事。如《睽》之《小过》占辞云:"采薇出车,鱼丽思初。上下促急,君子怀忧。"概况《小雅》之中《采薇》《出车》《鱼丽》三诗的内容,简明而显豁。钱钟书认为此书"主旨虽示吉凶,而亦借以刻意为文,流露所谓'造艺术意愿'","已越'经部韵言'之境而'涉于诗'域"①。《焦氏易林》取镕经史,另铸伟辞,采用汉代盛行的四言诗体式,别开生面,极便诵读。后人随波逐流,踵事增华,集大成者乃是宋代吴淑所撰《事类赋》三十卷。宋代更有专门以俪语对句形式类辑《春秋左传》所载内容的类事之赋,《宋史·艺文志》"春秋类"著录崔升《春秋分门属类赋》三卷,"别集类"著录崔升《鲁史分门属类赋》一卷,"类事类"著录毛友《左传类对赋》六卷,可惜这些著作后来全部散佚,没有流传下来。但是宋人徐晋卿所著《春秋经传类对赋》一卷,流传至于今日,其书集中叙写《左传》所载春秋人物,取材仅限于《左传》,如:

> 道人徇路襄十四,天子当阳文四。吴季札聘于上国襄二十九,楚平王好于边疆昭十四。晋一战而始霸僖二十七,纣百克而卒亡宣十二。重耳文而有礼僖二十三,印段乐而不荒襄二十七。

它的体例:骈俪对语,隐括概述,小字出注,与《诗经摘艳》如出一辙,前后承袭关系极为显明。毫无疑问,它是《诗经摘艳》的"近亲",直接启发了项珍卿的才思。

三百篇泽溉中国文学既久且深,后世诗文取材蒐经者不可胜计,或效其技法,或取其故实,《诗经摘艳》四卷则独出心裁,粘连诗语,櫽栝诗意,骈俪相对,

---

① 钱钟书:《钱钟书集:管锥编(二)》,北京:生活·读书·新知三联书店,2007年,第816、817页。

连缀成文,煌煌两万余言,令人叹服,正可为《诗经》影响我国文学添一新证与力证。

图一 《诗经摘艳》封面

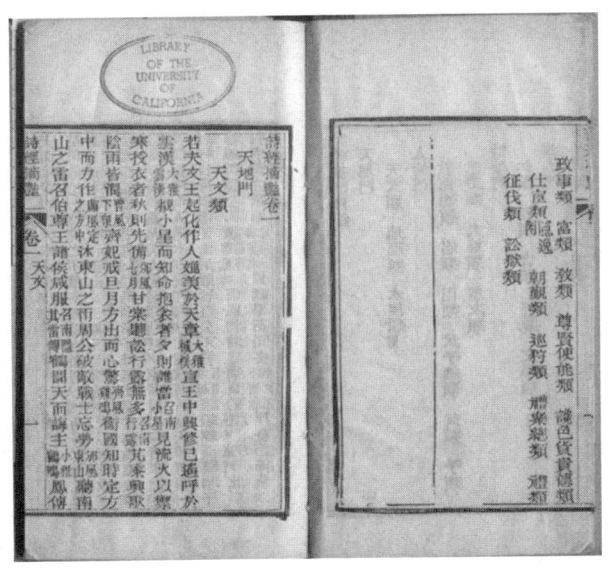

图二 《诗经摘艳》卷首卷端

宋朝会要考略

顾宏义

(华东师范大学古籍研究所,上海 200241)

摘　要:宋朝自仁宗初年诏修《会要》,此后屡有续修,成书多部。然因宋《会要》已佚,故近代以来的学者论述时有不确之处。本文乃据相关文献,以考辨宋朝各会要的纂修时间、成书经过等。

关键词:宋朝　会要　纂修

有宋一朝,自仁宗初诏修《会要》,此后屡加续修,成书多部。对宋朝《会要》的纂修情况,民国时汤中曾撰有《宋会要考略》[①],其结论大致为此后论者所引用。[②] 但限于当时史料等原因,如宋朝《会要》已佚,今日所传《宋会要辑稿》乃清人徐松等自《永乐大典》中辑出,缺失颇多,故而汤氏之相关论证尚有可商榷、补充处。因此,本文就有关文献,对宋朝各会要的纂修时间、成书经过等加以考辨,以求正于方家。

一、(庆历)国朝会要

章得象、王洙等撰。

郑樵《通志》卷六五《艺文略·会要》著录《国朝会要》一百五十卷,章得象等编。《宋史》卷二〇七《艺文志·类事类》著录章得象《国朝会要》一百五十卷,注:"宋初至庆历四年。"

李焘《续资治通鉴长编》卷一〇九载天圣八年七月丁巳,"诏修史官修《国朝会要》",注"庆历四年四月成书"。同上书卷一四八载庆历四年四月己酉,"监修国史章得象上新修《国朝会要》一百五十卷,以编修官王洙兼直龙图阁,赐三品服"。《麟台故事》卷二乃称"天圣末,《国史》(今按:指《三朝国史》)成,始于修史

---

① 汤中:《宋会要考略》,载氏著:《宋会要研究》卷一,上海:上海商务印书馆,1932年。
② 如王云海:《宋会要辑稿考校》,上海:上海古籍出版社,1986年。

院续纂《会要》"。而王应麟《玉海》卷五一《庆历国朝会要》记载稍详："天圣八年七月丁巳,诏史官修《国朝会要》。明道二年十二月癸巳,命参政宋绶看详修纂。康定元年四月己亥,命绶同提举编修。景祐四年六月甲申,命史馆检讨王洙编修。庆历四年四月己酉,修国史章得象上新修《国朝会要》一百五十卷。(原注:一本云编修官王洙纂建隆以来止庆历三年,凡八十五年。)以编修官王洙兼直龙图阁,赐三品服。(原注:制度沿革,小大毕录。)《会要》止修至庆历三年,后事莫述。"则本《会要》始纂于天圣八年(1030),明道二年(1033)由参知政事宋绶负责编纂,景祐四年(1037)王洙始参与编修,至庆历四年(1044)成书,由宰相章得象上进。因主要由王洙编修,故书成特命其兼直龙图阁,赐三品服。赵希弁《读书附志·类书类》也称本《会要》"起建隆,止庆历,凡八十五年"。自建隆元年(960)至庆历四年正八十五年,《玉海》所云"一本云"自"建隆以来止庆历三年,凡八十五年"者,其"三年"当为"四年"之误。王珪《华阳集》卷八《乞续修国朝会要札子》有云:"臣伏见《国朝会要》,凡朝廷检用故事,未尝不用此书,然上修至庆历四年,其后事迹,恐岁久不修,浸成沦坠。……欲乞选差官下史院,自庆历五年以后续修至熙宁三年。"《华阳集》卷四四《进国朝会要表》又云:"肆我仁祖爰命迩臣纂修本朝会要,肇自建隆以来,止庆历四年,成一百五十卷,副在秘阁。岁月寖深,后事莫述。"可证《宋大事记讲义》卷九《史馆》称"庆历五年十一月,《国朝会要》成"者,以及汤中《宋会要考略》称章氏所进《会要》内容"止于庆历三年"者,[①]皆不确。

林駉《古今源流至论》前集卷四《会要》载:"王洙《会要》总类十五,《帝系》三卷、《礼》三十六卷、《乐》四卷、《舆服》四卷、《学校》四卷、《运历》《瑞异》各一卷、《职官》三十三卷、《选举》十卷、《道释》四卷、《食货》十六卷、《刑法》八卷、《兵》九卷、《方域》八卷、《蕃夷》一卷。"总计一百四十二卷,与诸书所称一百五十卷不合。疑其中所云卷数中有误字,如《蕃夷》一卷,章如愚编《群书考索》续集卷十六《诸史门·国史》作"《蕃夷》三卷"。又《直斋书录解题》卷五《六朝国朝会要》称"始仁宗命纂修,自建隆至庆历四年,成八十五卷"。此所谓"八十五卷"者,也未能详其故。

又,晁公武《郡斋读书志》卷一四著录《三朝国朝会要》一百五十卷,云"皇朝章得象天圣中被诏以国朝故事、因革制度编次。宋绶、冯元、李淑、王举正、王洙同修,得象监总。庆历四年书成上之"。其"三朝",当是天圣末始编纂《会要》时,以太祖、太宗、真宗三朝为断,此后成书时,其内容已后延至庆历三年,然南宋初仍以"三朝"为名。如《长编》卷四载乾德元年八月庚子朔"诏以冬至有事于

---

① 汤中:《宋会要研究》卷一,第4页。

南郊"云云，注云："太祖乾德元年初郊，有司以冬至迫近晦日，请用十一月十六日甲子。按章得象所编《三朝会要》初不及此，而王珪等所编《五朝会要》始载近晦事。"可证。

章得象字希言，宝元元年（1033）拜相，庆历五年罢，《宋史》卷三一一有传。宋绶字公垂，明道二年十月拜参知政事，景祐四年罢，《宋史》卷二九一有传。王洙当继宋绶之后负责编纂者。冯元字道宗，累官翰林学士、翰林侍讲学士、礼部侍郎、判国子监等，《宋史》卷二九四有传。李淑字献臣，累官翰林学士、兼龙图阁学士等，"尝修《国朝会要》《三朝训鉴图》《阁门仪制》"等，《宋史》卷二九一有传。王举正字伯仲，庆历元年自翰林学士拜参知政事，庆历三年罢，《宋史》卷二六六有传。王洙字原叔，历国子监说书改直讲，校《史记》《汉书》，擢史馆检讨，累迁太常博士、同管勾国子监，"预修《崇文总目》成，迁尚书工部员外郎，修《国朝会要》，加直龙图阁"，《宋史》卷二九四有传。

二、会要详节

范师道撰。

赵希弁《读书附志·类书类》著录《会要详节》四十卷，云："御史知杂范师道所编也。《读书志》云《节会要》十二卷，希弁所藏乃四十卷，前有序云：'师道所节四十卷，先后详致，无异全本。绍兴小臣王容清谨题。'"《宋史·艺文志·类事类》著录范师道《垂拱元龟会要详节》四十卷。当即此书，然"垂拱元龟"之义未详。

范师道字贯之，苏州长洲人。进士及第。仁宗末，迁兵部员外郎兼侍御史知杂事，出知福州，以工部郎中入为三司盐铁副使，迁户部郎中、直龙图阁、知明州。卒。《宋史》卷三〇二有传。据《长编》卷一九一、卷一九三，范师道当于嘉祐五年（1060）上半年自知谏院改任侍御史知杂事，嘉祐六年四月出知福州。故推知本书约撰于其时。

三、节国朝会要

范师道撰。

《郡斋读书志》卷一四著录《节国朝会要》十二卷，云："皇朝范师道以章得象书繁多，节其要，以备检阅。"《宋史·艺文志·类事类》著录《国朝类要》十二卷。当即此书。

《玉海》卷五四《国朝类要》云："范师道撰《国朝类要》一十二卷，杂抄皇朝历代事实,分类为三百六十四门。"则知范师道自章得象所进《国朝会要》中节录本朝制度事实,重加分类"为三百六十四门","以备检阅",与上述《会要详节》非一书。

案:《崇文总目》卷三著录《国朝类要》十五卷,未载撰人名氏。似与本书非一书。

四、(元丰)六朝国朝会要

王珪等撰。

《通志·艺文略·会要》著录王珪等编《国朝会要》三百卷。《宋史·艺文志·类事类》著录《宋六朝会要》三百卷,"章得象编,王珪续"。《郡斋读书志》卷一四、《直斋书录解题》卷五著录《六朝国朝会要》三百卷。

此部《会要》始纂于神宗熙宁三年(1070)。《玉海》卷五一《庆历国朝会要》载:"熙宁三年九月十六日,翰林学士王珪请续修庆历四年以后,止熙宁三年。(原注:时编修院修国史,诏于崇文院修纂。仍诏增修至十年,凡三十四年。)珪以旧书尚有遗事,所载颇多吏文,因略加增损。凡十二年乃成。(原注:一本云熙宁十年十二月戊子,命李德刍、陈知彦修《会要》,于崇文院置局。先是命王存、林希。)元丰四年九月己亥,宰臣王珪上之。续庆历四年,止熙宁十年,通旧增损,成三百卷。总二十一类,别为八百五十五门。文简事详,纪载有法,后莫能及。(原注:编修李德刍、陈知彦迁秩。一本云元丰四年八月二十五日进呈于延和殿。)二十一类:《帝系》《后妃》《礼》(原注:分为五)、《乐》《舆服》《仪制》《崇儒》《运历》《瑞异》《职官》《选举》《道释》《食货》《刑法》《兵》《方域》《蕃夷》。"据《古今源流至论》前集卷四《会要》称,与王洙《会要》相比较,"王珪《会要》凡二十一类,如《后妃》,王洙入在《帝系》中,王珪自为一类"。章如愚编《群书考索》续集卷十六《诸史门·国史》亦称"如《后妃》,王洙入在《帝系》中,王(洙)[珪]自为一类,别而分之,前略而后详"。即王珪《会要》自王洙《会要》之《帝系》中析出《后妃》一类,将《礼》细分为五(即吉、嘉、宾、军、凶五礼),并增《仪制》,故有二十一类;此外《学校》改名《崇儒》。

王珪《会要》乃续章得象《会要》而作。王珪《华阳集》卷八《乞续修国朝会要札子》云:"臣伏见《国朝会要》,凡朝廷检用故事,未尝不用此书,然上修至庆历四年,其后事迹恐岁久不修,寖成沦坠。又当时亟欲成书,及欲广其部帙,故其间尚有遗事,而所载颇多吏文,恐不足行远。欲乞选差官下史院,自庆历五年以后续修至熙宁三年,其旧书因而略行增损,庶成一代之典。"即其初意是"庆历五年以后续修至熙宁三年"以上接章得象《会要》,并"其旧书因而略行增损"而成一书。然其后纂修中,时限有所扩展,即上起庆历四年,下止熙宁十年,于元丰四年(1081)九月成书上进。历时十二年。故王珪《华阳集》卷四四《进国朝会要表》有云仁宗时纂修之《会要》,"肇自建隆以来,止庆历四年",然因"岁月寖深,后事莫述。皇帝陛下天纵神发,惟所规画,靡不丕就。间者躬下明诏,嗣恢前志,命官以次添修,十有二年,始克成书。续以庆历四年,止熙宁十年,通旧增损成三百卷,总二十一类、八百五十四门。其间礼乐政令之大纲,仪物事为之细目,上自帝后,以底臣庶,内之朝廷,施于蛮夷,有关讨论,顾无不载。其文至简,其事至详,助溟渤以会百川,仰高明而包万象,稽参尽在,推而易行,岂止便遗训故实之求,抑亦信迭矩重规之盛"。故《郡斋读书志》卷一四亦称誉此书"文简事祥,一代之典备矣"。

由于此书纂修之初,记事止熙宁三年,故其合章得象《会要》而被称作《五朝会要》。如《长编》《古今源流至论》《古今合璧事类备要》《群书考索》等所引皆称《五朝会要》。

王珪字禹玉,熙宁初以翰林学士承旨编修,成书时以宰相领衔上进,《宋史》卷三一二有传。其他纂修者有宋敏求、王存、林希、李德刍、陈知彦等。《长编》卷一六一熙宁八年三月己未载,"史馆修撰宋敏求言奉诏续修《国朝会要》,乞差著作佐郎馆阁校勘林希、光禄寺丞李德刍为编修官。诏以希充检阅文字,德刍有赃罪,令刑部定是与不是入己赃以闻,其后刑部言德刍所犯系入己赃,不复差"。然《长编》卷二八六熙宁十年十二月戊子称"编修院言奉诏编修官王存、林希编修《会要》,存等日讨论国史,难以专修,乞差光禄寺丞李德刍、试校书郎陈知彦修《会要》。从之,仍于崇文院置局";又卷三一六元丰四年九月己亥载宰臣王珪上《国朝会要》三百卷,"于是编修官宣德郎李德刍迁一官、知甘泉县陈知彦循两资,管勾内臣刘惟简、李友询、冯仲礼各赐银绢"。则李德刍仍参与纂修《会要》。

宋敏求字次道,时为除史馆修撰、集贤院学士,著书甚多,《宋史》卷二九一有传。王存字正仲,神宗初历官秘书省著作佐郎、馆阁校勘、集贤校理、史馆检讨等,元祐中拜尚书右丞,迁左丞,《宋史》卷三四一有传。林希字子中,历任馆阁校勘、集贤校理、同知太常礼院,绍圣中擢同知枢密院,《宋史》卷三四三有传。李德刍,翰林学士李淑子,《宋史》无传。陈知彦,《宋史》无传,《长编》卷二一八载熙宁三年十二月丁卯,"赐布衣陈知彦进士出身,试衔知县。……知彦以枢密副使吴充、翰林学士承旨王珪荐其辞学,……并试于舍人院中等也"。

又,《建炎以来系年要录》卷八六载绍兴五年闰二月辛酉,保义郎唐开特换右迪功郎,因"开献《国朝会要》三百卷,诏进一官,自言本诸生,故有是命"。即指王珪等所纂修之《会要》。

五、政和重修国朝会要

蔡攸等撰。

《直斋书录解题》卷五著录《政和重修国朝会要》一百十卷，云："先是王禹玉监修，自建隆至熙宁，凡三百卷。崇宁中重修，仅成《吉礼》百十卷，政和进呈。余四类，编治垂成，宣和庚子罢局，遂成散漫。绍兴间，少蓬程俱申请就知桂州许中家借抄之。许中尝与崇宁修书，故存此本，得以备中禁之采录。今重修本题淮康军节度使充礼制局详议官蔡攸等奉敕重修。"对此，赵希弁《读书附志·类书类》所载较详："徽宗诏王觌、曾肇续编元丰至元符，寻又诏起治平四年，止崇宁五年，凡四十二年，然二书皆弗克成。政和末，有司独上《吉礼》三类，总一百五十卷。盖通章得象、王珪所编者，益以熙宁后事也。"《宋史·艺文志·类事类》著录蔡攸《政和会要》一百十卷。《遂初堂书目·类书类》称《政和续修会要》。然据相关史料，知陈振孙、赵希弁所云皆有舛误。

《宋史·徽宗纪一》载元符三年（1100）十二月"甲辰，诏修《国朝会要》"。《玉海》卷五一《庆历国朝会要》称："元符三年十二月甲辰，徽宗诏秘省修，（原注：诏即秘书省置局。）命王觌、曾肇续编元丰至元符，又诏起治平四年、止崇宁五年，凡四十年。二书皆弗克成。政和八年十二月丁未，有司独上《帝系》《后妃》《吉礼》三类，凡一百一十一卷。（原注：并目录。）其书通章得象、王珪所编，稍益以熙宁后事。（原注：累朝已成之书，通加删改。）"①《古今源流至论》前集卷四《会要》引《职源》载南宋乾道中汪大猷等言："蔡攸所修《会要》，除将熙宁十年以前章得象、王珪所修重加删改外，其自元丰至政和，止得《帝系》《后妃》《吉礼》三门。攸所修《吉礼》，缘当时议论好恶不同，妄有删改，以迎时好"。《记纂渊海》卷二九《修会要官》、《群书考索》后集卷十一《会要所》、《古今合璧事类备要》后集卷四三《会要所》等所载大体同《古今源流至论》，则知《直斋书录解题》所云当时"仅成《吉礼》百十卷"、"余四类，编治垂成"，《读书附志》所云"政和末，有司独上《吉礼》三类，总一百五十卷"者皆不确。故岳珂《桯史》卷五《赵良嗣随军诗》引《续通鉴长编》云"重和元年十二月丁未推修《国朝会要》《帝系》《后妃》《吉礼》三类赏，良嗣实窜名参详，与转一秩焉"，可证。

洪迈《容斋随笔》卷十三《国朝会要》云："《国朝会要》自元丰三百卷之后，至崇宁、政和间复置局修纂。宣和初，王黼秉政，罢修书五十八所。时《会要》已进

---

① 汤中《宋会要考略》"案"云："政和无八年，《玉海》疑误。"按：政和八年十一月己酉朔改元重和，《玉海》所载乃是年十二月事，当云"重和元年"。然汤中称"政和八年"者亦不确。

一百十卷,余四百卷亦成,但局中欲节次觊赏,故未及上。既有是命,局官以谓若朝廷许立限了毕,不过三两月,可以投进。而黼务悉矫蔡京所为,故一切罢之。官吏既散,文书皆为弃物矣。建炎三年,外舅张渊道为太常博士,时礼寺典籍散佚亡几,而京师未陷,公为宰相言宜遣官往访故府,取见存图籍,悉辇而来,以备掌故。此若缓而甚急者也。宰相不能用。其后逆豫窃据,鞠为煨烬。吁!可惜哉。"然蔡攸所上《政和会要》,南宋时幸传于世。据《玉海》卷五一《乾道续四朝会要》载:"绍兴三年四月,静江守臣许中上《政和重修会要》一百十卷。"

《政和会要》始纂于元符三年末,时徽宗初即位,命王觌、曾肇编修以续王珪《会要》,起元丰初,止元符末。因未久王觌、曾肇先后贬官出京,故未能成书。《宋史·蔡攸传》称蔡攸字居安,蔡京长子,于崇宁三年(1104)"自鸿胪丞赐进士出身,除秘书郎,以直秘阁、集贤殿修撰编修《国朝会要》",①徽宗"诏起治平四年、止崇宁五年",故推知蔡攸提举编纂《会要》当在大观初年。至政和末,《会要》初稿已成五百余卷,但编修官为多得赏赐,故欲分批上进,遂于政和八年(1118)上进《帝系》《后妃》《吉礼》三类,凡一百十卷,并目录一卷。其书内容"通章得象、王珪所编"二书而"通加删改","稍益以熙宁后事",即上起宋初,止政和年间。此后宣和二年(1120)六月,蔡京罢相;十一月,王黼拜左相,独掌朝政,以"矫蔡京所为"为名,罢编修会要所,"官吏既散,文书皆为弃物矣"。南宋初,伪齐刘豫占开封,于是此"文书""鞠为煨烬"而无余,而当时曾上进之《帝系》《后妃》《吉礼》三类一百十卷,幸传于南宋。

六、(乾道)续会要

虞允文等撰。

《直斋书录解题》卷五著录《续会要》三百卷,云"监修仙井虞允文并甫等上。自绍兴十年编修,起元丰元年,迄靖康之末。乾道六年书成"。《宋史·艺文志·类事类》著录虞允文等撰《续会要》三百卷。《遂初堂书目·类书类》作《四朝会要》。

《玉海》卷五一《乾道续四朝会要》载:"绍兴三年四月,静江守臣许中上《政和重修会要》一百十卷。九年,诏馆职续编。三十一年正月庚寅,上曰:'会要乃祖宗故事之统辖,不可缺,宜自元丰后续为之,旧书分门有法,不必改。'壬寅,命馆职自元丰元年以后编次。乾道五年四月戊子,秘书少监汪大猷言蔡攸所修自

---

① 按:陈智超:《解开〈宋会要〉之谜》(北京:社会科学文献出版社,1995年,第65页)以为"崇宁三年,又命蔡攸"编纂《会要》,其说似不确。崇宁三年乃蔡攸赐进士之年,非其编修《会要》之始。

元丰至政和《吉礼》妄有删改,欲再删定,以《续会要》为名。从之。六年五月己未,宰臣虞允文上之,断自神宗之初,讫于靖康之末,凡六十年,总二百卷,分二十一类、六百六十六门。"即绍兴九年(1139)南北形势稍缓,故高宗命馆职在许中所献《政和重修会要》基础上续修新《会要》。然《建炎以来系年要录》卷一五〇载绍兴十三年十月"庚寅,秘书丞兼国史院编修官严抑转对,言《国朝会要》,仁宗时自建隆修至庆历,神宗时自庆历修至熙宁,而后来尚未编集,事无所考,望命儒臣续而为书"。《续宋编年资治通鉴》卷五亦称绍兴十三年"冬十月续《国朝会要》"。又《中兴小纪》卷三九绍兴三十年二月载:"先是编《国朝会要》,久未就绪,戊寅,殿中侍御史汪澈乞纂元丰以后,仍付之秘书省官。诏礼部秘书省条具取旨。"则绍兴九年天子"诏馆职续编",并未有落实,故至此汪澈上奏请续修《会要》,高宗遂于次年正月"命馆职自元丰元年以后编次"。据《文献通考》卷二〇一《经籍考二十八》引"巽岩李氏序",虽绍兴三十一年高宗"又降趣旨。然阙简破牍,掇落匪易。皇帝陛下(孝宗)纂修洪绪,敷时绎思,更命宰相提举,阅再岁乃克成书。断自神宗之初,迄于靖康之末,凡六十年。总三百卷,分二十一类,六百六十六门。……六十年间,业广事详,方策所记,视前倍蓰。今兹缀集于零落散亡之余,十仅得其六七,诚不足允符神旨。然科条粗举,部类各分,礼、乐、兵、财之大原,儒术、刑法之要指,取贤敛才之品式,设官分职之制度,九州之别合,四夷之服叛,概见于斯。凡厥讨论,尚或有取"。其"更命宰相提举"云云,即如《古今源流至论》前集卷四《会要》所载:"乾道四年,诏尚书左仆射陈俊卿兼提举编修《国朝会要》。五年,秘书少监汪大猷等言:蔡攸所修《国朝会要》,除将熙宁十年以前章得象、王珪所修重加删改外,其自元丰至政和,止得《帝系》《后妃》《吉礼》三门。攸所修《吉礼》,缘当时议论好恶不同,妄有删改,以迎时好。乞令本省再加删定,兼今来续修断自神宗,其《五朝会要》内有熙宁十年内事,亦合重行编入,以《续修国朝会要》为名。从之。"于乾道六年(1170)编成上进。

因其内容上起神宗即位之治平四年,历哲、徽而止于钦宗靖康末,故亦称《四朝会要》。

七、(乾道)中兴会要

梁克家等撰。

《直斋书录解题》卷五著录《中兴会要》二百卷,云"监修晋江梁克家叔子等上"。《宋史·艺文志·类事类》著录梁克家等撰《中兴会要》二百卷。《遂初堂书目·类书类》著录《中兴会要》。

《群书考索》卷十七《国史类》载:"梁克家等撰《中兴会要》。先是国家《会要》已修至靖康二年闰五月一日,承诏自建炎元年续修至乾道。九年,陈骙等言编类建炎以后会要至绍兴三十二年六月十一日,成书请以《中兴会要》名之。"又《记纂渊海》卷二九《修会要官》引《孝宗会要》称:"(乾道)六年,中书门下省言《国朝会要》已修至靖康,诏令自建炎元年接续至乾道五年。九年秘书少监陈骙言编类建炎以后会要至绍兴三十二年六月十一日,成书以《中兴会要》为名。从之。"《玉海》卷五一《乾道中兴会要》云:"乾道九年七月,自建炎初元续修成书二百卷。八月丙申,右相梁克家等上之,进呈于垂拱殿。九月,秘书少监陈骙请名曰《中兴会要》。"即乾道六年既进《续会要》后,孝宗命续修《会要》至乾道五年。乾道九年七月,编修官称已修成高宗一朝《会要》二百卷,遂于八月上进。九月,"秘书少监陈骙请名曰《中兴会要》"。则知《直斋书录解题》卷五称《中兴会要》于乾道九年"九月成书",不确。

八、(淳熙)孝宗皇帝会要

赵雄等撰。

《宋史·孝宗纪三》载淳熙六年(1179)七月戊辰,"赵雄等上《会要》"。《建炎以来系年要录》《宋会要辑稿》中所引《乾道会要》即是。其初以《今上皇帝会要》为名。

《南宋馆阁续录》卷四《修纂》载:淳熙六年七月,秘书省上《孝宗皇帝会要》一百五十八卷,"先是乾道九年九月,诏自绍兴三十二年六月以后编修,淳熙五年六月复诏修至乾道九年,限以一年成书。至是,秘书少监施师点等言:'会要为书,载礼乐政令之大纲,仪物事为之凡目,以备讨论,与国史、日历不许进呈事体不同,合依典故,修写进呈。'从之。诏以《今上皇帝会要》为名,体例视《中兴圣统》。师点又言:'昨进《太上皇帝会要》,曾恭进德寿宫。今来合行恭进。'又言:'进册合缮写三本,其一本俟进呈毕,合于秘阁安奉;一本恭进德寿宫;一本留中,以备乙览。'并从之"。

据《万姓统谱》卷二,高昙字子云,福州长溪人。绍兴末举进士,孝宗朝为太学博士,迁秘书省著作郎兼皇孙平阳府教授,"尝修《乾道会要》,转朝散郎。有《易说》并诗文二十卷"。

九、(淳熙)续孝宗皇帝会要

王淮、沈揆等撰。

《宋史·孝宗纪三》载淳熙十三年(1186)十一月月甲子,宰相"王淮等上《仁宗英宗玉牒》《神宗哲宗徽宗钦宗四朝国史列传》《皇帝会要》"。

《南宋馆阁续录》卷四《修纂》载：淳熙十三年(1186)十一月，秘书省上《续孝宗皇帝会要》一百三十卷，"先是淳熙六年八月，诏自淳熙元年正月接续编修。十三年十月，秘书监兼太子左谕德兼国史院编修官沈揆等札子：'照会本省昨恭奉圣旨指挥，接续编修《今上皇帝会要》。今自淳熙元年正月至淳熙十年十二月修纂已成。伏睹淳熙十二年七月十一日国史院奏请，乞将本院所修列传，俟《玉牒》《会要》奏书日同时上进，奉圣旨依。今来史院所修列传已成书，见乞择日投进，伏望朝廷特赐敷奏，将本省所修十年《会要》依已降指挥同时进呈。'从之"。

十、（绍熙）孝宗皇帝会要

沈揆等撰。

《宋史·光宗纪》载绍熙三年(1192)十二月癸卯，"帝（光宗）率群臣上《寿皇圣帝玉牒》《圣政》《会要》于重华宫"。

《南宋馆阁续录》卷四《修纂》载：绍熙三年十二月四日，秘书省上《孝宗皇帝会要》八十卷，"先是淳熙十三年十二月，本省申自淳熙元年正月修至十年十二月终，已于今年十一月内进呈了毕，所有以后年分乞接续修纂。从之。绍熙三年四月，本省申《今上皇帝会要》再自淳熙十一年正月修至十六年二月禅位成书，乞行进呈。诏见修书以《至尊寿皇圣帝会要》为名，仍与《圣政》同日进呈，其仪注并依前进《会要》推恩，比淳熙十三年之例减半"。按：《宋会要辑稿·食货·户口杂录》所引《淳熙会要》当即此书。

十一、（庆元）光宗会要

京镗等撰。

《宋史·艺文志·类事类》著录《光宗会要》一百卷，"秘书省进"。《南宋馆阁续录》卷三《储藏》载《光宗皇帝会要》一百册。

《宋史·宁宗纪一》载庆元六年(1200)二月己卯，宁宗"率群臣奉上《圣安寿仁太上皇玉牒》《圣政》《日历》《会要》于寿康宫"。《南宋馆阁续录》卷四《修纂》载：庆元六年二月二十二日，秘书省上《光宗皇帝会要》一百卷，"先是庆元二年八月，本省申恭奉圣旨指挥编修《太上皇帝会要》，起自淳熙十六年二月登极，至绍熙五年七月禅位。修纂将欲就绪，伏睹国史日历所见修《太上皇帝日历》已得旨令来春投进，所有见修《太上皇帝会要》乞与《日历》同日进呈诏。从之，仍以《圣安寿仁太上皇帝会要》为名"。《玉海》卷五一《庆元光宗会要》云："庆元六年二月戊寅(二十二日),上《太上会要(光宗)》一百卷,京镗等上。自淳熙己酉二月,迄绍熙甲寅七月,总二十三类、三百六十四门。"

十二、(嘉泰)孝宗会要

杨济、钟必万等撰。

《宋史·艺文志·类事类》著录《孝宗会要》二百卷,"杨济、钟必万总修"。《南宋馆阁续录》卷三《储藏》云《孝宗皇帝会要》三百六十八册,又《总会要》二百册。按:此《孝宗皇帝会要》指上述淳熙、绍熙间所修之三部《孝宗会要》,其《总会要》即为嘉泰间所修之《孝宗会要》。

《南宋馆阁续录》卷四《修纂》载:嘉泰元年(1201)七月十一日,"奉安总修《孝宗皇帝会要》二百卷于秘阁"。又云:"先是庆元六年闰二月,秘书丞邵文炳等言本省昨来进呈《寿皇圣帝会要》,先于淳熙六年七月进一百五十八卷,起自嗣位,至乾道九年;淳熙十三年十一月进一百三十卷,起自淳熙元年,至十年;绍熙三年十二月进八十卷,起自淳熙十一年,至十六年。三书计三百六十八卷。事虽备载,而首尾未曾贯穿,至遇检寻典故,前后纷错,殊失会要之义。乞差省官一二员专一兼总,统为一书,内有可并可删者,从长修润,庶使一朝大典得以成书。仍乞以《孝宗皇帝会要》为名。诏从之,差秘书郎杨济、钟必万限两月了毕。至是书成,乞依逐次已进累朝会要体例,卷首书写提举官阶衔及撰述序文,下太史局择日就用本省官安奉于秘阁。从之。"又《玉海》卷五一《淳熙会要》云:"初,淳熙六年七月甲戌(原注:十八日。)进一百五十八卷,十三年十一月二十一日进一百三十卷,绍熙三年十二月壬寅进八十卷,计三百六十八卷。事虽备载,而首尾前后纷错。庆元六年闰二月二十五日,秘丞邵文炳言:《孝宗会要》三书,统纪未壹,愿汇次为全书。制曰可。越明年,嘉泰元年七月十一日书成上之,凡二百卷。(原注:藏于秘阁。)盖比而同之者六百九十有二条,删而正者二千八十有七条,润色初绪,凡三千八百十八条。别门析类传合者九,芟烦者四,增多四十有六。事详文省,纪纲制度,粲然有章。序曰:孝宗宪章前烈,乂我受民,骖帝驰王,跨越周汉。品式备具,规摹宏远,诒谋垂范,将亿万年。天叙有典,以正罔缺,熙朝简册,炜烨相望。继今立政立事,其一以孝宗为准。"

杨济,据《南宋馆阁续录》卷八,字济道,崇庆府晋源人。淳熙五年姚颖榜进士及第。庆元五年六月除秘书郎,六年八月为著作佐郎,嘉泰元年十一月除著作郎,是月知果州。钟必万,据《南宋馆阁续录》卷七、卷八,字君禄,岳州巴陵人。淳熙五年姚颖榜进士出身。庆元五年七月除秘书郎,六年九月除秘书丞,嘉泰元年十月知嘉兴府。

十三、(嘉泰)宁宗会要

陈自强等撰。

《宋史·宁宗纪二》载嘉泰三年八月"丙辰，陈自强等上《皇帝会要》"。按：陈自强时为右丞相。《南宋馆阁续录》卷四《修纂》载：嘉泰三年(1203)八月二十一日，"秘书省上《皇帝会要》一百一十五卷"，云："起自绍熙五年七月登极，至嘉泰元年十二月。先是嘉泰二年九月，秘书监曾晔等言：伏见淳熙六年三月《日历》成书，奏闻篇帙。秘书少监施师点等乞将《会要》依典故修写，相继进呈。有旨令进呈。今来《今上皇帝日历》已准指挥限一季成书，所有《会要》亦合遵从典故接续进呈。欲乞朝廷特赐敷奏依日历所例，日下立限修纂成书。诏从之，仍限一季。至是书成进呈。其仪注推恩并如进呈《光宗皇帝会要》之例。"《玉海》卷五一《嘉泰宁宗会要》云："嘉泰三年八月二十一日进《今上(宁宗)会要》一百十五卷。嘉定六年闰九月二十七日进一百卷。七年五月十六日诏二年一具草缴进。十四年五月壬辰(九日)进改正《会要》一百十五卷及续修一百一十卷。"

按：《南宋馆阁续录》卷四《修纂》载嘉定十四年五月九日，秘书省"并上改正宁宗皇帝绍熙甲寅登极以后七年《会要》一百一十五卷"，即《玉海》所言"改正《会要》"。乃因嘉泰间编纂《宁宗会要》时，实韩侂胄当国，故而此后"嘉定更化"时，遂更改韩侂胄当国期间所纂定史籍。如真德秀《西山文集》卷二《己巳四月上殿奏札二》所云："臣侧闻嘉定元年二月，议臣有请，命史官取绍熙五年以后至开禧三年以前史院文字，并《日历》、《时政记》，凡涉诬罔，悉行改正。陛下既俞之矣，历时寖久，必已成书。臣愿特降睿旨，命国史实录院具所修事节上之朝廷，看详允当，即颁下玉牒会要所参照重行修纂，上以光圣朝揖逊之美，下以杜奸党窥觊之渐，天下幸甚。"此外，真德秀《己巳四月上殿奏札二》又言："臣伏观《皇帝会要》自绍熙末至嘉泰初，财八年耳，而为卷已百五十(今按：'百五十'疑为'百十五'之讹)，迨欲广其部帙之过。观(王)珪所修《会要》，臣僚论奏，止撮其要。今或全篇纪录，一字靡遗，至于文移行遣，语涉俚近者，亦或未遑删润。"此当亦是嘉泰《会要》需作"改正"之原因之一。

十四、(嘉定)总类国朝会要

张从祖撰。

《读书附志·类书类》著录《总类国朝会要》五百八十八卷，云："《总类国朝会要》，由建隆而至乾道也。始仁宗命章得象编起建隆止庆历为一百五十卷，神宗又命王珪续编庆历四年以后至熙宁末，凡三十四年，通前为三百卷。徽宗诏王觌、曾肇续编元丰至元符，寻又诏起治平四年止崇宁五年，凡四十二年，然二书皆弗克成。政和末，有司独上《吉礼》三类，总一百五十卷，盖通章得象、王珪所编者，益以熙宁后事也。绍兴九年，诏馆职续编。至三十一年，又降趣旨。孝宗命宰相提举，阅再岁乃成。自神宗之初至于靖康之末，凡六十年，总三百卷。厥后中兴，乾道踵而成之。此集则合十一庙为一书也，然中多节略而始末不全者。"又《南宋馆阁续录》卷四《修纂》载："嘉定三年六月十六日，秘书省誊写张从祖纂辑《国朝会要》五百八十八卷、目录二卷投进。"又云："先是嘉定元年三月，尚书省札子备张幼公札子：'切念先父将作少监从祖，尝摭《国朝会要》纂辑成书，上自国初，至于孝庙，凡五百八十八卷。望朝廷特赐敷奏，付秘书省缮写上进。'奉圣旨令秘书省取索誊写进呈。至是书写装褫毕备，得旨就令会要所承受官传，进其副本藏于史库。"《玉海》卷五一《嘉定国朝会要》亦云："淳熙七年十月九日，秘书少监汝愚言《国朝会要》《续会要》《中兴会要》《今上会要》分为四书，去取不同，详略各异，请合而为一，俾辞简事备，势顺文贯。从之。"所谓《今上会要》，即淳熙六年赵雄等所上之《孝宗皇帝会要》。《玉海》卷五一《嘉定国朝会要》又云："将作少监张从祖类辑《会要》，自国初至孝庙为一书，凡二百二十三册、五百八十八卷，嘉定元年四月十六日诏秘省写进，三年六月十六日上之。"《宋史·艺文志·类事类》著录张从祖纂辑《国朝会要》五百八十八卷。

至南宋中期，随各朝《会要》先后编成，出现如赵汝愚所言诸《会要》"去取不同，详略各异"之情况，故有将诸书"合而为一，俾辞简事备，势顺文贯"之要求，然孝宗虽"从之"，然并未有落实。于是张从祖以个人之力类辑诸《国朝会要》为一书。

张从祖，据《南宋馆阁续录》卷八、卷九，嘉泰四年（1204）二月除秘书省正字，八月除校书郎；开禧元年（1205）七月除秘书郎，九月为著作佐郎，十月为著作郎；三年十月以将作少监兼国史院编修官、兼实录院检讨官。《南宋馆阁续录》卷四《修纂》称秘书省于嘉定元年（1208）三月上其子张幼公札子言"先父将作少监从祖"云云，故推知张从祖当卒于开禧三年末、嘉定元年初，官至将作少监。张从祖卒后，因其子上请，故宁宗"令秘书省取索誊写进呈"，于三年六月十六日钞成进入。

然《直斋书录解题》卷五著录《国朝会要总类》五百八十八卷，云"李心传所编，合三书为一。刻于蜀中，其板今在国子监"。此《国朝会要总类》五百八十八卷与张从祖之书关系如何。汤中以为《国朝会要总类》即《总类国朝会要》，亦即

《宋史》卷四三八《李心传传》所称之《十三朝会要》。① 而王云海先生认为张从祖、李心传所著非一书，《国朝会要总类》"起建隆元年（960）至乾道九年（1173），张从祖类辑"，而《十三朝会要》（一作《国朝会要总类》）"起建隆元年（960）至嘉定十七年（1224），李心传续修"，且《十三朝会要》一作《经进总类国朝会要》。② 陈智超先生亦认为张从祖、李心传所著非一书，张从祖《国朝会要》记事"自国初至孝庙"，应指止于孝宗淳熙十六年（1189）二月"退位"，而《十三朝会要》（《国朝会要总类》）记事止于宁宗嘉定十七年，且"修《十三朝会要》时，李心传在成都，辟官置局，于端平三年（1236）成书"，《直斋书录解题》卷五、《文献通考》卷二〇一"著录此书，作《国朝会要总类》五百八十八卷。卷数与张从祖《国朝会要》相同"。③ 然《直斋书录解题》明言李心传所编乃"合三书为一"。所谓"三书"谓何？在《直斋书录解题》著录《国朝会要总类》之前，著录有王珪《六朝国朝会要》、蔡攸《政和重修国朝会要》、虞允文《续会要》和梁克家《中兴会要》四书。因王珪《会要》起建隆元年止熙宁十年，《续会要》起治平四年至靖康二年，《中兴会要》起建炎元年至绍兴三十二年，前后相续，而《政和重修国朝会要》仅《帝系》《后妃》《吉礼》三类，且内容大体为《续会要》所包涵，故依据《直斋书录解题》之纂修体例，此"合三书为一"之三书，当指王珪《会要》《续会要》和《中兴会要》，故以为《国朝会要总类》记事止于宁宗嘉定十七年之说法，显然不确。

因张从祖"类辑"《国朝会要》之史料仅见上文所引，故以下即来讨论李心传续修《国朝会要》之情况。按：《宋季三朝政要》卷一载端平元年"诏李心传修《国朝会要》"。《宋史·李心传传》称"添差通判成都府，寻迁著作佐郎兼四川制置司参议官，诏无入议幕，许辟官置局，踵修《十三朝会要》，端平三年成书，召赴阙"。《宋史全文》卷三二载端平元年三月"丁未，诏以李心传为著作佐郎兼四川制置司参议官，修《国朝会要》，令成都府给笔札之费"。又《宋史》卷四〇九《高斯得传》载高斯得"绍定二年举进士，授利路观察推官，越二年，辟差四川茶马干办公事。李心传以著作佐郎领史事，即成都修《国朝会要》，辟为检阅文字"，时在端平二年九月以前。《宋史》卷四一一《牟子才传》云牟子才"辟总领四川财赋所干办公事。诏李心传即成都修《四朝会要》，辟兼检阅文字"。此前李心传参与编纂《中兴四朝国史》，故此所谓《四朝会要》，当指高、孝、光、宁四朝《会要》。

然则此《四朝会要》与《十三朝会要》关系如何，史无明文。据《直斋书录解题》称李心传所编《国朝会要总类》"刻于蜀中，其板今在国子监"，而《宋史全文》

---

① 汤中：《宋会要研究》卷一《宋会要考略》，第15—16页。
② 王云海：《宋会要辑稿考校》，第4、138页。
③ 陈智超：《解开〈宋会要〉之谜》，第68、69页。

卷三六又载景定四年(1263)七月"乙酉,诏秘书省自淳熙至嘉定《国朝会要》《皇朝长编》刊梓颁行"。此《皇朝长编》当即李焘《续资治通鉴长编》,而此"自淳熙至嘉定《国朝会要》"又是何书？史也无其他记载,然结合上引诸书,可推知张从祖《总类国朝会要》虽"合十一庙为一书也,然中多节略而始末不全者",故李心传受命于成都编修《四朝会要》时,曾对张从祖《会要》加以修订、删补,并"刻于蜀中"。端平三年"成书",而李心传被"召赴阙",其书稿及"其板"大概随之被携带至临安,"其版"遂藏于国子监内。此即《直斋书录解题》所载录之李心传《国朝会要总类》,故其卷数同于张从祖《会要》。而景定四年遂命秘书省刊行之"自淳熙至嘉定《国朝会要》",当为李心传"踵修"之作,因《国朝会要总类》已有刻板,故景定四年所刊印者当为"自淳熙至嘉定《国朝会要》"。由此推定张从祖《会要》记事当止于乾道末,而非孝宗退位之淳熙十六年二月。而《国朝会要总类》加上"自淳熙至嘉定《国朝会要》",正为十三朝,故《宋史·李心传传》有李心传"踵修《十三朝会要》"之说。然"自淳熙至嘉定《国朝会要》"之卷数,史无记载。

十五、(嘉定)宁宗皇帝会要

史弥远等撰。

《宋史·宁宗纪三》载嘉定六年(1213)闰九月"甲午,史弥远等上《三祖下七世仙源类谱》《高宗宝训》《皇帝玉牒》《会要》"。按:时史弥远官右丞相。《南宋馆阁续录》卷四《修纂》载:嘉定六年闰九月二十七日,秘书省上《宁宗皇帝会要》一百卷,"先是秘书监陈武等言:'秘书省所修《会要》,实为朝廷巨典,前此率数年一次进呈,庶几不至岁久遗逸。今自嘉泰二年正月纂修,至嘉定四年十二月,终首尾已经十年,委是岁久。恭闻《玉牒》《宝训》次第进呈,本省欲将所修《会要》与二书同时并进,不惟可省礼文浮费,而国家巨典不至淹延遗逸,所系非小。'诏从之"。又周南《山房集》卷二《同陈正字傅校书王秘监乞进会要札子(原题注:十二月丞相过局面纳)》,所述为同一事。

十六、(嘉定续)宁宗皇帝会要

史弥远等撰。

《宋史·宁宗纪四》载嘉定十四年(1221)五月"壬辰,史弥远等上《孝宗宝训》《皇帝会要》"。《玉海》卷五一《嘉泰宁宗会要》载嘉定"十四年五月壬辰(九日),进改正《会要》一百十五卷及续修一百一十卷"。《南宋馆阁续录》卷四《修纂》载：嘉定十四年五月九日，"秘书省上《宁宗皇帝会要》一百一十卷，并上改正宁宗皇帝绍熙甲寅登极以后七年《会要》一百一十五卷"。又曰："先是秘书丞张攀等言：'秘书省专修《今上皇帝会要》自绍熙甲寅龙飞编类至嘉定辛未一十有七年，凡两经进呈。嘉定壬申至丁丑六年，凡三次进稿。目今见接续编类，嘉定十一年、十二年相次又当进稿。及国史日历所专修《今上皇帝日历》，亦自绍熙甲寅龙飞修纂至嘉泰辛酉，已奏七年篇帙。伏见玉牒所向来欲进嘉泰辛酉至开禧乙丑岁五年《玉牒》。是时臣僚奏请乞将甲寅以来七年已进《玉牒》，其间凡有诋欺之词，并行删改，俾得其实。仍乞诏史院取甲寅龙飞以来之史牒例行修改，日后并同所当进之书缮写来上。得旨依奏。本省遂取甲寅以后七年经进《会要》见行随事删正，及日历所已奏篇帙，亦一体修改外，今来《玉牒》进书有日，所有本省重修七年《会要》及《日历》合遵近降指挥进呈。窃缘《会要》进稿已及六年，而续修两年，又当缴进。欲乞依玉牒所例，将重修甲寅以后七年《会要》《日历》，并嘉定五年至十二年已修未进《会要》之稿，各成一书缮写进呈。'从之。至是书成上进。"按：《南宋馆阁续录》卷三《储藏》云秘阁藏《今上皇帝会要》一百十五册，当即嘉定十四年秘书省所进"改正宁宗皇帝绍熙甲寅登极以后七年《会要》一百一十五卷"。

十七、经进续总类会要

李心传撰。

参见上之张从祖《总类国朝会要》条。王云海《宋会要辑稿考校》云《十三朝会要》一作"经进总类国朝会要"。① 按《宋会要辑稿·帝系》五、六、七《宗室杂录》引《经进总类会要》，记事自神宗元丰元年正月止孝宗乾道九年十一月；《宋会要辑稿·帝系》七《宗室杂录》引《经进续总类会要》，记事自庆元元年十月止嘉定十二年八月；《宋会要辑稿·食货》十八《商税》引《经进续总类会要》，记事自淳熙元年十一月止嘉定十七年三月，然于淳熙十五年九月二十七日条下注"以上《孝宗会要》"，绍熙四年三月四日条下注"以上《光宗会要》"，嘉定十七年三月十四日下注"以上《宁宗会要》"；《宋会要辑稿·食货》六二《义仓》引《经进总类国朝会要》，记事自绍熙元年七月八日（此条下注"以上《光宗会要》"）止嘉定十四年七月十四日（此条下注"以上《宁宗会要》"）。分析上述所引，《经进总类会要》记事止乾道九年，《经进续总类会要》记事自淳熙元年十一月止嘉定十七年三月，正与前文所述《总类国朝会要》、"自淳熙至嘉定《国朝会要》"情况相

---

① 王云海：《宋会要辑稿考校》，第138页。

合,故推知《经进总类会要》当指张从祖《总类国朝会要》,《经进续总类会要》指李心传所编纂之"自淳熙至嘉定《国朝会要》",因张从祖、李心传编纂时皆非在秘书省会要所任职,故特加"经进"二字。至于《宋会要辑稿·食货》六二《义仓》所引之《经进总类国朝会要》,疑"总类"前脱一"续"字。

综上推知《宋史·李心传传》称李心传在成都府时,诏"许辟官置局,踵修《十三朝会要》",其所谓"十三朝会要",乃是李心传在张从祖已纂成自太祖建隆至孝宗乾道之《总类国朝会要》基础上,"踵修"至宁宗嘉定末,而合成十三朝《会要》,而非指李心传撰成有自宋初至嘉定末之一部《会要》,名之曰《十三朝会要》,则《宋史·李心传传》所云"踵修《十三朝会要》",当改标点作"踵修十三朝《会要》"。

又,来可泓先生《李心传事迹著述编年》云《十三朝会要》有嘉定三年、端平三年两个本子,前者为完本,而后者为节本,即嘉定三年奏上之本为一千四百九十三卷(合王珪《会要》三百卷、《续会要》三百卷、《中兴会要》二百卷、《孝宗会要》三次修进计三百六十八卷、《光宗会要》一百卷、《宁宗会要》改正、续修计二百二十五卷),而李心传乃就此完本加以笔削删节而成五百八十八卷。① 其说颇误,主要其一,嘉定三年奏上之本乃张从祖所编纂,仅五百八十八卷;其二,李心传加以笔削删节而成之五百八十八卷,记事仅止孝宗乾道末,显非十三朝《会要》之全部。

十八、(淳祐)宁宗会要

史嵩之等撰。

《宋史·理宗纪二》载淳祐二年(1242)正月戊戌,"右丞相史嵩之等进《玉牒》及《中兴四朝国史》《孝宗经武要略》《宁宗玉牒》《日历》《会要》《实录》"。《玉海》卷五一《嘉泰宁宗会要》云"淳祐二年,上《宁宗会要》"。《宋史·艺文志·类事类》著录《宁宗会要》一百五十卷,云"秘书省进"。当即此书,当属宁宗一朝之《会要》,记事自绍熙五年七月宁宗即位止嘉定十七年闰八月驾崩。

又,《宋史全文》卷三六载景定四年(1263)"六月庚午,贾似道等上《徽宗皇帝长编》《宁宗皇帝实录》《日历》《会要》《经武要略》"。或又对淳祐所上《宁宗会要》有所完善、修订。

---

① 来可泓:《李心传事迹著作编年》,成都:巴蜀书社,1990年,第192—194页。

十九、理宗皇帝会要

郑清之、谢方叔、贾似道等撰。

《宋史·理宗纪三》载淳祐十一年(1251)"二月乙未,左丞相郑清之等上《玉牒》《日历》《会要》及《光宗宁宗宝训》《宁宗经武要略》"。《宋史全文》卷三四作淳祐十一年二月"乙未,御垂拱殿,左丞相郑清之等上《光宗皇帝宁宗皇帝宝训》《今上皇帝玉牒》《日历》《会要》"。又《宋史·理宗纪四》载宝祐二年(1254)八月"癸巳,谢方叔等上《玉牒》《日历》《会要》及《七朝经武要略》《中兴四朝志传》"。五年"四月己丑,程元凤等进《玉牒》《日历》《会要》《经武要略》及《中兴四朝志传》"。《理宗纪五》载景定二年(1261)二月"戊寅,贾似道等上《玉牒》《日历》《会要》《经武要略》及《孝宗》《光宗》《宁宗实录》"。四年六月"庚午,宰执进《玉牒》《日历》《会要》《经武要略》及《徽宗长编》《宁宗实录》"。此处《会要》,《宋史全文》卷三五确指为《今上皇帝会要》,即《理宗皇帝会要》。又《宋史·度宗纪》载咸淳四年(1268)"八月壬寅,奉安《宁宗实录》《理宗实录》《御集》《日历》《会要》《玉牒》《经武要略》《咸淳日历》《玉牒》"。则理宗朝确实尝编纂《会要》,并渐次奏进。①

或云"现在的《宋会要》辑本中没有《理宗会要》的内容",②但检看《宋会要辑稿》,实有理宗朝之记事,虽未记录其史料出处,然亦未可排除其文即出自《理宗会要》,只是收入《永乐大典》时未予注明而已。又有学者认为淳祐二年进《宁宗会要》为"最后进书"之"断限,来考察辑本《宋会要》征引的书籍,凡是成书或流传时间晚于"淳祐二年者,就可认定其"属于增入的部分",③其说似亦可再加讨论。

---

① 按:因有关《理宗会要》的史料颇少,故合于一处讨论。
② 陈智超:《解开〈宋会要〉之谜》,第69页。
③ 王云海:《宋会要辑稿考校》,第138页。

小议黎恂《千家诗注》与俗本《千家诗注》

鲁秀梅

(上海古籍出版社,上海　200020)

摘　要：俗本《千家诗注》讹误颇多,黎恂因之重新为《千家诗》作注。本文将黎恂刻本《千家诗注》与俗本《千家诗注》、黎恂稿本《千家诗注》进行比较,阐述了黎恂《千家诗注》由不完善的稿本至"最为上乘的善本"的成书过程。

关键词：千家诗　千家诗注　黎恂　王相

作为童蒙读物"三百千千"之一的《千家诗》,在明清两代广为流传,刘鹗在《老残游记》中就曾提道:"所有方圆二三百里学堂里用的'三、百、千、千(家诗)',都是小号里贩得去的,一年要销上万本呢!""千家诗"一词最早可追溯至南宋刘克庄之《分门纂类唐宋时贤千家诗选》,而以"千家诗"为名,真正成为影响深远的童蒙读物的是题名谢枋得编选的《增补重订千家诗》,明清之际,王相为谢枋得七言《千家诗》作注,又增补注解五言绝句律诗,至此,通行本《千家诗注》最终形成。

据丁志军等人统计,自宋元以来,包括注释本在内的《千家诗》版本多达240余种[1],较出名的除王相注本外,还有明内府彩绘本《明增解和千家诗注》、题名汤显祖的《千家诗讲读》、题名钟伯敬的《订补千家诗图注》、黎恂《千家诗注》等,李连昌等学者认为黎氏《千家诗注》为"最为上乘的善本"[2]。

一、黎恂《千家诗注》

黎恂(1785—1863),字雪楼,晚号拙叟,清嘉庆十五年(1810)举人、十九年进士,著有《蛉石轩诗文集》《四书纂义》《读史纪要》等书,是贵州遵义"沙滩文

---

[1] 丁志军、徐希平:《千家诗》的版本流传与编辑特点,西南民族大学学报,2012年。
[2] 李连昌:《千家诗》版本简析,贵州文史丛刊,2004年。

化"的代表人物。黎氏诗礼传家,于浙江桐乡任知县时便重视文教,父逝归家守孝,购买几十箱珍本典籍运回故乡,建书楼"锄经堂",日以诵读著述为事。黎恂重视家族教育,其父黎安理曾以授徒为业,黎恂继承父志,为家塾撰写教材,"先生天赋既优,而自少至老好学不倦,即写付子孙读本,积之当盈数尺"(郑珍《诰授奉政大夫云南东川府巧家厅同知舅氏雪楼黎先生行状》)。跟随其读书者甚多,著名者有郑珍、莫友芝、黎庶昌等,郑莫二人更被尊为"西南巨儒"。当时通行之《千家诗》盛行一时,"以故城郭村僻,书儿自诵'四子'以上,鲜不读者。即妇人女子,亦往往都能倍记。诗选之在南中,盖未有脍炙如此本者也"(郑珍《千家诗注序》)。黎恂在教授子孙读诗时发现当时流行的《千家诗》问题颇多:

  俗本《千家诗》,传布已久,村塾童子,罔不记诵。其中唐诗少,宋诗多,律绝仅百数十首,率皆显明易解之作,以此启迪童蒙,甚便。第原本题目,间与正集不符,作者姓字,亦多舛误。曾有为之注者,虽字解句释,如《四书》讲章然,而于讹舛处毫不考正,事实亦未注明,殊非善本。(黎恂《千家诗注序》)

故"复取而雠校,增辑各条,重录以教诸孙",重新为《千家诗》作注,并将之定为家塾课本。

二、俗本《千家诗注》与王相《千家诗注》

  黎恂所言"俗本《千家诗》",李连昌先生认为即王相《千家诗注》,"黎恂虽未说明他所指的'俗本千家诗'就是谢王本,经笔者将黎恂采用与俗本相同的唐宋诗,黎恂指出俗本诗中存在的数十条错误与谢王本一一对照,条条相符,则证明'俗本'即谢王本无疑"①,然笔者将黎恂注本与王相注本相比较,发现情况与李先生所述有所不同。

  王相注本虽为当时流行的《千家诗》注本,但流传至今者不多,据徐有富先生考证,南京图书馆藏清南京天禄阁书坊所刻王相注本《千家诗》,分为《增补重订千家诗注解》《新镌五言千家诗笺注》两部分,笔者在上海图书馆也查找到王相注本,但有残缺,未知刊刻时间。为便于比对,王相注本选用长春古籍书店影印之《绘图千家诗注释》,笔者已将此本与上图藏本对校,发现二者除个别字不同外,如"人""入","慢""漫"等,诗题、作者、诗句等基本相同。黎恂《千家诗注》

---

① 李连昌,《千家诗》版本简析,贵州文史丛刊,2004年。

刻于清咸丰二年(1852),现存多为清光绪十五年(1889)黎庶昌日本使署刻本。

黎恂刻本所言"俗本《千家诗》"与王相注本相合处有:一、诗题:《山亭夏日》,黎注曰"俗本作《山居夏日》";《直玉堂作》,黎注曰"俗本作《宣锁》";《晓登万花川谷看海棠》,黎注曰"俗本作《伤春》";《南邻》,黎注曰"俗本作《与朱山人》"。二、作者:《鄂州南楼书事》,黎注曰"俗本称为王介甫作,误";《有约》,黎注曰"俗本称此诗为司马温公作,误"。三、诗句:《滁州西涧》"独怜幽草涧边生,上有黄鹂深树鸣",黎注曰"俗本'尚'作'上'"。以上各例中,"俗本"文字皆与王相注本相同。

然二者亦有不合之处,最大的不同在于:王相注本录五七言诗共226首,其中七言诗142首,郑珍在《千家诗注序》中曾提到"俗间行者,为诗仅百二十五首",即俗本只录诗125首,二者数目相差较大。其他不合在于:一、诗题:《初夏游张园》,黎注曰"俗本题作《夏吟》,称为石屏作,误",王相注本实作"夏日";《湖上》,黎注曰"俗本作"湖景",王相注本实作"湖上";《夏日登车盖亭》,黎注曰"俗本作《登车》,误",王相注本实作"水亭";《鄂州南楼书事》,黎注曰"俗本作《晓楼闲望》",王相本实作"晚楼闲坐"。二、作者:《南征》,黎注曰"俗本称为太祖作,误",王相本实作"明世宗",不误;《山居夏日》,黎注曰"俗本称为王介甫作,误",王相注本实作"高骈",不误;《题长安主人壁》,黎注曰"俗本云崔国辅作,误",王相注本不录此诗。三、诗句:《题壁》"争似满炉煨榾柮",黎注曰"'煨',俗本作'围',王相注本实作'煨'"。

对于"俗本《千家诗》"与王相注《千家诗》有同有异的情况,笔者作如下猜测:一、俗本即王相注本,王相注本版本众多,或黎恂所见仅七言,并无五言;又或黎恂出于某种原因刻意删去五言,只注七言;至于二者在七言诗数目上不合,是黎恂在王相注本的基础上重新选诗,删去了其认为不适合童蒙教学的诗歌,如描述君主因女色误国的《秦淮夜泊》《清平调词》等;又删去部分应制之作,如贾至《早朝大明宫》、王维《早朝大明宫》、岑参《早朝大明宫》等。且王相注本版本颇多,在流传过程中增减诗作、修订讹误也属自然。二、俗本非王相注本,二者录诗数目相差较大就是一个比较有力的证据,黎恂看到的可能是只注七言的另外一个较通行的版本,其与王相注本有某种联系,故错误之处相合甚多;或者俗本并非某一个具体的版本,而是以王相注本为主,参考其他注本的综合本。笔者较倾向于后一种可能性。

三、黎恂刻本《千家诗注》与稿本《千家诗注》

黎恂《千家诗注》另有稿本,中国文联出版社曾于2003年影印出版稿本《黎恂千家诗注》,书末有"幼孙小腾,今年九岁,书此令其吟诵,庚戌九月录……"等语,故稿本成于道光三十年(1850)前后。黎恂在刻本《千家诗注序》(1852)中称"检阅群书,随手录载四旁,以授儿辈诵读,暇辄与之讲贯。儿子日长大,此册阁置箧笥多年矣。去秋自滇归里,复取而雠校,增辑各条,重录以教诸孙,定为家塾课本",郑珍亦言"去年(1851),先生以贰守归里,方手钞是册授诸孙……'是注也,既善,且稿定,盍即以教乡子弟'? 先生不我拒也。爰与诸内弟勘而刻之"(《千家诗注序》),黎恂于1851年左右重新整理修订《千家诗注》,并定为家塾课本,"以教诸孙",中国文联出版社出版的这个稿本可能即为此本,然笔者比较之后发现二者差别较大,应是刊刻之前又作了大量的修改。

黎恂《千家诗注》稿本录诗122首,刻本录诗125首,刻本多出的三首为:高达夫《别董大》、张正言《题长安主人壁》、崔敏童《宴城东庄》,王相《千家诗注》亦无以上三首诗,此为刻本后加。《题长安主人壁》,刻本注曰"俗本云崔国辅作,误",此条亦可证明另有"俗本"。

黎恂稿本与刻本在诗题、作者上亦有不同:一、诗题:稿本作"看花",并注曰"原题作'晓登万花川谷看海棠'",刻本作"晓登万花川谷看海棠";稿本作"初夏睡起",刻本作"闲居初夏午睡起";稿本作"游张园",刻本作"初夏游张园";稿本作"小楼闲望",刻本作"鄂州南楼书事",并注曰"俗本作'小楼闲望'";稿本作"山居夏日",刻本作"山亭夏日";稿本作"茅檐",刻本作"书湖阴先生壁";稿本作"西湖",刻本作"题临安邸";稿本作"江楼有感",刻本作"江楼旧感",并注"俗本作'有感'";稿本作"韦员外家花下作",刻本作"韦员外家花树歌"。二、作者:稿本作:《有约》,作者录为"司马温公",刻本作《绝句》,作者录为"赵紫芝";稿本作:《西湖》,作者录为"苏东坡",注曰:此诗苏集不载,见《锦绣万花谷》,刻本作:《晓出净慈寺送林子方》,作者改为杨万里;稿本作:《新竹》,作者录为"黄山谷",刻本改作者为"陆游",并注:"俗本云黄山谷作,误"。

通过比较可知,一、稿本与王相注本在诗题、作者著录方面的相似度较刻本更高,并保留了一部分王相注的讹误。这是因为稿本是对俗本《千家诗注》进行修订的初稿,还不能是很完善。稿本的诗题多据俗本而来,"世俗儿童就学,即授《千家诗》,取其易于成诵,故流传不废"(清·蘅塘退士《唐诗三百首》序),为便于儿童记诵,俗本《千家诗》有意将诗题截短,多不超过四字,黎恂稿本诗题大多与俗本相同,甚至比俗本更加简单,但刻本多据诗人本集修正诗题。稿本按春夏秋冬四季排列诗歌,于每季前冠以"春景""夏景""秋景""冬景"等以示区分,刻本则删去此八字,这体现了黎恂的严谨,毕竟"明皇打球图"等诗无法按季节归类。

二、刻本订正了俗本及稿本《千家诗注》的各种讹误,统一了注释的体例,并极大地丰富了稿本《千家诗注》的各项内容，如《早春呈水部张十八员外》，王相注本题作"初春小雨"、稿本题作"初春"，王相首先点明诗歌主旨，即"此诗极赞春初微雨之细也"，又对"酥""春好处"等词语作出解释，并疏通句意，最后简明介绍作者"唐，韩愈，字退之，昌黎人。仕至礼部尚书，封昌黎伯，谥文公，从祀孔子庙庭"。稿本并无介绍作者文字，只引《苕溪渔隐丛话》"'天街小雨润如酥'云云，退之早春诗也；'荷尽已无擎雨盖'云云，子瞻初冬诗也。二诗意同而辞殊，皆曲尽其妙"一段诗评。刻本则不对诗句作任何解释，而是按照序中所言"备载作者名字、里居、官爵，洎平生出处大概"，"欲使初学诵其诗而知其人"的原则，首先介绍作者，将前二者介绍作者文字扩充至119字，详述韩愈为官经历，"贞元八年进士。由博士为监察御史，贬阳山令。元和中再为博士，改郎中、史馆修撰、知制诰，迁中书舍人。……谏迎佛骨，谪潮州刺史，移袁州……"。后一段讲述韩愈的为学经历，并引用了苏轼对他的评价："公少读书……所为文章，深探本原，约六经之旨而成之，粹然一出于正，其《原道》《原性》等篇，奥衍闳深，与孟子、扬雄相表里……没后，学者仰之如泰山北斗。苏子瞻曰：'匹夫而为百世师，一言而为天下法。'又曰：'文起八代之衰，道济天下之溺。'"最后又引稿本《苕溪渔隐丛话》诗评，并录《其二》云："莫道官忙身老大，即无年少逐春心。凭君先到江头看，柳色如今深未深。"

三、稿本《千家诗注》中黎恂对于某些诗有自己的注解，刻本删去此内容。如杜甫《九日蓝田崔氏庄》，稿本在"老去悲秋强自宽，兴来今日尽君欢"下注"二句直下中具几许曲折"，末二句"明年此会知谁健？醉把茱萸仔细看"下注"结仍与老去悲秋相应"，刻本删去。《居洛初夏》，稿本在"更无柳絮因风起，惟有葵花向日倾"下注"向日葵花惟司马公及党籍诸君子耳"，对"向日葵"的含义作出解释，刻本删去此内容。林升《题临安邸》稿本有注："高宗南渡驻跸临安，十里荷花，三秋桂子，君臣贪恋湖山，置中原及汴京于不问，此诗所以讽刺也。"黎恂总结此诗主旨为讽刺，刻本删去。"诗中人物、地名，非注不明者，及其诗经前贤评论，足以长人识见、启人悟机者，并为检阅群书，随手录载四旁"，黎恂删去自己对诗的注解，又引用诗评来对诗作注，做到每注都有出处，如王安石《元日》"屠苏"一词，其引用陈延之《小品方》"屠苏酒，华佗方也。元旦饮之，辟不正之气，从少至长，次第饮之"来解释。

四、稿本《千家诗注》中黎恂对于某些诗作出了评价，或褒或贬，刻本均删去。稿本有《立春偶成》《漫兴（二首）》《元和十一年自朗州召至京戏赠看花诸君子》《北山》《湖景》《春晴》《暮春即事》等近三十首有诗无注，刻本增加了对这些诗的注解，仅有四首有诗无注：朱淑真《即景》、朱熹《观书有感》、朱熹《观书有感》（其二）、卢梅坡《雪梅（又一首）》。而后三首在稿本中有注，如朱熹《观书有感》,稿本评:"一丝不存、万理明净方能道此语。"又如卢梅坡《雪梅》"有梅无雪不精神,有雪无诗俗了人"一句,黎恂注:"腔调油滑,宋诗之最恶者,旧本人选岂以童蒙诵之,易解乎?"厌恶之情溢于言表。刻本皆删去,一字不注。刻本删稿本评还有:杜甫《江村》,稿本作:"诗亦潇洒清真,遂开宋派。"刻本删去,只注:复,集作"更"。王淇《梅》,稿本作:"《西溪丛话》载:此诗要非大佳之作。"刻本删此评论。黎恂在刻本中坚持"只录前贤评论,以长人识见、启人悟机",以"引其灵悟而鼓舞其幼志,使知世间书之当读者多。此其为童子计,思即是粗选,诱之入于高明宏达之途者,用意最为切至"(郑珍《千家诗注序》)。其将自己对于诗歌的褒扬或批评的态度隐藏在前贤评论之后,严谨之余更让子孙后人对《千家诗》所载诗歌有更加全面客观的理解。

通过对黎恂刻本《千家诗注》、俗本《千家诗注》以及稿本《千家诗注》的比较,可见黎恂对《千家诗》精校精注,不仅订正俗本《千家诗注》的各种讹误,还精益求精,不断对稿本作出修改。刻本《千家诗注》虽仅为童蒙教学课本,但注解和评论字字有出处,句句有来历,确可称为《千家诗注》"最为上乘的善本"。

南图藏四库底本上的私家藏书印

江庆柏

(南京师范大学文学院,南京 210097)

摘 要:南图藏三十三部四库底本上钤盖的各式私人藏书印章共有46枚。这批印章大致可以分为原书作者印章、原书持有人印章、后来收藏人印章、丁丙八千卷楼印章等四大类。这些印章可以纠正四库提要著录之误,也是四库本从民间收集、进呈,到从四库馆散出、流向社会这一过程的见证。

关键词:四库底本 藏书印 八千卷楼

南京图书馆所藏《四库全书》底本,目前所见到的有三十三部,其中三十一部出自杭州丁丙八千卷楼。本文将其书上所钤印章的情况作一初步分析。

南图藏四库底本有三十一部钤盖有"江苏弟一图书馆善本书之印记"章。江苏弟(第)一图书馆,即原来的江南图书馆,后改名江苏省立国学图书馆。没有钤盖此章的有两部,一部是《西汉年纪》,这是邵晋涵的藏书;还有一部是《雪矶丛稿》,这是苏州顾氏过云楼藏书。

南图藏四库底本上钤盖的各式私人藏书印章共有五十枚。其中《芳谷文集》卷端一枚印章无法识别,《鄱阳刘彦昺诗集》里封"多慧之印章"、《经义模范》卷端"黄石公种书堂藏本"为何人藏书印待考,实际可考的有四十七枚[①]。这批印章对考察南图藏四库底本的流传经过具有重要作用。

这批印章大致可以分为四大类:原书作者印章、原书持有人印章、后来收藏人印章、丁丙八千卷楼印章。

有原书作者印章的只有一部书,即俞汝言的《春秋平义》。俞汝言,字右吉,

---

① 这批图书上还有"公约过眼""子固过眼"两枚印章,基本钤盖在卷末,也有少量钤盖在卷首。据称,这是当年国学图书馆读者私自盖上的印章。公约即梁公约(1864—1927)。梁公约又名梁英,字公约,号饮真,室名端虚堂。江苏扬州人。书画家。侨寓南京数十年,先后在南京钟英中学、中央大学等教授国画。此印章为梁公约在国学图书馆看书时钤盖。子固待查,应该也是同时期在图书馆看书的读者。这两枚印章不在统计范围之内。

浙江秀水人。明诸生。参加复社。明亡后绝意仕途,专事著述。除本书外,《四库全书》还收录了所著《春秋四传纠正》。这部书上作者的印章有四方。《春秋平义》卷首自序后,钤"右吉氏""俞汝言印""双溪遗老"三印章。各卷卷端另钤有"右吉"印章。俞汝言明亡后守气节为遗民,故有"双溪遗老"之印。这是一部稿本,所以上面钤有作者印章。俞汝言不以藏书名,其印章不大被人知晓。如"双溪遗老"一印,即未能查到有著录,而从钤印情况看,应该是俞汝言的。"右吉氏""右吉"之印,则可以纠正《四库全书总目》之误。《四库全书总目》卷二十九《春秋四传纠正》一卷提要云:"国朝俞汝言撰。汝言字石吉,秀水人。前明诸生。"此所记"石吉",即是"右吉"之误。《四库全书》本《春秋平义》书前提要作"汝言字右吉",则不误。

原书持有人是指与四库馆有直接关系的人员,这类印章共十枚,出自四家,相关图书五部。分别是:

图　书	钤盖印章	持有人	后续关联藏书家
孙明复先生小集	臣昀之印、晓岚	纪昀	朱学勤
山窗余稿	半查之印 秋冷先知(?)①	马裕	朱学勤
省愆集	马氏半查珍藏书籍印 扶风	马裕	袁芳瑛
周易洗心	北平黄氏万卷楼图书 信天庐	励守谦	俞绍丞、丁丙
西汉年纪	臣晋涵印、观书石室	邵晋涵	

纪昀、励守谦、马裕三家图书都是当年向四库馆进呈的图书,上面钤盖的都是自己家的藏书印章,非常珍贵。

《四库全书》的底本来源中,私人进献本是最重要的来源之一。私人进献本主要是各地的藏书家、也包括部分在京官员进献的图书。两淮商人马裕家呈送图书数量为私人进献图书第一人,纪昀、励守谦、黄登贤则是在京官员中进献图书较多的,都在百种以上。为了表彰进书者,清廷制定了奖书、题咏、记名等奖励办法。"题咏",即凡进书百种以上者,择一精醇之本,由乾隆皇帝题咏简端,以示恩宠,"俾收藏之人,益增荣幸"(《纂修四库全书档案》一五七)。纪昀、黄登贤、马裕三家均获有御题诗。

---

① "秋冷先知"印章钤盖在《山窗余稿》卷首书名之下,姑且归之于马裕名下。

不过比较实际图书与《四库采进书目》《四库全书总目》的著录，也还有一些值得探讨的问题。如《孙明复先生小集》，《四库全书总目》作《孙明复小集》，注作"兵部侍郎纪昀家藏本"。在《四库采进书目》中，此书见于《浙江省第四次鲍士恭呈送书目》《山东巡抚呈送第一次书目》《侍读纪交出书目》①。《侍读纪交出书目》著录纪昀进呈图书二十二种。这部书同时有三家进呈，作为总纂官的纪昀，最终选择著录了自己进献的一种。"记名"，即在提要中注明采进者或藏书家姓名，也是清廷表彰进书者的奖励办法。

《山窗余稿》，《四库采进书目》著录有马裕、鲍士恭两家进献②。《四库全书总目》著录作"浙江鲍士恭家藏本"。

《省愆集》卷下钤"扶风"朱文印。马氏家族以扶风为郡望，故有此印。马裕家此藏书印极为罕见，一般文献中都没有提到这方印章。吴慰祖《四库采进书目》③著录，《省愆集》见于《两淮商人马裕家呈送书目》《浙江省第五次曝书亭呈送书目》《江西巡抚海第二次呈送书目》，是当时有三家同时进呈此书。《总目》著录作"江西巡抚采进本"。但南图此书有各种标注符号，确是四库底本。

《周易洗心》，《四库全书总目》作"编修励守谦家藏本"。此书上有两枚原书持有人印章，一枚"北平黄氏万卷楼图书"，为黄叔琳藏书印，一枚"信天庐"，为励守谦藏书印。

励守谦，直隶静海人。曾祖杜讷、祖廷仪、父宗万（字滋大）均入翰林，故杨锺羲《雪桥诗话余集》卷三云："静海励氏，三世济美，侍直内廷。"乾隆十年（1745），御书"信天庐"三字以赐④。李中简《嘉树山房诗集》卷四有《励奉常滋大先生招饮信天庐看菊即席分赋得金佛座》，又有《信天庐赏菊次壁间星斋前辈韵》⑤。滋大先生即励守谦之父励宗万。励守谦为乾隆十年乙丑科进士，同年亦入翰林院。乾隆帝称之为"以文学世其家者"⑥。四库馆开，励守谦充四库馆纂修官。励家四世翰林，富于藏书，进书一百余种，与马裕、纪昀等同获乾隆帝题诗表彰。后虽遭革职处分，但仍准自备资斧在四库全书处纂修上效力行走⑦。

励守谦进呈的图书有不少是黄叔琳旧藏，钤有"北平黄氏万卷楼图书"印

---

① 吴慰祖：《四库采进书目》，北京：商务印书馆，1960年，第73、149、184页。
② 吴慰祖：《四库采进书目》，第68、96页。
③ 吴慰祖：《四库采进书目》，第75、116、160页。
④ 杨锺羲：《雪桥诗话余集》卷三，民国《求恕斋丛书》本，第42页。
⑤ 李中简：《嘉树山房诗集》卷四，清嘉庆六年嘉树山房刻本，第3、4页。
⑥ 《御制诗四集》卷二十《题赵蕤长短经》注，《四库全书》本，第16页。
⑦ 《纂修四库全书档案》二八二："乾隆四十年九月初十日奉旨：革职编修励守谦，准其自备资斧，在四库全书处纂修上效力行走。"

章。因黄叔琳子黄登贤也有图书进呈,故盖有此印记的图书有可能是黄登贤进呈的,也可能是励守谦进呈的①。《周易洗心》一书在《四库采进书目》中,见于《江苏省第一次书目》《编修励(守谦)第一次至六次交出书目》②,不见于《都察院副都御史黄(登贤)交出书目》。且印章钤盖位置,是"北平黄氏万卷楼图书"在下,"信天庐"在上,可知此书是励守谦得之黄叔琳家而后进呈于四库馆的。

励守谦藏书后有为俞绍丞所得者。俞绍丞藏书存世不多,但就现存的几种看,都和《四库全书》、黄氏万卷楼、励守谦有联系。罗振玉《贞松堂善本书目》著录宋朱熹撰《晦庵先生朱文公易说》二十三卷,云:"北平黄氏万卷楼藏旧钞本。书首有'翰林院印''北平黄氏万卷楼图书'印,又有'信天庐''俞绍丞印''俞氏竹侯''臣绍丞印''涿鹿俞氏方白斋藏书'诸印。"③

宋王益之撰《西汉年纪》卷首书名下,自下而上钤有"观书石室""臣晋涵印"两印,说明此书原是邵晋涵的藏书。邵晋涵长于史学,因此其收藏《西汉年纪》与其学术旨趣甚为符合。值得关注的是这部书的来源。据《四库全书总目》著录,邵晋涵也曾向四库馆进呈图书,题"编修邵晋涵家藏本"。但《西汉年纪》不在其中。《西汉年纪》是永乐大典辑本,钤盖有邵晋涵私人印章,但没有钤盖"翰林院印"满汉大方印,也没有丁丙手书题跋。邵晋涵是四库全书办理人员。据浙本《四库全书总目》卷首所载乾隆四十七年七月十九日奉旨开列办理四库全书在事诸臣职名所记,邵晋涵为校勘《永乐大典》纂修兼分校官。因此邵晋涵与《西汉年纪》永乐大典辑本有关系。这部书页面很整洁,一般可能看作是邵晋涵的四库录副本。经与南图藏其它永乐大典辑本相比较,我们认为这应该是《永乐大典》的缮写底本。按照办理《永乐大典》辑佚书的一般流程,《永乐大典》先完成缮写底本,然后经详细校正,并经总裁勘定,再将应刊、应抄各本缮写正本进呈④。这个"正本"即收录在《四库全书》里的本子。南图所藏的这个本子,上面有改动之处。今查四库本,基本按照批校作了改正,因此这是当年的缮写底本并经馆臣校勘者。《永乐大典》缮写底本何以流入办理四库全书馆臣之手,并钤盖私人印章,这是值得研究的问题。当然《永乐大典》缮写底本流入私家的不仅是邵晋涵一家。

此外此书上的两方印章也值得注意。丁丙《善本书室藏书志》提到邵晋涵

---

① 参见杜泽逊:《四库存目书进呈本之亡佚及残余》,《两岸四库学:第一届中国文献学学术研讨会论文集》,台北:台湾学生书局,1998年,第123页。
② 吴慰祖:《四库采进书目》,第5、174页。
③ 罗振玉:《雪堂类稿》戊《长物簿录·贞松堂善本书目》,沈阳:辽宁教育出版社,2003年,第1130页。
④ 参见《纂修四库全书档案》,第49页。

有"观书石室"印章,傅增湘《藏园群书经眼录》卷十五《吴正传先生文集》叙录引其友人姚华跋提到邵晋涵有"臣晋涵印"印章①。但今日的有关著作大都没有提到这两方印章,可能是没有见到实物。《西汉年纪》上的印章极为罕见。邵晋涵虽于乾隆三十六年考中进士,但其后"归班待铨",并无授予官职。在此之前自然不得称"臣"。三十八年诏开四库馆,邵晋涵被征充纂修官,授庶吉士,后例除编修,此时方得称"臣"。故从印章文字上也说明此书为邵晋涵在四库馆时所得。

后来收藏人是指后来收藏这些四库底本的藏书家。这类印章共七枚(印章后括号内数字是钤盖次数),分属赵之谦、朱学勤、李之鼎、袁芳瑛四家,去其重复,相关图书共二十二部②。分别是:

图　书	钤盖印章	持有人	后续关联藏书家
孙明复先生小集	朱学勤印(2)、朱学勤修伯甫(2)、修伯(2)、唐栖朱氏结一庐图书记(9)	朱学勤	丁丙
三余集			李之鼎
藏海居士集			丁丙
心泉学诗稿			李之鼎
芳谷文集			丁丙
弁山小隐吟录			丁丙
山窗余稿			丁丙
蓝山集			丁丙
蓝涧集			丁丙
藏海诗话			丁丙
观林诗话			丁丙
环溪诗话			丁丙
伯牙琴	二金蜨堂藏书(1)	赵之谦	丁丙
重广陈用之真本入经	古潭州袁卧雪庐收藏(8)	袁芳瑛	
论语全解义			
张状元孟子传			丁丙
四书经疑贯通			丁丙
商文毅公疏稿略			丁丙
律吕阐微			丁丙
桂海虞衡志			丁丙
省愆集			丁丙
经义模范			丁丙

---

① 傅增湘:《藏园群书经眼录》第五册,北京:中华书局,1983年,第1342页。
② 《芳谷文集》卷端无法识别的一枚印章,《鄱阳刘彦昺诗集》里封"多慧之印章"、《经义模范》卷端"黄石公种书堂藏本"两枚待考的藏书印,未统计在内。

续表

图　书	钤盖印章	持有人	后续关联藏书家
三余集 自堂存稿 心泉学诗稿	振唐(3)	李之鼎	丁丙 丁丙 丁丙

这几位藏书家中，古潭州袁氏卧雪庐主人，即湖南湘潭藏书家袁芳瑛。袁芳瑛(1814—1859)，字挹群、号伯㐷，一号漱六。道光二十五年(1845)进士。散馆，授翰林院编修，充国史馆协修，实录馆协修纂修官。袁芳瑛在京师任翰林院任编修十余年，读抄内府藏书，并去厂肆搜求，获得一批内府散佚出的珍善本，其中即有不少四库馆底本。袁芳瑛卒后，藏书散佚，其子袁榆生取家中藏书至汉口出售。丁丙也前往购买，故今天南京图书馆藏四库底本中有袁芳瑛家藏之书。

李之鼎(1865—1925)，号振唐，江西南城人。室名宜秋馆。官海南澄迈知县。工诗文，着有《宜秋馆诗集》六卷《词》一卷。李之鼎好抄书，手自勘校。购书不惜重金。致力于搜集两宋遗书，辑刊有《宋人集》。南图所藏这批书中有三部钤有"振唐"印章，均为宋人文集。

南京图书馆藏四库底本中，与丁丙八千卷楼有关系的有三十一部。其中《用易详解》《王魏公集》《补刊全室外集》《吴文肃公摘稿》《梅花百咏》五部图书无其他私人藏书印，《舒文靖集》《鄱阳刘彦昺诗集》从何处收藏不详。《补刊全室外集》抄写有《四库全书总目》，天头钤"四库著录"印章。

这批藏书得自朱学勤结一庐的最多。其《环溪诗话》题跋云："此为四库馆脚本，有翰林院印，塘栖朱伯修大理转贻也。"朱学勤曾任大理寺卿，故称朱伯修大理。此明言自己藏书得自朱氏。

南图藏四库底本的印章中，属于丁丙及其八千卷楼的有二十六枚，分别是：丁氏八千卷楼臧书记、丁丙、九峰居、八千卷楼、八千卷楼丁氏藏书印、八千卷楼珍藏善本、八千卷楼臧书之记、八千卷楼臧阅书、甘泉书臧、光绪壬辰钱塘嘉惠堂丁氏所得、求己室、东门菜侬、松生、松老、泉唐丁氏竹舟申松生丙辛酉以后所得、书库抱残生、善本书室、曾经八千卷楼所得、曾臧八千卷楼、当归草堂、嘉惠堂丁氏臧、嘉惠堂臧阅书、汉晋唐斋、钱唐丁氏正修堂藏书、钱唐丁氏臧书、济阳文府。因这批书主要来自丁丙家，故其藏书印特别多。其中俞汝言《春秋平义》一书除了钤盖有作者自己的印章外，就是丁丙的印章，没有发现其他人的。这可能是丁丙直接得到的此书。

南图藏四库底本与丁丙没有关系的图书是两部，即宋王益之撰《西汉年纪》和宋乐雷发撰《雪矶丛稿》，这两部书上也都没有钤盖"江苏弟一图书馆善本书之印记"章。《西汉年纪》已如上述,《雪矶丛稿》原为苏州过云楼藏书。此本封面有木记:"乾隆三十八年四月,两淮盐政李质颖送到马裕家藏《雪矶存稿》壹部,计书壹本"。首叶钤有满汉合璧大方朱印"翰林院印",皆四库馆采进时所钤,为《四库全书》底本。书中有王庆长校书浮签多处。王庆长时任《四库全书》缮书处分校官。亦有分校吴绍昱签条多处。签出各条,查今本文渊阁《四库全书》,多已据以改正。

这些印章可以纠正四库提要著录之误,也是四库本从民间收集、进呈,到从四库馆散出、流向社会这一过程的见证。

古文献学入门读物管见*

陈东辉

(浙江大学汉语史研究中心，杭州 310058)

摘 要：本文结合作者长期从事"古典文献学"、"目录学"等课程的教学经验，以及自身使用中的体会，就古文献学通论和目录学、版本学、校勘学、辨伪学、辑佚学、编纂学的入门读物谈了一些看法。

关键词：入门读物 古文献学 目录学 版本学 校勘学 辨伪学 辑佚学 编纂学

公开发表的推荐古文献学入门读物的文章很少。王余光的《中国文献学入门书举要》[①]结合作者多年讲授"文献学研究"课程的教学经验，向读者推荐了文献学经典教材、注释类的文献学专题著作、文献学家的考证专著等入门书，包括张舜徽的《中国文献学》《汉书艺文志通释》和《四库提要叙讲疏》，王重民的《中国目录学史论丛》，孙钦善的《中国古文献学史》，郑伟章的《文献家通考》，王余光的《中国文献史》（第一卷）和《中国历史文献学》。

笔者参与制定了《浙江大学中文系古典文献学专业本科生指定阅读书目》，并负责拟定了其中属于古文献学领域的指定阅读书目，包括黄永年的《古籍整理概论》，杜泽逊的《文献学概要》（修订本），杨琳的《古典文献及其利用》（第四版），余嘉锡的《古书通例》，张之洞撰、范希曾补正的《书目答问补正》等五种必读书目；张舜徽选编的《文献学论著辑要》，程千帆、徐有富的《校雠广义》（含目录编、版本编、校勘编、典藏编），孙钦善的《中国古文献学史》，洪湛侯的《中国文献学要籍解题》，蒋礼鸿的《目录学与工具书》，姚名达的《中国目录学史》，王雨著、王书燕编纂的《王子霖古籍版本文集》第一册《古籍版本学》，邵懿辰撰、邵章续录的《增订四库全书简明目录标注》，梁启超的《中国近三百年学术史》，王宁等的《十三经说略》等十种选读书目。在此基础上，笔者根据长期从事"古典文

---

* **基金项目**：全国高等院校古籍整理研究工作委员会直接资助项目"二十世纪古文献学史"（课题编号：0446）。

① 《博览群书》2011年第3期。

献学"、"目录学"等课程的教学经验,并结合自身使用中的体会,在下文中就古文献学的入门读物谈一些看法,供大家参考。

就古文献学概论性著作而言,杜泽逊的《文献学概要》[①]、孙钦善的《中国古文献学》[②]内容较为全面而系统,在不少方面后出转精,较为适合初学。来新夏的《古籍整理讲义》[③]论及分类、目录、版本、句读、工具书、校勘、考据、传注,以及《十三经》《二十四史》、诸子百家、总集与别集、类书与丛书、地方志、佛藏与道藏等内容,深入浅出,也是初学者理想之读物。黄永年的《古文献学讲义》[④]是在著者的《古文献学四讲》[⑤]之基础上修订而成,包括目录学、版本学、碑刻学、文史工具书简介四大部分,其中融入了著者多年来的学术积累以及使用相关工具书之心得,条理清晰,对初学者很有帮助。不过由于该书的文史工具书简介部分是1979年10月完成(1982年1月略作增改)的,因此内容有些旧了,未能收录新版工具书。项楚、张子开主编的《古典文献学》[⑥]之最大特色是,选择了一批与文献学相关的古代重要论著之全文或节选(大多不加标点),作为"原典阅读"附在各章之后,篇幅几占全书之半。该书对于培养初学者阅读古籍原典之能力大有帮助。同时,孙钦善选注的《中国古文献学文选》[⑦]、张舜徽选编的《文献学论著辑要》[⑧],对初学者也很有帮助。如果需要进一步了解古文献学史的有关内容,可以阅读孙钦善的《中国古文献学史》[⑨]。

杨琳的《古典文献及其利用》[⑩]论述了纸质和电子文献的检索方法,类书、政书、丛书、出土文献、古代图像资料、古籍书目及其利用,资料新,实用性强,介绍中融入了著者本人使用之体会以及研究之成果,非一些东拼西凑的所谓的社科文献检索、文史工具书使用之作可比拟,建议初学者认真阅读,同时也可作为工具书来使用。值得称道的是,该书著者精益求精,不断修订,第一版自2004年问世后,第二至四版分别于2010年、2014年、2018年推出。该书每一版都尽力搜集最新刊布的文献,如第四版是2018年1月出版的,所评介的资料截至2017年12月。这在同类书中并不多见,是非常难能可贵的,给读者提供了极大便

---

① 中华书局2008年修订版。
② 北京大学出版社2006年版。
③ 鹭江出版社2003年版。
④ 中西书局2014年版。
⑤ 南开大学出版社2019年版。
⑥ 重庆大学出版社2015年第2版。
⑦ 江苏教育出版社2008年版。
⑧ 陕西人民出版社1985年版。
⑨ 中华书局2015年修订版。
⑩ 北京大学出版社2018年第4版。

利。林庆彰主编的《学术资料的检索与利用》①包括"古代典籍的检索与利用"、"伪书和辑佚书资料的检索与利用"、"域外汉籍的检索与利用"、"文集篇目的检索与利用"、"现有文史资料库的检索与利用"、"期刊论文的检索与利用"、"学位论文的检索与利用"、"类书资料的检索与利用"、"古籍丛书的检索与利用"、"出土文献的检索与利用"、"古文字的检索与利用"、"敦煌遗书的检索与利用"、"虚词的检索与利用"、"古文资料的检索与利用"等三十一个主题。对于大陆学者而言,其最大的价值在于提供了众多关于台湾地区的古代文史类学术论著及工具书之信息。笔者认为,该书应该像林庆彰的《学术论文写作指引(文科适用)》②那样在大陆重版,以便为更多的读者所利用。张旭光的《文史工具书评介》③虽然出版时间较早,但对于有关工具书的评介很到位,其中有许多著者本人的使用及研究心得,至今仍有较大参考价值。赵国璋、王长恭、江庆柏的《文史工具书概述》④,系裘锡圭、杨忠主编的《古文献学基础知识丛书》之一种,也是这类著作中质量较高的。

洪湛侯的《中国文献学要籍解题》⑤介绍了历代重要的目录学、版本学、校勘学、辨伪学、辑佚学著作,以及重要的文书档案、类书、总集、丛书、表谱图像、方志等,对初学者也有帮助。如果需要了解古代经史名著,可以阅读王宁等的《十三经说略》⑥、王锺翰、安平秋等的《二十五史说略》⑦。这两部著作中的各部分多为名家亲自撰写,如《〈尚书〉说略》系刘起釪撰,《〈孟子〉说略》系董洪利撰,《〈尔雅〉说略》系王宁撰,《〈史记〉说略》系安平秋等撰,《〈隋书〉说略》、《〈旧唐书〉说略》和《〈新唐书〉说略》系黄永年撰,《〈宋史〉说略》系裴汝诚撰,《〈元史〉说略》系陈高华撰。这两部著作深入浅出,颇便初学,但其所涉及的范围仅限于《十三经》和《二十五史》,如果要了解更多的历代四部要籍之情况,可以阅读董治安主编的《经部要籍概述》⑧、黄永年的《史部要籍概述》⑨和《子部要籍概述》⑩、曾枣庄的《集部要籍概述》⑪。此外,赵国璋、潘树广主编的《文献学大辞

---

① 台湾万卷楼图书有限公司 2003 年版。
② 九州出版社 2012 年版。该书最初由台湾万卷楼图书有限公司于1996年出版第1版,2011年经修订后出版第2版,曾经在台湾先后重印十多次,影响甚大。九州出版社所出版的该书乃台湾第2版之简化字版。
③ 齐鲁书社 1986 年版。
④ 江苏教育出版社 2006 年版。
⑤ 杭州大学出版社 1997 年版。
⑥⑦ 中华书局 2015 年版。
⑧⑨⑩ 江苏教育出版社 2008 年版。
⑪ 江苏教育出版社 2007 年版。

典》①收录正条词目4400余条,另有附目1600余条,涉及文献学基础理论、文献载体、文献整理、文献聚散与流通、重要文献、文献阅读、文献学家等内容,是较为理想的工具书。

古书多无书名、古书不题撰人、先秦子书不皆出于手著、序传常置全书之末、篇章题目列于正文之后等古书特有之体例,对于古文献学研究十分重要,这方面最重要、最全面、最理想的著作当属余嘉锡的《古书通例》②。但该书有一定难度,初学者可以先阅读洪湛侯的《中国文献学新编》③第一编第三章"文献的体例"。李零的《简帛古书与学术源流》④之第六讲"简帛古书的体例与分类"、林清源的《简牍帛书标题格式研究》⑤、程鹏万的《简牍帛书格式研究》⑥、骈宇骞的《出土简帛书籍题记述略》⑦、张显成的《简帛书籍标题研究》⑧,以及[美]顾史考的《以战国竹书重读〈古书通例〉》⑨、李锐的《〈古书通例〉补论》⑩和《新出简帛与古书书名研究——〈古书通例·古书书名之研究〉补》⑪,结合考古发现的新材料进行论述,可补余氏《古书通例》之不足。此外,梁涛、白立超编的《出土文献与古书的反思》⑫,收录了历年来发表的多篇这方面的重要论文,为大家提供了便利。

避讳也是阅读古书以及从事古文献学研究时会经常遇到的问题,这方面重要的论著有陈垣的《史讳举例》⑬、向熹的《汉语避讳研究》⑭等。王彦坤的《历代避讳字汇典》⑮、王建的《史讳辞典》⑯,则可以作为工具书使用。

清人在小学、文献学等领域取得了空前的成就,古文献学研究者对相关情

---

① 广陵书社2005年版。
② 上海古籍出版社1985年版。
③ 浙江大学出版社2008年版。
④ 生活·读书·新知三联书店2008年第2版。
⑤ 台湾艺文印书馆2004年版。
⑥ 上海古籍出版社2017年版。
⑦ 《文史》2003年第4期。
⑧ 载卜宪群、杨振红主编:《简帛研究》(2004),广西师范大学出版社2006年版。
⑨ 载武汉大学简帛研究中心主办:《简帛》第4辑,上海古籍出版社2009年版。
⑩ 载香港浸会大学《人文中国学报》编辑委员会编:《人文中国学报》第18期,上海古籍出版社2012年版。
⑪ 《文史哲》2010年第5期。
⑫ 漓江出版社2012年版。
⑬ 中华书局2016年版。
⑭ 商务印书馆2016年版。
⑮ 中华书局2009年版。
⑯ 上海古籍出版社2011年版。

况应该有所了解。梁启超的《中国近三百年学术史》①乃传世名著,取精用弘,内容丰富,影响巨大。笔者认为该书虽然存在一些不足之处,但其总体成就至今尚无其他著作可以取代,故推荐该书。

来新夏的《古典目录学浅说》②简明扼要,深入浅出,多次重印、再版,影响甚大,便于初学。同时,收入《蒋礼鸿集》③第四卷的《目录学与工具书》④一书,最初是蒋氏在原杭州大学中文系开设"目录学与工具书"课程之讲稿,曾在发行量颇大的《语文战线》(原杭州大学中文系主办)1983年第8、9、10、11、12期和1984年第1、3、5期分八次连载。该书虽然仅有约五万字,无论是篇幅还是书名都不起眼,但言简意赅,善于结合著者本人的治学经验和甘苦,融入了诸多个人研究心得,通过生动的实例,传授有关知识,介绍了目录、表谱、地方志、丛书与类书、字书韵书词书、注疏笺注、索引等类型的常用工具书。该书实用性和可读性很强,特色鲜明,极具价值,尤其是对于古典文献学、汉语史、古代文学等专业的学生和老师十分有用。"目录学与工具书"课程后来在原杭州大学中文系(今浙江大学中文系)分成"目录学"和"文献检索"两门课程,由笔者任教,每年都将《目录学与工具书》列为学生的指定阅读书。⑤ 当然,因为《目录学与工具书》刊行于1985年,此后蒋先生的身体一直不佳,而收录该书的《蒋礼鸿集》则是蒋先生去世之后整理出版的,所以该书无法反映上个世纪80年代中期之后出版及重新修订的工具书。在我们今天利用《目录学与工具书》时,这是一个很大的遗憾。如果有些问题需要进一步了解,可以阅读程千帆、徐有富的《校雠广义·目录编》⑥和徐有富的《目录学与学术史》⑦、姚名达的《中国目录学史》⑧。

尤其需要向初学者重点推荐的是(清)张之洞撰、范希曾补正的《书目答问补正》⑨。《书目答问》是一部带有导读性质的重要著作,曾经影响了几代学者。梁启超曾云:"得张南皮之《輶轩语》《书目答问》,归而读之,始知天地间有所谓

---

① 朱维铮校注,复旦大学出版社2016年版。朱维铮的校注价值很高,故推荐此版本。
② 北京出版社2016年版。
③ 浙江教育出版社2001年版。
④ 浙江古籍出版社1985年版。
⑤ 《目录学与工具书》单行本刊布于上个世纪80年代,《蒋礼鸿集》则印数有限并且定价较高,导致该书流布欠广,在很大程度上影响了该书的知名度,故笔者建议该书单行本应予重版。
⑥ 齐鲁书社1998年版。
⑦ 中华书局2009年版。
⑧ 上海古籍出版社2002年版。其他版本也可以。
⑨ 上海古籍出版社2001年版。其他版本也可以。

学问。"①鲁迅在《读书杂谈》一文中指出:"我以为倘要弄旧的呢,倒不如姑且靠着张之洞的《书目答问》去摸门径去。"②胡适于1923年应清华学校学生之请,开列了《一个最低限度的国学书目》,收录图书约190种,后来将其修订精简为《实在的最低限度的书目》,《书目答问》位居该书目之首。余嘉锡的学问是从《书目答问》入手的。余氏1942年在辅仁大学开设"目录学"课程时,即以范希曾《书目答问补正》和他自著的《目录学发微》作为课本。余氏谓:"书目诸无序释而能有益于学术者,自樵(引者按:指郑樵)之外,惟张之洞所作,庶几近之。"③又谓:"但欲求读其书而知学问之门径,亦惟《四库提要》及张氏之《答问》差足以当之。"④顾颉刚曰:"所见的书籍既多,自然引诱我去研究目录学。《四库总目》《汇刻书目》《书目答问》一类书那时都翻得熟极了。到现在,虽已荒废了十余年,但随便拿起一册书来,何时何地刻的还可以估得一个约略。"⑤陈垣在少年时代,就熟读了《书目答问》和《四库全书总目》。汪辟疆对《书目答问》评价甚高:"其书之善亦有十:一举要籍,二注板本,三别良楛,四著通行,五存次要,六示概略,七列众本,八审异同,九存未刊,十标足本。凡此皆极便于学人者也。自光绪元年刊布后,各省督学使者翻刻尤多,诸生赴试获隽者各赠一册,而坊间椠本、石印、铅印尤备。以故近六十年中,海内志学之士受此书之益者,几遍全国。殚见博闻之彦,复就本书或订补未备,或罗列众本,其后出之书并得详加著录。以余所见,则有桂林王鹏运、南昌熊罗宿之书,细行密字,几无隙地。今此本不知流落何许矣。若范希曾氏之补正,则挂漏尚多,未足与王、熊抗手也。"⑥王重民曾经在上个世纪60年代专门为北大中文系古典文献专业学生开设"《书目答问》课"。⑦张舜徽在《曾国藩张之洞学术思想之影响》一文中指出:"辨章学术,晓学者以从入之途,则张之洞所为《輶轩语》《书目答问》影响最大。张氏为清季疆吏中最有学问之人,其识通博而不拘隘。《輶轩语》中《语学》一篇,持论正大,几乎

---

① 梁启超:《饮冰室合集》文集之一,北京:中华书局,1989年,第19页。
② 鲁迅:《而已集·读书杂谈》,载《鲁迅全集》第3卷,北京:人民文学出版社,2005年,第460页。
③ 余嘉锡:《目录学发微》,成都:巴蜀书社,1991年,第11页。
④ 余嘉锡:《目录学发微》,成都:巴蜀书社,1991年,第15页。
⑤ 顾颉刚:《古史辨》第1册"自序",上海:上海古籍出版社,1982年,第15页。
⑥ 汪辟疆:《方湖日记幸存录》,载汪辟疆:《汪辟疆文集》,上海:上海古籍出版社,1988年,第930页。
⑦ 参见孟昭晋:《王重民先生的〈书目答问〉课》,《图书情报工作》2000年第2期。孟昭晋在2000年前后也曾经为北京大学图书馆学、编辑出版学等专业的研究生开设过选修课"《书目答问》研究"。

条条可循。益之以《书目答问》,则按图索骥,求书自易矣。"①

古籍数量众多,人的精力有限,许多古籍没有时间也没有必要精读甚至泛读,对于大多数读者而言,很多古籍仅需了解其大体情况。虽然近现代曾先后推出了多种古籍导读著述,但就总体而言,至今还没有可以完全替代《书目答问》之作。《书目答问》仍为此类读物之翘楚。笔者每年为浙大古典文献学专业学生讲授"古典文献学"课程时,均将《书目答问》列为首部向学生重点推荐的精读之书,避免学生在学习以及今后的工作中"只见树木,不见森林"。学生在初读之时,确实感到满纸书名、人名,颇为枯燥,但渐渐入门之后,感觉收获甚大。如果读者需要对《书目答问》所收各书的版本等情况作进一步了解,可以利用来新夏、韦力、李国庆汇补的《书目答问汇补》②。该书材料丰富,内容较为完备,堪称增补《书目答问》的集大成之作。

在阅读《书目答问》之基础上,可以根据需要进一步阅读或利用(清)永瑢等的《四库全书简明目录》③,(清)邵懿辰撰、邵章续录的《增订四库简明目录标注》④,(清)永瑢等的《四库全书总目》⑤,余嘉锡的《四库提要辨证》⑥,陈尚君、张金耀主撰的《四库提要精读》⑦,陈国庆编的《汉书艺文志注释汇编》⑧等。

《四库全书总目》《汉书·艺文志》和《隋书·经籍志》等三部中国古代目录学史上具有代表意义的书目之总序和小序,存"辨章学术,考镜源流"之功,相当于简明扼要的中国古代学术发展史,颇具价值,建议古文献学学习与研究者阅读。李致忠的《三目类序释评》⑨不但有上述三部书目的总序和小序之注释及按语,而且书前还有《四部分类法的应用及其类表的调整》一文,颇便初学。

---

① 张舜徽:《爱晚庐随笔》,武汉:华中师范大学出版社,2005年,第346—347页。
② 中华书局2011年版。
③ 上海古籍出版社1985年版。
④ 上海古籍出版社2000年版。此处书名中的所谓"标注",是指对《四库全书简明目录》著录各书的有关善本、别本进行批注。此外,该书还增加了《四库全书》未收录的重要典籍。
⑤ 中华书局1965年影印本。另有四库全书研究所整理的《钦定四库全书总目(整理本)》(中华书局1997年版)。笔者在使用中发现,《钦定四库全书总目(整理本)》虽然吸收了不少新成果,但在排印(该书采用简化字)中又出现了少量讹误,同时其标点也存在疏误或可以商榷之处,故在使用时,应同时参看《钦定四库全书总目(整理本)》和中华书局1965年影印本《四库全书总目》。
⑥ 云南人民出版社2004年版。
⑦ 复旦大学出版社2008年版。
⑧ 中华书局1983年版。
⑨ 北京图书馆出版社2002年版。

王雨著、王书燕编纂的《王子霖古籍版本文集》第1册《古籍版本学》[1]深入浅出,对概念之表述准确而清晰,颇便初学。如果有些问题需要进一步了解,可以阅读李致忠的《古书版本学概论》[2]和《古书版本鉴定》[3]、姚伯岳的《中国图书版本学》[4]。黄永年长期从事古文献学研究,并酷爱收藏线装古籍,曾在图书馆古籍部工作多年,具有丰富的鉴定版本之经验,《古籍版本学》[5]乃其在该领域数十年研究与实践心得之结晶,特色鲜明,质量甚高,但该书对一些必要的古籍版本学基础知识论述过于简单,并不十分适合初学。台湾学者李清志的《古籍版本鉴定研究》[6]总结、归纳了直观法(目鉴)和理攻法(考订)这两种鉴定古籍版本的重要方法,实用性很强。张秀民的《中国印刷史》[7]是代表迄今为止国际中国印刷史(与古籍版本学关系十分密切)研究最高水平的集大成之作,但对于初学者而言篇幅过大,当遇到需要详细了解或其他论著无法解决的问题时可以参考。此外,瞿冕良编著的《中国古籍版刻辞典》[8]收录了21500余条词目,涉及版刻名词、历代刻工、历代刻书家和抄书家、版本书目等内容,是较为理想的工具书。

倪其心的《校勘学大纲》[9]乃"北京大学文献学教材系列"之一,就总体而言,内容系统而全面,较为适合初学者。黄永年的《古籍整理概论》[10]之"校勘"部分厚积薄发,深入浅出,便于初学者阅读,但其不足之处是内容不够全面。如果有些问题需要进一步了解,可以阅读程千帆、徐有富的《校雠广义·校勘编》[11]、王叔岷的《校雠学(补订本)校雠别录》[12]。张涌泉、傅杰的《校勘学概论》[13]中的大量例证来自于敦煌文献,故该书对于学习与研究敦煌语言文字学而言是十分理

---

[1] 上海古籍出版社2006年版。
[2] 书目文献出版社1990年版。
[3] 北京图书馆出版社2007年修订版。
[4] 北京大学出版社2004年版。
[5] 江苏教育出版社2009年新1版。
[6] 台湾文史哲出版社1986年版。
[7] 浙江古籍出版社2006年版。
[8] 苏州大学出版社2009年增订版。
[9] 北京大学出版社2004年版。
[10] 上海书店出版社2013年版。
[11] 齐鲁书社1998年版。
[12] 中华书局2007年版。
[13] 江苏教育出版社2007年版。

想的读物。同样道理,陈垣的《校勘学释例》①、林艾园的《应用校勘学》②适合于史书词汇研究者与学习者。此外,管锡华的《汉语古籍校勘学》③之"附录"中有著者所编的《校勘学论著要目》,收录了陈垣《校勘学释例》刊布之后直至 2001 年期间中国大陆、台湾、香港以及新加坡的校勘学以及与校勘学有紧密联系的论著之目录。

如果需要了解古籍校勘乃至古籍整理之规范,可以阅读许逸民的《古籍整理释例》④。该书包括古籍标点释例、古籍校勘释例(程毅中撰)、古籍注释释例、古籍今译释例、古籍辑佚释例、古籍索引释例、古籍影印释例、古籍整理学术语解释、点校本二十四史及清史稿修订工程标点分段办法举例、标点分段办法补充举例(张文强撰)、校勘记撰写细则举例、校勘记撰写细则补充举例、专名线和书名线使用细则举例、古籍影印出版的规范问题等内容,为读者提供了一个具体而又明确的操作指南,堪称整理校勘古籍之必读著作。

台湾学者郑良树的《古籍辨伪学》⑤是该领域首部通论性著作。该书的出版,标志着辨伪学已经成为一门独立的学科。就总体而言,该书内容系统而又全面,值得阅读。继郑著之后,杨昶的《辨伪学讲义》成为中国大陆学者撰写的第一部辨伪学专著。⑥ 上文提及的杜泽逊的《文献学概要》、孙钦善的《中国古文献学》和洪湛侯的《中国文献学新编》等古文献学著作中,均有关于辨伪学的专门章节,可以参看。再则,司马朝军的《文献辨伪学研究》⑦第十二章为"文献辨伪学论著目录",可供参考。此外,陈恒嵩的《伪书和辑佚书资料的检索与利用》⑧提供了不少线索,颇有用处。

至于四部典籍中伪书的具体情况,可以参考张心澂编著的《伪书通考》⑨。该书对历史上曾经被考辨的多达 1104 种的古籍,均依照时代的顺序(下限为 1939 年)罗列历代学者的考辨之说,并注明引文出处,同时还加上张氏自己的案

---

① 中华书局 2016 年版。
② 华东师范大学出版社 2008 年版。
③ 巴蜀书社 2003 年版。
④ 中华书局 2014 年增订版。
⑤ 台湾学生书局 1986 年版。
⑥ 载李国祥、杨昶主编:《国学知识指要——古籍整理研究》,南宁:广西人民出版社 1993 年版。此外,张岱年、汤一介、庞朴主编的《中华国学·史学卷》(新世界出版社 2006 年版)收有杨昶的《辨伪学》,其内容可以与《辨伪学讲义》互为补充。
⑦ 武汉大学出版社 2008 年版。
⑧ 载林庆彰主编:《学术资料的检索与利用》,台湾万卷楼图书有限公司 2003 年版。
⑨ 上海书店出版社 1998 年版。

语。郑良树的《续伪书通考》①乃接续《伪书通考》之作,收录了1940年至1982年前后的相关辨伪成果。该书所引资料均注明出处,所收辨伪成果既有大陆学者的,也有台湾学者的。

邓瑞全、王冠英主编的《中国伪书综考》②收录古代及近代有伪作疑问的书籍1200种,乃目前考辨伪书最多的著作。《中国伪书综考》的体例不同于《伪书通考》和《续伪书通考》,在吸收前人相关考辨成果的基础上,对每一部有伪作疑问的书籍进行评介,涉及该书的作伪程度或类型,作伪者或被作伪者的简要生平履历,作伪原因、辨伪过程,该书的主要内容、学术价值、使用方法以及存佚情况、现存版本等。

再则,上文提及的郑良树的《古籍辨伪学》附有"有真伪问题之古籍一览表",乃综合《伪书通考》和《续伪书通考》目录而成,有真伪问题且经历代学者讨论过之古籍,基本上都包括在内了。该表所收古籍之后皆附《伪书通考》和《续伪书通考》之页码,颇便使用。上文提及的司马朝军的《文献辨伪学研究》中的"文献辨伪学论著目录",涉及大量有真伪问题的古籍,亦可供参考。

曹书杰的《中国古籍辑佚学论稿》③凡37万字,是首部独立刊行的辑佚学专著,内容丰富,研究深入,乃迄今为止该领域最为系统而全面之著作,值得阅读。它的出版,使辑佚学真正摆脱了附庸地位,从而成为一门独立的学科。曹之的《中国古籍编撰史》④较为系统、全面地勾勒出古代编纂学的基本框架,是目前这一领域最为理想的读物。

此外,上文提及的林庆彰的《学术论文写作指引(文科适用)》系统论述了搜集资料、撰写论文之方法,为广大读者提供了详细的学术论文写作格式,实用性很强,堪称文科学术论文写作教学的典范之作,对于古文献学学习与研究者而言,是十分理想的读物。再则,荣新江的《学术训练与学术规范——中国古代史研究入门》⑤,虽然是著者在北京大学历史学系给中国古代史专业研究生开设的"学术规范与论文写作"课程之讲义,但对于中国古典文献学专业的研究生颇有参考价值,许多内容同样适用。如该书在论及"电子文本的优劣"时指出,数字化的古籍和研究论著的电子本,给广大学者提供了极其便利的条件,大大节省了研究者的时间,也可以更快地接触大量文献材料,更广泛地驾驭文献、图像等资料。但是,目前研究生们使用的电子文本,大多数都不具备古籍整理的标准

---

① 台湾学生书局1984年版。
② 黄山书社1998年版。
③ 东北师范大学出版社1998年版。
④ 武汉大学出版社2015年版。
⑤ 北京大学出版社2011年版。

文本的要求，所以引用时首先要核对原书。即便是做得很好的《四库全书》电子本，其识别时也有错误，所以引用时也要核对《文渊阁四库全书》的纸本原文。最近开始逐渐为研究生们广泛使用的"中国基本古籍库"，据陈尚君的查核，其文本也有不少问题，甚至连繁简字都没有改正。现在大家计算机里的许多电子文本是从别的网站上拷来的，由于原来的数据库所造的文字和繁简转换过程中的文字问题，使得一些不准确的文字会留在这种电子文本中，而这些字有时正好就是你要论述的专有名词，所以在利用检索功能时，就查不到相关的文字，而你如果相信计算机的检索能力，那就会因为某个官名没有见于某书，造成材料的遗漏。[①] 这是我们在从事古文献学研究时，也应该特别加以注意并避免的。

综上所述，笔者认为，就总体而言，杜泽逊的《文献学概要》，杨琳的《古典文献及其利用》，来新夏的《古典目录学浅说》，（清）张之洞撰、范希曾补正的《书目答问补正》，王雨著、王书燕编纂的《王子霖古籍版本文集》第 1 册《古籍版本学》，倪其心的《校勘学大纲》等，堪称古文献学领域最为理想的入门读物，既可以作为教材，也可供初学者自学。

---

① 参见荣新江：《学术训练与学术规范——中国古代史研究入门》，北京：北京大学出版社，2011 年，第 109—110 页。

后 记

2019年6月1日、2日,"2019中国四库学研究高层论坛"在南京师范大学仙林校区、南京图书馆举行。来自全国各地及日本、韩国的140余位专家学者与会,就四库提要研究、《四库全书》本研究、四库全书馆与四库七阁制度研究、《四库全书》与地域文化研究、《四库全书》与中国传统学术文化研究、中国古典文献学研究等议题展开研讨,并现场观看了南京图书馆藏四库底本。

论坛由南京师范大学文学院、南京图书馆、江苏省古籍保护中心主办,镇江市历史文化名城研究会、扬州文化研究会、广陵书社协办,南京师范大学文学院、南京图书馆历史文献部承办。翁同龢纪念馆、鼎纳科技发展有限公司、北京大学翁洪武科研原创基金、《图书馆研究》编辑部对论坛提供了资助。

会议期间,南京图书馆举办了馆藏四库底本特展。

论坛由我们国家社科基金重大项目"四库提要汇辑汇校汇考"课题组具体经办。

国家古籍整理出版规划领导小组副组长、全国高校古籍整理研究工作委员会主任安平秋教授,南京大学图书馆馆长、长江学者程章灿教授亲莅会场指导并致辞。现征得安平秋教授、程章灿教授同意,将他们的会议致辞作为本书代序。

扬州文化研究会会长赵昌智先生为论坛题名。

文学院古文献专业研究生闫现霞、侯婕、罗毅峰同学参加了论坛的会务工作,闫现霞、罗毅峰还参加了论文集的编纂工作。古文献专业2015级、2016级的部分本科生志愿者参加了论坛的服务。

凤凰出版社接受了论文集的出版。责任编辑崔广洲做了许多具体的工作。

在此,我们谨代表课题组,向所有参与、支持论坛举办和论文集出版的单位、个人,表示衷心的感谢!

江庆柏、杨新勋
2019年12月5日　南京随园

7